EUXINUS
COLCHIS
PONTUS
CAPPADOCIA
ARMENIA
Acilisene
Moxoene
Sophene
Cataonia
COMAGENE
MESOPOTAMIA
Osroene
SYRIA
PALMYRENE
Morimena
Euphrates
Galilaea Superior
MARE AEGAEUM
ASIA MINOR

Michael Neumann-Adrian · Christoph K. Neumann

DIE TÜRKEI

Michael Neumann-Adrian
Christoph K. Neumann

Die Türkei

Ein Land und 9000 Jahre Geschichte

LIST VERLAG

Umschlagmotiv: Moscheen in İstanbul
Karten: Eduard Böhm

ISBN 3-471-78225-7

Satz: Typodata GmbH, München
Druck und Bindung: Mohndruck, Gütersloh

Inhalt

Einleitung

Anatolien – Augenschein von neuntausend Jahren

Ein Provinznest auf einer menschenleeren Hochebene sollte Hauptstadt werden – anstelle der Millionen-Metropole İstanbul mit ihrem einzigartigen historischen Erbe am Goldenen Horn. 1923, als Kemal Atatürk sich für die neue Hauptstadt Ankara entschied, faßte man sich nicht nur in der Türkei an den Kopf. Die neue Hauptstadt liegt ein halbes Tausend Kilometer entfernt von den Zentren der Westküste und vom Bosporus.

Lange waren türkische Staatsbeamte überhaupt nicht glücklich darüber, unvermeidlich nach Ankara umziehen zu müssen, wenn sie in der Regierung Karriere machen wollten. Und doch bewirkte Atatürks Hauptstadtwahl genau das, was der Gründer der Türkischen Republik mit ihr bezweckte: eine Neuorientierung auf das Kernland Anatolien.

Anatolien, türkisch *Anadolu,* in der griechischen Wortbedeutung das »Morgenland«, das Land des (Sonnen-)Aufgangs, diese mächtige Landmasse zwischen Mittelmeer und Schwarzem Meer, die schon seit der Antike auch »Asia Minor«, Kleinasien, heißt – dieses Anatolien ist ein Land der Gebirge, der Hochebenen, der Wüsten und Salzseen, überragt von den Gipfeln erloschener Vulkanriesen. Es ist auch ein Land fruchtbarer Küstenlandschaften und Schwemmlandzonen, ein Land mediterraner Sonne und – im Osten – eisiger, schneelastender Winter. Heiße Quellen und verheerende Erdbeben bezeugen, wie jung die tektonische Entstehungsgeschichte Anatoliens datiert, ja, daß sie noch nicht abgeschlossen ist. Auf die immer mal wieder umstrittene Frage, bis wohin Anatolien im Osten reicht, antwortet ein deutsches Geographielexikon übrigens bündig: »Dort, wo mit dem Ararat-Hochland die iranischen Ketten und Becken mit Nordwest-Südost-Streichen einsetzen, endet Anatolien.« Über 1500 Kilometer Luftlinie liegen zwischen dem Golf von İzmir und dem 5165 Meter hohen Ararat, mehr als zwischen Paris und Warschau – und auf dem Wege über Land nicht so leicht zu bewältigen.

Am Anfang dieses Buches war nicht der Schreibtisch, sondern der Koffer, nicht der Stuhl in der Bibliothek, sondern der Fensterplatz im türkischen Autobus, im *Otomarsan* und *SuperMa,* die tage- und nächtelang über die Pässe des Taurus und des Pontischen Gebirges, über kurvige Küstenstraßen und die langen, staubigen Geraden der türkischen Hochebenen rollen. Auch wenn wir einmal sehr alt werden sollten, wir werden sie nicht vergessen: die großen Horizonte dieses Landes und auch nicht die Sehnsuchts- und Schwermutsgesänge türkischer Frauenstimmen vom Cassettendeck, die diese Fahrten durch Anatolien von den fruchttragenden Küsten des ägäischen Lichts bis zur östlichen Einsamkeit des Ararat begleiten, hat doch jeder Buskapitän einen Cassettenvorrat an Bord.

Die türkischen Busse, das Flugzeug, der eigene Wagen haben uns nicht nur die Horizonte des anatolischen Raumes, sie haben uns die Horizonte der Zeit erfahren lassen. Wo gäbe es in den Grenzen *eines* Landes eine Zeitreise wie diese? Einen einzigartigen Schrottplatz der Menschheitsgeschichte hat man Anatolien despektierlich genannt. In welchem Lande sonst haben Archäologen binnen eines Jahrhunderts so viele aus dem Gedächtnis der Menschheit verschwundene Kulturen wieder in ihrer Existenz bestätigt? Nach dem Gold von Troja, mit dem Heinrich Schliemann sein »Und Homer hatte doch recht« vermeintlich bewiesen hatte, gab der anatolische Boden noch erstaunlichere Schatzfunde frei, und vieles ist noch in ihm verborgen.

Auf einem unscheinbaren Hügel in den Getreidefeldern südlich von Konya in Zentralanatolien liegt der Schutt von Städten, die schon Jahrtausende vor der Kultur Ägyptens und Babylons blühten. In einer Felsschlucht östlich von Ankara, pittoresk wie eine Filmkulisse für einen Karl-May-Streifen »Durchs wilde Kurdistan«, standen wir vor einer hundertfigurigen Götterprozession, die ihresgleichen sonst nirgends westlich von Euphrat und Tigris hat. Panther und Adler begleiten diese Hundertschaft weiblicher und männlicher Gottheiten, und in ihrer Summe sind die Reliefs des Heiligtums von Yazılıkaya die großartigste künstlerische Schöpfung, die das Reich der Hethiter hinterließ.

Die Burg des legendären Kroisos – oder was von ihr blieb – konnten wir aufsuchen. Die Geburtsstätten griechischer Philosophie, des mathematischen und naturwissenschaftlichen Denkens, stehen mit Tempelsäulen und den besterhaltenen antiken Theatern der Welt auf anatolischem Boden, erinnern an Thales und Herodot, an Anaximander und Anakreon, die alle in Anatolien zu Hause waren. Eroberer, Besucher, Durchreisende: Perserkönige, der große Alexander auf dem Wege nach Indien, Antonius und Kleopatra, der Apostel Paulus, Kaiser Hadrian...

Mit einem Fuß haften die kleinasiatischen Kulturen seit den Zeiten der griechischen Kolonisation auf europäischem Boden. Von Byzanz-Konstantinopel-İstanbul muß sprechen, wer von Anatolien erzählen will. Hier schlug das Herz des »zweiten Roms«, hier sättigt sich die Lust am historischen Augenschein mit dem Glanz der Mosaiken, mit den Kuppeln der Hagia Sophia, mit dem Riesenwerk der »Landmauer«, deren noch heute bis zu zwölf Meter hohe Mauern schon Araberstürmen im

7. Jahrhundert widerstanden. Aber auch auf anatolischem Gelände stehen noch christliche Gotteshäuser, Klöster und Festungen der Byzantiner. Ganz Kappadokien schien uns erleuchtet und überstrahlt vom Glanz der frommen Bilder in den Felsenkirchen und Mönchszellen von Göreme. Erschreckendes Kontrasterlebnis: das Dunkel der unterirdischen Fluchtstädte, acht Stockwerke tief in den Tuffstein gegrabene Zuflucht vor Versklavung und Vergewaltigung.

Je wüster die Brandungswellen der Eroberungen und Plünderungen über ein Land hinweggegangen sind, desto kostbarer werden die überdauernden Zeugnisse des Lebens, selbst wo sie nur Ruinen sind. Auf dem windgebeutelten Plateau von Ani standen wir über dem russisch-türkischen Grenzfluß, dessen schmales Bett als canyontief gegrabene Naht hier die Militärblöcke des 20. Jahrhunderts voneinander scheidet, mit Posten und Fahnen und Fotografierverbot auf beiden Seiten. Tausend Jahre früher herrschte in Ani die armenische Dynastie der Bagratiden. Was Feuer und Erdbeben von ihrer Residenz übrigließen, kann noch immer zu einem der großen anatolischen Erlebnisse werden: in weitem Mauerring einzeln im Wildgras ragende Kirchenbauten mit kegelförmigen Kuppeln, mit Fresken und Reliefs und – hundert Jahre vor der europäischen Gotik – schon mit Spitzbögen. Tauben fliegen ein und aus.

Überreich trotz aller Verluste ist dieses Land Anatolien an sichtbarem historischen Erbe. Zum Panorama der anatolischen Vergangenheit, wie es sich auf nun bald zwanzig Reisen dem inneren Auge eingeprägt hat, gehört das von matten elektrischen Birnen aufgehellte Dämmerdunkel der steinzeitlichen Höhlen von Karain bei Antalya, gehören die spitzdachigen, noch heute bewohnten Lehmbauten des 3. Jahrtausends v. Chr. bei Urfa und die auf schmalen Steigen zugänglichen Felswände Lykiens, aus denen unzählige Höhlen für die Bestattung der Toten mühsam ausgemeißelt wurden. Nie werden Nacht- und Morgenstunde auf dem Nemrud Dağı, dem Grabmal des Königs Antiochos von Kommagene in der Bergstille des Taurus, nie die Zinnen der Kreuzfahrerburg Anamur über dem gleißenden Licht des Mittelmeeres zu vergessen sein.

Unvergeßlich auch die gelben, sandigen und fast endlosen Ebenen Mittelanatoliens, über denen die Hitze im Sommer flimmert. Die Autobusse fahren hier fast schnurgerade Straßen entlang, fressen die Kilometer schneller als sonstwo in der Türkei. Am Straßenrand aber stehen hier immer noch die Karawanseraien, die Busrouten sind zum guten Teil immer noch identisch mit den Handels- und Heerstraßen des Mittelalters und der frühen Neuzeit, als der Landverkehr noch zu Fuß und auf Tierrücken abgewickelt wurde und eigens für das anatolische Klima gezüchtete Kamele das beste Ferntransportmittel waren.

Heute ist das vorbei. Die Karawanseraien, als nächtlicher Schutz nach einer Tagesreise ins Nirgendwo gebaut, sind verlassen. Die Decken sind eingestürzt, durch die Fensterhöhlen fliegen Fledermäuse – die Motorisierung hat diese Rastplätze überflüssig gemacht. Nur ab und an hält ein kunsthistorisch interessierter Reisender an, um das Mauerwerk zu betrachten. Denn die Steine stehen zum großen Teile noch; sie sind so sorgfältig geschnitten und gefugt, daß sie der Verlassenheit und dem Wind über das letzte halbe Jahrhundert widerstanden und weiter widerstehen.

Früher wäre kaum ein Hirte allein durch die Ebene gezogen, hätte sich der Gefahr nächtlicher Einsamkeit nicht ausgesetzt. Seit knapp tausend Jahren, in denen Türken in Kleinasien leben, gab es Nomaden, Hirten, die in Gruppen auf festgelegten Routen ihre Herden weideten und von der Sommer- auf die Winterweide wechselten. Heute existieren solche Gruppen nur noch sehr vereinzelt im Südosten der Türkei. Der Bevölkerungsdruck, die Gründung von Dörfern auch in früher unsicheren oder ungesunden Gegenden haben für solche Stämme, die direktesten Nachfahren der Anatolien erobernden Turkvölker von vor tausend Jahren, keinen Platz mehr gelassen. Aber die Herden wachsen immer noch, gilt es doch, für eine jährlich um mehr als eine Million Menschen zunehmende Bevölkerung genügend Fleisch zu produzieren. Auch wenn der Verbrauch pro Kopf viel geringer ist als in Mitteleuropa, bedeutet das, daß für die wachsenden Herden der Platz immer knapper wird: Gab es 1923 etwa 12,5 Millionen Türken, so waren es 1985 55 Millionen.

Die Folge: Die Steppe Mittelanatoliens wird gnadenlos zusammengefressen, die Schafe und besonders die Ziegen lassen keinen Halm und oft auch keine Wurzeln mehr übrig. Die Staubwolken, die die an dem Karawanserai vorbeiziehenden Busse hinter sich aufwirbeln, waren einmal fruchtbarer Boden. Die Türkei verwüstet von der Mitte her, der Boden wird unbrauchbar, am entblößten Erdreich nagt die Erosion durch Wind und Wasser, wenn es im Frühjahr und Winter regnet.

Ein türkischer Bekannter fragte mich vor einiger Zeit, welche Stätte, welches Bauwerk oder Denkmal mich in der Türkei am meisten faszinierte, mir am besten gefiele. Er, ein fortschrittlicher und weltoffener Mann, war fast enttäuscht, daß ich ein relativ neues, islamisches Bauwerk nannte, eine Moschee.

Gleich hinter der türkisch-bulgarischen Grenze liegt Edirne, das seit der Antike und bis heute als Relaisstation zwischen dem Balkan und Europa auf der einen, Konstantinopel auf der anderen Seite dient. Die Osmanen nutzten die Stadt, die vor der Eroberung İstanbuls ihre Hauptstadt gewesen war, auch später noch vor allem im Sommer als Residenz;

der Hof unternahm von hier Jagdausflüge. Vielleicht erklärt das, warum die Moschee, von der ich rede, nicht im Zentrum des Osmanischen Reiches, in İstanbul, sondern eben in Edirne steht: die Selimiye Camii, die Moschee Sultan Selims II., erbaut in nur sieben Jahren zwischen 1568 und 1574 vom Hofarchitekten Sinan.

Es geht nicht um die Größe der Kuppel, die mit ihren 31,22 m Durchmesser etwa so weit wie die der Hagia Sophia ist, auch nicht um die Zahl und Schlankheit der vier Minarette: Was diese Moschee zur Weltkunst macht, zu vergleichen mit dem Parthenon in Athen, der Kathedrale von Chartres oder dem Dom von Florenz, ist die nicht begreifbare, unfaßliche Leichtigkeit und Harmonie des Bauwerks, die sich in allem ausdrückt, im Grundriß, in der feinen, exquisiten, doch zurückhaltenden Dekoration, in der Helligkeit, in der Silhouette – und doch von keinem dieser Elemente ausgemacht wird. Ich jedenfalls bin außerstande, die Schönheit der Selimiye zu beschreiben. Jedesmal aufs neue staune ich über dieses architektonische Wunder.

Zugleich bedeutet dieser Bau den Höhepunkt einer architektonischen Entwicklung, die über mehrere Jahrhunderte parallel zum Aufstieg des Osmanischen Reichs verlief: das Spiel mit der Raumwirkung der Kuppel, unter der sich Symmetrie entfaltete, war das ästhetische Thema dieser Kunst. Eben weil insofern die Selimiye kein Einzelstück ist, wirkt sie so überragend: Sie läßt so viele andere, vergleichbare Bauten hinter sich. Ohne ihre Minarette wäre die Türkei nicht die Türkei, die türkische Tradition prägt Kleinasien mehr als jede andere.

Dennoch war der türkische Bekannte nicht recht zufrieden, hätte mich lieber von Ephesos, dem Nemrud Dağı oder der Ruinenstätte Aphrodisias schwärmen hören; und es gibt ja auch dafür genug Gründe. Vielleicht lag es aber daran, daß für ihn das Osmanische Reich so etwas wie unbewältigte Vergangenheit ist, daß er sich vor dem islamischen Erbe etwas fürchtet. Muslimischer Fundamentalismus ist auch in der Türkei ein Thema, wenn auch nicht so brennend wie zum Beispiel in Ägypten oder gar im Iran. Trotzdem beobachten viele sich als fortschrittlich bezeichnende Türken den wachsenden Einfluß religiöser Kräfte etwa im Erziehungswesen oder der Medienlandschaft mit Sorge.

Einleuchtend, daß solch ein Mann wie mein Bekannter nur ungern Osmanisches bewundert. Aber interessant ist auch, daß er andererseits kein Bauwerk des 20. Jahrhunderts nennen würde: nicht das Parlament, eine der Bosporusbrücken oder das Mausoleum Atatürks. So ungemischt stolz ist man in der Türkei auf die Gegenwart nicht mehr.

Zu viele Hoffnungen scheinen sich nicht erfüllt, zu viele Anstrengungen sich nicht ausgezahlt zu haben. Natürlich sind Schuhputzer, Esel und

Kinder, die sich unbedingt fotografieren lassen wollen, pittoresk. Wer hinter diese verführerischen Bilder blickt, sich mit den so außergewöhnlich höflichen und gastfreundlichen Menschen befaßt, merkt aber schnell, daß ihnen nicht daran liegt, malerisch zu wirken. Gerade da, wo die Zeit stehengeblieben zu sein scheint, ist die Türkei ein armes, ein Entwicklungsland geblieben.

Auch kein Tourist käme auf die Idee, das 20. Jahrhundert zum Goldenen Zeitalter Kleinasiens zu ernennen. Schon auf den ersten Blick sind die angerichteten Schäden zu groß: die stinkenden Meeresgolfe von İzmit oder İzmir, die überall wuchernden, Städte und Küsten metastasenartig zerfressenden Betonbauten in billigster Architektur und mieser Ausführung, die Größe des Gegensatzes zwischen arm und reich – der auch regional der zwischen Land und Stadt, Ost und West ist. Kann man die von weißem Staub bedeckten Olivenhaine vergessen, die von Betonwerken erstickt werden, deren Schornsteine kein Filter verteuert? Oder die in Lumpen gekleideten Kinder, die durch die Wohnviertel ziehen und die Mülltonnen nach wiederverwertbarem, zu verkaufendem Material durchsuchen?

Wer erst einmal nach solchen Dingen sucht, wird übergenug finden. Leicht kommt man dann dazu, das schlechte Heute gegen das so schöne Gestern der Ruinen von Pergamon etwa oder des Topkapı-Palastes auszuspielen. Und das wäre wieder ungerecht. Denn auch die Zeiten Pergamons oder der Osmanen waren natürlich sehr unparadiesisch.

Vielleicht geht es aber gar nicht um Gerechtigkeit, sondern um genaues, aber liebendes Hinsehen. Der Blick faßt dann mehr als ruinierte oder restaurierte Schönheiten: Er schaut auch auf den »einfachen« Mann (und die »einfache« Frau), die hier leben und einst lebten. In den Blick kommen die Gesellschaften und Zivilisationen, die das Land gestalteten.

KAPITEL I

Spuren der Frühzeit

Der behauste Mensch und seine ersten Stadtwohnungen: Çatal Hüyük

»Eine fruchtbare Steppe, die von Wildschweinen und Wildeseln wimmelte... wahrscheinlich wich man den Urwäldern aus – Mischwäldern mit Eichen, voller Leoparden, Riesenbüffel und Hirsche – und kam an einen Fluß, der um die Stadt floß. Dort ging's nicht weiter. Man stand vor einer Zeile glatter weißer Mauern... Fenster und Türen gab's nicht. Man mußte durch das Dach in die Häuser.« So hat der holländisch-britische Archäologe James Mellaart das exotische Szenario skizziert, das einen Wanderer in der heute fast baumlosen Landschaft etwa sechzig Kilometer südöstlich vom heutigen Konya zu jener Zeit erwartete, als dort auf dem Doppelhügel Çatal Hüyük jene Siedlungen entstanden waren, mit deren Ausgrabung Mellaart weltberühmt wurde.

Denn Çatal Hüyük, heute eine unauffällige Bodenerhebung inmitten von Weizenfeldern auf einer weiten Schwemmlandebene, hatte als Siedlungsplatz nach den Daten der Radiokarbonzeitbestimmung* schon im 7. Jahrtausend v. Chr. einen so bedeutenden Umfang, daß die Bezeichnung »Stadt«, die Mellaart verwendet, vollauf gerechtfertigt erscheint. Das aber hieß Mitte der sechziger Jahre, als Mellaarts Forschungsergebnisse an die Öffentlichkeit kamen: Es war an der Zeit, von vertrauten Vorstellungen über die Geschichte der vorderasiatisch-europäischen Kultur Abschied zu nehmen. Çatal Hüyük, dieser bis dahin gänzlich unbekannte Name, war als Siedlung drei- bis viertausend Jahre älter als die Metropolen des Zweistromlandes – und es lag viel weiter westlich als die noch ältere umwallte Oasenstadt Jericho (aus dem 8. Jahrtausend v. Chr.). Çatal Hüyük war zwar in den sechziger Jahren

* Radiokarbonmessung, ein wissenschaftliches Nebenprodukt der Atomwaffenforschung im Zweiten Weltkrieg, wird seit 1948 systematisch betrieben. Man fand heraus, daß ein radioaktives Kohlenstoff-Isotop – das durch kosmische Strahlung in den höheren Schichten des planetarischen Gasmantels auf natürliche Weise entsteht – von Pflanzen aufgenommen wird und über die Nahrungskette auch von Tieren. Da man die Zerfallsgeschwindigkeit dieses Isotops C 14 kennt und die Aufnahme des Isotops durch die Pflanze bei deren Absterben endet, kann der Atomphysiker an der im toten organischen Rest noch vorhandenen Menge von C-14-Isotopen das Alter eines organischen Fundstücks auf einige Jahrzehnte genau bestimmen.

keineswegs als einziger jungsteinzeitlich besiedelter Ort Anatoliens bekannt, aber die Erkenntnisse und Funde, die dort gewonnen und gemacht wurden, waren außerordentlicher als alles andere.

Bevor von diesen Funden, die heute zu einem großen Teil im »Museum der anatolischen Zivilisationen« in Ankara ausgestellt sind, des genaueren die Rede ist, vorerst noch ein Blick auf die anatolische Landkarte. Diese von Gebirgsfaltungen überzogene Landbrücke zwischen der asiatischen Landmasse und Europa ist einerseits dem Meer, andererseits dem kontinentalen Raum zugewandt, ist einerseits von großer Geschlossenheit – ohne einen einzigen über lange Strecken schiffbaren Fluß –, andererseits durch die schwer zugänglichen Gebirgszüge in deutlich unterschiedene Klimazonen aufgeteilt.

Regenfeuchtes, mildes Klima an der Schwarzmeerküste, trockene, heiße Sommer und milde Winter an der West- und Südküste, Sommerhitze und strenge Winterkälte im niederschlagsarmen anatolischen Hochland, kurze, kaum drei Monate lange Sommer in den östlichen Gebirgen um den Ararat, die winters unter Schneelasten liegen, Wüstenhitze im Südosten des Landes über einen Großteil des Jahres: Auf der anatolischen Wetterkarte herrscht Vielfalt, das ist offensichtlich. Viel schwieriger ist die Frage nach der Klimavergangenheit zu beantworten.

Während die einen für das südliche kleinasiatische Hochland im Altertum gleiche Verhältnisse wie heute annehmen und sich zumindest für das Gebiet westlich des Tuz Gölü, des Salzsees zwischen Ankara und Konya, auf den Römer Livius berufen, der diese Gegend baumlos nennt und von ihren Bewohnern sagt, daß sie mit getrocknetem Mist Feuer machten, blicken andere noch weiter in die Jahrtausende vor den frühesten schriftlichen Zeugnissen zurück und schließen auf deutliche Klimaveränderungen nach der letzten Eiszeit. An Karen und Moränen der Taurus-Ketten läßt sich ablesen, daß die Gletscher, die sich heute nur an den höchsten Gipfeln über 3500 bis 3600 Meter behaupten, in der letzten Eiszeit bis zu tausend Meter tiefer reichten.

Diese bisher letzte Kaltzeit endete vor etwa 12 000 Jahren, und starke Indizien sprechen dafür, daß es in der Zeit danach im Hochland von Anatolien riesige Seen gab. Das bedingte höhere Luftfeuchtigkeit und günstigere Voraussetzungen für Baumwuchs, hat sich aber allem Anschein nach bald geändert: Die Seen trockneten aus, das Klima wurde wärmer und niederschlagsärmer. Trotzdem könnte Inneranatolien noch heute ein Waldland sein, wie es vor allem der nördliche Teil über Jahrtausende hin war (und mit einzelnen ›Waldinseln‹ bis heute geblieben ist). Der Mensch hat mit Rodung und Raubbau die Wälder weggeholzt und den zerstörerischen Prozeß der Erosion ausgelöst, der dann mit

FRÜHESTE SIEDLUNGEN

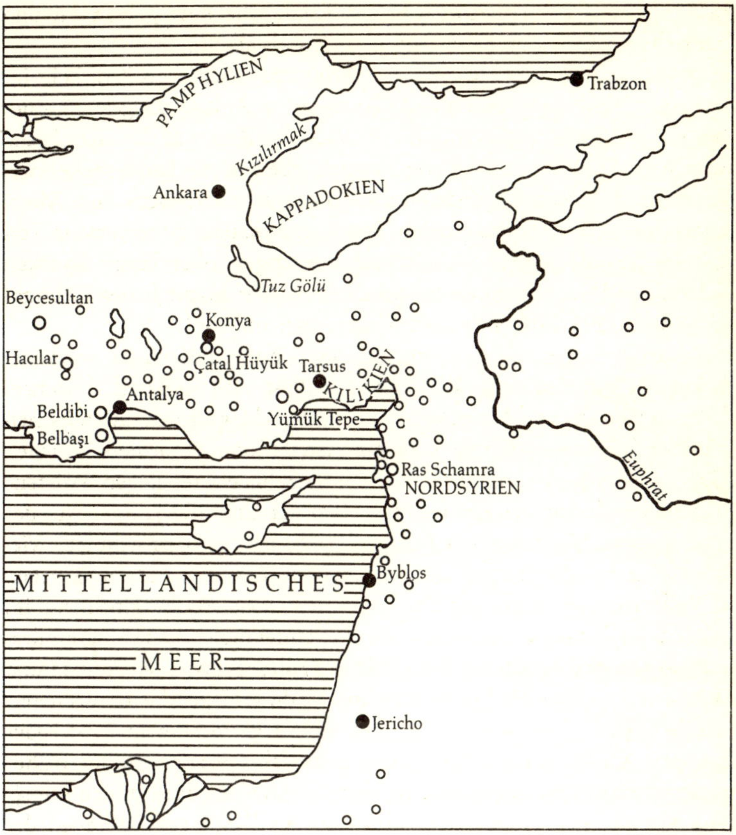

● bis heute bestehende Städte

○ ○ Archäologische Stätten

der Nutzung der Wälder als Viehweiden verhängnisvoll beschleunigt wurde. Dieser Prozeß hat in Anatolien sehr alte Wurzeln.

Das Schlagwort von der »neolithischen Revolution« (V. Gordon Childe) ist gewiß nicht glücklich und stimmig. Denn es bezeichnet einen Vorgang, der weder plötzlich noch umstürzlerisch hereinbrach, sondern über viele Generationen dauerte – ja sicherlich über Jahrtausende. Aber ebenso ist das Schlagwort von der »industriellen Revolution«, in der wir seit dem 18. Jahrhundert leben, eine gleichermaßen grobe wie griffige Vereinfachung. Richtig ist sicher, daß die »neolithische Revolution«, in der sich Jäger und Sammler vom Nahrungssammeln auf die Kulturstufe der Nahrungserzeugung umstellten, die einschneidendste Veränderung menschlicher Lebensweise vor der sogenannten Neuzeit mit sich brachte. Vermutlich begann diese Umstellung in Vorderasien bald nach der letzten Kaltzeit, etwa um das Jahr 9000 v. Chr.

Zeugnisse fester Ansiedlungen, die mit Landwirtschaft und Viehzucht einhergehen, brachten die Archäologen nicht nur im »Fruchtbaren Halbmond« zutage, in dem breiten Kulturstreifen, der sich von Ägypten und Palästina bis zu den Südufern des Kaspischen Meers und nach Mesopotamien erstreckt und traditionell als Wiege nahöstlicher und westlicher Zivilisation gilt, sondern auch und gerade in Anatolien.

Zwei Beispiele von vielen: Im Yümük Tepe, einem Hügel am Westrand der kilikischen Hafenstadt Mersin, konnten 33 Bebauungsniveaus erkannt werden, vom islamischen Mittelalter bis zurück ins frühe Neolithikum (um 6250 v. Chr.). In dem kleineren Hügel von Haçılar, der schon vom 8. Jahrtausend v. Chr. an besiedelt, um 5000 v. Chr. aber verlassen wurde, fanden sich Reste von Weizen, Gerste und Linsen und außer den pflanzlichen Produkten auch Knochen von Ziegen und Schafen. Als ein breiter Gürtel erstrecken sich die neolithischen Fundstätten von Kappadokien bis zur ägäischen Küste. Andere Siedlungsgebiete waren das pamphylische Bergvorland (mit den schon seit etwa 50 000 v. Chr. bewohnten Karain-Höhlen bei Antalya und den Stätten von Belbaschı und Beldibi), die kilikische Ebene (mit Tarsus und dem schon erwähnten Mersin) und Nordsyrien.

Çatal Hüyük ist dennoch bis heute einzigartig. Was James Mellaart auf der ovalen Hügelaufschüttung am alten Bett des Çarşmba Cay zutage brachte, gibt mehr Aufschlüsse über die Lebensweise neolithischer Jäger, Bauern, Architekten, Künstler und Erfinder als das Fundmaterial jeder anderen Siedlung dieser frühen Zeit. Man darf hinzusetzen: Diese Funde werfen auch mehr Fragen auf als alle anderen.

Es muß weiter hinzugefügt werden: Sicherlich können nicht alle Deutungen, die James Mellaart 1967 in seinem Buch *Çatal Hüyük* –

Stadt aus der Steinzeit vorlegte, kritischer Prüfung standhalten. Darin aber unterscheidet sich Mellaarts Arbeit nicht von der anderer Forscher, denen das Glück zuteil wurde, als erste auf eine bis dahin unbekannte Ausprägung menschlicher Kultur zu stoßen. Im Fall Çatal Hüyük sind es vor allem die faszinierenden Wandmalereien und Reliefs und ihre in vielen Einzelheiten bizarren Darstellungen, die sich einer endgültigen Deutung noch entziehen.

Es wird gut sein, sich beim Folgenden immer im Bewußtsein zu halten, daß alle diese Funde aus zwölf Wohnschichten dem 7. und 6. vorchristlichen Jahrtausend angehören (bis zu der ältesten Schicht ist die Grabung noch nicht einmal vorgedrungen). Mellaarts Radiokarbondatierungen reichen von etwa 6500 bis etwa 5700 v. Chr., beginnen also in einer Epoche, die von den Archäologen als »akeramisch« bezeichnet wird, noch ohne gebrannte Töpferware. Während diese elementare Fähigkeit früher Zivilisationen noch ausstand oder erst entwickelt wurde, konnten sich die Bewohner von Çatal Hüyük schon den »Luxus von Obsidianspiegeln, Zeremonialdolchen und Metallschmuckstücken leisten... Kupfer und Blei wurden geschmolzen und zu Schmuckperlen, Zylindern, ja möglicherweise kleinen Geräten verarbeitet; damit gehen die Anfänge der Metallbearbeitung bis ins 7. Jahrtausend zurück. Die Erzeugnisse der Steinbearbeitung – sie bestehen zum Teil aus in der dortigen Gegend vorhandenem Obsidian, teils aus eingeführtem Feuerstein – sind die elegantesten der Periode, Çatal Hüyüks Holzgefäße sind vielgestaltig und differenziert, seine textile Wollverarbeitung ist voll entwickelt« (Mellaart).

Wie sich die materielle Kultur der Çatal-Hüyük-Bewohner in den acht Jahrhunderten ihrer mit Funden belegten Existenz allmählich verändert und entwickelt hat, will ich nicht im einzelnen zu beschreiben versuchen. Die vielerlei Veränderungen und Entwicklungen, die es nachweisbar gegeben hat, kann man in Mellaarts Buch studieren. Auch für Çatal Hüyük gilt Arnold Toynbees Wort: »Zivilisation ist eine Bewegung und kein Zustand, eine Reise und kein Hafen.« Doch geht es hier darum, die dominierenden Grundmuster einer Lebensweise kenntlich zu machen. Spekulative Vermutungen können nicht ganz beiseite bleiben, aber es sei den Spezialisten überlassen, sich mit solchen Behauptungen auseinanderzusetzen wie beispielsweise jener, die zwölf Besiedlungsniveaus Çatal Hüyüks entsprächen zwölf verschiedenen Städten. Diese Behauptung will sich schlecht vertragen mit Mellaarts Beobachtung, daß die Erbauer »über viele Jahrhunderte getreulich« an dem ursprünglichen, wohlgeordneten Stadtplan festhielten und die Gesamtanlage »im allgemeinen gewahrt blieb«.

Man baute mit Lehmbausteinen, die an der Sonne getrocknet wurden, einem sehr vergänglichen Material (dessen Bezeichnung »Luftziegel« führt in die Irre, denn Ziegel sind im Feuer gehärtete Baumaterialien, Lehmbausteine dagegen lösen sich im Regenwasser oder bei Überschwemmungen auf). Mit einer ingeniösen Architektur verstanden es die Bewohner von Çatal Hüyük, die mangelnde Haltbarkeit ihrer Lehmbausteine wettzumachen und zugleich die Siedlung vor Überfällen zu schützen, also das Grundbedürfnis nach Sicherheit zu erfüllen.

Jedes Gebäude hatte seine eigenen Mauern, stand jedoch ohne Zwischenraum inmitten von anderen, mit wenigen offenen Höfen. Die Festigkeit der Mauern wurde zudem durch häufiges Aufbringen von Verputz verbessert, der Regen und Feuchtigkeit von den Lehmwänden fernhielt. Man verputzte sie sowohl von außen wie von innen, und die Ausgräber der Siedlung konnten die aus feinem weißen Ton bestehenden Putzlagen an den Gebäuderesten noch zählen.

Dabei erwies sich, daß innerhalb derselben Siedlungsschicht die Zahl der Putzlagen meist ähnlich war (in Schicht VI B zum Beispiel bis zu hundert Lagen, in Schicht VII gar bis zu 120 Lagen). Gebäude mit einer sehr großen Zahl von Putzlagen waren augenscheinlich älter, der Zustand ihrer Wände schlechter. Mellaart nimmt an, daß einmal jährlich nach den Regenfällen des Frühjahrs verputzt wurde, wie noch heute in manchen Gegenden Anatoliens, und schließt aus der Fundsituation, daß baufällig gewordene Häuser abgerissen wurden. Dazu wurde das flache Dach mit seinen tragenden Balken entfernt, die Mauerpfosten wurden herausgerissen und die oberen Mauerteile eingeschlagen. Auf dem mit Schutt gefüllten Innenraum errichtete man dann unter Verwendung der Grundmauern das neue Gebäude. In den oberen Schichten (I–VI A) wurden die Gebäude allerdings durch Brand zerstört, die Zahl der Putzlagen ist viel geringer.

Merkwürdig genug, man kann bei einem Chronisten der spanischen Conquista in Neu-Mexiko nachschlagen und eine Beschreibung einer Architektur finden, die große Ähnlichkeit mit jener aufweist, deren Reste Mellaart in Çatal Hüyük ausgrub. Pedro de Castañeda schildert das indianische Pueblo Cicuye (später Pecos genannt) im Jahre 1540 n. Chr. als straßenlose Agglomeration von Gebäuden aus Lehmbausteinen: »... Man kann über die Dächer der ganzen Ortschaft laufen, ohne von Straßen behindert zu werden. ... Die Häuser haben unten keine Türen, vielmehr werden Leitern benutzt, die man hochziehen kann. ... Die Bewohner des Ortes brüsten sich, daß ihn niemand erobern konnte.«

Um der historischen Genauigkeit willen ist einzuräumen, daß die Pueblo-Indianer in Pecos vierstöckig und mit umlaufenden Korridoren bauten und ihre Stadt noch zusätzlich mit einer Mauer umgaben. Die indianische Adobe-Bauweise der Pueblos stimmt aber in entscheidenden Details mit der einstöckigen Anlage von Çatal Hüyük überein, wo man gleichfalls keinerlei innerörtliche Straßenräume und keine Türöffnungen fand. Nur zu kleinen Nebenräumen wie Speichern und Lichtschächten hatte man niedere, türlose Öffnungen, der einzige Zugang zum Hauptraum war jedoch eine Aussparung im Dach, durch die auch der Herdrauch abzog. Im Wandputz unterhalb der Öffnungen blieben noch die diagonalen Abdrücke der Leiter sichtbar, mit der jedes Haus ausgestattet war. Auch Backöfen gab es neben den Herden, und für die Nacht in Nischen kleine steinerne Lampen.

Damit man die Tage in den Räumen nicht in tiefer Dämmerung verbringen mußte, waren unterhalb der Dachkanten eine Reihe kleiner Fensteröffnungen vorhanden.

Als Urbild des türkischen Sofas oder Divans deutet Mellaart die steinernen Plattformen in den Schlaf-Wohn-Küchen von Çatal Hüyük: Sorgfältig verputzt, oft mit gerundeter Einfassung, belegt mit Matten, konnten sie zum Sitzen, Arbeiten und Schlafen genutzt werden. Unter diesen Plattformen wurden die Skelette der Toten bestattet, und man hat daraus auf ihre Zuordnung im Leben schließen können: Eine kleinere Eckplattform gehörte danach dem Familienvater, die größere Hauptplattform in der Nähe des Herdplatzes der Mutter mit Kindern, manche Häuser haben auch noch zusätzliche Plattformen gehabt, keines anscheinend aber mehr als acht Schlafplätze.

Unter den weiteren Schlüssen, die Mellaart im Hinblick auf das Alltagsleben von Çatal Hüyük gezogen hat, fällt besonders eine schon gut entwickelte Vorratswirtschaft auf. Korn wurde in Körben oder Häuten oder auch in Behältern aus getrocknetem Ton aufbewahrt, und zwar so, daß man das zum Verbrauch benötigte Korn jeweils unten durch eine kleine Öffnung über dem Fußboden entnahm. Die am meisten von Feuchtigkeit gefährdete unterste Schicht wurde auf diese Weise immer zuerst verbraucht. Mit Reihen tönerner Behälter waren einige Häuser als Vorratsspeicher eingerichtet, für Steinäxte, Schleifsteine, Schleudermunition, Knochenstückchen.

Der Eindruck von Wohlhabenheit verstärkt sich noch angesichts der Grabbeigaben. Zwar nur eine Minderheit der etwa 400 aufgefundenen Skelette oder Skelett-Teile wurde mit solchen Gaben bestattet, dort fanden sie sich aber in großer Mannigfaltigkeit: Schmuck, Obsidianspiegel, feine Feuersteindolche, steinerne Schnabelgefäße, Holzschüsseln, Kästen und Körbe mit Lebensmitteln für männliche und weibliche Tote, Geräte zur Schönheitspflege und kunstreiche Halsbänder nur für Frauen, polierte Steinkeulen, Messer und Feuerzeuge – mit Flintsteinen und einem Stück Schwefel – für Männer. Ein kleines steinernes Mehrzweckgerät war sowohl zum Schneiden wie zum Schaben und Feuerschlagen geeignet.

Einer Brandkatastrophe, in der um das Jahr 5880 v. Chr. die Siedlungsschicht VI A zugrunde ging, verdanken die Ausgräber von Çatal Hüyük Funde, die auch an viel jüngeren Grabungsstätten von großer Seltenheit sind. Die Hitze war damals so mächtig, daß sie metertief in den Boden drang und Erde, Knochen und Grabbeigaben verkohlen ließ. Fäulnisbakterien haben darum Tuche, Pelze, Leder, Holz und Nahrungsmittel nicht mehr angreifen können. Unmittelbar vor der Einführung der Töpferei – in der nächstjüngeren Schicht V – zeigen die verkohlten Holzreste von Schüsseln und Tellern, Kästen mit gut schließenden Deckeln und Eierbechern, die den unseren in der Form völlig geglichen zu haben scheinen, einen hohen Standard der Schnitztechnik an. Mellaart weist darauf hin, daß viele Tongefäße aus der Frühzeit der Töpferei – um 5700 v. Chr. in Schicht II – Formen von Holzbehältnissen nachahmen, manche auch Holzfüße haben – Indiz dafür, daß Töpferei sich erst allmählich zur Eigenständigkeit entwickelte.

Was aß man von den hölzernen, später tönernen Schüsseln und Tellern? Nach Untersuchungen, die der dänische Paläobotaniker Hans Helbaek an Samenkörnern aus Çatal Hüyük vornahm, konnte der Speisezettel Abwechslung bieten: Er identifizierte 14 gezüchtete Nutzpflanzenarten, darunter mehrere Weizensorten (Dinkel und Emmer), Gerste und Felderbsen. Aus einem dem Senf verwandten Kraut gewann man vermutlich Pflanzenöl, eine Bitterwicke würzte die Suppe. Mandeln, Eicheln, Pistazien und die braunen, kirschenähnlich süßen Früchte des Zürgelbaums wurden möglicherweise aus dem Bergland nach Çatal Hüyük geschafft.

Man lebte auch keineswegs nur vegetarisch. Schon in den untersten Siedlungsschichten Çatal Hüyüks stieß Mellaart auf Knochen von Schafen und Ziegen, die möglicherweise bereits domestiziert waren. Ein Jagdparadies hat er die Ebene südlich von Konya genannt – zu erinnern ist an die eingangs zitierten Sätze –, und Knochen vom Auerochsen (mit dem Hausrind verwandt) sowie Überreste von Rot- und Schwarzwild, Wildeseln, Wölfen, Gazellen und Leoparden scheinen das zu bestätigen. Daß die in den jüngeren Siedlungsschichten gefundenen Speer- und Pfeilspitzen deutlich kleiner sind als die aus den älteren, könnte auf das allmählich seltenere Vorkommen von großen Jagdtieren weisen.

J. Lawrence Angel von der Smithsonian Institution untersuchte auch die menschlichen Skelette aus Çatal Hüyük und fand interessante Daten über Größe, Gesundheitszustand und Lebensdauer. Danach waren um 6000 v. Chr. die männlichen Bewohner von Çatal Hüyük durchschnittlich 170 cm, die Frauen 156 cm groß. Leichte Deformationen der Beinknochen könnten auf Fleischmangel bei der Ernährung deuten, zahlreiche Schädelverletzungen auf Stürze von den Dächern und Leitern oder auf Kampfwunden. Trotzdem war die Lebenserwartung vergleichsweise hoch, dank der relativ sicheren seßhaften Lebensweise: Männer wurden etwa 34 Jahre, höchstens 40 Jahre alt, die Frauen, von denen viele schon zwischen ihrem 15. und 20. Lebensjahr im Kindbett gestorben sein werden, lebten selten über das 30. Jahr hinaus.

Faszinierender als alle anderen Entdeckungen im jungsteinzeitlichen Çatal Hüyük sind seine künstlerischen Werke. In einer großen Zahl der freigelegten Häuser verschiedener Siedlungsschichten stieß Mellaart auf Reste von Wandmalereien – es sind die ältesten weltweit bisher in Gebäuden aufgefundenen Wandbilder! –, auf bemalte Gipsreliefs, Statuen und auf *Bukranien* (die Stirnbeine und das Gehörn wilder Stiere). Neben vielen dekorativen Wandbildern kommen Jagdszenen wie in der älteren Höhlenmalerei, einmal ein Landschaftsgemälde – auch dieses das früheste überhaupt – und vor allem bei den Reliefs unzweifelhaft vom Götterkult bestimmte Bildwerke vor.

Ihre Deutung ist keineswegs unumstritten. Schon Mellaarts Scheidung der insgesamt 166 näher bestimmbaren Häuser aus verschiedenen Siedlungsschichten in »Wohnhäuser« und »Kultstätten« provoziert Fragezeichen, stellt er doch selber fest, daß sich »Plan und Bauweise der Kultstätten ... nicht von den üblichen Wohnstätten unterscheiden«. Auch die von ihm als Kultstätten ausgewiesenen Gebäude – 63 von 166! – sind mit Plattformen, Herden und Backöfen ausgestattet; unter den Plattformen wurden Tote beigesetzt. Andererseits fehlen Altäre oder Tische zum Ausbluten von Opfertieren, wie sie beispielsweise in den vergleichbaren Heiligtümern von Beycesultan vorhanden waren.

Eine Erklärung könnte darin liegen, daß die »Kultstätten« zugleich Wohnungen der Priester und Priesterinnen waren. Eindeutig gibt es in diesen sogenannten Kultstätten besonders sorgfältig ausgearbeitete Wandgemälde, Gipsreliefs von Göttern, Tieren oder Tierköpfen, in Bänke eingelassene Stierhörner, Kultstatuen und Reste mannigfacher Gegenstände, die als Opfergaben gedeutet werden können – kleine Lager von Korn, Gefäße, Werkzeuge, Stierhörner und Siegelstempel. Zu den schwer erklärlichen Eigentümlichkeiten der »Kultstätten« gehört, daß die Wandmalereien und Gipsreliefs mit Tünche überdeckt und teils später erneuert wurden.

Vielleicht wird man nie erfahren, was für religiöse Vorstellungen sich so makabren Bildwerken verbanden, wie sie Mellaart beschrieben hat: weibliche Brüste als Wandreliefs, in die Schädel von Geier, Fuchs und Wiesel eingelassen sind. Keinen Zweifel kann es dagegen an einem Kult einer Muttergöttin geben: Schwerbrüstig, mit breiten Schenkeln und Hüften wird ihre Gestalt dargestellt, thronend auf Katzentiere (Leoparden?) gelehnt, nackt oder mit einem Leopardenfell bekleidet. Gebiert sie ein Kind oder, wie Mellaart eine Reliefdarstellung deutet, einen Stiergott?

In Çatal Hüyük wurden auch männliche Darstellungen gefunden, doch in deutlich geringerer Zahl: Mellaarts Verzeichnis der Skulpturenfunde zählt 33 Göttinnen auf – teils Doppelfiguren, mit Kind? –, jedoch nur acht männliche Götter, einige von ihnen auf einem Stier oder Leoparden reitend. Diese Skulpturen sind oft nur wenige Zentimeter und nur selten mehr als zwanzig Zentimeter groß und aus verschiedenen Materialien hergestellt, aus gebranntem Ton, weichem Kalkstein, Bimsstein und Alabaster, aber auch aus vulkanischem Fels und Marmor. Die meisten dieser Materialien mußten von außerhalb in die Konya-Ebene gebracht werden, und aus Höhlen holten sich die Bewohner von Çatal Hüyük auch Stalagmiten und Stalaktiten, die plastisch bearbeitet wurden.

Diese Götterstatuetten aus Çatal Hüyük und ähnliche aus Hacılar sind keineswegs die ältesten plastischen Darstellungen von Menschen- und vor allem Frauengestalten – die berühmte »Venus« von Willendorf in Niederösterreich stammt vermutlich aus der Zeit um 30000 v. Chr. –, aber diese anatolischen Idole haben in dem Zeithorizont des 7. und 6. vorchristlichen Jahrtausends nicht ihresgleichen an künstlerischer Vielfalt und Ausdruckskraft. Allerdings ist eine genauere Bestimmung ihrer Entstehungszeit kaum möglich, da Kultstatuetten über längere Zeiträume in Gebrauch blieben und von einer Siedlungsschicht in die andere übertragen wurden, nicht anders, wie Mellaart zum Vergleich anführt, als in der christlichen Sakralkunst eine romanische Kreuzigungsgruppe oder das Werk eines frühen niederländischen Meisters in einer Barockkirche vorgefunden werden kann. Ob die augenfälligen stilistischen Unterschiede der Çatal-Hüyük-Statuetten mit ihrem je verschiedenen Grad von »Abstraktion« und »Naturalismus« eine künstlerische Entwicklungslinie spiegeln oder ob diese Werke synchron geschaffen wurden, muß vorerst offen bleiben. Antwort auf solche Fragen könnte die Auffindung von Werkstätten geben, in denen die Statuetten hergestellt wurden.

Nur Vermutung kann auch der Schluß sein, den Mellaart aus der Überzahl weiblicher Statuetten in der ›jungen‹ Siedlungsschicht II gezogen hat, in der männliche Statuetten fast gar nicht mehr vorkommen: daß nämlich mit der immer größeren wirtschaftlichen Bedeutung von Ackerbau und Viehzucht die Macht der Frau zugenommen habe. Die Macht der Muttergöttin über die Pflanzenwelt und dabei über den Ackerbau, legt er dar, gehe »nicht nur aus den zahlreichen Wiedergaben von Blumen- und Pflanzenmustern hervor, die man auf ihrer Gestalt oder in ihren Heiligtümern anbrachte, sondern auch aus dem Vorkommen ihrer Statuetten zusammen mit Haufen von Korn und Kreuzblütlern im Leopardenheiligtum (Schicht VI A) sowie aus der Entdeckung der Darstellung einer gebärenden Göttin in einem Getreidebehälter (Schicht II)«. Andererseits sei sie auch Todesgöttin, darauf deute ihre Darstellung mit einem Raubvogel, möglicherweise einem Geier.

Die Geier sind nicht nur Symbole des Todes, ihnen kam offenbar auch eine konkrete Rolle bei der Totenbestattung zu. Auf Wandbildern finden sich immer wieder Geier dargestellt, die über kopflose Leichname herfallen (kopflos möglicherweise darum, um darzustellen, daß es sich um Tote handelt). Vermutlich wurden die Leichname außerhalb der Ansiedlung Vögeln dargeboten, bevor die vom Fleisch befreiten Skelette unter den Plattformen der Wohnstätten beigesetzt wurden. Zur Beisetzung wikkelte man die Skelette in Tücher oder Häute ein. Die Tatsache, daß man vielen Toten Schmuck, Waffen, Geräte und Nahrungsmittel beigab, kann kaum anders als mit einer Glaubensvorstellung von jenseitigem Leben oder Wiedergeburt gedeutet werden.

Im inneren Zusammenhang mit solchen Vorstellungen ist wohl auch die »Ockerbestattung« zu sehen, die nur bei einigen wenigen Toten – Mellaart nennt elf – angewendet wurde. Schädel und Rumpfskelett wurden mit rotem Ocker oder Zinnober eingefärbt, zumeist bei weiblichen Toten und immer bei solchen, die in den von Mellaart als Kultstätten bezeichneten Gebäuden beigesetzt wurden. Solche Ockerbestattungen gab es schon in der Altsteinzeit, sie kommen im 3. Jahrtausend v. Chr. in der Kurgan-Kultur in der russischen Steppe und auch in den älteren Begräbnisstätten von Marlik am Kaspischen Meer vor. Geschlitzte Kaurimuscheln, die in den Augenhöhlen eines Schädels in Çatal Hüyük lagen und möglicherweise vom Roten Meer stammen, sind ein weiteres Indiz für die weiträumige Kommunikation, die augenscheinlich bereits in der Steinzeit existierte.

Mit spektrographischen Untersuchungen hat man solche weiträumigen Verbindungen am Beispiel des Obsidians nachweisen können: Dieses glasige vulkanische Ergußgestein, das im Neolithikum ein so hochbegehrtes Material für Messer, Pfeilspitzen und kleine Spiegel war, kann Fundstück um Fundstück exakt den Vulkanen zugeordnete werden, aus denen es stammt. Obsidianmaterial aus den zentralanatolischen Plätzen Çiftlik und Acıgöl fand sich sowohl in Hacılar und Çatal Hüyük wie auch in Mersin, darüber hinaus aber auch an Stätten des östlichen Mittelmeers – in Ras Schamra, Byblos und Jericho – und weiter südwärts noch in Beidha zwischen Totem Meer und Golf von Akaba. Diese Funde wurden auf das 8. bis 6. Jahrtausend v. Chr. datiert; Obsidianfunde gleicher Herkunft aus dem 6. bis 3. Jahrtausend v. Chr. sind auch im kretischen Knossos und am Schwarzen Meer in Trapezunt gemacht worden.

Viele elementare Fragen warten in Çatal Hüyük noch auf Klärung. Wenn Jane Jacobs in ihrem Buch *The Economy of Cities* eine anatolische Stadt »Neu-Obsidian« erfand und an dem Tauschprozeß Lebensmittel gegen den Rohstoff Obsidian ihre Theorie von der Entstehung der ersten Städte darlegte, hat sie darin der Rolle des Handels Priorität vor der des Ackerbaus gegeben. Das blieb nicht unwidersprochen, aber sie konnte auf andere frühgeschichtliche Kulturen – in Mittelamerika wie in Ostasien – verweisen, bei denen Kenntnis und Praxis des Ackerbaus jedenfalls nicht zu Städtegründungen führten. Die scheinbar gesicherten Denkmodelle der »neolithischen Revolution« sind nicht unumstößlich.

Erst ein kleiner Bruchteil des Siedlungskomplexes von Çatal Hüyük ist ausgegraben worden, eine Fläche von etwa 40 Ar, und das ist kaum ein Dreißigstel des Haupthügels, der fast einen halben Kilometer lang und bis zu 275 Meter breit ist. Stießen die Ausgräber, als sie farbige Reliefs und Wandmalerei in so großartiger Fülle freilegten, zufällig auf ein Kult- und Priesterviertel, von dessen Aussehen sich andere Areale in den zwölf Siedlungsschichten vielleicht grundsätzlich unterscheiden? Oder hatte Çatal Hüyük möglicherweise die Funktion eines religiösen Zentrums, das darum zur Stadt wuchs?

James Mellaart, der in Çatal Hüyük eine Vielzahl vergleichsweise hochentwickelter Gebrauchsgegenstände finden oder nachweisen konnte, Werkzeuge, Spiegel, Schmuckperlen mit Löchern, die feiner sind als eine Stahlnadel, Gewebe, die ohne Webstuhl nicht herstellbar wären, bezeichnet die technische Spezialisierung als »einen der auffallendsten Züge dieser hochentwickelten Gesellschaft« – muß aber im gleichen Atemzug einräumen, daß sich »in mehr als 200 Räumen nur eine einzige Sichel und weniger als ein Dutzend Kernstücke aus Obsidian, ein einziger Spinnwirtel und nicht ein einziges Webstuhlgewicht ... fanden«. Trotzdem ist nicht auszuschließen, daß künftige Grabungskampagnen auf Produktionsstätten einer arbeitsteiligen Stadtkultur stoßen und Handel und Handwerk sich als die eigentlichen Hauptfunktionen Çatal Hüyüks erweisen.

Eines der merkwürdigsten Indizien für anatolische Kontinuität zeigt sich in Çatal Hüyük übrigens an dekorativen Wandbildern, die unverkennbar Kelim-Muster aufweisen, mit geometrischer Ornamentik und sogar Nähkanten. Ahmten sie Textil-Wandbehänge nach? Textilforscher haben die verkohlten Gewebe untersucht, die in Çatal Hüyük unter Mühen geborgen wurden: »... bei dem Versuch, die ganze Begräbnisstätte freizulegen, trocknete die Oberfläche in der glühenden Hitze sofort aus, und die Überreste der Textilien zerfielen zu Pulver und wurden von dem unaufhörlichen Wind fortgeblasen.« Anscheinend handelte es sich bei dem Material zumeist um Wollfilz. Skepsis meldeten die Forscher auch wegen der Färbung der angeblichen Kelims an, denn es fehlte in der Çatal-Hüyük-Ära zwar nicht an Pflanzenfarben, aber Schafe hatten damals noch gelbe oder braune Wolle, die sich der Färbung widersetzt – erst um 3000 v. Chr. soll es früheste Belege für die Existenz weißer Schafe geben. Mellaart selbst, der nach 1963 keine Erlaubnis mehr für die Fortsetzung der Grabungen in Çatal Hüyük erhielt, schrieb noch 1984, vermutlich hätten nomadische Hirtenvölker im Austausch für andere Güter ›Kelims‹ für die Bewohner der neolithischen Stadt hergestellt. Älteste Reste eines Kelims sollen in einem phrygischen Königsgrab von 735 v. Chr. aufgefunden worden sein.

Entsprechungen und Bestätigungen für Mellaarts Çatal-Hüyük-Funde erbrachte in den siebziger und frühen achtziger Jahren eine Grabung am oberen Tigris in der Provinz Diyarbakır. Auch dort wollte man Erkenntnisse über den kulturellen Übergang vom Jäger- und Sammlertum zu Ackerbau und Viehzucht gewinnen und hatte nach einer großräumigen Begehung in den Provinzen Siirt, Diyarbakır und Urfa den Çayönü Tepesi ausgewählt, einen flachen Wohnhügel am Fluß Bogazköy, dessen Besiedlungsphase I in die Zeit von 7250–6750 v. Chr. datiert werden konnte, also noch beträchtlich vor der ältesten erforschten Siedlungsschicht von Çatal Hüyük II.

Man fand am Çayönü Tepesi nicht nur Belege dafür, daß es dort schon den Haushund, ähnliche Nutzpflanzen und Nutztiere wie in Çatal Hüyük und Metallbearbeitung (Kupferbleche) gab, vor allem übertrafen die Baubefunde »weit alles bisher Bekannte aus dem entsprechenden Fundbereich«, sie sind bemerkenswert »sowohl in der Anlage als auch in der Einheitlichkeit, das heißt in der Normierung bestimmter Plan-Schemata und der gleichmäßigen Ausrichtung der einzelnen Bauten, auch in der Einhaltung freier Zwischenräume, wobei anscheinend alles durchdacht, gemeinschaftlich festgelegt und nichts dem Zweifel überlassen worden ist«.

Nicht mehr zu bezweifeln ist, daß im Anatolien des 6. und 7. Jahrtausends v. Chr. der Mensch eine Lebensform entwickelt hat, die nicht nur den Schritt vom Jäger und Sammler zum Feldbesteller und Viehhalter einschloß, sondern in die bäuerliche Siedlung erste städtische Strukturen einführte, Jahrtausende bevor die Großstädte des Zweistromlandes entstanden. Anatolien, das sich im 20. Jahrhundert in den Augen vieler mit der Vorstellung von Rückständigkeit verbindet, brachte einige der frühesten Stadtwohnungen hervor und, für die Zukunft noch bedeutungsvoller, erste Ansätze zu einer arbeitsteiligen Gesellschaft. Ein Weg war eingeschlagen, dem wir im Zeichen immer intensiverer Spezialisierung noch heute folgen – wobei man fragen mag, ob wir dabei nicht schon lange das Maß des menschlich Zuträglichen hinter uns gelassen haben.

KAPITEL II

Aufleuchten in leeren Jahrtausenden

Könige, Künstler, Kaufleute: von Troja II bis zu den assyrischen Händlerkolonien

Mehr Schutthalde als Burgberg, ist der Hügel von Troja für die meisten Besucher eine Enttäuschung. Über dem agrarischen Grün der Skamanderebene (heute: Küçük Menderes) will zwischen den mageren Beschilderungen der 46 archäologischen Schichten eine Aura historischer Größe ebensowenig aufkommen wie homerische Poesie. Wer mit der Gleichung Homer – Schliemann – Troja einen griffigen Schlüssel für Trojas Ruinen mitgebracht zu haben meint, sitzt ohnehin ja nachträglich noch einem fulminanten Irrtum auf.

Was der reichgewordene Kaufmann und Amateur-Archäologe Heinrich Schliemann 1871 hier als »Goldschatz des Priamos« zutage brachte und mit Hilfe seiner schönen griechischen Frau schleunigst versteckte, um es außer Landes zu schaffen, ist mit Sicherheit um Jahrhunderte älterer Herkunft gewesen als die Ereignisse, von denen die homerischen Dichtungen berichten. Das Wort »gewesen« ist übrigens wohl wörtlich zu nehmen: Die goldenen Trinkgeschirre und Schmuckstücke, die Silberbarren und bronzenen Waffen des »Priamos«-Schatzes sind in den Wirren des Jahres 1945 wieder verlorengegangen und seither verschwunden.

Über den Zeitpunkt, zu dem die Prunkgeräte dieses Schatzes hergestellt wurden, läßt sich nichts Gewisses sagen, und auch nicht darüber, wann sie in jenem Hohlraum der trojanischen Burgmauer, in dem Schliemann sie fand, verborgen wurden. Vermutlich geschah das bei der Erstürmung der zweiten trojanischen Ansiedlung (Troja II). Indoeuropäische Stämme könnten die Angreifer gewesen sein, gegen das Ende des 3. Jahrtausends oder zu Anfang des 2. Jahrtausends v. Chr. Eher für den jüngeren Zeitraum spricht die Übereinstimmung einer ungewöhnlich großen und schweren, nur mit zwei Händen zu handhabenden Pfanne aus dem »Priamos«-Schatz mit zwei fast gleich geformten und verzierten Pfannen in einem Grab im mesopotamischen Assur und einem anderen der Herrscher von Ur. Es sei kaum denkbar, wird argumentiert, daß Gebrauchsgeräte bis in Details über Jahrhunderte unverändert hergestellt würden.

Von der Geschichte Çatal Hüyüks bis zu jener von Troja II ist es in jedem Falle ein riesiger Zeitsprung. Was geschah denn in Anatolien in der Zwischenzeit? Sehr wenig, wenn den bisherigen Ergebnissen der Forschung über die kulturelle Entwicklung zu trauen ist. Dieses »Sehr wenig« gilt erst recht, wenn man die mächtige Entfaltung der sozialen und staatlichen Strukturen Ägyptens und Mesopotamiens vergleicht.

Während im Zweistromland »um 3000 v. Chr. die Schrift erfunden wurde, und die Völker des Orients die Stufe der Hochkulturen erreichten, fristete Anatolien noch das armselige Leben einer vorgeschichtlichen Dorfkultur«, stellt ein Altmeister der anatolischen Archäologie fest, Ekrem Akurgal. Stagnation, Verzögerung heißen die Befunde für das 5. und 4. Jahrtausend, und mit dem Blick auf die künstlerischen Zeugnisse und architektonische Gestalt des neolithischen Çatal Hüyük kommt man nicht umhin, regional und für Teilbereiche des anatolischen Lebens auch von Rückschritt zu sprechen. Die Frage nach dem Warum ist noch nicht beantwortet.

Aus der Perspektive Europas muß ein anderes freilich auch gesehen werden: Mit der »Vorderasiatischen Kulturtrift« kamen über den kleinasiatischen Raum neue Kulturformen – Ackerbau, Töpfertechnik, Dauersiedlungen – in die Ägäis, auf den Balkan und in die Donauländer. Daß Anatolien damals wirklich »Brücke« war, ist unter anderem am Vergleich von Ortsnamen hier und in den europäischen Gebieten, voran in der Ägäis, nachgewiesen worden.

Ein Ort wie Troja entstand als Schnittpunkt zwischen Asien und Europa in diesem – nie mehr im einzelnen zu rekonstruierenden – Geschiebe der kulturellen Einfluß- und Austauschaktionen. Der ersten bronzezeitlichen Siedlung werden altägäische und kykladische Beziehungen nachgesagt, in der ersten Hälfte des 3. Jahrtausends v. Chr. Das nimmt auch den Troja-Besucher von heute nicht wunder, wenn er sich vorstellt, wie damals die Bešik-Bucht noch viel näher zur Stadt heranreichte, ein günstiger Ankerplatz für Schiffer von den ägäischen Inseln, die auf Fahrtwind zur Reise durch den Hellespont ins Schwarze Meer warteten. Königlichen Reichtum verhieß auch die Meeresströmung, die mit mäßigen fünf Kilometern stündlich in die Ägäis fließt, aber Kreis- und Gegenströmungen bildet: Da wurden Lotsengebühren fällig, und auch sie fielen Troja zu.

Keine Bauernkönige, sondern mächtige und reiche Kontrolleure des Seeweges werden die Herrscher von Troja II in der zweiten Hälfte des 3. Jahrtausends v. Chr. gewesen sein. Auch wenn die trojanische Stadtmauer nur einen Durchmesser von etwa hundert Metern hatte, schufen die Bewohner erstmals auf anatolischem Boden eine monu-

DIE ZEIT DER ASSYRISCHEN HÄNDLERKOLONIEN

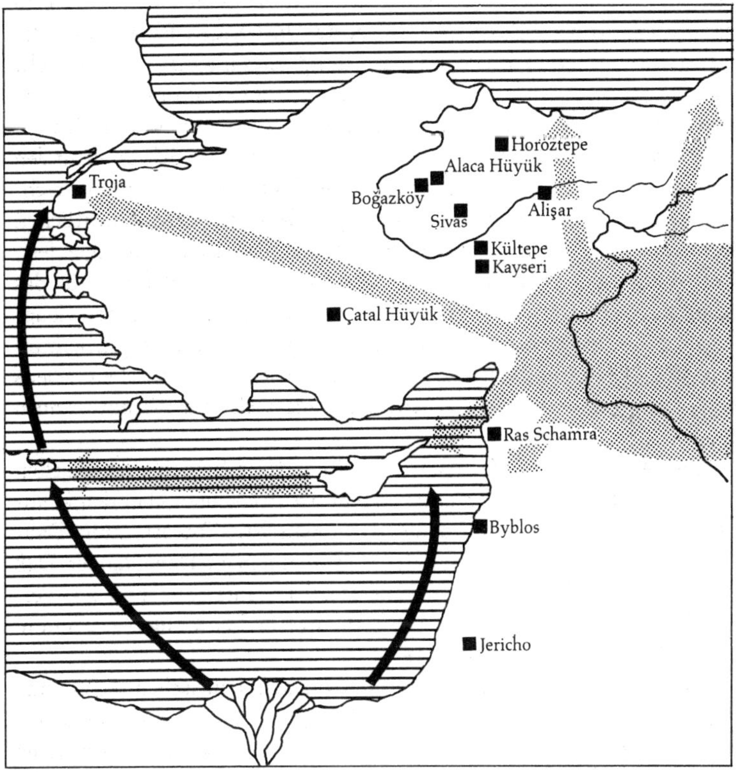

Akkad-assyrische Staaten

Akkad-assyrische Einflüsse

ägyptische Einflüsse

mentale, künstlerisch eindrucksvolle Architektur, bekrönt vom vergleichsweise riesigen *Megaron*, der 45 Meter langen Palasthalle. Trojanische Goldschmiede verstanden sich auf die Granulationstechnik, das Aufschmelzen winziger Gold- und Silberkügelchen, und sie stellten schlauchförmige Ohrringe her.

Zur gleichen Zeit wie die Könige von Troja II, in der zweiten Hälfte des 3. Jahrtausends v. Chr., brachten es an verschiedenen Orten Südost-, Mittel- und Nordanatoliens kleinere Fürstentümer zu einer kulturellen Entwicklung, deren hohes künstlerisches Niveau aus den Nekropolen und den dort gefundenen Grabbeigaben bezeugt ist. Nach den Aussagen späterer hethitischer Texte werden die Träger dieser Kultur Hattier genannt. Die wenigen Reste der hattischen Sprache unterscheiden sich von allen anderen bekannten anatolischen Sprachen, doch glaubt man trotzdem Grund zur Annahme zu haben, daß die Hattier damals die Mehrheit in der Bevölkerung ausmachten.

Der Reichtum der in Alaca Hüyük (gut 150 km östlich von Ankara) und in Horoztepe (östlich von Amasya) gefundenen Grabbeigaben ist überwältigend. Neben diesen beiden Stätten sind auch die von Eskiyapar, Kalınkaya, Mahmatlar und Kayapınar (alle in Nordanatolien, im Raum Sivas/Amasya) wichtige Nekropolen – und diese ›Totenstädte‹ lassen Rückschlüsse auf die Welt der Lebenden im Anatolien des späten 3. Jahrtausends zu, zumindest auf ihre handwerklichen Fähigkeiten und ihre ästhetische Kultur.

Dreizehn Gräber hat man in Alaca Hüyük freigelegt: rechteckige Gruben, die mit einer Balkenschicht abgedeckt waren. Im Erdreich darüber fanden sich auf den Bohlenresten jeweils paarweise Schädel und Vorder- und Hinterfüße von Rindern (Stieren?), zweifellos religiöser Funktion. »Selbst Schliemanns ›Priamos‹-Schatz wird an künstlerischer Qualität von diesem Fund übertroffen«, hat Ekrem Akurgal über die goldenen, silbernen und bronzenen Kunstwerke gesagt, die sich im Grabschacht befanden, und weiter: »Die Ausgräber, zumal die Arbeiter, Bauern aus dem Dorf Alaca Hüyük, glaubten in eine Märchenwelt versetzt zu sein, die der Spaten als Zauberstab vor ihren Augen geöffnet hatte.«

Wenn man im Museum der anatolischen Zivilisationen in Ankara vor den Vitrinen mit den schimmernden Metallgefäßen aus Gold und Silber, vor den metallenen Tier-»Standarten«, den Diademen und kunstvoll mit Gold eingelegten Frauenstatuetten steht, wird man das Staunen der Ausgräber nachempfinden. Auf eigentümliche Weise verbindet sich in manchen dieser Werke archaische, rustikale Gedrungenheit mit einer formalen Eleganz, wie sie nur aus langer Tradition im Umgang mit dem Material und den handwerklichen Techniken entstehen kann. Beispiele dafür sind die idolartigen, bronzenen Frauenstatuetten aus Alaca Hüyük: Vom Kopf bis zur Hüfte ähnlich abstrahierend wie kykladische Marmoridole des gleichen Zeitraums gestaltet, mit einer Kontur von schon ›klassischer‹ Harmonie, erinnern sie mit ihrem breithüftigen, eher kurzbeinigen Unterkörper an die älteren Fruchtbarkeits-Göttinnen aus Çatal Hüyük. Das Goldblech der fast kniehohen Schuhe hat seine Entsprechung in den goldenen Schalen der nicht übergroßen Brüste und in den golden eingelegten Ohrscheiben.

Andere Frauengestalten zeigen den ganzen Kopf mit Goldblech überformt, dazu Goldbänder über Brust und Schultern. Das Schamdreieck wird plastisch hervorgehoben, als geometrisch exakte Form, die sich über den halben Unterleib erstreckt und wieder auf die rituelle Funktion solcher Statuetten als Fruchtbarkeitsgöttinnen zu deuten scheint. Aus der jüngsten dieser Nekropolen, aus Horoztepe, stammt eine weibliche Figur aus Bronze ohne Goldapplikation (die übergroßen Augenhöhlen lassen vermuten, daß die Augen mit Metall oder Steinen eingesetzt waren), die ein Kind an die Brust gedrückt hält.

Formale Eleganz von jener Art, die unseren Sehgewohnheiten als schlechthin meisterlich erscheint, ist den goldenen und silbernen Kannen und Kelchen eigen, mit denen die Toten in den Gräbern von Alaca Hüyük ausgestattet wurden. Riefelungen oder Kanneluren folgen den Umrißlinien dieser Gefäße, lassen ihre Körper im Licht erglänzen, spielen mit Schatten und Reflexion.

Rätselhaft, immer wieder zu Interpretationsversuchen herausfordernd, bieten sich die »Standarten« mit ihren Tierfiguren und Sonnensymbolen dar. Waren diese bronzenen, unten jeweils in stabartigen Trägern oder Zapfen endenden Tierdarstellungen und durchbrochenen Scheiben vielleicht Aufsätze an Zeremonialwagen, die den Toten mit ins Grab gegeben, ja möglicherweise eigens für die Bestattung geschaffen wurden? Die in Ringen angehängten Metallscheiben an manchen Standarten klingen in der Bewegung auf, mit anderen lassen sich rasselnde oder schwirrende Geräusche erzeugen. Stiere und Hirsche sind die am häufigsten dargestellten Tiere. Ihre bronzenen Körper erreichen mit dem Gehörn oder Geweih bis etwa einen halben Meter Höhe und signalisieren mit silbernen Häuptern und silbereingelegten konzentrischen Kreisen besondere Kostbarkeit und kultischen Rang.

Stierhörner tragen oft einen weit ausgreifenden Bogen, aus dem (Sonnen-)Strahlen oder Blüten hervortreten. In diesen kreisrunden Bögen stehen die Tiergestalten, oder es spannen sich geometrische Ornamente, darunter auch das Hakenkreuz. Diese Ornamente sind manchmal sternförmig; dies und die Darstellung fliegender Vögel am

Scheibenrand haben die Deutung der umschließenden Bögen als Symbole des Himmelsgewölbes nahegelegt, als Zeichen des Kosmischen.

Sollten die »Standarten« das Weltall darstellen, wie Ekrem Akurgal vermutet, gehören sie einem Kult an, der – nach Kurt Bittel – mit magischen Vorstellungen seinen Ursprung im Nordosten, im »außerhalb des Alten Orients im engeren Sinne liegenden Asien« haben könnte? Aber das ist, räumt Kurt Bittel gleich ein, »mehr Ahnung als Hypothese, fern jedes Beweises«.

Auffällig ist bei diesen immer wieder mit dem mächtigen Gehörn der Hirsche beeindruckenden Standarten, daß in ihnen keine menschlichen Gestalten erscheinen. Überhaupt finden sich unter den vielen plastischen Darstellungen dieser rund viertausend Jahre alten Nekropolen nur ausnahmsweise männliche Figuren. Da es in dieser Zeit noch keine Schrift in Anatolien gibt, kann man auch diese Tatsache nur im Zusammenhang der Funde zu deuten versuchen, ohne daß sichere Aussagen über Glaubensinhalte oder über gesellschaftliche Ordnung möglich sind.

Was wir von den religiösen Vorstellungen der Hattier dennoch wissen, ist den Entzifferern hethitischer Texte zu danken. Diese freilich um Jahrhunderte späteren Aufzeichnungen nennen beispielsweise die Gemahlin des Wettergottes mit dem hattischen Namen »Wuruschemu«, die dann bei den Hethitern »Sonnengöttin von Arinna« heißt und als Herrscherin des Himmels und des Weltalls verehrt wird.

Die frühesten schriftlichen Zeugnisse, die heute aus dem mittleren und östlichen Teil Anatoliens bekannt sind, reichen immerhin in die Anfänge des 2. Jahrtausends v. Chr. zurück. Sie stammen allerdings nicht von den einheimischen Bewohnern der hattischen Fürstentümer, sondern von assyrischen Kaufleuten, die dort über mehrere Generationen ansässig wurden.

Dieser Kulturschub kam im 19. Jahrhundert v. Chr. also von Osten nach Anatolien, und er wurde von wirtschaftlichen Aktivitäten ausgelöst. Tausende von Tontafeln haben die Ausgräber aus dem Schutt der städtischen Siedlungen im späteren Kappadokien geborgen, vor allem in Kanisch (heute Kültepe), Alişar und Boğazköy, insgesamt an rund zwanzig Plätzen. Die Texte sind in altassyrischer Sprache geschrieben, und bei den meisten handelt es sich um Geschäftsurkunden. Hauptzentrum der Im- und Exportgeschäfte war offenbar das etwa 20 Kilometer nordöstlich vom heutigen Kayseri gelegene Kanisch, damals ein Verkehrsknotenpunkt, an dem sich die Transportwege der Kupfer-, Zinn- und Textilkarawanen kreuzten. Zinn, das in Anatolien zum Bronzeguß benötigt wurde, und Stoffe kamen ins Land; Kupfer und wohl auch Silber waren wichtige Exportgüter.

Von den *Karums*, wie die größeren Niederlassungen genannt wurden, weiß man, daß sie eine eigene assyrische Gerichtsbarkeit hatten; auch deren Hauptsitz befand sich in Kanisch. Die belegte Tatsache, daß nicht nur Streitigkeiten zwischen Assyrern, sondern auch Streitfälle zwischen Assyrern und Einheimischen vor diesen Gerichtshöfen verhandelt wurden, deutet auf einen privilegierten Status der Kaufleute; doch entscheidend für das Urteil über ihre Rolle in Anatolien ist ihre Verpflichtung, Steuern und zahlreiche Abgaben an die einheimischen Fürsten zu zahlen. Die Bezeichnung »Kolonien« ist eben nicht im Sinne kolonialer Beherrschung, sondern als Ansiedlung und Niederlassung zu verstehen.

Das schließt die Übernahme kultureller Fähigkeiten von den Zuwanderern und Gästen aus Assyrien natürlich nicht aus. Sie hatten zwar ihre eigenen Quartiere, aber innerhalb der gleichen Mauerringe wie die Einheimischen. Am Beispiel der assyrischen Schrift, die von den einheimischen Fürstenhöfen übernommen wurde, ist der Einfluß am klarsten erkennbar: Denn nicht nur die Schrift, auch die assyrische Sprache wurde bei den altanatolischen Aufzeichnungen angewendet. Von der eigenen hattischen Sprache sind unsere Kenntnisse ja noch dürftig; nur vereinzelte Einsprengsel in diesen Texten und jüngere Dokumente aus hethitischer Zeit blieben vom »Hattischen« und »Südanatolischen«.

Dagegen kennt man jetzt recht gut die städtische Architektur jener Zeit; man weiß, daß die Städte meist kreisförmig oder oval angelegt waren, auch wenn sie bisher erst in Teilen ausgegraben wurden, und man hat auch Kenntnis von der Bautechnik. Bruchsteine als Fundamente und sonnengetrocknete Lehmbausteine wurden weiterhin verwendet, aber dazu auch Holz, in das Lehmmauerwerk geschichtet oder das als Fachwerk konstruiert wurde. Die Holzbalken fingen den Druck von Wänden und Dächern auf und ermöglichten damit eine mehrstöckige Bauweise, für die Lehmbausteine alleine wegen ihrer mangelnden Druckfestigkeit nicht geeignet sind.

Zweierlei scheint den anatolischen Städten in der Zeit der assyrischen Händlerkolonien gemeinsam zu sein: An gleicher Stelle gab es auch schon in älterer Zeit Siedlungen, und alle diese Städte liegen in offenem Gelände, nicht im Schutz der Gebirge. Wie seither immer wieder gehört es außerdem zur Struktur dieser frühen Städte, daß die sakralen und politischen Zentren ihren Platz auf Hügeln hatten, wenn es solche gab. Den notwendigen Schutz boten, wie vor allem in Alişar, Kanisch und Karahüyük erwiesen, starke Stadtummauerungen, teils mit Türmen und – im Fall von Alişar – mit bis zu sechs Meter dickem Mauerwerk. Erstmals in der Archäologie der Stadtbefestigung konnte in Alischar auch ein unterirdischer Gang unter dem Wall und der Mauer freigelegt werden, eine sogenannte Poterne, in Kragbauweise errichtet und bisher die älteste bekannte Anlage dieser Art. Durch die Poterne konnten die Verteidiger der Stadt Angreifer mit einem Flankenangriff überraschen – eine offenbar erfolgreiche Taktik, denn Poternen wurden bald auch in Nordsyrien angelegt, zum Beispiel in Ras Schamra in der gleichen Weise wie in Alişar.

Wie groß waren diese Städte? Die größten maßen im Durchmesser 500 bis 700 Meter, doch mag das auch nur den Stadtkern umfassen, während noch außerhalb der Mauern Wohnviertel oder eine ganze Unterstadt hinzukommen konnten. Häuser- und Gassengewirr und nicht etwa eine einheitliche Planung kennzeichneten den Stadtcharakter, man lebte orientalisch im Sinne eines Kontrastes zu geometrischen Stadtschemata – die dann auch auf anatolischem Boden, doch im griechischen, ionischen, Siedlungsraum entstehen sollten, mehr als ein Jahrtausend später. Von Hippodamos, dem milesischen Architekten, wird noch die Rede sein.

Als politisch-kulturelle Zentren haben die anatolischen Städte des 19. und 18. Jahrhunderts v. Chr. eine sehr lebendige künstlerische Produktivität bewiesen – wohl inspiriert von Importen der assyrischen Händler, von Keramiken und Bronzen, die aus Obermesopotamien und Syrien nach Anatolien gelangten, aber dann doch auch in eigenständiger Formung. Von einem »gewaltigen schöpferischen Aufbruch« spricht Kurt Bittel und weist entschieden die Vermutung zurück, die nach Ausweis der Tontafelzeichnungen so ganz aufs Praktische und Kommerzielle ausgerichteten Kaufherren könnten selbst diesen Aufschwung getragen haben.

In der Fülle der ornamentalen und figürlichen Gestaltung – in der Keramikmalerei wie in der Skulptur – fasziniert eine spielerische Verwandlungskraft, ein Überschäumen dekorativer Einfälle. Da werden Becher zu Tierköpfen – Adler, Wildschwein, Katze oder Hase –, eine Doppelvase nimmt die Gestalt eines karikierten Menschenpaares mit übergroß gähnenden Mundöffnungen an, großnasige Gesichter schmükken Krüge, eine Kosmetikdose steht als Miniatur-Eber da. Ob wir das als Nippes-Kunstgewerbe abzutun versucht sind, mit einer zweifellos historisch verfehlten Berufung auf funktionalistische Grundsätze, oder ob wir mit einem Lächeln verbuchen, daß der Humor in der Kunst eine lange Vergangenheit hat – mit großer Wahrscheinlichkeit sind solche *Objets d'Arts* Indizien für einen wohlhabenden, ja luxuriösen Lebensstil.

Offen ist noch die Frage, welchen Anteil an diesen Schöpfungen jenes Volk hatte, das wie kein anderes die Geschichte Anatoliens im 2. Jahrtausend v. Chr. bestimmt hat: die Hethiter, die vermutlich schon um die Wende vom 3. zum 2. Jahrtausend von Norden nach Anatolien einzuwandern begannen.

KAPITEL III

Das erste anatolische Großreich

Wer waren die Hethiter?

»Mein Mann ist gestorben. Einen Sohn habe ich nicht. Dir aber sagt man viele Söhne nach. Wenn Du mir einen Deiner Söhne geben würdest, so würde er mein Gatte werden. Einen meiner Diener möchte ich keinesfalls aufnehmen und ihn zu meinem Gatten machen.«

Dieser Brief ist über dreitausendunddreihundert Jahre alt und bis heute erstaunlich. Denn seine Absenderin war die Witwe des ägyptischen Pharao Tutenchamun – eben jenes, dessen unversehrtes Grab Howard Carter 1922 im Tal der Könige öffnete –, der Empfänger aber König eines Reiches, das noch vor hundert Jahren in deutschen Geschichtsbüchern nicht einmal dem Namen nach bekannt war. Es gehörte nicht zu den Gewohnheiten der Großmacht Ägypten, ausländische Prinzen auf den Pharaonenthron zu setzen. Inzwischen wissen wir aber soviel über den Adressaten des ägyptischen Werbungsschreibens, daß der Antrag der Tutenchamun-Witwe zumindest politisch begreiflich erscheint. Der Adressat nämlich war Schuppiluliuma, der sich selbst »Labarnas, der große König, der König des Hatti-Landes, der Held, der Liebling des Wettergottes« nannte und damals eben mit der Eroberung der Stadt Karkemisch am Euphrat (nordöstlich vom heutigen Aleppo) beschäftigt war. Schuppiluliuma (um 1370–1335 v. Chr.), Herrscher des hethitischen Großreichs, war im vorderasiatischen Raum ein Konkurrent Ägyptens, der sich anschickte, die Ägypten untertänigen Fürsten im mittleren und südlichen Syrien auf seine Seite zu ziehen.

Wir kennen von einer Tontafel, die 1937 in der Hauptstadt des Hethiterreiches, in Hattuscha, aufgefunden wurde, sogar die Reaktion Schuppiluliumas auf den ägyptischen Antrag: »Da entbot er die Großen zu einer Ratsversammlung und sagte: ›Eine Sache dieser Art ist mir in meinem ganzen Leben noch niemals vorgekommen.‹ Und dann entsandte er den Hattuscha-ziti, den Geheimsekretär, nach Ägypten, um zu erkunden, was an der Sache mit der Frau Wahres sei.« Im Frühjahr darauf brachte ein Bote aus Ägypten einen noch dringlicheren, vorwurfsvollen Brief: »Ich habe in kein anderes Land geschrieben, nur Dir habe ich geschrieben! Man sagt, Du habest viele Söhne: so gib mir einen davon. Mir wird er Gatte sein, in Ägypten aber er wird König sein.«

Schuppiluliuma ließ sich überzeugen, sandte seinen viertgeborenen Sohn, der aber wurde auf dem Weg zum Nil ermordet, vermutlich weil der Pharaonenthron bereits von einer neuen Dynastie, der 19., in Besitz genommen war. Statt zu einem Bündnis oder, mehr noch, zu einer Personalunion der beiden Reiche kam es zu neuer Konfrontation – davon wird noch die Rede sein. –

Wer waren denn die Hethiter, woher wissen wir heute von ihnen, die doch schon in der Zeit der griechischen Antike vergessen wurden? Nicht einmal Herodot, der in Kleinasien geboren war und auf seinen vielen Reisen immer ein offenes Auge für die Spuren der Vorzeit hatte, erwähnt die Hethiter. Zwar hat er hethitische Felsreliefs gesehen, sie aber als ägyptische Monumente gedeutet. (Diese Reliefs kann man übrigens auch heute noch auffinden, in der weiteren Umgebung İzmirs.) Ratlos stand noch Charles Texier 1834 im nördlichen Kappadokien vor den Ruinen bei dem Dörfchen Boğazköy (heute Boğazkale), von denen er dann erstmals Abbildungen in seinem Tafelwerk »Description de l'Asie Mineure« veröffentlichte: »... hier war kein Bau irgendeiner römischen Epoche einzuordnen; dieser großartige und eigenartige Charakter der Ruinen brachte mich in außerordentliche Verlegenheit, als ich versuchte, der Stadt ihren historischen Namen zu geben.« Tatsächlich hatte er die Reste Hattuschas, der Hethiter-Hauptstadt, aufgefunden.

Die Mosaiksteine, aus denen die Forscher des 19. Jahrhunderts geduldig die Kontur dieses vergessenen Volkes herzustellen begannen, waren zum Teil wirkliche Steine: Steine mit Hieroglyphen nämlich, die sich deutlich von den ägyptischen unterschieden. Zuerst hatte der abenteuernde Baseler Orientalist Johann Ludwig Burckhardt – aus der gleichen Familie wie der um vier Jahrzehnte jüngere, berühmte Jacob Burckhardt – im Jahre 1822 im syrischen Hamath einen solchen Stein an einer Bazarecke eingemauert entdeckt. Es dauerte jedoch bis 1872, ehe der irische Missionar William Wright Gelegenheit bekam, von diesen und noch anderen Hamath-Steinen mit den merkwürdigen Hieroglyphen Abgüsse herzustellen und ans Britische Museum zu schicken. Dies unter Gefahr für Leib und Leben, denn die Bewohner Hamaths verehrten die Schriftsteine als heilkräftig; ohne militärischen Schutz des osmanischen Gouverneurs, eines aufgeklärten, wissenschafts-interessierten Herrn, hätte der »Ungläubige« nicht Hand an die antiken Relikte legen dürfen.

Und die Mosaiksteine mehrten sich. Vom Euphrat, wo britische Forscher die eingangs schon erwähnte Stadt Karkemisch ausgruben, über das kappadokische Boğazköy bis hin in die Gegend von İzmir (das damals auch Smyrna hieß) fanden sich nun die Schriftzeichen aus Menschen- und Tierköpfen, Halbmonden und Kreisen, die noch niemand zu lesen

DAS HETHITERREICH

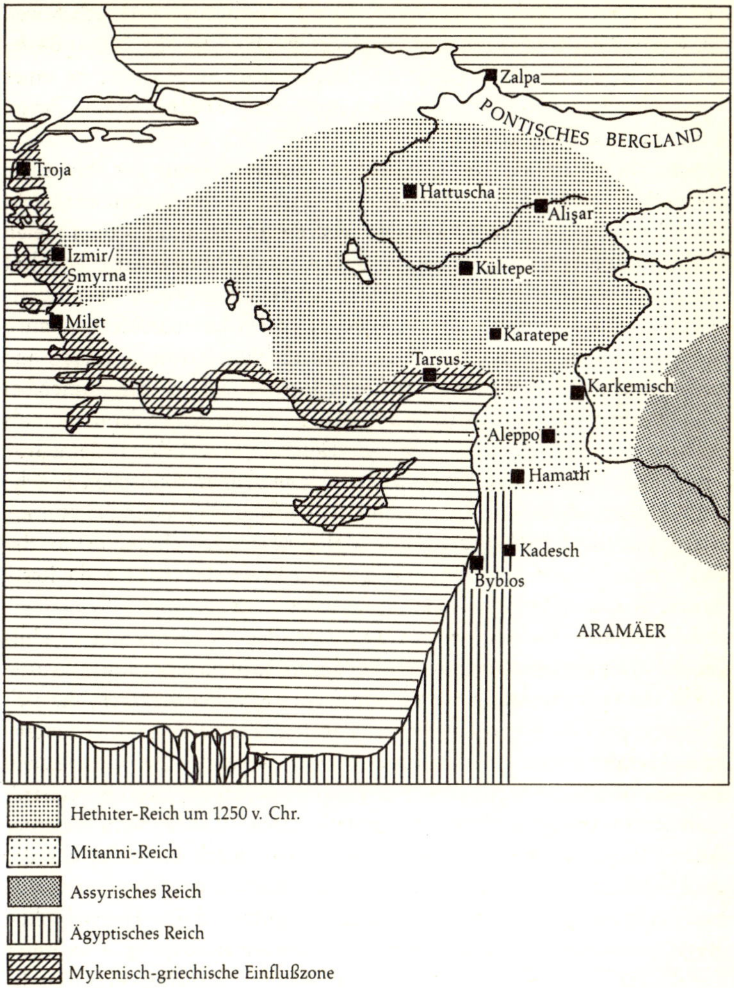

verstand. Mit Sicherheit wiesen diese Funde auf die historische Existenz eines Volkes, das seinen Einfluß- oder sogar Herrschaftsbereich von der Ägäis bis nach Syrien behauptet hatte. Nur – welches Volk war es gewesen?

Die Identifikation gelang fast gleichzeitig dem britischen Archäologen Archibald Henry Sayce und dem in Hamath fündig gewordenen William Wright. Beide stellten um 1880 einen Zusammenhang zwischen den dürftigen Aussagen der Bibel über die Hethiter (»Hittim«) und den rätselhaften Inschriften und Skulpturen her – eine These, die sofort heftig diskutiert und bestritten, dann aber bald mit immer neuen Argumenten bekräftigt wurde. Wright stieß 1884 mit seinem Buch *The Empire of the Hittites* nach, erlag aber wie alle anderen dem Irrtum, die Hethiter seien ein nordsyrisches Volk gewesen – wofür die Aufzählung der Hethiter unter anderen Völkerschaften im Alten Testament zu sprechen schien.

Viel näher kam man den historischen Tatsachen, als 1887 in Mittelägypten das einzigartige Tontafel-Archiv von Tell el-Amarna aufgefunden wurde, in Keilschrift auf akkadisch geschrieben und also entzifferbar (»akkadisch«, nach dem Namen einer Stadt am Euphrat, war die international gebräuchliche Diplomatensprache im 2. Jahrtausend v. Chr.). Aus den Amarna-Tafeln ging hervor: Die Hethiter waren von Norden nach Syrien eingedrungen, ihr Herrschaftsbereich konnte nur in Anatolien gesucht werden. Darüber hinaus gewann man erste hethitische Königsnamen – wie den des Schuppiluliuma – und Datierungen.

Die immens fruchtbare archäologische Ära um die Jahrhundertwende – Robert Koldewey grub Babylon aus, Arthur Evans den Knossos-Komplex auf Kreta – brachte auch in Anatolien wichtige Fortschritte, insbesondere mit Grabungen in Boğazköy und in Kültepe bei Kayseri. Keilschrifttafeln kamen auch in Boğazköy zutage, teils wieder akkadisch, teils in jener Sprache, die heute als hethitisch bezeichnet wird (damals aber unverständlich war). Der sächsische Assyriologe Hugo Winckler war es, der aufgrund dieser Funde im Spätherbst 1905 zu jener Grabungskampagne nach Boğazköy/Boğazkale aufbrach, die diesen entlegenen Ruinenort eindeutig als frühes Zentrum eines anatolischen Großreichs identifizierte. Daß Winckler – und in der Folge die Deutsche Orient-Gesellschaft und das Deutsche Archäologische Institut – das Privileg genoß, die Hethiter-Hauptstadt auszugraben, dankten und danken sie der kooperativen Beziehung zwischen Berlin und dem osmanischen Reich, aufgrund deren kurz zuvor auch die Konzession für den Bau der Bagdad-Bahn an die Deutschen gegeben worden war. Schon *vor* Winckler hatte sich ein namhafter britischer Archäologe um die Grabungserlaubnis bemüht, vergeblich...

Den Fund von 2500 Keilschrifttafeln, der Wincklers Grabungsteam im folgenden Sommer 1906 in Boğazkale gelang, hat »mit einem Schlag« – so urteilt der Archäologe Kurt Bittel, der die Ausgrabungen in Boğazkale von 1931 bis 1972 leitete – »die Kenntnis von der Geschichte der Stadtruinen, darüber hinaus Kleinasiens, ja ganz Vorderasiens auf eine völlig neue Grundlage gestellt. ... Diese Briefe und Verträge zwischen den Großmächten jener Zeit ... erwiesen es unwiderlegbar, daß die Ruinen bei Boğazköy von der Hauptstadt des hethitischen Reiches stammen mußten und daß das eigentliche Zentrum dieses Staates nicht im nördlichen Syrien, sondern im Herzen Kleinasiens lag. Ihr Name aber war, das ergab sich jetzt, ›Stadt Hatti‹, genauer ›Hattuscha‹. Winckler hat aufgrund der Urkunden, die ihm damals zugänglich waren, ihren Bestand nur über die Dauer von sieben Königen, welche fünf Generationen darstellen, nachweisen können, von etwa 1400 bis gegen 1200 v. Chr. Er konnte nicht voraussehen, daß zukünftige Untersuchungen ein viel höheres Alter erweisen würden.«

Dazu mußte man erst einmal die hethitischen Texte lesen lernen. Und das hieß: Man mußte hethitisch lernen. Nur ein geringerer Teil der in Hattuscha gefundenen Keilschrift-Tontafeln – es sind heute bereits mehr als 25000 Tafeln und Tafelbruchstücke – ist auf Akkadisch geschrieben. Dem tschechischen Archäologen Bedrich (Friedrich) Hrozný kommt das Verdienst zu, als erster (und in ungewöhnlich jugendlichem Alter) den Hauptschlüssel zum Verständnis des Hethitischen gefunden zu haben. Hrozný, schon mit 26 Jahren Professor geworden und einem Forschungsteam der Deutschen Orient-Gesellschaft zugehörig, das nach Hugo Wincklers Tod mit der Auswertung seiner nach Berlin verbrachten Funde beauftragt war, konnte im Kriegsjahr 1915 einen Aufsatz mit dem triumphalen Titel »Die Lösung des hethitischen Problems« veröffentlichen (den zum Militär einberufenen Gelehrten hatte ein verständnisvoller Vorgesetzter für Forschungsaufgaben freigestellt). Hroznýs säkulare Entdeckung, mit der er das hethitische Sprachproblem zu lösen vermochte, lag in der Erkenntnis, daß das Hethitische eine indoeuropäische Sprache war – eine Erkenntnis, die allerdings von der wissenschaftlichen Kritik erst einmal als abwegig zurückgewiesen wurde.

Die heute unter Sprachwissenschaftlern elementare, aber auch erst im Laufe des 19. Jahrhunderts entwickelte Einsicht in die Verwandtschaft scheinbar so entfernter Sprachen wie des Lateinischen und des Persischen, des Armenischen und des Isländischen, des Russischen und Französischen ermöglicht es dem Indogermanisten ja, Gesetzmäßigkeiten der Sprachentwicklung zu durchschauen und aus sprachlichen Bruchstücken Zusammenhänge zu rekonstruieren. Hrozný war Assyriologe, also Semitist und nicht Indogermanist, verfügte aber in ungewöhnlichem Maße über die dem Philologen unentbehrliche Kombinationsgabe. Berühmtheit in der Geschichte der Hethitologie gewann die Silbenfolge »nu ninda-an ezzateni vadar-ma ekkuteni«.

Hrozný kannte nur die Bedeutung eines einzigen Wortes, »ninda« – dessen Keilschrift-Ideogramm war von den Hethitern aus dem Sumerischen übernommen worden –, und es gelang ihm trotzdem, den Sinn des ganzen Satzes zu entschlüsseln. Das Wort »ninda« = Brot führte ihn auf indogermanische Sprachbrücken wie die Wortwurzel »ed-« =essen (althochdeutsch »ezzan«) oder das altsächsische »watar« und englische »water«. Auch philologische Anfänger haben ihr hethitisches Aha-Erlebnis, wenn sie heute Hroznýs Übertragung von »nu ninda-an ezzateni vadar-ma ekkuteni« nachlesen: »Jetzt wirst du Brot essen, und dann wirst du Wasser trinken.« Das freilich mutet leicht an und läßt nichts von der kaum beschreibbaren Kleinarbeit spüren, die eine so präzise Übertragung aus einer unbekannten Sprache erst möglich macht. Hroznýs wissenschaftliche Widersacher hatten 1917 sein Werk *Die Sprache der Hethiter* und nochmals zwei Jahre später seine Übersetzungen von Tontafeltexten aus Boğazkale zur Kenntnis zu nehmen; sie konnten sich der Richtigkeit seiner Thesen nicht länger verschließen, auch wenn es in vielen Details Korrekturen gab. Seit Hroznýs bahnbrechender Arbeit hat man hethitische Keilschrifttexte immer genauer zu lesen gelernt.

Die Hethiter hatten aber ja nicht eine, sondern zwei Schriften, nämlich neben ihrer mesopotamischen Keilschrift (die eine Silbenschrift ist) auch eine Bilderschrift – erinnern wir uns an den irischen Missionar Wright und die Hamath-Steine. Hethitische Hieroglyphen haben den Entzifferungsanstrengungen weit länger widerstanden als die Keilschrift, obwohl schon zu Anfang des 20. Jahrhunderts mit Leopold Messerschmidts *Corpus inscriptionum Hetticarum* ein Sammelwerk aller damals bekannten hethitischen Hieroglypheninschriften vorlag – und das waren rund hundert, ein schon damals reiches Material.

Was allerdings zur Entzifferung fehlte, waren noch lange Jahrzehnte Schriftdenkmäler, auf denen der gleiche Text in zwei Sprachen aufgeführt war, sogenannte Bilinguen. Erst Kurt Bittel machte 1934 in Hattuscha den glücklichen Fund von rund dreihundert Tonsiegeln, unter denen etwa ein Drittel solche Bilinguen waren, und ermöglichte damit die zweifelsfreie Identifizierung einiger hethitischer Königsnamen. Aber die Siegelschriften hatten neben ihrer erfreulichen Eigenschaft der Zweisprachigkeit die nachteilige der Kürze: Die Forschung stand bald wieder am Ende einer Sackgasse.

Es war ein deutscher Professor, der aus politischen Gründen 1933 seine Wahlheimat in der Türkei gefunden hatte, Helmuth Bossert, der 1945 auf den rauhen Karren- und Hirtenwegen des südöstlichen Taurus zu einem »Schwarzen Gipfel« (Karatepe) vordrang und dort in der Wildnis Skulpturen und Reliefsteine auffand – mit Inschriften, die teils einer semitischen Sprache angehörten (es war, wie sich herausstellte, phönizisch) und teils unzweifelhaft hethitische Hieroglyphen waren. Hier auf dem Karatepe war endlich wieder ans Licht gebracht, was zur Lösung des Hieroglyphenproblems unentbehrlich war: zweisprachige Texte. Doch sollte es nochmals Jahre dauern, bis die auf Mauern, Toren und Tafeln eingemeißelten Inschriften des »Schwarzen Gipfels« ihr Geheimnis preisgaben. Denn diese Inschriften, die aus dem 8. Jahrhundert v. Chr. stammten und von einem König Asitawandas verfaßt waren, zeigten eine irritierend willkürliche Anordnung.

Handelte es sich überhaupt um eine echte Zweisprachigkeit eines gleichen Textes, um eine Bilingue? Daß dem so war, bewies ein Außenseiter, ein kaufmännischer Angestellter aus Landshut in Bayern, der erst spät sein Abitur nachgeholt hatte, aber seit früher Jugend über beneidenswerte Sprachkenntnisse verfügte. Dieser Franz Steinherr sprach Türkisch, Arabisch, Japanisch, Russisch ... und speicherte als unbezahlter Assistent Professor Bosserts – im Hauptberuf war Steinherr Geschäftsführer am Deutschen Krankenhaus in İstanbul – in seinem linguistisch so exzellent leistungsstarken Gehirn phönizische Königstexte und hethitische Hieroglyphen vom Karatepe. Nach einer Vorlesung Bosserts, wird erzählt, kam ihm buchstäblich im Schlaf die erlösende Assoziation, nahtlos fügte sich die Inschrift: »... und ich machte Pferd zu Pferd und Schild zu Schild und Heer zu Heer« an das Hieroglyphenzeichen von zwei Pferdeköpfen und ein anderes, das – wie man schon wußte – für »ich machte« stand. Von hier aus ließ sich weiterarbeiten.

Von dieser jahrzehntelangen Philologenarbeit der Schriftentzifferung habe ich wenigstens einige Meilensteine kenntlich machen wollen, weil dies die Basis wichtigster Kenntnis vom Reich und vom Leben der Hethiter ist. In der Geschichtsschreibung, in der sich die Hethiter vor anderen Völkern hervorgetan haben, wird als frühester hethitischer Herrscher ein König Anitta genannt, der die Stadt Nescha und auch die »vom Hunger benagte« Stadt Hattuscha erobert habe: »... lieferte sie mein Gott Schiu der Throngöttin Halmaschuit aus, und in der Nacht nahm ich sie mit Gewalt, an ihrer Stelle aber säte ich Unkraut. Wer nach mir König wird und Hattuscha wieder besiedelt, den soll der Wettergott des Himmels treffen.«

Warum König Anitta diese Politik der »verbrannten Erde« praktizierte, hat noch keine Schriftquelle ausgesagt. Man weiß aber von diesem ersten namentlich bekannten Hethiterkönig, daß er seine Residenz in einer Stadt Kuschschar hatte – vermutlich in Mittel- oder auch in Südostanatolien gelegen – und um 1750 v. Chr. gelebt hat. Kurt Bittel, vielleicht der beste Hethiter-Kenner des späten 20. Jahrhunderts, nennt ihn einen Fürsten, dem »es gelang, die Vorherrschaft über andere Könige von Stadtstaaten des mittleren Anatolien zu erringen und das erste Königtum beträchtlicher Geltung und Weiträumigkeit zu errichten, das man in jenem Raume kennt«. Als früheste lokalisierbare Orte der hethitischen Geschichte gelten Kanisch/Nescha (nordöstlich von Kayseri in Kappadokien) und Zalpa an der Mündung des Kızılirmak, des antiken Halys, ins Schwarze Meer. Zentren in Mittel- und Nordanatolien also, und das läßt darauf schließen, daß die Hethiter von Norden her nach Anatolien einwanderten.

Aber woher? Keine der vielen Hypothesen über die Herkunft dieser indogermanischen Eindringlinge hat so starke Gründe für sich, daß sie alle anderen widerlegen könnte. Da das Hethitische zweifelsfrei den sogenannten »Kentum«-Sprachen zugehört, vermutete man eine Herkunft aus dem Westen (weil die indoeuropäischen Sprachen, die das Wort für »hundert« ähnlich wie das lateinische »centum« haben, westlichen Völkern zugehören, keltischen, griechischen und germanischen, im Unterschied zur »Satem«-Gruppe der Iraner, Inder und Slawen). Aber die vor- und frühgeschichtlichen Wanderungen sind, wie man heute weiß, zu unübersichtlich, um eine solche Schlußfolgerung eindeutig zu erlauben.

Hilft ein Gebet weiter? In einem Ritual des Hethiterkönigs Muwatalli, der um 1300 v. Chr. geherrscht hat, steht die feierliche Anrufung:

»Des Himmels Sonnengott, der Menschheit Hirte!
Du steigst aus dem Meer empor, des Himmels Sonne!
Hinauf zum Himmel wandelst du dahin
Des Himmels Sonnengott, mein Herr! Dem Menschenkind,
Dem Hund, dem Schwein, dem wilden Tier des Feldes
Sprichst Recht du, Sonnengott, Tag für Tag!«

Nirgends in Zentralanatolien sieht man die Sonne im Osten aus dem Meer aufsteigen. Also spricht aus diesen Versen möglicherweise die Erinnerung an den früheren, vielleicht sogar an den ursprünglichen Aufenthalt der Hethiter? Das könnte dann eine Landschaft westlich entweder vom Schwarzen oder vom Kaspischen Meer gewesen sein, am Balkan oder am Kaukasus. Gelassen wird man einräumen müssen, daß auch dieses Beweismaterial dürftig und von der Art ist, die keine wirklich stimmige Aussage zuläßt. Gar auf heute deutschen und tschechischen Boden greift Friedrich Cornelius aus, wenn er in seiner *Geschichte der Hethiter* auf eine Eigentümlichkeit hethitischer Schreiber verweist, nämlich die auffällig häufige Verwechslung von b und p und g und k, und aufgrund dieser mundartlichen Eigentümlichkeit die Heimat der Hethiter im »heutigen Sachsen oder Sudetenland« sucht.

Nicht einmal ihr Name ist den Hethitern ganz eigen, und man kann nur schließen, daß sie bei ihrer Einwanderung nach Anatolien dort einheimische Namen von Orten wie von dem Volk, das sie dort vorfanden, sich selbst aneigneten. Es war das Volk der *Hatti* (von dem im vorigen Kapitel berichtet wurde). Mehrfach erscheinen auf den hethitischen Tontafeln aus den Boğazköy-Archiven Hinweise auf Textstellen, die »Hattili«, und das heißt nichts anderes als »auf hattisch«, geschrieben seien. Schon 1919 machte der Schweizer Sprachforscher Emil Forrer auf diese Namenskalamität aufmerksam: »Eine Durchsicht sämtlicher Boghazköy-Fragmente hat ergeben, daß in ihnen nicht weniger als acht verschiedene Sprachen vorkommen: außer dem Sumerischen, dem Akkadischen, der bisher als ›Hethitisch‹ bezeichneten Sprache, die, wie wir sogleich sehen werden, richtiger Kanesisch zu nennen ist, und dem Urindischen das Harrische, das Protohattische, das Luvische und das Balaiische.«

Die imponierende Internationalität der Hattuscha-Archive mit ihren acht Sprachen ist das eine, das an dieser Feststellung beeindruckt, das andere ist der Nebensatz: »die richtiger Kanesisch zu nennen ist.« Wäre es nach Forrer gegangen, spräche heute niemand vom hethitischen Großreich, sondern – nach der Stadt Kanisch – vom Großreich der Kaneser oder Kanischer. Aber Forrers Vorschlag kam zu spät, um sich in der zwar noch jungen, aber doch schon etablierten Wissenschaft der Hethitologie durchzusetzen.

Seltenes Beispiel unter Erobervölkern, haben die ›Hethiter‹ im Verlauf ihrer anatolischen Herrschaft den Namen der unterworfenen Ureinwohner also für sich selbst übernommen. Sprechen die schon genannten Anitta-Berichte vom Sieg über einen »König von Hatti«, so nannten sich die Indoeuropäer später selbst »Hatti«, und mehrere ihrer Könige hießen Hattuschili. Die terminologische Verwirrung in der Hethitologie war programmiert. Bis heute werden die vermutlich autochthonen, von den Indoeuropäern beherrschten *Hatti* einmal als »Hattier«, ein andermal als »Protohattier« bezeichnet. Wenn wir hier von den Hethitern sprechen (die in manchen Büchern auch als *Hatti* erscheinen!), halten wir es mit dem britischen Hethitologen O. R. Gurney: »Dieses Königreich und seine offizielle Sprache sind als ›hethitisch‹ bekanntgeworden – und der Name muß jetzt akzeptiert werden.«

Woher immer die rätselhaften Hethiter gekommen sind, wie immer sie sich damals selbst genannt haben mögen – sie haben in Nordanatolien eine Region für sich in Besitz genommen, die wohl schon im 3. Jahrtausend v. Chr. wegen ihrer metallischen Bodenschätze besonderen Wert hatte: den mittleren Teil des pontischen Berglands. Neben Blei und Silber kommen dort auch Kupfer und Gold vor. Nur das für die Bronze-Metallurgie notwendige Zinn fehlte; es ist vielleicht aus dem nordwestlichen Iran importiert worden. Während aber das pontische Gebirge nur in der frühesten Zeit zum hethitischen Kernraum gehörte, blieben die südlich angrenzenden inneranatolischen Steppengebiete über Jahrhunderte hin hethitisch. Vermutlich waren sie im 2. Jahrtausend v. Chr. zumindest in Teilen noch bewaldet und gaben mit Eichen- und Fichtenholz Baumaterial für die Hauptstadt Hattuscha.

Denn das von König Anitta feierlich geächtete Hattuscha wurde nach rund hundert Jahren um 1600 v. Chr. wiederaufgebaut, es wurde Residenz Hattuschilis I., und mit nur kurzer Unterbrechung für die folgenden vier Jahrhunderte auch die seiner Nachfolger bis auf einen. Von hier aus bauten die Hethiter ihr Großreich auf, drangen nach Westen auf die Ägäis und nach Süden über das Taurusgebirge auf das Mittelmeer zu. Ein althethitisches Gebet lautet:

> »Der König möge wohlauf sein, die Königin, Prinzen, seine Truppen ebenso, und sein Land möge diesseits das Meer und jenseits das Meer zur Grenze haben.«

Wir brauchen die Annalen der hethitischen Expansion mit den militärischen Triumphen und katastrophalen Rückschlägen nicht nachzuerzählen. So sehr man sich davor hüten soll, Vorgänge der frühen Geschichte wie im Zeitrafferfilm vergegenwärtigen zu wollen, statt die Langsamkeit von Veränderung und Entwicklung zu berücksichtigen, so sehr prägt sich dem Gedächtnis doch die Dynamik und Plötzlichkeit ein, mit der dieses bis dahin in der vorderasiatischen Welt unbekannte Volk zum Machtfaktor wurde. Schon Hattuschili I. stieß nach Syrien hinein, Murschili I., sein Neffe und Nachfolger, konnte das damals hurritische Haleb (Aleppo) und sogar Babylon erobern.

Auch von den Hurritern übernahmen die Hethiter offenbar manches in die eigene Lebenswelt, Namen, Götter und nicht zuletzt Militärtechnisches. Die Hurriter hatten in Südostanatolien Herrschaft ausgeübt, und neben hurritischen Kleinstaaten zwischen Van-See und Nordsyrien war vom 15. bis zum 13. Jahrhundert vor allem das hurritische Mitanni-Reich in Nordmesopotamien ein Machtfaktor. Heute sucht man Hurriter auch in mittelgroßen Lexika vergebens, obwohl manches für die Vermutung spricht, daß sie die Pferdezucht und auch die pferdebespannten

Kampfwagen zuerst in Vorderasien eingeführt haben. Hurritische Namen haben etliche Mitglieder der hethitischen Dynastie und auch, wie noch darzustellen sein wird, zahlreiche von den Hethitern verehrte Götter getragen. Obwohl die hurritische Sprache weder dem indoeuropäischen noch dem semitischen Stamm angehört und auch mit dem Hattischen keine Gemeinsamkeit hat, war die Oberschicht vielleicht indoeuropäischer Abstammung.

Der leichte, einachsige Streitwagen mit metallbeschlagenen Speichenrädern gehörte früh auch zur Bewaffnung der hethitischen Heere, neben Pfeilen mit Bronzespitzen, Sichelschwertern und Kampfäxten, die auch in Form von Menschenhänden erhalten sind. Die aggressive Schlagkraft der Hethiter konnte allerdings Rückschläge nicht verhindern; das althethitische Reich (um 1750–1450 v. Chr.) wurde zeitweise auf das anatolische Kerngebiet eingeengt.

Dem Höhepunkt hethitischer Machtfülle zur Zeit des »Großreichs« (seit 1450) führte Schuppiluliuma I. den Staat zu. Dieser »Soldatenkönig« nannte sich »Liebling des Wettergottes«, nahm sich aber für seine rituellen Pflichten als Oberpriester wenig Zeit und hat eine lange Reihe von Kriegen geführt. Wie schwach das Reich vor seinem Regierungsantritt (um 1370 v. Chr.) war, zeigt der Bericht, Hattuscha sei damals niedergebrannt worden und Schuppiluliuma habe den Wiederaufbau begonnen – wie er auch in den folgenden Jahren zerstörte Städte wiederaufbauen und die geflüchteten Bewohner zurückrufen ließ.

Als sein Vater starb, war ihm die Thronfolge angeboten worden, obwohl er nicht der nachfolgeberechtigte Kronprinz war; dieser wurde ermordet. Schuppiluliuma hat dann die Erwartungen seiner Parteigänger offensichtlich erfüllt, hat das hurritische Königreich Mitanni gestürzt und auch die Stadt Karkemisch erobert. Ebendort am Euphrat erreichte ihn auch die eingangs berichtete Werbung der Pharao-Witwe um einen seiner Söhne. Ägypten und Babylon gegenüber war das Hethiterreich jetzt machtpolitisch ebenbürtig.

Diplomatische Korrespondenz, Im- und Export, Kulturaustausch zwischen den Großmächten waren zumindest im 14. und 13. Jahrhundert v. Chr. rege. Die Texte im hethitischen Reichsarchiv in Hattuscha berichten von vielen Gegenständen in anatolischen Stätten, die leider verloren sind: ägyptischen Gefäßen aus Gold, Kleidern und Möbeln. Umgekehrt wurden Silbergefäße nach Ägypten exportiert oder als zeremonielle Gaben des Königs an den pharaonischen Hof geschickt, beispielsweise die kiloschweren Trinkhörner aus Silber in Hirsch- und Widdergestalt, die in einem Brief Schuppiluliuma I. an den Pharao Amenophis IV. Echnaton erwähnt sind.

Die seit der Vereinnahmung des Königreichs Mitanni entstandene unmittelbare Nachbarschaft des Hethiterreichs und Ägyptens blieb allerdings nicht friedlich. Der Prinzenmord, mit dem die Eheverhandlungen Schuppiluliumas ein böses Ende genommen hatten, wurde zum Kriegsanlaß. »Mein Vater aber ergrimmte«, berichtet Schuppiluliumas Nachfolger Murschili II., »und er zog nach dem Land Ägypten und überfiel das Land Ägypten. Auch die Truppen (und) Wagenkämpfer des Landes Ägypten schlug er.«

Daß die Hethiter nicht nur zu Angriffen auf das asiatische Vorfeld des Pharaonenreiches imstande waren – von einem solchen handelt der zitierte Bericht offensichtlich –, sondern auch der ägyptischen Hauptmacht standhalten konnten, erwies sich wenige Jahrzehnte später. Im fünften Jahr seiner 66jährigen Regierungszeit versuchte Ramses II. die verlorene Vorherrschaft Ägyptens im syrischen Raum zurückzugewinnen. Das Volk von Amurru, einem Gebiet westlich vom Orontes, kündigte dem Hethiterkönig Muwatalli die Vasallenherrschaft auf und ging zu Ägypten über, und da, so erinnert später ein hethitischer Vertragstext, »haben der Bruder des Vaters meiner Sonne, Muwatalli, und der König von Ägypten miteinander um die Leute von Amurru gekämpft«.

Bei Kadesch, nördlich vom heutigen Damaskus, kam es auf steiniger Ebene am Fluß zu einer Schlacht, einer der mörderischsten, die aus der Geschichte des alten Orients bekannt sind. Zugleich ist diese Schlacht von Kadesch (vermutlich 1285 v. Chr.) eine der frühesten, die in ihrem Verlauf mit hoher Genauigkeit aufgezeichnet wurden. Zieht man von den überwiegend ägyptischen Darstellungen jenes Maß von Eigenpropaganda ab, das beim Vergleich mit den spärlicheren, aber gleichfalls parteilichen hethitischen Quellen erkennbar wird, und blickt man dann auf die tatsächliche Machtsituation *nach* dem Tag von Kadesch, so wird deutlich: Dies war eine Entscheidungsschlacht mit unentschiedenem Ausgang. Weder Ramses noch Muwatalli räumten ihre Positionen, die Kämpfe gingen weiter: »Zur Zeit, als der König Muwatalli den König von Ägypten bekriegte«, schildert der spätere König Hattuschilis III. die Vorgänge, »und als er den König von Ägypten besiegte, da ging der Ägypterkönig zurück nach dem Lande Aba. Dann aber besiegte der König Muwatalli das Land Aba, marschierte daraufhin ins Land Hatti zurück, ich aber blieb im Lande Aba.« Aba hieß ein Gebiet bei und nördlich von Damaskus.

Auf silbernen Tafeln wurde etwa anderthalb Jahrzehnte später der Vertrag aufgezeichnet, mit dem Hethiter und Ägypter ihrem Streit ein Ende setzten, einer der ältesten Nichtangriffsverträge zwischen Großmächten (1269 v. Chr.). Die Silbertafeln sind nicht erhalten, wohl aber der Vertragstext, der an ägyptischen Tempelwänden und auf hethitischen Tontafeln zu lesen ist, und überdies belegen zahlreiche Briefe, die zwischen den Königen und ihren Frauen gewechselt wurden, die beiderseitigen Gefühle der Erleichterung über die Friedensfindung.

Auch zu einer ägyptisch-hethitischen Eheverbindung der Dynastien kam es noch. Im 34. Regierungsjahr heiratete Ramses II. die älteste Tochter Hattuschilis' III. Mit Juwelen, Rinder- und Schafherden und Begleittruppen reiste sie winters durch Syrien nach Ägypten und erhielt den Titel »Des großen Königs Gattin, Herrin der beiden Länder, Matnefrure, Tochter des großen Fürsten von Hatti«, war also nicht etwa nur eine von vielen Nebenfrauen. Ob Hattuschilis III. sie persönlich zur Ramses-Stadt im Nildelta beim heutigen Kantir begleitet hat, ist ungewiß – mehrere Forscher neigen dazu, das Abu-Simbel-Relief mit der Darstellung von Vater und Tochter vor Ramses' Thron als ägyptische Staatspropaganda zu deuten, mit der Unterwerfungsgeste der erhobenen Arme der beiden Hethiter als Zeichen ägyptischer Überlegenheit.

Seine Stabilität gewann das Bündnis der beiden Großreiche vermutlich auch aus der wachsenden Machtkonkurrenz des assyrischen Reiches. Ihm gegenüber hielten Ägypten und das Hethiterreich zusammen, und dem vergleichsweise jungen hethitischen Großreich wurden aus Ägypten in mancherlei Weise Freundschaftsbeweise gegeben – von einer Augenarznei und anderer ärztlicher Hilfe für den Großkönig bis zu Getreidelieferungen, mit denen Ramses' II. Nachfolger eine Hungersnot zu beheben half.

Es ist gut, diesen ja erst im Lauf der letzten hundert Jahre allmählich aufgehellten historischen Hintergrund zu kennen, wenn man in dem steinschrundigen Berggelände von Boğazkale, rund 150 Kilometer östlich von Ankara, vor den Ruinen von Hattuscha steht. Kein Platz gleicht diesem in seiner archaischen Größe, und nicht Ruinenfaszination, für die mancher allemal empfänglich sein mag, macht seine stärkste Wirkung aus. So eindrucksmächtig die an den Hügelhängen freigelegten Grundmauern von Tempeln, Palästen, Wohnhäusern und Magazinen sich darbieten, einzigartig ist der Zusammenklang der Landschaft mit den zerstörten *und* den erhaltenen Zeugnissen der hethitischen Kultur, unter den letzteren nämlich die überlebensgroßen Skulpturen an den Toranlagen der Stadtmauer und vor allem die in den gewachsenen Fels gehauenen Reliefs des Heiligtums von Yazılıkaya. Hier in Hattuscha, bei dem Dörfchen Boğazkale, sollte man eine Anatolienreise beginnen und nicht bei den soviel jüngeren Stätten von Ephesos oder Milet.

Merkwürdig genug bleibt, daß die Hethiter an Hattuscha als ihrer Hauptstadt und Residenz auch in den Jahrhunderten festhielten, in denen die imperiale Ausdehnung ihres Reiches Hattuscha immer mehr zu einem Randort hatte werden lassen. Seit Südanatolien, Obermesopotamien und große Teile Syriens hethitisch waren, hatte unverhältnismäßig lange Wege in Kauf zu nehmen, wer – als Bote, Händler, Militär – in diese Reichsteile reiste. Es kam noch hinzu, daß nach dem Verlust der pontischen Gebiete die nördliche Reichsgrenze nur etwa 50 Kilometer von der Hauptstadt Hattuscha entfernt war und hinter ihr die aggressiven Kaschkasch-Völker lebten. Auf der anderen Seite haben sicherlich auch die natürlichen Vorteile der Lage für die Aufrechterhaltung der Hauptstadtfunktion gesprochen: Der Platz war gut zu verteidigen, es gab zahlreiche Quellen und in naher Umgebung Waldgebiete, also Jagdmöglichkeit und vor allem Bauholzreserven, wie Balkenfunde und auch ein ritueller Text erweisen: »Am Morgen steht ein geschmückter Wagen vor dem Tempel bereit. ... Sie schirren den Wagen an und bringen den Gott aus dem Tempel heraus und setzen ihn in den Wagen. ... und sie bringen den Gott hinunter durch das Tawinische Tor in den Wald.«

Zur »imponierenden Metropole eines Reiches und eines Hofes, die zu den maßgebenden Machtfaktoren der damaligen Welt zählten«, wie der Hattuscha-Ausgräber Kurt Bittel sagt, wurde die Stadt im 14. und 13. Jahrhundert v. Chr. Kurt Bittels archäologische Erkenntnisse liegen auch dem Folgenden zugrunde, und sie sind um so wertvoller, als die Geschichte Hattuschas kaum aus den dort gefundenen Keilschrifturkunden zu erschließen ist und im Unterschied zu Babyloniern und Assyrern in Hattuscha auch weder Bauinschriften noch in den Fundamenten deponierte Gründungsurkunden über Entstehung und Funktion der Gebäude Auskünfte liefern. Mit rund 168 Hektar war Hattuscha im 13. Jahrhundert v. Chr. dreimal so groß wie Assur. Wenn wir dann erfahren, mit welcher Einwohnerzahl für diese Metropole eines Großreichs zu rechnen ist, wird einmal mehr der geradezu phantastische Unterschied der Größenordnungen deutlich: Während nämlich im Rom der Zeitenwende rund eine Million Menschen lebte, waren es in Hattuscha 13 Jahrhunderte früher vermutlich gerade nur 9000 bis 15000.

Manche von ihnen lebten nicht schlecht, wenn sie Hausbesitzer waren. Schon im althethitischen Hattuscha aus dem 16. und 15. Jahrhundert v. Chr. hat man Häuser mit 14 Räumen gefunden, die anscheinend für eine Familie bestimmt waren, wenn auch keine Aussagen über soziale Stellung oder Beruf der Eigentümer möglich sind. Neben alltäglichem Gebrauchsgerät wie Herden und Backöfen, Vorratsfässern und Mahlsteinen hatte man auch Badewannen, transportabel sogar, aus Ton und manchmal mit einem Sitzbänkchen ausgestattet.

Sechs große Tempel und Büyükkale, der großkönigliche Palast, waren die repräsentativsten Gebäude Hattuschas – wobei gleich hinzugesetzt werden muß, daß es sich eigentlich um Gebäudegruppen handelte. Auffällig an dem Palastkomplex ist der Befestigungsgürtel, der ihn seit dem 13. Jahrhundert von der übrigen Stadt abschloß. Darin spricht sich möglicherweise der »Angleich des Königtums an altorientalische Vorstellungen« aus, »die jetzt theokratisch bestimmte Herrscheridee, die mit der Stellung des Monarchen verbundene Regel, sich vom gewöhnlichen Volk fernzuhalten und nur unter besonderen Vorsichtsmaßnahmen mit ihm zu verkehren«. (Kurt Bittel) Im Gegensatz dazu unterscheiden sich die Tempelanlagen von altorientalischen Mustern durch die Helligkeit, die durch viele Fenster gegeben war und sogar im *Adyton*, im unbetretbaren Allerheiligsten, statt des üblichen geheimnisvollen Halbdunkels vorherrschte. Die Funktionen der Dutzende von Räumen, die sich um die Tempelhöfe gruppierten, sind noch nicht abschließend geklärt. Daß man keine Säulen kannte, sondern durchweg viereckige Pfeiler verwendete, ist eine andere Eigentümlichkeit.

Wenn man die Architektur als bedeutendste kulturelle Leistung der Hethiter genannt hat (so der türkische Kunsthistoriker Ekrem Akurgal), so gilt das insbesondere für die Festungsarchitektur, und da wieder für die Stadtmauern. Schon das althethitische Hattuscha war um 1500 v. Chr. von einer 8 Meter dicken Stadtmauer umgeben, die mit einem Sockel aus Bruchsteinen auf einem künstlich aufgeworfenen Erdwall stand. Der Hochbau der Mauer bestand aus Lehmziegeln und ragte mindestens 6 Meter hoch auf. Ähnliche Befestigungen gab es allerdings früher bereits, so im 18. Jahrhundert v. Chr. in Alischar, südöstlich von Hattuscha, ebenso wie die *Poternen*, unterirdische Durchgänge durch die Wall- und Maueranlagen.

Die Hethiter bauten monumentaler als ihre Vorgänger, in ihren zyklopischen, ohne Mörtel verfugten Mauern sind Steinblöcke von mehr als zwei Meter Länge eingelassen. Der 71 Meter lange, leicht abfallende Spitzbogengang unter dem Erdwall der Stadtmauer ist mit vorgekragten Bausteinen so hoch ausgeführt, daß ihn Reiter benutzen können. Auf der Mauer über ihm erhob sich einer der vielen Türme, von deren Bauweise vielleicht zwei im Schutt der Unterstadt aufgefundene Reste bemalter Vasen Kenntnis geben. An deren Rand sieht man eine zinnenbekrönte Mauer mit vorspringenden, rechteckigen Türmen, die zwei Stockwerke, je vier Fensteröffnungen und auch ihrerseits Zinnen haben.

Wie empfindlich das Sicherheitsbedürfnis der Herrscher – und man darf vermuten: auch der Bewohner – von Hattuscha war, dafür sind die allnächtlichen und allmorgendlichen Vorkehrungen an den Stadttoren ein Beleg: »Wenn morgens sie des Tores kupferne Riegelstangen heben«, heißt es in einer Anweisung an den »hazannu«, den Bürgermeister um 1500 v. Chr., »...du deinen Sohn oder Diener zum Öffnen geschickt hast, wenn sich am Tore das Siegel wendet, so sollen danach ein Herr von Hatti oder ein kommandierender Offizier oder welcher Beauftragte sonst eingeteilt ist – diese gemeinsam das Siegel am Tor überprüfen und entsprechend das Tor öffnen. Die kupfernen Riegelstangen aber sollen sie zurück in das Haus tragen und an ihrer Stelle deponieren.« Die Bautechnik der Stadttore wurde immer weiter perfektioniert, jedes Tor erhielt am Vorplatz flankierende Türme, Torkammern mit doppelten, bronzebeschlagenen zweiflügeligen Türen und horizontalen Verschlußbalken.

An drei Hattuscha-Toren blieben die schon erwähnten Relief-Bildwerke erhalten: ein Löwenpaar am westlichen, Sphingen am südlichen und eine Götterfigur am östlichen Tor. Alle drei Werke – die Originale der Sphingen befinden sich in den Museen von İstanbul und Berlin, die Götterfigur in Ankara, nur die Löwen sind noch authentisch am Ort – gehören zu den bedeutendsten Leistungen der hethitischen Kunst (statt der Originale wurden in Hattuscha Kopien aufgestellt). Vor allem das Löwenpaar und der stehende Gott vereinen Ausdruckskraft und feinste plastische Modellierung. Kriegerisch mit Hörnerhelm, Stachelaxt und Krummschwert angetan, zeigt die Götterfigur auch hohes dekoratives Können des Künstlers, der mit feinen und feinsten Ritzungen das Brusthaar durch Spiralhäkchen-Ornamente dargestellt hat. Exquisite Steinmetzarbeit ist das Mähnengelock der Löwen.

Zweifellos hat es auch vollplastische große Bildwerke in Hattuscha gegeben, wie aus den Basen großer Kultstatuen in den Tempeln zu schließen ist. Die in hohem Relief ausgeführten Werke erinnern an mesopotamische Kunst, und es gibt sogar einen klaren Beleg dafür, daß am hethitischen Hof auch Künstler aus Babylon tätig waren. Um die Mitte des 13. Jahrhunderts v. Chr. schrieb Hattuschilis III. an den König von Babylon und bat um Entsendung eines Bildhauers, weil er »Bilder im Familienhause aufstellen« wolle; ausdrücklich erinnerte er auch daran, daß er bei früherer Gelegenheit einen Bildhauer pünktlich wieder heimgeschickt habe.

Alles Erforschen versunkener Kulturen schließt immer die Doppelfrage ein: Welchen Platz nahm diese Kultur im Beziehungsgeflecht ihrer Zeit ein – und was waren ihre Eigenheiten, die sie von anderen Kulturen abhob? Die international einflußmächtige, zuzeiten in Vorderasien dominierende Rolle des hethitischen Großreichs ist heute unbestritten. (Wenn wir nicht Immanuel Velikovskys prinzipiellen Zweifeln an der

Existenz des Hethiterreiches folgen und diesem originellen Kritiker der etablierten altorientalischen Chronologie zugestehen wollen, daß er die Identität des Hethiterkönigs Murschilis II. mit dem Chaldäer [Babylonier] Nebukadnezar II. bewiesen habe. Das allerdings hieße konsequent, die Funde von Hattuscha von Grund auf neu zu deuten.)

Weil in den hethitischen Tontafel Archiven überwiegend die militärischen Taten der Herrscher aufgeführt sind – eine endlose Folge von Feldzügen, niedergebrannten Orten, weggeführten Gefangenen –, Aussagen über die inneren Verhältnisse aber nur selten vorkommen, liegt über der hethitischen Rechts- und Sozialordnung, Wirtschafts- und Geistesgeschichte weithin ein dichter Schleier. Dieser Schleier öffnet sich allerdings stückweise dort, wo es um Religion und sakrale Bräuche geht – in exakter Entsprechung zur monumentalen Kunst, die gleichfalls kaum Darstellungen aus dem profanen Leben kennt und sich aufs Kultische konzentriert.

Trotzdem gibt es einige überaus wichtige Überlieferungen, die hethitische Herrschafts- und Rechtsverhältnisse deutlich von denen der orientalischen Nachbarn abheben. Friedrich Cornelius nennt einen Erlaß des Königs Telipinu (Anfang des 15. Jahrhunderts v. Chr.) sogar das »erste Verfassungsgesetz der Weltgeschichte«. Telipinu stellte Regeln für die Thronfolge auf – ältester Sohn der Hauptfrau, nach ihm der erstgeborene Sohn der Nebenfrau, nach ihm der Ehegatte der erstgeborenen Tochter. Er tat aber noch mehr, er schrieb eine Einschränkung der Autokratie fest. Aus indogermanischer Tradition mag sich herleiten, daß dieses Gesetz den König dem *Pankus*, der Adelsversammlung, verantwortlich macht. »Wer König wird und gegen Brüder und Schwestern Böses plant«, heißt es, »dem sagt, wenn ihr der für ihn zuständige Pankus seid, nachdrücklich: ›Wie Blutsachen behandelt werden, ersieh aus der Tafel.‹ Wer unter Brüdern und Schwestern Böses ausführt, steht mit seinem königlichen Haupt ein. Berufet die Versammlung, und wenn eine solche Streitsache gegen ihn entschieden wird, so soll er mit seinem Haupt büßen.«

Zu solcher Einschränkung autokratischen Königtums paßt dann auch, daß die Hethiterkönige sich zwar Götternamen gaben – Telipinu ist beispielsweise ein Name des obersten Wettergottes –, sich aber nicht wie orientalische Herrscher zu Lebzeiten als Götter verehren ließen. »Das Land gehört dem Wettergott«, sagt eine Inschrift aus der Zeit des Großreiches, »Himmel und Erde und die Menschen gehören dem Wettergott. Er machte den Labarna, den König, zu seinem Regenten, und er gab ihm das ganze Hethiterland. So soll der Labarna das ganze Land mit seiner Hand regieren.« Erst im Tode wurden hethitische Könige vergöttlicht – »er wurde Gott« ist die Umschreibung für das Hinscheiden des Herrschers.

Für den einfachen Mann scheint gleichfalls eine »modernere« Rechtsordnung im Hethiterland gegolten zu haben als beispielsweise in Assyrien. Das entehrende Abschneiden von Nase und Ohren, bei den Assyrern üblich, wurde als Strafe ebensowenig verhängt wie das Pfählen und Schinden. Auch bei Mord- und Totschlag war die Todesstrafe nicht unausweichlich. Der nächste Verwandte des Getöteten konnte sich vor Gericht auch mit einer Sachbuße begnügen, und ausdrücklich wurde die Blutrache an der Familie des Täters ausgeschlossen.

Dem gleichen Geiste hethitischer Humanisierung entsprachen Regelungen für Sklaven wie jene, die eine Ehe mit einer freien Frau erlaubte, unter der Voraussetzung, daß der Sklave den Brautpreis zahlen konnte. Auch Sklaven konnten offensichtlich Besitz erwerben, und Schutz des Eigentums gehörte zu den hethitischen Rechtsgrundsätzen.

Mutterrechtliche Praxis war in der hethitischen Gesellschaft dagegen keineswegs so üblich, wie man auf Grund der Kybele-Verehrung – von der noch zu sprechen ist – und auch in Analogie zu lykischen Bräuchen (vgl. S. 64) vermutet hat. Zwar war die Tawananna, die Hauptfrau des Königs, auch über den Tod des Herrschers hinaus einflußreich und bei mancher Gelegenheit an Regierungsentscheidungen beteiligt. Da das Wort *Tawananna* hattischer Herkunft ist, hat man daraus geschlossen, daß auch ihre Stellung auf hattischem Brauch beruhte. Sonst nämlich galt eindeutig Vaterrecht: Der Mann konnte seine Frau verstoßen (mußte sie allerdings mit Vermögenswerten abfinden), konnte sie bei Ehebruch straflos töten, konnte die gemeinsamen Kinder verkaufen – und wenn er selbst starb, übernahm sein Bruder oder in zweiter Linie sein Vater die Witwe. Das war eher ein Akt sozialer Sicherung als sexueller Ausbeutung, aber auf der anderen Seite reichte auch hethitische Achtung vor dem Individuum wohl nicht so weit, daß die verwitwete Frau nach ihrem Wunsch und Willen zu befragen war.

Obwohl ein Großteil der hethitisch überlieferten Texte von Gottheiten, Kulthandlungen und Ritualen handelt, ist es nahezu unmöglich, von hethitischer Religion ein klares Bild zu gewinnen. Ein Altmeister der Hethitologie, der in den dreißiger Jahren aus Deutschland vertriebene Albrecht Goetze, stellt lakonisch fest: »Der erste Eindruck, den man empfängt, wenn man einen Blick auf die hethitische Götterwelt wirft, ist Chaos.«

Das hat, wie man heute weiß, allerdings einen einleuchtenden Grund: Offenbar verzichteten die Hethiter nämlich darauf, die Kulte der von ihnen besiegten Völker zu verdrängen oder zu verbieten, ja die Gottheiten der hattischen Bevölkerung werden in den aufgefundenen Texten lange Zeit noch in hattischer Sprache angebetet. So können die Hethiter selbst ohne Übertreibung von den »Tausend Göttern« ihres Reiches sprechen. Viele von ihnen waren nicht deutlich voneinander unterschieden, sondern lokale Ausprägungen des gleichen Typus. »Alle Wettergötter«, »Alle Hebats«, »Alle Ischtars« steht darum mit pauschaler Formel in manchen Texten.

Warum »tausend« Götter? Offenbar begriffen die Hethiter alles Dasein göttlich durchdrungen und bedingt, und sie scheuten davor zurück, irgendeine einmal manifestierte Gottheit zu vernachlässigen und damit ihren Zorn zu provozieren. Im Gegenteil: Aus eroberten Städten wurden Götterbilder ins Hethiterland geholt und dort verehrt. Das hethitische Pantheon ist so zum Gefäß vieler Kulturen geworden. Den Reichtum der religiösen Vorstellungen, Inhalte und Gestaltwerdungen geben die Texte nur bruchstückhaft preis. Denn was die hethitischen Tontafeln mitteilen, sind meistens nur Bezeichnungen, oft nicht einmal Namen von Göttern, deren Kenntnis vorausgesetzt wird.

Yazılıkaya, wörtlich »beschriebener Fels«, heißt die Stätte bei Boğazkale, die inmitten dieser chaotisch anmutenden, sehr fremdartigen Fülle der Mythen und Götter den unentbehrlichen Anhalt des Augenscheins gibt. Am gewachsenen Fels, der hier, eine halbe Wegstunde von den Hattuscha-Ruinen entfernt, hofartige Öffnungen und schmale Durchgänge bildet, findet sich eine Vielzahl von Reliefs, die offensichtlich in einem Bedeutungszusammenhang stehen. Ihrer feierlichen Wirkung kann man sich schwerlich entziehen: Die augenscheinlich sehr alten Bildwerke in dem natürlich umschlossenen Raum der Felskammern sind unbestreitbar eine der großen Schöpfungen religiöser Kunst. Mancher mag sich an sehr viel weiter östlich gelegene, indische oder chinesische Kultstätten erinnert fühlen. Seit den Grabungen und Forschungen der dreißiger und sechziger Jahre weiß man jedoch ohne Zweifel, daß diese Bildwerke aus der Zeit des hethitischen Großreichs stammen, und zwar – zu schließen aus den Königsnamen an einigen Reliefs – aus dem 13. Jahrhundert v. Chr. Ein Zug von 66 Gottheiten erscheint an den Wänden der größeren Kammer; bis auf zwei Ausnahmen sind es linkerhand vom Eintretenden mit kniekurzem Leibrock und Schnabelschuhen männliche, rechterhand mit senkrecht gefaltetem Rock und breitem Gürtel weibliche Gestalten. Manche Forscher meinen, trotz der Darstellung im Profil seien die Götter frontal vor dem Anbetenden stehend zu denken, doch sehen andere zwei Prozessionsreihen, die sich an der rückwärtigen Wand begegnen, mit der männlichen und weiblichen Hauptgottheit jeweils an der Spitze. Dies sind der Wettergott Teschup und die Sonnengöttin Hepat, er auf zwei geringeren Gottheiten, sie auf einem Panther stehend. Da die Namen der Gottheiten in hethitischen Hieroglyphen bei den Reliefbildern genannt sind, hat man ihre hurritische Herkunft erkannt; sonst heißt die hethitische Hauptgöttin »Sonnengöttin von Arinna«.

Männlich-weibliche Polarität, Zeugungskraft und Fruchtbarkeit, Wetter und Ernte standen in der Mitte der hethitischen Religion. Dem Wettergott und der Sonnengöttin wurden auch gemeinsame Tempel erbaut, die großen Feste waren Jahreszeitenfeste, zu denen die Herrscher von einem Kultort zum anderen reisten: Neujahrsfest, Frühlingsfest, Herbstfest. Die semitische Göttin der Sexualität, Ischtar, die Göttin Kubaba/Kybele und der Stier als Symbol männlicher Potenz haben auch ihren Platz im hethitischen Pantheon und sind abermals Zeugnis für die kulturelle Brückenfunktion Anatoliens. Denn aus dem historischen Abstand von mehr als drei Jahrtausenden vermögen wir wahrzunehmen, wie da die Gottheiten und Idole der orientalischen, mesopotamischen Kulturen in Anatolien aufgenommen wurden. Noch wieder ein, anderthalb Jahrtausende später sollten sie den Weg in die römische Welt finden.

Das Ende des Hethiterreichs scheint mit furchtbarer Schnelle gekommen zu sein, kein Chronist blieb übrig. Wir haben nur die Brandspuren von der Verwüstung Hattuschas, das um das Jahr 1200 v. Chr. zerstört worden zu sein scheint, und die Nachricht aus Ägypten, das sich der Angreifer noch mühsam erwehren konnte: »Die Fremdländer verschworen sich untereinander. So waren plötzlich die Staaten verschwunden und zerstreut. Kein Land konnte vor ihren Waffen bestehen: Hatti, Kode, Karkemisch, Arzawa, Alaschia, auf einmal abgeschnitten.«

Seevölker, heißt es, seien die Angreifer gewesen. Wer sie waren, diese Seevölker, woher sie kamen, hat noch kein Historiker sagen können.

KAPITEL IV

Im Schatten des alten Orients

Die Urartäer, die Armenier

Bibelkundige Christen haben vom Land Urartu, ohne daß sie es vielleicht wissen, allemal schon gehört: »Und Gott ließ einen Wind über die Erde wehen, und die Wasser sanken; und es schlossen sich die Brunnen der Urflut und die Fenster des Himmels ... So nahmen die Wasser ab nach 150 Tagen, und am siebzehnten Tag des siebenten Monats ließ sich die Arche auf den Bergen von Ararat nieder.« So steht es geschrieben im ersten Buch Mosis, im achten Kapitel. Nicht auf *dem* Berg Ararat also gewann Noah mit den Seinen wieder festen Boden, sondern auf *einem* Berg im Lande Ararat.

Unser Wort Ararat ist historisch nach aller Wahrscheinlichkeit das gleiche wie Urartu. Im hebräischen Text des alten Testaments steht es als '-r-r-t, das wurde – wie manche meinen: falsch – zu »Ararat« vokalisiert. Mutet es nicht merkwürdig, ja absonderlich an, daß die alttestamentarische Überlieferung den neuen Bund Gottes mit den Menschen in keinem anderen als gerade in diesem entlegenen Gelände beginnen läßt?

Wußte man etwa, daß dies das höchste Gebirgsmassiv weit und breit ist? Der höhere der beiden Gipfel des Ararat mißt 5165 Meter, noch rund 350 Meter mehr als der Montblanc. Wichtiger für die Verfasser des *Pentateuch,* der fünf Bücher Mosis, und ihrer heute bis in die Zeit um 1000 v. Chr. datierten Quellen war vielleicht die Tatsache der nachweislich alten Besiedlung des riesigen Raumes zwischen dem anatolischen Malatya westlich vom oberen Euphrat bis zum Urmia-See südlich von Tebriz im heutigen Iran. Keramikfunde belegen hier Siedlungen schon im 6. bis 4. Jahrtausend v. Chr. Eine wichtige Fundstelle des hochbegehrten Werkstoffs Obsidian ist der erloschene Vulkan Nemrud Dağı am Westufer des Van-Sees. Ein Zentrum des Obsidian-Handels war der Platz Tilkitepe in der Nähe des späteren Van, Obsidian wurde von hier aus in den ganzen vorderen Orient exportiert. Erst als die neue Fähigkeit entwickelt wurde, Metalle zu gewinnen und zu verarbeiten, verlor Obsidian an Bedeutung.

Um den zwischen Malatya und Urmia-See zentral gelegenen Van-See und um den Fluß Aras, der östlich davon ins Kaspische Meer strömt, war das Land im letzten vorchristlichen Jahrtausend auch von großer

Fruchtbarkeit. Urartäische Bewässerungsanlagen förderten eine Wohlstandsblüte. Nachricht darüber haben wir von dem Assyrer Sargon II., der sein Heer immer wieder gegen Urartu führte. Vom achten Urartu-Kriegszug Sargons im Jahr 714 v. Chr. stammt dieser Bericht:

»Einen Kanal, der fließendes Wasser brachte, grub er (König Rusa)... Ein Gewässer des Überflusses wie den Euphrat ließ er fließen; Gräben ohne Zahl leitete er von seinem Bette (ab), und Obstbäume und Weinstöcke ließ er wie mit Regen beregnen. Plantagen und Nußbäume (?), der Stolz seines Palastes ... dreihundert Eselsladungen Saatgetreide ließ er auf den Feldern in den Furchen üppig aufgehen ... In seine freundlichen Gärten, die das Bild der Stadt bestimmten, die mit Obstbäumen und Weinstöcken bestanden waren, so daß sie von Früchten so reichlich troffen wie ein Regenguß des Himmels (...) Sein schönes Weideland, das wie mit Lapislazuli und Rot eingelegt war, und die Flur bewachsen mit Gras und Schößlingen ... habe ich zu Ödland gemacht.«

Stärksten Kontrast zu dieser paradiesisch getönten Landschaft gibt die Beschreibung der urartäischen Zagros-Grenzgebirge im gleichen Text vom Hofschreiber Sargons II.: »Zwischen dem Nikippa und dem Upa – hohen Bergen, die ganz mit Bäumen bedeckt sind und deren Inneres Chaos und deren Zugang furchtbar ist; wie in einem Zedernwald ist Schatten über ihre Umgebung gebreitet; und wer auf ihren Wegen steht, sieht den Strahlenglanz der Sonne nicht – marschierte ich hindurch. Den Buja, ein Flüßchen zwischen ihnen, überquerte ich sechsundzwanzigmal; und meine Truppen in ihrer Gesamtheit scheuten das Hochwasser nicht. Der Simirria, eine große Bergspitze, die wie eine Speerklinge aufragt, ... dessen beide Gipfel oben an den Himmel angelehnt sind und dessen Fundamente die Mitte der Unterwelt erreichen ... wie auf dem Rücken eines Fisches existiert von einer Seite zur andern kein Weg, und die Aufstiege sind vorne und hinten sehr schwierig. In seine Flanken sind die Wasserläufe der Bäche tief eingeschnitten, und wenn man ihn mit Augen ansieht, ist er mit Furchtbarkeit bekleidet.«

So bruchstückhaft dieser Sargon-Text überliefert ist, immerhin hat er die Merkmale eines im Kern authentischen Augenzeugenberichts. Die Schwierigkeiten der Kriegführung in solchem Gelände mag der Hofschreiber dramatisiert haben, um den Sieg Sargons noch glanzvoller ins Licht zu stellen, aber die extremen Strapazen der assyrischen Invasionsarmee sind wohl glaubhaft, und ihr Erschrecken zwischen schroff abstürzenden Felswänden unter wolkenhoch aufragenden Gipfeln kann man selbst heute nachspüren, unterwegs auf den großenteils vorzüglich ausgebauten Straßen, die vom Van-See weiter nach Osten in den Iran führen.

DAS REICH URARTU

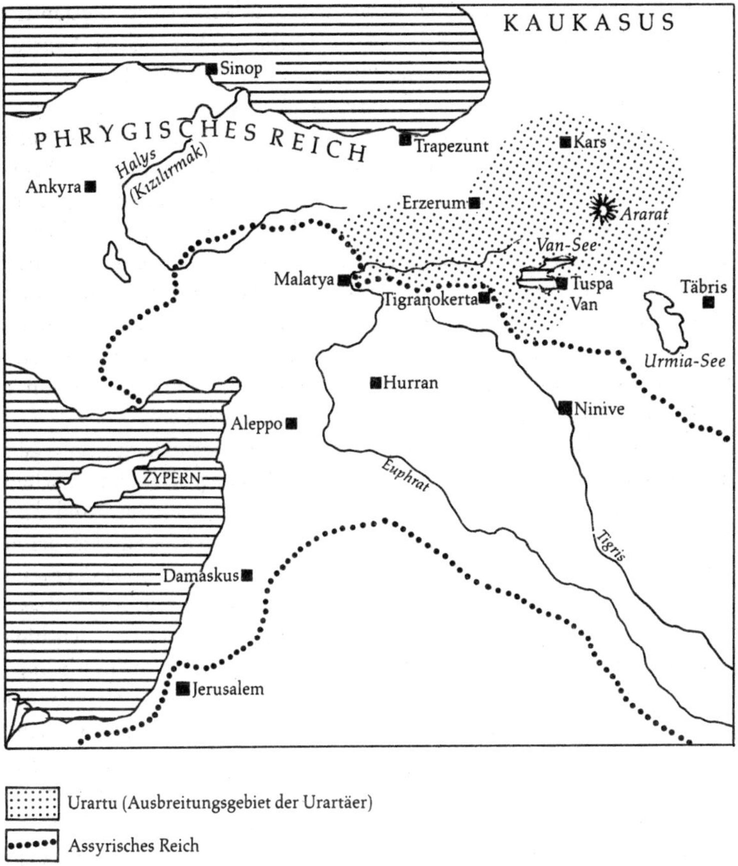

Aus einer ganz anderen Welt scheint dagegen die vorangestellte Schilderung blühender Plantagen und reich tragender Weingärten zu stammen, blickt man im späten 20. Jahrhundert vom Burghügel der Stadt Van auf den schütteren Baumwuchs und das Weideland der Ebene. Ödland habe er hinterlassen, ließ Sargon aufzeichnen. Trotzdem hat mehr als anderthalb Jahrtausende später auch Johannes Katholikos im 10. Jahrhundert in seiner Geschichte Armeniens wieder von Weingärten und Ölbäumen und von reichen Ernten berichten können, die Kornhäuser und Weinbottiche kaum fassen konnten.

An dieser ostanatolischen Landschaft hat die Geschichte immer wieder das Exempel der Zerstörung statuiert. Ein vorerst letztes Mal im Ersten Weltkrieg, als Van zwischen Russen und Türken umkämpft war und die armenische Bevölkerung ausgetrieben wurde. Nur noch die Grundmauern der Häuser ihrer Stadt zeichnen sich im Gras unter dem Burgfelsen ab; die niedergebrannte Stadt wurde nicht mehr an gleicher Stelle, sondern eine halbe Wegstunde entfernt unmittelbar am Fuß des Gebirges aufgebaut. Friedlich ist der »ferne Osten« der Türkei bis heute nicht; während ich diese Zeilen schreibe, melden die Nachrichtenagenturen neue Überfälle der kurdischen Guerilla weiter südlich an den syrischen und irakischen Grenzen des Landes, Maschinengewehr-Massaker an Frauen und Kindern.

Durch alle Verwüstungen hin sind Schriftdokumente des Urartäer-Reichs erhalten geblieben, Monumentalinschriften an Bauten, Stelen und Felswänden vor allem, daneben Schriften auf Metallgegenständen und auch auf Tontafeln, Briefe zumeist. Älteste Texte sind in assyrischer Sprache aufgezeichnet, jüngere auch mit Hieroglyphen und in einheimischer Sprache, die dem Hurritischen verwandt und noch immer nicht ganz entschlüsselt ist. Neben vielen Königsinschriften sind einige Urkunden, aber leider keine literarischen Werke erhalten. Immerhin konnten dank dieser Schriftzeugnisse Königsnamen und Königsdaten – auch im Vergleich mit Urkunden des assyrischen Reiches – von der Mitte des 9. bis zur Mitte des 7. vorchristlichen Jahrhunderts zu nahezu lückenlosen Listen zusammengestellt werden. Es ist jene Zeit, in der das Reich Urartu Großmachtstatur gewonnen hatte und – nach Meinung mancher Forscher – in Konkurrenz zu Assyrien die Hegemonie in ganz Vorderasien anstrebte.

Fertigkeiten, mit denen sich schon die Hurriter in ihrem Reich Mitanni hervorgetan hatten, wurden von Urartäern perfektioniert: die Pferdezucht und die Metallverarbeitung vor allem. Urartäer standen im Handelsaustausch mit Griechen, Etruskern und Italikern. Ein wichtiger – und bis heute benutzter – Handelsweg führte von Mesopotamien über die nordanatolischen Gebirge zur Hafenstadt Trapezunt. Zu den beliebtesten Exportartikeln gehörten Bronzearbeiten, Gefäße, Waffen, Gürtel und Pferdegeschirre mit Dekor von Tier- und Menschenfiguren, Wollgewebe, auch Elfenbeinobjekte und Edelmetalle, dazu nützliche Mineralien wie Borax und Arsen.

Nebelhaft ist trotz allem bisher das Bild dieses Volkes der Urartäer in der Forschung geblieben. »Hurritisch« werden die Urartäer genannt, Nachfahren jener Hurriter also, die im 2. Jahrtausend v. Chr. vor allem in Nordmesopotamien und Syrien siedelten. Aber waren sie den Indogermanen oder den Semiten zugehörig? Weder den einen noch den anderen, meint Raci Temizer, der ehemalige Direktor des »Museums der anatolischen Zivilisationen« in Ankara, das eine der weltweit wichtigsten Sammlungen urartäischer Kunst beherbergt. Nennen einige Autoren – schon in der Antike (Herodot), aber auch in der Moderne – die Urartäer »Armenier«, so sehen doch die meisten eine Kluft zwischen der urartäischen und der armenischen Kultur. Anders als die Urartäer kamen die Armenier wohl vom Balkan und sprachen eine – seit dem 5. Jahrhundert v. Chr. überlieferte – indoeuropäische Sprache.

»Aber wenn Armenien auch weder als Land noch als Staat, noch über ein Kriterium der Rasse eindeutig definiert werden kann, so läßt sich dennoch nicht verkennen, daß das armenische Volk sich deutlich von allen anderen Völkern abhebt« – nur in dieser Weise, wie der Franzose Jean-Michel Thierry, Autor der derzeit umfangreichsten und aktuellsten Darstellung armenischer Kunst, über Armenien und die Armenier spricht, läßt sich auch über Urartu reden: mit dem Eingeständnis der Erkenntnisunschärfe. Trotz alledem sind es neben den Assyrern zweifellos die Urartäer, die in der Ära nach dem Zusammenbruch des hethitischen Großreichs, in einer Zeit zahlloser aramäischer, chaldäischer, mannäischer Wanderungen und Usurpationen die stärkste Kraft von Staatlichkeit entfalteten – und in den ostanatolischen Gebirgen die reichsten Zeugnisse architektonischer, handwerklicher, künstlerischer Aktivität hinterließen. Sie selbst nannten ihr Land übrigens Bia; der Name Urartu ist assyrischer Herkunft, wird als »Uruatru« schon im 13. Jahrhundert v. Chr. in einem Kriegsbericht des Assyrer-Königs Salmanassar erwähnt.

Assyrische Schwäche wurde vierhundert Jahre später urartäische Stärke. Der Urartäer Sardur I. nannte sich in der 2. Hälfte des 9. Jahrhunderts v. Chr. mit unbegrenztem Selbstvertrauen und mit den Formeln assyrischen Hofzeremoniells »Großkönig, mächtiger König, König der Gesamtheit, König des Nairi-Landes, der nicht seinesgleichen hat, Hirte, von allen bewundert, der den Kampf nicht fürchtet und die

Rebellen unterjocht«. (Nairi war der Name des Landes zwischen oberem Tigris und Euphrat.) Seine Hauptstadt war Tuschpa (türkisch: Van), Nachfolger gründeten später in der Nähe die Königsstadt von Toprakkale, deren Tempel- und Palastruinen derzeit allerdings als Militärgebiet unzugänglich sind. Doch kann man die eben zitierte Königsinschrift an der »Sardursburg« in Augenschein nehmen. Dieses aus kyklopischen Kalksteinquadern aufgeführte Gemäuer am Hang des Burgbergs von Van ist im Kern noch authentisch urartäisch, und die Inschrift ist dort gleich sechsfach erhalten. Auch wer nicht assyrische Keilschrift zu entziffern gewohnt ist, wird für lange Anreise belohnt: Dieses Felsmassiv mit seinen Schmalsteigen, seinen byzantinischen, seldschukischen, osmanischen Mauern, seinen lotrechten Abstürzen bietet eines der starken anatolischen Landschaftserlebnisse, mit dem Doppelblick auf die Grate des Hochgebirges im Osten und die im Dunst verschwimmende Fläche des riesigen Van-Sees im Westen. Hinter deren Silberschimmer heben sich noch fernere Gipfel zum Himmel, Schneehäupter erloschener Vulkane.

Konsequent im zeitüblichen Muster der erblichen Monarchie folgten auf Sardur andere Urartäer-Könige, die ihre Herrschaft im Namen des Landesgottes Chaldi ausübten. Aus der Götter-Vielzahl der urartäischen Religion sind mindestens zwei Gestalten wiedererkennbar hethitisch vorgeprägt: der Wettergott Tescheba und eine Sonnengottheit Schiwini. Vermutet, aber mangels entsprechender religiöser Textüberlieferung nicht bewiesen: Tieropfer, bei denen die großen urartäischen Bronzekessel das Blut der geschlachteten Tiere aufgenommen haben mögen.

Ein noch heute vergleichsweise dichtes Netz von Burgen (jetzt in Ruinen) urartäischen Ursprungs deutet auf eine Herrschaftssicherung, die sich auf erhebliche, ja ganz außerordentliche Arbeitsleistungen von Untertanen oder Kriegsgefangenen stützte. Diese Burgen sind teils mit Treppentunneln ausgestattet, die zu Frischwasserstellen – Quellen oder Flußläufen – führen. An schwer zugänglichen Plätzen erbaut, waren die urartäischen Bergfestungen fast uneinnehmbar. Die Tatenberichte urartäischer Könige mit ihren Aufzählungen von Zehntausenden Gefangener sind wohl in diesem Zusammenhang zu verstehen. Großenteils waren es vermutlich auch nicht nur Kriegsgefangene, sondern deportierte Völkerschaften, die von den urartäischen Herrschern und Statthaltern zum Bau der vielbewunderten Burgen, Bewässerungskanäle und der Staudämme gezwungen wurden.

Die Kultivierungserfolge von damals nehmen vieles vorweg, was erst im 20. Jahrhundert wieder mit prinzipiell ähnlichen Maßnahmen – aktuellstes Beispiel: das Südostanatolien-Projekt – angestrebt wird: Wasserbevorratung, Wasserverteilung, künstliche Bewässerung. Ein Beispiel nur: Die in einer urartäischen Burg als Weinspeicher identifizierten Räumlichkeiten fassen eine Menge von rund 200000 Litern.

Militärische Expansion brachte im 8. Jahrhundert v. Chr. die urartäische Macht auf ihren Gipfel. Brandschatzung, Plünderung, Beutemacherei hieß das im Klartext, wenn sich beispielsweise König Argischti I. nach seinem Feldzug in Richtung auf das heutige Kars der Niederbrennung von über hundert Festungen und 456 Landstädten rühmte. Der Tribut, der nur aus einem der eroberten Gebiete eingetrieben wurde, umfaßte außer riesigen Herden – 1000 Reitpferden, 20000 Schafen – und anderen Werten auch 41 Minen Gold und 37 Minen Silber. *Mna*, die Mine, ein mesopotamisches Maß, dürfte zu assyrischer Zeit einem Gewicht von 502 Gramm entsprochen haben, möglicherweise auch dem Doppelten oder Vierfachen davon.

Nach Süden griff Urartu unter seinem König Sardur III. mit den gefürchteten Streitwagen bis nach Aleppo aus, also in den Mittelmeerraum, im Norden bis nach Transkaukasien. Erst der Assyrer Tiglatpilesar warf die Urartäer wieder in die Gebirgsregion zurück, nach der Mitte des 8. Jahrhunderts v. Chr.; erst Sargon III. führt sein Heer in die »mit Furchtbarkeit bekleidete« Bergwildnis Urartus selbst und »machte sein Weideland zu Ödland« – wie oben zitiert. Den nächsten Schlag gegen die Urartäer führten die Scharen der Kimmerier, nomadischer Reiter aus den südrussischen Weiten. Noch fast ein Jahrhundert überdauerte Urartu, schloß auch Verträge mit den Assyrern, für die es die Funktion eines Pufferstaats gegen die Kimmerier und die ihnen nachdrängenden iranischen Skythen erfüllt zu haben scheint.

Um 640/620 machten die Skythen dann dem Reich Urartu ein Ende. Späte Nachfahren der Urartäer waren möglicherweise die Ortaje, von denen armenische Chronisten in den nachchristlichen Jahrhunderten polemisierend berichten, daß sie »heidnisch, wild und blutdürstig« bei Diyarbakır und im Grenzland zu Persien lebten.

Die Skythen räumten den Osten Anatoliens wieder, suchten Siedlungsplätze zwischen Donau und Don im Schwarzmeerraum. Niemand weiß genau, in welchem Jahr, aber etwa in den ersten Jahrzehnten des 6. Jahrhunderts v. Chr. hat, scheint es, mit der Einwanderung von Westen die eigentlich armenische Geschichte Armeniens begonnen. Ein Anfang fast ohne bleibende Spuren: Die Herrschaft über das armenische Hirtenvolk wurde bald von den Persern, später von Alexander dem Großen ausgeübt, und es gibt über Jahrhunderte hin keine architektonisch oder künstlerisch hervorragenden Zeugnisse Armeniens, das in seiner späteren christlichen Epoche eine so reiche bildnerische Schöpfungskraft erwies.

In die Weltgeschichte des Vorderen Orients trat Armenien im Jahrhundert vor Christi Geburt mit den beiden Königen Tigranes I. und Tigranes II. ein: Anfangs nur ein Vasall der Parther, erklomm der ehrgeizige Tigranes I. im Bündnis mit dem pontischen König Mithradates VI. Eupator Stufe um Stufe auf der Steilleiter zur Großmachtposition, legte sich mit allen Nachbarn und mit Rom an und war kometenhaft kurzzeitig der mächtigste Mann zwischen Syrien und der Ägäis (siehe auch im Rom-Kapitel, Seite 108). Er selbst und sein Enkel Tigranes II., den Kaiser Tiberius im Jahre 20 v. Chr. auf Verlangen der Armenier als König einsetzte, erbauten südwestlich des Van-Sees an der Stelle einer uralten Siedlung die neue armenische Hauptstadt Tigranokerta, wohl identisch mit dem späteren Martyropolis, als Ruinenstätte heute unter dem ursprünglich syrischen Namen Farkin bei Siirt noch auffindbar. So wenig aber blieb von dieser Stadt nach der Eroberung durch den Sassaniden und Christenverfolger Sapor II. im 4. Jahrhundert, daß selbst in manchem Spezialwerk zur armenischen Geschichte nicht einmal ihr Name mehr genannt wird. Auch Tigranokerta wurde zum Exempel der Zerstörung in diesem Grenzgelände zwischen asiatischer und griechisch-römischer Welt.

KAPITEL V

Vom Midas-Mythos, Kybele-Kult und König Kroisos

Lykier, Phryger und Lyder

Glasklar ist das Wasser im mediterranen Licht. Unter der macchiagrünen, macchiasteinigen Küste wird das tuckernde Motorboot mit den Sonnensegeln langsamer – warum? Landschaft des alten Lykien ist dies, eine der schönsten Anatoliens, so verlockend buchtenreich um die Halbinsel Kekova, vor der immer höher – und endlich auf mehr als Zugspitzhöhe – ansteigenden Kette des Taurus mit ihren Wäldern, Schluchten, Bergeinsamkeiten. Lykier, heißt es, waren auch die Erbauer der Stadt Aperlai, deren Straßenpflaster und Grundmauern hier bei Kekova an unvermuteter Stelle noch zu sehen sind: nämlich unter dem Kiel des Bootes, etwa ein, zwei Meter tiefer als die Wasserlinie.

Das lykische Schelf-Atlantis von Kekova ist nur eine unter etlichen Überraschungen in dieser von Sage und Geheimnis durchwobenen Region zwischen Marmaris und Antalya. An einem waldverborgenen Ort oberhalb des antiken Olympos züngeln Flammen aus dem Gestein, an zwei Dutzend Stellen: nach alter Überlieferung Chimära genannt. Es gibt einen Süßwassersee mit Meeresfischen. Und es gibt, als historisch eigentümlichste Sonderheit, Hunderte, ja Tausende von Grabkammern, die aus den Felsen Lykiens herausgemeißelt wurden, und Hunderte, vielleicht Tausende von Sarkophagen, die in der Landschaft um die einstigen Städte der Lykier verstreut stehen, um Xanthos, Fethiye und Termessos, um Olympos, Limyra, Tlos und Pinara. Wer wird je wieder die Steilwand über den grünüberwachsenen Ruinen von Pinara vergessen, wenn er einmal diese Reihen dunkler Grabkammerportale gesehen hat, mit denen sich die Bewohner der Stadt unaufhörlich den Tod vergegenwärtigen?

Lange glaubte man nach dem Zeugnis Herodots, die Lykier seien Einwanderer aus Kreta. Vor allem die Namensforschung hat in den letzten Jahrzehnten aber die Vermutung wahrscheinlich gemacht, daß allenfalls ein Teil der Lykier aus Kreta gekommen sein mag, ein größerer wohl schon in hethitischer Zeit – im 3. und 2. Jahrtausend v. Chr. – in Südanatolien heimisch war. Die Luwier, die in hethitischen Texten als Bewohner Kilikiens genannt werden, hatten eine dem Hethitischen ähnliche, indogermanische Sprache. In den Luwiern vermutet man sprachlicher Übereinstimmungen wegen Verwandte der Lykier. Diese verwendeten allerdings nicht wie die Luwier und die späthethitischen Stadtstaaten Südostanatoliens Hieroglyphen oder Keilschrift, sondern eine dem griechischen Alphabet nahestehende Schrift. Die macht der Forschung zu schaffen: Trotz mehrerer griechisch-lykischer Bilinguen (= zweisprachiger Texte) sind die Wortbedeutungen noch großenteils unbekannt.

Die Tatsache, daß keine Zeugnisse lykischer Architektur und bildender Kunst älter als aus dem 6. Jahrhundert v. Chr. zu datieren sind, läßt die lykische Kultur noch rätselhafter erscheinen. Hält man sich doch an Herodot, den in Halikarnassos (Bodrum) geborenen »Vater der Geschichte«? Von einer »eigentümlichen Sitte der Lykier« erzählt Herodot: »Sie nennen sich nicht nach dem Vater. Wenn man jemanden fragt, wer er ist, so nennt er sich nach dem Namen der Mutter und führt den Namen seiner Großmutter und Urgroßmutter an. Wenn eine Bürgerin sich mit einem Sklaven einläßt, werden die Kinder Bürgerskinder; wenn aber ein Bürger, und wäre er noch so vornehm, mit einer Fremden oder Dirne Kinder zeugt, so werden diese rechtlos.«

Für die Geltung eines Mutterrechts bei den Lykiern gibt es keine anderen schriftlichen Zeugnisse. Der immer wieder ohne weiteren Kommentar wiederholten Behauptung »Lykier – ein Volk mit Mutterrecht« ist also ein kräftiges Fragezeichen anzufügen. Doch fällt an lykischen Darstellungen von Ehepaaren – etwa an Grabtüren – öfter auf, daß Mann und Frau in gleicher Größe erscheinen, wie bei den Hethitern.

Dem Persersturm des 6. Jahrhunderts v. Chr. scheinen alle Bauten der älteren lykischen Kultur zum Opfer gefallen zu sein. Die Lykier selbst scheinen Tod und Zerstörung der Unterwerfung und Versklavung vorgezogen zu haben. Wieder ist bei Herodot nachzulesen: Als die Verteidiger keine Chance gegen den persischen Feldherren Harpagos mehr sahen, sollen sie ihre Hauptstadt Xanthos mit allen Frauen und Kindern, mit Sklaven und sämtlichem Besitz den Flammen übergeben und selbst im Kampf den Tod gesucht haben. Übrigens hat sich dieser kollektive Selbstmord fünfhundert Jahre später beim Feldzug des Römers Brutus wiederholt.

Aus den Städten der Lykier hat sich – trotz des allgegenwärtigen Grabkultes – keine einzige Gestalt im historischen Bewußtsein behaupten können. Anders die Phryger: Aus ihrem zwischen 1000 und 800 v. Chr. in Zentralanatolien entstandenen Reich lebt unter dem Namen des Midas eine der merkwürdigsten Legendengestalten der alten Welt und unter dem gleichen Namen zugleich eine Reihe historischer Könige fort. Nach der langen historisch ›leeren‹ Zeit, die dem Zusammenbruch

DAS PHRYGISCHE REICH

Phrygisches Reich um 700 v. Chr.

Persisches Reich

Assyrisches Reich

des hethitischen Großreichs folgte, einer Wüstungs-Zeit fast ohne Siedlungsspuren im inneranatolischen Hochland, waren die Phryger die ersten, die einen größeren Staat aufzubauen vermochten, mit der schon lange zuvor bewohnten Stadt Gordion am Fluß Sangarios als Königssitz.

Midas – das war ein balkanesischer Waldgott, später ein Gründer phrygischer Kulte und Kulturstätten in Anatolien. Diese antike Überlieferung paßt gut zu den Erkenntnissen der Archäologen, die heute von mehreren Schüben phrygischer Einwanderung aus Thrakien und Makedonien sprechen. Es wird sogar diskutiert, ob das Hethiterreich einer ersten phrygischen Invasion erlegen sei. Bald darauf hatte sich der Assyrer Tiglatpilesar I. (1112–1072 v. Chr.) am oberen Tigris mit Muschki-Königen herumzuschlagen, und Ende des 8. Jahrhunderts berichtet der Assyrer Sargon II. über seine Kämpfe mit einem Muschki-König Mita, der damals von Gordion aus einen Zugang zum Meer zu gewinnen suchte.

Mita also gleich Midas, und Muschki der assyrische Name für die Phryger? Es fehlt an aussagekräftigen phrygischen Quellen, auch wenn sie der Zahl nach beträchtlich sind. Allein nur in den Ruinen von Gordion wurden im letzten Halbjahrhundert von amerikanischen Archäologen rund 50 gut datierbare Schriftdenkmäler – auf Keramik und Bronze – zutage gebracht.

Recht gut weiß man, im Gegensatz zu so vielen offenen phrygischen Fragen, über die mythische Gestalt des Midas in der antiken Vorstellungswelt Bescheid. Griechische und römische Autoren waren offenbar fasziniert von dem pittoresken Walddämon, der einerseits als ein weiser Orpheus-Schüler, andererseits als ein armer goldhungriger Tor erscheint und mit seinem Wunsch, es möge alles unter seiner Berührung zu Gold werden, sich selbst dem Hungertod ausliefert – hätte nicht Dionysos ihn mit einem Bad im lydischen Fluß Paktolos (Sart Çayı) erlöst.

Als ein Naturwesen, das von den herrschenden Mächten für seinen Vorwitz gestraft und verspottet wird, trägt Midas Eselsohren davon, nachdem er beim musikalischen Wettstreit Apolls mit Pan nicht dem Zeus-Sohn Apollon, sondern dem bocksfüßigen, gehörnten Hirtengott den ersten Preis zuerkannt sehen wollte. Die schimpflichen Eselsohren zu verbergen, habe Midas die hohe phrygische Mütze getragen. Erinnert man sich dann, daß eben diese phrygische Mütze mit der nach vorn gebogenen Spitze in der Französischen Revolution zum Freiheitssymbol wurde und der Esel in der Antike einen Platz im Kult des mächtigen Natur-Gottes Dionysos hatte, so schlägt Vorwitz in Weisheit um, zeigt der Midas-Mythos vom König mit den Eselsohren plötzlich doch eine ganz andere Wahrheit, die übrigens schon in der antiken Interpretation des Mythos aufscheint: den Anspruch des Ursprünglichen, Natürlichen nämlich gegenüber den etablierten Mächten. Oder, vor die Wahl zwischen Apollons Leier und Pans Flöte gestellt, mag man auch einräumen, daß klassische E-Musik nicht das ganze Reich der Musik ausmacht, U-Musik kein minderes Recht hat, – oder kann mit Midas dem Volksliedton den Vorzug vor dem großen Konzertstück geben.

Wo sie ekstatisch tönt, hat Musik in Phrygien ohnehin eine Heimat, wie Dionysos selbst, der Gott des Rausches, der Ekstase und der Fruchtbarkeit, der ja im Olymp Homers nur einen Nebenplatz besetzte und erst später und unter Widerständen triumphierenden Einzug in die griechischen Tempel hielt. Die anfängliche hellenische Abwehr gegen die kultischen Dionysos-Orgien spiegelt sich wohl noch wider in der Erzählung über seinen durch die Götter-Mutter Hera verursachten Wahnsinn, von dem Dionysos nach langem Umherirren erst in Phrygien geheilt wurde – von der Mutter-Göttin Kybele.

Kybele, die große Mutter, Herrin über Werden und Vergehen, ist von christlichen Geschichtsschreibern lange ignoriert worden (wie Pan mit seinen Bocksfüßen und Hörnern zum Teufel umgedeutet wurde), das ungezähmt Geschlechtliche dieses anatolischen Urweibes vertrug sich nicht mit den Enthaltsamkeitspostulaten und der restriktiven Ehemoral der Kirchenväter. Als »wilde Berg- und Naturgöttin, die auf ihrem Löwenwagen, begleitet von rasendem Gefolge und mit schriller Musik durch die Berge Anatoliens fährt«, schildern sie antike Autoren, nachzulesen bei Friederike Naumann in ihrer umfassenden Darstellung aus dem Jahre 1983, der auch ich wesentliche Aufschlüsse danke.

Orientalischen Ursprungs scheint die Große Göttin zu sein, eine syrisch-kleinasiatische »Kubaba«, deren Namen schon auf altassyrischen Keilschrifttafeln aus Kültepe-Kanisch aufgezeichnet ist. Zur Hauptgöttin wurde sie – vielleicht in der Nachfolge der hethitischen »Sonnengöttin von Arinna« – wohl erst im 1. Jahrtausend v. Chr. Anders als die griechische Aphrodite wurde sie immer bekleidet dargestellt, mit dem Fruchtbarkeitssymbol des Granatapfels und dem Schönheitssymbol des Spiegels. Die indoeuropäischen Phryger schlossen sich offenbar bestehenden Kulten an – so intensiv, daß Kubaba/Kybele bei den Griechen bald die »Phrygische Mutter« hieß. In Felsheiligtümern und auf Stelen ist sie abgebildet, stehend oder thronend. Im Archäologischen Museum von Antalya kann man den Rest eines griechischen Theaterdekors aus Perge mit der Nachbildung eines angeblich vom Himmel gesandten Steins sehen: über einem Halbmond und kultischen Szenen das von einer hohen, ganz ungriechischen Haube bekrönte Gesicht einer Göttin – eine griechische Artemis, die eigentlich eine phrygische Kybele ist?

Verblüffend ähnliche Züge wie in dieser Überlieferung zeigt jedenfalls die von Livius und anderen römischen Historikern berichtete Geschichte des Kybele-Kultbildes von Pessinus, der uralten Heiligtumsstätte am oberen Sangarios beim heutigen Ballıhisar. Dort wurde ein »vom Himmel gefallener Stein«, ein »ungeformter schwarzer (Meteor-?)Stein« als »Mutter der Götter« verehrt – und während des Punischen Krieges im Jahr 205 v. Chr. aufgrund der Sibyllinischen Bücher und eines delphischen Orakelspruchs nach Rom überführt. Man weiß, daß König Attalos von Pergamon die Übergabeverhandlungen mit den Pessinus-Priestern geführt hat. Bemerkenswert scheint aber nicht so sehr die Tatsache, daß diese den Kultstein herausgaben, mehr noch, daß Rom sich vom Besitz und der Verehrung des fremdländisch-exotischen Götterbildes den Sieg über die Karthager erhoffte.

Der Kult der Erd- und Tierherrin, der Berggöttin und Fruchtbarkeitsspenderin, der Kinder- und Stadtschützerin, der Heilerin Kybele in Kleinasien wurde von Eunuchen ausgeübt, von Männern, die sich, heißt es, bei den orgiastischen Feiern der Göttin zu Ehren Kybeles selbst entmannten – in Erinnerung an Attis, den Geliebten der Kybele, der sich im Wahnsinn dasselbe antat.

Muttergöttinnen kennt auch die frühe mittelmeerische Welt – auf Kreta beispielsweise die Zeus-Mutter Rhea –, geht es jedoch um Mutterrecht und Matriarchat, so hat man sich vor allem nach Anatolien zu wenden. Auch dort sind, wie schon für Lykien dargelegt, die konkreten Belege dürftig. Aber Anatolien ist auch das Land des Amazonen-Mythos. Sind diese »starken, tapferen, heftigen und begehrenswerten Frauen« eine »ungewöhnlich langlebige Erfindung von Männern, die das Bild von Superfrauen schufen, um sich selbst zu schmeicheln ... wenn Amazonen hervorragende Kämpferinnen sind, dann ist das Geschick des Helden, der sie überwältigt, nur noch rühmlicher«, wie es die These einer amerikanischen Historikerin, Abby Wethan Kleinbaum, sagt? Oder beschreiben die Berichte antiker Autoren – von Homer bis Strabon und Diodor, Plutarch und Pausanias – über das kriegerische Frauenvolk, über den Amazonenstaat an der Schwarzmeerküste, über die Belagerung Athens durch die Amazonen eine historische Realität? Vieles deutet darauf, daß es möglicherweise nie ein Amazonenvolk, wohl aber matriarchalisch organisierte Stämme aus Asien gegeben hat, mit denen die Griechen auf anatolischem Boden – und in Hellas selbst? – kriegerisch aneinandergerieten. Wieder ist es nicht durch Zufall, sondern aufgrund der Brücken-Konstellation Anatoliens zwischen Asien und Europa zu erklären, daß in der Überlieferung anatolische Landschaften – Phrygien vor allem, wo nach der *Ilias* König Priamos es mit den Amazonen aufnahm – als Schauplatz dieser Kämpfe gelten und die anatolische Schwarzmeerküste als Staatsgebiet der Amazonen angesprochen wird.

In historisch faßbarer Zeit erreichte das phrygische Reich gegen Ende des 8. Jahrhunderts den Machtgipfel. Phrygische Siedlungen existierten an den heutigen Orten Ankara, Sinop, Alaca, Boğazköy, Konya und Malatya, aber auch bei Eskişehir und Afyon. Phrygische Truppen unterstützten die Urartäer gegen Assyrien.

Doch konnte der Phrygerkönig Midas II. in seiner vermutlich über vierzigjährigen Herrschaft dem Expansionsdruck des Assyrers Sargon II. am Ende nicht standhalten, mußte ihm – nach Sargons Tatenbericht – Tribut leisten. Zur Katastrophe für Phrygien wurde der Überfall der Kimmerier um 695 v. Chr.: Brandschatzung und Verwüstung der Städte, Selbstmord des Königs. Noch immer ist wenig anderes über die aus Südrußland über den Kaukasus nach Anatolien eingedrungenen Kimmerier bekannt, als daß sie binnen weniger Jahrzehnte Urartu, Phrygien und Lydien überrannten. Man mag das als Indiz für die aggressive Potenz dieser Steppennomaden oder für die Instabilität der drei großen Nachfolgestaaten des Hethiterreiches nehmen.

Ist das Skelett des nur 1,59 Meter großen, etwa 60jährigen Mannes, das unter dem mächtigsten Grabhügel in Gordion aufgefunden wurde, das des legendär reichen Midas? Kein Gold als Beigabe, aber drei geräumige Bronzekessel voller kleinerer Gefäße und 175 Fibeln: Archäologen rätseln, ob »das, was noch an Goldarbeiten vorhanden war, dem Grab bewußt nicht mehr beigegeben wurde, um der tragischen Würde des Königs gerade durch schlichte Gegenstände zu entsprechen?« (Ekrem Akurgal). Andere datieren aber den 53 Meter hohen Tumulus von Gordion früher, halten es für ausgeschlossen, daß nach dem Kimmerier-Sturm ein solches Grabdenkmal noch aufgeführt werden konnte.

Wohl nur ein König in Anatolien liegt unter einem noch deutlich höheren Grabhügel: Der 69 Meter hohe Tumulus in Bintepe, nordwestlich von Sardeis, ist nach Herodots Aussage das Grab des Lyderkönigs Alyattes. Bintepe heißt wörtlich »tausend Hügel«, und immerhin rund hundert Tumuli kann man noch zählen, in der lydischen Nekropole und an der Straße nach Sardeis. Dieser seit spätbyzantinischen Zeiten immer mehr verödete, dann vom Mongolensturm Timurs anno 1401 faktisch ausgetilgte Ort, heute eine Ruinenstätte mit den Bauresten der griechischen und römischen Antike, wuchs in dem Jahrhundert nach dem Zusammenbruch des phrygischen Reiches zu einer der reichsten Städte der damaligen Welt heran, Sardeis war vielleicht die reichste Stadt überhaupt: Hauptstadt Lydiens, Residenz des Königs Kroisos. Kein Rockefeller, kein Onassis hat dem Lyderkönig letztlich seinen goldglänzenden Nachruhm nehmen können, er bleibt noch immer Inbegriff kapitalsten Reichtums.

Woher der kam? Aus dem Fluß Paktolos, einem Gebirgsbach eigentlich nur. Der führte Goldsand in damals ergiebigen Mengen, genauer ein als Elektron bekanntes Gold-Silber-Mischmetall. Zwischen der sardischen Akropolis und der Nekropole ist das Flüßchen noch heute auffindbar, das so entscheidend zur lydischen Macht beitrug. Fasziniert von all dem griechischen Marmor an den ionischen Küsten und im Hinterland östlich davon nimmt ja nur eine Minderheit der Anatolienreisenden wahr, daß dies alles in der vorklassischen Ära nicht griechisches Herrschaftsgebiet war, sondern über Generationen hin unter der Oberhoheit der lydischen Könige stand.

Und wer weiß, daß im lydischen Kleinasien zuerst in Gebrauch kam, was wir heute »Geld« nennen? Handel, Kauf und Verkauf war immer *Tausch* gewesen – von Gebrauchswaren, Schmuckstücken, Rohstoffen. Salzklumpen, Bernsteinkugeln, auch Metallbarren oder Lapislazuliplatten waren als Tauscheinheiten üblich. Drachme, die griechische Münze, leitet sich ab vom Wort für »Handvoll« – weil man sechs Eisenspießchen in einer Hand fassen konnte (deren Gegenwert in Silber war die spätere Münzeinheit). Der Geld-Geniestreich der Lyder war also nicht die Verwendung von standardisiertem Metall als Barren, Platte, Stange, sondern die *Prägung* von Metall, die Erfindung der Münze. Die ältesten geprägten Elektronklümpchen aus den Ruinen von Sardeis stammen aus der Zeit um 630 v. Chr. – datierbar nach dem Königssiegel des Ardys, eines Sohnes des legendären Gyges.

Wie rasch oder langsam der Gebrauch des Münzgeldes sich internationalisierte, ist übrigens offen. Man weiß von Phöniziern und Etruskern, daß sie noch lange ohne Münzen auskamen, während die ionischen Städte – Phokeia, Milet, Ephesos (siehe das folgende Kapitel) – bald eigene Münzen zu prägen begannen. Münzen mit dem lydischen Löwen oder der Biene von Ephesos weisen anfangs noch sehr unterschiedlichen Goldgehalt auf, bestenfalls drei Viertel oder fünf Viertel. Erst Kroisos ließ reines Gold und Silber zu Münzen verarbeiten.

Wie ihre südlichen Nachbarn, die Karer und Lykier, sprachen die Lyder eine dem Hethitisch-Luwischen verwandte Sprache; aus den schattenhaften ersten Nachrichten über ihre Geschichte im 2. Jahrtausend v. Chr. sind Verbindungen zum hethitischen Großreich wie zur Kultur der mykenischen Fürsten zu schließen, Verbindungen über Land wie über See wurden unterhalten.

Wieder ist es der unentbehrliche Herodot, dem konkrete Auskünfte zu danken sind. Als er in den Eingangskapiteln seines Geschichtswerks über die Lyder und den ersten namentlich bekannten König der Mermnaden-Dynastie – Gyges (um 680–650 v. Chr.) – schrieb, waren seit dessen Lebenszeit immerhin erst wenig mehr als zwei Jahrhunderte vergangen. Sehr menschliche Schwächen, Empfindlichkeiten, Überreaktionen brachten Gyges auf den Thron; mit dem Gespür für extreme Konstellationen schuf Friedrich Hebbel daraus das Drama *Gyges und sein Ring*. Bei Herodot hat ein Mann, König Kandaules, nicht genug daran, eine schöne Frau sein eigen zu nennen, er braucht Bestätigung, bringt seinen widerstrebenden Leibwächter Gyges dazu, sie nackt zu sehen, spricht sich damit selbst das Todesurteil: Denn seine Frau hat den Lurer bemerkt, fühlt sich entehrt, stellt ihn vor die Alternative, getötet zu werden oder Kandaules zu töten – »denn bei den Lydern und fast bei allen Barbaren«, kommentiert Herodot, dem als Griechen zumindest Nacktheit der Sportler gar nicht fremd war, »ist es selbst für einen Mann sehr unanständig, nackt gesehen zu werden«. Gyges wählte nach Herodots Bericht das Leben, mordete Kandaules und wurde König.

Schon dieser lydische Gyges brachte nahezu sämtliche ionischen Griechenstädte unter seine Herrschaft, schob die Grenzen des Reiches bis an den Hellespont und im Osten auf dem Gebiet des unter dem Kimmerier-Ansturm zusammengebrochenen phrygischen Reiches bis an den Halys (Kızchermak) vor. Seine Weihegeschenke für Delphi wie seine Bündnisse mit Assyrern und Ägyptern gegen die Kimmerier weisen seine diplomatischen Fähigkeiten aus. Er selbst kam, heißt es, im Kampf gegen die Kimmerier um, die noch bis zum Ende des 7. Jahrhunderts v. Chr. den lydischen Staat bedrohten. Doch spätestens unter der Herrschaft des Alyattes (619 oder 609 bis 560 v. Chr.), von dessen monumentalem Grabhügel schon die Rede war, hatte sich die Großmacht Lydien etabliert. Das ist militärgeschichtlich sogar mit genauem Tagesdatum festzumachen: Am 28. Mai 585 v. Chr. behauptete sich Lydien gegen den Meder-König Kyaxares in einer Schlacht am Halys-Fluß, über die eine plötzliche Sonnenfinsternis hereinbrach. Plötzlich vielleicht nur für die Meder, denn König Alyattes wußte sie, möglicherweise voraus, beriet ihn doch der astronomisch bahnbrechende Thales von Milet. Seit diesem Jahr, schrieb der Historiker Hermann Bengtson, »steht Vorderasien unter dem Zeichen von vier Großmächten: Medien, Neubabylonien, Lydien und Ägypten«.

In Anatolien scheint die lydische Herrschaft nicht drückend auf den ionischen Griechenstädten gelastet zu haben. Erträglicher gewiß als die der neuen persischen Großmacht, deren Angriff der Alyattes-Sohn

Kroisos in seiner Hauptstadt Sardeis im Jahr 547 v. Chr. erlag, nach seiner fatalen Fehlauslegung des delphischen Orakelspruchs: »Wenn du den Halys überschreitest, wirst du ein großes Reich zerstören.« Ob Kyros der Große, der Erbauer des persischen Weltreiches, den armen reichen Kroisos töten ließ, ob er als Gefangener überlebte, ist ungewiß – aber Kroisos war jedenfalls der letzte lydische König.

KAPITEL VI

Von Achill zu Alexander

Hellas in Kleinasien

Ländliche Stille. Am sumpfigen Teich stehen Ochsen mit dunklem Fell, zwischen den Hörnern eine blaue kreisrunde kleine Glasscheibe, das unheilabwehrende Augenzeichen. Manchmal überfliegt ein Storch das pflanzengrüne Wasser und die einzige Säule, die mit ihren kannelierten Trommeln aufrecht steht. Dies ist der Platz des Artemisions von Ephesos, dies war einmal ein Mittelpunkt der griechischen Welt Kleinasiens, und der Artemistempel selbst galt in der Antike als eines der Sieben Weltwunder.

Großartig ist das griechische Kleinasien bis heute in seiner Architektur. Anrührend überdauert es in seinen künstlerischen Gestaltungen. Bezeichnend sind aber doch auch die abgeräumten, gleichsam unsichtbar gewordenen Ruinen des Artemisions von Ephesos: bezeichnend nämlich für die Hindernisse, die sich dem Wissen-Wollen und dem Versuch der materiellen und geistigen Rekonstruktion entgegenstellen.

Dabei ist die acht Meter (!) starke Schwemmlandschicht über den Architekturresten des Artemisions nur ein lästiges Detailproblem. Seit der Engländer John Turtle Wood am Neujahrstag 1869/70 für seine siebenjährige Suche mit der Auffindung des an dieser Stelle nur vermuteten Tempels belohnt wurde, seit sein Landsmann David George Hogarth kurz nach der Jahrhundertwende mit Hilfe einer starken Dampfpumpe Elfenbeinstatuetten aus dem Grundwasser barg, seit schließlich österreichische Archäologen – zuerst 1895, dann wieder seit 1965 – im Artemision graben, sind die Vorstellungen über die einstige architektonische Gestalt immer präziser geworden.

Wir wissen heute: Offenbar übertrumpften die Epheser mit dem Artemistempel des 6. Jahrhunderts v. Chr. auch die größten Tempel der klassischen Zeit. 106 Säulen in Doppelreihe umschlossen ein Rechteck von 105 × 50 Meter, während das Parthenon auf der Athener Akropolis nur 67 × 23 Meter maß. Reicher Reliefschmuck an den Sockeln, schön kannelierte Säulen mit ionischen Kapitellen gaben diesem Artemision des Kroisos, wie man es nach dem lydischen König genannt hat, zu seiner imponierenden Monumentalität noch die Eleganz der großen Form – vermuten die Rekonstrukteure. Auch sei es der erste Tempel ganz aus Marmor gewesen.

Ein Geisteskranker namens Herostratos zündete im Jahre 356 v. Chr., der Überlieferung nach in der gleichen Nacht, in der Alexander der Große geboren wurde, das Artemision an, wenn es sich bei diesem Frevel nicht doch um einen politischen Racheakt im Spannungsfeld zwischen persischen Satrapen und ionischem Unabhängigkeitsstreben gehandelt hat. Nach dem gleichen Grundplan wie zuvor, aber in nochmals größeren Maßen wurde ein neues Artemision erbaut und vermutlich um 300 v. Chr. fertiggestellt. Finanziert wurde dieses neue »Wunder von Ephesos« zu einem wesentlichen Teil durch Alexander, der nach dem Sieg über die Perser den Bürgern von Ephesos die bisher an den persischen Großkönig gezahlten Tribute nicht erließ, sie aber für den Tempelbau verwendet.

Dank des mächtigen Zustroms von Pilgern und Weihegeschenken in Ephesos entwickelte sich das Artemision in den folgenden hellenistischen Jahrhunderten zu einem »wichtigen Wirtschaftsunternehmen mit enormem Landbesitz und der größten Bank Asiens«, wie der Leiter der Artemision-Ausgrabungen, Anton Bammer, feststellt. Der Niedergang des Kultzentrums kam mit dem Aufstieg des Christentums; die Predigt des Paulus gegen den Protest der Silberschmiede und Devotionalienhändler von Ephesos und ihr stundenlanges Geschrei »Groß ist die Artemis der Epheser» sind als eine einzigartige Schlüsselszene in der Konfrontation antiker und christlicher Welt überliefert.

Eine Horde plündernder Goten im Jahre 263 n. Chr., Erdbeben in den Jahren 358 und 365, unwiderruflich aber das Edikt des Kaisers Theodosius, der 392 die heidnischen Riten untersagte, demontierten das Artemision in seiner Baugestalt wie in seinem Geistgehalt. Wohlfeiler Steinbruch, lieferte es Marmorblöcke für die Johannes-Basilika auf dem Zitadellenberg von Ephesos und sogar für die Hagia Sophia im fernen Byzanz. Am Ende blieben nur Fundamente des antiken Weltwunders und einige Säulentrommeln; sie tragen ein Storchennest, vielleicht noch heute.

Wir sind mit diesen Stichworten des Artemisions unversehens schon an das Ende der antik-griechischen Geschichte Kleinasiens geraten und wollen jetzt noch einmal ihren Anfang suchen. Das heißt in der Zeit zurückzugehen bis etwa in die Mitte des zweiten Jahrtausends v. Chr., als auf der Peloponnes in Mykene die Kuppelgräber westlich vom Löwentor angelegt wurden. Damals, in der griechischen Bronzezeit, drangen mykenische Griechen – Achäer, ihr Name wird von Homer für alle Griechen gebraucht – in die Ägäis und an die kleinasiatische Küste vor. Daß es wirklich in dieser Zeit Griechen waren, weiß man erst seit 1953: Damals konnten mykenische Inschriften entziffert und als griechisch identifiziert werden.

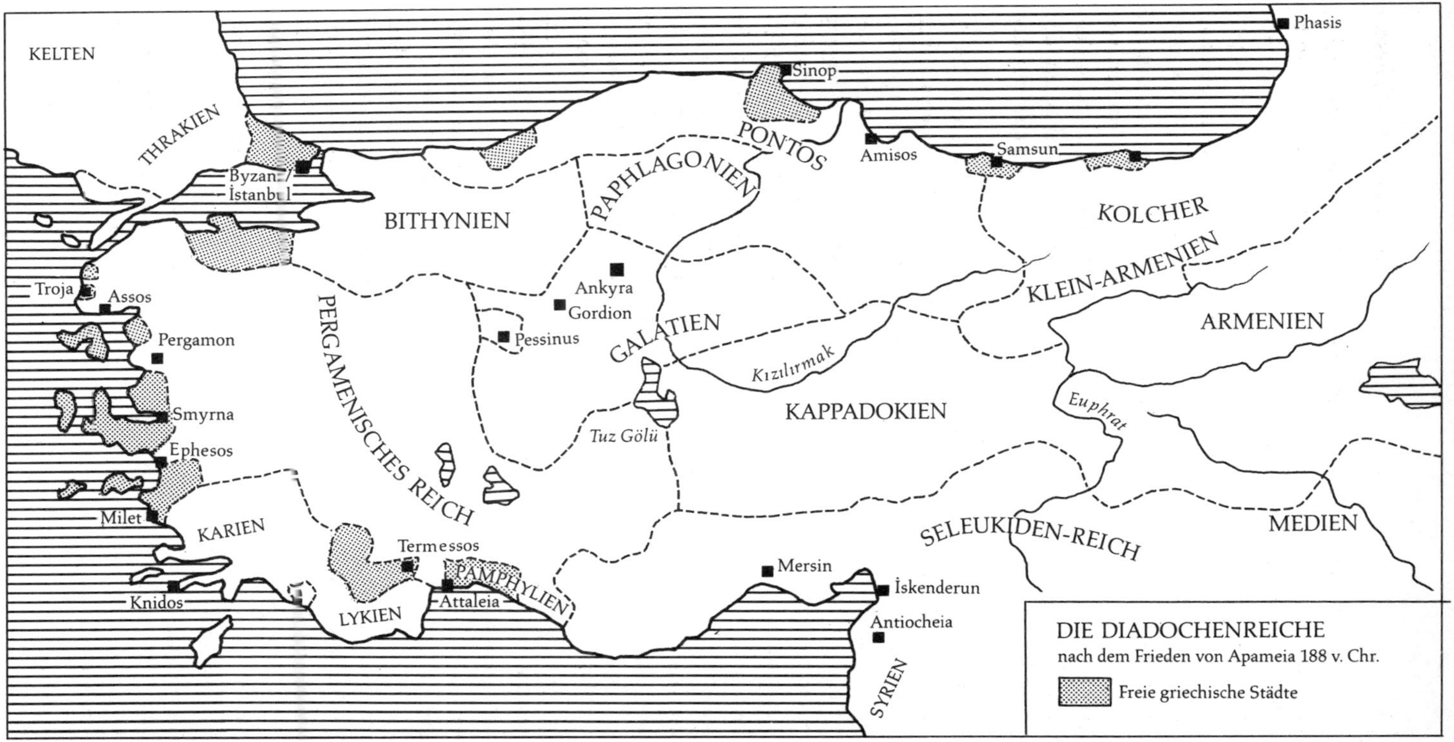
DIE DIADOCHENREICHE
nach dem Frieden von Apameia 188 v. Chr.
Freie griechische Städte
KELTEN
THRAKIEN
Byzanz / İstanbul
Troja
Assos
Pergamon
Smyrna
Ephesos
Milet
Knidos
KARIEN
LYKIEN
Termessos
Attaleia
PAMPHYLIEN
PERGAMENISCHES REICH
BITHYNIEN
PAPHLAGONIEN
PONTOS
Sinop
Amisos
Samsun
Phasis
KOLCHER
KLEIN-ARMENIEN
ARMENIEN
Ankyra
Gordion
Pessinus
GALATIEN
Kızılırmak
Tuz Gölü
KAPPADOKIEN
Euphrat
MEDIEN
SELEUKIDEN-REICH
Mersin
İskenderun
Antiocheia
SYRIEN

Doch dieser griechische Anfang auf kleinasiatischem Boden hinterließ nur dürftige archäologische Spuren, er verliert sich in einer historisch dunklen Ära, in der das östliche Mittelmeergebiet großenteils ein »machtpolitisches Vakuum (war): Festungen und Paläste waren radikal zerstört worden und wurden weder wiederaufgebaut noch ersetzt. Überall deuten die Anzeichen auf ein erhebliches Absinken des materiellen Lebensniveaus, auf viele Bewegungen von Völkern, Rückgang der Bevölkerungsziffern, auf Abnahme von interregionalem Handel und Verkehr, schließlich auf das Fehlen territorialer Reiche und Staaten, wie sie für die späte Bronzezeit charakteristisch gewesen waren« (I. M. Finley, Fischer Weltgeschichte). Diese »dunkle Zeit« der zerstörenden Invasionen und »Wanderungen« erstreckt sich vom 13. bis zum Ausgang des 9. vorchristlichen Jahrhunderts. Auch aus Ägypten, Syrien und Mesopotamien fehlen in dieser Zeit Nachrichten über die griechische Welt.

Keramikfunde und ihre Datierung haben aber den historisch wichtigen Schluß erlaubt, daß es gerade auch die dorischen, ionischen und äolischen – insgesamt also griechischen – Wanderungswellen waren, die in diesen Jahrhunderten die kleinasiatische Küste erreichten und dort zur Gründung neuer Siedlungen führten. Zuerst kamen die Dorer – von der Peloponnes, von Kreta und Rhodos – und siedelten in Karien und Pamphylien, ionische Dialekte sind zwischen Milet und Smyrna (İzmir) bezeugt, und äolische in der nördlich anschließenden Küstenregion bis hin nach Troja.

Das Beispiel Alt-Smyrnas, der seit dem 9. Jahrhundert befestigten Hafenstadt, sagt etwas über das Ausmaß dieser Siedlungen: Nicht mehr als etwa 500 kleine Häuser wurden für das Ende des »dunklen Zeitalters« festgestellt, Wohnraum für vielleicht 2000 Menschen. Möglicherweise war einer von ihnen der Dichter Homer, und – wieder nur möglicherweise – stammt von diesem kleinasiatischen Griechen zumindest eines der beiden großen Epen, die uns in einer anschaulichen Fülle ohnegleichen ein Bild der anfänglichen griechischen Welt übermitteln. Trotz der sieben antiken Biographien Homers, die aus römisch-kaiserlicher Überlieferung noch erhalten sind, ist weniges aus seinem Leben gesichert – nicht einmal die Nachricht von seinem Tod auf Ios.

Als Entstehungszeit von *Ilias* und *Odyssee* vermutet man heute die zweite Hälfte des 8. Jahrhunderts v. Chr., mit dem Abstand etwa einer Generation zwischen den beiden 13000 beziehungsweise 17000 Hexameter umfassenden Dichtungen. Berufssänger werden die legendäre Überlieferung vom Krieg um Troja und die Irrfahrt des »listenreichen« Odysseus über einen langen Zeitraum von Land zu Land durch die griechische Welt getragen haben, bevor es zur Schriftfassung kam.

Wieviel davon ist aber in historischer Wirklichkeit gegründet?

Um kaum eine andere Frage ist in der griechischen Altertumswissenschaft so heftig gestritten worden. Eindeutig läßt sich sagen, daß die homerischen Epen archaisieren: Beispielsweise erzählen sie fast durchgängig von Waffen und Werkzeugen aus Bronze, während man im 8. Jahrhundert v. Chr. bereits in der Eisenzeit lebte. Die kriegerische Gesellschaft, die *Ilias* und *Odyssee* schildern, spiegelt mykenische Vergangenheit und die Welt der kleinen Könige und Adelsherren in den »dunklen Jahrhunderten« – eine Welt ohne formales Recht, doch mit einer Fülle ritueller Vorschriften. Macht und auch Willkür der Götter wirken unmittelbar in das menschliche Leben, entheben den Menschen aber nicht seines selbständigen und verantwortlichen Handelns. Der unaufhörliche Prozeß der Allianz und Opposition zwischen Menschenschicksal und Götterwelt hat großen Anteil an der Spannungsdramaturgie der Epen. Diese Dramaturgie rückt Taten und Empfindungen der »Helden« ins hellste Licht und läßt das einfache Volk nur als schattenhafte Staffage vorkommen, bis auf wenige Ausnahmen. Deutlich ist die soziale Scheidung zwischen Adligen und Nichtadligen, der Weg zu griechischer Demokratie noch weit.

Phöniker werden in den homerischen Epen immer wieder als Händler und Kaufleute genannt, während es für einen Odysseus eine Beleidigung bedeutet, als Kaufmann bezeichnet zu werden. Diese Phöniker, die im syrischen Küstengebiet zu Hause waren, segelten mit ihren Schiffen bis nach Nordafrika und Spanien. Für die kleinasiatischen Griechen waren sie wichtig als Lieferanten von Metallen, aber die Griechen übernahmen noch etwas anderes von ihnen, eine unentbehrliche Kulturtechnik: das Alphabet – nachdem die mykenische Schrift offensichtlich in Vergessenheit geraten war.

Wort-, Silben- und Buchstabenschriften hatten Ägypter, Hethiter, Perser, Aramäer, Hebräer und Phöniker im Gebrauch. Das phönizische 22-Buchstaben-Alphabet konnte allerdings aus praktischen Gründen nicht unverändert übernommen werden, denn im Phönikischen fehlten nicht nur – wie in allen semitischen Schriften – Zeichen für Vokale, sondern andere Zeichen entsprachen Lauten, die im Griechischen wiederum nicht vorkamen. So entwickelte sich nicht sogleich ein griechisches Alphabet, sondern etwa zwanzig konkurrierende Versuche der Umsetzung und Angleichung sind überliefert.

Schreiber an der ionischen Küste Kleinasiens waren es, die wohl schon im 8. Jahrhundert ein 24-Buchstaben-Alphabet schufen, das einige Jahrhunderte später, nämlich im Jahr 403 v. Chr. dadurch die offizielle Anerkennung in der griechischen Welt erfuhr, daß die Athener es zur Aufzeichnung von Gesetzestexten benutzten. Dieses ionische Alphabet wurde so zum gemeingriechischen – wobei ins Gewicht fallen mag, daß die ionische Wanderung im 11. und 10. Jahrhundert von Attika ausgegangen war, der ionische Dialekt große Ähnlichkeit mit dem Attischen hatte.

Mit der griechischen Schrift, die so in Kleinasien einen wichtigen Ursprung hatte, und mit der Aufzeichnung der homerischen Epen wurde das Bewußtsein griechischer Gemeinsamkeit verstärkt. Merkwürdig genug, kommt freilich weder in der *Ilias* noch in der *Odyssee* jener Name »Hellenen« vor, der spätestens seit dem 8. Jahrhundert v. Chr. und bis heute der Name der Griechen geblieben ist. Seit eben jener Zeit – der Überlieferung nach: seit 776 v. Chr. – hatten die Hellenen mit den Vierjahresperioden der Olympischen Spiele die Basis einer gemeinsamen Zeitrechnung, und auch dafür war Schrift unentbehrlich.

An der kleinasiatischen Seite der ägäischen Welt feierte der ionische Städtebund die »Panionia« (= all-ionisches Fest). Seit der Gründung des Panionion-Heiligtums auf dem Mykale-Gebirge gegenüber Samos (heute: Samsun dağı) um 700 v. Chr. wuchs die Bedeutung des südlich davon gelegenen Milets noch, und diese schon im 11. Jahrhundert v. Chr. entstandene Kolonie entwickelte sich zur reichsten Handelsstadt Kleinasiens, konnte selbst eine Vielzahl neuer Kolonien – Plinius schreibt: mehr als neunzig – gründen, viele an den Küsten des Schwarzen Meeres.

Das Wort Kolonie trifft freilich nicht den wirklichen historischen Vorgang. Historiker, die darum die Wahl dieses Begriffs oft bedauern, haben aber keinen besseren eingeführt, sondern nur daran erinnert, daß die Griechen selber von *apoikia* sprachen, wörtlich »von Zuhause fort«, »Verlagerung der Wohnstatt«. Griechische Kolonien der Antike waren in aller Regel nicht abhängig von ihren Mutterstädten. Die Auswanderer gingen auf eigenes Risiko, und sie verließen ihre Heimat oft mit ähnlich ärmlicher Ausrüstung wie die europäischen Auswanderer des 18. und 19. Jahrhunderts, die Zwischendeck-Passagiere auf dem Weg nach Amerika.

Ein »Fortschaffen mit schöner Bezeichnung«, so sollte später Plato in seinen »Nomoi« (»Gesetzen«) die griechische Kolonisation nennen. Nicht Abenteuerlust und Gewinnstreben, sondern Übervölkerung und die Gefahr sozialrevolutionärer Unruhen führt er als ihre Gründe an: Die Polis habe sich vom »Krankheitsstoff« derer zu reinigen, die »aus Mangel des Unterhalts, des Besitzes entbehrend, sich bereitwillig zeigen, denen zu folgen, welche gegen die Habe der Besitzenden sie führen wollen«. Neben der Verbannung war dann die Entsendung in eine neue Kolonie die mildere Maßnahme.

Entgegen gängiger Meinung scheinen die Kolonien nur zum Teil als Handelsplätze angelegt worden zu sein; sie waren zum größeren Teil agrarische Siedlungen, Fischerdörfer oder auch bald Piratennester. Fast alle Kolonistenstädte lagen am Meer, und wenn man heute die Orte an den Küsten Kleinasiens und am Schwarzen Meer betrachtet, von Antakya bis Antalya, von Bodrum (Halikarnassos) bis İstanbul (Byzanz), von Sinop bis Samsun und Trabzon, so läßt sich die Geschichte fast aller dieser Städte auf eine griechische Gründung am gleichen Ort oder in naher Nachbarschaft zurückführen. Eine der Ausnahmen ist Mersin an der anatolischen Südküste.

Die Polis, der griechische Stadtstaat, entwickelt sich als eng umgrenzte Gesellschaftsform in dieser Kolonisationsepoche des archaischen Hellas – und lebt bis heute fort in unserem Wort »Politik«. Politische Unabhängigkeit ist originäres Merkmal der oft nur dorfkleinen Polis, die Abschaffung des Königtums die Voraussetzung der sich entwickelnden Selbstverwaltung. Langwierige Auseinandersetzungen zwischen den aristokratischen Familien und reichgewordenen Kaufleuten, Handwerkern und Bauern sind vielerorts der Hintergrund der entstehenden neuen Polis-Verfassungen. Für das neue Selbstbewußtsein der nichtaristokratischen Bürger wurde wohl auch die seit dem 7. Jahrhundert v. Chr. eingeführte Phalanx wichtig, eine gestaffelte Infanterieformation von Schwerbewaffneten (Hopliten), die ihre Rüstung und Waffen selbst zu stellen hatten.

Was gehörte zu einer griechischen Kolonistenstadt? Der Raum für die Götter, ein eingegrenzter heiliger Bezirk (temenos), der öffentliche Platz für die Bürger (agora), Baulichkeiten für Gewerbe und Wohnungen, später und wenn's hoch kam, das Gebäude für die Münzprägung. Sicherlich erliegen wir einem Irrtum, wenn wir allerorten Marmor und Säulenpracht vermuten.

Nicht nur der Neubeginn in der Fremde, auch das Leben der folgenden Generationen war von materiellen Einschränkungen geprägt. Der französische Archäologe und Historiker Paul Faure hat in seinem Werk über *Die griechische Welt im Zeitalter der Kolonisation* die Landnahme der Neuankömmlinge an den anatolischen Vorgebirgen oder an den Deltas der Flüsse geschildert, wie sie aus den Siedlungsresten zu rekonstruieren ist, und er beschreibt, wie ihre Hütten aus ungebrannten Ziegeln auf gestampfter Lehmerde entstanden:

»Seit der Jungsteinzeit hat sich diese Bautechnik nicht geändert. Der Lehm wird zu Staub zerkleinert, von den beigemischten Steinchen befreit, mit Wasser besprengt, mit Stroh oder kleingehacktem Algengrün durchmischt, mit den Füßen geknetet und dann in entsprechende

Formen gegeben. Der rohe Ziegel trocknet im Lauf weniger Tage an der Sonne. ...

Ist das Land reich an Holz und verfügen die aufs Improvisieren angewiesenen Architekten über ausreichende Werkzeuge, dann werden die Ziegel beim Hochziehen des Hauses durch ein entsprechendes Stützgerüst und eine Holzverschalung im Lot gehalten. Wie dem auch sei, für die Tür und ein oder zwei schmale Fenster läßt man offene Stellen in der Mauer. Ein Flachdach, das mit Zweigwerk und Lehm in Verbindung mit Stroh und Schilf eingezogen wird, bedeckt das Ganze. Das als Rauchfang dienende Loch wird schon bald mit einem nach oben nicht überdachten Tonrohr als Schornstein versehen. Bretter und ölgetränkte Stoffe werden später die Tür und die Fensteröffnungen schließen.«

Tüchtig waren diese Lehmhüttenbewohner, als Fischer, Bauern, Handwerker und Händler. In Kyzikos zum Beispiel, am Südufer des Marmara-Meers, wo heute unweit des mit vielen Sommergästen vom Balkan belebten Erdek nur noch einige Ruinen vom Reichtum der Stadt blieben, stand der Thunfischfang am Anfang. Als klassischer Zeuge tritt wieder Plinius auf: »Das Goldene Horn heißt so, weil man dort zahllose Thunfische fängt.«

Sechs Monate lang, den ganzen Sommer über, ziehen Thunfischschwärme durch Marmara-Meer und Bosporus ins Schwarze Meer, metergroße Fische mit 10 bis 150 Kilogramm Gewicht. Die Leute von Kyzikos jagten den Thunfisch mit der Harpune und einem System von Netzen, das Hunderte von Metern ins Meer reichte und – zum Ufer hin mit immer feineren Maschen ausgelegt – den erhofften Fang in spezielle Fangnetze zu treiben ermöglichte. Solcher Fischfang war Gemeinschaftsarbeit, forderte Solidarität und kooperative Genauigkeit.

Die ökonomische Fangverwertung schloß dann das Trocknen, Räuchern und Salzen (mit dem Salz eigener Salinen) ein. Später über den normalen Handel hinaus auch Luxusexporte: Kein Geringerer als Aristoteles – der zeitweise in Assos bei Troja, also nicht sehr weit von Kyzikos gelebt und gelehrt hat – berichtet von dem Verfahren, den Laich von Seebarbe oder Schwertfisch mit Salzlake zu durchmischen und in besonderen Gefäßen zu verschicken. Nachfrage gab es »in den fernsten Ländern Asiens«, vermutlich auch deshalb, weil diesem kaviarähnlichen Produkt aphrodisiakische Wirkung zugeschrieben wurde.

Indiz aufwendiger Fischkulturen sind auch die mancherorts in die Küstenfelsen gemeißelten Meerwasserbecken, in denen wertvoller Fang lebend frisch gehalten oder Seefische gezüchtet werden konnten. Am felsigen Rücken von Kap Fourni auf Rhodos gegenüber der anatolischen

Südspitze haben wir solche Becken in ursprünglicher Gestalt vorgefunden – ähnlich einem modernen U-Boot-Hafen *en miniature.*

Einem anderen natürlichen Reichtum, dem Wald, verdankten die frühen Bewohner der Stadt Byzantion ihren Wohlstand. Sie beuteten das Holz der Wälder aus, die an diesem Brückenkopf Europas die Ausläufer des Balkans bedecken. Lange vor ihrem späteren Weltstadtruhm unter der Namensdreiheit Konstantinopel-Byzanz-İstanbul war diese kleine griechische Hafenstadt ein Ort der Holzhändler und Holzfäller. Bald holten sie ihr Holz nicht nur aus dem ortsnahen »Belgrader Wald« (nach dem Dorf Belgrad, mit altem Namen Petra), sondern auch aus den pontischen Bergen der anatolischen Schwarzmeerküste.

Buchen, Eichen, Fichten und Zypressen, die Bornmüller- und die Nordmanntannen wurden zu Bauholz für Häuser, Tempel und Schiffe verarbeitet. Paul Faure, in der Wirtschafts- und Sozialgeschichte der Epoche einer der Kundigsten: »Das Goldene Horn wird so das größte und bestausgestattete Zwischenlager des Nahen Ostens für Bauholz. ... Im 6. Jahrhundert v. Chr. ist Byzantion zugleich – nach Korinth und Samos – die größte Werft für Schiffbau.«

Die Küsten des Schwarzen Meeres, zumal die des heutigen Georgiens, waren lange ein »wilder Osten« der griechischen Kolonisation. Die Milesier, die, wie erwähnt, bei der Kolonisierung dieser Küsten die aktivsten waren, hatten dafür freilich auch gute Gründe: die Erzlager östlich von Sinop. Einer der größten griechischen Sagenkreise, wohl jedem erinnerlich, der einmal des Schul- und Pfarrherrn Gustav Schwab *Schönste Sagen des Klassischen Altertums* geschmökert hat, erzählt von der Heerfahrt der Argonauten. Mit ihrem wunderschnellen Schiff Argo sollten Jason und seine Gefährten das Goldene Vlies aus dem Lande Kolchis – der alte Name der heutigen Sowjetrepublik Georgien – heimholen.

Ein Abenteuerroman, eine Brautfahrt- und Drachentötersage wie das Nibelungenlied, und wie dieses ist die Erzählung von der Argonautenfahrt voller Schuld- und Rachemotive. Als legendäres Zeugnis der Schwarzmeerkolonisation ist aber nicht die Liebestragödie Jason – Medea wichtig – in ihrer grausamsten Variante mordet die zauberkräftige Medea nach glücklichen Jahren mit Jason, von diesem verstoßen, erst dessen neue Geliebte und deren Vater und dann auch die eigenen Kinder –, sondern die Schilderung der Kolchisfahrt. Das goldglänzende Widderfell mußte einem Drachen oder einer Riesenschlange entrissen werden, nur mit Hilfe der Königstochter Medea kann Jason die Aufgabe bewältigen und lebendig davonkommen. Daß auch Theseus, Orpheus und Herakles, wie in einigen Überlieferungen der Sage erzählt wird, mit in das Land Kolchis reisten, unterstreicht noch das Gefahrenpotential der Expedition: Ihr Gelingen konnte nur durch die Teilnahme mächtigster Heroen gesichert werden.

Statt goldener Widderfelle brachten die Griechen aus ihren Schwarzmeerstädten Eisen, Kupfer und silberhaltiges Blei in den Handel, das sie selbst gegen Wein von den griechischen Inseln und den Küsten Ioniens eintauschten. Amisos (nahe dem heutigen Samsun) wurde eine Hauptstadt des Silberhandels, aus rund einem Dutzend großer Lagerstätten wurden die Silberbarren dorthin geschafft. Metallurgen kennen den Silbergehalt in den Erzen dieser Lagerstätten, und sie erkennen die Fähigkeiten der Berg- und Hüttentechniker Anatoliens in jener Zeit an, in der bei einem Silbergehalt von etwas mehr oder weniger als einem halben Prozent aus dem Erz reines Silber gewonnen werden konnte.

Und das Gold? Auch in Kolchis gründeten die Griechen aus Milet noch eine Siedlung, im 6. Jahrhundert, und nannten sie Phasis, nach dem Namen des dortigen Flusses (heute: Rioni). Zur Sage vom Goldenen Vlies mag die Überlieferung stimmen, daß die Kolcher am Oberlauf dieses und anderer Flüsse Schaffelle im Wasser ausspannten und darauf Klümpchen von Elektron zu Tausenden fanden, die einen beträchtlichen Goldgehalt aufwiesen. Ein Kapitel für sich ist die Begegnung der Griechen mit den nomadischen Skythen am Nordufer des Schwarzen Meeres, denen sie den Wein und die Rebe brachten und von denen sie dafür Getreide und Gold tauschten. Diese Begegnung fand aber außerhalb Anatoliens statt, in einem Landstrich zwischen den Mündungen von Bug und Dnjepr – sie gehört nicht in unsere Geschichte.

Überall waren es die Küsten, die von den Griechen besiedelt wurden, an einigen Plätzen auch das angrenzende Hinterland. Das gilt wie für den Westen und den Norden Anatoliens auch für den Süden. Wieder hat sich Geschichte in der Überlieferung einer Sage verschlüsselt. Sie erzählt von einem Helden und Seher namens Mopsos, einem Enkel des Thebaners Teiresias – und stellt damit auch eine Handlungs- und Herkunftsbrücke zwischen den Jokaste-, Oidipos- und Kreon-Mythen einerseits und den Ereignissen der griechischen Anatolien-Besiedlung andererseits her. Mopsos nämlich sei nach dem Ende des Trojanischen Krieges mit Teilen der griechischen Truppen nicht über das Meer nach Hellas zurückgekehrt, sondern südwärts gezogen.

In Kolophon – dessen spärliche Ruinenreste man sehen kann, wenn man an der Straße von İzmir nach Ephesos einen Stop macht – soll es zu einer Art Prominenten-Wettstreit zwischen den Sehern Kalchas und Mopsos gekommen sein. Obwohl es nicht um Schicksalsoptionen, sondern eher um Quizbanalitäten ging, soll Kalchas vor Kummer gestorben sein, als nicht er, sondern Mopsos richtig beantworten konnte, wieviel

Früchte ein bestimmter Feigenbaum trage und wieviel Ferkel eine tragende Sau werfe.

Anderer Überlieferung nach dagegen sind Mopsos und Kalchas – der ja als »Chefberater« des Griechenheeres beim Trojanischen Krieg fungiert hatte – gemeinsam in das fruchtbare Land um das heutige Antalya gezogen, das zu den wenigen anatolischen Landschaften mit griechischem Namen gehört: Pamphylien heißt zu deutsch »Land aller Stämme«. Sage und handgreifliches historisches Zeugnis zeigen auch bei diesem Beispiel einen nicht bis ins letzte durchschaubaren Zusammenhang. Als Teil der imposanten hufeisenförmigen Toranlage in Perge bei Antalya sind monumentale Basen von Statuen der Stadtgründer erhalten – und zwei der Inschriften nennen Kalchas und Mopsos. Perge, nehmen namhafte Archäologen auch aus anderen Gründen an, wurde »von einer ›gemischten Bevölkerung‹ griechischer Einwanderer nach dem Trojanischen Krieg gegründet«, also deutlich vor dem Jahr 1000 v. Chr.

Auch die zwischen Ägypten/Syrien und der Ägäis wichtige Handelsstation Rhodos entsandte früh Kolonisten an die anatolische Südküste, nicht nur an die ihr gegenüberliegende Südwestspitzen-Halbinsel von Knidos, sondern auch nach Phaselis, wo sie im Schutz der hier meernah mächtig ansteigenden Tauruskette an drei natürlichen Hafenbecken im 7. Jahrhundert v. Chr. eine bald vielbesuchte Handelsstadt aufbauten.

All dies macht die immer engere Einbindung Kleinasiens oder doch zumindest seiner Küstenregionen in die griechische Welt deutlich. Viel zu wenig ist jedoch in der europäischen Bildungstradition über lange Zeit hin wahrgenommen worden, wie produktiv auch im Geistigen die griechischen »Kolonisten«-Städte Ioniens seit dem 6. Jahrhundert v. Chr. wurden. Von Grenzorten der griechischen Kultur schwangen sie sich zu eigenständigen Zentren auf (ähnlich übrigens wie die Städte im »großgriechischen« Süditalien).

Nur Spezialisten war bewußt, daß die Mehrzahl der führenden Vordenker griechischer Philosophie und Naturwissenschaft nicht in Attika oder auf der Peloponnes, sondern auf anatolischem Boden lebten und lehrten – oder doch von dort stammten. Die Führungsrolle Athens und Spartas in den Perserkriegen versperrte den Blick auf die kreativen Zentren an und vor den ionischen Küsten, die für Generationen unter einem historischen Dämmerlicht lagen.

So undurchdringlicher blieb dieses Dämmer, da Geschichtsforschung sich allzulange auf die politischen und militärischen Abläufe konzentrierte – und das Interesse an griechischer Philosophie auf Plato, Aristoteles und die Späteren, auf Epikureismus und Stoa. Daß dies so war, erklärt sich freilich zu einem Teil auch durch den absoluten Mangel an authentischen Schriften der ionischen Denker des 6. und 5. Jahrhunderts v. Chr. »Die Werke der vorsokratischen Denker sind sämtlich verloren«, ist bei Wilhelm Capelle noch in den fünfziger Jahren in seinem Buch *Die Vorsokratiker* zu lesen, und: »Statt dessen haben wir nur einen chaotischen Haufen bei den verschiedensten späteren Autoren verstreuter Fragmente, deren Echtheit die moderne Forschung in jedem einzelnen Falle erst hat prüfen müssen.«

An diese »gigantische Aufgabe« hatte sich zuerst der Gräzist Hermann Diels gewagt, hatte sie 1879 – erst 31 Jahre alt – zu einem wichtigen Teil gelöst. Ein Vierteljahrhundert später, 1903, hatte er seine Ausgabe *Die Fragmente der Vorsokratiker* vorlegen können. Ja, Diels hat damals diesen Begriff durchgesetzt und damit auch an die in der Antike weit verbreitete Meinung angeknüpft, daß alles frühere Philosophieren von Sokrates in seinem Denken aufgenommen worden sei. Das heißt natürlich auch: ohne die Vorsokratiker kein Sokrates.

Es geht um nichts Geringeres als um die Anfänge des philosophischen Denkens, um den Prozeß der Selbstbefreiung menschlicher Vernunft. Vor zweieinhalb Jahrtausenden wurden an der anatolischen Küste die ersten Antworten auf Grundfragen des Daseins gefunden. Die Mythen galten nicht mehr, gelten nicht mehr unbefragt seit damals. Wer immer sich heute auf europäische Aufklärung beruft, schreitet in den Fußspuren der ionischen Philosophie. Sie zuerst verstand den beobachtenden und denkenden Menschen als das eigentliche Instrument der Wahrheitsfindung.

Zugleich legten die ionischen Naturphilosophen die denkerischen – in ersten Anfängen: auch die experimentellen – Fundamente der Naturwissenschaften. In Babylon kannte man sich früher schon aus am Sternenhimmel, auch chinesische, ägyptische und indische Gelehrte machten sich sternenkundig, aber von der Physik bis zur Atomistik, von der Geographie bis zur Mathematik scheinen die griechischen Denker konsequenter an einem neuen, rationalen Weltverständnis gearbeitet zu haben.

Allerdings gingen die Vorsokratiker nicht alle den gleichen Weg der Rationalität, oder sie verstanden Rationalität und philosophische Spekulation, mathematische Formeln und die Lehre von der Unsterblichkeit der Seele mit gleicher Überzeugung zu vertreten.

Am Anfang der philosophischen Überlieferung sprechen – im Echo späterer Aufzeichnungen – die Stimmen der »Sieben Weisen«. In ihrem – keineswegs immer gleich zusammengesetzten – Kreis geistiger und politischer Prominenz stehen zwei ionische Griechen, Bias von Priene und Thales von Milet. Bias, Staatsmann und Richter, versuchte den ionischen Stadtbürgern zur Zeit der persischen Herrschaft dadurch zur

Freiheit zu helfen, daß er ihnen die gemeinsame Auswanderung nach Sardinien vorschlug. Zu den unter seinem Namen überlieferten »Weisheiten« gehört so Bieder-Unanfechtbares wie: »Geh langsam ans Werk; was du aber angefangen hast, bei dem harre aus.«

Thales von Milet, vermutlich ein weitgereister, auch in Geschäftsdingen gewandter Mann, möglicherweise von Vaters Seite karischer Abkunft, soll für eine militärische Aktion des lydischen Königs Kroisos den Fluß Halys umgelenkt, soll dank seiner speziellen Kenntnisse der Meteorologie imstande gewesen sein, eine extrem reiche Olivenernte vorauszuberechnen und sie vor der Einbringung spekulativ in der ganzen Region aufgekauft haben. Verbürgte philosophische oder naturwissenschaftliche Aussagen von diesem angeblich ältesten der Sieben Weisen fehlen jedoch. Hat er die Sonnenfinsternis vom 28. Mai des Jahres 585 v. Chr. vorhergesagt und damit den ionischen Truppen des lydischen Königs Alyattes in der Schlacht gegen die Meder helfen können? Hat er in seiner Lehre von einer Ursubstanz das Wasser als das Ursprüngliche und Unvergängliche genannt? Hat er Gesetze der Dreiecksgeometrie formuliert und auf einer Ägyptenreise die Höhe der Pyramiden aus ihrem Schatten berechnet?

Viel besser gesichert sind die Nachrichten über den Thales-Schüler und -Nachfolger Anaximander. Dieser »Hauptkerl« unter den ionischen Philosophen (Nietzsche) lebte gleichzeitig mit Thales in Milet, in der ersten Hälfte des 6. Jahrhunderts v. Chr. König Nebukadnezar II. verschleppte die Juden in die »Babylonische Gefangenschaft«, Kyros baute das persische Großreich auf – und in Milet entwarf zum ersten Mal ein Mensch eine physikalische, ganz auf Beobachtung und rationale Denkarbeit aufgebaute Kosmogonie, eine Entstehungsgeschichte des Kosmos, zeichnete eine Erdkarte und konstruierte einen Himmelsglobus. Dieser Bahnbrecher – so muß man Anaximander bezeichnen – wußte auch schon: Die Erde ist ein im All schwebender Himmelskörper, eine damals, in der Welt homerischer Götter, absolut revolutionäre Vorstellung. Auch die Entstehung des Menschen aus anderen Lebewesen ist von Anaximander vorgedacht, wenn auch wohl noch nicht konsequent ausformuliert worden. Er lehrte, daß der Mensch entwicklungsgeschichtlich aus anderen Lebewesen hervorgegangen sei – ein gleichsam intuitiver Darwinismus.

Zeuge der teils tastenden und teils abenteuerlich ausgreifenden, teils auf Naturbeobachtung gegründeten und teils spekulativen Gedankenschritte des ionischen Philosophierens wird man bei dem Milesier Anaximenes. Aus dem Zusammenhang von Erwärmung und Ausdehnung und von Abkühlung und Zusammenziehung entwickelte er seine Theorie von der Luft als Urgrund: »Alles entsteht infolge einer gewissen Verdichtung der Luft und wieder infolge von Verdünnung.«

Ob Wasser, Luft oder ein unbestimmter Unendlichkeitsstoff – immer geht es um neue Versuche einer einheitlichen, »monistischen« Welterklärung. Vielleicht die originellste Antwort auf die »Urgrund«-Frage hatte Anaxagoras von Klazomenai (Urla), einer reichen Stadt am Golf von Smyrna. Aus der Beobachtung von Stoffwechselvorgängen – Nahrungsmittel werden zu Fleisch, Knochen, Haaren – schloß Anaxagoras, daß diese Körpersubstanzen schon in unsichtbar winzigen Teilen in den Nahrungsmitteln enthalten seien. Und zwar nicht, wie es unserer Moderne geläufig ist, in elementarer oder molekularer Form, sondern er nahm an, es sei »alles in allem« enthalten, in jedem kleinsten Materiepartikel unsichtbar überhaupt jede Substanz. Vermutlich mußte schon die Phantasie seiner Zeitgenossen vor dieser universellen »Eintopf«-Lehre der Materie kapitulieren.

Anaxagoras brachte aber auch eine philosophische These von epochalem Rang: die Gegenüberstellung von Geist und Materie, »ein unsterbliches Verdienst, zum ersten Male in der Geschichte des menschlichen Denkens Geist und Materie grundsätzlich unterschieden, die Selbständigkeit des Geistes gegenüber allem Stofflichen auf das nachdrücklichste betont zu haben« (Wilhelm Capelle).

Der Geist, zitiert Plato die Lehre des Anaxagoras, habe »seine Gewalt aus sich selber, sei mit nichts vermischt und ordne alle Dinge, indem er durch alles hindurchgehe«. Dieser göttliche Geist ist nach Anaxagoras »Urheber von allem«, hat »seine Macht allein aus sich selbst«, besitzt »von jedem Dinge jegliche Erkenntnis«, ist »ewig«. Damit besetzt Anaxagoras noch vor Plato und seinem metaphysischen Idealismus und Dualismus einen Gründerplatz im abendländischen Philosophieren, und die Grundlinien seines Denkens reichen bis zu Kant, sind noch von Husserl und Heidegger aufgenommen worden.

Umstritten war Anaxagoras allerdings schon zu Lebzeiten; während eines längeren Aufenthaltes in Athen wurde er der Ketzerei beschuldigt. Möglicherweise, um seinem Freund Perikles, dem ersten Mann im athenischen Staat, zu schaden, wurde gegen Anaxagoras Anklage wegen Gottlosigkeit erhoben – unter Berufung auf seine Lehre, die Sonne sei eine glühende, tote Steinmasse –, und nur dank Perikles' persönlichem Eingreifen soll er mit einer hohen Geldstrafe davongekommen sein und das Leben gerettet haben. Es war, soweit wir wissen, der erste abendländische Prozeß gegen die Freiheit der Forschung. Anaxagoras verließ Athen und scheint den Rest seines Lebens in Lampsakos (Lapseki) am kleinasiatischen Ufer des Hellespont verbracht zu haben.

Das für uns, die Bürger des Atomzeitalters, erstaunlichste Ergebnis ionischen Philosophierens hat dann der aus Milet stammende Leukippos gefunden: die Lehre von den Atomen nämlich. Als ihr Begründer wird meist der aus dem thrakischen Abdera stammende Demokrit genannt – zu Unrecht, denn der Milesier Leukippos, der im süditalienischen Elea (zwischen Paestum und Palinuro) lehrte und später eine Philosophenschule in Abdera gründete, war dort auch Demokrits Lehrer und vermittelte ihm seine atomistische Naturphilosophie. Sie besagt im Kern das gleiche wie die Atomphysik heute: daß es unendlich viele und in ewiger Bewegung begriffene Atome gibt; wenn sie sich miteinander vereinigen und verflechten, bewirken sie Entstehung von Gestirnen, Lebewesen und Dingen. Leukippos nahm auch bereits leeren Raum zwischen den Atomen an, und er sagte über den Kosmos, daß sich im unendlichen Leeren aus zahllosen Atomen unzählige Welten bilden.

Fülle und Originalität der ionischen Denkansätze machen es schwer, den Überblick zu gewinnen. Welche Thesen und Meinungen setzten sich denn in der griechischen Öffentlichkeit – wenn es überhaupt so etwas gab – durch, oder blieb das meiste doch elitäres Thema kleiner Minderheiten? Breitenwirkung scheint erst Platos Akademie und scheinen mehr noch nach ihm die Schulen Epikurs und der Stoiker im 4., 3. und 2. Jahrhundert v. Chr. erreicht zu haben. Ein ionischer Philosoph wie Xenophanes von Kolophon verdiente 500 v. Chr. seinen Unterhalt als wandernder Rhapsode mit dem Vortrag homerischer und eigener Dichtungen; vornehmer Abkunft, hatte er die Heimat aus politischen Gründen verlassen müssen und kam, wie Leukippos, nach Elea.

Xenophanes, ein poetischer Philosoph und philosophierender Poet, spottete über die allzumenschlichen Götter der Griechen: »Wenn Kühe, Pferde oder Löwen Hände hätten und damit malen und Werke wie die Menschen schaffen könnten, dann würden die Pferde pferde-, die Kühe kuhähnliche Götterbilder malen und solche Gestalten schaffen, wie sie selber haben.« Statt anthropomorphem Polytheismus lehrte dieser helle Geist als erster einen Monotheismus: »...(herrscht doch) nur ein einziger Gott, ... weder an Aussehen den Sterblichen ähnlich noch an Gedanken.« Als religiöser Rationalist und Skeptiker, wie mancher Philosoph des europäischen 18. Jahrhunderts, konnte Xenophanes auch nicht der Seelenwanderungslehre zustimmen, die der etwas ältere Pythagoras vertrat – in einer hinduistisch-buddhistisch anmutenden Wiedergeburtenkette, in der Auf- und Abstieg (zum Tier) abhängig war vom Gewinn oder Nichtgewinn der *sophia*. Kein anderer Philosoph aus der ionischen Region hat wie Pythagoras als religiös-ethischer Reformator und »Guru« einen noch in der nächsten und übernächsten Generation existierenden Bund von Anhängern ins Leben rufen können. In seiner Schule galt die *sophia* – etwa: die Summe allen Wissens, aller Wissenschaften und Fertigkeiten – als erstes und zugleich unerreichbares Ziel. Niemand sollte sich darum *sophos* – weise – nennen, sondern richtiger nur *philosophos*, Freund der Weisheit – so wurde von den Pythagoreern zuerst der Begriff »Philosophie« verwendet.

Pythagoras, aus Samos gebürtig und von dort im fünften Jahr der Tyrannis des Polykrates (532/31 v. Chr.) ins süditalienische Kroton ausgewandert, war den Harmoniegesetzen in der Musik, der Mathematik und Astronomie auf der Spur und zugleich immer ihren Analogien, zum Beispiel zwischen Dreiecksgesetzen, Tonfolgen und Planetenbewegungen. Daraus entwickelte Pythagoras – einen Strukturalisten müßte man ihn heute nennen – sein Wertsystem, und zwar mit hochgestecktem Anspruch an die Bereitschaft seiner Mitmenschen, sich in *katharsis* – das heißt unter Einhaltung von Reinheitsgeboten und vegetarischer Ernährung – und mit *askesis* – in körperlicher Disziplin – um die Erkenntnis dieser Werte zu bemühen.

Die Pythagoreer hatten Züge eines Geheimkults und scheinen politisch aktiv, sogar aggressiv gewesen zu sein. Von einem Angriff auf das benachbarte, für das luxuriöse Wohlleben seiner Einwohner bekannte Sybaris und von der – zeitweiligen – Zersprengung des Bundes im Gegenschlag sind Berichte überliefert. Des Pythagoras rigoroser Appell *epou theo* (»Folge dem Gott!«), nämlich in der Ausrichtung des Lebens auf die göttlichen Harmoniegesetze, unterlag bei seinen Nachfolgern der Entstellung, glitt ab ins Absurde, wenn den wertigen Analogiebegriffen schematisch unwertige entgegengestellt wurden. Rechts galt als wertig, also war links unwertig, männlich als wertig, also weiblich als unwertig...

Als großer, wohl auch hochmütig abweisender Einzelgänger seiner Philosophie lebte noch zur Zeit der Perserkriege des Dareios in Ephesos Heraklit, der auch »der Dunkle« genannt wurde. Von ihm stammen zwei der meistzitierten Sätze griechischer Philosophie: »Es ist unmöglich, zweimal in denselben Fluß zu steigen« und »Streit ist der Vater aller Dinge«. Beide Sätze belegen Heraklits Überzeugung von dem unaufhörlichen Wandel allen Seins, von dem *logos* (Weltgesetz), der sich im ständigen gegensätzlichen Auf und Ab verwirklicht.

Griechisches Philosophieren hat, wie diese noch zu vermehrenden Beispiele belegen, seine Herkunft an der ionischen Küste. Von hier stammt auch, wie erwähnt, mit großer Wahrscheinlichkeit der Ependichter Homer. Und in der ionischen Hafenstadt Teos, deren größtenteils römische Ruinenstätte heute eine halbe Autostunde in schöner Landschaft südwestlich von İzmir liegt, wurde Anakreon geboren, der als Dichter der Liebe und des Weins von Horaz bewundert (Anakreonta) und noch um 1740 von den Poeten des Leipziger Rokokos zum Schutzpatron erwählt wurde (Anakreontiker nannten sie sich). Einer der sensibelsten lyrischen Sprachkünstler, Eduard Mörike, hat ihn wieder übersetzt. Mörike ging es um den »echten Anakreon«, dessen »Überreste ... außerhalb der philologischen Welt noch wenig gekannt sind«, um die Anakreon-Fragmente, in denen bei näherem Zusehen dann doch gar nicht im Rokokostil getändelt, sondern Eros im Widerstreit der Gefühle beschworen, Liebeserfahrung in der Spannung von Glücksmoment und Selbstentfremdung dargestellt wird. »Schweigend in des dunklen Lorbeers Schatten und des heitern Ölbaums« heißt es bei Anakreon, aber auch: »Ich lieb, und liebe doch auch nicht, / Verrückt bin ich, und nicht verrückt.«

Umgetrieben war das Leben auch dieses ionischen Griechen, der in den Jahren der persischen Annexion der ionischen Küste lebte. Er ist aber auch als ein Beispiel für die über alle Polis-Individualität und politische Sonderung ganz selbstverständlich existierende gesamtgriechische Kulturgemeinsamkeit im 6. Jahrhundert v. Chr. zu verstehen. Von dem Bewußtsein, »daß wir vom gleichen Stamm sind und die gleiche Sprache reden, daß uns die Heiligtümer der Götter, die Riten, die Gebräuche gemeinsam sind«, schrieb hundert Jahre später Herodot. Anakreon wich erst ins thrakische Abdera aus – eine ionische Gründung, die damals von Teos aus besiedelt wurde –, hat sich dann wohl auf der Insel Samos am Hofe des Polykrates aufgehalten, fand in Athen Förderer, wo später auf der Akropolis eine Anakreonstatue aufgestellt wurde, und lebte im Alter vielleicht im thessalischen Larissa, ein Emigrant lebenslang.

Im Folgenden nur in Stakkato-Tempo über die epochale Konfrontation zwischen dem persischen Achämenidenreich und den Griechen Kleinasiens zu berichten, wäre im Sinne einer politischen Ereignisgeschichte unstatthaft, ist aber doch geboten, wo es um die kulturellen und sozialen Impulse Kleinasiens geht. Denn zum einen: Die Geschichte der Perserkriege ist uns einseitig, nämlich ausschließlich von griechischen Autoren, und da vor allem von Herodot überliefert worden. Und wenn dieser ionische Grieche aus Halikarnassos/Bodrum die ja erst von ihm begründete Kunst der Geschichtsschreibung mit erstaunlicher Souveränität praktiziert hat, so ist er – zum anderen – doch nicht sehr ergiebig, was die konkreten Lebensverhältnisse in den annähernd zwei Jahrhunderten persischer Präsenz in Kleinasien betrifft. Eine Iranisierung scheint nicht stattgefunden zu haben.

Assyrer, Meder, Perser: Ende des 7. Jahrhunderts v. Chr. war die assyrische Großmacht von den Chaldäern und Medern gestürzt, die

Hauptstadt Ninive zerstört worden. Die Meder iranischen Stammes – von den Griechen kaum von den Persern unterschieden – drangen über Armenien und Kappadokien bis ins Reich der Lyder vor, im Jahre 585 wurde der Halys vertraglich als Grenzfluß bestimmt, und vielleicht hat Thales von Milet, wie erwähnt, Anteil an diesem Friedensschluß gehabt.

Doch gewährte das den ionischen Griechen nur eine Schonfrist für die Dauer einer Generation. Kyros, aus der Familie der Achämeniden in der Landschaft Persis, usurpierte den medischen Thron, begann unverzüglich eine imperialistisch aggressive Politik und wurde zum Gründer des persischen Großreichs, das in der Folge vom Indus bis an die Ägäis reichte, unter Einschluß Babylons, Ägyptens und Libyens. Schon in den ersten Jahren seiner Herrschaft hatte Kyros die lydische Hauptstadt Sardeis mit ihrer vermeintlich uneinnehmbaren Burg erobert und sich der griechischen Städte an der kleinasiatischen Küste bemächtigt. Das reiche Milet ließ es auf eine militärische Auseinandersetzung nicht ankommen, 546 v. Chr. willigte es in einen »Freundschaftsvertrag« ein. Faktisch übernahmen überall persische Satrapen, »Schirmer des Reiches«, die Herrschaft, persische Garnisonen sicherten sie und damit zugleich die Zahlung der Tribute an den großköniglichen Hof. Hilfe von den griechischen Stadtstaaten in Hellas war ausgeblieben, nur Sparta, Führungsmacht des Peloponnesischen Bundes, protestierte offiziell.

Eine einheitliche Verwaltungssprache – das Aramäische – und einheitliche Amtsschrift, die phönizische, die in Ionien wie in Indien von den Reichsschreibern verwendet wurde, der Ausbau der Verkehrs- und Nachrichtenwege – wie der 2400 Kilometer langen Königsstraße von Susa am unteren Tigris nach Sardeis –, die Organisation in Satrapien und die Einführung einer überall gültigen Goldmünze, des *Dareikos*, auf der sich der Großkönig als Bogenschütze abbilden ließ – alles diente der Stabilisierung des riesigen persischen Reiches unter Dareios. Der stammte aus einer achämenidischen Nebenlinie, hatte nach dem Tod des Kyros-Sohnes Kambyses erst einen Gegenkönig niederzukämpfen und schickte sich an, noch weiter in die griechische Welt vorzustoßen.

Persischer Imperialismus, ein monozentrisches Machtgebäude von kolossalem Ausmaß, stand gegen den zerstrittenen Polyzentrismus und die staatliche Zersplitterung der Hellenen. Konnte der Sieg zweifelhaft sein? Dem Anschlag eines persischen Satrapen fiel der legendär glückliche Polykrates, Tyrann von Samos, zum Opfer. Als der Großkönig Dareios über den Bosporus – ein griechischer Baumeister hatte ihm die erste Brücke über diesen Meeresarm zwischen Europa und Asien geschlagen – und weiter über die Donau nach Bessarabien vorrückte, gegen die

Skythen, wurden die Griechenstädte am Hellespont und in Thrakien ihm untertan. Die griechischen, ionischen Handelswege ins Schwarze Meer wurden nunmehr von den Persern kontrolliert.

Niemand kennt die Vorgeschichte des großen ionischen Aufstandes, aber die Gründe für den verzweifelten Entschluß, sich an der Westküste Kleinasiens mit der Übermacht des Großkönigs anzulegen, braucht man nicht lange zu suchen, sie liegen auf der Hand: drohende Verarmung, zumindest empfindliche Einkommensverluste, drückende Steuer- und Militärdienstlasten, Verdrängung politischer Selbstverwaltung durch die von den Persern eingesetzten oder gestützten Tyrannen. Diese Tyrannen, die ja nicht das waren, was wir unter einem »Tyrannen« begreifen, sondern einfach Monarchen, legten im Jahr 500/499 v. Chr. offenbar mehrheitlich ihre von Großkönigs Gnaden erhaltenen Funktionen nieder. Zumal einer von ihnen, der wichtigste, den Herodot als Motor und Haupt des Aufstandes zeigt, Aristarchos von Milet, reiste aufs griechische Festland und suchte Bundesgenossen zu sammeln – mit geringem, im wesentlichen auf eine athenische Hilfszusage begrenztem Erfolg. Auch die Athener soll man sich nicht von griechischer Solidarität motiviert vorstellen, eher ging es um die Sicherung ihrer schon damals existenznotwendigen Getreideimporte – die Getreidesegler mußten durch den Bosporus.

Die Ionier schlugen trotzdem los, gewannen Anfangserfolge, vom Hellespont bis an die lykische Küste und nach Zypern wagten die Griechen den Aufstand, der ähnlich verwegen erscheinen muß wie zweitausend Jahre später der Widerstand der Belgier und Niederländer gegen das habsburgische Weltreich. Aber das ionische Unternehmen lief schlecht, die persische Rückeroberung scheint genau geplant worden zu sein. Als nach fünf Jahren der Widerstand zusammenzubrechen drohte und eine gemeinsame Flotte der Ionier die letzte Entscheidung erkämpfen sollte, führten Mangel an Disziplin und Koordination zur Katastrophe, die Bundesgenossen aus Samos und Lesbos segelten mitten im blutigen Getümmel davon. Milet wurde von den Persern zerstört, die Einwohner mit der Strafe der Deportation belegt. Was das hieß? Man blicke nur auf die Karte und messe die Strecke von Milet bis zum unteren Tigris ab – dort sollten die Milesier hinfort leben –, dann kann man versuchen, wie weit die eigene Phantasie reicht.

Persien hatte seine militärische Potenz vor aller Augen bewiesen, bald schickte es von Kilikien aus seine Kriegsflotte gegen die ägäischen Inseln und Athen, um seinen Anspruch auf Kleinasien und die Ägäis zu sichern. Die Bedrohung schien tödlich, aber die Perser scheiterten in Marathon an der Gegenwehr der Athener. Wieder nur eine Atempause: Die persische

Aufrüstung wurde unter Xerxes weiter betrieben, zehn Jahre nach Marathon sammelte sich bei Sardeis ein riesiges Vielvölker-Heer, eine Flotte von möglicherweise über tausend Schiffen war segelfertig, ein persisch-karthagisches Bündnis sollte die Kräfte im westlichen Mittelmeer binden: »Das Ziel kann nur die Unterwerfung von ganz Griechenland, wahrscheinlich sogar des ganzen von Hellenen bewohnten Westens gewesen sein« (Hermann Bengtson).

Daß die Xerxes-Armee ihr Ziel abermals nicht erreichte, die griechische Polis über den persischen Absolutismus siegte, ist so bekannt wie die drei Ortsnamen der militanten Hauptentscheidungstreffen im Perserkrieg des 5. Jahrhunderts v. Chr.: die Thermopylen, Salamis, Platäa. Kaum noch eine Erinnerung gibt es an die Schlacht von Mykale bei Milet, die doch auch von der Aura der Weltgeschichte umloht ist: Mit diesem Griechensieg auf kleinasiatischem Boden wurde das Selbstbewußtsein der ionischen Städte wieder erweckt, das Jahr 479 v. Chr. bezeichnet die Austreibung der Perser aus dem westlichen Kleinasien, den Beginn des Wiederaufbaus, und schafft die Voraussetzung für das Bündnis Athens mit den Inseln der Ägäis und den ionischen Städten, den »Attischen Seebund«.

Im übrigen blieb die griechisch-persische Konfrontation auch in den folgenden Jahrzehnten letztlich unentschieden. Tatsächlich konnten die Ionier wohl nicht Kleinasien, sondern nur einen schmalen Küstenstreifen in Unabhängigkeit behaupten. Davon spricht der sogenannte Kallias-Friede, den der schwerreiche Athener Kallias in Susa mit dem Großkönig Artaxerxes I. aushandelte. Den Ioniern wurde darin garantiert, daß persische Truppen sich der Küste nicht näher als auf drei Tagesmärsche nähern durften, ihre Flotte sich von der griechischen Küste und der Pamphyliens bis zum Bosporus fernzuhalten hatte. Alle Garantien zerbrachen, als aus der innergriechischen Konkurrenz zwischen Korinth, Sparta und Athen der Peloponnesische Krieg entstand und Sparta sich nicht scheute, auf Kosten der ionischen Städte mit den Persern gemeinsame Sache gegen Athen zu machen. Dareios II. forderte von den Ioniern wieder Tribute ein.

Die Rolle des athenischen Politikers Alkibiades, der als Vertreter Spartas mit dem Satrapen Tissaphernes das Geschäft »persisches Gold für Sparta gegen persische Hegemonie in Ionien« aushandelte, verstieß eindeutig gegen ionische und attische Interessen. Trotzdem gelang es Alkibiades, nach abermaligem Frontwechsel und einem Seesieg über die Spartaner bei Kyzikos am Marmara-Meer seine Wiederaufnahme in Athen und die Wahl zum »Autokrator« zu erwirken. Das Ende dieses für das griechische Ionien so fatalen Lebenslaufs: Auf persische Anstiftung wurde er in Phrygien ermordet – ebenso wie später der Perser Tissaphernes, der ihm in seiner egozentrischen Schaukelpolitik ebenbürtig war.

Wechselnde Bündnisse, neue Rivalitäten, neue Kriege. Quer durch Anatolien zieht der Athener Xenophon mit 10000 Söldnern. Nach dem Ende des Peloponnesischen Krieges waren sie für jeden Kriegsjob zu haben, auch für diesen: mit dem achämenidischen Satrapen Kyros dem Jüngeren gegen dessen älteren Bruder Artaxerxes II. den Thron in Susa zu erobern. Kyros fällt im Kampf, die 10000 schlagen sich von Babylonien durch die armenischen Gebirge ans Schwarze Meer nach Trapezunt (Trabzon) durch – eine militärisch hochgerühmte, politisch nicht weiter folgenreiche, für das historische Verständnis aber unschätzbar ergiebige Aktion, da in dem Bericht des Historikers Xenophon über diesen Rückzug, bei dem er selbst als Befehlshaber für die Nachhut verantwortlich war, die anschaulichste Darstellung vom Leben in Anatolien in der Zeit vor Alexander dem Großen erhalten ist.

Von Sparta, der Siegermacht im Peloponnesischen Krieg, wurde den ionischen Städten nur kurzfristig Hilfe gegen die persischen Satrapen zuteil. Die Spartaner wollten sich offensichtlich dem ionischen Hilfsappell nicht entziehen. Immerhin stand zumindest Prestige auf dem Spiel: Würden sie imstande sein, Athens Rolle als Beschützerin des kleinasiatischen Griechentums zu übernehmen? Drei Jahre wurde auf anatolischem Boden gekämpft, dann entschied ein persischer Seesieg bei Knidos auf Jahrzehnte die Vorherrschaft. Mit einer Flotte der Perser, an deren insgeheimem Bau auf Zypern der athenische Admiral Konon starken Anteil hatte, und mit phönikischen und rhodischen Schiffen überwältigte dieser Konon im Dienste des Großkönigs nicht nur die Schiffe der Spartaner, er griff auch die Küsten Griechenlands an – seit Xerxes, fast ein Jahrhundert früher, war das nicht mehr geschehen. Der Schlag gegen ihre Schutzmacht Sparta war so hart, daß manche ionischen Städte sich kampflos der Perserherrschaft auslieferten.

Eher Friedensdiktat als Friedensvertrag, stellte der sogenannte »Königsfriede von Sardeis« den Herr-im-Haus-Standpunkt des Großkönigs unmißverständlich klar: »Artaxerxes, der Großkönig, hält es für gerecht, daß die Städte in Kleinasien ihm gehören.« Vertragspartner waren die vom Krieg in und um Anatolien erschöpften Spartaner, die aber mit Waffengewalt für die Annahme der Vertragsbedingungen auch durch das übrige Griechenland sorgten. Athen wurde durch das schon zuvor erprobte Mittel einer Getreideblockade am Hellespont genötigt, die von Persien verordnete Entmachtung der griechischen Stadtstaaten auch auf dem Festland (die mit dem Euphemismus »Autonomie der Einzelstaaten« umschrieben wurde) hinzunehmen.

Zwei einander zumindest scheinbar diametral widersprechende Aussagen sind notwendig zu diesem »Königsfrieden« des Jahres 386 v. Chr. (nach dem spartanischen Unterhändler auch »Friede des Analkidas« genannt), notwendig aus der Sicht der griechischen Städte in Kleinasien. Erstens: Knapp hundert Jahre nach dem griechischen Triumph über die Reste des Xerxes-Heeres bei Mykale hatten die Perser ihre Hegemonie zurückgewonnen. Jetzt konnte auch auf der Peloponnes und in Attika nichts Entscheidendes gegen ihren Willen geschehen – war dies das Ende der griechischen Freiheit? Zweitens aber: An der kleinasiatischen Küste blühten die Städte mit eindrucksvollen öffentlichen Bauprogrammen, die auf neuen Wohlstand schließen lassen. Historiker haben denn auch von einer »ionischen Renaissance« unter dem persischen Königsfrieden gesprochen.

Damals entstand zum Beispiel in Milet das große – in der römischen Kaiserzeit noch für ein Publikum von 15000 Zuschauern erweiterte – Theater, Priene wurde – wegen der Verlandung seines Hafens – an den Hängen des Mykale-Gebirges neu gegründet, und der Athener Praxiteles wurde in die Stadt Knidos berufen, um dort für das Heiligtum der Aphrodite seine berühmte, wohl unwiderbringlich verlorene Skulptur der Göttin zu schaffen.

Verloren ist auch das einst grandioseste Zeugnis architektonischer Pracht in Kleinasien aus der Mitte des 4. Jahrhunderts v. Chr.: das Grabmal, mit dem sich der persische Satrap und karische König Maussolos unvergeßlich machen wollte. Übrig blieben die 800 Fragmente vom Bildschmuck (seit Königin Victorias Zeit im British Museum in London) – und der Name Mausoleum, den die Nachwelt voller Bewunderung für das *Mausoleion* auf alle künftigen Grabbauten übertrug. Ob Maussolos selbst, der zeitweise auch über Milet herrschte, den nach der Beschreibung des Plinius mit seiner krönenden Pyramide und der darauf gestellten Quadriga rund 41 Meter hohen Grabbau noch zu Lebzeiten oder ob ihn seine Tochter und Gattin Artemisia nach seinem Tode aufführen ließ, ist nicht klar.

Seine Architektur scheint von einer originellen Mischung aus lykischen und griechischen Stilelementen bestimmt gewesen zu sein. Merkwürdig, daß es keine zuverlässige Abbildung des Mausoleions gibt, obwohl es wohl erst im späteren Mittelalter durch ein Erdbeben zerstört wurde. Die Johanniter verbauten die grünlichen Granitsteine der Trümmer im 15. Jahrhundert in ihr heute noch mächtiges, stadt- und hafenbeherrschendes Kastell. Über die Weltwunder-Kuriosität hinaus mag man das verlorene Mausoleion auch als Signal einer neuen historischen Situation werten: Nur einem Herrscher von außerordentlichem

Rang konnte ein solches Erinnerungszeichen zuteil werden. Schon Tissaphernes und die Satrapen seiner Zeit hatten ihre Loyalität dem Großkönig gegenüber strapaziert und gebrochen, bis hin zu kriegerischen Aktionen gegeneinander. Ein Mann wie Maussolos war, wie gesagt, selbst ein König, der die persische Oberhoheit nur bedingt anerkannte, sich am Satrapenaufstand gegen Artaxerxes beteiligte und eigene Bündnisse schloß. Die Risse im persischen Weltreich wurden tiefer.

Wie würde es weitergehen mit den Griechen, wie konnte sich ihre Zukunft in Kleinasien gestalten, würden sie noch einmal ihr Schicksal selber bestimmen, oder wer sonst? Von dem Athener Isokrates ist ein politisch-militärisches Projekt überliefert, in dessen Mittelpunkt Kleinasien steht. Isokrates, ein berühmter Redner, sah für die wachsende Überbevölkerung Griechenlands keinen anderen Ausweg als die Eroberung Kleinasiens durch einen Perserkrieg, und er appellierte an Philipp II., den König der Makedonen, diesen Krieg zu führen.

Auch die Makedonen waren Griechen. Darüber hat es langen und heftigen Streit der Gelehrten gegeben. Koryphäen des 19. Jahrhunderts erklärten die Makedonen für Nicht-Griechen und ihren Sieg über die Athener und Thebaner bei Chaironeia für das Ende der antik-griechischen Eigenständigkeit. Vergleichende Sprachforschung an spärlicher schriftlicher Überlieferung erwies aber das Makedonische als griechischen Dialekt, dem Thessalischen verwandt. Freilich ist gewiß, daß viele Griechen die Makedonen nicht als echte Hellenen anerkennen wollten.

Dem Makedonenkönig Philipp II. gelang, was die persischen Großkönige immer wieder und ohne den letzten Erfolg versucht hatten: Er machte sich zum Herrn Griechenlands. Philipp II., der ein Machtmensch war und auch ein Charmeur sein konnte, ein ausgefuchster Taktiker in der Diplomatie wie im Krieg, sicherte sich frühzeitig den Zugriff auf die Goldbergwerke des thrakischen Pangaion-Gebirges. Kein Burgberg sei so steil, daß nicht ein goldbepackter Esel hinauf- und hineinfände, sagte Philipp II. und setzte etliche Politiker auf seine Spendenliste. Mit den Athenern, die seine expansionistische Politik vergeblich zu bremsen versuchten, geriet er wegen der Handelsinteressen am Hellespont aneinander. In dem wortmächtigen Demosthenes hatte er einen leidenschaftlichen, auch diplomatisch versierten Gegner, der Bündnispartner zum Krieg gegen ihn aufbieten und der von Philipp II. belagerten Stadt Byzanz noch beizeiten zu Hilfe kommen konnte. Schon zwei Jahre später, 338 v. Chr., waren die Griechen mit ihren Verbündeten geschlagen. Rasch und unwiderruflich hatte die makedonische Monarchie den Widerstand der *polis* gebrochen.

Ein europäisch-asiatisches Schlüsseldatum wurde das Jahr 338 v. Chr., weil Philipp II. nun ernstlich und öffentlich verwirklichen konnte, was der Athener Isokrates dem Makedonenkönig vorgeschlagen und was dieser wohl sich selbst ohnehin vorgenommen hatte: Krieg gegen Persien zu führen. Statt die besiegten Griechenstädte zu okkupieren, schloß er mit ihnen den Korinthischen Bund. Der proklamierte den »Rachefeldzug« gegen Persien, unter Berufung auf die von Xerxes zerstörten Heiligtümer. Wieviele Griechen dieses damals fast anderthalb Jahrhunderte zurückliegende Ereignis für einen hinreichenden Kriegsgrund gehalten haben, wissen wir nicht. Kaum hatten aber die ersten makedonischen Invasionstruppen anatolischen Boden am Ufer des Marmara-Meers betreten, wurde Philipp II., erst 46 Jahre alt, auf der Hochzeit seiner Tochter ermordet.

Man mag für einen Augenblick einer »Was wäre wenn«-Frage nachdenken. Was wäre aus Alexander geworden, ohne den nie geklärten Mord an seinem Vater, mit einer zwanzig Jahre längeren Regierungszeit Philipps II.? Hätte sein Name trotzdem, wie Johann Gustav Droysen schrieb, »das Ende einer Weltepoche, den Anfang einer neuen« bezeichnet?

Der jugendliche Furor, die verblüffende Geschwindigkeit Alexanders überrumpelte die Perser. Sie waren gewarnt, rechneten aber nicht damit, daß der mit 20 Jahren zum König ausgerufene Makedone der Schwierigkeiten seines Anfangs so rasch Herr werden könnte. Waren doch, wenn wir antiker Überlieferung glauben, sogar von den Griechen Angebote an die Perser herangetragen worden, gemeinsam gegen Makedonien vorzugehen. Im feierlich beschworenen Korinthischen Bund gärte es, die Thebaner sagten sich los, griffen zu den Waffen. Alexander, eben noch im Kampfe mit Illyrern im Umkreis des Ochrid-Sees verwickelt, marschierte nach Süden, bot Theben erst Aussöhnung an, eroberte dann die Stadt. Tausende wurden hingeschlachtet, die Überlebenden, rund 30000 Menschen, in die Sklaverei verkauft. Man irrt, wenn man Alexanders Feldzug nach Anatolien als einen gesamtgriechischen einmütigen Befreiungskrieg deutet.

Deutet man ihn richtig als ersten Schritt auf einem von Anfang an geplanten langen Weg? Auf einem Weg, der nach den Jahrhunderten persisch-griechischer Konfrontation zu einem hellenisch-orientalischen Großreich, zu einer Verschmelzung der Völker und Kulturen vom Mittelmeer bis zum Indus führen sollte? Diese Alexander-Vision existierte, aber es ist nicht wahrscheinlich, daß der jugendliche Heros sie bereits im Kopf trug, als er im Frühjahr 334 v. Chr. mit einem Heer von nur etwa 35000 Mann über das Marmara-Meer setzte, seinen Speer in die anatolische Erde schleuderte und als erster an Land sprang.

Nicht einmal zwei Jahre brauchte er, um Anatolien von der persischen Herrschaft und ihren Heeren freizufegen. Mit sinn- und augenfälligen Aktionen stellte er sein Unternehmen von Anfang an in einen welthistorischen Bezug. Propagandistisch wirksam – der Historiker Kallisthenes war immer zugegen –, aber wohl auch Alexanders eigenen Anschauungen entsprechend, opferte er in Troja (Truva) im Athena-Tempel dem Zeus, der Athene und dem Priamos und tauschte eine der Göttin dort geweihte Rüstung mit der eigenen.

Man kann seinem weiteren Weg durch Anatolien noch heute folgen: zuerst in die Landschaft östlich von Troja, wo die am Fluß Granikos (Kocabaş) formierten Truppen der persischen Satrapen der makedonischen Reiterei nicht standhielten und eine große Zahl griechischer Söldner in Gefangenschaft geriet. Alexander, der im Nahkampf fast getötet worden wäre, schickte sie zur Zwangsarbeit nach Makedonien, weil sie gegen die panhellenische Gemeinsamkeit verstoßen hatten. Weiter die Küste entlang: Auch in Milet und in Halikarnassos, der Hauptstadt Kariens, hatte Alexander den Widerstand griechischer Söldnerbesatzungen zu brechen, während andere Städte wie Sardeis und Ephesos ihn als Befreier begrüßten.

Eine ernste Bedrohung war die persisch-phönikisch-zyprische Flotte unter dem rhodischen Söldnerführer Memnon, einem strategisch begabten Mann, dem die Perser auch den Oberbefehl zu Lande anvertraut hatten. Alexanders überraschender Entschluß, nach der Einnahme Milets die eigene Flotte aufzulösen, erklärt sich wohl aus der begründeten Befürchtung, bei einer sonst unvermeidlichen See-Niederlage sein Gesicht zu verlieren.

Kühl, regenfeucht, aber nicht kalt sind die Winter an der anatolischen Südküste. Nach der strapaziösen Durchquerung der lykischen Gebirge wählte Alexander mit einem kleineren Teil der Truppen die Hafenstadt Phaselis unter den steilen Hängen des Akdağ-Gipfels als Winterquartier. Auch Perge, Aspendos und Side, die pamphylischen Städte, unterwarfen sich. Allerdings riskierte Aspendos den Versuch, sich den Kontributionsforderungen nachträglich zu widersetzen. Das Bergnest Termessos widerstand Alexanders Angriff so hartnäckig, daß er auf die Eroberung verzichtete – ein Entschluß, den man auch heute nachvollziehen kann, wenn man in dem steilen, keiner Straße Raum bietenden Felstal über sich die Ruinenstätte von Termessos zwischen den mächtigen Berghöhen wahrnimmt.

Konnte Alexander im Frühjahr 333 v. Chr. in der phrygischen Hauptstadt Gordion am Sangarios (Sakarya) seine Armee wieder sammeln, dann weiter nach Ankyra (Ankara) und nach Kappadokien vorrücken, so tat er es doch nur mit gefährlichem Risiko. Denn er hatte zwar seinem Programm gemäß die Hafenplätze vom Hellespont bis Pamphylien besetzt, seinen Gegner Memnon aber nicht daran hindern können, sich auf den ägäischen Inseln Basen für die persische Flotte zu schaffen. Doppelte Gefahr drohte: Am Marmara-Meer konnte die Verbindung der Alexander-Armee nach Makedonien abgeschnitten, zugleich Griechenland durch die Versprechungen Memnons zum Aufstand hingerissen werden. Glück für Alexander: Bei der Belagerung von Mytilene auf Lesbos starb Memnon, und niemand war da, der mit gleicher Energie und mit gleichem Geschick an seine Stelle trat. Alexander hatte den Rücken frei.

Fast wäre es ihm im selben Sommer noch ergangen wie fünfzehnhundert Jahre später dem deutschen Kaiser Barbarossa im Saleph-Fluß (Göksu). Aber das Bad im eiskalten Kydnos (Tarsus Çayı) nahe dem kilikischen Tarsos tötete Alexander nicht, er erkrankte nur und war nach zwei Monaten wieder bei Kräften, konnte im November in der Küstenebene bei Issos, am Golf von Iskenderun, gegen das Heer Dareios' III. antreten. Der epochale Sieg Alexanders, dem auch die Familie des flüchtigen Großkönigs in die Hand fiel, rückte in realistische Nähe, was ihm im Frühjahr in Gordion verheißen war. Wer den Knoten zwischen Joch und Deichsel am uralten Königswagen des Midas lösen kann, sollte Herrscher Asiens werden, und Alexander hatte ihn mit einem Schwerthieb durchtrennt. Nach dem Sieg von Issos zog er weiter nach Süden, längs der Küste, ist nie mehr nach Anatolien und in seine Heimat zurückgekehrt.

Was hat Alexander während seines Anatolienzugs außer den militärischen Aktionen ausgerichtet? Er hat die Griechenstädte, wie eine Inschrift in Priene zeigt, für »frei und autonom« erklärt, sich aber autoritär letzte Entscheidungen vorbehalten. So hatten die Epheser die bisher den Persern gezahlten Abgaben »künftig der Artemis« darzubringen, zum Wiederaufbau des von Herostratos zerstörten Tempels. Auch an dem Orakelort Didyma, einem »religiösen Pol der antiken Welt« (Henri Stierlin) wie Delphi in Griechenland, beschloß Alexander den Wiederaufbau des seit den Perserzügen in Trümmern liegenden Apollo-Tempels. Dessen Orakelpriester (oder -priesterinnen) erklärten ihn zum Sohn des Zeus (und prophezeiten seinen Sieg von Gaugamela), wie es ähnlich die Priester des Ammon-Orakels in der libyschen Wüste taten.

Alexander müsse »mit weit größerem Recht als Dionysos und Herakles für einen Gott angesehen werden; es bestehe ohnehin kein Zweifel, daß die Makedonen ihn, wenn er eines Tages aus dem Bereich der Lebenden entrückt werde, als Gott verehrten«, argumentierte ein Hofphilosoph Alexanders, Anaxarchos von Abdera. Tatsächlich gab es in

Kleinasien Alexanderkulte schon zu seinen Lebzeiten, in Priene und Milet wurde auch eine neue Zeitrechnung eingeführt. Dann starb der Welteroberer, noch nicht 33jährig, in seiner Hauptstadt Babylon, nach zehntägiger Krankheit. Malaria, vielleicht eine Lungenentzündung als Folge einer Pfeilvergiftung werden als Todesursache vermutet. Erschöpfung durch jahrelange extreme Strapazen, auch Alkoholmißbrauch mögen das Ende beschleunigt haben.

Kein anderes Wort verbindet sich mit der Bezeichnung für Alexanders Nachfolger (griech.: Diadochen) so griffig wie Kampf, besser noch: Kämpfe. Diadochenkämpfe statt geregelter Nachfolge, das ist unausbleibliche Tragik des Übermenschen auf dem Herrscherthron, ist das Elend seiner Völker. Im Falle Alexanders begann wütender Streit schon am Totenbett, durchtobte und verwüstete jahrzehntelang die Länder des kaum erst geschaffenen Weltreichs.

Alexanders Generäle, tüchtige Männer ihres Fachs, verstanden Krieg als erstes Mittel der Politik. Üblich war auch Mord – zu Opfern wurden unter vielen anderen: Alexanders Mutter Olympia, seine Gattinnen Stateira, die Tochter Dareios' III., und die baktrische Roxane, sein posthum geborener Sohn und seine Schwester Kleopatra –, Bestechung, Verschwörung, Vertragsbruch und Verrat, am Ende war fast jeder der Beteiligten ein verratener Verräter. Am Versuch, die staatliche Einheit des universalen Alexanderreichs zu erhalten oder wiederherzustellen, hielt am hartnäckigsten Antigonos Monophtalmos (oder auch Kyklops, der Einäugige) fest. Alexander hatte ihn schon 333, im Jahr der Schlacht von Issos, als Satrapen von Phrygien eingesetzt, nun erhielt er Lykien und Pamphylien und hatte damit eine Schlüsselposition, einen anatolischen Landriegel zwischen Europa und Asien.

Alles, was wir über die Herrschaftskonkurrenz der Diadochen, ihre Territorien und Kriegszüge sagen können, ist grobe Vereinfachung eines Dickichts von Feldzügen und Intrigen, dynastischen Ehen und Attentaten. Seit sich 306 v. Chr. Ptolemaios I., der Satrap von Ägypten, den Königstitel zugelegt hatte, taten es ihm andere nach, so Lysimachos, der sein thrakisch-makedonisches Königreich später um den Westen Anatoliens vergrößern konnte, und Seleukos Nikator, der Gründer der Seleukiden-Dynastie. Seleukos Nikator krönte sich in Babylon zum König, gewann Syrien und ließ sich am Mittelmeer eine zweite Hauptstadt (nach Seleukia am Tigris) bauen, das rasch zur Weltstadtgröße wachsende Antiochia, türkisch Antakya. Seleukos konnte auch Kilikien und große Teile Mittel- und Westanatoliens an sich reißen. Daß sie knapp zwei Jahrzehnte nach Alexanders Tod nicht mehr »Satrapen« und »Strategen« hießen, sondern »Könige«, markiert die stillschweigende Übereinkunft der Mächtigen, daß ihre Teilreiche das Universalreich abgelöst hatten und damit die Alexander-Idee der Weltherrschaft zu Grabe getragen war.

Antigonos, ihr letzter Verfechter, starb über achtzigjährig im Kampf gegen eine Koalition seiner Gegner – Ptolemaios, Lysimachos, Seleukos und anderer – während der Schlacht beim phrygischen Ipsos im Jahre 301 v. Chr. Die Gnade eines friedlichen Endes war den wenigsten gewährt. Lysimachos fand, gleichfalls achtzigjährig, nach der von ihm angeordneten Hinrichtung seines Sohnes selbst den Tod im Kampf gegen Seleukos, diesen traf sein Mörder auf einem Heerzug nach Makedonien.

Machtpolitisches Ergebnis für Anatolien: Die Seleukiden hatten im 3. Jahrhundert v. Chr. die Vorherrschaft in Kleinasien, doch an den mediterranen Küsten konkurrierten mit ihnen die Ptolemäer, und im Westen entstand um Pergamon (türkisch Bergama) ein neues Reich, aus abenteuerlichen Anfängen. Dort war ein Burgkommandant der Diadochen, der Eunuch Philetairos, makedonisch-paphlagonischer Herkunft, rechtzeitig vor dem Sturz seines Oberherrn Lysimachos zu den Seleukiden gewechselt, hatte aber den ihm anvertrauten Lysimachos-Schatz von 9000 Talenten fortan im Sinne der eigenen Hauspolitik genutzt, mit Stiftungen Anhänger in den griechischen Städten gewonnen und mit einer Adoption die Dynastie der Attaliden begründet. Wie von keinem anderen anatolischen Staatswesen sollte von Pergamon der Glanz hellenistischer Kultur aufstrahlen.

Trotz ihrer brutalen Machtpolitik wurde diese Epoche kulturell hochproduktiv. Vom 4. bis zum 1. Jahrhundert v. Chr. gingen Griechen in einer neuen Mobilität in alle Länder, die vordem zum Perserreich gehört hatten. In Vorderasien wie in Ägypten suchten sie als Söldner und Siedler, aber auch als Philosophen und Lehrer ihr Glück, und sie brachten ihre Sprache mit. Von einem Wort mit der Bedeutung »griechisch sprechen« ist der Begriff »Hellenismus« herzuleiten. In Ägypten, im reichsten Diadochenstaat, förderte Ptolemäus I. mit dem Museion (Forschungs- und Lehrstätte) und der Bibliothek von Alexandria ein beispielhaftes Wissenschaftszentrum. Den Alexandrinern – einer der bedeutendsten war Aristophanes von Byzantion, der Homer-Editor – und ihren kritischen Ausgaben dankt die Welt bis heute die Kenntnis griechischer Dichtung und Philosophie. Die griechische Gewohnheit, Kinder wohlhabender Familien am Gymnasion sportlich und musisch auszubilden, breitete sich auf weite Teile des ehemaligen Alexanderreichs aus.

Profitierten auch die Ärmeren davon? Obwohl die konkreten Nachrichten dürftig sind, glauben manche Historiker diese Frage nach sozialer Basisgerechtigkeit positiv beantworten zu können, wie Hermann Bengtson: »Es besteht im übrigen kein Zweifel, daß sich die Ägypter, die

Iranier, die Kleinasiaten und viele andere unter dem Zepter makedonischer Könige wohlgefühlt haben. Sie waren sich bewußt, die Früchte einer aufgeklärten Regierung zu ernten, deren Ziel es war, den Wohlstand ihrer Länder zu mehren und ihren Untertanen Anteil am Ertrag der Wirtschaft zu geben.« Wenn das zutrifft, muß die Charakterisierung »aufgeklärt« doch eingeschränkt werden: Kühlem religiösen Skeptizismus stand üppig treibender Aberglaube im Volk gegenüber, und die Herrschenden machten offenbar gern von den Mitteln des Kults und ihrer eigenen »Vergöttlichung« schon zu Lebzeiten Gebrauch, um ihre Herrschaft und die Erbfolge des Königtums zu stabilisieren.

Sklaverei und Verarmung der Bauern gehörten ohnehin zu den fortdauernden Übeln dieser Zeit, in der sich das Griechentum wie nie zuvor internationalisierte.

All dies ist als historischer Hintergrund der marmornen Säulen und Bildwerke zu sehen, die uns aus der hellenistischen Ära überliefert sind. Der Artemis-Tempel in Sardeis und der monumentale Apollon-Tempel in Didyma, aber auch der Zeus-Tempel von Olba bei Silifke an der Südküste mit seinen herrlichen korinthischen Kapitellen – um nur die großartigsten, wenigstens als Ruinen erhaltenen Tempel zu nennen – entstanden alle in hellenistischer Zeit, ebenso der zerstörte Dionysos-Tempel von Teos (südlich von İzmir) des berühmten Architekten Hermogenes von Alabanda und – gleichfalls von Hermogenes – der Artemis-Tempel in Magnesia am Mäander (Büyük Menderes), von dem die Amazonen-Reliefs noch gerettet sind, heute in den Museen von Ost-Berlin (dort mit Rekonstruktion der Fassade), İstanbul und Paris. Wirkt diese Architektur unverfälscht griechisch, so gibt der erst in den fünfziger Jahren im bulgarischen Panagjurište aufgefundene Goldschatz ein faszinierendes Beispiel für die Verschmelzung griechischer Stilelemente mit assyrischen Formen und nordafrikanischen Motiven. Offenbar wurden diese Goldgeräte – mit einem Feingoldgewicht von über sechs Kilo – um 300 v. Chr. in reicher Treibarbeit im Auftrag thrakischer Fürsten von Künstlern der griechischen Stadt Lampsakos am Hellespont ausgeführt. Sie lohnen bei der Landreise nach Anatolien den Stop im bulgarischen Plowdiw: Dort im Archäologischen Museum sind sie ausgestellt.

Als bedeutendstes künstlerisches Vermächtnis der Königsstadt Pergamon ist seit über hundert Jahren auf der Museumsinsel in Berlin (Ost) der mit großer Freitreppe und Säulenhalle rekonstruierte Zeus-Altar zu bewundern. Von dem preußischen Ingenieur und Kartographen Karl Humann wurden die Relief-Skulpturen mit Erlaubnis des Sultans dorthin gebracht und gaben später dem Pergamon-Museum den Namen. Der rasende Kampf zwischen Göttern und Giganten, komponiert in einer

Gestik von entfesselter Dynamik und barock gesteigertem Ausdruck von Triumph und Leiden, steht in totalem Kontrast zu der klassischen Winckelmann-Vorstellung von der »stillen Einfalt« antiker Skulptur, erscheint als Ausdruck einer von Emotionen ganz beherrschten Lebenshaltung.

Tatsächlich hat auch dieses Werk kühl kalkulierte propagandistische Funktion, ist demonstrativer Anspruch der pergamenischen Dynastie auf die Herkunft vom Göttersohn Herakles. Mit Siegen gegen die Kelten (Galater), die vom nordanatolischen Bithynien aus bis Ephesos und Didyma raubten und plünderten, hatte Attalos I. in der 2. Hälfte des 3. Jahrhunderts v. Chr. seine Unabhängigkeit von den Seleukiden begründet, hatte den Königstitel angenommen, sein Herrschaftsgebiet zeitweise bis zum Taurus ausgedehnt und in Griechenland proprömische, antimakedonische Politik gemacht. Die Seleukiden mußten anatolische Positionen räumen, wurden im 2. Jahrhundert v. Chr. bis hinter die Kilikische Pforte zurückgedrängt.

Wer über den Steilabstürzen des Stadtbergs von Pergamon steht, inmitten einer der wichtigsten Ruinenstätten der Welt, vierhundert Meter hoch über zwei schmalen Flüssen und über der türkischen Kleinstadt Bergama, mag beides wahrnehmen: die außerordentliche Schönheit der Landschaft und zugleich eine historische Abendröte. Dies war der Mittelpunkt des letzten griechischen Reiches auf anatolischem Boden vor der Machtübernahme durch Rom. Auf der Akropolis in Pergamon stammen Reste des Demeter-Tempels noch aus der Zeit des Philetairos; neun Reihen von Steinsitzen am Rande des Heiligtums hat man wegen der Ähnlichkeit mit der Anlage in Eleusis in Verbindung mit den Eleusinischen Mysterien und den orphischen Jenseits-Kulten gebracht. Das große Gymnasion von Pergamon ist eines der besterhaltenen in der ganzen griechischen Welt. Neben Resten anderer Tempel und mehrerer Königspaläste, neben dem trichtersteilen Theater und römischen Bauten finden sich gleich hinter dem Königstor auch noch die Ruinen der Bibliothek – und sie sind das Denkmal für die folgenreichste Neuerung des pergamenischen Reiches.

Weil König Eumenes II. in seinem politisch heftig bewegtem Leben – von den Römern wurde er erst begünstigt, dann bedrängt, vom eigenen Bruder für tot gehalten, von dem Karthager Hannibal zur See besiegt, als der in Diensten des Königs von Bithynien stand – noch immer Zeit erübrigte für seine größte Leidenschaft, das Büchersammeln, wuchs die pergamenische Bibliothek zur zweitgrößten ihrer Epoche, nach der in Alexandria. Bücher waren damals Papyrosstreifen, die um einen Holzstab gewickelt wurden. Weil aber die Ptolemäer auch weiterhin die größte Bibliothek haben wollten, sperrten sie den Export von Papyrus, berichtet der Römer Varro. Eumenes habe nun das ägyptische Papyrusmonopol unterlaufen und für die Herstellung von Büchern geschabte, mit weißer Farbe bestrichene Tierhäute benutzen lassen. Er hat damit das Buch, wie wir es kennen, in Gebrauch gebracht. Denn diese Häute – nach Pergamon »Pergament« genannt – wurden nicht gerollt, sondern in Seiten zwischen Deckeln bewahrt, als *Kodex*.

Die letzte Nachricht vom autonomen Pergamon hat vielen Historikern Anlaß zu Kopfschütteln und Kritik gegeben: Sie wollten die freiwillige Aufgabe der Selbständigkeit nicht akzeptieren. Vieles spricht aber für die politische Klugheit des Testaments, mit dem der letzte Attalide, Attalos III., sein Reich und seine Schätze dem römischen Volk vermachte. Rom hätte vielleicht noch einige Jahrzehnte zugewartet, aber schließlich doch sein Imperium im östlichen Mittelmeer arrondiert. Im Todesjahr Attalos' III., 133 v. Chr., zögerte die römische Wölfin noch, sich das dargebotene Kleinasien einzuverleiben.

KAPITEL VII

Langer Friede und neuer Glaube

Provinz des Imperium Romanum

Nie haben die Römer in Anatolien einen Limes mit Wall und Graben gebaut. Aber wo sonst hätten wir je eine Stadtmauer gesehen wie die von Diyarbakır, ein basaltdunkles, fast schwarzes Mauerrund in der Steppe, bis zu zwölf Meter hoch aufragend? Gewiß ja, die Landmauer von İstanbul hat ähnliche Dimensionen, aber die Stadt am Goldenen Horn ist über sie hinausgewachsen. Um die Altstadt von Diyarbakır – fast zweieinhalbtausend Kilometer östlich von Rom, in Luftlinie – ist der Mauerring noch fast vollständig geschlossen, und nach Osten liegt das Gelände noch frei unter dem bis zu fünf Meter starken Mauerwerk. Ruhig und breit strömt nur ein paar Steinwurfweiten entfernt der Tigris. Hier kann es nicht sehr viel anders ausgesehen haben, als Diyarbakır noch Amida hieß und Kaiser Trajan mit seinen Legionen auf dem Weg zum Persischen Golf vorbeimarschierte. Nur waren die Mauern noch weniger imposant, erst nach der Zeit Konstantins des Großen, im 4. Jahrhundert, scheint im Kern der heutige, von Byzantinern und Osmanen später immer wieder verstärkte Mauerring aufgeführt worden zu sein.

Dies ist ein beständiger Hauptfaktor römischer Politik in Anatolien gewesen und geblieben, von den Jahren der Republik bis in die Jahrhunderte nach der Reichsteilung, als Konstantinopel schon längst zur zweiten Hauptstadt neben Rom aufgestiegen war – die Absicht nämlich, die Grenze des Reiches nach Osten zu sichern. Macht fürchtet um ihre Dauer, Macht strebt darum nach immer mehr Macht. So mußten die römischen Legionäre Land um Land unter die Herrschaft Roms zwingen.

Paradoxerweise versprach Rom Freiheit, als es seine Macht in Griechenland etablierte – und meinte es sogar aufrichtig. Man kann gar nicht umhin, von Griechenland und Makedonien zu reden, wenn man die Besitznahme Anatoliens durch den römischen Agrar- und Militärstaat verstehen will. Denn sie ist unlöslich mit den Ereignissen verflochten, die Roms Achtung der griechischen Selbstbestimmung binnen eines halben Jahrhunderts in unverhüllten Annexionismus wandelten.

Phase eins: Rom, gerade siegreich aus den Krisen der Kriege mit Karthago hervorgegangen, beobachtete mißtrauisch die Aktionen des

Makedonenkönigs Philipp V. Mit seinen Angriffen auf die griechischen Städte am Bosporus, gegen Pergamon und die karische Küste geriet das Gleichgewicht der Kräfte im östlichen Mittelmeer ins Schwanken, drohte eine makedonische Vormacht. Die Griechenfreunde *(philhellenes)* im römischen Senat setzten ein Ultimatum an Philipp V. durch, der lehnte ab, wurde geschlagen. Bei den Festspielen am Isthmus von Korinth proklamierte der gewandt griechisch sprechende römische Consul T. Quinctius Flaminius die griechische Freiheit.

Phase zwei: Halb als Schiedsrichter, halb im eigenen Interesse handelnd, fanden sich die Römer sogleich in die nächste Auseinandersetzung hineingezogen: Antiochos III. aus der Seleukidendynastie, der mächtigste König des Orients, griff Pergamon und die griechischen Städte in Kleinasien und Thrakien an. Dem Hilfsersuchen der Angegriffenen nach einigem Zögern folgend, ließ sich der römische Senat von dem Karthago-Sieger Scipio Africanus dazu bestimmen, Antiochos III. nicht nur vom griechischen Festland zu vertreiben, sondern ihn auch in Kleinasien anzugreifen. Der Scipio-Bruder Lucius Cornelius Scipio, später Asiaticus genannt, ließ sich auf Friedensvorschläge nicht ein und schlug das Antiochos-Heer südlich von Ephesos bei Magnesia. Im Frieden von Apameia (Dinar, im Jahr 188 v. Chr.) stellte Rom zwar keine eigenen Gebietsforderungen, teilte aber die seleukidischen Gebiete Kleinasiens unter seinen Bündnispartnern, König Eumenes von Pergamon und den Rhodiern, auf. Seit damals schon kann man für große Teile Anatoliens den Beginn der Pax Romana, der römischen Schutz- und Oberherrschaft datieren. Das schloß lukrative Beutezüge nicht aus; kurz vor Friedensschluß überfielen die Römer noch die Pisider im Taurusgebirge und die Galater im Raum von Ankyra (Ankara) und sackten sagenhaft reiche Schätze ein.

Es gibt das eigentümlich doppelgesichtige Phänomen der römischen Rückständigkeit gegenüber der griechischen Welt. Noch immer war Rom im wesentlichen ein Agrarstaat, hatte sich erst im 3. Jahrhundert an die Geldwirtschaft gewöhnt, verfügte mit einer »urwüchsigen Heeresverfassung« (Alfred Heuß) über das fast unerschöpfliche Menschen-Reservoir der italischen Halbinsel. Doppelgesichtig ist diese Rückständigkeit, weil sie sich historisch zugleich als Unterlegenheit und Überlegenheit auswirkte. Griechischer Geist hellenisierte die römische Gesellschaft, und die Aineias-Sage von der Herkunft der Gründungsväter Roms aus der ägäischen Welt – der Trojaner Aineias gilt als Sohn der Aphrodite – faßt diesen jahrhundertelangen Vorgang der kulturellen Überlagerung in ein mythisches Bild. Gegenläufig erwies sich Roms Invasion in der machtpolitischen Begegnung mit den hellenistischen

Staaten als unwiderstehlich. Das griechische Stadtbürgertum hatte in der Nach-Alexander-Ära seine politische Eigenständigkeit längst verloren. In der Folge machte es darum auch für die griechischen Bürger von Ephesos, Milet oder Sinop keinen unerträglichen Unterschied, als Römer an die Stelle seleukidischer oder ptolemäischer Monarchen treten sollten. Griechisch sprachen sie alle.

Phase drei, die Phase der Widerstände gegen die römische Protektion: An Ressentiments gegen Rom fehlte es trotzdem nicht, auch schon vor der direkten römischen Usurpation, und eine griechische Anti-Rom-Bewegung sammelte sich um den Makedonen-König Perseus. Es kam noch einmal zu einem Makedonischen Krieg, zum dritten und letzten: Danach gab es keinen makedonischen König mehr, Makedonien wurde römische Provinz. Ein halbes Jahrhundert nach der von Flaminius verkündeten »griechischen Freiheit« zeigte die Plünderung und Zerstörung Korinths (146 v. Chr.) durch römische Truppen, daß es mit dieser Freiheit zu Ende war. Im gleichen Jahr wurde Karthago dem Erdboden gleichgemacht.

Solcherart waren die Voraussetzungen, die den letzten Herrscher Pergamons zum testamentarischen Verzicht auf die Eigenstaatlichkeit bewogen haben mögen (den griechischen Städten seines Herrschaftsbereichs sollte allerdings Selbstverwaltung zugestanden werden).

Warum griff Rom nicht zu, warum wartete es noch – nach manchen Nachrichten: ein volles Jahrzehnt –, ehe es die Provinz Asia dem Reiche eingliederte? Dies war eine Zeit von Armut, Not und Unruhe, eine Zeit der Sklavenaufstände, in Rom eine Zeit der Reformanläufe, die dann doch die Römische Republik nicht retten konnten. Im Jahr von Attalos' III. Tod in Pergamon brachte am Tiber der ältere Gracchus-Bruder als Volkstribun ein Agrargesetz zugunsten der Kleinbauern und zum Nachteil der Latifundien-Spekulanten ein und setzte mit Hilfe der Volksversammlung seine Annahme durch. Wenige Monate später wurde er mit Hunderten seiner Anhänger erschlagen.

In Anatolien stellte sich ein unehelicher Bruder des Attalos an die Spitze der sozialen Empörung und versprach einen Staat der Gerechtigkeit, einen Staat der »Sonnenbürger«. Dieser Aristonikos konnte eine so starke Kriegsmacht aufbringen, daß er erst den König von Kappadokien, dann ein römisches Heer besiegte. Ein Jahr später wurde er in einem römischen Gefängnis erdrosselt. Der römische Consul gab große Teile des pergamenischen Gebietes an die angrenzenden Königreiche, den König von Bithynien und den von Pontos, der Rest sollte als Provinz Asia römisch werden. Es war nur der westliche Teil Kleinasiens, räumlich gleichsam nur das Vorzimmer zu den anatolischen Weiten – aber diese

DAS FRÜHE CHRISTENTUM

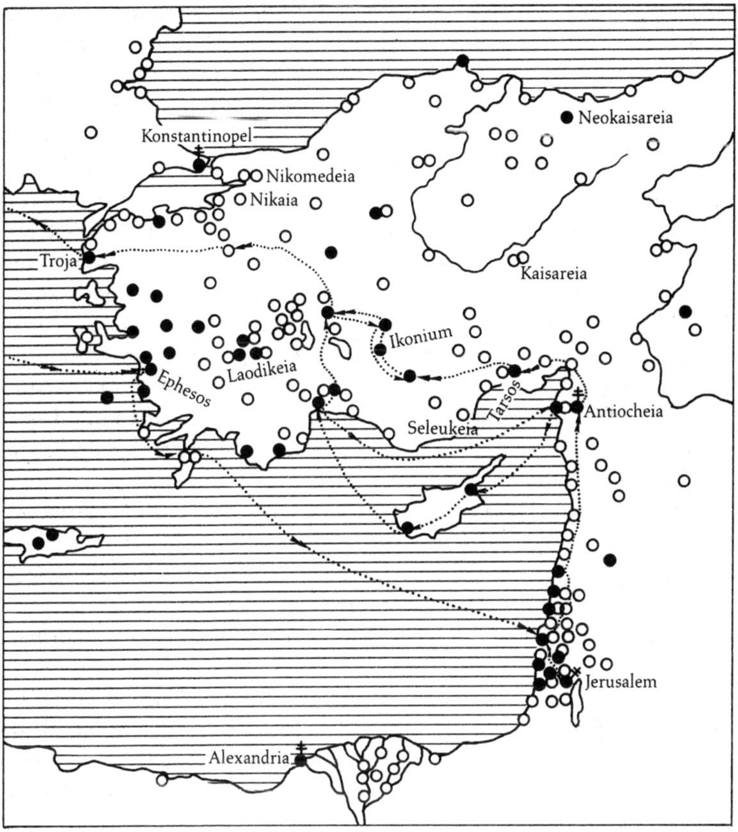

Patriarchate

Gemeinden des 1. Jahrhunderts n. Chr. (Urkirche)

Neugründungen bis zum Konzil von Nikaia (325)

1. Reise des Apostels Paulus (44–47 n. Chr.)

2. Reise des Apostels Paulus (49–51 n. Chr.)

Provinz schloß doch bereits die ganze ionische Küste mit ihrem Hinterland und einen Teil des Marmara-Meers ein. Allerdings: In Rom wollte man der Gebietsschenkung nicht zustimmen, der Vertrag mit König Mithradates V. Euergetes von Pontos wurde nicht ratifiziert.

Rom konnte nicht ahnen, welch ein Gegner ihm dort binnen kurzem gegenüberstehen sollte. Pontos hatte lange im Windschatten der Weltgeschichte gelegen, ein Berg- und Küstenland mit fruchtbaren Kornfeldern, Obstplantagen und Erzvorkommen, eine der weniger bedeutenden Diadochen-Herrschaften Kleinasiens, die sich aber nicht von den viel mächtigeren Seleukiden vereinnahmen ließ. Dort wurde um das Jahr 132 v. Chr. in der Hauptstadt Sinop der Prinz Mithradates geboren. Schon als Zwölfjähriger zur Herrschaft gekommen, gemeinsam mit der Mutter, soll er vor ihr geflohen sein, sich sieben Jahre im Gebirge versteckt gehalten und sich dort auch an immer stärkere Dosen verschiedener Gifte gewöhnt haben.

Das zwischen Triumph und tiefsten Talsohlen des Scheiterns wieder und wieder geworfene Leben dieses Mannes ist zweifellos eines der erstaunlichsten, wenn gewiß auch nicht eines der menschlich anziehendsten in der Geschichte Anatoliens, in der an abenteuerlichen Lebensläufen wahrhaftig kein Mangel besteht.

Mithradates VI. Eupator, wie er später hieß – Sueton gab ihm den Beinamen »der Große« –, kehrte mit knapp zwanzig aus dem Wildnis-Exil zurück, tötete Mutter und Bruder und begann eine rigoros expansionistische Politik. Während Rom in Nordafrika mit dem Numider Jugurtha und im Alpenraum mit Kimbern und Teutonen langwierige Kriege führte, gelang Mithradates Schlag um Schlag die Eroberung der Schwarzmeerküsten – von Trapezunt und Kleinarmenien über das Königreich Kolchis bis zum Bosporanischen Königreich; dieses lag an der Nordküste des Schwarzen Meeres, reichte von der Krim bis zu den Don-Mündungen am Asowschen Meer.

Von dieser Basis aus griff Mithradates die römischen Einfluß- und Interessengebiete Kleinasiens, dann die Provinz Asia selbst an. Angeblich hatte er sich zuvor inkognito dort umgetan und die schwelende Erbitterung über den römischen Steuerdruck wahrgenommen. Erfolge und Rückschläge in Bithynien, Paphlagonien und Kappadokien, ein dynastisches Bündnis mit Tigranes, dem immer mächtiger nach Kilikien, Mesopotamien und sogar bis zur phoinikischen Küste am Libanon ausgreifenden König von Armenien – es war alles nur Vorbereitung für den Krieg gegen Rom. Mithradates hatte auch die Parther, die Ägypter und Syrer zu Verbündeten, sein Heer überrannte den römischen Widerstand, ganz Westasien konnte er gewinnen.

Fanatismus brach auf, dem Begrüßungsjubel der Griechenstädte folgte auf Mithradates' Befehl die barbarische Schlächterei an den Römern, die in allen Städten Kleinasiens mit ihren Familien umgebracht wurden, rund 80000 Menschen. Ihr Besitz fiel jeweils zur Hälfte an die Mörder und die königliche Kasse. Bis auf die griechischen Inseln, nach Athen und weit auf das griechische Festland griff die Mithradates-Eroberung über. Als Heros des Griechentums wurde der Gewaltmensch gefeiert, als »neuer Dionysos« verehrt.

Hätte er das Rad der kleinasiatischen Geschichte zurückdrehen, Roms Ostgrenze wieder über die Ägäis nach Westen zurücksetzen können? Nein, Roms Stärke bewies sich auch jetzt, obwohl die Römische Republik im Bürgerkrieg blutete, von Anarchie und Diktatur erschüttert. Die römischen Legionen kämpften in den drei Mithradatischen Kriegen zwischen 88 und 63 v. Chr. unter Sulla, Lucullus und Pompeius um Kleinasien. Immer noch einmal gelang es Mithradates, sich aus Niederlagen zu retten und neu anzugreifen. Durch seine Töchter war er mit den Königen von Armenien, Ägypten und Zypern verschwägert. Als typischer Pufferstaat wurde das Mithradates-Reich von den östlichen Nachbarn gestützt. Aber seine Söhne fielen von ihm ab, stellten sich gegen ihn – im Jahr 63 v. Chr. war der Siebzigjährige am Ende. Weil er sich mit Gift nicht töten konnte, ließ er sich von einem keltischen Söldner erstechen.

Roms Feldherr zog seine Konsequenzen. Pompeius, der Kleinasien für Rom zurückgewonnen hatte, richtete die neuen Provinzen Pontus (mit Bithynien und Paphlagonien), Syrien und Cilicia (mit Pamphylien) ein, gründete Städte, baute die römische Verwaltung auf: fast die gesamte anatolische Küste gehörte jetzt Rom, nur in Inneranatolien bestanden noch Galatien, Kappadokien und Kommagene als abhängige Klientelreiche fort, in Ostanatolien das Königreich Armenien. Die wichtigste Grenze war der Euphrat, hinter dem das Reich der Parther begann, eines iranischen Reitervolks, das für Jahrhunderte immer wieder gefährlich die Herrschaft Roms im Osten in Frage stellte. Fast hätte Pompeius – mit den Parthern im Bündnis – wie Alexander noch einen Zug nach Indien unternommen.

Weitaus wichtiger, für Rom wie für die Bewohner der südanatolischen Küsten: Unter den Ansiedlern in den neuen Städten Kleinasiens war eine Bevölkerungsgruppe, die mehr auf dem Meer als auf festem Boden aktiv zu sein pflegte – die Piraten. Was andere vor ihm immer nur für kurze Zeit und kleinere Gebiete zuwege gebracht hatten, war Pompeius im großen Maßstab gelungen, er hatte – mit umfassenden Vollmachten und Machtmitteln – binnen weniger Monate die Schiffahrt an den spanischen, italischen und ostmediterranen Küsten wieder sicher gemacht.

Dies war nicht zuletzt wegen der ägyptischen Getreidelieferungen von existentieller Wichtigkeit für Rom. Die Schlupfwinkel der Piraten wirksam kontrollieren zu können, dürfte sogar ein Hauptmotiv für das römische Engagement in Südanatolien gewesen sein, wo die Seeräuberei seit langem ihre Stützpunkte an den Küsten Lykiens, Pamphyliens und Kilikiens hatte.

Ganz offen wurden beispielsweise in der Hafenstadt Side von den Piraten Sklaven zum Verkauf angeboten. Dabei galt nach römischem Verständnis nicht der Sklavenhandel, sondern lediglich die Aneignung von Sklaven durch Piraterie als kriminell. Side war darum auch in der römischen Kaiserzeit ein wichtiger Sklavenmarkt, und von Bithynien heißt es beispielsweise, daß es in römischer Zeit durch Versklavung entvölkert wurde. (Nicht einmal Christen sahen eine moralische Notwendigkeit zur Abschaffung der Sklaverei. Es sollte noch bis ins 4. und 5. Jahrhundert dauern, ehe sich Stimmen lauter erhoben, Sklaven freizulassen sei »heilsam und menschenfreundlich«.)

Während Rom seine kleinasiatische Herrschaft zu konsolidieren suchte, ging die Ära der Republik im Machtkampf zwischen Cäsar und Pompejus mit neuem Bürgerkrieg zu Ende. Noch hoffte Pompeius auf Unterstützung von seinen parthischen Freunden, mußte aber dann doch seine Zuflucht in Ägypten suchen und wurde gleich bei seiner Landung erschlagen. Cäsar war ihm durch Kleinasien gefolgt, wie auf einem Triumphzug hatte er auf seinem Wege die Huldigungen der Städte empfangen. In Ägypten erwartete den Diktator die Begegnung mit der sechzehnjährigen Kleopatra und der Aufstand der Alexandriner, ein halbes Jahr saß er am Nil fest. Erst eine Entsatzarmee aus Kleinasien gab ihm seine Bewegungsfreiheit wieder. Noch einmal nach Kleinasien zurück, mit der Schnelligkeit des genialen Organisators, als der Cäsar sich allemal bewährte: Dort versuchte der Sohn des Mithradates Eupator, Pharnakes, die römischen Bürgerkriegswirren für die Rückgewinnung des väterlichen Reiches auszunutzen. In knapp drei Wochen marschierte Cäsar mit seinen Truppen von Antiochia ans Schwarze Meer und gewann zu der langen Reihe seiner Siege den von Zela (Zile), der Pharnakes das Reich kostete. Ich kam, ich sah, ich siegte – die berühmte Cäsar-Botschaft »Veni, vidi, vici« wurde am Schwarzen Meer abgesendet.

Nach dem Cäsar-Mord erleidet Anatolien wieder blutige Notjahre, römische und parthische Heere verwüsten das Land. Eine bizarre Kontrastszene bietet in Tarsus die Begegnung des Marcus Antonius mit der ägyptischen Kleopatra: Als Isis kostümiert fährt sie ihm auf einer festlich geschmückten Galeere entgegen, von Meerjungfrauen und Amoretten umgeben. Das Paar tritt göttergleich auf, er als Dionysos, und sie feiern die Hierogamie, die heilige Hochzeit. Der intellektuell wie erotisch begabten Kleopatra schenkt Marcus Antonius zur Vermählung Landgebiete in Phoinikien und Kilikien, auch das heutige Alanya (Korakesion) feiert sie als »Königin der Könige«. Seinem Rivalen im Kampf um den ersten Platz im Reich, Octavianus Augustus, gibt er damit den willkommenen Anlaß, beim Senat die Kriegserklärung gegen Kleopatra als eine Feindin Roms durchzusetzen. Militärisch bald geschlagen, enden die beiden Paradiesvögel Marcus Antonius und Kleopatra nacheinander durch Selbsttötung, Augustus sieht den Weg frei zur Alleinherrschaft.

Auch für Anatolien bedeutete die Herrschaft des Augustus den Anfang besserer Zeiten – Zeiten ohne ganz große Veränderungen, Zeiten friedlicher Art. *Pax Romana,* der Römische Friede, wurde zum Inbegriff einer Lebensform, die von Späteren zweifellos idealisierend überhöht worden ist, aber ebenso gewiß eine Ausnahme-Ära im überschaubaren Raum der Geschichte darstellt. Selten haben so viele Menschen in einem so großen geographischen Raum so lange Zeit friedlich – wir sagen nicht: im Frieden – gelebt. Nicht nur die Städte, auch die Dörfer Anatoliens blühten wieder auf, und die Römer machten ihrem Ruf als unübertroffene Straßenbauer bis weit nach Ostanatolien Ehre: Acht Meter breit waren ihre gepflasterten Überlandstraßen, und an mehr als 600 erhaltenen Meilensteinen hat man das Straßennetz der römischen Kaiserzeit in großen Teilen rekonstruieren können. Die Göttin »Frieden«, der die Griechen unter dem Namen *Eirene* schon im 5. Jahrhundert v. Chr. einen Altar errichtet hatten, wurde von Augustus mit einem offiziellen Kult geehrt, und unter Kaiser Vespasian entstand ein prächtiger Tempel der Pax.

Unfriedlich blieb die Grenzsituation. Alle paar Jahrzehnte war im Osten ein neuer Krieg mit den Parthern fällig. Zunächst bauten die Römer Machtpositionen aus, erst wurde das Klientelkönigreich Kappadokien römische Provinz, dann im Königreich Armenien ein parthischer Prinz von Roms Gnaden auf den Thron gehoben. Nicht nur in Kleinasien, sondern an vielen Grenzen dienten in den Legionen anatolische Berufssoldaten; überlebten sie ihre Dienstzeit, hatten sie zumeist als Veteranen in ihrer Heimat Anspruch auf ein Stück Siedlungsland. Als schier unglaublich haben Historiker die imperiale Leistung Roms gewürdigt, mit einem stehenden Heer von nur etwa dreißig Legionen und ihren Hilfstruppen, insgesamt kaum mehr als 360000 Mann, die langen Grenzen des Reiches über Jahrhunderte zu sichern.

Mehr als das befriedete Leben in den Provinzen hat das kaiserliche Rom selbst immer die Vorstellungen der Nachgeborenen vom römischen Imperium geformt. Geschichtsschreibung hat ihre blinden Flecken. Wie der Name und die Person Christi zur Zeit seines Lebens in keiner Schrift überliefert, sondern erst Jahrzehnte nach seinem Kreuzestod in den Evangelien erinnert worden ist, hat auch kein zeitgenössischer Geschichtsschreiber über den Apostel Paulus berichtet, abgesehen nur von der Apostelgeschichte. Wir wären ohne Kenntnis von diesem Mann, der vom »Saulus zum Paulus« und zu einer der bedeutendsten Gestalten der Christenheit wurde, gäbe es nicht seine eigenen Briefe an die christlichen Gemeinden und eben den Bericht der Apostelgeschichte.

Als Paulus in Ephesos Aufsehen machte, war in Rom eben ein Siebzehnjähriger Kaiser geworden, dem seine Mutter mit dem Mord am Adoptivvater den Weg zum Thron geöffnet hatte. Als möglichen Konkurrenten ließ der junge Imperator seinen Stiefbruder an Gift sterben. Einen gewaltsamen Tod fanden durch ihn auch die Mutter, zwei Ehefrauen, bewährte Generäle, sein Lehrer Seneca und nach dem Brande Roms im Sommer des Jahres 64 ungezählte Christen – unter ihnen vielleicht auch der Apostel Paulus. Das Mordregister Neros und seiner Anverwandten haben römische Geschichtsschreiber wie der unterhaltsam kolportierende Sueton und der strenge Tacitus unverblümt überliefert, den Apostel aber nicht einmal erwähnt.

Schauplatz Ephesos: Es gibt in ganz Kleinasien keinen besseren Ort, um sich die Frühzeit des Christentums zu vergegenwärtigen, denn es gibt auch kaum andere Schilderungen, die so prägnant den prekären Umschlag von missionarischer Resonanz zum *roll back* der etablierten Religion sichtbar machen wie eben diese Protest-Szene im griechisch-römischen Theater von Ephesos. Vielleicht sind Archäologen gerade wieder mit der Restaurierung beschäftigt, wenn wir die 66 Stufenreihen hinaufsteigen. Bauarbeiten waren auch damals im Gange, als der Silberschmied Demetrios das Volk von Ephesos aufwiegelte gegen den Apostel, der Zulauf aus ganz Anatolien hatte.

Demetrios war Handwerker, aber auch Devotionalien-Großhändler, spezialisiert auf die silbernen Artemis-Tempelchen und Kultstatuetten – »er verschaffte den Kunsthandwerkern nicht geringen Verdienst«, berichtet die Apostelgeschichte. Demetrios rief die Branche zusammen und brachte auf den Punkt, was die Lehre des Paulus für ihrer aller Gewerbe bedeutete: »... dieser Paulus hat nicht nur in Ephesos, sondern in ganz Asia viel Volk überredet und abwendig gemacht. Das, sagte er ja, sind keine Götter, die von Menschenhand verfertigt würden. Aber es ist nicht nur Gefahr, daß unser Geschäft in Verruf kommt, sondern auch, daß das Heiligtum der großen Göttin Artemis für nichts geachtet und künftig sogar ihrer Majestät Abbruch getan wird, die doch ganz Asia und der Erdkreis verehrt.«

Geschäftsschädigung also und Blasphemie, und beide Beschuldigungen trafen den Nerv der Versammlung. Wutbrüllend schleppte die Menge zwei der Paulus-Gefährten ins Theater, schrie sie nieder, als einer von ihnen das Wort ergreifen wollte, und tobte zwei Stunden lang mit dem Ruf »Groß ist die Artemis der Epheser!« Paulus wurde von seinen Anhängern daran gehindert, sich ins Theater zu begeben, offensichtlich aus Furcht um seine Sicherheit und sein Leben. Kurz nach dem Tumult im Theater verabschiedete er sich von der ephesischen Christengemeinde und reiste nach Makedonien.

Das junge Christentum, dem Paulus damals schon an etlichen Plätzen Gemeinden gewonnen hatte, war in dieser römisch beherrschten, griechisch geprägten und in vielfältiger Weise orientalisch beeinflußten Welt Kleinasiens ja nur eine unter etlichen Verheißungen. Dem Götterhimmel des Zeus wurden Opfer an vielen Altären gebracht, aber andere Kulte konkurrierten. Erlösungshoffnungen suchten nach göttlichen Gewißheiten in zahllosen Geheimriten, und die Suchenden nahmen Initiationsprüfungen und asketische Gelübde auf sich, unterwarfen sich magischen Beschwörungen. Neben der rationalen Aufklärung griechischer Philosophenschulen drängten Mysterienkulte herauf, die tief in vorgeschichtlicher Zeit wurzelten, ob in den Fruchtbarkeitszaubern und Vegetationsfesten des attischen Eleusis, ob im Sonnenkult des indoiranischen Mithras. Dessen Name erscheint schon in einem hethitischen Vertragstext des Schuppiluliuma. Ambivalent symbolisieren Hahn und Schlange den Mithras-Gott in seiner Doppelnatur von Morgenlicht und Erddunkel. Den Mithras-Geburtstag feierten die Anhänger um die Winterwende am 25. Dezember.

Als Schutzgöttin und Zauberin wurde im ganzen mediterranen Bereich die ägyptische Osiris-Mutter Isis verehrt, auch als eine Herrin der Unterwelt und als »Große Mutter« im Kreislauf von Leben und Tod – wie die griechische Demeter, wie die orientalisch-anatolische Kybele. Wiedergeburt war verheißen: Nicht nur die Körner der Felder, auch die Scharen der Toten gehörten zum mystischen Saatgut der Muttergöttin Demeter.

Thrakien, Kreta und auch Kleinasien haben ursprünglichen Anteil an den Kulten des Dionysos, der aus einer Hochzeit des Zeus mit der Mondgöttin Semele oder einer – phrygisch-anatolischen? – Erdmutter entsproß. Verzückung, Außer-sich-Sein, Ekstatik lebten sich in seinen Kulten aus, animalische Wildheit, orgiastische Enthemmtheit verbinden sich bis heute mit dem Namen dieses in vielen Verwandlungen bezeugten Gottes. Königsgott und Kindsgott, Gott der Musik und des Tanzes, prophetischer Eigner eines Lichtorakels – all dies ist Dionysos.

Im dunklen Mysterium seines Todes – Mänaden oder als Frauen verkleidete Titanen zerreißen und zerfleischen den Gott, ein Opfermythos – öffnet sich eine ganz andere Seite.

Dionysos war auch ein Menschheitsbeglücker: Die schöne Darstellung auf der berühmten Schale des archaisch-griechischen Exekias-Malers in der Münchner Antikensammlung zeigt den Gott in seinem Schiffe ruhend, von Delphinen umspielt und mit einer Weinrebe, die um den Mast rankt. Man hat das Bild als Darstellung aus einem Dionysos-Fest gedeutet, bei dem alljährlich die Herkunft des Weinbaus aus dem pontisch-anatolischen Gelände gefeiert wurde. Nach dem Alexanderzug war es wieder Dionysos, der nun selbst als triumphaler Indieneroberer, als orientalischer Endkönig verehrt wurde.

Welche Verwirrung im Nebeneinander so vieler, so widersprüchlicher Mythen und Mysterien, Götter und Göttinnen! Es waren im Anatolien der Zeit des Apostels Paulus noch weitaus mehr als die eben genannten, und zusätzlich zu allen diesen Kulten forderten ja auch die Herrscher Ehrung und Verehrung wie die für die Götter ein, behaupteten, in direkter Linie von den Göttern abzustammen. Zugleich schwanden frühere Glaubenssicherheiten, philosophierend erkannte sich der Mensch neu. Skeptizismus und Agnostizismus, die Not des Nichtwissen-Könnens, griffen um sich, aus frommen Riten wurden leere Gewohnheiten.

Mißtrauisch, oft feindlich von ihren Nachbarn beobachtet, lebten in diesem Umfeld die in ihrem Monotheismus und im Bewußtsein ihrer »Auserwählung« orthodoxen Juden, viele in Ägypten und Kleinasien. Antisemitische Verleumdungen haben eine lange Tradition, einige zählte der griechische Historiker Diodor im 1. Jahrhundert v. Chr. auf: Sie »hätten den Haß gegen die Menschen zur Tradition gemacht; daher wiesen sie auch ganz seltsame Bräuche auf, nämlich mit überhaupt keinem Volk Tischgemeinschaft zu pflegen oder ihm irgendwelches Wohlwollen zu erweisen«.

Paulus war einer der Auslandsjuden, in der südanatolischen Stadt Tarsus geboren, der Handelsstadt am schiffbaren Unterlauf des Kydnos (heute: Tarsus Çayı), wo die Ware aus Ägypten und Syrien umgeschlagen und an die Küste der Ägäis oder ans Schwarze Meer weiterbefördert wurden. Streng religiös erzogen, römischer Bürger mit jüdisch-griechischer Bildung, scheint Paulus einer von jenen gewesen zu sein, die ihre Glaubensüberzeugung durch Außendruck zum Fanatismus verzerren lassen. Als junger Mann siedelte er nach Jerusalem über, um sich zum Rabbi, zum Schriftgelehrten ausbilden zu lassen; außerdem war er Zeltmacher. Sein »siegreich tragisches, unstetes Leben« (David Flusser) führte ihn nach heftigen Aktivitäten bei der Verfolgung der Christen zum »Damaskuserlebnis«, einer visionären Christuserfahrung.

An wie vielen, an welchen Orten war Paulus in den folgenden Jahren schon missionierend auf Reisen, in Arabien, in Syrien, in Kilikien? Oder lebte er doch meist in seiner Geburtsstadt Tarsus? Er war wohl Mitte dreißig, als er von dem aus Jerusalem entsandten Missionar Barnabas nach Antiochia gebracht wurde und in dieser Weltstadt der hellenistischen Kultur zu predigen begann. Mit starkem Echo – davon berichtet nicht nur die Apostelgeschichte, die zugleich erwähnt, daß in Antiochia (Antakya) Christus-Gläubige zuerst Christen genannt wurden, darauf deutet auch die nach dem biblischen Text vom Heiligen Geist inspirierte Entscheidung der Gemeinde, Barnabas und Paulus auf eine Missionsreise nach Zypern, Pamphylien, Pisidien und Kilikien zu entsenden.

Niemand kann die inneren und äußeren Konflikte und Kämpfe hinter dem nüchternen Itinerar der großen Missionsreisen des Paulus mehr erzählen, vom Aufbruch nach Zypern im Jahr 45 bis zu seiner Gefangenschaft in Rom. Zu lückenhaft ist die Überlieferung, aber gewiß ist: Paulus war der unermüdliche Arbeiter im Weinberg des Herrn, der Prediger und Organisator, der Monate und Jahre an einem Ort blieb, um eine junge Gemeinde aufzubauen und zu festigen. Er war der Verfolgte und Mißhandelte, mit Steinigung und Tod bedrohte, vermutlich unter dem Schwert neronischer Soldaten gestorbene Märtyrer, und er lebt fort als einer der großen Gestalter christlichen Glaubens. Seine Auslegung der Erlösungsbotschaft Christi hat Gewicht bis heute und ist bis heute umstritten – ohne diesen anatolischen Juden aus Tarsus wären die christlichen Konfessionen nicht, was sie heute sind.

Darum ist der Versuch, den geistigen Grund, die religiösen und philosophischen Wurzeln dieser paulinischen Mission freizulegen, auch bis heute faszinierend. Denn dieser »zweite Begründer des Christentums« – so hat man Paulus genannt – verkündete zwar Christi Wort und Lehre, aber eben doch in seinem Verständnis, aus seiner christlichen Vision und in seinem Erfahrungshorizont. Zu diesem Erfahrungshorizont gehörte, wie der evangelische Theologe Rudolf Karl Bultmann gezeigt hat, nicht nur die christliche Botschaft (das *kerygma*) der Apostel und der Urgemeinde, sondern auch das Kerygma der hellenistischen Christengemeinden. Jüdisches Denken und griechische Philosophenlehren strömten ein in die religiöse Schöpfung des Paulus.

Paulus war es, der die Erlösung des Menschen nicht durch Erfüllung der »Gesetze«, sondern durch die Gnade Gottes lehrte? Ja, aber er wußte vermutlich von der jüdischen, vorchristlichen Gemeinschaft der Essener, und er hat Elemente von deren Theologie verbreitet. Die authentische essenische Gnadenlehre kam nach dem Zweiten Weltkrieg mit den Funden der Schriftrollen von Qumran am Toten Meer wieder ans Licht, mit Sätzen wie diesem: »Ohne die göttliche Gnade ist der Mensch ein erbärmliches Ding, der Sünde immer verfallen.«

Von Qumran führt über Paulus ein Weg ins reformatorische Wittenberg und zu Luthers unter Schmerzen neu errungener Gewißheit, daß der Mensch nicht durch »Werke« und »Gesetze«, sondern allein durch die »Gnade« errettet werde.

Unabhängig von solcher religionsgeschichtlichen Spurensicherung und Ideenherkunftserkundung wird man die missionarische Persönlichkeit des Paulus, die Kraft seiner Sprache und seines Sendungsbewußtseins wahrnehmen müssen, wenn man nach den Gründen für die frühe und über Jahrhunderte hin nachhaltige Christianisierung großer Teile Anatoliens fragt. Im 4. Jahrhundert – ältere Zahlen stehen kaum zur Verfügung – rechnet man mit etwa 7–15 Millionen Christen im Römischen Reich, dessen Völker damals wohl an die 50 Millionen Menschen zählten. In den kleinasiatischen Provinzen und in Armenien war aber zur gleichen Zeit etwa jeder zweite Christ. Unbeirrbar scheint Paulus bereits am Anfang seiner Missionsarbeit auch »Heiden«, also Nicht-Juden, zum Christenglauben bekehrt zu haben. Gerade bei ihnen, griechisch sprechenden und denkenden Einwohnern Kleinasiens, fand er offene Ohren, wenn er mit Argumenten der stoischen und kynischen Philosophie predigte, die in den griechischen Städten geläufig waren.

Schon Zenon, der kosmopolitisch urteilende Begründer der stoischen Lehre, hatte die monotheistische Vorstellung eines »Welt-Logos« gelehrt und die Götter des griechischen Volksglaubens nicht mehr ernstgenommen. Kynische Wanderphilosophen, die »Hippies des römischen Weltreichs« (David Flusser) lebten eine nonkonformistische Weltbürger-Existenz vor und verkündeten die Entbehrlichkeit von Gesetzen, die nur aus Tradition, Brauch und Herkommen und nicht aus dem *logos* begründet sind. Paulus hat solche revolutionären Sätze der stoischen und kynischen Philosophie umgemünzt und in der eigenen Kritik an der religiösen Gesetzesgläubigkeit genutzt.

Wieder einmal war Anatolien Brückenland. Die paulinisch-christliche Botschaft, diese geistig grandiose, ganz in der Glaubenskraft begründete Verheißung von der Befreiung des Menschen von Sünde, Gesetz und Tod und seiner in der Gnade unauflöslichen Bindung an den Christus-Gott – diese Botschaft baute nicht allein auf den Worten Christi, sondern auch auf denen der frommen jüdischen Essener *und* auf denen der kynischen Freidenker auf.

Wenn Geist und Geographie auf einen gemeinsamen Nenner zu bringen sind, dann in einer solchen Ära des religiösen Neubeginns, wo das Neue sich gerade in einem Lande durchsetzt, das auf seinem Boden mit unterschiedlichen geistigen Traditionen diesem Neuen verstärkende Kraft gibt. Im 2. Jahrhundert hatte zeitweise die Mehrzahl der christlichen Gemeinden ihren Ort in Anatolien.

Konflikte blieben nicht aus, wirken fort bis in unsere Gegenwart. Ungelöst bleibt der von Paulus immer wieder beschworene »Fleisch«-»Geist«-Dualismus der menschlichen Natur. Das Natürliche, zumal die Sexualität ist für Paulus unheimlich und mit der göttlichen Bestimmung des Menschen nur schwer vereinbar. Er weiß nur von »schuldiger Pflicht« oder von »Unzucht«, nicht von natürlicher Lust – und »so ist es für den Menschen gut, kein Weib zu berühren« (hier ganz zu schweigen von der gewiß nicht Christ-gemäßen Identifizierung von »Mensch« und »Mann«). Folgenreich hält es Paulus nicht mit der provozierenden Natürlichkeit der Kyniker-Philosophen, sondern mit der Askese der Essener-Gemeinschaft von Qumran, die schon wie er das Wort »Fleisch« gebrauchten, wenn sie über die unerlöste, sündige Natur des Menschen seufzten.

Die von Predigern des Christentums jahrhundert- und jahrtausendlang betriebene Verhöhnung und Verteufelung des Natürlichen, des nackten menschlichen Körpers und seiner Sexualität hat sich immer wieder bei Paulus-Worten Bestätigung geholt, sich aber nur unter interpretatorischen Verrenkungen auf Christus selbst berufen können. So wurde die Leib-Freude der »heidnischen« antiken Kulturen, die in zahllosen Kunstwerken bezeugte Schönheit des menschlichen Körpers, wurde die Sportlichkeit nackter Olympioniken und die Genußkultur römischer Bäder immer wieder und quer durch die christlichen Konfessionen mit dem prüden Verdikt der Sündhaftigkeit belegt. Merkwürdig unversöhnt stehen in den Paulus-Briefen neben all den betulich dringlichen Warnungen vor den Sünden des Fleisches so menschlich selbstbewußte, auf die Göttlichkeit alles Geschaffenen vertrauende Sätze wie diesem »Ich weiß und bin im Herrn Jesus überzeugt, daß nichts an und für sich unrein ist; nur dem, der etwas für unrein hält, dem ist es unrein...«

Vergleichbar problematisch wirkte sich für abendländisches Denken und abendländische Geschichte – nicht zuletzt für die nachlutherische Geschichte der Deutschen – das Paulus-Wort aus dem Römerbrief über die Obrigkeit aus: »Jedermann sei den vorgesetzten Obrigkeiten untertan; denn es gibt keine Obrigkeit, außer von Gott, die bestehenden aber sind von Gott eingesetzt.« Luther hat diese Obrigkeitshörigkeit zumal in den Bauernkriegen beim Wort genommen und manches Rückgrat mit dem protestantisch gehärteten Paulus-Gebot verbogen. Wieder läßt sich die Wurzel dieses Denkens zu den Essenern zurückverfolgen.

Zum Erfolg der paulinischen Mission hat schließlich auch beigetragen, was der katholische Theologe Edward Schillebeeckx als seine »pastorale Strategie« beschreibt, und zwar im Kontrast zu der »ziemlich gängigen Darstellung«, Paulus sei im Hinblick auf die bald erwartete Wiederkehr Christi fieberhaft von Stadt zu Stadt gereist, habe an Ort und Stelle einige grundlegende Predigten gehalten und sei dann wieder in andere Gegenden weitergezogen. Nein, vielmehr habe Paulus sehr sorgfältig zentrale Städte und vor allem Hafenstädte ausgewählt und sich dann solange dort aufgehalten, bis eine gefestigte Gemeinde ihrerseits imstande war, die Umgebung zu missionieren.

Antiochia und Ephesos sind die wichtigsten Beispiele für dieses Multiplikatoren-System im anatolischen Raum, scheinbare Gegenbeispiele wie die Aufenthaltsorte der ersten Missionsreise – die kleineren Städte Perge, Antiocheia in Pisidien, Ikonium (Konya), Lystra und Derbe – erklären sich daraus, daß damals Barnabas die Reise organisierte. Daß die Galater (Kelten) in der Abgelegenheit Zentralanatoliens von Paulus missioniert wurden, läßt sich auf eine Erkrankung während der Reise zurückführen: Eigentliches Ziel waren auf dieser dritten Reise die Hafenstädte der Schwarzmeerküste, die Paulus dann nie erreichte.

Trotzdem konnte er im Römerbrief melden: »So habe ich von Jerusalem aus in weitem Umkreis bis nach Illyrien die Verkündigung des Evangeliums Christi vollendet.« Vor allem Spanien stand dann noch auf dem Missionsprogramm, doch die Verhaftung in Jerusalem schnitt das Lebenswerk ab. Offenbar hat Paulus für längere Zeit in Rom in kleinerem Kreis die christliche Botschaft predigen können, als er dort auf seine Berufungsverhandlung wartete.

Der anatolische Jude und Christus-Verkünder Paulus bleibt die bedeutendste Gestalt der christlichen Mission, und so übergroß steht diese Gestalt, daß in ihrem Schatten viele andere verschwinden, die in den folgenden Jahrhunderten um die rechte Auslegung der Lehre gerungen haben. Anatolien, im 2. Jahrhundert wie schon erwähnt das allerchristlichste Land des römischen Imperiums, war die Heimat der ersten Christengemeinden im Rhônetal – Griechen aus Pergamon riefen ihren Bischof aus Anatolien nach Lyon –, und auch der erste Bischof von Trier war ein kleinasiatischer Grieche. Eigenständigkeit der anatolischen Gemeinden gegenüber dem Bischof von Rom wird bezeugt vom Streit um den Zeitpunkt der Osterfeier: Während man sich in Anatolien an das jüdische Passahfest hielt, feierten die meisten anderen Gemeinden die

Auferstehung am ersten Sonntag nach dem Frühjahrsvollmond. Roms Versuch, die kleinasiatischen Gemeinden auf diesen Termin gleichzuschalten und im Weigerungsfall aus der Kirche auszuschließen, schlug fehl.

Unverständlich haarspalterisch mag heute die Härte, ja Erbitterung erscheinen, mit der nicht nur um die praktischen Fragen der Kirchenorganisation, sondern noch viel heftiger um die philosophisch-theologische Formulierung der Glaubensaussagen disputiert wurde. War Christus ein wirklicher Mensch, ausgestattet mit göttlicher Kraft, oder war er gottmenschlich? Darum ist nicht nur mit Worten gestritten worden, man schlug sich die Schädel ein. Die großen Lehrer Origenes von Alexandria – später von der Kirche verdammt – und der Neuplatoniker Plotin, der gleichfalls zuerst in Alexandreia lebte, waren nicht in Anatolien zu Hause, wohl aber ihre Nachfolger im christlich-neuplatonischen Geist: Basileus, dessen Bruder Gregor von Nysa und beider Freund Gregor von Nazianz. Die »tiefsten christlichen Geister des 4. Jahrhunderts« hat sie Carl Schneider genannt.

Diese drei Kappadoker brachten die theologische Einigungsformel über die Trinität zustande, die schließlich – wir greifen hier vor: fast ein halbes Jahrhundert nach Konstantin dem Großen, im Jahr 381 – in Konstantinopel anerkannt wurde. Sie besagt »Eine Substanz *(ousia)*, drei personale Gliederungen *(hypostaseis)*« und verwirft damit die Unterscheidung zwischen der Natur Gottes und der Natur Christi, die von der Schule von Antiochia und dem Kirchenlehrer Arius behauptet wurde. Im Irrtum, wer meint, dieser theologische Feinschliff habe nur die Köpfe der Gelehrten erhitzt.

Worum es eigentlich ging? Letztlich wohl doch um die Selbstbehauptung des Christentums – oder der Kirche. Ein ganzes Studium kann man an die Schöpfungs- und Erlösungslehren der christlichen *Gnosis* wenden, die in den ersten Jahrhunderten nach Christi Geburt in einer bis heute noch nicht entschlüsselten (weil auch nur lückenhaft überlieferten) Vielzahl von Lehren und Gegenlehren alle religiösen Vorstellungen neu verknüpfte. Die Gnosis sei damit zur »tödlichen Gefahr« für die Kirche geworden, kann man heute lesen.

Man kann freilich auch von verpaßten Chancen der Theologie sprechen. Manch einer wurde aus der christlichen Gemeinde als Häretiker ausgestoßen, der ihr Impulse von vielleicht lebenswichtiger Qualität hätte geben können. Nur ein Beispiel: Markion von Sinop am Schwarzen Meer, ein reicher Reeder des 2. Jahrhunderts, war ein entschiedener Christ des Neuen Testaments und sah den Gegensatz zwischen dem rächenden Jehovah des Alten Testaments und dem Gott der Liebe, den

Christus verkündete, als letztlich unversöhnlich. Deswegen in Rom aus der Kirche ausgeschlossen, gründete Markion im Osten eine eigene, die bis ins 4. Jahrhundert und noch länger Anhänger hatte.

Innerer Streit hat das frühe Christentum heftiger erschüttert als die Verfolgungen durch den römischen Staat, die Märtyrer und damit auch verstärktes Gemeindebewußtsein schufen. Berühmt als Beleg für die Unsicherheit der Staatsorgane, wie mit den Christen umzugehen sei, ist die Briefanfrage des jüngeren Plinius, der als Statthalter in Bithynien von Trajan Richtlinien anforderte. Des Kaisers Antwort: keine Fahndung nach Christen, aber Todesstrafe bei namentlich unterzeichneter Anzeige und folgender Verweigerung des Opfers am römischen Altar.

Solche Unentschiedenheit dauerte, bis um die Mitte des 3. Jahrhunderts Kaiser Decius rigoros von jedem Verdächtigen das Weihrauchopfer vor einem – beliebigen – Götterbild einfordern ließ. Für den Opfervollzug gab es eine Bescheinigung *(libellus)*, für die – viel zahlreicheren – Verweigerer die Todesstrafe. Radikale Christen provozierten das Martyrium sogar, als einen direkten Weg zu Gott: »Bluttaufe ist sicherer als Wassertaufe.« Als exzessiven Staatsterrorismus praktizierte erst Diokletian von seiner Residenz Nikomedeia aus (İzmit, an der östlichsten Bucht des Marmara-Meers) die Christenverfolgung. Nach langem Zögern ließ er im neunzehnten Jahr seiner Regierung (303) die Kirche von Nikomedeia niederreißen, die heiligen Schriften der Christen verbrennen, höhere Beamte christlichen Glaubens absetzen, die Opfergebote verschärfen. Unzählige starben, einige leisteten auch Widerstand, in einem Volksauflauf wurde der kaiserliche Palast in Nikomedeia in Brand gesteckt.

Das staatspolitische Ziel, die Reichseinheit im gemeinsamen Kaiserkult und unter der – längst geschwundenen – Autorität der alten Götter wieder zu stärken, wurde trotz aller brutalen Gewaltanwendung verfehlt, die autonome Kraft des Christentums nicht gebrochen. Zwei Jahre später dankte Diokletian krankheitshalber ab. Die wüsten Grausamkeiten des Kaisers Maximinian Daia, der sich bald darauf Kleinasiens bemächtigte und zahllose Christen verstümmeln ließ, konnten am Fehlschlag der rabiat antichristlichen Politik auch nichts mehr ändern.

Das Bild der kaiserlich römischen Jahrhunderte verzerrt sich freilich, sieht man es nur durch die christliche oder religiöse Brille. Anatolien erlebte zweieinhalb Jahrhunderte, in denen Kriegsgeschrei nur fern im Osten an der Parthergrenze laut wurde. Erst mit der persischen Sassanidendynastie stand den römischen Legionen seit der Mitte des 3. Jahrhunderts ein Aggressor gegenüber, der das einstige Achämenidenreich wiederherstellen wollte. »König der Könige« und »König von Iran und

Nicht-Iran« nannte sich Sapor I., der die Heere dreier römischer Kaiser besiegte und große Teile Anatoliens plünderte.

Sassaniden, Byzantiner, Araber, Türken haben in den folgenden Jahrhunderten die architektonischen Reste der römischen Ära zerstört, Erdbeben kamen hinzu, die Kunstwerke sind verschleppt, die Ruinen sind als billige Steinbrüche ausgebeutet worden. Wenn wir auf das Greif- und Sichtbare aus sind, auf das begehbare Römer-Erbe in Anatolien, ist dennoch ein geradezu immens zu nennender Bestand aufzufinden. Die Wiederentdeckung der römischen Antike in Anatolien begann schon 1555 mit einem Glücksfall: Im damals schon längst osmanischen Ankara wurde eine zweisprachig, griechisch und lateinisch, verfaßte Inschrift an der Vorhalle und Außenwand des Tempels der Roma und Augusta aufgefunden, das seither unter Historikern berühmte *Monumentum Ancyranum*. Nämlich die einzige fast vollständig erhaltene Kopie des »Leistungsberichts«, den Kaiser Augustus hinterließ, eine unschätzbare Selbstdarstellung, deren Original in Rom nie gefunden worden ist.

Römische Thermen mit Fußbodenheizung in Ankara (in Rom selbst um das Jahr 80 v. Chr. erfunden), römische Brücken, die noch nach zwei Jahrtausenden benutzt werden, römische Gewölbebaukunst nach dem Muster des Pantheons wie der Asklepios-Tempel in Pergamon, römische Stadttore, Säulenstraßen, Aquädukte, Gymnasien und Stadien zählen, wie der türkische Archäologe Ekrem Akurgal formulierte, zu den besten urbanistischen Leistungen der Zeit, bestätigen, daß »Anatolien mit Rom Schritt hielt«.

Der Atem der römischen Geschichte Anatoliens ist viel gegenwärtiger als die Überlieferung der griechischen Stadtstaaten in ihrer vorrömischen Ära. Gleichsam nur im römischen Spiegel ist die griechische Kultur Kleinasiens sichtbar – denn man geht kaum fehl in der Schätzung, daß von tausend Ruinensteinen in den anatolischen Griechenstädten allemal mindestens neunhundert aus römischer Zeit stammen. Die *Pax Romana* brachte einen antiken Bauboom: Es wurde angebaut, erweitert, abgerissen, neugebaut, immer größer, auch großspuriger.

Noch gibt es verschwiegene, dabei nicht einmal entlegene Orte, an denen man die Architektur dieser römischen Jahrhunderte ohne touristisches Gedränge, ja ohne die andernorts längst üblich gewordene archäologische Purifizierung wahrnehmen kann – Bauten, die ohne Gitter und Kassenhäuschen in der Landschaft stehen, kaum anders, als Goethe vor zweihundert Jahren die römischen Denkmäler in Italien erlebt hat. Ein solcher Ort ist – oder war zumindest bis zum Ende der achtziger Jahre – der Tempel von Euromos, im Hinterland der ionischen Küste, seitab der Straße İzmir-Milas. Sechzehn der ursprünglich 32 korinthischen Säulen sind unter den Resten des steinernen Dachgebälks noch aufrecht geblieben, ein Zeus-Heiligtum in einer Wald- und Hirtenlandschaft. Einige dieser Säulen sind nicht kanneliert, das heißt ohne die üblichen Schmuckrillen, ein deutlicher Hinweis darauf, daß dieser Tempel unvollendet blieb. Erstaunlich genug, daß sich eine kleine Stadt – ihre Reste finden sich in der Nachbarschaft – ein Bauwerk von solchen Ausmaßen leistete. Aber in Wirklichkeit war es auch gar nicht die Stadt, die den Zeus-Tempel finanzierte, sondern ein Sponsoren-Gremium ihrer wohlhabendsten Bürger: An jeder Säule nennt eine Tafel den Namen des Spenders.

Das war in der römischen Welt die Regel, nicht die Ausnahme. Die in unserem Jahrhundert übliche Formel »privater Luxus, öffentliche Armut« (John Kenneth Galbraith) war noch nicht in Kraft getreten. Reiche Bürger waren gewohnt, sich mit großen Stiftungen für ihre Stadt hervorzutun. Seit der augusteischen Steuer- und Finanzreform, die erstmals reichsumgreifend Arbeitskraft und Bodenertrag besteuerte, stand den betuchten Bürgern allerdings der Staat effektiver als zuvor mit öffentlichen Investitionen zur Seite.

»Des Augustus vielverkannte Steuerreform sichert die staatliche Daseinsfür- und -vorsorge des römischen Bürgers, der römischen Provinzialen, Freigelassenen und sich selbst befreienden Sklaven volle drei Jahrhunderte lang«, stellt der Wirtschaftswissenschaftler Wilhelm Hankel fest und lobt den von Augustus vollzogenen Abschied vom »Raub- und Beutestaat der Vergangenheit«. Dies »bei staatlichen Selbstkosten, (Steuer)Last und Belästigungsquoten, die so tief liegen, daß man getrost von einer einmaligen Effizienz staatlicher Finanzpolitik sprechen kann. Sie wurde nie mehr erreicht: weder im späten Rom der Reformkaiser, noch im Mittelalter, geschweige denn im modernen Sozialstaat der spätindustriellen Massengesellschaft«.

Sogar von einem »Commonwealth der Völker und Provinzen« spricht Hankel und kommt zu dem Schluß, daß zu einem Großteil die Steuereinnahmen auch wieder dort angelegt wurden, wo sie eingetrieben wurden, auf dem Wege einer von Rom überwachten Steuerrückvergütung in einem horizontalen Finanzausgleich: »Um die Kosten und Risiken des Münztransports über See oder über Land zu mindern oder ganz zu sparen, reichen die Pro-Consuln und Pro-Curatoren ihre Ausgabenpläne bei der Zentrale ein. Aber die betreffenden Summen werden nicht in barer Münze überwiesen. Sie werden gleich aus dem Aufkommen der Regionen und Provinzen finanziert. Nur der *Saldo* des Steuerüberschusses geht dann in bar per Schiff oder gut bewachter Ochsenkarrenladung nach Rom.«

Auf der beachtlich langen Liste der Güter und Waren, die in den römischen Jahrhunderten in Anatolien produziert und aus Anatolien exportiert wurden, finden sich Silber und Salz, Kupfer, Blei und Eisen, Marmor und Meerschaum (Magnesiumsilikat), Pferde und Rinder, Häute und Pelze, Wolle, Flachs und Tuche, Holz für den Schiffbau und Teppiche, Thunfische, Wein, Oliven und Honig.

Unter den Kaisern, die aus Rom in die reiche Provinz Asia reisten, scheint keiner so gern und oft gekommen zu sein wie der im Jahre 76 n. Chr. geborene Griechenfreund Hadrian. Waren seine ersten Reisen noch kriegerisch motiviert – im Partherkrieg gehörte er dem Generalstab Trajans an –, so verbanden seine vielmonatigen Aufenthalte in den Jahren 124 und 129 offenbar das Angenehme mit dem regierungshalber Notwendigen. In Bithynien widerfuhr Hadrian auch die erotische Begegnung mit dem um mehr als dreißig Jahre jüngeren Antinous, einem Jüngling von legendärer Schönheit. Fünf Jahre später ertrank Antinous, erst zwanzigjährig, auf einer Nilreise, und sein kaiserlicher Liebhaber erklärte ihn zum Gott, gründete einen Tempel- und Priesterdienst für ihn. In Anatolien hinterließen die Hadrian-Besuche eine Vielzahl architektonischer Erinnerungen, Statuen, Tore, Tempel und Altäre zu seinen Ehren – keinem Kaiser wurden so viele Altäre errichtet wie ihm. Eines der bis heute stattlichsten Denkmale ist das Hadrian-Tor in Antalya, das mit seinen korinthischen Säulen noch immer den Altstadtbereich begrenzt.

Bei den in festen Zeitabständen – von Monaten oder Jahren – veranstalteten Festen und Festspielen im Namen der Kaiser gaben die Priester Gratismahlzeiten für die Bürger oder zumindest für jene, die mit dem Kult beschäftigt waren, beispielsweise die Kaiserbilder in der Prozession trugen. Oder es wurde auch Geld an alle Bürger verteilt, wie es von den fünftägigen Geburtstagsfeiern zu Ehren des Kaisers Antoninus Pius in Ephesos überliefert ist. Selbst der Kalender war nun auf das römische Kaisertum ausgerichtet. Denn unter Augustus hatte man den alten makedonischen Kalender durch Cäsars julianischen ersetzt, und zwar wohl nicht nur aus praktischen Gründen, sondern um dem Kaiser Ehre zu erweisen, wie S. R. F. Price in seinem Buch über den römischen Kaiserkult in Kleinasien dargelegt hat. Während das Jahr bisher mit der herbstlichen Tag-und-Nacht-Gleiche begonnen hatte, sollte es nunmehr mit dem Geburtstag des Augustus anfangen, den »wir als den Beginn von allem ansehen können«. Das war ohne größere Umstellung und Unbequemlichkeit einzurichten: Augustus wurde am 23. September geboren.

Architektonische Pracht und materieller Komfort der römischen Jahrhunderte sind natürlicherweise am eindrücklichsten in Ephesos erhalten, der Hauptstadt der römischen Provinz Asia. Zentrum von Politik und

Verwaltung, »Bank Asiens« als Zentrum des Handels und des Geldes (solange es den Ephesern gelang, ihren Hafen trotz der Schwemmablagerungen des Flusses Kaystros – Küçük Menderes auf Türkisch – betriebs- und leistungsfähig zu erhalten) und nicht zuletzt Ziel zahlloser Pilger, die zum Tempel der Artemis wallfahrteten, wuchs Ephesos auf eine Bevölkerung von wohl einer Viertelmillion. Zum Vergleich: Rom hatte zur Zeit Trajans, wird geschätzt, rund 1,2 Millionen Bewohner, von denen ein Drittel Sklaven waren.

Wer sich heute im Marmorweiß der ephesischen Ruinen – in der Antike waren die Gebäude farbig gefaßt, vielfach in Blau und Rot – die Weltstadt von damals zu vergegenwärtigen sucht, sollte das Auge nicht nur auf die Prachtbauten des städtischen Gemeinwesens richten, auf das für 25 000 Besucher dimensionierte Theater, auf die von österreichischen Archäologen wiederaufgerichtete Fassade der zweistöckigen Celsus-Bibliothek, auf die Prunk- und Einkaufsstraße Arkadiane mit ihren Säulenarkaden, die um 400 n. Chr. von Kaiser Arcadius erbaut und mit 50 Laternen ausgestattet wurde. Wie die Straßenbeleuchtung war auch die Zentralheizung mit Heißluftleitungen in den Hohlziegeln unter den Fußböden ein zivilisatorischer Import aus dem Westen. Ebenso die Aquädukte der Wasserleitungen; als einer der schönsten im kleinasiatischen Raum kann der ephesische gelten, der sich außerhalb der Stadt an der Straße nach Aydın und im modernen Ort erhalten hat.

Weiträumige römische Bade- und Sportanlagen – Thermen, Palästra, Stadion, Gymnasion – zeigen den Stellenwert an, den die ephesischen Bürger der Hygiene, der physischen Ertüchtigung und dem schieren Körperglück zumaßen. Täglicher Besuch in den Thermen mit ihren Dampf- und Wasser-, Kalt- und Warmbädern, ihren Gymnastik- und Massagesälen scheint weithin üblich geworden zu sein. Männer und Frauen badeten zumeist wohl getrennt, doch war das nicht immer der Brauch; bekannt ist die Verfügung, mit der Kaiser Hadrian die Geschlechtertrennung in den Bädern ausdrücklich vorschrieb – aller Wahrscheinlichkeit nach, weil zuvor Libertät es zu bunt getrieben hatte.

Erst im letzten Vierteljahrhundert sind von den Ausgräbern des Österreichischen Archäologischen Instituts – seit 1898 in Ephesos tätig, in Wien gibt es bereits ein Ephesos-Museum – auch Wohnbauten aus Verschüttungen freigelegt worden, die auf Terrassen angelegt und derart ausgestattet waren, daß auch Immobilienmakler des 20. Jahrhunderts sie als »Luxusappartements« offerieren könnten. Diese sogenannten »Hanghäuser« bestehen aus jeweils mehreren Wohnungen, die ihrerseits zum Teil über mehrere Stockwerke gehen und damit Quadratmetergrößen zwischen einigen hundert und zweitausend bieten. Fußbodenheizung, Bäder, Toiletten, Malereien an den Wänden, mit Mosaiken ausgelegte Fußböden, Möbel aus Bronze und Marmor, dazu eine Vielzahl von Säulenhöfen (= Peristylen) mit Laubengängen, zu denen sich die Zimmer öffnen – die ephesische Oberschicht brauchte sich offensichtlich keinen Wunsch zu versagen.

Anatolien als ein Gelände der Überlagerung und Verschwisterung griechischer und römischer Kultur zeigt immer wieder Züge von Kontinuität und Konservatismus. Da sind die Tempel der antiken Götter, die über alle römischen Jahrhunderte hin immer wieder in der griechischen Weise gebaut wurden, Zeugnis für die Achtung, in der die klassisch-griechische und hellenistische Sakralarchitektur noch immer stand. Diese Stiltreue blieb so ungebrochen, daß es den Archäologen schwerfällt, das Alter manches Tempels zu bestimmen, wenn Inschriften über die Bauzeit fehlen – wie etwa am Roma-Augustus-Heiligtum in Ankara. Als einen der schönsten griechischen Ruinenorte nennen wir Freunden gern Aphrodisias (im Hinterland der ionischen Küste, bei Denizli) – nicht ohne zu erwähnen, daß der Aphrodite-Tempel dieser über Jahrhunderte heiligen, von Cäsar und Augustus als Asylort bestätigten Stadt wie ihre meisten anderen Baulichkeiten auch aus dem 1. Jahrhundert v. Chr. oder eben jüngerer Zeit stammen.

Neu brachten die römischen Architekten Tonnen- oder Kreuzgewölbe als Substruktionen von großen Theaterbauten nach Anatolien, die sich nun nicht mehr an Berghänge anzulehnen brauchten. Doch hat man auch hier auf einen anatolischen Konservatismus hingewiesen: Im besterhaltenen Theater der Antike, in Aspendos östlich von Antalya, ruhen die Zuschauerreihen auf Arkaden und Tonnengewölben, der Architekt hat aber trotzdem an einen Hügel gebaut. Die elliptischen Amphitheater römischer Bauzeit haben sich in Anatolien nicht durchsetzen können, »da die Gladiatorenkämpfe und Tierhetzen, auf die jene Bauten zugeschnitten waren, den Griechen fremd waren und blieben« (Ekrem Akurgal). Etliche Amphitheater gab es aber doch, und es fehlt auch nicht an Zeugnissen, daß »libysche Bestien« gehetzt wurden (z. B. in Ephesos) oder Kriminelle zum Kampf in der Arena verurteilt wurden.

Römisches ist mit Griechischem in Kleinasien verschwistert und verschmolzen, gewiß, aber der Augenschein der Repräsentationsarchitektur von Tempeln und Theatern trügt ja auch. Unsichtbar bleibt dem Besucher des 20. Jahrhunderts das frühe Christentum, die neue Kraft, die allem Verfolgungsdruck widerstand und vom 4. Jahrhundert an erst zur geduldeten, dann zur staatlich geschützten Religion wurde. Unsichtbar bleibt zwischen den Ruinensteinen aber auch die leise Arbeit der Gelehrten und Bibliothekare: Nicht in Rom, sondern in anatolischen Städten wie Pergamon und Ephesos, im ägyptischen Alexandria und – nach der konstantinischen *translatio imperii* im Jahre 330 – in Konstantinopel, dem »Neuen Rom«, wurde das Erbe der griechischen Kultur gewahrt und in die europäische Welt des hohen Mittelalters und der Renaissance getragen.

Und immer noch fehlen prägende Züge im Bild der römischen Jahrhunderte Anatoliens, wenn nicht auch die Einflüsse von Osten wahrgenommen werden. Von Mithras und Kybele, deren Kulte über Anatolien bis an den Tiber drangen, war schon die Rede (vgl. Seite 113). Die eindrucksstärkste, ja für manchen überwältigend mächtige Manifestation einer geistigen und künstlerischen Verschmelzung von Orient und Okzident ist im anatolischen Südosten aufgefunden worden: ein Großgrab in zweitausend Meter Höhe, ein Kultort, der in seiner Abgelegenheit heute ähnliche Faszination ausstrahlt wie im vorigen Jahrhundert die Pyramiden Ägyptens. Der Nemrud Dağı, der »Berg Nimrod«, wurde erst 1838 von dem jungen preußischen Offizier Helmuth von Moltke auf eine Karte eingetragen, und erst vierzig Jahre später entdeckte man den auf seinem Gipfel aufgeschütteten mächtigen Steinkegel.

Dort droben ließ sich, weiß man jetzt, König Antiochos I. von Kommagene (69–38 oder 34 v. Chr.) bestatten. Die Beziehungen dieses späten Diadochenfürsten zu Baktriern, Armeniern, Achämeniden und Seleukiden sind längst verweht, wenige Jahrzehnte nach dem Tod Antiochos' I. fiel die damals dichtbewaldete Landschaft – Holz wurde exportiert – an Rom, wurde später zu Syrien geschlagen. Gigantisch erheben sich um den Tumulus aber noch immer die steinernen Köpfe und Leiber von Königen, Adlern, Löwen, Göttern. Wohlerhaltene Inschriften bezeugen: Der iranische und der hellenistische Götterhimmel wurden hier gleicherweise und bis zur Identifikation verehrt. Apollo und Mithras wurden *ein* Gott.

KAPITEL VIII

Das orthodoxe Kaiserreich

Byzanz oder die Leidensgeschichte des zweiten Rom

In der Wiener Albertina liegt eine Holzschnittfolge des flämischen Künstlers Pieter Coecke van Elst, ein prachtvolles Beispiel der »Riesenholzschnitte« der Renaissance. Zusammengefügt zeigen die zehn Blätter Pieter Coeckes ein an die vier Meter langes Panorama seiner Reise nach İstanbul im Jahr 1533, zur Zeit Süleymans des Prächtigen. Höhe- und Endpunkt: der At Meydanı, der Pferdeplatz, das einstige Hippodrom, mit Wagenrennen und Reiterspiel, Revolten und Regierungserklärungen viele Jahrhunderte lang Zentrum der byzantinischen Welt.

Coeckes Bilderbogen ist hilfreich bei dem Versuch, sich den At Meydanı in seiner mittelalterlichen Gestalt zu rekonstruieren: noch ohne die sechs Minarette der benachbarten Blauen Moschee, aber mit Resten der Kaiserpaläste, mit antiken Säulenhallen und Statuen, mit dem prachtvoll hieroglyphengeschmückten Porphyr-Obelisk und mit der pittoresken, einst zur Erinnerung an den Sieg der Griechen über Xerxes geschaffenen Schlangensäule aus Delphi – die verlor ihr Oberteil erst im Jahr 1700. Forum-Romanum-Stimmung weht herüber von den alten Holzschnitten, Ruinen-Reiz abgelebter Machtstrukturen. Als Konstantin der Große den Mittelpunkt des Imperium Romanum vom Tiber fort und hierher an den Hellespont verlegte, da war Roma Nova, das bald Konstantinopel hieß, ja keine Brasilia-Gründung auf jungfräulichem Boden. In jenem Jahr 330 n. Chr. hatte Byzanz, die griechische Kolonie des 7. Jahrhunderts v. Chr., schon eine ziemlich genau tausendjährige Geschichte überdauert, samt Perserbesetzung, Makedonen- und Galaterstürmen. Konstantin und seine Nachfolger betrieben programmatische, ideologisch zielgerichtete Bau- und Denkmalspolitik.

Wer die Augen öffnet, nimmt trotz täglicher Reisebus-Armada und tausendköpfigem Touristentroß am At Meydanı die Symbole der abendländisch-orientalischen Weltgeschichte wahr, die sich hier wie an kaum einem anderen Orte manifestiert. Und das bis auf den heutigen Tag, obwohl die Verluste durch Raub und Zerstörung unermeßlich sind. Berühmtestes Beispiel gewaltsamer Wegnahme: die großartige vergoldete Quadriga über der Kaiserloge, die während des für Konstantinopel so verhängnisvollen vierten Kreuzzuges von den venezianischen Eroberern abtransportiert wurde und seither – seit dem Jahr 1204 – zum Markusdom »gehört«.

Dort gleich um die Ecke zum Dogen-Palast hin steht noch ein anderes Beutestück der Venezianer: die Skulptur von vier ernst, fast finster blickender Männer. Vermutlich stellen sie die *Tetrarchen*, die »Vierherrscher«, dar: Diokletian, Maxentius, Konstantius und Galerius. In ihrer brüderlichen Umarmung und körperlichen Gemeinschaft demonstrieren sie wie kein anderes Bildwerk jenes Ringen um Einheit, jene generationenlange Anspannung, mit der die staatlichen Kräfte Roms dem drohenden Verfall des Imperiums im 3. Jahrhundert gegenzusteuern versuchten.

Wieder ist nur in Stichworten zu protokollieren, wie die Einheitsanstrengung letztlich doch auf Teilung hinauslief und auf die Verschiebung des Herrschaftszentrums von West nach Ost. Imperium Romanum, 3. Jahrhundert n. Chr.: Druck auf die Grenzen von »barbarischen« Völkerschaften, im Innern Währungsverfall, Kaisermorde, Landflucht der Bauern. Diokletian, aus Dalmatien und aus kleinen Verhältnissen stammend, Kommandant der Leibwache, wird in Nikomedia (İzmit) zum Kaiser ausgerufen, reformiert Verfassung und Recht, Finanzen und religiösen Kult, sichert Rhein-, Donau- und Euphratgrenze, teilt die Last der Regierung auf vier Häupter.

Zwei »Augusti« und zwei »Caesares«: Aber Diokletian hat faktisch die Oberherrschaft inne, das neue Tetrarchen-System soll nicht zuletzt die Nachfolge aus der Willkür immer neuer Usurpatoren lösen. Die Reichseinheit scheint befestigt. Auch durch die Sprache: im ganzen Reich soll nun Latein als Amtssprache gebraucht werden.

Nikomedia wird Regierungssitz Diokletians, das signalisiert die eminente Bedeutung der reichen Provinz Asia. Aber nicht nur das tausendjährige Rom wird zurückgesetzt, auch Ephesos ist betroffen. Hauptverkehrsströme suchen ihren Weg nun über den *oxys dromos* von Antiochia an den Bosporus, mit Stationen in Tarsos, Ikonium (Konya), Nikaia (İznik) und Nikomedeia. Seitenäste dieses spätrömischen *highway* durch Anatolien führen nach Smyrna und Ephesos und nördlich nach Ankyra (Ankara) und Kaisareia (Kayseri). Man reist übrigens ermüdend langsam zu Lande, und darum zumindest sommers mit Personen wie Gütern lieber auf küstennahen Wasserwegen, die nur während der Winterstürme gemieden werden.

Diokletians Energie, schwerlich zu überschätzen, setzt erstmals (!) einen Staatshaushalt des Imperiums ins Werk, mit geplanten Einnahmen und entsprechend angesetzten Ausgaben. Er experimentiert mit einem Festpreis- und Festlohnsystem, erreicht aber sein Ziel der Währungsstabilität ebensowenig wie das andere der Religions-Stabilität. Trotz

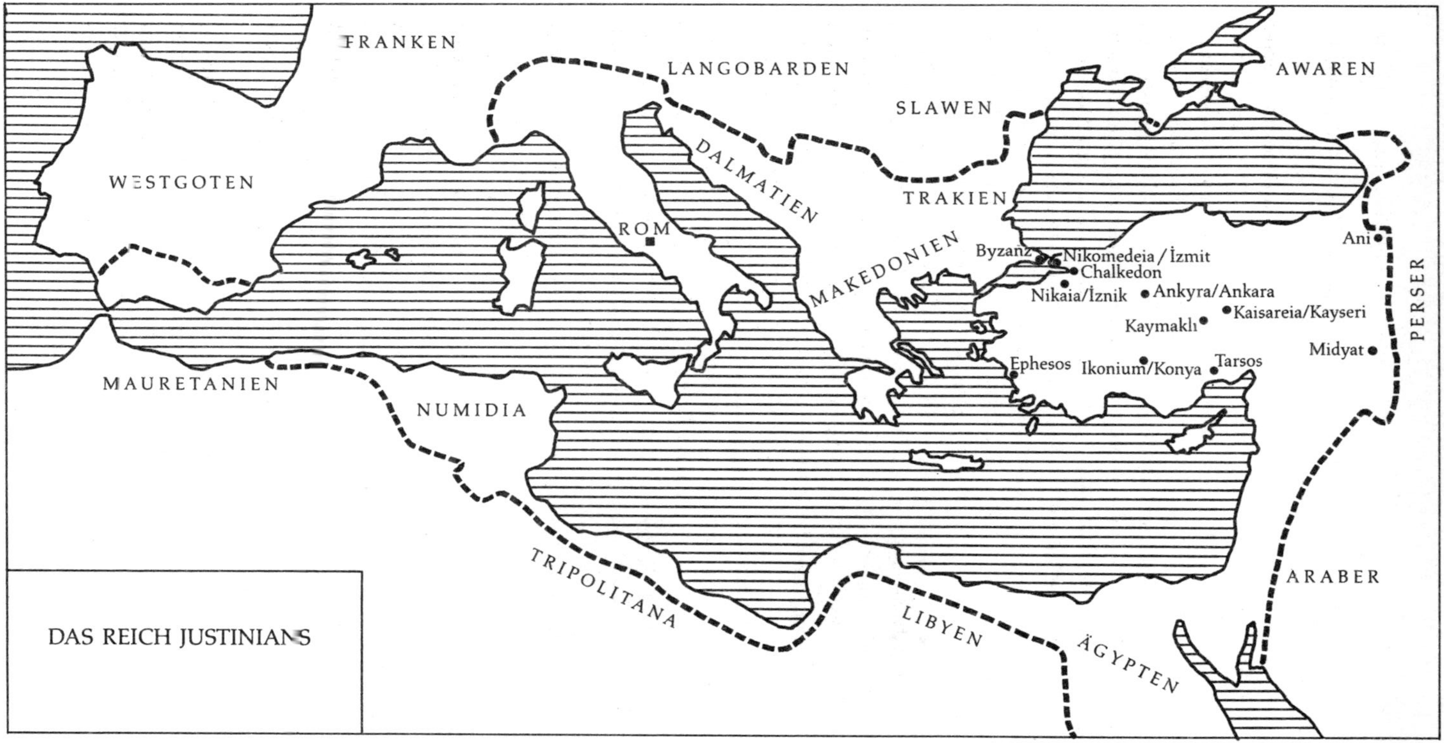
DAS REICH JUSTINIANS
FRANKEN
LANGOBARDEN
AWAREN
SLAWEN
WESTGOTEN
DALMATIEN
TRAKIEN
ROM
MAKEDONIEN
Byzanz
Nikomedeia / İzmit
Chalkedon
Nikaia/İznik
Ankyra/Ankara
Kaisareia/Kayseri
Kaymaklı
Ani
PERSER
Midyat
Ephesos
Ikonium/Konya
Tarsos
MAURETANIEN
NUMIDIA
TRIPOLITANA
LIBYEN
ÄGYPTEN
ARABER

seiner berüchtigt blutigen diokletianischen »Großen Verfolgung« hat der als Sohn Jupiters vergöttlichte Kaiser nur wenige seiner Untertanen dazu bewegt, dem friedfertigen Mann aus Nazareth abzuschwören (siehe Seite 120).

Auch das ausgeklügelte Nachfolgesystem der Tetrarchie versagte. Wenige Jahre nach Diokletians Abdankung hatte wieder ein von den Legionen proklamierter Augustus sich gegen seine Konkurrenten durchgekämpft und war Alleinherrscher geworden: Konstantin, der Sohn des Konstantius. Ein Jahr später, 325, fand in Nikaia das berühmt gewordene Konzil der christlichen Kirchen statt – zwar von Konstantin einberufen, doch ohne ein eindeutiges Bekenntnis des Kaisers zum Christentum. Zu welcher Zeit seines Lebens Konstantin in welcher Weise sich zum Christentum bekannte, das ist bis heute eine Frage mit Spannungsgehalt.

Wieder nur ein Jahr, 326, und Konstantin gründet feierlich die neue Hauptstadt an der Stätte des alten Byzanz; im Jahr 330 stehen bereits die wichtigsten Bauten, das »neue Rom« kann eingeweiht werden. Ein Akt von eminent politischer Bedeutung, ein Neuanfang, der Diokletians Entscheidung für die Residenz Nikomedia zugleich korrigiert und bestätigt: Von der Schwelle zwischen Europa und Asien aus soll das Reich hinfort regiert werden, aus der griechisch geprägten Welt des Hellespont und von einer Hafenstadt, deren Reeder Schiffe ins ganze Mittelmeer und noch weit über die mediterrane Welt hinaus entsenden werden – wichtig wurde in den folgenden Jahrhunderten (neben anderen) der Weg über das Schwarze Meer und den Dnjepr nach Norden, er brachte die christliche Missionierung zu den Chasaren und in das Rußland der Waräger.

Ob Konstantin das Neue Rom am Bosporus als christliche Gegenkraft zum erklärten »Heidentum« der tonangebenden Kreise im alten Rom gründen wollte, ist nicht erwiesen. Aber schon seit seiner freilich unsicher überlieferten siegverheißenden Kreuzes-Vision an der Milvischen Brücke bei Rom – diese Schlacht lag nun bald zwei Jahrzehnte zurück – mag er die Möglichkeit wahrgenommen haben, die charismatische Kraft der christlichen Religion mit dem Charisma des Kaisertums zu verbünden. Das Reichssymbol der Sonne, des »Sol invictus«, des »unbesiegten Sonnengottes«, blieb auf den kaiserlichen Standarten, doch darüber wurde ein Kreuzzeichen gesetzt, bildhaft so die stärkste religiöse Kraft der Zeit politisch nutzbar gemacht.

Aus drei starken Hauptwurzeln entstand in der Folge jenes langlebige, wenn auch in einer schier endlosen Agonie verlöschende Staatswesen, das als Byzantinisches Reich bekannt und zugleich weithin unbekannt ist: aus der Idee und Wirklichkeit des Römischen Reiches, aus der griechischen Kultur und Sprache und aus dem Christentum.

Es war die Tragik dieses Reiches, daß in der Zeit des hohen Mittelalters eine Entfremdung zwischen Italien und Westeuropa hier, Byzanz dort entstand, ja ein »Griechenhaß« sich anstaute, der von den politischen Führern des militärisch schon geschwächten Reiches am Bosporus noch immer wieder provoziert wurde. Es kam zu der »Ablenkung« des vierten Kreuzzugs: Statt die Ur-Stätten der Christenheit in Palästina aus muslimischer Herrschaft zurückzugewinnen, segelte die europäische Ritterschaft gegen Konstantinopel. Von dem Schlag, der folgte, hat sich Byzanz nie erholt.

Das Datum des 13. April 1204 bezeichnet einen Ausbruch äußerster Brutalität, eine Orgie von Raub, Mord und Zerstörungsraserei, die von den christlichen Kreuzfahrern im christlichen Konstantinopel verübt wurde. »Die kostbarsten Schätze des größten Kulturzentrums der damaligen Welt wurden unter die Eroberer vertan, zum Teil auch in barbarischer Weise vernichtet«, kommentiert Georg Ostrogorsky in seiner *Geschichte des byzantinischen Staates.* Und ein byzantinischer Augenzeuge nannte »selbst die Sarazenen barmherzig und gütig« im Vergleich zu diesen Leuten, »die das Kreuz Christi auf den Schultern tragen«.

Will man verstehen, wie das geschehen konnte, kommt man gar nicht umhin, einige frühe Kapitel christlicher Kirchengeschichte aufzuschlagen. Frühe, teils auch trübe Kapitel, in denen brennende Wahrheitssuche der Theologen und der nicht minder hitzige Egoismus kirchlicher Amtswalter sich oft aufs peinlichste vermengen.

Wer heute durch die Straßen der türkischen Landstadt İznik streift, stößt auf ein antikes Theater, auf römische Stadttore, auf die Ruine einer christlichen Kirche aus dem 6. Jahrhundert, auf Gartenidyllen zwischen See und Olivenhainen – aber er sucht vergeblich nach Zeugnissen jenes Konzils von Nikaia, bei dem im Jahre 325 nach Kaiser Konstantins Willen die Kluft einer Glaubensspaltung geschlossen werden sollte, der politischen Einheit des Reiches wegen. Ist Christus als Gottes Sohn nur ein Mensch gewesen oder war er zugleich Gott und Mensch? In Alexandria hatte ein gewisser Arius, ein Priester, Christi göttliche Wesenheit und auch noch die geistliche Autorität des Bischofs über den Priester geleugnet. Gegen ihn trat in Nikaia der Diakon Athanasios auf, später selbst Bischof von Alexandria. Des Athanasios' Lehre von der Wesensgleichheit Christi mit Gott (homo-ousios) wurde vom Konzil anerkannt, des Arius These von der »Wesensähnlichkeit« (homoi-ousios) als irrig verworfen, Arius zum Widerruf genötigt. Konstantin ließ hinfort die Arianer verfolgen, doch war der Streit auch theologisch mitnichten erledigt.

Scheinbar nur »wegen eines Buchstabens« (homo-ousios/homoi-ousios) wurde exkommuniziert, verbannt und Bürgerkrieg angestiftet.

In Wirklichkeit war es allerdings das leidenschaftliche Erlösungsverlangen zahlloser Menschen, das sich mit Konzilssprüchen nicht beschwichtigen ließ und auf der jeweils eigenen vermeintlichen Wahrheit beharrte. Noch Konstantin selbst mußte aus Staatsraison antiarianische Erlasse zurücknehmen und sogar Athanasios von seinem Amt entheben. Machtbewußte Kleriker schürten den Zwist, der auch unter Konstantins Nachfolgern brisant blieb. Erst Theodosius gelang es mit dem Konzil von Konstantinopel im Jahre 381, eine dogmatische Einigkeit der Reichskirche im Sinne des Athanasios herzustellen, mit der Trinitätsformel vom »einen Gott in drei Personen« oder den »drei Personen in einem Wesen«.

Auf dem gleichen Konzil wurde das Nikäanische Glaubensbekenntnis ergänzt, das zuerst das Konzil des Jahres 325 in Nikaia formuliert hatte. Es verbindet bis heute die großen christlichen Konfessionen, ein Beispiel mehr für die gestaltende Kraft, die von »Ostrom« und den von oströmischen Kaisern einberufenen Konzilen ausging, zu einer Zeit, als der Bischof von Rom auf dem Stuhle Petri nur ein nominelles Primat und die Amtsgewalt über die Bischöfe des lateinischen Westens innehatte. Die »Orthodoxie« (griech. = richtige Meinung, richtige Lehre) wuchs unter dem Schirm der byzantinischen Kaiser, die sich als Rechtsnachfolger des großen Konstantin betrachteten. Sie repräsentierten als Nachfolger dieses Gottkaisers und als Herrscher von Gottes Gnaden Kirche *und* Staat.

Dem Patriarchen von Konstantinopel dagegen, »der nie wie der Bischof des alten Rom auf Grund des Zusammenbruchs der staatlichen Macht eine politische Führung zu übernehmen hatte, verblieben die innerkirchlichen Aufgaben. Spannungen zwischen Kaiser und Patriarch haben nie zu einer Staatskrise geführt, sondern blieben weitgehend persönliche Auseinandersetzungen, die der Kaiser dank seiner Autorität fast immer zu seinen Gunsten entscheiden konnte«, notiert Peter Schreiner und wehrt den polemisch gebrauchten Begriff des »Cäsaropapismus« ab: als nicht für die Kirche Byzanz zutreffend, wegen ihrer traditionellen Verknüpfung mit dem Staat.

Wer nicht der Orthodoxie anhing, war Häretiker. Entsetzlich ist gestritten worden gegen Monophysiten. Die wollten Christus nicht als Mensch und Gott, also in zwei »Naturen«, sondern nur in *einer,* gottmenschlichen Natur erkennen und verehren. Entsetzlich ist gestritten worden gegen Nestorianer. Die sahen nach der Lehre des Patriarchen Nestorius aus dem 4. Jahrhundert zwar Christi »zwei Naturen« als wahr, aber die Trennung zwischen göttlicher und menschlicher Natur noch tiefer und wollten darum Maria nicht als Gottes-, sondern als Christusgebärerin verehren. Unter syrischen und ägyptischen (koptischen) Christen leben solche vom Patriarchat in Konstantinopel lange verfemten Lehren noch bis heute fort.

Obwohl Konstantinopel anders als Jerusalem, Alexandria und Antiochia keine apostolische Tradition aufzuweisen hatte, nahm es seit dem Konzil des Jahres 381 offiziell eine Vorrangstellung unter den Patriarchaten ein. Rund siebzig Jahre später, auf dem ökumenischen Konzil von Chalkedon (Kadıköy) am Bosporus, an dem sich zum letzten Mal die meisten westlichen *und* östlichen Bischöfe versammelten, wurde gar eine Gleichstellung Konstantinopels mit Rom formuliert; eine mit Konstantinopel verbundene Gründungslegende um den Apostel Andreas, den Bruder des Petrus, hat diesen seither nicht nur in Kleinasien und Griechenland, sondern auch in Rußland zu einem der höchstverehrten Heiligen werden lassen.

Der Legende nach wurde Andreas als Bischof von Patras an ein Kreuz mit schrägen Balken geschlagen, seine Gebeine wurden in der Apostelkirche zu Konstantinopel beigesetzt, und – eine Heiligenehrung ohnegleichen – das christliche Kreuzzeichen wurde mancherorts in der Erinnerung an sein Martyrium mit einem zweiten, schrägstehenden Balken ergänzt. Reliquien-Irrfahrt durch Jahrhunderte: Im 13. Jahrhundert überführte ein römischer Kardinal die Andreas-Gebeine ins italienische Amalfi; 1492 ließ Papst Pius II. Piccolomini das Andreas-Haupt nach Rom bringen, 1964 wurde es während des Vatikanischen Konzils nach Patras geflogen, zurück an den Ort des legendären Martyriums, als symbolische Versöhnungsgeste der römischen Kirche.

Auch die Reliquien des in der westlichen wie in der östlichen Christenheit verehrten heiligen Nikolaus, des Santa Claus, gerieten als Raubgut nach Italien, nach Bari, doch ist der hl. Nikolaus zweifellos südanatolischer Herkunft – und zwar aus gleich zwei historischen Gestalten erwachsen, einem Bischof von Myra (heute Demre) des 4. Jahrhunderts und einem von Pinara des 6. Jahrhunderts. Dem Demre-Nikolaus mag man sich am Ort seiner Kirche noch nahe fühlen. Nikolaus hatte die Christenverfolgung noch erlebt, konnte dann, wie andere Bischöfe der konstantinischen Zeit, endlich eine Kirche bauen. Diese Basilika – von *archon basileus*, dem Haus des obersten Richters im alten Athen, später der Name einer langgestreckten Gerichts- und Markthalle, oft mit einer Apsis für den Sitz des Richters – wurde im 11. Jahrhundert ausgebaut, im 19. Jahrhundert mit russischen Spenden restauriert. Heute fast leer, ein archäologischer Gegenstand, läßt sie ursprüngliche Monumentalität spüren.

Das Christentum war Staatsreligion geworden, doch konnten sich die Gemeinden nicht in den Tempelgebäuden etablieren, denn die Teilnahme der Gläubigen bei den sakramentalen Kulthandlungen verlangte große Räume, nicht die geheimnisvolle Enge der Cella eines antiken Tempels. An den Legenden um den heiligen Bischof von Myra lassen sich Lebensumstände in einer Kleinstadt des byzantinischen Reiches ablesen: So verhindert er durch – anonym bei Nacht – ins Haus geworfene Geldspenden den Verkauf von jungen Mädchen in die Sklaverei der (Tempel-)Prostitution, oder er setzt sich gegen die Vollstreckung der Todesstrafe an Verurteilten ein, die man politischen Verrats beschuldigte. Diese Legenden zeigen: Hoffnung kam auf, in einer barmherzigeren Welt leben zu können nach einer Ära der Willkür und der Verfolgung.

Für die Erfüllung solcher Hoffnung, für Konsolidierung und Stabilität scheinen im 4. und 5. Jahrhundert im Osten bessere Bedingungen bestanden zu haben als im Westen. Natürliche Ressourcen, Ertragskraft der Böden, gewerbliche Produktivität waren höher. Nur das südliche Gallien und Nordafrika galten als reich. Anders als im Westen hatten die Grundherren im Osten noch nicht das kleine und mittlere Bauerntum in nahezu totale Abhängigkeit gedrückt, noch nicht alle Steuerprivilegien eingeheimst. Für Militär und Verwaltung standen im Osten Steuermittel zur Verfügung – während der Westen dem Staatsbankrott zutrieb.

Weder dem Westen noch dem Osten des Reiches allerdings verhalf der Einsatz irgendeiner neuen Technologie zu wirtschaftlichem Aufschwung. Es bleibt wie in der griechisch-römischen Antike das für den Menschen der Neuzeit schwer erklärliche Phänomen einer Geschichte ohne industrielle oder agrarische Revolutionen. Man hatte kein Zuggeschirr für die Verwendung von Pferden bei der Landarbeit, man benutzte nicht einmal Schubkarren, und nur wie ein seltenes Kuriosum gibt es Nachricht über eine von Ochsen gezogene Erntemaschine in Gallien – sonst wurde das Getreide mit der Sichel geerntet. Ein mit Ochsenkraft angetriebener Raddampfer? Von einer solchen Erfindung wird berichtet, aber wieder scheint kein Bedarf an der Ablösung menschlicher Arbeitskraft bestanden zu haben. Auch nach der Verlagerung des Reichszentrums nach Osten standen Tagelöhner und Sklaven zur Verfügung. In den Staatsbetrieben und Bergwerken der byzantinischen Militär- und Beamtenmonarchie »sind die erblichen Arbeiter gebrandmarkte Sklaven« (Franz Georg Maier).

Hinter momentaner Schwäche erwies sich die größere wirtschaftliche und staatliche Stabilität der Osthälfte des Imperiums, als es aus dem Norden aufs neue existentiell bedroht wurde. Überfallartiges Vordringen der Hunnen aus Zentralasien zerschlägt das Gotenreich in Südrußland, löst Fluchtbewegungen germanischer Völkerschaften aus. Hat man aus der Schule noch im Ohr »Beginn der Völkerwanderung«? Durch

Anatolien sind die Völker ja seit Jahrtausenden schon »gewandert«, Hethiter, Luwier, Mykener, Kimmerier, die Historiker haben die Anfänge wieder und wieder zurückdatiert. Jetzt, anno 378, wurde das Imperium von den Westgoten berannt, frühere Bündnis- und Verteidigungsverträge waren null und nichtig, der Kaiser selbst – Valens, ein Aquädukt seines Namens hat in İstanbul überdauert – starb in der Schlacht von Adrianopel (Edirne). Aber in dieser gefährlichen Situation – das Kerngebiet des oströmischen Reiches lag mit offener Flanke preisgegeben – verhütete diplomatisches Geschick des nachfolgenden Kaisers Theodosius doch das Schlimmste.

Nicht Plünderung, wie sie drei Jahrzehnte später die gleichen Westgoten an Rom gründlich und grausam vollzogen, sollte das Schicksal Konstantinopels werden. Es gab neue Bündnis- und Ansiedelungsverträge. Die Germanenpolitik der byzantinischen Kaiser nahm in der Folgezeit immer wieder mit Zugeständnissen bei materiellen Forderungen nach Siedlungsraum und Unterhalt auch diplomatischen Gesichtsverlust in Kauf. Dieses Nachgeben integrierte die »barbarischen« Stämme aber auch ins oströmische Staats- und Heerwesen, rettete damit die Substanz.

Theodosius, spanischer Herkunft, konnte West- und Ostrom noch einmal vereinigen, teilte es aber unter seine Nachfolger. Die Grenze der beiden Reichsteile verlief folgenreich an der Drina: Bis heute bezeichnet diese Linie im Balkanraum eine Scheidezone zwischen orthodox-byzantinischem Osten und lateinischem Westen. Mit der Theodosius-Teilung wurde der juristisch noch aufrechterhaltene Grundsatz der Reichseinheit zur bloßen Fiktion. Auf dem At Meydanı in İstanbul kann man diesen Theodosius, der in den letzten Jahren seines Lebens den Besuch »heidnischer« Tempel, die Opfer und schließlich jeden Kult der alten Götter rigoros verbot und bei christlichen Historikern bald »der Große« hieß, im Kreise seiner Familie noch sehen: auf einem der Sockelreliefs des ägyptischen Obelisken nämlich, den er als Sieges- und Machtzeichen aufrichten ließ. Es lohnt, diese Reliefs genau anzuschauen. Da sieht man Musikinstrumente, neben Flöten ist deutlich eine Orgel erkennbar. Nach Mitteleuropa kam die Orgel aus Byzanz dann erst im 8. Jahrhundert, wie im europäischen Mittelalter auch Kunstobjekte und – wirkungsgeschichtlich noch wichtiger – Stilformen aus Byzanz nach Westen exportiert wurden. In der Gegenrichtung ist dergleichen kaum nachweisbar.

Ohnehin wird bei genauerer Betrachtung dieser sogenannten »frühbyzantinischen Epoche« – bis zu den Angriffen des Islam im 7. Jahrhundert – die eklatante Einäugigkeit offenbar, an der die europäische Geschichtsschreibung über lange Zeiten hin gelitten hat. Fasziniert von dem Untergangsspektakel des weströmischen Reiches, gleichsam einer Titanic-Tragödie im welthistorischen Maßstab, hatten die europäischen Historiker bis weit in die zweite Hälfte des vorigen Jahrhunderts für Ostrom zumeist nur soviel Aufmerksamkeit übrig, wie zum Verständnis dieses Westrom-Zusammenbruchs unerläßlich schien. Die Einäugigkeit in den Universitäten hatte Konsequenzen für die Schulen wie für die sogenannte Allgemeinbildung, man mag auch sagen: für das Bewußtsein von europäischen Wurzeln.

Nur zwei Beispiele: Wer behauptet, das oberitalienische Ravenna sei eine byzantinische Stadt gewesen, wird Kopfschütteln provozieren – aber nachdem Ravenna seine Rolle als letzte Hauptstadt des weströmischen Reiches ausgespielt und auch den Gotenkönig Theoderich überdauert hatte, wurde dort seit dem Anfang des 6. Jahrhunderts über Generationen hin unter einem oströmischen Exarchen (Statthalter) nach byzantinischem Muster verwaltet und Recht gesprochen, Gottesdienst gehalten und – wie bis heute zu sehen – im byzantinischen Stil prachtvoll gebaut. Am berühmtesten sind die Goldgrund-Mosaiken.

Zweites Beispiel, auf anatolischem Boden: In Ephesos interessierte immer wieder nur der antik griechisch-römische Architekturbestand, kaum dagegen die Überreste der einst monumentalen Johannes-Basilika, eines über hundert Meter langen Bauwerks, das auf Kaiser Justinian zurückgeht und mit der seitlich davon gelegenen Zitadelle das imponierende Ausmaß byzantinischer Bauleistungen auch außerhalb Konstantinopels dokumentiert.

Aus Ephesos, wo Jesu Mutter Maria mit dem Jünger Johannes eine Zuflucht gefunden haben soll, und aus anderen Zentren breitete sich die Verehrung der Maria als Gottesmutter aus, und auch das ist wenig bekannt. In Ephesos vollzog sich beim Konzil des Jahres 431 ihre dogmatische »Anerkennung«, und das Volk, heißt es, sei zuvor für Maria demonstrierend auf die Straße gegangen. Vorderorientalische und anatolische Hinneigung zum weiblichen Aspekt des Göttlichen prägten damit den Madonnenkult vor, der zu einem religiösen Hauptstrom im europäischen, katholischen Mittelalter werden sollte und bis heute lebendig geblieben ist. In der christlichen Gottesmutter Maria ist hintergründig auch das Bild der hellenistischen Erlöserin Isis enthalten: »Man brauchte ja auch nur ... mit einigen Kleinasiaten die biblische Parallele ›Adam/Christus‹ mit der nicht biblischen ›Eva/Maria‹ zu ergänzen, dazu einiges allzu Ägyptische aus dem Isis-Mythos und -Kultus zu streichen..., dann konnte man mit einer leichten Namensänderung sogar eine ganze Reihe von Isisgebeten wörtlich übernehmen« (Carl Schneider).

In der langen Reihe der nach Konstantin dem Großen am Goldenen Horn residierenden Kaiser hat sich mitteleuropäischem Geschichtsbewußtsein nur ein Name eingeprägt: Justinian. Um das mächtige Ausgreifen seiner politischen Willenskraft zu ermessen, ist ein Blick auf ein Kartenbild der Mittelmeerwelt um 560, gegen Ende seiner fast vierzigjährigen Regierungszeit, nützlich (siehe Seite 129). Da ist Italien dem byzantinischen Reich wiedergewonnen, dazu der Süden der Iberischen Halbinsel über Gibraltar hinaus bis zur Atlantikküste, die Mittelmeerküsten Nordafrikas, Ägypten, Palästina, Syrien, der Großteil Anatoliens bis nach Armenien hinein, die Balkanhalbinsel bis zur Donau. Die militärische Arbeit ließ Justinian seine Generäle tun, er selbst, der Bauernsohn aus Makedonien, blieb im hauptstädtischen Palast, ein *workaholic*, unermüdlich tätig in Innen- und Kirchenpolitik, auch in Einzelheiten eingreifend. Außenpolitisch gelangen ihm mindestens zeitweise und gegen Tributzahlungen Friedensschlüsse mit den persischen Sassaniden. Das Justinianische Jahrhundert klirrt nicht weniger von Kriegslärm als andere, die militärischen Erfolge bei der *Renovatio Imperii*, der Wiederherstellung der Kaisermacht, erwiesen sich nicht einmal als haltbar – aber die neue Reichsgröße ermöglichte kulturelle Leistungen, die bis in unsere Gegenwart ausstrahlen.

Eine herrscherliche Begabung Justinians war die sichere Hand bei der Auswahl seiner wichtigsten Helfer. Die Generale, die er mit den Rückeroberungen betraute, Belisar und sein Nachfolger Narses, ein Hofeunuch aus armenischer Familie, sind berühmt bis heute; der große Rechtsgelehrte Tribonianus trug in seinem Auftrag und mit seiner Hilfe das riesige Material zum *Corpus Iuris* zusammen; eine Frau einfacher, gar anrüchiger Herkunft, Theodora, die er gegen den heftigen Widerstand seiner Tante, der Kaiserin Euphemia, noch vor seinem Regierungsantritt heiratete, wurde mit ihrer Durchsetzungskraft, ihrem politischen Scharfblick und ihrer Rücksichtslosigkeit nicht nur seine Mitregentin und rechte Hand, sondern, wenn es nottat, auch sein Rückgrat.

Es tat not im Jahre 532, als unter den – vermutlich damals rund 500000 – Einwohnern der Hauptstadt schwere Unruhen aufbrachen. Nach den Sportanhängerschaften des Hippodrom nannten sich die Parteiungen Konstantinopels die »Blauen« und die »Grünen« (sie trugen die Farben der Wagenführer). Untereinander spinnefeind, standen sie jetzt einig gegen Justinian und seinen Minister Johannes von Kappadokien auf, gegen – soweit das aus den dürftigen Nachrichten belegbar ist – Steuerdruck und Religionspolitik. Schon wurde ein Gegenkaiser ausgerufen, Konstantinopels Zentrum stand in Flammen, schon wollte Justinian die Flucht ergreifen, aber Theodora, die Tochter eines Bärenführers aus dem Circus, die einstige Kurtisane, die Kaiserin, erhob Einspruch. Prokop, der zeitgenössische Historiker, der mit seinen »Anekdota« anonym eine bösartige Schmähschrift gegen das Kaiserpaar und insbesondere gegen Theodora verfaßte, hat doch auch ihren unbeugsamen Satz aus dem Nika-Aufstand überliefert: »Wer in diese Welt geboren ist, muß sterben; aber ein Herrscher kann nicht ins Exil gehen.«

Das Ausharren rettete Justinians Herrschaft, auf Kosten von – heißt es – rund 30000 Toten, die von den rasch herangeführten Truppen Belisars ohne Federlesens im Hippodrom niedergemacht wurden. Der Nika-Aufstand – nach dem griechischen »nika« (»Sieg«) – wurde zum Inbegriff des Sieges der byzantinischen Monarchie über die »alten Freiheitsbestrebungen der Städte« (Georg Ostrogorsky); immer mehr wurde das Volk zur verwalteten Masse. Das hing auf dem Land auch eng mit der immer drastischer ausgeübten Macht der Großgrundbesitzer über die Kleinbauern zusammen, die deren Staatsvertrauen zerstören mußte – trotz der Steuerreformen, die engste Berater Justinians wie der erwähnte Johannes von Kappadokien gegen die Großagrarier durchzusetzen versuchten.

Wenn das Paar Justinian/Theodora nie wirklich beliebt bei den Untertanen wurde, so hat dieser ohne großen persönlichen Aufwand, ja asketisch lebende Kaiser doch mehr für die Rechtssicherheit seiner Zeitgenossen und späterer Jahrhunderte getan als alle vor ihm und die meisten nach ihm. »Nächst der Bibel ist kein Buch so oft herausgegeben und studiert worden wie die Digesten, und es gibt keine Gesetzgebung bis auf den heutigen Tag, die nicht irgendwie von den Digesten beeinflußt wäre, ihr Einfluß ist geschichtlich noch bedeutender als der des Code Napoleon« (Erwin Seidl).

Der *Codex Iustinianus*, ein von Justinian und seinen Mitarbeitern aktualisierter Auszug erstens der kaiserlichen Erlasse seit Hadrian und zweitens der rechtsgültigen Schriften römischer Juristen, wird von den *Institutiones* abgerundet, einer Art Studien- und Prüfungshandbuch der Juristen. Humanisierung des Rechtes und das Prinzip der Billigkeit galten, wie die Forschung erwiesen hat, als Richtschnur bei der Textredaktion; das stärkte die Rechtslage der Frauen wie der freigelassenen Sklaven. Bemerkenswert ist der Anteil, den die Volksrechte des Orients am *Corpus Iuris Civilis* haben (so wird das Werk erst seit der europäischen Neuzeit genannt) – doch trifft der umfassende Name *Römisches Recht* dennoch zu. In Deutschland galt es in Teilen noch bis zum Jahr 1900, als das *Bürgerliche Gesetzbuch* es ablöste, das aber noch viele Rechtsgrundsätze, vor allem im Erb- und Schuldrecht, aus Justinians Werk übernommen hat.

Justinian, der Stadterneuerer und Kirchen-Bauherr, hat mit dem Neubau der im Nika-Aufstand zerstörten Sophienkirche eines der großartigsten und – in der Lichtwirkung des riesigen Innenraumes – auch geheimnistiefsten Werke der Weltarchitektur entstehen lassen. Auf sein Drängen vollendeten die beiden aus Kleinasien stammenden Architekten, der Lyder Anthemios von Tralles und Isidor von Milet, in nicht einmal sechs Jahren den in Dimension und Konstruktion damals beispiellos kühnen Bau. Schon nach wenigen Jahren ließ ein Erdbeben die Kuppel wieder einstürzen, doch wurde der Schaden behoben (das wiederholte sich später noch einmal).

Inbegriff byzantinischer Baukunst, ein Sankt Petersdom des Ostens, ist die Kirche der »Heiligen Weisheit« – oder nach ostkirchlichem Verständnis genauer: der »Weisheit Gottes« – noch mehr als ein Jahrtausend älter als Bramantes und Michelangelos römische Papstkirche. Sie ist heute zwar zwischen massige Stützpfeiler eingezwängt, im eigentlichen Baukörper aber trotz ihres Alters, ihrer strukturellen Fragilität und aller Stürme der Geschichte vorzüglich erhalten. Die Phantasie muß freilich das übrige hinzutun: all den schweren Prunk purpurner Vorhänge, des edelsteinbesetzten goldenen Altars, des vielfarbigen Marmors und der aus ihrem Goldgrund unirdisch leuchtenden Wandmosaiken und Heiligenbilder. Davon ist nach einem halben Jahrtausend, in dem die Hagia Sophia als Moschee genutzt wurde, wenig geblieben. Seit 1934 ist sie weder Moschee noch Kirche – sondern staatliches Museum, gegen den Protest islamischer Fundamentalisten.

Die architektonische und geistige Vorbild-Funktion der Hagia Sophia bleibt jedoch erkennbar: Hier ist das Langhaus-Bauprinzip der frühchristlichen Basilika mit dem der Zentralkuppel verschmolzen, auch christlich-orientalische und römisch-antike Tradition, indem die Hagia Sophia zugleich Platz für Gottesdienste und für das Zeremoniell der Kaiserkrönung bot. Mit den fast gleichzeitigen Mosaiken in Ravenna, mit den im 9. und 10. Jahrhundert erbauten Athos-Klöstern, mit den Kathedralen in Kiew und Nowgorod sei an bedeutendste Parallel- und Nachfolge-Schöpfungen erinnert. Auch San Marco in Venedig, dieser orientalisierende Gottespalast am Gestade der Adria, ist in seiner Baugestalt des 11. Jahrhunderts ein Echo des großen Entwurfs, den die beiden Architekten aus Kleinasien in der Hagia Sophia verwirklichten.

Das Geld, mit dem der justinianische Baueifer finanziert wurde, kam aus elf direkten und etlichen indirekten Steuern, nach einem noch auf Diokletian zurückgehenden Schlüssel, der bei Grundbesitz nicht nur die Grundstücksgröße, sondern auch die Bodenqualität und die Zahl der bearbeitenden Personen berücksichtigte. Der kleine Mann in der Stadt wurde schwer belastet. Monopole sollten den Staatshaushalt stärken, wie das für Seide, die schon seit Jahrhunderten über die »Seidenstraße« eingeführt wurde und sich jetzt heftig verteuerte. Dann gelang den Byzantinern ein Coup der Wirtschaftskriminalität: Heimlich brachten zwei Mönche in ihren Stöcken die Brut der Seidenraupe aus dem chinesischen Reich nach Konstantinopel – Anfang eines neuen Gewerbes in fast allen Mittelmeerländern.

Seidengewänder, Elfenbeinschnitzerei, literarisches Raffinement hier, blutige Gemetzel byzantinischer Söldner mit nomadischen Völkern und Heeren dort – immer wieder an den Balkangrenzen –, aber dann plötzlich (die Awaren im Jahr 600) auch unmittelbar unter den gigantischen, schon von Theodosius angelegten Mauern der Hauptstadt: Diese Zwiegesichtigkeit, Zwieschichtigkeit muß das Lebensgefühl tief geprägt haben. Awaren, Langobarden, Gepiden, dann die Slawen rissen in den Jahrzehnten nach Justinian immer größere Stücke aus dem Konzept der *Renovatio Imperii* heraus. Im Osten provozierte Byzanz unter Bruch eines fünfzigjährigen Friedensvertrages opferreiche Perserkriege, bemächtigte sich zeitweise ganz Armeniens und stieß noch einmal bis Ninive vor. In wüstem Wechsel zwischen Sieggipfeln und Katastrophen drohte der byzantinische Staatsapparat zu zerbersten. Religions- und Finanzpolitik gerieten auf Schleuderkurs. Truppenmeuterei und Aufruhr der Circusparteien in der Hauptstadt – siebzig Jahre nach dem Nika-Aufstand – kosteten den militärisch erfolgreichen Kaiser Maurikios das Leben, mit seinen fünf Söhnen wurde er in Chalkedon (Kadıköy) hingeschlachtet. Im Blutrausch von Bürgerkrieg und Judenpogromen, unter dem Angriff persischer Heere, die bis an den Bosporus vorstießen, schien bis zum Zusammenbruch von Byzanz nur noch eine kurze Frist offen. Sollte Anatolien noch einmal Provinz eines persischen Großreiches werden, wie unter Kyros und Kambyses?

Bis heute weiß historische Forschung keine überzeugende Antwort zu geben, wie es dem Sohn des byzantinischen Exarchen von Karthago, Herakleios, vornehmer armenischer Herkunft, nach seiner Erhebung zum Kaiser möglich war, aller inneren und äußeren Gegner des Reiches Herr zu werden. Nein, eine grundlegende Reichsreform habe nicht stattgefunden, vielleicht eine Heeresreform? Auch Fortuna war jedenfalls auf seiten des Herakleios, als er auf langen Märschen durch Anatolien, Mesopotamien und Syrien zum Schlag gegen Persien ausholte, ohne seiner plötzlich wieder von Awaren bestürmten Hauptstadt helfen zu können. Konstantinopel aber hielt stand, und zwei Jahre später, 628, stand der Kaiser von Byzanz als Sieger da, das Reich war noch einmal wiederhergestellt.

Ein arabischer Kaufmann, mit einer reichen Witwe verheiratet, hatte im gleichen Jahr 610, in dem Herakleios in Konstantinopel zum Kaiser gekrönt wurde, Visionen erfahren, am Berg Hira bei Mekka: Anfang der Geschichte des Islam. Als Herakleios knapp zwei Jahrzehnte später das Reich der Perser überwältigte, baute die muslimische Gemeinschaft *(umma)* unter der Führung ihres Propheten Muhammad bereits eine Machtbasis um Medina auf. Muhammad schickte damals Sendschreiben an die Machthaber der Zeit, unter anderem auch an Kaiser Herakleios, mit der Aufforderung, sich zum Islam zu bekehren. Schon kurz darauf ein erster Heereszug Muhammads in das arabisch-byzantinische Grenzgebiet: Byzanz, bis ins Innerste seiner staatlichen Strukturen noch geschwächt von den Kriegen und Bürgerkriegen der nach-justinianischen Jahrzehnte, sah sich einem neuen Gegner gegenüber, einem Gegner von übermächtiger Expansionsdynamik.

Nirgends haben wir die menschliche Not des einfachen anatolischen Provinzbewohners in der langen Agonie des byzantinischen Reiches krasser nachempfunden als in den unterirdischen Städten Kappadokiens. Kein Buch erzählt das Elend der von den eigenen und fremden Armeen geschundenen und geschändeten Menschen so bitter realistisch wie der Augenschein dieser finsteren, aus dem Fels gemeißelten Höhlenräume, die sich über schmale Stufensteige Stockwerk um Stockwerk in die Tiefe fortsetzen. Bisher hat man dreißig unterirdische Städte in einem rund 4000 Quadratkilometer großen Gebiet entdeckt, aber nur zwei – Kaymaklı und Derinkuyu – sind zugänglich: sieben resp. acht Stockwerke tief in den Tuffstein gegraben, Gänge, in denen man nur gebückt vorankommt, Wasser nur aus Zisternen, Luft nur aus Schächten. Als riesige Verschlußstücke zwischen den einzelnen Stockwerken sind Mühlsteine benutzt worden. Türkische Ausgräber berichten von einem neun Kilometer langen Tunnel zwischen den beiden Unterwelt-Städten, vermuten noch viele unentdeckte Höhlensiedlungen in der kappadokischen Vulkanlandschaft.

Arabische Invasoren drangen mit einer Geschwindigkeit und Häufigkeit in Anatolien ein, die den Menschen den Atem nahm, die Verteidigung zusammenbrechen ließ. 640 am Taurus, 644 bereits nordwestlich von Konya, 674 vor Konstantinopel – die Araber machten ihre Sommerfeldzüge zum Normalzustand. Während die ganze nordafrikanische Küste, vor allem das reiche Ägypten, rasch in ihrer Hand war, blieb Anatolien doch als byzantinisches Kernland erhalten, die Tauruskette eine Grenzlinie. Das allerdings hieß auch: Das Zweistromland, große Teile Armeniens, auch Antiochia und Tarsus wurden von den Kalifen aus dem byzantinischen Herrschaftsgebiet herausgebrochen.

Wer den Fluß der Zeit in Epochen zu teilen gewöhnt ist, kann diese knapp sechs Jahrhunderte vom ersten Ansturm des Islam auf das Reich bis zur schon erwähnten Eroberung Konstantinopels durch die Kreuzritter die »mittelbyzantinische Epoche« nennen. Immer mehr war Byzanz seiner Fläche nach nur noch Rumpf- und Restgebiet des römischen Reiches, und der Universalanspruch des byzantinischen Kaisertitels wurde bestritten. Im fränkischen Kaiserreich Karls des Großen entstand ein weitaus mächtigerer Staat im Westen, der als legitimer Erbe Roms auftrat und sich dazu des päpstlichen Segens zu versichern suchte. In Byzanz wurde nunmehr Griechisch, nicht mehr Latein zur Amtssprache.

Das »Zwei-Kaiser-Problem« sollte die byzantinische Politik gewaltig erschweren und die für Byzanz überlebenswichtigen Bindungen zum Westen belasten. Zugleich verschärfte sich die Konkurrenz der Kirchen und Glaubenslehren – nicht nur zwischen Rom und Konstantinopel, sondern auch innerhalb des byzantinischen Reiches. Dort mochte der alte Dogmenhader zwischen der Orthodoxie und den »morgenländischen« Kirchen in Armenien, Syrien, Ägypten und sogar im Sassanidenreich zwar durch den Verlust dieser Reichsteile an die Araber erledigt scheinen. Aber das religiöse Streitpotential war mitnichten erschöpft.

Radikale Gegner kirchlicher Autorität und Sakramente waren die Paulikianer, eine Sekte in Armenien, auf deren Staatsfeindlichkeit das byzantinische Reich nach der Wiedereroberung Armeniens im 9. Jahrhundert mit Deportation und Ausrottung antwortete. Von ähnlicher Radikalität in der Ablehnung von Institutionen und Reliquienkult waren die Bogomilen, die sich vom Balkan aus auch über Anatolien ausbreiteten. Paulikianer wie Bogomilen waren sich einig in ihrer Bilderfeindlichkeit, verwarfen die bildliche Darstellung Gottes und der Heiligen.

Darin standen sie nun gar nicht allein. Über ein Jahrhundert lang, von 726 bis 843, bekämpften sich im byzantinischen Reich unversöhnt die *Ikonodoulen* (Bilderverehrer) und die *Ikonoklasten* (Bilderfeinde), von kaiserlichen Erlassen und Gegenerlassen jeweils bestärkt oder mit Verboten belegt. Seit Jahrhunderten verehrte Objekte, die Ikonen, und Abertausende von Wandmalereien wurden zerstört, in einem rigiden Idealismus, der das Göttliche für nicht darstellbar erklärte. In den Felskirchen von Göreme kann man noch die bewußt ungelenken, rein symbolischen Rotweißzeichnungen von Kreuzen, Bäumen, Pflanzen und Vögeln wahrnehmen, die von den Ikonoklasten einzig zugelassen wurden.

Auch hier ist vieles ungeklärt. Hat islamische Bilderfeindlichkeit die byzantinischen Kaiser zu ihrer ikonoklastischen Politik motiviert, ging es um ein ideologisches Aufholen, da gerade in den zwischen Byzanz und den Kalifen umkämpften ostanatolischen Landesteilen die Bildergegner zahlreich waren? Und war es denn so, daß der Bilderstreit »das Staatsgefüge bis ins tiefste erschüttert« hat (Franz Georg Maier)? Oder war »der Bildersturm kein zentrales Problem« (Peter Schreiner)? Am Ende galt als orthodoxer Standpunkt: Durch die Ähnlichkeit von Urbild und Abbild richtet sich die Verehrung des Bildes auf das Urbild, es handelt sich also nicht um Götzendienst. Der Sieg der Bilderfreunde erweist sich bis heute in den zahllosen frommen Legenden der Ostkirche, in denen Ikonen Wunderkraft zugeschrieben wird – ein Stück göttlicher Zauber darf schon sein...

Weiß man, wenn man heute kyrillische Buchstaben liest, daß man mit einem Erbe des Byzantinischen Reiches konfrontiert ist? Die kyrillische Schrift, über Zwischenstufen aus dem griechischen Alphabet entwickelt, geht auf die byzantinischen Slawenapostel Kyrillos und Methodios zurück. Im Südslawischen, im späteren Bulgarien, in Rußland missionierte die byzantinische Orthodoxie und verbreitete zugleich die griechisch geprägte Kultur. Die Metropoliten-Sitze (Erzbischofssitze) im russischen Reich hatten bis ins 15. Jahrhundert zumeist Griechen inne.

Für das tägliche Leben im Byzantinischen Reich war der einfache Mönch viel wichtiger. Nicht nur die soziale Wohlfahrtspflege lag – wie ähnlich auch in Westeuropa – bei den Klöstern, sondern die Mönche waren auch jedermanns geistliche Berater, und so sehr war mönchisches Leben ein allgemein anerkanntes Ideal, daß viele Byzantiner im Alter sich einem Kloster anschlossen. Selten waren diese Klöster dagegen, im Unterschied zu Westeuropa, auch Zentren der Bildung, und Bibliotheken im Besitz von Klöstern waren offenbar die Ausnahme.

In einem eigentümlichen Wechsellicht scheint das Byzantinische Reich bis heute zu schillern. Der tiefen, feierlichen Frömmigkeit kontrastieren Beispiele von Inhumanität und extremer Grausamkeit. Allein schon die Nachrichten über die machtpolitisch motivierten Umsiedlungen machen schaudern: 20000 Slawen mußten aus dem Bulgarenreich nach Bithynien auswandern, 150000 Menschen aus Thrakien nach Kilikien, ungezählte Bulgaren nach Armenien.

Von der Spitze des Staates, aus dem Palast der Kaiser, summieren sich die Nachrichten der Hofchronisten zu einer nicht minder schrecklichen Statistik: Von 88 Herrschern aus den elf Jahrhunderten des Byzantinischen Reiches wurden 29 gewaltsam um Thron und Leben gebracht: erdolcht, geblendet, enthauptet, vergiftet, erwürgt, gefoltert, verstümmelt, gevierteilt, im Bad erschlagen, lebendig begraben... Im Jahr 1185 endete der Komnenen-Kaiser Andronikos I.: Die Zähne wurden ihm mit Hämmern eingeschlagen, man schnitt ihm eine Hand ab, band ihn auf ein Kamel und führte den Gemarterten so durch Konstantinopel, goß ihm kochendes Wasser ins Gesicht und riß ihm ein Auge aus, hängte ihn im Hippodrom auf.

Die Spannung zwischen Idee und Wirklichkeit im byzantinischen Staat gerät ins Groteske, hält man dagegen die weihevolle Rhetorik, die das Gottesgnadentum des byzantinischen Kaisers ins Übermenschliche erhebt. Oder auch die Inszenierungen des herrscherlichen Zeremoniells, wie sie etwa im 10. Jahrhundert Liutprand, der spätere Bischof von Cremona, überliefert hat: Geführt von zwei Eunuchen hatte er sich dem auf dem »Thron Salomos« in kostbaren Roben sitzenden Kaiser zu nähern. Künstliche Vögel hoben zu singen an, eine Maschinerie ließ Löwengebrüll ertönen. Liutprand warf sich dreimal vor dem Thron nieder – der aber schwebte mit dem Kaiser nach oben, fast bis zur Decke. Die Audienz konnte beginnen.

Die feindlichen Nachbarn im Osten, die persischen Sassaniden, haben bei der Ausgestaltung des byzantinischen Hofzeremoniells vermutlich vorbildlich gewirkt. Gewänder und Insignien des byzantinischen Kaisers sind wiederum an allen Fürstenhöfen Europas, am konsequentesten von den Normannen, nachgeahmt worden.

Wie hat sich dieses vom islamischen Ansturm bedrängte Kaiserreich dennoch über Jahrhunderte in Anatolien und Teilen Griechenlands halten können? Das Stichwort »Themen« kann eine Teilantwort geben: Seit dem 7. Jahrhundert wurden unter diesem Namen militärische Verwaltungseinheiten geschaffen, Territorien unter dem Befehl eines »Strategen«, der Angriffen ohne lange Wege zur Zentrale in Konstantinopel begegnen konnte. Zudem wurden auf den Werften an den Schwarzmeerküsten und an der kleinasiatischen Südküste Kriegsschiffe auf Kiel gelegt, um der arabischen Seemacht Widerstand leisten zu können. Zum Schrecken der Angreifer wurde das »griechische Feuer«, eine mit Wasser nicht zu löschende Flüssigkeit, deren Zusammensetzung in Vergessenheit geraten ist – vermutlich mischten die Brandmeister Schwefel, Erdöl und Salpeter. Wegen der Explosionsgefahr bei Erschütterungen vermied man Landtransport und setzte die Waffe zur See ein – ganze Flotten gingen in Flammen auf.

Noch waren die arabischen Welteroberer in Kleinasien aufgehalten worden, in Armenien hatte im 9. Jahrhundert neben dem byzantinischen sogar ein zweites christliches Reich entstehen können, das Königreich der Bagratiden. In ihrer Hauptstadt Ani bauten sie auf einer windübertosten Hochebene Paläste und Kirchen, deren Reste und Ruinen bis heute zu den eindrucksstärksten Kulturzeugen Anatoliens gehören.

Lebendiges Christentum überdauerte im Osten Anatoliens vielerorts in armenischen Gemeinden noch bis zu der großen Austreibung zu

Anfang des 20. Jahrhunderts. Und bis heute läuten im Dreiländereck Türkei/Irak/Syrien christliche Glocken: Jakobitische und syrisch-monophysitische Christen versammeln sich in den Klöstern der Tur-Abdin-Hochebene und in den Kirchen von Midyat wie seit je zum Gottesdienst, Männer und Frauen durch eine Schranke voneinander getrennt. Muslimische Herrscher erwiesen sich toleranter als die Christen orthodoxer Konfession, von denen die östlichen Christensekten als Häretiker verurteilt wurden. Für Byzanz hatte das Jahr 1054 den Trennungsschnitt zwischen Papst und Patriarch gebracht: Eine päpstliche Gesandtschaft legte am 16. Juli eine Bannbulle in der Hagia Sophia nieder, und die orthodoxe Mehrheit der Synode antwortete mit der Bannung der römischen Vertreter. Vergeblich versuchte man hinfort den Bruch in einer neuen »Union« der lateinischen mit der griechischen Kirche zu kitten.

Christentum, Nachfolge des Römischen Reiches, griechische Kultur – was blieb von den Hauptwurzeln des Byzantinischen Reiches, nachdem der Islam mit der türkischen Eroberung Anatoliens und schließlich auch Konstantinopels die Herrschaft übernommen hatte?

»Byzantinismus: kriecherische Unterwürfigkeit, unwürdige Schmeichelei« steht in den Wörterbüchern, Nachhall historischer Kritik und zugleich jenes »Griechenhasses«, mit dem süd- und mitteleuropäische Staaten des Mittelalters sich vom Kult und den Primat-Ansprüchen Ostroms distanzierten. Solche Ansprüche klingen wiederum noch an in der heutigen Selbstbezeichnung der Orthodoxen Kirche: »Rechtgläubige allumfassende Kirche des Ostens«. Sehr lange verstand sich russisches Zarentum als Nachfolge in der heilsgeschichtlichen Sendung des byzantinischen Staates, ein »Drittes Rom«. Wer Lust am historischen Spekulieren spürt, mag sich die religiöse Verfassung der slawischen Länder, Rumäniens und Griechenlands *ohne* die missionarische Energie des Byzantinischen Reiches ausmalen.

Was bleibt von Byzanz, ist aber doch mehr, ist vor allem die Rettung und Überlieferung der klassisch griechischen und hellenistischen Literatur. Selten ist der Ruhm eines Reiches so im Konservatorischen beschlossen wie im Fall von Byzanz (einschließlich der als häretisch verurteilten Kirchen wie die der Nestorianer, die an der Textüberlieferung wichtigen Anteil hatten). Gleichsam eine riesige Flaschenpost, trug Byzanz die Dichtung, Philosophie und Geschichtsschreibung der griechischen Antike in die europäische Renaissance hinüber.

Bis ins 12. Jahrhundert, hat man herausgefunden, beherrschte im Westen fast niemand mehr das Griechische. In Byzanz aber wurden die alten Texte unermüdlich kopiert – und zwar »grundsätzlich alles, was in griechischer Sprache abgefaßt war« (Peter Schreiner), vom erotischen

Vers bis zum christlichen Epigramm. Anders als im Westen waren die wichtigsten Schreibstätten nicht die Klöster, sondern der kaiserliche Palast und große, auch private Bibliotheken. Mancher Kaiser – wie Theodosius II. oder Konstantin VII. Porphyrogenitus, der Purpurgeborene – nahm selbst schreibend an dieser Kulturleistung teil. Nicht zu vergessen: Es gab auch eine eigene byzantinische Literatur, die ihrerseits der Wiederentdeckung harrt.

Der fast tausendjährige Niedergang der christlichen Bastion Byzanz, von Phasen der Weltmachtgeltung durchmustert, nahm nach dem Einbruch der Türken in Kleinasien die schmerzlichen Züge unaufhaltsamen Verlöschens an – die folgenden beiden Kapitel berichten davon. Griechische Kultur, vor sovielen Jahrhunderten auf anatolischem Boden heimisch und groß geworden, verlor endgültig ihre Vormacht in Kleinasien. Griechen waren bald nur noch geduldet.

KAPITEL IX

Ritterburg und Nomadenzelt

Die türkische Eroberung Kleinasiens

Eine Szene, geeignet für ein Zelluloid-Drama in Technicolor: Mondlose Nacht im August, und das heißt, daß es auch heiß gewesen sein muß – stehende Hitze auch im Dunkeln. Das Heer, Tausende von Menschen, lagert in einer Zeltstadt unter der gerade erst wiedereroberten Burg: Der Kaiser, der *basileus,* Romanos IV. Diogenes hat Mantzikert (das heutige Malazgırt) den Türken wieder abgenommen, ein erster Schritt auf diesem Feldzug zur Befriedung der Ostgrenze.

Doch jetzt ist die Lage kritischer geworden. Die uzischen, also turkstämmigen Söldner der Byzantiner, die das Lager verlassen haben, um zu den Marketendern zu gehen, kehren in wilder Flucht zurück: Türkische, seldschukische Reiter beschießen sie mit Pfeilen. Im Lager ist die Verwirrung so groß, daß mancher glaubt, mit den hereinrennenden Uzen seien auch deren entfernte, feindliche Stammesgenossen eingedrungen. Aber zum Glück ist das nicht passiert; die Feinde begnügen sich damit, das Lager die Nacht über zu beschießen, und das reicht: Angst herrscht unter den Truppen.

Die Hoffnung des Kaisers, der große Teil des Heeres, den er bereits voraus, nach Chliat (Ahlat), geschickt hat, würde auf seinen Hilferuf hin alsbald eintreffen, soll sich nicht erfüllen: Denn diese Truppen haben sich ganz von selbst aufgelöst und sind bereits nach Westen geflohen, als sie hörten, was Romanos erst am nächsten Morgen von den türkischen Emissären erfahren soll: Daß die Reiter vor dem Lager die des seldschukischen Sultans Alp Arslan sind, keine kleineren, unbedeutenderen Truppenteile.

Dennoch lehnt der Kaiser das Waffenstillstandsangebot, das diese Unterhändler bringen, ab: Seit vier Jahren versucht er ein türkisches Hauptheer zu stellen, nie ist es ihm gelungen. Immer nur nadelstichartige Angriffe kleiner Reiterverbände, nie eine Armee, die zu besiegen einen echten Vorteil brächte. Und er braucht Erfolge, nicht nur zum Schutz der Ostgrenze, sondern auch innenpolitisch. Sein »Militär«-Kurs der Aufrüstung und Expansion kostet Geld, und die »Bürokraten«, die hauptstädtischen Kreise, mißtrauen den Feldherren wie ihm, die in den Provinzen allzu unabhängig werden. Also nimmt er das Angebot der Unterhändler Alp Arslans nicht an.

Nun, griechische Regisseure müssen spätestens hier dem Streifen tragische Züge geben, um es dem Publikum recht zu machen; bei den Türken tönt es dafür hymnisch: Denn Sieger in der Schlacht sollten die Truppen Alp Arslans werden. Die türkischen Reiter lockten durch eine angetäuschte Flucht die byzantinische Infanterie des Zentrums so weit vor, daß beim fälligen Gegenangriff der Rückzug nicht mehr recht möglich war. Ein byzantinischer Feldherr namens Andronikos Dukas, politisch und familiär den Bürokraten zugehörig, hätte nun von den Flügeln zur Hilfe kommen müssen. Statt dessen gab er das Signal zur Flucht, seine Truppen desertierten, und Romanos IV. fiel den Siegern nach heftiger Gegenwehr in die Hand.

Der Kaiser von einem fremden Heer gefangen – das hatte es in der langen byzantinischen Geschichte noch nicht gegeben. Aber nicht das war auf mittlere und lange Sicht für Byzanz verhängnisvoll – schließlich kam Romanos Diogenes IV. nach einigen Tagen wieder frei, nachdem er mit dem Seldschuken-Sultan Alp Arslan einen unangenehmen, aber nicht schimpflichen Vertrag geschlossen hatte. Er hatte sich zu einer gewissen Tributzahlung und zur Absendung von Hilfstruppen verpflichtet, aber auch die byzantinische Ostgrenze vertraglich gesichert. Schlimm für Byzanz – und wichtig für die Geschichte Kleinasiens – war, daß der Kaiser mit diesem Ausgang seines Heeresunternehmens in Konstantinopel politisch keine Chance hatte. Er wurde umgehend abgesetzt, und sein Nachfolger mußte sich erst gegen ihn und dann gegen andere Generäle behaupten. In Byzanz herrschte also Bürgerkrieg, zu dem parallel auch noch die normannischen Eroberer sich den letzten Rest des bis dahin byzantinischen Sizilien aneigneten. Damit waren alle italienischen Gebiete dem Reich verlorengegangen; und das dürfte auf längere Sicht die Trennung zwischen dem römischen und katholischen Kulturkreis einerseits und dem griechisch-byzantinischen und orthodoxen andererseits mitverursacht haben – denn die beiden auch geographisch jetzt klar getrennten Hälften konnten nun ganz gut mit der Kirchenspaltung von 1054 leben.

Und schließlich war die Situation auch auf dem Balkan keineswegs sicher und ruhig. Zu Aufständen in Dalmatien und bald Serbien oder Bulgarien kamen noch Angriffe von den Ungarn und türkischen, allerdings nicht muslimischen Reitervölkern, den Uzen (Oguzen) und Petschenegen. An eine wirksame Verteidigung der Ostgrenze, die ohnedies aus einem System von Burgen bestand, von denen aus ohne Hilfe aus Konstantinopel die Abwehr von größeren Heeren kaum möglich war, war also nicht zu denken. Ganz im Gegenteil, die Niederlage von Mantzikert hatte die Grenzbefestigung, die es gab, beseitigt. Im Landes-

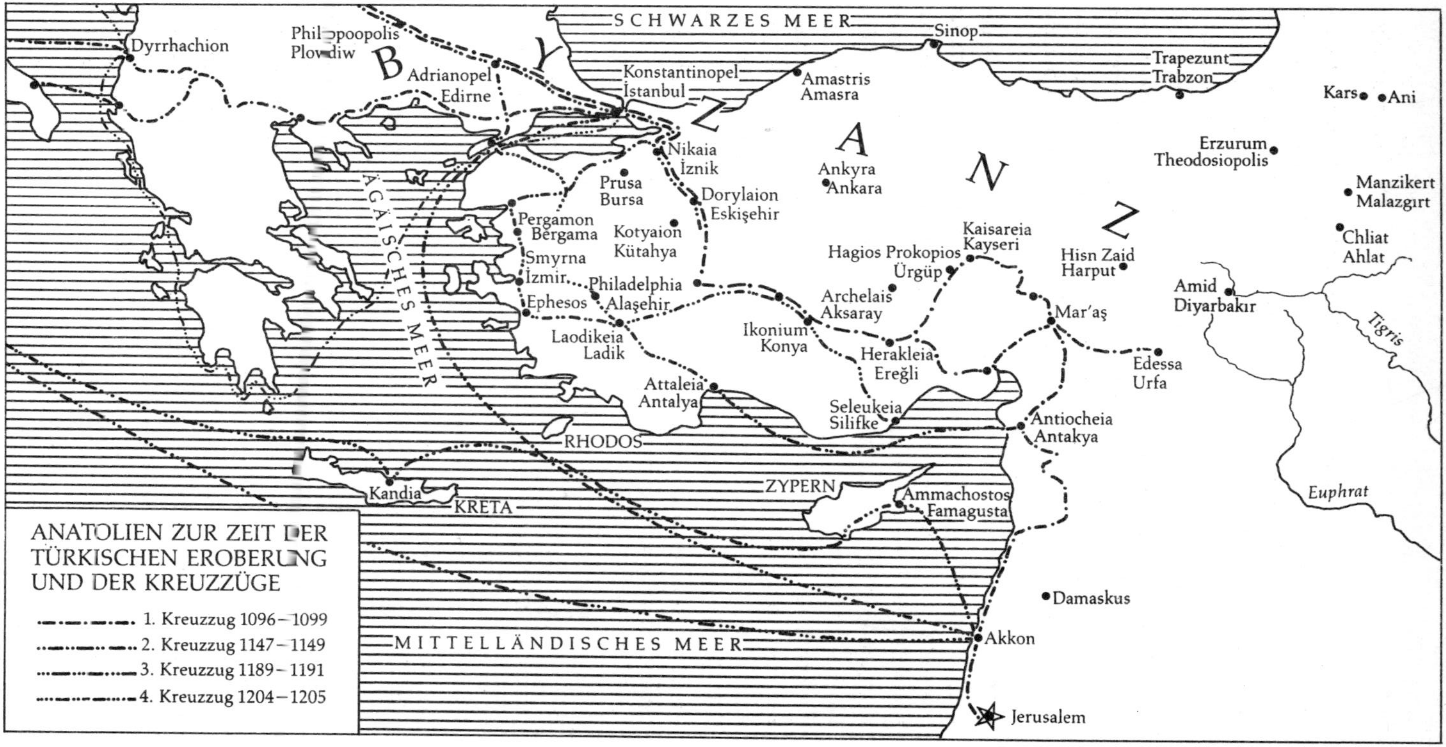
ANATOLIEN ZUR ZEIT DER TÜRKISCHEN EROBERUNG UND DER KREUZZÜGE
1. Kreuzzug 1096–1099
2. Kreuzzug 1147–1149
3. Kreuzzug 1189–1191
4. Kreuzzug 1204–1205
B Y Z A N Z
SCHWARZES MEER
ÄGÄISCHES MEER
MITTELLÄNDISCHES MEER
Dyrrhachion
Philippoopolis
Plovdiw
Adrianopel
Edirne
Konstantinopel
İstanbul
Amastris
Amasra
Sinop
Trapezunt
Trabzon
Kars
Ani
Erzurum
Theodosiopolis
Manzikert
Malazgirt
Chliat
Ahlat
Nikaia
İznik
Prusa
Bursa
Dorylaion
Eskişehir
Ankyra
Ankara
Pergamon
Bergama
Kotyaion
Kütahya
Smyrna
İzmir
Philadelphia
Alaşehir
Ephesos
Laodikeia
Ladik
Hagios Prokopios
Ürgüp
Kaisareia
Kayseri
Hisn Zaid
Harput
Amid
Diyarbakır
Tigris
Archelais
Aksaray
Ikonium
Konya
Herakleia
Ereğli
Mar'aş
Edessa
Urfa
Attaleia
Antalya
Seleukeia
Silifke
Antiocheia
Antakya
Euphrat
RHODOS
ZYPERN
Ammachostos
Famagusta
Kandia
KRETA
Damaskus
Akkon
Jerusalem

innern aber existierte keine militärische Infrastruktur zur Abwehr von Invasoren.

Die Seldschuken und ihre türkischen Untertanen, die nach dem Sturz von Romanos IV. den abgeschlossenen Vertrag nicht mehr anerkannten, hatten also freie Bahn nach Anatolien, und das um so mehr, als in den Kämpfen um den Thron des byzantinischen Kaisers die eine oder andere Partei sehr gerne bereit war, mit türkischen Verbänden Bündnisse zu schließen oder einzelne Gruppen in die Reihen der eigenen Söldner aufzunehmen.

Wer aber waren diese Seldschuken und überhaupt diese Türken, die von nun an die Geschichte Anatoliens prägen sollten? Die erste Beschreibung dieses Volkes, die in Kleinasien geschrieben wurde und noch heute erhalten ist, stammt von keinem Griechen, sondern von einem Armenier namens Matthäus von Edessa. Dieser verfaßte eine Chronik, die von den ersten türkischen Einfällen auf anatolisches Gebiet 1018 bis ins Jahr 1136 reicht und zum großen Teil auf Erlebnissen des Autors beruht. Und wie sah der Matthäus die Türken? »Ich möchte das erste Erscheinen von blutbedeckten, wilden Tieren in dieser Sprache beschreiben. Zu dieser Zeit sammelte sich das wilde Volk von Ungläubigen, das man Türken nennt. Sie tauchten auf, drangen in die Provinz Vaspuragan ein und schlugen die Christen mit dem Schwert. ... Im Angesicht der Feinde sahen die Armenier diese seltsamen Menschen, die mit Bögen bewaffnet sind und wehende lange Haare wie Frauen haben.«

Man kann diesen Bericht mit den Miniaturen, der bemalten Plastik und Keramik vergleichen, die aus seldschukischer Zeit, allerdings meist erst aus dem 13. Jahrhundert und aus höfischen Kreisen stammen. Diese Darstellungen müssen nicht unbedingt den Zweck realistischer Abbildung verfolgt haben, aber das, was sie abbilden, mag doch eine – vielleicht etwas geschönte und mystifizierte – Version der Realität auch der Zeit anderthalb Jahrhunderte früher gewesen sein. Zu solchen Abbildungen gehören die berühmten, trotz dem islamischen Bilderverbot mit Tier-, Fabel-, aber eben auch Menschenfiguren bemalten Fliesen aus dem seldschukischen Palast Kubadabad bei Beyşehir, die heute in der im 13. Jahrhundert errichteten Karatay-*medrese* in Konya ausgestellt sind. Aber auch eine miniaturengeschmückte Handschrift wie die des Liebesepos *Varka und Gülşah* zeigt uns, wonach wir suchen.

Am auffälligsten sind der Gesichtsschnitt der Personen, der einigermaßen chinesisch wirkt, und die langen, in schwarze Zöpfe geflochtenen Haare. Die Menschen sehen fast aus wie auf einem chinesischen Farbholzschnitt. Gekleidet sind die Krieger in Pluderhosen, über denen sie knielange Kaftane tragen, die oftmals durch einen Gürtel zusammengehalten werden. Den Kopf bedeckt der im Orient typische spitzkegelige Helm, allerdings auch manchmal ein Turban, aber häufig sind die Köpfe unbedeckt. Die Bewaffnung besteht aus langen Schwertern und aus den eigenartig geschwungenen Bögen, die Schilde sind verhältnismäßig klein und rund. Die Pferde sind gesattelt und gezäumt und tragen daneben Steigbügel, die allerdings nicht wie in Europa vom Sattel herunterhängen, sondern von einem über die Kruppe des Pferdes führenden Gurt, und deren Standfläche größer ist als heute üblich: Das Schuhwerk der Türken hatte keinen Absatz, mit dem sich die Reiter gegen die Bügel stemmen und in ihnen halten konnten.

Neben der Wendigkeit dieser Reiterkrieger verhalf die ungeheure Durchschlagskraft der türkischen Bogen, die aus Schichten von Büffelhorn und Ahornholz geleimt und gespannt wurden, den türkischen Truppen immer wieder zur militärischen Überlegenheit. Diese Bogen mit einer Reichweite von normalerweise 500 Metern waren bis ins 17. Jahrhundert allen Handfeuerwaffen überlegen.

Türken herrschten nicht nur in Kleinasien, sondern auch in anderen islamischen Ländern zu dieser Zeit. Das ist eigentlich gar nicht so erstaunlich, denn die Steppen Mittelasiens, aus denen die Türken kamen, brachten immer wieder Erobererheere hervor. Auf diesen Steppen können nur nomadisch lebende Hirtenvölker wie die Türken oder die Mongolen existieren; dichte Besiedlung ist nur an wenigen Stellen möglich, denn das Weideland braucht immer wieder Zeit, um sich von den Herden zu erholen, und Ackerland, die Voraussetzung fester, größerer Siedlungen, ist knapp. Deshalb wurden schon wegen des natürlichen Bevölkerungswachstums die Weiden immer wieder zu klein, eine Situation, in der die Stammesföderationen, die das politische Bild der Steppe prägten, sich untereinander zu bekriegen begannen, bis es zu regelrechten Völkerwanderungen kam. Dann zog wieder ein Reiterheer in eines der südlich der Steppe liegenden Gebiete, nicht mehr nur plündernd, sondern erobernd. Die Ziele: Südrußland, China, Persien.

Das wiederholte sich in der Geschichte häufiger. Die – nach Meinung heutiger Historiker ebenfalls türkischen – Hunnen, die in der Spätantike erobernd nach Ost- und Südosteuropa einfielen, gehören ebenso zu diesen Völkern wie all jene Reiterheere, die in der Antike recht summarisch »Skythen« genannt wurden; aber auch die Chinesische Mauer hatte keinen anderen Zweck als just die Abwehr solcher Scharen.

Heute weiß man über diese Gesellschaften, die man mit Begriffen wie »Staat«, »Volk«, »Reich« nur unzulänglich kennzeichnen kann, recht viel, kennt einiges von der sprachlichen, religiösen und kulturellen Vielfalt, die Zentralasien auszeichnete. Die Nomaden, die meist in

Stämmen organisiert waren, wanderten nach genau auf Gegend und Klima abgestimmten Regeln mit ihren Pferde-, Kamel-, Ziegen- oder Rinderherden; und die Abstimmung der Routen geschah im Rahmen großer, ein beträchtliches organisatorisches Niveau aufweisender Konföderationen von Stämmen, die sich als verwandt betrachteten. Aus Anfang des 8. Jahrhunderts verfaßten alttürkischen Inschriften zum Beispiel weiß man über die soziale Gliederung des Göktürkischen Reiches, das von 552 bis 630 und dann noch einmal von 682 bis 744 bestand, recht gut Bescheid.

Hier kann nicht auf die Besonderheiten dieses vom Kaspischen Meer bis zur Mandschurei reichenden türkischen Reiches näher eingegangen werden. Deutlich ist aber, daß die politische Struktur weit komplizierter war als die einer primitiven Stammesdemokratie. Längst hatte sich eine Schicht von militärisch engagierten Führern gebildet, die um sich junge Männer sammelten und unter der Führung des Stellvertreters des *hakans* oder *kagans,* dem *yabgu,* Beutezüge unternahmen. Damit war die föderal-demokratische Struktur eines Stammesbundes unterlaufen und ergänzt worden. Während der heilig gehaltene Hakan der geistliche, religiöse und legitimierende Führer des Verbandes war, ging die Macht in dieser Gesellschaft auf eine Art Kriegerklasse über. Zugleich freilich fanden sich nicht nur in der göktürkischen, sondern in fast allen anderen nomadischen Gesellschaften Mittelasiens Spuren älterer sozialer Formen. Klane existierten weiterhin, und die Frau spielte eine weitaus aktivere und wichtigere Rolle als zum Beispiel in islamischen Gesellschaften. Die Erinnerung daran sollte sich auch dann noch lange erhalten, als Türken Muslime geworden waren.

Für die den Angriffen der Nomaden ausgesetzten Völker bestand allerdings kaum ein Unterschied zwischen den verschiedenen Stämmen. Eines der ganz wenigen aus dem Türkischen stammenden Lehnwörter des Deutschen trifft das, was zum Beispiel das mittelalterliche Europa unter den einfallenden Nomaden verstand: Das Wort »Horde«, das über das Polnische vermittelt wurde, stammt vom türkischen *ordu,* das sowohl »Heer« als auch »Lagerplatz« und »Herde« bedeutete. Aus diesen, einem Volk auf der – übrigens genau geregelten – Reise zentralen und wichtigen Begriffen machte dann das Deutsche die »umherziehende, wilde Schar«, ein Begriff für eine Form sozialer Ordnung wurde zum Schimpfwort. Für die seßhaften Völker waren die Nomaden ausnahmslos barbarische, blutrünstige Heiden, ob es sich nun um die eine indo-europäische Sprache sprechenden Tocharier, um Mongolen oder eben um Türken handelte. Im Mittelalter waren sie alle »Tartaren«, ein Wort, in dem die antike Hölle des »Tartaros« den mongolischen Stammesnamen *Tatar* eindeutig verballhornte.

Freilich gab es immer wieder Fälle, daß der eine Stamm Mittelasiens in einem anderen aufging oder von einem anderen, ihn unterwerfenden kulturell verändert wurde. So gibt es Vermutungen, daß die Tocharier die Vorfahren der oguzischen, also türkischen Döğer waren; und man weiß, daß die heute mongolischen Kirgizen bis ins 13. Jahrhundert eine der agglutinierenden, mit den mongolischen zur altaischen Sprachfamilie gehörenden Turksprachen verwendeten. Ein Turkvolk waren auch jene »Proto«-Bulgaren, die etwa im 5. Jahrhundert am unteren Wolgalauf eine Herrschaft errichteten, dann mit den ebenfalls aus Zentralasien einfallenden Awaren Byzanz bedrängten und sich im 7. Jahrhundert südlich der Donau festsetzten.

Diesem unübersichtlichem Bild entspricht das Nach- und Nebeneinander verschiedener Religionen. So gab es neben den schamanistischen, also magischen Kulten anhängenden Türken zum Beispiel auch buddhistische, etwa in der mittelasiatischen Stadt Chotscho, wo vom 9. bis ins 13. Jahrhundert ein uighurisches Königreich bestand. Die Chasaren dagegen, ein Turkvolk, das nach den Bulgaren an der unteren Wolga herrschte, waren mindestens in ihrer Oberschicht jüdisch. Das Christentum war in seiner im europäischen Raum als Häresie verfolgten, nestorianischen Form verbreitet. Besonders wirksam sollte aber im Westen Zentralasiens der Islam werden.

Das hatte auch etwas mit der anderen Rolle Zentralasiens zu tun. Denn durch diese Steppen führte der berühmteste Fernhandelsweg der damaligen Zeit, die Seidenstraße, die einzige Landverbindung zwischen Ostasien und dem Mittelmeerraum. Die Islamisierung Persiens und danach die Ausbreitung solcher Herrschaften wie die der Samaniden (819–1005) nach Norden, also nach Transoxanien, dem Gebiet zwischen den Flüssen Amu Derya und Syr Derya, oder in die fruchtbare Fergana, hatte etwas mit diesem Handel zu tun: Denn durch diese Gebiete kamen die Karawanen aus China. Damit waren Islam und Türken in Berührung gekommen.

Bald begannen islamische Herrscher dazu überzugehen, türkische Sklaven massenhaft aufzukaufen und aus ihnen Heere zu bilden. Das hatte den Vorteil, daß diese »Mamluken« (das Wort *mamlūk* bedeutet soviel wie »in Privatbesitz«) nur an den Herrscher gebunden waren und anders, als das bei arabischen Nomaden oder den Truppen alteingesessener Provinzgouverneure der Fall war, keinen Rückhalt in einer Provinz hatten, von der aus sie der jeweiligen Zentralgewalt hätten gefährlich werden können.

Kontakt über den Handel der Seidenstraße und über den regelrechten Import von Kriegern machte also den Anfang. Bald wurde aus diesem Kontakt aber mehr: Türken begannen Muslime zu werden. So waren auch die Reiche, die unter den türkischen Nomadendynastien der Ghaznawiden und Karachaniden in Mittelasien die Samaniden besiegen und ablösen sollten, islamische Reiche, auch wenn ihre Herrscher Türken waren.

Gerade die Ghaznawiden aber, die um die Jahrtausendwende eine Art asiatische Supermacht waren und Transoxanien, den Iran und Nordwestindien beherrschten, geben auch ein Beispiel für das Schicksal ab, das die meisten dieser nomadisch geprägten Erobergesellschaften erwartete und sie – wie vor ihnen in Europa zum Beispiel die Hunnen und Bulgaren, nach ihnen die Mongolen – ereilen sollte: Die Eroberung großer Gebiete gelang, aber die Eroberer bildeten nur eine dünne Herrscherschicht, die sogar die Verwaltung des Landes wieder an Einheimische delegieren mußte. Nach einiger Zeit setzte sich dann immer wieder die von dem Eroberervolk nur mäßig beeinflußte Kultur der Seßhaften durch, entweder dadurch, daß sich die Schicht der ehemaligen Eroberer anpaßte, oder dadurch, daß sie nach einiger Zeit das Land wieder verlassen mußte, weil sie keinen sozialen Rückhalt fand.

Ausnahmen machten da nur Landstriche wie etwa das südliche Mittelasien, also Transoxanien mit seiner weiteren Umgebung. Hier war eine nomadische Lebensweise möglich, es gab aber auch so fruchtbare Gebiete, daß größere Städte entstehen konnten. Als Resultat entstanden hier türkische Staaten, die nach wie vor von Nomaden geprägt wurden, auch wenn in den Städten neben Türken Perser leben konnten. Heute sind in Mittelasien Turkvölker das beherrschende Element, nur in der Tadschikischen Sozialistischen Sowjetrepublik spricht eine Bevölkerungsmehrheit eine persische Sprache.

Und noch eine Ausnahme gab es: die Türken, an die man heute bei dem Wort »Türke« am ehesten denkt, jene, die in Kleinasien, in Aserbaidschan und auf Teilen des Balkans leben. Sie kamen mit jenen Seldschuken oder auf ihren Spuren, die 1071 bei Mantzikert die Byzantiner geschlagen haben.

Womit sich die Frage stellt, wer die Seldschuken waren. Schon der Name weist darauf hin, daß es jetzt um islamisierte Türken geht, denn das Wort *Selçuk* bezeichnet keinen Stamm, kein Turkvolk und keine Stammeskonföderation, sondern eine Dynastie, eine Familie. Ihren Namen bezog sie von dem ersten ihrer Angehörigen, der Muslim war, einem gewissen Selçuk ibn Dokak. Der war bis um die Jahrtausendwende *sü başı*, so etwas wie ein militärischer Oberbefehlshaber der Stammesföderation der Oguzen. Diese waren nach Transoxanien eingewandert und begannen dort in den Auseinandersetzungen zwischen der persischen Samaniden- und der türkischen Karachaniden-Dynastie eine wichtige Rolle zu spielen. Das politische Hin und Her, das diese Jahre dort kennzeichnete, führte auch zu politischen Spannungen unter den Oguzen: Die an Selçuk gebundenen Nomaden und die ihm unterstehenden Krieger lösten sich aus dem Verband der Oguzen und wanderten weiter.

In der Folge war das Leben dieser Nomaden bestimmt von zwei Dingen: der Suche nach geeigneten Weideplätzen in Chorasan und von der Möglichkeit, durch selbständige Streifzüge und durch Heeresdienste Beute zu machen. So ist ein erster seldschukischer Überfall auf Ostanatolien schon 1018 nachweisbar, später sollten weitere folgen.

Herrscher wie Mahmud von Ghazna bedienten sich einmal der turkmenischen Nomaden als Truppen, dann wieder bekämpften sie sie wegen ihrer Übergriffe. Mahmud nahm so den Sohn Selçuks, Arslan, der inzwischen den Titel *yabgu* angenommen hatte, 1025 gefangen und inhaftierte ihn als Geisel. Arslan sollte in dieser Gefangenschaft sterben, doch die Aktivitäten der seldschukischen Krieger waren nicht zu unterbinden. Unter Arslans Neffen, Tuğrul und Çağrı, gelang den Seldschuken im Jahr 1040 bei Dandanakan südlich von Merw in der heutigen Sowjetrepublik Turkmenistan ein entscheidender Sieg über das Heer der Ghaznawiden, die nach wenigen Generationen bereits die Heeresstruktur seßhafter Staaten übernommen hatten und in den Steppen Chorasans den oguzischen Truppen der Seldschuken deswegen unterlegen waren.

Damit war für die seldschukischen Heere der Weg nach Persien frei. Tuğrul, der sich nun nicht mehr *yabgu* nannte (dieser an Bedeutung verlierende Titel verblieb seinem Onkel Musa als ältestem Mitglied der Dynastie), sondern den islamischen Titel *sultan* annahm, verlegte die Hauptstadt seines neuen Reiches nach Rey in der Nähe des heutigen Teheran.

Diese Verlegung dürfte einen doppelten Grund gehabt haben. Einerseits sahen sich Tuğrul und seine Nachfolger, der Sohn Çağrıs Alp Arslan Mehmed und dessen Sohn Melikşah, vor das gleiche Problem gestellt, das jeder Eroberer zu lösen hatte, der mit einem nomadischen Heer ein bäuerlich geprägtes Land genommen hatte: Was tun mit den Nomaden, die natürlich versucht waren, die einheimischen Bauern und das gesamte Bewässerungssystem des Landes, also die Grundlage seines Reichtums, zugunsten ihrer Herden zu schädigen? Die seldschukischen Herrscher konnten andererseits auf die Nomaden nicht verzichten, waren doch die turkmenischen Heere ihre eigentliche Machtbasis. Kriegszüge auf feindliches Gebiet boten mindestens im Ansatz eine Lösung. Von Rey aus waren die seldschukischen Heere schnell nach Westen, nach Byzanz, zu lenken. Das islamische Ideal des den Heiligen Krieg, den *cihad*, betreibenden *gazi* verband sich mit dem türkischen des jungen Reiterhelden, des *alp*. Streifzüge gegen Byzanz trafen nicht eigenes Gebiet; und sie ließen sich auch religiös rechtfertigen.

Das war wichtig, denn das zweite, was die Seldschuken auszeichnete (und was sie zugleich in Persien auf lange Sicht zur Übergangserscheinung werden ließ), war die Institutionalisierung eines nicht-nomadischen Staates: und der war islamisch. Schon Tuğrul hatte mit der Annahme seines Titels *sultan* damit begonnen; symptomatisch war auch, daß gleich nach dem Sieg bei Dandanakan in der damals sehr bedeutenden nordiranischen Stadt Nischapur mit dem Bau einer *medrese*, einer theologischen Hochschule, begonnen wurde. Die Seldschuken, eine Dynastie von nur oberflächlich islamisierten, de facto oft noch vor- und unislamischen Bräuchen anhängenden Nomaden, gaben sich als die Vertreter des orthodoxen, sunnitischen Islam.

Damit verschafften sie sich gleich eine ganze Reihe von Vorteilen, auch wenn immer wieder gerade die turkmenischen Nomaden unzufrieden mit den seldschukischen Sultanen waren. Einer der wichtigsten: Auf der Grundlage des sunnitischen Islam war eine Verständigung mit der – in Persien damals noch nicht schiitischen – Bevölkerung und vor allem den einheimischen Gelehrten und Beamten möglich, die man für die Verwaltung des Staates so dringend benötigte. Den Seldschuken widerfuhr also das gewöhnliche Schicksal nomadischer Erobererdynastien; sie wurden assimiliert. Die seldschukische Verwaltung funktionierte bald auf Persisch, das dann auch die hauptsächliche Literatur- und die Hofsprache wurde. Kein Zufall also, daß die erwähnte Handschrift von *Varka und Gülşah* ins Persische übersetzt war; unter den Seldschuken blühte die persische Kultur, deren wohl berühmtestes literarisches Werk, das *Šāhnāme* Firdavsîs, ja gerade erst 1020 entstanden war, weiter.

Zur seldschukischen Zeit wirkten am Hofe solche Männer wie der sehr bedeutende Philosoph und Jurist al-Ghazzalî oder der Wesir Nizam ul-Mulk, dessen *Siyāsat nāme* (»Buch der Politik«) eine Anleitung für Herrscher war, die vor allem auf chorasanischer Verwaltungspraxis, aber auch auf islamischem Recht und türkischer Tradition beruhte. Zugleich lehrte in Nischapur der Mathematiker Omar-e Chayyam, der an der Ausarbeitung eines Sonnenkalenders für Finanzzwecke mitarbeitete und dessen Liebes- und Trinkgedichte zur Weltliteratur zählen.

Aber die Ausrichtung auf den orthodoxen Islam hatte auch eine dynamische Komponente. Immer noch residierte in Bagdad ein sunnitischer Kalif aus der alten Dynastie der Abbasiden. Freilich hatten diese Kalifen kaum noch wirkliche Macht. Die lag in Mesopotamien und im Westiran in den Händen einer persischen, schiitischen Dynastie, der Buyiden. Diese Großgrundbesitzer respektierten zwar einerseits den Kalifen, förderten aber andererseits die schiitische Richtung des Islam. Die Seldschuken nutzten ihre sich hieraus ergebende Chance. Mit Unterstützung des Kalifen bekämpften – und besiegten – sie die Buyiden. Tuğrul zog 1055 in Bagdad ein. Als neuen Beschützern des Kalifats kam den Seldschuken in der islamischen Welt besonderer Rang, besondere Legitimität zu.

Trotzdem unterschied sich der Staat der Seldschuken weiter von anderen islamischen Reichen, blieb in vielem türkisch. So gab es ein sehr weitgehendes Recht der Angehörigen der Dynastie auf Teilhabe an der Herrschaft – ein Rest der aristokratischen Ordnung der Stammesföderationen. Die weiteren Eroberungen der Seldschuken, die Südpersien, Syrien und schließlich eben auch große Teile Anatoliens umfassen sollten, wurden deshalb auch nicht zentral regiert, sondern von Angehörigen der Dynastie. Auch die von den Seldschuken besiegten Dynastien der Ghaznawiden, Karachaniden und Saffariden durften als tributpflichtige Fürsten letztlich unabhängig weiterregieren.

Seldschukische Geschichte ist deswegen auch immer eine Geschichte von monoton und endlos wirkenden Kämpfen innerhalb der Dynastie; denn jede politische und soziale Forderung konnte damit rechnen, innerhalb der Herrscherfamilie einen Anhänger zu finden, der mit den hinter dieser Forderung Stehenden seinerseits mehr Macht erlangen konnte. Folge war nach dem Tode Melikşahs 1092 der allmähliche Zerfall des Reiches in Teilstaaten.

Besonders die Nachfahren des einst durch Mahmud von Ghazna inhaftierten Arslan fühlten sich vom Familienzweig Tuğruls und Çağrıs um den Vorrang in der Dynastie betrogen. Um sie herum sammelte sich wiederholt die Opposition der oguzisch-turkmenischen Nomaden, deren Bedeutung innerhalb des Staates ebenfalls zurückging. So war es auch nach 1071, als Alp Arslan, der an eine Eroberung Kleinasiens nie gedacht hatte, nach dem Friedensschluß mit den Byzantinern wieder abzog. Die Turkmenen zogen weiter nach Anatolien; und ein Enkel Arslans, Süleymanşah, führte sie auf ihren Eroberungen. Kleinasien war für die Türken »Rum«, also Rom, worin die oströmische Vergangenheit Byzanz' anklang, und die Nachkommen Süleymanşahs, die über dies Land herrschten, sollten sich stolz Rum-Seldschuken nennen.

Eines sollte deutlich geworden sein: So wenig orthodox-islamisch die türkischen *gazis*, die Männer des Heiligen Krieges, gewesen sein mögen, längst hatten doch die nach Anatolien einfallenden Türken einen nicht mehr rein nomadischen Hintergrund. Ihre Eroberungen zogen seßhafte Bauern, Handwerker, Städter und Gelehrte nach, meist wieder Türken. Erst diese machten dann aus Anatolien ein islamisches Land. Auch in Kleinasien waren die Nomaden also »nur« die Vorhut. Andererseits bot ihnen Anatolien bessere Lebensbedingungen als zum Beispiel Persien.

Das hatte damit zu tun, daß das Land klimatisch für Viehzucht außerordentlich gut geeignet ist. Die türkischen Nomaden entwickelten sehr schnell eine Lebensform, die auf die geographischen Verhältnisse Kleinasiens zugeschnitten war. Sommers zogen sie mit ihren Herden auf die Berge, winters lebten sie in festeren Lagern, aus denen Dörfer werden konnten, in den Ebenen. Es bildete sich also so etwas wie eine Almwirtschaft.

Diese Entwicklung wurde dadurch erleichtert, daß mindestens Teile Anatoliens nur noch dünn besiedelt waren. Der Grund dafür war der Verfall der alten Themenorganisation. Das 11. Jahrhundert wurde in Byzanz durch die Auseinandersetzung der Zentralbürokratie einerseits und der Aristokraten aus den Provinzen andererseits geprägt. Die Konstantinopeler Bürokratie neigte dazu, Teile der Armee aufzulösen, um die eigene innenpolitische Stellung zu stärken; das Interesse der Militäraristokraten ging in die genau umgekehrte Richtung: Je mehr Soldaten sie hatten, desto stärker waren sie. Das führte dazu, daß sie sich mehr und mehr auf Söldner verließen, die nur durch Ausbeutung der auf ihrem Grundbesitz lebenden Bauern zu bezahlen waren. Das Resultat war Landflucht: Viele Bauern verließen ihre Dörfer und zogen sich in unzugängliche Gelände oder in Städte zurück.

In Ostanatolien kam etwas anderes dazu. Hier hatte das Byzantinische Reich ja expandiert, 1045 war Ani, die Hauptstadt des wichtigsten armenischen Königreichs, des der Bagratiden, gefallen. Damit war der letzte wichtige Pufferstaat zwischen Persien und Kleinasien beseitigt. Es begann eine massenhafte Wanderung von Armeniern nach Süden, in die kilikische Ebene, die heutige Çukurova. Weder die Armenier noch die anderen Völker in Ost- und Südostanatolien hatten gute Gründe, die byzantinische einer islamischen Herrschaft vorzuziehen, denn letztere garantierte ihnen doch eine gewisse Religionsfreiheit; ja sie konnten sogar auf eine politische Unabhängigkeit hoffen wie die Armenier, die in Kilikien ein neues Königreich Kleinarmenien gründen sollten, das immerhin bis 1375 Bestand hatte. Die Byzantiner dagegen verfolgten Armenier, Nestorianer und Syrianer als Ketzer.

Die türkische Eroberung Anatoliens ging außerordentlich schnell vor sich. Schon 1078 konnte Süleymanşah Nikaia, das heutige İznik, zu seiner Hauptstadt machen. Natürlich lag das auch an der Schwäche der einerseits im europäischen Reichsteil, andererseits im Bürgerkrieg beschäftigten byzantinischen Armee, aber eben auch an der wirklich zahlreichen Zuwanderung von Nomaden, die in einer ersten Eroberungswelle zwischenzeitlich bis an die Ägäis vordrangen.

Dennoch gelang in den achtziger Jahren des 11. Jahrhunderts Byzanz ein Gegenschlag, der wenigstens Westanatolien wieder unter griechisch-orthodoxe Kontrolle brachte.

1081 war Alexios I. Komnenos an die Macht gekommen, ein Angehöriger der Militäraristokratie. Die Lage des Byzantinischen Reiches war katastrophal. Zur fast vollständigen Besetzung des wirtschaftlich wichtigsten Reichsgebietes, Anatolien, kamen normannische Versuche, von Sizilien aus den Balkan zu erobern. Byzanz war innerhalb eines Jahrzehntes von einer Großmacht zu einem ruinierten Staatsgebilde geworden – so schien es jedenfalls.

Der Kaiser schloß mit den Seldschuken eine Art Waffenstillstand, um zunächst die Normannen in Dalmatien und die Petschenegen auf dem Balkan zu bekämpfen. Damit ermöglichte er Süleymanşah, den innerseldschukischen Kampf wieder aufzunehmen. Er versuchte, nach Syrien einzudringen, traf dort auf andere seldschukische Vasallen und fiel im Kampf gegen einen Sohn Alp Arslans, Tutuş. Damit begann in Kleinasien ein Zerfall der bis dahin halbwegs geordneten politischen Verhältnisse; es entstanden größere und kleinere Territorien, die unter dem Befehl jeweils eines *emirs* standen. Militärisch und territorial bedeutend waren vor allem die Danişmendoğulları, Nachfahren eines an der Eroberung teilnehmenden Mystikers, dessen Lehren und Persönlichkeit auf die *gazis* stark gewirkt haben muß. Diese Dynastie herrschte in Städten wie Kayseri, Amasya und Sivas, wobei für den Charakter ihrer kaum orthodox-islamischen Vorstellungen entsprechenden Herrschaft sprechen mag, daß keinerlei von ihnen gestiftete Moscheen oder *medresen,* dafür aber Münzen mit griechischer und arabischer Aufschrift und Menschenabbildungen erhalten sind.

Diese Entwicklungen verschafften Alexios I. in Kleinasien einen verhältnismäßig freien Rücken. Dennoch brauchte er einen Verbündeten gegen die Normannen und fand ihn in den Venezianern, die deren Vordringen nach Dalmatien fast so sehr wie die Byzantiner zu fürchten hatten: Die Normannen hätten von beiden Küsten der Adria den venezianischen Handel nachhaltig behindern können. Trotzdem forderten und erhielten die Venezianer für ihren militärischen und finanziellen Beistand, den sie den Byzantinern geleistet hatten, einen sehr, sehr hohen Preis. Alexios I. sicherte den Venezianern sehr weitgehende

Handels- und Niederlassungsrechte im Byzantinischen Reich zu. Die Privilegien gingen so weit, daß die byzantinischen Kaufleute höhere Abgaben zu zahlen hatten als die Venezianer.

Mit diesem *chrysoboullon*, dem weitere für Pisa und andere italienische Stadtstaaten folgen sollten, begingen die Byzantiner in einer Notlage einen Fehler, den später die Osmanen mit ihren »Kapitulationen« unter den verschärften Bedingungen der Neuzeit wiederholen sollten: Sie verkauften wirtschaftliche Grundlagen ihres Reiches für kurzfristige politische Vorteile. Die italienische Dominanz im byzantinischen Handel schädigte nicht nur die einheimische Kaufmannschaft nachhaltig, sondern auf Dauer auch den Staat, dem wichtige Zolleinnahmen und Steuern verlorengingen.

Militärisch war Alexios' I. Herrschaft, die bis 1118 dauern sollte, ein Erfolg. Das gilt auch für Anatolien, wo sich der Sohn Süleymanşahs, Kılıç Arslan I. (1092–1107), wieder aufhielt, der aus großseldschukischer Haft entkommen war, nachdem der bedeutende Sultan Melikşah verstorben war und Thronwirren einsetzten. Die großseldschukische Zentralmacht sollte nun immer mehr geschwächt werden.

Anteil an den Erfolgen der Byzantiner hatte eine der faszinierendsten und rätselhaftesten Entwicklungen der europäischen Geschichte: die Kreuzzüge.

Es gibt eine ganze Reihe von Gründen dafür, daß sich aus einer am Ende eines Konzils von Papst Urban II. im November 1095 vor den Mauern der Stadt Clermont gehaltenen Predigt, in der zur Befreiung der von den Türkeneinfällen geschädigten östlichen Kirche und der Stadt Petri, Antiochia (Antakya), aufgerufen wurde, eine Massenbewegung in Europa entwickelte. Kreuzzugsprediger begannen zu werben, und trotz aller Bemühungen, nur solche Krieger mitzunehmen, deren Geld für den Marsch in den Orient reichte, sammelten sich Menschen aller Sprachen und Schichten, um mit den Kreuzfahrern zu gehen.

Was bewegte die Menschen, sich auf den Weg nach Südosten zu machen? Wieder einmal ist es so gut wie unmöglich, sich in eine so entfernte Geisteswelt einzuleben. Aber wenn man nach den Belohnungen fragt, die sich diese Menschen erhoffen konnten, gibt es schon einige Antworten. Der Papst und seine Theologen hatten allen Teilnehmern an den Kreuzzügen den Ablaß sämtlicher kirchlicher Bußstrafen zugesagt. Doch in den Versammlungen der Kreuzzugsprediger wurde etwas anderes daraus, was die römische Kirche nicht versprochen hatte oder versprechen wollte: der Ablaß sämtlicher zeitlicher Sündenstrafen. Dazwischen bestand ein großer Unterschied, denn unter den Bußstrafen verstand man das, was ein Priester dem reuigen Sünder auferlegte, damit dieser sich in tätiger Buße von Schuld befreien konnte, etwa durch ein Fasten oder dergleichen. Die Bußpraxis des Mittelalters war außerordentlich hart, so daß schon ein solcher Ablaß viel Verlockendes hatte.

Noch lockender war aber die Aussicht auf Ablaß der zeitlichen Sündenstrafen, also der des Fegefeuers. Die Mentalität des mittelalterlichen Menschen wurde durch die Angst vor der Verdammnis und jenseitigen Strafe wirklich geprägt. Um von dieser Angst befreit zu werden, nahm man unglaublich viel auf sich.

Dazu kamen natürlich auch materielle Aussichten. Krieg bedeutete immer auch Beute; und an der begann es in Europa zu fehlen. Der Grund dafür war die sogenannte »Gottesfriedensbewegung«. Denn seit sich das Prinzip der Primogenitur, also des Erbrechts des Erstgeborenen, durchgesetzt hatte, blieb nachgeborenen Adligen nur die Wahl zwischen einer kirchlichen Karriere und der »Fehde«. Die fahrenden Ritter, die aus Epen und neuzeitlichen Romanen bekannt sind, waren meist solche Unterhalt suchende Adlige, die dem edlen Handwerk der »Fehde« nachgingen. Durch diese Einrichtung, eine Art geregelten Privatkriegs zwischen Adligen, konnten sich solche Männer Besitz erwerben.

Die Konsequenz aus diesem Verhalten war natürlich ständiger Kleinkrieg. Immer wieder gab es deswegen Versuche, Fehden zu unterbinden, was im Heiligen Römischen Reich Deutscher Nation übrigens erst 1495 mit der Proklamation des »Ewigen Landfriedens« gelang. Aber schon um 1100 war die Lage für die betroffenen Ritter durch den »Gottesfrieden« schwieriger geworden: Die Kirche verbot Fehden zuerst an bestimmten Feiertagen, dann während vier Tagen der Woche und bestrafte Zuwiderhandelnde mit der Exkommunikation, der sozialen Ächtung. Die Möglichkeit, sich im Orient – oder fast zeitgleich mit der »deutschen« Ostsiedlung – ein eigenes Lehen zu erwerben, war da hochwillkommen.

Materielle Vorteile erhofften sich vor allem anfangs auch einfache Leute, also vor allem Bauern. Man hat einen ziemlich direkten Zusammenhang zwischen Gebieten entdeckt, die während des 11. Jahrhunderts unter Hungersnöten besonders zu leiden hatten, und denen, wo Kreuzzugswerbung überdurchschnittlich großen Erfolg hatte.

Noch eine weitere Tradition machte die Kreuzzüge möglich: die der Pilgerfahrt. Kreuzzug war auch bewaffnete Pilgerfahrt zu den heiligen Stätten des Christentums (und damit zum Beispiel überhaupt nicht auf die Bekehrung der Muslime gerichtet). Wie sehr diese Tradition die Kreuzzüge prägte, zeigt schon die Tatsache, daß aus dem von Urban II. vorgegebenen Ziel Antiochia sehr schnell Jerusalem wurde.

Und dieses Ziel erreichten die Kreuzfahrer größtenteils zu Lande. Die Mühsal der Märsche der Kreuzfahrer, die zwischen 1095 und 1270 siebenmal aufbrachen (dazu kamen immer wieder kleinere Gruppen), steht in sprechendem Gegensatz zu den ungleich disziplinierteren, schnelleren und erfolgreicheren Unternehmungen der Turkvölker und der Mongolen im gleichen Zeitraum. Infolge ihrer relativen militärischen Schwäche (und des Mangels an Menschen) mußten die Kreuzfahrer häufig anstelle des militärischen Erfolges den politischen Kompromiß suchen – keine leichte Aufgabe in einer Staatenwelt, die aus Byzantinern (seit 1054 eigentlich als Häretiker zu behandeln), Armeniern und den prinzipiell zu bekämpfenden verschiedenen muslimischen Herrschaften bestand.

Zunächst jedoch waren die Kreuzfahrer den Byzantinern willkommen. Eine aus »gemeinem Volk« bestehende erste Kreuzfahrergruppe unter Peter dem Einsiedler begann zwar bald nach ihrer Ankunft im Juli 1096 die Vorstädte Konstantinopels zu plündern und wurde in Kleinasien von den Seldschuken völlig aufgerieben, aber das eigentliche Ritterheer erwies sich als brauchbarer. Das sollte der Feldzug schon bald hinter Konstantinopel, im heutigen westanatolischen İznik, erweisen.

İznik, das als Nikaia in der Spätantike und im Mittelalter immer wieder eine wichtige Rolle spielte, ist in der Türkei eine Ausnahme: Noch heute paßt die Stadt in ihren alten Mauerring, die Befestigungsanlagen stehen immer noch wie vor Hunderten von Jahren; nur zwei Durchbrüche sind geschaffen worden, weil die vier Haupt- und zwölf Nebentore für heutige Straßen zu eng sind. Und weil der etwa 4,5 km lange doppelte Mauerring auch nicht überbaut ist, kann man heute in etwa so vor ihm stehen, wie es die Kreuzfahrer unter Raimond von Toulouse und Gottfried von Bouillon 1097 taten. Die Belagerung der Stadt mit ihren bedeutenden Bauwerken, darunter der Hagia Sophia, die 787 als Konzilskirche diente, war die erste wichtige militärische Tat der Kreuzfahrer. Und ein Erfolg: Die rum-seldschukische Hauptstadt mußte geräumt werden, sie fiel den Byzantinern zu. Und weil die Kreuzfahrer sich auch mit einer byzantinischen Oberherrschaft über das von ihnen zu erobernde Antiochia einverstanden erklärt hatten, sah es einen historischen Atemzug lang nach einer gesamt-christlichen Rückeroberung Kleinasiens aus.

Schon der weitere Marsch der Kreuzfahrer zeigte, daß es ganz so einfach nicht sein würde. Die türkischen Truppen wendeten eine Art Guerilla-Taktik an, attackierten Engpässe oder versprengte Truppenteile, fügten so dem Kreuzfahrerheer allmählich hohe Verluste zu. Andererseits gewannen diese bei Dorylaion (Eskişehir) eine offene Feldschlacht.

Insgesamt war dieser erste Kreuzzug dennoch der erfolgreichste. Es gelang nicht nur die Eroberung Antiochias und sogar Jerusalems, sondern es bildeten sich eine ganze Reihe vom Königreich Jerusalem abhängiger Kreuzfahrerstaaten: Die Grafschaften von Tripolis (heute Trablus im Libanon) und Edessa (Urfa in der Türkei), das Fürstentum Antiochia (Antakya) waren die wichtigsten. Auch das kleinarmenische Königreich muß in diesem Zusammenhang gesehen werden. Damit waren große Teile des anatolischen Südostens in der Hand der »Lateiner« (wie die Byzantiner sie nannten) oder »Franken« (mit dem Ausdruck der Muslime), deren Herrschaftsbereich darüber hinaus etwa die heutigen Staatsgebiete von Israel und dem Libanon umfaßte. Dennoch blieben diese Staaten immer auf Hilfe aus Europa angewiesen. Bereits 1144 gelang dem seldschukischen *atabeğ* (dem faktisch unabhängigen Protektor eines Prinzen) İmad üd-Din Zengî die Eroberung Edessas. Ein erneuter Kreuzzug 1147 scheiterte schon bei Dorylaion und Laodikeia (Denizli) in zwei blutigen Schlachten an den Truppen der Rum-Seldschuken.

Daß die Fronten nicht immer so eindeutig zwischen Christen und Muslimen verliefen, lehrt das Beispiel des dritten Kreuzzuges 1189–1192, eine Reaktion auf die Eroberung Jerusalems von Ägypten aus durch den kurdischstämmigen Sultan Salah ud-Din, den Saladin der Europäer, 1187. Während der französische König Philipp II. August und der englische Richard Löwenherz auf dem Seeweg nach Palästina aufbrachen, machte sich Kaiser Friedrich I. Barbarossa von Regensburg aus auf dem Landweg dorthin auf. Es war ihm gelungen, sowohl von Kaiser Isaak II. Angelos als auch vom rum-seldschukischen Sultan Kılıç Arslan II. eine Durchmarscherlaubnis zu erhalten.

Dennoch kam es zum Kampf zwischen den Kreuzfahrern und den Türken. Kılıç Arslans Vereinbarung hatte nämlich nicht die Zustimmung seiner – im Sinne der gemeinsamen Herrschaft der Dynastie mitspracheberechtigten – Söhne gefunden. Kılıç Arslan war in Konya, der Hauptstadt seines Reiches, entmachtet und inhaftiert. Es kam zur Schlacht zwischen seinem ältesten Sohn Kutb üd-Din Melikşah und den Kreuzfahrern vor den Mauern der Stadt. Die Kreuzfahrer siegten und durften in die Stadt einziehen. Kılıç Arslan war wieder an der Macht, und der weitere Zug durch Anatolien war für das Heer militärisch kein Problem mehr. Dennoch scheiterte dieser Kreuzzug. 30 km nördlich von Seleukia (Silifke) kam nämlich der Kaiser bei einer Flußüberquerung ums Leben, er ertrank. Das deutsche Heer lief größtenteils auseinander, und weil das französische nach der Eroberung Akkons 1191 wieder in die Heimat zurückkehrte, kam es nicht zu einer Wiedereroberung Jerusalems. Richard Löwenherz schloß einen Vertrag mit Salah ud-Din, der den Kreuzfahrern das Küstengebiet Palästinas und das Recht auf Besuch der Pilgerstätten einräumte. Und – er eroberte Zypern, das allerdings zu keinem muslimischen Staat gehörte, sondern zu Byzanz.

So blieben die Kreuzfahrer für Kleinasien Zwischenspiel. Von ihnen sind nur noch einige Burgen entlang der Südküste übrig, die entweder verfallen sind oder in den Jahrhunderten nach den Kreuzfahrern immer wieder umgebaut wurden. Die beeindruckendste Burg Südanatoliens ist dafür ein Beispiel: Anamur stammt in seiner heutigen Gestalt aus dem 13. Jahrhundert und ist eine türkische Burg mit viel Platz auf den Höfen für Zelte und Herden.

An einem Ort freilich ist noch europäisches Ritterwesen nachzuvollziehen, und wieder ist es ein sehr bekannter Ort, auf ungezählten Postkarten und Tourismus-Plakaten abgebildet. Die Burg St. Peter von Halikarnassos, das heute Bodrum heißt und ehrgeizig mit französischen Jachthäfen mitzuhalten versucht, stammt von den Kreuzrittern oder doch von deren Nachfolgern. Denn als der Johanniterorden erst Palästina, dann Zypern verlassen mußte und sich 1309 auf Rhodos festsetzte, wurde diese seit 1145 bestehende Burg sein Festlandsstützpunkt.

Westanatolien und die Küsten, Serbien und Bulgarien kamen also nach dem ersten Kreuzzug wieder unter militärische Kontrolle der Byzantiner. Häufig war es wirklich nicht mehr als eine Besetzung, wie das Beispiel der Stadt Antalya zeigte. Sie war zwar von den Byzantinern besetzt, mußte aber mit Lebensmitteln vom Meer aus beliefert werden. Denn die fruchtbare pamphylische Ebene ringsum war in türkischer Hand.

Es zeigte sich, daß die Türken in Anatolien nicht nur Fuß gefaßt, sondern auch Wurzeln geschlagen hatten. Längst gab es die von den Byzantinern so genannten »Halbbarbaren« *(mixovarvaroi)*, Nachkommen aus muslimisch-christlichen Ehen. Es zeigte sich, daß Kleinasien erst wieder »byzantinisiert« werden mußte. Man hatte ja größere Teile der Bevölkerung vor der türkischen Eroberung systematisch evakuiert, andere waren geflohen; und so stellten in vielen Landesteilen Türken schon sehr früh die Bevölkerungsmehrheit. Mehr noch, der zentralstaatliche Charakter Byzanz' hatte sich hier als ein Nachteil erwiesen. Denn die ja sehr direkt dem Patriarchen in Konstantinopel unterstellten Ortsbischöfe hatten nach der Eroberung den Kontakt zu ihm abbrechen oder das türkisch besetzte Gebiet verlassen müssen. Die sehr umfänglichen kirchlichen Güter waren zum großen Teil in muslimische Hände übergegangen. Die kirchliche Organisation in Anatolien hatte also stark gelitten, und damit gab es kein byzantinisches Erziehungs- und Wohlfahrtswesen mehr. Islamische »Fromme Stiftungen« hatten seinen Platz eingenommen.

Die byzantinische Wiederbesiedlung Westanatoliens mußte also erst einmal geleistet werden. Sie geschah in einer neuen Weise, die den militärischen Schutz des Gebiets ebenso erleichtern wie den Staat finanziell entlasten sollte. Unter Kaiser Manuel I. (1143–1180) wurde eine Form der Bodenverwaltung systematisch eingeführt, die bis dahin nur in einzelnen Fällen zur Anwendung gekommen war: die *pronoia.*

Die *pronoia* bedeutete, daß jeder, der Bewaffnung und ein Pferd nachweisen konnte und außerdem dem Staat eine gewisse Summe zahlte, Boden mit einer bestimmten Anzahl von Bauern zugewiesen bekam. Er durfte dann die Steuern dieser Bauern eintreiben und mußte dafür in der jeweiligen Provinz Militärdienst leisten.

In einer Hinsicht hatte das System Erfolg: Militärdienst wurde attraktiv. Längerfristig war dennoch die Pronoia eine für die byzantinische Gesellschaft ruinöse Einrichtung. Denn die Inhaber gingen daran, die Bauern rücksichtslos auszubeuten. Als Folge davon flohen viele Dorfbewohner, die Agrarstruktur des Landes litt Schaden. Außerdem zeigte sich, daß dieses System der Steuerpacht einen Prozeß der Feudalisierung in die Wege leitete. Das heißt, der Staat konnte nicht verhindern, daß die Pronoien erblich wurden. Das brachte ihn nicht nur um die erwähnte Einstandszahlung, sondern führte dazu, daß die Inhaber der Landstücke quasi unabhängig wurden und zwar zum Schutz ihrer Machtstellung Privatarmeen unterhielten, aber an staatlichen Feldzügen nicht mehr teilnahmen. Die Landbevölkerung war dann ganz ungeschützt. Diese Stufe der Entwicklung war in Byzanz spätestens zur Regierungszeit Michaels VIII. (1259–1282) abgeschlossen.

Interessant ist, daß eine ähnliche Entwicklung auch im Gebiet der Rum-Seldschuken zu beobachten war. Die Türken hatten ja, in Anlehnung an ihre mittelasiatischen Traditionen, nach der Eroberung alles Land als kollektiven und also in der Praxis als Staatsbesitz betrachtet. Persönliches Grundeigentum konnte sich nur in Ausnahmefällen erhalten, etwa in den Städten, was auch daran lag, daß die byzantinischen Großgrundbesitzer meist vor den Eroberern geflohen waren und die von ihnen abhängigen Bauern, so sie nicht mitgingen, keine Ansprüche erheben konnten. Die Seldschuken überließen zunächst das Land den Bauern und Nomaden, erhoben aber Steuern, wobei der Begriff der Steuer hier mit dem der Grundrente zusammenfiel, da sich der Sultan und die Dynastie ja als Eigentümer des Bodens betrachteten.

Nun begann der Sultan, Landstücke unter dem Namen *ikta* an seine Offiziere und vielleicht auch an einfache Soldaten zu vergeben. Damit entwickelte er eine vorseldschukische, islamische Praxis fort, und da das *ikta* selbst in Anatolien etwas älter als die *pronoia* ist, kann man sogar nach einem türkischen Einfluß auf die Byzantiner fragen. Sicher ist, daß das *ikta* der Seldschuken einen weiteren Schritt zur Festigung und Zentralisierung ihres Staates bedeutete. Die Inhaber der *iktas* nämlich erhielten nicht das Land zum Eigentum, sondern nur das Recht auf Erhebung der Einnahmen, und der Sultan behielt sich seinerseits vor, sie jederzeit abzusetzen oder ihnen ein anderes Stück Land zuzuweisen. Damit waren sie direkt von ihm abhängig: Der seldschukische Staat schuf sich neben den ja immer autonomen Nomaden weitere Streitkräfte.

Daß die türkische Besetzung Anatoliens kein einfach umkehrbarer Unfall war, sollte der byzantinische Kaiser Manuel I. Komnenos begreifen, als er 1176 daran ging, eine politisch günstige Konstellation zu einem Vernichtungsschlag gegen die Seldschuken zu nutzen. Mit schwerem Belagerungsgerät brach ein byzantinisches Heer gegen Konya auf, wurde aber von Kılıç Arslan II. schon bei Myriokephalon (heute Kumdanlı bei Yalvaç) eingekesselt und aufgerieben. Bemerkenswert ist die Zurückhaltung, mit der Kılıç Arslan diesen Sieg nutzte: Zwar mußte die byzantinische Grenzfestung Dorylaion wieder abgerissen werden, aber zunächst gab es keine territorialen Veränderungen. Wieder war es nicht der seldschukische Sultan, der die Eroberung byzantinischen Territoriums wünschte, sondern das Interesse der Nomaden. Die führten ihren Grenzkrieg weiter, wobei sie zwar kaum mit seldschukischer Hilfe rechnen konnten, in ihrem Handeln aber auch weitgehend unabhängig waren.

Auch wenn Westanatolien nicht insgesamt den Byzantinern verlorenging (vor allem die Städte hielten sich), war Myriokephalon für das Byzantinische Reich eine Katastrophe. An eine Wiedergewinnung der Großmachtstellung war nicht mehr zu denken, ganz im Gegenteil. Als nächstes wurden Serbien und Bulgarien unabhängig, und die Normannen eroberten Teile Griechenlands. Die militärischen Katastrophen zogen innenpolitische Krisen nach sich, es kam wieder zu Kaiserstürzen, 1182 aber auch zu einem Pogrom gegen die wirtschaftlich immer einflußreicheren Venezianer.

Der Schlußstrich wurde 1204 gezogen. Ein vierter Kreuzzug sollte gegen Ägypten unternommen werden, wo mit den Ayyubiden die Herrscher auch über Jerusalem saßen. Immer wieder allerdings scheiterte das unter dem päpstlichen Primat Innozenz' III. stehende Unternehmen an Geldmangel. Als der Kreuzzug 1202 per Schiff von Venedig aufbrach, ging es zuerst gegen das christliche Zara (heute Zadar) in Dalmatien, das die Kreuzfahrer zur Bezahlung der Passage für die Venezianer eroberten. In Zara kam es zu Unterhandlungen mit dem

Sohn des vom byzantinischen Thron vertriebenen Kaisers Isaak II., Alexios. Im venezianischen Interesse und in dem des deutschen Königs Philipp von Schwaben erklärte sich das Kreuzfahrerheer bereit, in Konstantinopel für die Wiedereinsetzung Isaaks zu sorgen. Nach kurzer Belagerung erstürmte das Heer 1203 die Stadt; doch konnten Isaak II. und der als Mitregent inthronisierte Alexios IV. den Kreuzfahrern die versprochene Entlohnung nicht zahlen. Als sie von der Stadtbevölkerung ihrer lateinerfreundlichen Haltung wegen gestürzt wurden, kam es zu einer erneuten, monatelangen Belagerung der Stadt. Am 13. April 1204 gelang den Kreuzfahrern die Eroberung; sie richteten ein unerhörtes Blutbad an und plünderten die Paläste, vor allem aber die mit Ikonen und Reliquien überreich ausgestatteten Kirchen der Stadt.

In İstanbul ist heute von dem, was dann folgte, fast nichts mehr übrig. Der Glockenturm etwa, den der nun gut römisch-katholische neue Patriarch neben der Hagia Sophia errichten ließ, ist verschwunden: Nur noch Fundamente geben seinen Platz an. Aber in Venedig, das den größten Teil der Beute und die wichtigsten Häfen des Reiches erhielt, besteht kein Mangel an Andenken an den vierten Kreuzzug – am berühmtesten sind – wie vorhin (S. 128) erwähnt – wohl die vier Bronzepferde über dem Portal des Markusdoms.

Die Herrschaft der neuen, »lateinischen« Kaiser in Byzanz war der griechischen Bevölkerung verhaßt: Westliches Lehenssystem, lateinische Gottesdienst- und Kanzleisprache, französische Hofsprache, westliche Mönchsorden prägten das Bild dieses machtlosen, bald zum Kleinstaat herabsinkenden Byzantinischen Reiches.

Byzanz selbst bewahrte sich sozusagen in der Provinz auf: im kleinen Kaiserreich der Komnenen von Trapezunt (Trabzon), in der »Despotie« von Epirus, vor allem aber wieder in Nikaia, der Hauptstadt der Palaiologen-Dynastie, einer Familie aus dem byzantinischen Hochadel. All diese Kaiserreiche im Exil hatten ihre eigene Geschichte, doch gemeinsam war ihnen der Anspruch, das wahre Byzanz zu verkörpern. Letztlich sollten sich die Palaiologen durchsetzen. 1261 gelang ihnen die Wiedereroberung Konstantinopels. Allerdings hatten sie auch gegen das auf Stadtstaatengröße geschrumpfte Lateinische Kaiserreich diesen Erfolg nur mit genuesischer Hilfe erringen können. Den Genuesern wurden all jene Privilegien eingeräumt, die schon vorher den italienischen Kleinstaaten, vor allem aber Venedig, gewährt worden waren. Ja, darüber hinaus durften sich die genuesischen Kaufleute in einer eigenen Stadt gegenüber von Konstantinopel niederlassen: Einen Steinwurf von der alten Seemauer entfernt entstand am Nordrand des Goldenen Horns Galata, eine katholische Handelsstadt. Noch heute steht der dicke runde Galata-

Turm, um den herum die Stadt schon vor Jahrhunderten ausgegriffen hat, der aber damals die Nordspitze der Stadtmauer dieser Kolonie befestigte. Auch Venedig mußten bald darauf wieder Rechte eingeräumt werden; und kurz nach der Wiedereroberung wäre es beinahe sogar zu einem Anschluß der griechisch-orthodoxen an die römisch-katholische Kirche gekommen. Byzanz war also unter den Palaiologen ein auf westeuropäische Mächte angewiesener Staat mittlerer Bedeutung geworden.

Merkwürdigerweise war die Zeit vor der Wiedereroberung Konstantinopels, als der Kaiser in Nikaia residierte, in mancher Beziehung eine glücklichere. Im kleiner gewordenen Land blühte die Wirtschaft, Agrar- und Viehproduktion stiegen, ja es wurden sogar Waren in das türkische Gebiet exportiert. Nikaia gehörte zu einer Art inoffizieller anatolischer Zone der Stabilität.

Denn auch das rum-seldschukische Reich erlebte zu dieser Zeit den Höhepunkt seiner Macht und seines Wohlstands. Die drei Sultane İzz üd-Din I. Keykavus (1211–1220), Alâ üd-Din I. Keykubad (1220–1237) und Gıyas üd-Din II. Keyhusrev (1237–1246) waren nicht nur militärisch erfolgreiche Herrscher, die im Südosten Kleinasiens die letzten Kleinstaaten wie den der Ortokiden beseitigen oder doch wenigstens wie im Falle des Königreichs Kleinarmenien unterwerfen konnten. Nein, zugleich markiert diese Zeit den Abschied der Seldschuken von der turkmenischen Tradition. Die Einführung von nicht-nomadischen Heereseinheiten, der Ausbau des – persisch-, nicht türkischsprachigen – Verwaltungsapparates und der Kanzlei, das Verlangen der Sultane nach Zentralisierung der Macht, die nicht mehr an Verwandte, sondern bestenfalls an Wesire und Beamte delegiert wurde: All das zeigt, daß sich inzwischen islamische, persische, aber auch byzantinische Vorstellungen gegen die der Turkmenen durchgesetzt hatten. Nomadenland – das waren nur noch die Grenzbezirke, wo sich die *gazis* und die byzantinischen steuerbefreiten Grenzsoldaten *(akritoi)* gegenüberstanden. In Inneranatolien gab es noch sehr viele nomadische Hirten; aber die Macht ging wieder auf die Seßhaften, die Städter und Bauern, über.

Karawanseraien wurden gebaut (und gegen Überfälle stark befestigt), Hafenstädte erobert und sogar eine Flotte organisiert. In Alanya, dem alten Kalonoros, das Alâ üd-Din nach sich selbst in Alâiye umbenannt hatte, ist noch die Werft erhalten, mit der dieser Herrscher, der mit Venedig einen Handelsvertrag schloß, sich die Mittel zum Eingreifen in das Geschehen im Mittelmeer schuf.

Trotz aller byzantinischen Einflüsse, die durch Heiraten der Seldschuken mit adligen Griechinnen und zum Teil jahrelange Aufenthalte in

Byzanz sicher anzunehmen sind: Der Weg der Rum-Seldschuken zu striktererer Staatlichkeit führte zu einer Islamisierung der Gesellschaftsordnung. Es hat nicht nur etwas mit größerem Reichtum zu tun, daß im 13. Jahrhundert immer mehr Moscheen, *medresen* und Derwischklöster entstanden: Das war bewußte staatliche Politik.

Die Ausbildung von *ulemâ*, islamischen Rechtsgelehrten, war deswegen so unglaublich wichtig, weil diese Männer auch in politisch schwierigen Zeiten im großen und ganzen unabhängig Recht sprechen konnten. Das Heilige Recht garantierte den Staat. Das war der Grund, warum die Rum-Seldschuken sich immer stärker auf die Rechtgläubigkeit, die *sunna*, beriefen.

Auch sonst sorgte der Islam für autonome, aber prinzipiell loyale Institutionen. Das war eine der Aufgaben der Derwische, deren mystisches Denken zugleich Brücken zwischen Christentum und Islam schlug, wodurch vielen Christen der Übertritt zur Religion der Türken erleichtert wurde.

Ein Beispiel ist in Konya der heute als Museum zu besichtigende Konvent der »Tanzenden Derwische«, der *mevlevî*. Ihr Gründer, Celâl üd-Din, den seine Anhänger *Mevlânâ* (»unser Herr«) nannten, und der seine meist persischen Gedichte unter dem Namen *Rumî* (»Römer«, das heißt Kleinasiat) schrieb, ist hier begraben, an der Stätte seiner Aktivität. Dabei wurde er 1207 im afghanischen Balch geboren und kam nach Anatolien nur, weil sein Vater aus politischen Gründen die Heimat verlassen mußte. Aber hier, in Konya, lehrte und lebte er im Kreis von ihn verehrenden Schülern; und hier entstand nach seinem Tod 1273 der hierarchisch gegliederte Orden der *mevleviye*. Seine stark pantheistisch gefärbte Lehre war gewiß nichts für das einfache Volk, blieb aber unter Intellektuellen bis in dieses Jahrhundert lebendig. Entscheidend ist in diesem Zusammenhang, daß trotz der unorthodoxen Doktrin *mevlevî*-Derwische loyale, ihren religiösen und öffentlichen Pflichten nachgehende Untertanen sein konnten, sozial unauffällig gewissermaßen, Familienvater und Ehrenmann. Und solange sie das waren, würde der Staat in ihre Ordensangelegenheiten nicht eingreifen.

Nach dem Vorbild von Derwischorden – oft auch unter Hinzufügung einer mystischen Doktrin – organisierten sich so in Städten die Handwerkerverbände, über deren Mitglieder der *ahi* genannte Vorstand soviel Einfluß hatte wie der *şeyh* über seine Derwische. Ergänzt wurden diese Zünfte noch von städtischen Jungmännerbünden, *fütüvve*, deren Mitglieder als eine Art Miliz die Aufsicht über die städtische Ordnung übernahmen. Staatlich kontrolliert wurde die Stadt lediglich durch den *muhtesib*, der vor allem die Marktaufsicht führte und meist dem *kadi*, dem Richter, Notar und Kreisrat zugleich, untergeordnet war.

Derwische, *ulemâ*, Zünfte – eine ganze Reihe von mehr oder weniger autonomen gesellschaftlichen Gruppen konnten sich also unter den Seldschuken entwickeln. Gemeinsam war ihnen allen, daß sie zwar wichtige öffentliche Aufgaben übernahmen, aber die Macht des Sultans nur unwesentlich beschränkten. Das war im Falle der ältesten sozialen Organisationen der Türken, der Stämme, ganz anders. Hier traf der gewachsene Anspruch eines Sultans wie der des schon erwähnten Alâ üd-Din auf Widerstand.

1240 endlich kam es zum Aufstand. Die oguzischen Turkmenen wehrten sich, und der aussichtslose Versuch der erobernden Nomaden, ihre alte Kultur im eroberten Land beizubehalten, wiederholte sich modifiziert noch einmal. Die Rebellion, die große Teile des Landes umfaßte, nahm religiöse Züge an. Der Sultan war sunnitisch. So war der Führer der Oguzen ein schiitischer Häretiker, der sich Baba İshak (»Vater Isaak«) nannte und erklärte, er sei der Mahdi, der Verkünder des Jüngsten Tages.

Die Truppen der Aufständischen, deren Führer Baba İshak recht bald in Amasya hingerichtet worden war, bestanden ausschließlich aus den türkischen Nomaden, die mit Frau und Kind in den Krieg zogen; die Seldschuken verließen sich auf »fränkische« und georgische Söldner, zu denen noch die aus Griechen zusammengestellten Sklaven-Garden des Sultans kamen. Die Truppen Sultan Gıyas üd-Dins gewannen die Entscheidungsschlacht bei Kırşehir; und in Amasya wurde eine weitere orthodoxe theologische Hochschule gestiftet, die berühmte Gök Medrese.

Die Niederschlagung des Baba-İshak-Aufstandes könnte fast als historisch notwendige Stufe weg von der nomadischen Türkei betrachtet werden. Doch schon drei Jahre nach der Niederschlagung des turkmenischen Aufstandes war es mit einem Mal um die Macht der Seldschuken geschehen. Ein 1243 anrückendes mongolisches Heer schlug die Seldschuken unter Sultan Gıyas üd-Din am Kösedağı östlich von Sivas so vernichtend und machte so große Beute, daß den Mongolen in Anatolien kein weiterer Widerstand mehr entgegengesetzt wurde.

Der Grund für den Niedergang der Rum-Seldschuken war also wieder ein ErobererVolk, allerdings ein weitaus planmäßiger, disziplinierter, zentralistischer und effizienter vorgehendes als etwa die Oguzen zweihundert Jahre früher. 1206 war auf einem Reichstag aller mongolischen Klane und Stämme Dschingis Chan zum höchsten Herrscher ausgerufen worden. In wenigen Jahrzehnten folgte die systematische Eroberung eines Reiches, das China, Zentralasien, Rußland und Persien umfaßte. Dschingis Chan war schon 1227 gestorben, doch die Eroberungen gingen auch unter seinen Nachfolgern weiter. Allerdings löste sich allmählich die Reichseinheit auf; seit etwa der Mitte des 13. Jahrhunderts bildeten sich vier letztlich voneinander unabhängige Mongolenreiche: das chinesische unter Kubilai Chan, das der Horde Tschagatai in Zentralasien, das der Goldenen Horde in Rußland und das der Il-Chane in Persien.

Mit dem letzten sollte es Kleinasien von nun an zu tun haben. Die Il-Chane, die 1258 Bagdad eroberten und den abbasidischen Kalifen hinrichteten, verfolgten bis etwa 1300 in der Regel eine Politik, die christenfreundlich wirken mußte, weil sie in einer islamisch geprägten Umgebung den Ausgleich zwischen den verschiedenen Bevölkerungsgruppen suchte.

Erst als sich um 1300 herausgestellt hatte, daß sämtliche il-chanischen Hoffnungen auf eine wirksame Allianz mit einer abendländischen Macht gegen die Mamluken in Ägypten und die Goldene Horde, ihre Rivalen, vergeblich waren, wurde auch im Il-Chan-Reich der Islam Staatsreligion.

Für Kleinasien war die Mongolenzeit ausgesprochen schwierig, manchmal bitter. Die rum-seldschukischen Sultane behielten zwar Titel und Thron, verloren aber fast jegliche Macht. Die Mongolen stationierten Truppen im Ostteil des Landes und errichteten eine Art Protektorat, das heißt, sie erwarteten jährlich einen hohen Tribut. Im Land selbst waren nun die prägenden Persönlichkeiten nicht mehr die Sultane, sondern hohe Würdenträger, die ihrerseits wieder unter ständigem mongolischen Druck standen. Die bedeutendsten Bauwerke der Zeit stammen dementsprechend von dem Wesir Fahr üd-Din Ali, genannt Sahib Ata, oder von Muin üd-Din Pervane, nicht mehr von Sultanen. Charakteristisch genug waren diese Bauwerke sehr häufig Karawanseraien für den von den Mongolen so sehr geförderten Transithandel oder eben prächtige theologische Hochschulen wie die Karatay Medresesi für die so wichtigen *ulemâ*.

Grundlage des Reichtums dieser Bauherren waren ihre nun erblich werdenden, riesigen *iktas*, die man eigentlich nur noch als Fürstentümer bezeichnen kann. Es bildete sich also wieder privater Großgrundbesitz, der zur üblichen Ausbeutung der Bauern führte. Dies und der Kapitalabfluß durch den Tribut hätte vermutlich schon gereicht, den neuen Wohlstand Anatoliens zu schädigen, jedoch kam noch ein drittes dazu. Die Mongolen waren nicht nur Nomaden, sie hatten auch Nomaden, meist Türken, aber auch Kurden, gleichsam vor sich her nach Kleinasien hineingetrieben. Die nomadische Lebensweise gewann dort wieder an Gewicht.

So kam es zu einem Teufelskreis: Die permanente mongolische Finanzkrise führte zur Erhöhung der Tributforderungen, die zur Erhöhung der von den Bauern zu leistenden Zahlungen, das wiederum zur Landflucht und Nomadisierung bereits seßhafter Bevölkerungsteile und zu Aufständen, und die verschärften die Finanzkrise.

Das Ende der Seldschuken war wenig rühmlich. Anfang des 14. Jahrhunderts gab es kein eigentlich seldschukisches Gebiet mehr, Anatolien bestand aus turkmenischen Fürstentümern und den Gebieten der von den Mongolen eingesetzten Statthalter. 1310 starb ein letzter rumseldschukischer Sultan, ein Nachfolger wurde nicht gesucht. 1317 wurde eine Art Generalgouverneur eingesetzt, der Kleinasien direkt verwalten sollte. Dieser Timurtaş beseitigte die letzten Reste einer Fiktion seldschukischer Herrschaft und versuchte, besonders die immer mächtiger werdende turkmenische Fürstenfamilie der Karamaniden zu unterdrükken. Kaum war ihm das vorübergehend gelungen, erklärte er sich selbst für unabhängig von den Mongolen. Zwar gelang es den Il-Chanen 1328 noch einmal, ihn zu beseitigen, doch bald darauf zerbrach ihr Reich an seinen wirtschaftlichen Schwierigkeiten, innerdynastischen Auseinandersetzungen und religiösen Spannungen. In Kleinasien existierten eine ganze Reihe voneinander unabhängiger nomadischer Fürstentümer und einige von Zunftbruderschaften dominierte Städte. Doch das gehört schon in das nächste Kapitel.

KAPITEL X

Das Geschlecht Osmans

Die Entstehung des Osmanischen Reiches

Noch nicht einmal eine auf seinen Namen geprägte Münze ist erhalten, man kennt keine von seiner Kanzlei ausgestellte Urkunde, und keine zeitgenössische Beschreibung seiner Taten hat sich erhalten. Trotzdem nannten seine Nachfahren, Herrscher über einen der beeindruckendsten Staaten und eine der interessantesten Gesellschaften der Geschichte, ihre Familie nach ihm, einem bescheidenen Kleinfürsten in Nordwestanatolien: Osman, dem Sohn Ertuğruls, Vorfahr der Osmanen.

Dabei kann man damit rechnen, daß es wenigstens eine solche Münze gegeben hat. Der osmanische Chronist Aşıkpaşazade, der im 15. Jahrhundert lebte, berichtet jedenfalls, daß Osman nach der Eroberung der kleinen Burg Karacahısar nördlich von Kütahya dort mit dem Wunsch der Bevölkerung nach einem Kadi konfrontiert wurde. Osman setzte daraufhin einen einheimischen »heiligen Mann« namens Dursun Fakı in dieses Amt ein. Das war, und nach Aşıkpaşazade wies ihn der zukünftige Kadi auch gleich darauf hin, nicht ganz statthaft: Denn Kadis waren ja nicht nur Richter, sondern ganz allgemein die höchsten Verwaltungsbeamten einer Stadt mit notariellen und administrativen Aufgaben, und die durfte nur der Sultan persönlich einsetzen. Und das war nicht Osman mit dem Titel eines *gazi*, also Glaubenskämpfers, sondern der Seldschuke Mes'ud II. in Konya.

Osman jedoch setzte sich über diese Regelung hinweg. »Diese Stadt habe ich mit meinem Schwert erobert. Was hat der Sultan mit ihr zu schaffen, daß ich seine Erlaubnis einholen soll? Allah, der ihm das Sultanat gab, gab mir im Glaubenskrieg die Würde eines Khanes...« So soll er laut der Chronik gesprochen und Dursun Fakı auch noch zum Freitagsprediger der örtlichen Moschee gemacht haben. Er hatte von nun an die Freitagspredigt, die *hutbu*, im Namen Osmans zu halten: Für die Osmanen wurde dadurch das mit dieser Geschichte überlieferte Datum des Mondjahres 699 (entspricht der Zeit zwischen dem 28. 9. 1299 und dem 16. 9. 1300 des gregorianischen Kalenders) extrem wichtig.

Denn damit hatte sich Osman für unabhängig erklärt. In der Freitagspredigt wird der Name des Herrschers genannt und für ihn gebetet. Wenn hier nun Osman seinen Namen anstelle dem des seldschukischen Sultans erwähnen ließ, war das im islamischen Raum soviel wie eine einseitige Unabhängigkeitserklärung, oder, vom Standpunkt des seldschukischen Sultans, offener Aufstand. Mit der Münze hat das insofern viel zu tun, als die zweite Veröffentlichung eines solchen Machtanspruches durch Münzen geschah, die den Namen des Herrschers trugen. Das eine zu tun und das andere zu lassen, wäre inkonsequent gewesen: Osman Gazi, der von nun an als *beğ* oder mit dem arabischstämmigen Ausdruck *emir* zu bezeichnen ist, dürfte auch eigene Münzen haben schlagen lassen; vermutlich die ersten *akçe,* die »Weißling« genannten Silbermünzen von einem Drittel *dirhem* Gewicht, etwa 1 g.

Freilich war er nicht der einzige Muslim, der in Kleinasien unabhängig von den ja durch die Mongolen kontrollierten Seldschuken Macht beanspruchte. Ganz im Gegenteil, die Finger beider Hände reichen nicht aus, um all jene Herrschaften aufzuzählen, die in Anatolien existierten und weitaus größer waren als die Osman Gazis. Insofern kann man sicher sein, daß dieses Ereignis des Jahres 1300 für die Zeitgenossen nichts Erwähnenswertes hatte.

Die meisten dieser Fürstentümer, *beğliks* oder mit einem anderen Wort Emirate, waren als selbständige Grenzherrschaften entstanden. Ihre Fürsten waren turkmenische Stammesführer, die mit ihren Truppen den ständigen Grenzkrieg gegen christliche Mächte unterhielten. Deswegen nannte man diese Machthaber auch *uç beği,* Grenzfürsten. Ein erstes *beğlik,* das der Karaman, war schon 1256 in den Bergen des Taurus um Larende (das heute Karaman heißt) entstanden. Es sollte über Jahrhunderte bestehen und das mächtigste dieser Fürstentümer bleiben, bis die Osmanen ihm Ende des 15. Jahrhunderts ein Ende setzten.

Die Karamaniden, wie sich die Dynastie dieser Herrschaft nannte, waren schon bald so mächtig, daß sie mehr taten, als die Armenier in der Ebene der Çukurova und in den Bergen um Sis (Kozan) zu bekämpfen. 1277 besetzten die Karamaniden Konya, während gleichzeitig der Mamlukensultan Baybars aus Ägypten nach Anatolien einfiel und versuchte, sich als Sultan anerkennen zu lassen. Doch auch nach dem Rückzug Baybars' hielten sich die Karamaniden noch eine Weile in Konya. Dabei taten sie etwas ähnliches wie die Mongolen: Auch sie setzten die rumseldschukische Dynastie nicht ab, sondern installierten einen Prinzen, der aber ganz von ihnen abhängig und kontrolliert war.

Das Unternehmen der Karamaniden von 1277 scheiterte zwar, ist aber dennoch für die Geschichte der *beğliks* äußerst aufschlußreich. Denn nach der Niederlage gegen die Mongolen und dem Tode ihres seldschukischen Thronprätendenten zerfiel ihr Reich nicht: Ihre Truppen zogen sich in die unzugänglichen Berge des Taurus zurück, in denen die Nomaden ihre Sommerweiden hatten und wo sie kaum zu besiegen waren.

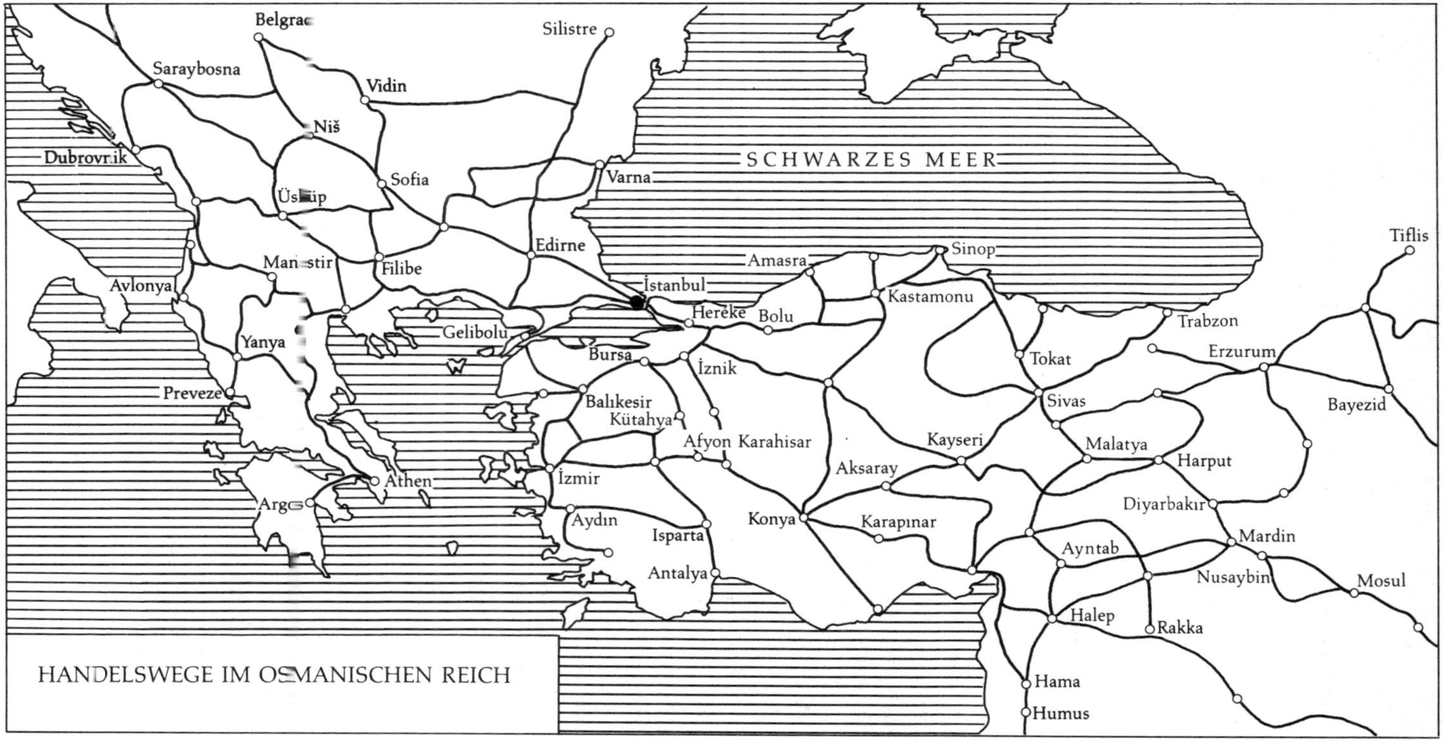

HANDELSWEGE IM OSMANISCHEN REICH

Das Ereignis charakterisiert die turkmenischen *beğliks* nicht schlecht: Solange sie einen Stützpunkt hatten und sich auf ihre Truppen verlassen konnten, waren sie eventuell militärisch zu schlagen, aber kaum zu beseitigen. Feste staatliche Grenzen konnten unter diesen Umständen kaum entstehen, ständiger Kleinkrieg war die Regel.

Dennoch war ein *beğlik* mehr als ein ständig mobilgemachtes Nomadenlager, mehr als ein Stamm. Die Besetzung und Verteidigung von Burgen, die Organisation eines städtischen und eines Handelslebens und schließlich die grundsätzliche Aufgabe, den Grenzkrieg gegen die christlichen Staaten am Rande der türkischen Welt Kleinasiens zu führen, machten wenigstens ein Mindestmaß an staatlicher Verwaltungsarbeit notwendig.

Die meisten *beğliks* imitierten sozusagen in verkleinertem Maßstab das, was die Rum-Seldschuken vorgemacht hatten. Das Land wurde von der Dynastie gemeinsam verwaltet und der *beğ* hatte nur die patriarchale Funktion eines Oberhaupts über grundsätzlich gleichrangige Mitherrscher (und weil dieses Modell nicht recht klappte, kam es in vielen Fürstentümern zu erbitterten Streitigkeiten um Thron und Macht). Man richtete eine Kanzlei ein, baute vielleicht eine Art von Finanzverwaltung auf, vergab größere *iktas* an wichtige Heer- oder Stammesführer und kleinere an Truppenangehörige niederen Ranges, und vereinzelt begann sich der *beğ* eine Mamluken-Garde zusammenzukaufen.

Wenn es einen Unterschied zu den Seldschuken gab, dann den, daß eben alles sehr viel bescheidener ausfiel und noch mehr der türkischen Tradition verpflichtet war. Das ging so weit, daß der Karamane Mehmed I. nach der schon angesprochenen Eroberung Konyas 1277 ein Gesetz erließ, daß von nun an das Türkische die alleinige Amtssprache zu sein habe – das Persische war ja immer die der Seldschuken gewesen. Im allgemeinen sollte es in den Beğliks bei türkischen Dokumenten bleiben.

Türkisch war auch die Literatur, die an diesen Höfen entstand, nun allzumeist, und die Epen von *Dede Korkut* oder *Karacaoğlan* dürften nun von Volks- zu Hochliteratur geworden sein. Allgemein war es eine Zeit der Mystiker, die allerdings intellektuell häufig weniger Anspruch machten als die *mevlevîs*. Hacı Bektaş etwa, auf den sich der Orden der *bektaşiye* berief, war ein betont einfacher Mann gewesen, wohl ein Einwanderer aus Chorasan, der sich dem Baba-İshak-Aufstand anschloß und gewiß nie plante, einen Orden zu gründen, dessen Organisation über Jahrhunderte hin die Truppen des osmanischen Sultans umfassen sollte; und das, obwohl die in diesem Orden entwickelte Lehre mit der islamischen Orthodoxie wenig gemeint hatte. Denn die *bektaşî* glaubten an die Seelenwanderung, nahmen die Beichte mit einer Art Absolution ab, predigten die Autorität ihrer *şeyhe* und nicht die des Heiligen Rechts.

An diesen Bewegungen hatten die Beğliks vollen Anteil; aber dennoch war gar nicht zu verhindern, daß mit dem Entstehen einer Verwaltung und eines Hofes, mit dem Erobern und Besetzen von Burgen sich wiederholte, was auch die Seldschuken schon erlebt hatten: Die eigentlichen Krieger an der Grenze entfremdeten sich ihrem *beğ*. Das ging im Falle der auch kulturell hochbedeutenden Germiyanoğulları, deren Residenz Kütahya war, so weit, daß westlich von ihnen wiederum Grenzfürstentümer entstanden, die bald die Autorität des Emirs von Germiyan nicht mehr anerkannten: die Aydınoğulları mit dem Zentrum in Tire und dem heute Aydın heißenden Güzelhısar, die Saruhanoğulları um Manisa und die Karesi um Balıkesir.

Mit der Gründung dieser Herrschaften hatten die Türken endlich die Ägäis erreicht. In byzantinischem Besitz waren nur noch einige befestigte Städte und Burgen, bemerkenswert lange übrigens Philadelphia, das heutige Alâşehir, das als letzte bedeutendere byzantinische Landinsel sich sogar bis 1390 halten konnte. Allerdings stellte sich nun für die türkischen Fürstentümer eine neue Frage: Wohin sollten sie expandieren? Es war ja klar, daß ohne Möglichkeit, im Krieg Beute zu machen, den jeweiligen Beğs entweder die Truppen davonliefen oder – noch schlimmer vielleicht – durch Überfälle im eigenen Gebiet Unruhe stiften würden. Für das schon 1261 im Gebiet von Muğla entstandene Emirat Menteşe, für die Beğliks Aydın, Germiyan, Saruhan und weiter im Inland für Hamid und Tekke war das Problem letztlich nicht zu lösen: Auch Überfälle auf die Inseln der Ägäis reichten nicht aus, den Reichtum anzusammeln, der zum Unterhalt militärischer Macht erforderlich war.

Ähnlich erging es den Beğliks, die östlich der Grenzregion zu Byzanz entstanden, als der seldschukische Staat und die mongolische Verwaltung sich auflösten. Hier stand keine umkämpfte *uç* mehr zur Verfügung, und die entstehenden Beğliks waren entweder Herrschaften, die sich aus großen İktas gebildet hatten (etwa im Falle der Pervane, Sahib Ata oder Çandar), oder Gebiete, die turkmenische Stämme kontrollierten, die erst von den Mongolen nach Kleinasien gebracht worden waren: Das galt für die Ramazan, die sich im Gebiet des Kleinarmenischen Königreichs etablierten, oder die Dulkadir um Mar'aş (das heutige Kahramanmaraş). Bedeutender aber noch wurden jene beiden Turkmenen-Reiche ganz im Osten Anatoliens, die die romantischen Namen der »Horden vom Weißen bzw. Schwarzen Hammel« trugen: Die Ak und die Kara Koyunlu übernahmen dort das mongolische Erbe bis hin zu den Bezeichnungen für Ämter und das Hofzeremoniell, für die bei ihnen oft mongolische Ausdrücke gebraucht wurden.

Trotzdem waren die zweite Hälfte des 13. Jahrhunderts und das 14. die Zeit, in der sich der wirtschaftliche und politische Schwerpunkt Anatoliens ganz eindeutig nach Westen verlagerte. Das zeigte sich auch daran, daß die Beğliks dort trotz aller fließenden Grenzen und allen Kleinkriegs politisch stabiler waren als die weiter östlich, wo Dynastien in weit schnellerer Folge aufstiegen und zerfielen. Deswegen konnte in den mittleren und östlichen Landesteilen etwas entstehen, was sonst in Anatolien unüblich gewesen war, weil es den zentralistischen Auffassungen von Römern, Byzantinern und Osmanen gleichermaßen widersprach: städtische Autonomie im Sinne des mittelalterlichen Europa.

Das berühmteste Beispiel ist Ankara. Es gibt ja immer noch ein altes Ankara, das von der Entwicklung der neuen Hauptstadt fast ausgespart scheint und dessen Bazare besonders belebt, aber sonst nicht anders als in einer Provinzstadt wirken. Gemeint ist das Viertel unterhalb der Burg, das schon zur seldschukischen Zeit entstanden ist. Hier stehen zwischen den Läden der heute noch tätigen Kupferschmiede, zwischen Eisenwarenauslagen, kleinen Möbelgeschäften und Elektrohändlern dann auch die prächtigsten Moscheen dieser Zeit.

Dabei ist das Wort von Pracht auf den ersten Blick nicht richtig gewählt; auch die 1289 entstandene Arslanhane-Moschee, zweifelsfrei ein ambitionierter Bau, beeindruckt von außen nicht besonders: Mauern aus Fund- und Backstein, das wirkt auch heute billig, und die im Geschmack der Zeit das eigentliche Gebäude überragenden Seitenportale sind von geradezu ärmlicher Schlichtheit: glatter Stein, wo etwa an sultanischen Bauten eine verwirrende Vielfalt von geometrischen und floralen Ornamenten zu erwarten wäre. Innen wird das Gebäude von 24 Holzsäulen getragen, auf die römische Kapitelle gesetzt sind, die wiederum eine hölzerne Decke tragen. Man hat in diesem Typ der »Waldmoschee« alttürkische Traditionen wiedererkannt; die Holzstützen entsprechen denen großer Zelte, die auch mythologisch für die Nomaden Mittelasiens von zentraler Bedeutung waren. Auf Volksglauben, nämlich den, daß Symmetrie Unglück bringe, mag man auch die Unregelmäßigkeit des gesamten Grundrisses zurückführen.

Dennoch ist diese Moschee auch ein Monument höchster Kunst, und zwar deswegen, weil die in Kachelmosaik ausgeführte Gebetsnische und der holzgeschnitzte, hohe Predigtstuhl zu den wichtigsten Kleinodien der Kunst der seldschukischen Periode gehören.

Der seldschukischen Periode, stimmt, aber nicht der Seldschuken. Denn die Bauinschrift erwähnt zwar noch den Namen des rum-seldschukischen Sultans, Erbauer aber sind zwei Männer einer Schicht, die als Stifter eines solchen Baues von immerhin knapp 700 qm Grundfläche im allgemeinen nicht in Frage kamen. Sie bezeichnen sich als »Brüder« und »Besitzer von Ritterlichkeit und Mannhaftigkeit«, nennen aber ihren Namen nicht. Trotzdem wird damit klar, daß es sich um zwei Zunftmeister handelte, um Spitzen der *fütüvve* genannten Bünde. »Meister« wurde da einer nicht nur im handwerklichen Sinne, sondern auch in dem der »Rechtleitung«. Und die Meister nannten sich *ahi,* was eben »Bruder« bedeutet – wie in der angesprochenen Bauinschrift.

In den Städten hatten nun diese Kreise im allgemeinen die Fäden in der Hand, wenn es sich nicht gerade um die Residenz eines Beğs handelte. Ankara, und wohl noch einige andere Orte, über die aber nicht soviel bekannt ist, gingen sogar noch einen Schritt weiter: Hier hatte kein Beğ mehr irgend etwas zu sagen, die Zünfte regierten die Stadt ganz alleine.

Der Niedergang der rum-seldschukischen und der mongolischen Macht hatte also zu ganz neuen, recht labilen und vielfältigen Verhältnissen geführt. Wo war dabei der Platz der Herrschaft, mit der dieses Kapitel eingeleitet wurde, weil sie sich am Ende unangefochten durchsetzte, nämlich der Osmanen?

Man kann die Frage ganz wörtlich nehmen und antworten: In geeignetsten Gegend, nämlich im Nordwesten Anatoliens. Denn die einzig wirklich wichtige *uç* konnte sich nur von hier aus entwickeln, wenn nicht gegen die Stadt Konstantinopel selbst, dann über die Dardanellen nach Thrakien. Auch die wichtigsten Handelswege führten immer noch durch dieses Gebiet, so gestört der Fernhandel auch durch die instabilen politischen Verhältnisse gewesen sein mag – das 14. Jahrhundert war sicherlich keines einer ausgesprochenen wirtschaftlichen Blüte.

Was Osman von seinem Vater Ertuğrul bei dessen Tod übernahm, dürfte die Führerschaft über eine Abteilung des oguzischen Kayı-Stammes gewesen sein, der zu Zeiten von Ertuğruls Vater aus Chorasan nach Anatolien eingewandert war. Einige hundert Zelte dürfte Osman befehligt und die Kontrolle über einige hundert Quadratkilometer Land ausgeübt haben. So etwas muß es damals durchaus häufiger gegeben haben, bloß wissen wir darüber nur ausnahmsweise Bescheid, da solche Gruppen den zeitgenössischen Chronisten einfach nicht erwähnenswert schienen.

Aber die Umgebung Osman Gazis bestand nicht nur aus türkischen Halbnomaden. Mit dem allmählichen Aufblühen der osmanischen Herrschaft wanderten aus dem Landesinneren auch weniger kriegerische Türken zu. Der berühmteste war gewiß der *ahi* und Vorsteher eines Derwischordens Şeyh Edebali, der bald in der unmittelbaren Umgebung Osman Gazis einen wichtigen Platz einnahm: Der Beğ nahm Edebalis Tochter zur Frau. Darin spiegelt sich wider, wie wichtig solche Männer wie Edebali für die Osmanen waren. Ihre Heiligkeit legitimierte auch die Herrschaft der Familie, sie sorgten für die religiöse Motivation und die Ideologie des entstehenden Staates.

Zur Umwelt der Osmanen gehörten aber auch seßhafte, oft griechische Bauern und byzantinische Kommandanten, meist wohl Großgrundbesitzer, die eine Burg befehligten und dabei im wesentlichen auf sich selbst gestellt waren – aus Konstantinopel war keine wirkungsvolle Unterstützung mehr zu erwarten –, so wie sie andererseits nicht mehr geneigt waren, Befehlen des Kaisers zu gehorchen oder auch nur Steuern an ihn abzuführen. Ihre Pronoien waren längst erblich geworden. Deswegen gab es auch immer wieder Bündnisse zwischen diesen von den Türken *tekfur* genannten Herren und türkischen Stammesführern, Heiraten türkischer Beğs mit griechischen Tekfur-Töchtern und Übertritte von solchen Byzantinern zum Islam. Die Auseinandersetzung an der *uç* ist insofern nicht ausschließlich unter dem Gesichtspunkt der Religion zu verstehen, und durch das 15. Jahrhundert beschäftigten die Osmanen Christen in ihren Heeren.

Doch dominant waren gerade in der osmanischen Oberschicht die Türken. Besonders wichtig war die Dynastie, deren verschiedene männliche Angehörige ganz aktiv an den Heerzügen und der Verwaltung des Landes teilnahmen. Schon zu seinen Lebzeiten sorgte allerdings Osman Gazi dafür, daß unter diesen ja grundsätzlich gleichberechtigten Verwandten einer, und zwar sein älterer Sohn Orhan, herausgehoben wurde. Er erhielt im Alter des Beğs den Oberbefehl über die Truppen und konnte nach dem Tod Osmans 1326 problemlos dessen Nachfolger werden.

Aber auch den Anführern von den Osmanen angeschlossenen Kampfverbänden wurden Landstücke zugewiesen, die sie für ihre Herden nutzen konnten, verwalteten und deren Steuererträge ihnen zustanden. Im nachhinein ist schwer abzuschätzen, ob diese Landstücke als *ikta* im seldschukischen Sinn oder als vom Beğ übereigneter Grundbesitz verstanden wurden. Denn gerade was den wirtschaftlich so wichtigen Landbesitz anging, existierten im von den Osmanen eroberten Raum ganz verschiedene Traditionen nebeneinander: Neben dem İkta-System und der byzantinischen Pronoia noch der alte türkische Gedanke, daß das Land der Dynastie gemeinsam gehöre, und alte Rechte von türkischen Besitzern, die sich den Osmanen angeschlossen hatten.

Langsam, aber sicher jedoch entwickelte sich die Idee, daß alles Land – mit der Ausnahme von Privatgrundstücken in Städten und durch Stiftungen einem frommen Zweck zugeführten Ländereien – grundsätzlich als Staatsland dem Herrscher, und nicht mehr der Dynastie gehöre. Eine Episode bei dem bereits zitierten Aşıkpaşazade erzählt davon; und auch wenn man nicht sicher wissen kann, ob sie sich so zutrug, weist sie doch auf eine frühe Entwicklung dieser Vorstellung.

Der Chronist berichtet davon, wie nach dem Tod Osman Gazis sein Erbe unter seinen beiden Söhnen Orhan und Alâ üd-Din aufgeteilt wurde. Das geschah in einer Derwischklause durch die Großen des Reiches (also in türkischer Tradition), jedoch ganz nach islamischer Vorschrift: Eine Liste der Habseligkeiten des Toten wurde erstellt, um zwischen den beiden Erbberechtigten aufgeteilt zu werden. Nun stellte sich aber heraus, daß Osman Gazi fast nichts besessen hatte: Weder Geld noch Gold, lediglich ein Reitmantel, eine Satteltasche, ein Salzfaß, ein Löffelschaft, ein paar Stiefel, einige bessere Pferde und Schafherden und einige Gespanne Ochsen und natürlich die eroberten Länder waren da. Der Chronist erzählt die Geschichte nun so, daß Alâ üd-Din feststellte, daß Land, Pferde und die Herden das seien, was der Beğ zur Ausübung seiner Aufgaben und zum Unterhalt seines Gefolges brauche, er, Alâ üd-Din, habe kein Recht an diesen Dingen, da Orhan und nicht er von ihrem Vater als Nachfolger gewünscht worden sei. Auf Orhans Drängen habe Alâ üd-Din dann weder das Amt des Beğs noch das eines Heerführers akzeptiert und nur ein Dorf gefordert. Das hat er dann natürlich auch erhalten; und aus den Einnahmen konnte er nach dem Bericht des Chronisten immerhin auch noch eine Derwischklause und eine kleine Moschee in Bursa stiften, neben der er selbst gewohnt haben soll.

Wie gesagt, es kommt gar nicht so sehr auf die Geschichtlichkeit dieses enorm altväterlich wirkenden Ereignisses an; entscheidend ist, daß für den konservativen Autor es bereits eine sehr gängige Vorstellung war, daß das Land als Staatsland dem Herrscher gehöre, daß andere Mitglieder der Dynastie an ihm eigentlich kein Recht hatten. Und: Es war das historische Glück der Osmanen, daß es tatsächlich über lange Zeit unter den Mitgliedern der Dynastie zu keiner ernsthaften Rivalität um das immer wichtiger werdende Amt des Beğs kam.

Das ging anderen ganz anders. Man kann mit dem Gedanken spielen, daß die heute wenig attraktive Stadt Balıkesir ein kulturell, architektonisch und stimmungsmäßig so interessanter Ort wie Bursa geworden sein könnte, das nach seiner Eroberung 1326 den Osmanen als Hauptstadt diente und immer ihre wichtigste Stadt in Anatolien blieb.

Das Gedankenspiel beruht darauf, daß das Beğlik von Karesi, das sein Zentrum in Balıkesir hatte, eigentlich noch zukunftsträchtiger als das der Osmanen lag: Von seinem Gebiet aus kam man an die Dardanellen, konnten sich die Gazis und Alps ihren Weg auf den Balkan bahnen.

Orhan Beğ jedoch nahm die Gelegenheit wahr, die sich bot, als zwischen zwei rivalisierenden Brüdern der Kampf um die Führung des

Beğliks Karesi ausbrach. Er unterstützte den zunächst unterlegenen Anwärter militärisch, forderte dafür die Abtretung von Territorium und übernahm schließlich nach dem Tod seines Schützlings den Kampf um das Emirat alleine. 1345 war diese Eroberung abgeschlossen, die Osmanen hatten das Ägäische Meer und die Dardanellen erreicht.

Es wäre nun der nächste Schritt, der über die Meerengen und auf den Balkan, zu erwarten gewesen. Statt der direkten Auseinandersetzung suchten aber die Osmanen unter Orhan meist einen indirekteren, verbindlicheren Weg für ihre Eroberungen. Den Grund dafür kann man vielleicht darin vermuten, daß es ja nicht genügte, die immer kriegswilligen Gazis gegen den nächstbesten Feind zu entsenden, sondern daß anschließend gegenüber der Bevölkerung der eroberten Gebiete die neue Herrschaft gerechtfertigt werden mußte. Die Osmanen hatten keine Legitimation vorzuweisen, die einleuchtender gewesen wäre als die irgendeines anderen türkischen Beğs. Deswegen war es wohl sinnvoll, sich in einem politischen Vorspiel Ansprüche zu sichern, bevor man militärisch durchgriff.

Orhan tat also mit den Byzantinern, die ja immer noch das Westufer der Dardanellen beherrschten, dasselbe wie mit den Beğs von Karesi: Er suchte einen Verbündeten auf der innenpolitischen Szene und wartete auf eine Gelegenheit.

Es ist also wieder einmal Zeit, sich etwas mit Byzanz auseinanderzusetzen. Was hatte das 14. Jahrhundert diesem Staat gebracht, wie stand es um Kaiser, Patriarch und Mönche?

Der erste Augenschein trügt selten so sehr wie hier: Wer sich die Chora-Kirche gerade innerhalb der Stadtmauer İstanbuls, gleich in der Nähe des Edirne-Tores, anschaut, wird zunächst einmal auf ein blühendes Reich schließen. Denn diese nur mäßig große Kirche, die vom Ende des 15. bis zum Anfang des 20. Jahrhunderts als Moschee genutzt wurde, erstrahlt heute als ein Museum wieder im Glanz ihrer Mosaiken und der Fresken der angebauten Grabkapelle. Der ganze Bilderschmuck – Zyklen über das Leben Jesu und das Mariä, Motive zum Thema der Auferstehung, Heiligenbilder – wird noch durch die Verwendung von feinen Marmorarbeiten und von einer ganzen Reihe frühbyzantinischer Bauteile, etwa Kapitellen, ergänzt. Der Rang der hier zu betrachtenden Bildwerke ist ohne weiteres mit dem der Fresken Giottos in der Cappella degli Scrovegni vergleichbar.

Es war auch ein großer Mann, der diese Klosterkirche so beeindruckend ausstattete: Theodor Metochites war nicht nur reich, sondern auch ein Universalgelehrter von höchstem Rang, einer, der die antiken Schriftsteller gut kannte und sich – stolz auf sein hellenisches Erbe –

rühmte, keiner anderen Kultur etwas zu verdanken, auch nicht der des lateinischen Westens. Darüber hinaus aber war Theodor Metochites ein erfolgreicher Politiker, Groß-Logothet und also Kanzler des Kaisers Andronikos II. Palaiologos.

Keine einfache Aufgabe. Das Byzantinische Reich, dessen Kaiser Michael VIII. (1259–1282) noch einmal versucht hatte, durch eine Kirchenunion, also die Unterwerfung der Orthodoxie unter den Papst, dem Reich zu einer Weltmachtstellung zu verhelfen, hatte sich militärisch und wirtschaftlich übernommen. Hätte nicht ein Aufstand in Palermo 1282, die berühmte »Sizilianische Vesper«, die Kreuzfahrerflotte des französischen Königs Karl von Anjou zerstört, wäre Konstantinopel wohl einmal mehr nach dem Scheitern der Kirchenunion in die Hand der Lateiner gefallen.

Was danach folgte, war während des 14. Jahrhunderts wirtschaftlich unerfreulich, politisch verworren und kulturell bedeutend. Denn auf dem Hintergrund sozialer, ökonomischer und politischer Krise (zu der auch noch der erste Ausbruch der Pest 1347 im Byzantinischen Reich kam) erlebte die byzantinische Kultur eine Blüte, die sich in mehr als nur den Fresken der Chora-Kirche manifestierte. Auch die Literatur war überaus bemerkenswert: Thomas von Aquin wurde in das Griechische übersetzt, der Staatsmann und Kaiser Johannes Kantakuzenos schrieb nach seiner Abdankung ein stilistisch wie sachlich höchst beeindruckendes Geschichtswerk und die wiedereröffnete Universität Konstantinopels wurde zum Zentrum universaler Gelehr- und Betriebsamkeit. Am wichtigsten und politisch wirksamsten aber war der letzte große theologische Konflikt des Reiches: der Hesychasmos-Streit. Dabei ging es um die Frage, ob eine bestimmte meditative Gebetstechnik als orthodox anzusehen war, deren Anwender behaupteten, durch sie das Licht Gottes vom Berge Tabor in unmittelbarer Anschauung erlangen zu können. Besonders die Mönche vom Berg Athos vertraten diese Form des Gebets, das zum weltanschaulichen Aufhänger für eine ganze Reihe von innerbyzantinischen Konflikten wurde.

Mindestens genauso drängend waren aber die außenpolitischen Schwierigkeiten. Auf dem Balkan entstand ein serbisches Reich, das bald zum militärisch überlegenen Rivalen Byzanz' wurde. Im Jahre 1300 schon hatte sich Andronikos II. den Frieden mit dem serbischen König Milutin dadurch erkaufen müssen, daß er ihm seine fünfjährige Tochter Simonis zur Frau und die serbisch besetzten Gebiete Byzanz' als Mitgift in die Ehe gab.

Geldnot hatte zum Verzicht auf eine eigene Flotte geführt, der Seehandel der Stadt wurde von den rivalisierenden Handelsrepubliken

Venedig und Genua abgewickelt. 1296 lieferten sich die beiden Mächte vor Konstantinopel ein Seegefecht, und Andronikos II. mußte für den Schaden aufkommen.

In den Provinzen, in Griechenland und auf dem Balkan ähnlich wie in Kleinasien war von der einstigen Macht des Zentralstaates fast nichts mehr übrig: Statthalter, Großgrundbesitzer und Generäle waren von Konstantinopel aus nicht mehr zum Gehorsam zu zwingen.

All diese Probleme kamen also zu dem des türkischen Vordringens an der Uç dazu. Wie hilflos Byzanz zu Anfang des 14. Jahrhunderts war, zeigt die Episode mit der »Katalanischen Kompagnie«, Söldnern, die sich 1303 anboten, an der Verteidigung Anatoliens mitzuwirken. Als sie aber der byzantinische Kaiser nicht mehr bezahlen konnte, errichteten sie einen eigenen spanischen Staat auf der Halbinsel Gallipoli und begannen mit einzelnen türkischen Abteilungen Thrakien zu plündern. Als die Bevölkerung floh und nichts mehr zum Rauben übrig war, zogen die Katalanen weiter nach Süden, wo sie – inzwischen ausbezahlt – das von den Staaten des vierten Kreuzzugs übriggebliebene, französische Herzogtum Athen eroberten. Vielleicht am bezeichnendsten an diesem Vorgang: Die ganze Kompagnie bestand nur aus 6500 Mann.

Auch der Sturz Theodor Metochites' hatte indirekt unter anderem mit dieser Katalanischen Kompagnie zu tun. Um sie auszahlen zu können, waren große Gebiete der erblichen Pronoiare verstaatlicht und eine neue Bodensteuer erhoben worden. Nach dem Ende der Katalanengefahr und auch der Entfernung der letzten von ihnen gerufenen und dann in Thrakien gebliebenen Türken begann 1320 ein Bürgerkrieg zwischen Andronikos II. und seinem Enkel Andronikos III., der von unzufriedenen thrazischen und thessalischen Aristokraten unterstützt wurde. Nach umständlichen militärischen und politischen Manövern (zwischenzeitlich regierten beide Andronikoi parallel) endete der Konflikt mit der Abdankung Andronikos' II. 1328. Theodor Metochites wurde verbannt, durfte dann aber als Mönch in das von ihm so reich ausgestattete Kloster der Chora-Kirche zurückkehren. Dort starb er 1332.

Hier kommen die Osmanen wieder in den Blick. 1331 hatte Orhan nach Bursa auch İznik erobert, und der starke Mann im Hintergrund der Politik Andronikos' III., Johannes Kantakuzenos, sah militärisch keine Möglichkeit zur Gegenwehr. Die Byzantiner schlossen daraufhin 1333 einen ersten Vertrag mit den Osmanen und bewilligten ihnen sogar einen gewissen Tribut. Auch wenn trotz dieser Vereinbarung die Gazis ihren Grenzkrieg fortsetzten, hatte damit die byzantinische Regierung im allgemeinen die Ruhe, die sie brauchte, um auf dem Balkan ihre Situation verbessern zu können.

Das etwa war die Konstellation, von der die Osmanen unter Orhan profitieren sollten, als Kaiser Andronikos III. 1341 starb und Johannes Kantakuzenos, der Vertreter der aristokratischen Großgrundbesitzer, von den populistischen, die Interessen der verarmten Bevölkerungskreise vertretenden Politikern hinter dem erst neunjährigen Johannes V. vertrieben wurde.

Kantakuzenos ließ sich zum Gegenkaiser (Johannes VI.) ausrufen, und es kam einmal mehr zum Bürgerkrieg, der lang und blutig sein sollte. Einer der vielen, die versuchten, aus dem byzantinischen Zwist Kapital zu schlagen, war der serbische König Stephan IV. Dušan. Er ließ sich 1346 zum Kaiser aller Serben und Griechen krönen, was der Idee des einen, orthodoxen, byzantinischen Kaisers völlig widersprach. Kantakuzenos schloß daraufhin ein Bündnis mit Orhan und gab diesem seine Tochter Theodora zur Frau. Osmanische Hilfstruppen sorgten für die Verteidigung Thrakiens, und Johannes VI. konnte als Kaiser in Konstantinopel einziehen.

Sein Rivale Johannes V. blieb Mitregent, und *de facto* wurde das Reich in Provinzen aufgeteilt, die ähnlich wie zur gleichen Zeit bei den Osmanen von einzelnen Angehörigen der Herrscherfamilie verwaltet wurden. So residierte Johannes V. in Saloniki. Wie wenige Probleme aber mit diesem Ende des Bürgerkriegs gelöst worden waren, zeigte sich schon bei der dynastischen Hochzeit von Johannes V. mit einer weiteren Tochter Kantakuzenos', Helena. Das Reich, dessen abgewertete Währung im Handel von den Italienern nicht mehr akzeptiert wurde und dessen Kronjuwelen in Venedig verpfändet lagen, hatte am Hof kein Silber- oder Goldgeschirr mehr zur Verfügung. Man aß bei der kaiserlichen Vermählung von Tongeschirr; und angesichts dessen erscheint der erwähnte Nachlaß Osman Gazis in einem ganz anderen Licht.

1354 war es dann soweit. Die Spannungen zwischen den Palaiologen unter Johannes V. und der Familie Kantakuzenos waren so gewachsen, daß es zu Kampfhandlungen kam. Serbien unterstützte die Palaiologen, Johannes VI. konnte auf die Osmanen zählen. Er verbannte seinen Mitregenten auf die Insel Tenedos (Bozcaada) am Eingang der Dardanellen und machte seinen eigenen Sohn zum Mitkaiser. Osmanische Truppen setzten über die Dardanellen, unterstützten Johannes VI. erfolgreich, zogen dann aber nicht mehr ab.

Im Gegenteil: Der Sohn Orhans, Süleyman Paşa, befestigte die durch ein Erdbeben zerstörte Stadt Gallipoli (Gelibolu) wieder und besiedelte sie. Es war deutlich, daß die Osmanen nicht die Absicht hatten, diesen Brückenkopf nach Europa wieder aufzugeben.

Johannes VI. konnte diese Handlungsweise seiner Verbündeten politisch nicht überleben. Er hatte den Türken die Möglichkeit gegeben, nun auch auf dem Balkan weiterzugehen. Johannes V. wurde die Flucht von Tenedos ermöglicht, er zog im Triumph nach Konstantinopel ein, und Johannes Kantakuzenos ging wie mancher andere gescheiterte Kaiser ins Kloster: Er wurde der Mönch Joasaph und verbrachte sein Alter in Mistra, wo er erst 1383 starb.

Wenn man fragt, warum die Osmanen an diesem vorläufigen Ende der byzantinischen Dauerkrise sich als einzige Gewinner betrachten konnten (denn das serbische Reich Stephan Dušans zerfiel 1355 bei dessen Tod in seine Einzelteile), dann sind noch andere Antworten zu finden als die geographische Lage, der Zufall, keine eigenen dynastischen Querelen durchleben zu müssen, oder die byzantinische Schwäche, so wichtig das alles war. Dazu aber kam die innerosmanische Entwicklung unter Orhan und seinem Sohn Murad I., der 1362 die Nachfolge seines Vaters antrat, da bei dessen Tod der ältere Sohn Süleyman Paşa bereits nicht mehr lebte.

Diese innere Entwicklung ging einige Schritte auf rationale Staatlichkeit zu. Entscheidend war natürlich die Ausbildung einer militärischen Struktur, die lenkbarer war als ein Heer aus allein an untergeordnete Führer gebundenen, wenig loyalen Gazis. Natürlich blieb diesen Truppen, gerade in dem sich auf dem Balkan entspannenden Grenzkrieg, ein wichtiger Platz. Aber darüber hinaus probierten die Osmanen eigentlich alle Rekrutierungsmöglichkeiten aus, die einem Staat zur Verfügung stehen, der eine allgemeine Wehrpflicht nicht einführen kann oder will.

Schon Orhan führte eine Art Wehrbauernsystem ein. Angehörige von Fußtruppen, *yaya*, oder Reiter, *müsellem*, erhielten zu viert oder fünft ein Stück Land, das sie bearbeiten und von dem sie leben konnten. Im Kriegsfall – also in den meisten Sommern – wurden dann bis auf einen diese Bauern zum Heeresdienst eingezogen und mußten am Feldzug teilnehmen, während der zurückbleibende den Hof unterhielt. Als Gegenleistung für den Heeresdienst waren diese Krieger von allen Steuern befreit.

Diese Abteilungen gehörten zu dem, was man im allgemeinen als »Provinztruppen« bezeichnet. Ebenfalls schon unter Orhan hatte sich herausgestellt, daß der Sultan mehr Truppen brauchte, als er regelmäßig um sich versammeln konnte. Die Soldaten mußten also über das Land verteilt werden. Orhan setzte über diese Truppen einen Oberkommandeur ein, der fast so etwas wie ein militärischer Stellvertreter des Sultans war. Er trug den Titel eines *beğlerbeği*, was eine Übersetzung des seldschukischen Titels *emir ül-ümerâ* war und soviel wie »Herr der Herren« bedeutete.

Der erste Beğlerbeği war Orhans Sohn Süleyman Paşa, aber schon dessen Nachfolger war nicht mehr ein Angehöriger der Dynastie, sondern ein gewisser Lâlâ Şahin Paşa. Lâlâ war der Titel, den die Osmanen ihren *atabeğis* gaben, also jenen Männern, die noch unerfahrenen oder minderjährigen Prinzen beigegeben wurden, um sie zu erziehen und bei der Verwaltung der ihnen zugewiesenen Provinzen zu unterstützen.

Mit den Beğlerbeğis und Lâlâs hatten die Osmanen begonnen, was auch die anderen Beğliks taten: Sie bauten eine Verwaltung nach seldschukischem Vorbild auf. Man richtete einen *divan* ein, den Kern einer Bürokratie, die den osmanischen Staat über die Jahrhunderte prägen sollte. Zunächst – und das weist auf die Rolle hin, die den orthodoxen Rechtsgelehrten in der Staatsordnung der Osmanen zukommen sollte – bestand der Divan allerdings nur aus drei Personen: dem Sultan, dem obersten Richter, also einem Kadi, und dem *vezir*. Aber auch dieser Wesir war zunächst immer ein *âlim*, also ein Rechtsgelehrter, mit ausschließlich zivilen Aufgaben.

In dem Vierteljahrhundert, in dem Murad I. zwischen 1360 und 1389 herrschte, wurden diese Institutionen ausgebaut. Langsam entwickelte sich aus dem Wesir das, was als »Großwesir«, als *sadr-ı a'zam*, das wichtigste Amt der osmanischen Geschichte sein sollte. Denn zur Regierungszeit Murads I. wurde der extrem einflußreiche Rechtsgelehrte Çandarlı Halil Hayreddin Paşa Beğlerbeği und gleichzeitig Wesir. Daraus ergab sich, daß der Beğlerbeği zu einer Art Provinzgoverneur und Kommandant über die Truppen der Provinzen und der Wesir als »absoluter Stellvertreter« des Herrschers – mit dessen Siegel ausgestattet – zum Haupt des gesamten Staatsapparates wurden. Zu dem gehörte von dieser Zeit an auch ein *defterdar*, der für die Finanzfragen zuständig war. Auch er war dem Großwesir unterstellt.

Das war nur eine wichtige Gruppe nicht: Die *ulemâ* behielten ihre weitgehend autonome Stellung, die ja auch das Überleben des Heiligen Rechts durch die politischen Krisen hindurch nach dem Zerfall der seldschukischen Macht erst ermöglicht hatte. Freilich gab es auch hier einen typisch osmanischen Versuch, diese Autonomie in das eigene Staatsgefüge einzupassen: Es wurde das Amt des *kadıasker*, des »Heeresrichters« geschaffen. Der Inhaber dieses Postens hatte zwei Aufgaben: Erstens war er tatsächlich eine Art Heeresrichter, er hatte nämlich alle Fälle zu behandeln, in die Soldaten, Offiziere, aber auch andere Angehörige des Hofes und der Gefolgschaft des Sultans verwickelt waren. Zweitens aber war er für die Ernennungen von Richtern zuständig und fast so etwas wie eine Berufungsinstanz, vor allem als Mitglied des Divans, wo jeder, ob Muslim oder nicht, oder ob Untertan der Osmanen oder nicht, sich an den Sultan und seine höchsten Berater wenden konnte.

Wichtiger aber war noch die Entwicklung der Verwaltung des Heeres und der Provinzen. Hier entschied sich das Schicksal des Osmanischen Reiches. Wäre es nicht gelungen, die Provinzen fest an den Sultan zu binden, hätte es wohl kaum zu einem so dauerhaften Staatsgebilde kommen können, wie es das Osmanische Reich wurde.

Der Weg, den die Osmanen, vor allem Murad I., beschritten, war der der Vereinheitlichung. Unter den Osmanen waren ja an Anführer von Truppenteilen wie schon unter den Seldschuken oder im Falle der byzantinischen Pronoia-Inhaber Landstücke vergeben worden. Die Masse des Heeres wurde auf diese Weise finanziert, die unbürokratisch war und die kostspielige, mit damaligen Mitteln kaum zu organisierende Umwandlung von Naturalsteuern in Bargeld durch den Staat nicht nötig machte. Und wie bei den Seldschuken und den Byzantinern existierte die Gefahr, daß diese Ländereien erblich wurden, mit der Folge, daß kleine feudale und vom eigentlichen Herrscher so gut wie unabhängige Herrschaften entstanden.

Murad I. ließ nun, jedenfalls bei neu zu vergebenden Territorien vor allem in gerade eroberten Gebieten, diese Praxis, Ländereien zu vergeben, vereinheitlichen. Die verliehenen Landstücke nannte man persisch *timar* oder türkisch *dirlik*, wobei beide Worte wie das griechische *pronoia* soviel wie »Lebensunterhalt« bedeuten. Auf dieses osmanische Pfründenwesen wird im nächsten Kapitel noch näher einzugehen sein.

Die so rekrutierten Reiter standen unter dem Befehl von Offizieren *(sübaşı)* und den ihnen vorgesetzten »Bannerherren« *(sancakbeği)*, die auch die Kadis bei der Aufrechterhaltung von Ruhe und Ordnung zu unterstützen hatten. Ganz an der Spitze stand dann der Beğlerbeği, von dem es seit 1385 einen für *Rumeli*, den europäischen Reichsteil, und einen nachgeordneten für Anatolien gab – wie sich überhaupt der Verwaltungsapparat der Osmanen in dieser Weise verdoppelte.

Natürlich nahmen zunächst in dieser entstehenden Hierarchie die Angehörigen der alten Oberschicht die wichtigsten Ränge ein. Zugleich ist aber doch die Absicht des Staates sichtbar, mit einer zentral geordneten Struktur den osmanischen Truppen jeden Stammescharakter zu nehmen.

All das hätte sich wohl nicht durchsetzen lassen, wenn nicht die Stellung des Sultans so außerordentlich stark gewesen wäre. Das Geheimnis des osmanischen Erfolges liegt wohl genau darin, daß die Macht des Herrschers so systematisch ausgebaut wurde. Man kann sich etwa fragen, warum den Osmanen nicht dasselbe geschah wie den

Germiyanoğulları, daß sich nämlich westlich von ihnen aufs neue Beğliks bildeten, die den Kampf an der Uç selbständig führten. Natürlich ist die aktive Rolle der Dynastie da zu nennen, auch die territoriale Sonderlage: Die Krieger an der Grenze auf dem Balkan brauchten das anatolische Hinterland als Raum für Rückzug und Nachschub, und den einzigen Übergang bei Gallipoli kontrollierten die Osmanen. Aber warum sie ihn auf Dauer kontrollieren konnten, das ist eine andere Frage. Mindestens ein Teil der Antwort dürfte mit einem Stichwort zu geben sein, das bis heute zu den verzauberten gehört: den Janitscharen.

Es ist also jetzt an der Zeit, sich mit dieser Truppe zu beschäftigen, die zum Symbol der militärischen Überlegenheit des Osmanischen Reiches wurde. Diese Infanterie galt als weit disziplinierter und kampfstärker als ihre Gegner. Bilder gibt es noch genug von diesen Fußtruppen, den Angehörigen des Elitekorps der »neuen Soldaten« (was die Wortbedeutung von *yeniçeri* ist), aber sehr viel mehr ist nicht übrig. Um auf dem Kopf anzufangen: Nur noch eine einzige der weißen Filzmützen für Paraden hat sich erhalten, deren Ende weit über die Schultern hinabfällt. Dieses einmalige Stück liegt ausgerechnet in Karlsruhe, Teil der Kriegsbeute des »Türkenlouis«, des badischen Kurfürsten Ludwig Wilhelm I. (1677–1707). An der Stirnseite der Haube ist eine mit ornamentiertem und vergoldetem Silberblech versehene Federhülse angebracht, in die die Janitscharen Federn – oder so sagt die europäische Überlieferung – ihren Löffel stecken konnten.

Dieser merkwürdige Löffelschaft, mit dem der aus dem Nachlaß Osman Gazis vielleicht zu vergleichen ist, gehört zu den faszinierenden und fremdartigen Gebräuchen der Janitscharen, Ritualen, die auch nach außen signalisierten, daß diese Gruppe ihre eigenen Gesetze hatte. Denn diese Elitetruppe entwickelte ein außerordentlich differenziertes Eigenleben, von dem wir heute nur noch die Oberfläche kennen, wie sie sich in späteren Jahrhunderten den Betrachtern von außen darbot. Denn Janitscharen schrieben so gut wie nie über sich selbst.

Eine ganz eigene Weltvorstellung jedenfalls müssen sie schon relativ früh entwickelt haben. In ihrer Symbolik spielen Nahrung und Nahrungszubereitung eine sehr, sehr wichtige Rolle, und das ging bis in die Einzelheiten von Zeremoniell und Verwaltung. Da gab es den heilig gehaltenen Kessel der Janitscharen, deren Gesamtverband sich der »Herd« *(ocak)* nannte. Die Offiziersränge hatten zum Teil Namen wie »Suppenkoch« oder »Oberkoch«, und einmal im Jahr fand eine »Baklava-Parade« statt, in der auch tatsächlich die süßen Blätterteigstücke eine Rolle spielten. Und wenn die Janitscharen die ihnen vom Sultan zugewiesene Nahrung verweigerten oder gar ihren Kessel von der Feuerstelle nahmen, dann war das ein höchst zeremoniöses und äußerst bedrohliches Zeichen für den Aufstand, dafür, daß sich die Einheit ihrer Gehorsamspflicht dem Sultan gegenüber enthoben fühlte.

Auch die sich wohl erst im 15. Jahrhundert entwickelnde Bindung der Truppe an die Mystikergestalt des Hacı Bektaş und seine Sachwalter auf Erden, die *şeyhe* seines Ordens, gehört zu der Sonderrolle, die die Janitscharen einnahmen, und die immer etwas Exklusives und mysterienhaft Abgedunkeltes hatte – selbst in Zeiten, wo die militärische Schlagkraft der Truppe niemanden mehr beeindruckte. Für die Janitscharen jedenfalls war Hacı Bektaş, der um 1270 und also ein knappes Jahrhundert vor Einrichtung ihrer Einheit verstorben war, der eigentliche Begründer des »Herdes«. Und damit sind wir wieder bei der Mütze; denn deren lang herabfallende Rückseite war nach Ansicht der Janitscharen eine Erinnerung an den langen Ärmel seines Gewandes, der den ersten Janitscharen über den Rücken fiel, als er sie segnete. Tatsächlich – aber das nur nebenbei – stammte diese Art der Kopfbedeckung wohl aus Italien, wo derlei im Spätmittelalter Mode war.

Es waren wohl dieselben Gründe, die die – für die Begriffe des ausgehenden Mittelalters und der frühen Neuzeit – erstaunliche Disziplin und Kampfkraft der Janitscharen und ihre mystisch überhöhte, geheimbündlerisch sektiererische Abgeschlossenheit verursachten. Um gleich einen der wichtigsten zu nennen: Die Janitscharen waren eine Elite von Wurzellosen; das *ocak,* der »Herd«, war ihr einziger sozialer Rückhalt. Wie das?

Es war ja oben schon gesagt worden, daß die Osmanen im Grunde alle für ein Staatswesen wie das ihre möglichen Rekrutierungsformen anwendeten: Nomaden an der Uç, Pfründeninhaber, Wehrbauern. Nicht erwähnt aber wurde bisher die ja bei den Seldschuken zum Beispiel durchaus gängige Form der Sklavenarmee, der Einheiten von Mamluken. Um etwas Ähnliches, aber entscheidend Osmanisiertes handelte es sich bei den Janitscharen und den übrigen, parallel zu ihnen eingerichteten Einheiten, der Reiterei, den Pionieren, Artilleristen und so weiter. Der Sultan nannte sie *kul,* was »Sklave« bedeuten kann, aber auch die Bedeutung »Diener, Gefolge« mitumfaßt. Damit ist klar, daß die »Pfortentruppen«, wie die Janitscharen zusammen mit ihren Kameraden zu Pferde oder an der Kanone genannt wurden, persönlich an den Sultan gebunden waren.

Jeder bedeutendere Amtsträger, jeder *sancakbeği* etwa, hatte ja sein eigenes, ihm ergebenes Gefolge, seine »Pforte«, die er aus der deswegen reichlich bemessenen Pfründe finanzieren mußte. Das waren die Leute, die ihm unmittelbar zur Verfügung standen, die er nicht, wie die Sipahis erst von ihren Ländereien zusammenrufen mußte, wenn es zum Beispiel darum ging, einer Karawane Geleitschutz zu geben oder einen Verbrecher zu verfolgen.

Wollte der Sultan verhindern, daß solche Provinzgrößen sich gegen ihn auflehnten, mußte sein Gefolge besonders ergeben und besonders zahlreich sein. Es lag in der Logik der Dinge, deswegen das Gefolge des Herrschers aus solchen Leuten zu wählen, die keine anderen Loyalitäten mehr zu berücksichtigen hatten. Und das waren am ehesten Sklaven.

Murad I., der das Korps der Janitscharen einrichtete, kaufte nun nicht, wie die Mamlukenherrscher Ägyptens, Sklaven in großer Menge ein; dazu hätte die Finanzkraft seines Staates wohl noch nicht gereicht. Die ersten Janitscharen waren »Fünfteljungen« *(pencik oğlanı)*, Kriegsgefangene, von denen jeder Fünfte ja als Beuteanteil nach dem Heiligen Recht dem Herrscher zustand. Wer von diesen Menschen nicht aus der Heimat freigekauft wurde, mußte dem Sultan dienen. Wer tauglich war, wurde eben in das Korps der Janitscharen integriert.

Anfang des 15. Jahrhunderts kam es zu einer zweiten, auch zahlenmäßig wichtigeren und original osmanischen Weise der Rekrutierung: der *devşirme*, die als »Knabenlese« in Europa berühmt wurde. Die bestand wenigstens in etwas späterer Zeit darin, daß der Sultan im Bedarfsfalle Beauftragte entsandte, die unter den über zehnjährigen Söhnen von christlichen Untertanen (später auch den bosnischen Muslimen, auf deren ausdrücklichen Wunsch übrigens) geeignete junge Männer für den Dienst an der »Hohen Pforte« des Sultans auszuwählen hatten.

Es gab dabei eine ganze Reihe von Vorschriften, die garantieren sollten, daß die Auswahl nach möglichst objektiven Gesichtspunkten und unter Vermeidung ausgesprochener sozialer Härten geschah: Nur jeder vierzigste Jüngling eines Dorfes durfte genommen werden, nie zwei aus einer Familie oder einzige männliche Nachkommen, Söhne von Priestern waren ganz befreit und so weiter und so fort. In heutiger Sicht erscheint diese Regelung natürlich trotzdem barbarisch; es ist aber aus Quellen bekannt, daß die mit der *devşirme* Beauftragten aus zwei verschiedenen Gründen immer wieder bestochen wurden: Da gab es Familien, die ihren Sohn vor der Rekrutierung bewahren wollten, und welche, die im Gegenteil versuchten, ihren Nachwuchs auf diese Weise unterzubringen.

Denn die Knabenlese enthielt auch die Chance zu sozialem Aufstieg. Zunächst wurden die Jungen an den Hof verbracht, dort gemustert, zu Muslimen gemacht und aufgeteilt: Die kleinere Gruppe kam in die Pagenschule und wurde für den Hofdienst oder den in der Reiterei vorbereitet, der große Rest wurde – möglichst weit entfernt von der

Heimat – als Helfer zu einem türkischen Bauern gegeben, um dort Türkisch zu lernen und zum Türken zu werden. Die nächste Stufe war dann die vormilitärische Verwendung im *acemî ocağı*, dessen Mitglieder auf Baustellen ebenso wie bei jedem anderen staatlichen Auftrag verwendet wurden. Schließlich erfolgte die Aufnahme in das Janitscharenkorps.

Und damit stand dem mittlerweile fünf bis acht Jahre älter gewordenen *devşirmeli* wie seinen am Hof verwendeten Kameraden der Weg nach oben offen. Wer Glück hatte und sich auszeichnete, konnte es bis zum Großwesir bringen. Allerdings wurde bis ins sechzehnte Jahrhundert auf die strenge Kasernierung dieser Truppen – und auf ihre Ehelosigkeit – geachtet. Solange ein Janitschar Soldat war, mußte er es ganz sein. Wer sich nach längerer Dienstzeit entschloß zu heiraten, mußte das Korps verlassen und etwa als Sipahi in die Provinz gehen.

Seit der Mitte des 15. Jahrhunderts sollten an der Spitze von Heer und Verwaltung fast ausschließlich diese islamisierten und turkisierten Christensöhne Verwendung finden. Für geborene Türken bot sich kaum noch die Möglichkeit sozialen Aufstiegs, am ehesten noch als Rechtsgelehrte konnten sie zu Ehren kommen. Dabei waren die Janitscharen als echte Elitetruppe gar nicht besonders zahlreich: Unter Murad I. gab es nur 1000, unter seinem Sohn Bayezid I. (1389–1402) etwa 10000, und dabei sollte es dann auch längere Zeit bleiben. Dazu kamen noch einmal halb soviele Angehörige der Pfortenreiterei.

Sicher ist: Die lange und gründliche Ausbildung der Janitscharen war etwas Einzigartiges im zeitgenössischen Militärwesen. Das machte sie im Kriege so wirksam und innenpolitisch zu einer so wichtigen Stütze des Herrschers. Im Einzelfall konnte sich der Herrscher am ehesten auf seinen *kul* verlassen, der ihm in der Regel ergeben war, selbst wenn es ihm gelang, trotz allem Kontakt zu seiner Familie zu halten. Gerade wegen der Janitscharen und der anderen Pfortentruppen konnten die Osmanen ihren Weg zum zentralisierten Staat weitergehen. Aber immer wenn das Korps die eigenen Interessen höher hielt als die des Sultans und sich von ihm verraten fühlte, geriet der Herrscher selbst in Gefahr. Auch davon wird noch zu erzählen sein.

Zunächst aber sind die erstaunlichen – und noch zum Teil ohne die Janitscharen errungenen – militärischen Erfolge wenigstens aufzuzählen, die das Osmanische Reich in großem Tempo weiter wachsen ließen.

Orhan hatte 1361 die Eroberung Adrianopels, des türkischen Edirne, nicht mehr erlebt. Damit hatten die Osmanen einen der wichtigsten Plätze auf dem Balkan besetzt, denn in Edirne verzweigen sich die von Konstantinopel herkommenden Militär- und Handelswege nach Griechenland, die Schwarzmeerküste entlang und über den Balkan nach

Mitteleuropa. Insofern war es logisch, daß wenige Jahre später der Sohn Orhans, Murad I., seine Residenz hierher verlegte, wo die wichtigeren Eroberungen zu erwarten waren. Murad, der sich »Sultan« und *Hüdavendigâr,* »Herrscher«, nennen ließ, setzte die Politik seines 1360 verstorbenen Vaters fort.

Die osmanischen Eroberungen gingen also weiter; und daß sie sich nicht nur gegen christliche Territorien richteten, zeigt, wie wenig das Osmanische Reich inzwischen von einem Uç Beğliği an sich hatte: Die Gazis hätten ihren Glaubenskrieg wohl kaum so sehr gegen turkmenische Nachbarstaaten gerichtet, wie das die osmanische Politik für nötig hielt. Auf den massiven Druck der Osmanen reagierte das ehemals so mächtige Beğlik von Germiyan wahrscheinlich am klügsten. Es kam 1381 zu einer politischen Heirat, bei der die Germiyanoğulları den nördlichen Teil ihrer Herrschaft als »Mitgift« den Osmanen abtraten. Der Versuch, dieses Territorium wiederzugewinnen, den der Beğ von Germiyan 1390 unternahm, endete dagegen fatal: Das gesamte Beğlik wurde annektiert. Der Beğ von Hamid hatte schon 1374 einen Teil seiner Herrschaft an die Osmanen verkauft.

Allerdings waren die wichtigsten Eroberungen Murads I. die auf dem Balkan. Nach Edirne eroberte er Niš, Philippopel (türkisch Filibe, bulgarisch Plowdiw), Saloniki und Sofia. Diese Städte waren Teil des Serbischen Königreichs oder standen unter dessen Einfluß. Die Serben waren inzwischen gegenüber Byzanz in einer deutlich überlegenen Situation. Die Auseinandersetzung um die Herrschaft über den Balkan spielte sich deswegen zunächst zwischen Osmanen und Serben ab. Die militärische Überlegenheit der Osmanen war deutlich, die meisten Schlachten gegen sie gingen den Serben verloren.

Daß aber die militärischen Siege in dauerhafte Eroberungen verwandelt werden konnten, daß die muslimische Herrschaft sich in der christlichen Umgebung des Balkans halten konnte, muß dennoch erklärt werden. Selbst die berühmte Schlacht auf dem Amselfeld (Kosovo Polje) von 1389, in der die Osmanen den Serben eine vernichtende Niederlage beibrachten, hätte nicht dazu führen müssen, daß die serbischen Könige den Osmanen erst tributpflichtig wurden und nach einiger Zeit ihr Gebiet ganz an die Türken fiel.

Die Osmanen wendeten verschiedene Mittel an, um aus militärischer Besetzung wirkliche Eroberung im Sinne der Osmanisierung einer Gesellschaft zu machen. Dazu gehörte mehr als die Stationierung von Soldaten oder die Einsetzung eines Kadi. Das Derwischwesen wurde in neueroberten Gebieten durch großzügige Stiftungen systematisch gefördert, denn nach wie vor waren sie diejenigen, deren Mission christliche

Bevölkerungskreise am besten erreichte. Und schließlich kam es zur Umsiedlung von Stämmen und Dörfern in die neueroberten Gebiete, wo die Osmanen sich auf diese Weise einen Rückhalt unter den Bewohnern einer Gegend sicherten. Aber auch die christlichen Bewohner konnten von der osmanischen Herrschaft in aller Regel erwarten, daß alte Rechte respektiert wurden. Finanziell standen sie sich häufig günstiger als zuvor: Ein Reich, dessen Heere Beute machen, brauchte keine hohen Steuern.

Murad I. war während oder ganz kurz nach der Schlacht 1389 dem Attentat eines serbischen Kriegers zum Opfer gefallen. Sein Nachfolger war sein Sohn Bayezid I., der den Beinamen »der Blitz« *(Yıldırım)* erhielt. Er konzentrierte sich vor allem auf Anatolien. In einer Schnelligkeit, die seinem Beinamen gerecht wird, eroberte oder annektierte er die Beğliks Saruhan, Menteşe, Germiyan, İsfendiyar, Kadı Burhan üd-Din und sogar das mächtige Karaman. Nach 1393 war nur noch der Osten Anatoliens nicht osmanisch. Der Sultan agierte auch an den europäischen Grenzen des Reiches erfolgreich, unterwarf die Walachei, deren Fürsten tributpflichtig wurden, und schlug ein von den Ungarn gegen sie aufgestelltes Kreuzfahrerheer an der Donau. Diesem Kreuzzug war die erste osmanische Belagerung İstanbuls vorangegangen, deren erfolgreicher Abschluß dann auch durch das Anrücken dieses Heeres verhindert wurde.

Immerhin hat sich aber doch ein Andenken an diese erste osmanische Belagerung der Stadt erhalten. Auf dem asiatischen Ufer des Bosporus steht bis heute die Burg Anadolu Hisarı die diese Meerenge an ihrer schmalsten Stelle überblickt. Sie wurde hier 1395, gerade vor Beginn der Belagerung, errichtet.

Byzanz war auf diese Weise längst zum allseits von den Osmanen eingekreisten Kleinstaat geworden. Nach dem Sturz von Johannes VI. Kantakuzenos war die palaiologische Herrschaft meist ein trauriges Nachspiel auf vergangene Größe. Johannes V., der ehemalige jüngere Mitregent und nun alleinige Herrscher, hatte vergebliche Versuche gemacht, westliche Hilfe gegen die Osmanen zu erhalten. Er fuhr sogar nach Rom, schwor dort 1369 dem orthodoxen Glauben ab und wurde Katholik, ohne daß dieser Akt zu einer energischen Unterstützung durch katholische Staaten führte: Denn der Übertritt des Kaisers war als rein persönliche Entscheidung deklariert worden, die keine Bindewirkung für sein Reich hatte. Auf der Rückreise wurde Johannes in Venedig in Schuldhaft genommen, aus der nur er nach umständlichen diplomatischen Verhandlungen befreit werden konnte.

1373 war auch der byzantinische Kaiser Murad I. tributpflichtig geworden und mußte ihm sogar als Vasall Heerfolge leisten – 1390 sogar in doppelt beschämender Weise: Die rivalisierenden Johannes VII. und Manuel II. mußten Bayezid I. bei der Einnahme der letzten byzantinischen Stadt Westkleinasiens, Philadelphias (Alâşehirs), unterstützen. Nach wie vor kämpften in Byzanz Venezianer und Genuesen um Einfluß, und zwischenzeitlich wurde Johannes V. von seinem mit den Genuesen zusammenarbeitenden Sohn Andronikos IV. abgesetzt, bis die Venezianer für seine Wiedereinsetzung sorgten. Derlei politische Hilfestellungen mußten den Seerepubliken mit territorialen Zugeständnissen entgolten werden; in diesem Fall erhielt am Ende Venedig die Insel Tenedos am strategisch wichtigen Ausgang der Dardanellen.

Als Bayezid Konstantinopel belagerte, lebte Johannes V. nicht mehr. Sein Nachfolger Manuel II. (1391–1425), dessen Fähigkeiten und Charakter die byzantinischen, osmanischen und abendländischen Geschichtsschreiber gleichermaßen beeindruckten, war jedoch Kaiser wirklich nur noch über das unmittelbare Stadtgebiet, da Bayezid I. die Blockade Konstantinopels aufrechterhielt.

1399 begab sich auch dieser Kaiser auf eine lange Reise nach Europa, wo er sich vor allem von Frankreich Hilfe erhoffte. Und tatsächlich, als er 1403 zurückkehrte, hatte sich die Lage gründlich geändert, freilich nicht wegen der von ihm in Europa eingesammelten Versprechungen. Nein, etwas anderes war geschehen: Ein Osmane hatte seinem Mitkaiser und Rivalen Johannes VII. den Treueid geschworen, Saloniki und der Athos waren wieder byzantinisch.

Der größtmögliche Wechsel also. Der Verursacher kam aus dem Osten, ein Türke, der behauptete, vom großen Mongolen Dschingis Chan abzustammen. In den westlichen Quellen ist er als Tamerlan berühmt und noch mehr berüchtigt, und dieser Name ist eine Verballhornung der türkisch-persischen Form Timur-i Lenk. Der »lahme« Timur hatte innerhalb von zwei Jahrzehnten die Herrschaft über das Gebiet der Goldenen Horde in Südrußland, über Transoxanien, den Kaukasus, Persien und Mesopotamien an sich gerissen. Timur war Muslim, aber auch Steppenchan, und seine Politik war die der erobernden Steppenvölker.

Anatolien, ja das darüber hinausragende Osmanische Reich waren in den Augen Timurs immer noch unbedeutende Uç, Grenzgebiet gegen die Ungläubigen. Vermutlich hätte er es nie betreten, wenn Bayezid I. ihn als Oberherren anerkannt hätte. Der militärisch so erfolgreiche Osmane war unklug genug, auf eine entsprechende Aufforderung durch Timur unter anderem wie folgt zu antworten: »Wie lange schon habe ich gegen dich Krieg führen wollen, nun bin ich aufgebrochen, um das zu tun; wenn du nicht kommst, dann tue ich's!« Die Schlacht von Ankara 1402 zeigte die wirklichen Kräfteverhältnisse auf. Bayezids Heer wurde geschlagen, der Sultan gefangengenommen und nach Akşehir verschleppt, wo er nach einigen Monaten verstarb.

Timur aber führte eine Art anatolischer Restauration durch. Die alten Dynastien erhielten ihre Beğliks zurück, und die Osmanen wurden in Kleinasien in etwa auf die Gebiete beschränkt, die sie 1389 besessen hatten. Rumelien, der europäische Reichsteil, blieb ihnen. Timur zog sich aus Anatolien zurück und nahm von jeder Dynastie eine Geisel mit, deren Existenz ihm das Wohlverhalten des jeweiligen Beğs sichern sollte. Aber als er 1405 starb, verloren die Mongolen jeglichen Einfluß auf Kleinasien; die von ihm abstammende Dynastie der Timuriden aber existierte weiter, am dauerhaftesten als *Mogul-* (»Mongolen-«)Herrscher in Indien.

Nur in Ausnahmefällen hält die Geschichte so etwas bereit: Eine Entwicklung muß ein zweites Mal unter sehr ähnlichen Bedingungen wiederholt werden. Die Osmanen benötigten nach 1402 ein halbes Jahrhundert, um wieder ganz zu werden, was sie gewesen waren. Aber sie wurden es in beeindruckender Weise. Was ihre Herrschaft ausgemacht hatte, konnte einen militärischen Rückschlag überleben, auch einen so katastrophalen wie den von Ankara.

Zunächst aber war das Osmanische Reich nicht nur verkleinert, sondern auch zerteilt. Vier Söhne Bayezids, die ja alle den gleichen Anspruch auf den Thron hatten, kämpften um die Macht, und als endlich einer sich durchgesetzt hatte, kehrte ein fünfter aus der timuridischen Gefangenschaft zurück, um seinen Anspruch (den alle osmanischen Chronisten abstritten, indem sie ihn den »Falschen« Mustafa nannten) anzumelden – mit Gewalt, versteht sich. Die Jahre 1403 bis 1413 und dann noch einmal 1422 sind also Jahre innerosmanischer Thronkämpfe.

In diesem Zusammenhang bot sich auch Byzanz die Chance, das Zünglein an der Waage zu spielen. Emir Süleyman, der die größten Teile des europäischen Reichsgebietes kontrollierte, hatte – wie erwähnt – dem Kaiser Treue geschworen, um dessen Unterstützung zu gewinnen. Sein Bruder Musa, der sich fast ausschließlich auf die Gazis stützte und keine Sipahis oder Janitscharen zur Verfügung hatte, versuchte daraufhin, die Belagerung der Stadt wiederaufzunehmen. Ihm gelang es sogar, ein Heer Emir Süleymans zu schlagen, den Bruder ergreifen und töten zu lassen. In Anatolien hatte währenddessen Mehmed Çelebi den vierten Bruder İsa ausgeschaltet und den Vertrag Süleymans mit Byzanz erneuert. Von Konstantinopel aus agierend konnte Mehmed erst seine Herrschaft in Anatolien konsolidieren und schließlich 1413 ein Heer Musas schlagen. Auch Musa verlor sein Leben, er wurde wie vor ihm Süleyman erdrosselt.

Mehmed I. war damit – jedenfalls bis der »Falsche« Mustafa auftauchte – unbestrittener Sultan. Doch das Reich, über das er herrschte, macht auch aus einem 600jährigen Abstand nicht den wohlgeordneten Eindruck, den es etwa unter Yıldırım Bayezid erweckte. Unter den Aufständen, die sich gegen die Wiedererrichtung der zentralstaatlichen Macht der Osmanen erhoben, ist der des Şeyh Bedr üd-Din von 1416 zweifellos der interessanteste, auch weil diese Gestalt als Protokommunist noch heute – je nachdem – verteufelt oder in Anspruch genommen wird.

Bedr üd-Din war Sohn des Kadis der kleinen thrakischen Stadt Sımav und selbst hochqualifizierter Theologe, der auf seinen Studienreisen auch die besten Hochschulen der Zeit, die in Kairo, besucht hatte. Allerdings war er kein strikter Orthodoxer, sondern mystischen Praktiken und Anschauungen aufgeschlossen; sein Titel *şeyh* weist darauf hin, daß seine Schüler ihn auch als mystischen Lehrmeister begriffen.

Aus Kairo zurückgekehrt, wurde er unter Musa bis zu dessen Tod für drei Jahre Kadıasker, nahm also die höchste richterliche Stellung dieses Teilreiches ein. Nach der Niederlage Musas lebte er in Verbannung in İznik und entwickelte seine Gedanken weiter. Die waren Sprengstoff für ein Reich, das zentral verwaltet werden sollte, mit einem überaus mächtigen Sultan an der Spitze und einer strengen Rechtsordnung, wie sie die hanafitische Rechtsschule der islamischen Orthodoxie bot (und bietet).

Denn was Bedr üd-Din forderte, war religiöse Toleranz, war völlige Unabhängigkeit der Richter von staatlicher Einflußnahme oder festgelegtem Rechtsbrauch, war schließlich sogar gemeinsamer Besitz an den Gütern dieser Welt. Es gab genügend Menschen, die in den Jahren seit 1402 das Vertrauen in die Segenswirkung osmanischer Politik verloren hatten. 1416 brach der Aufstand Bedr üd-Dins aus. Doch schon zu dieser Zeit war der osmanische Staat wieder stark genug, um solche Revolten blutig unterdrücken zu können. Bedr üd-Dins Ende war das der öffentlichen Hinrichtung in Serres nordöstlich von Saloniki.

Mehmed I., dem es gelungen war, das Osmanische Reich aus vielen Stücken wieder zusammenzusetzen, starb 1421. Sein Sohn Murad II. ging an die Rückeroberung der osmanischen Beğliks. Vorwand und Anlaß dafür war der Versuch des »Falschen« Mustafa, aus seinem Konstantinopeler Exil mit byzantinischer Hilfe und der der Beğliks sich wenigstens die westliche Reichshälfte zu sichern. 1422 schlug Murads Heer das sehr viel weniger geordnete Mustafas, und der Sultan ließ seinen Bruder in Bursa hängen.

Nun war es ein Leichtes, die Beğs, die Mustafa unterstützt hatten, zur Anerkennung osmanischer Oberhoheit zu zwingen. Ein Beğlik nach dem anderen fiel an die Osmanen.

Auch im Verhältnis zu Byzanz gewannen die Osmanen wieder die Oberhand. Murad belagerte die Stadt, weil Kaiser Johannes VIII. Mustafa unterstützt habe. 1424 kam es zwar zum Frieden, aber jetzt war Murad II. wieder der Herr, der Kaiser der Vasall.

Auf dem Balkan hatte der Kampf mit den Venezianern, gegen die auch erste Kriegsschiffe gebaut wurden, und den Ungarn die Stelle der serbischen Kriege eingenommen. Die Osmanen waren in diesem Kampf, der das ganze 15. Jahrhundert andauern sollte, nicht immer erfolgreich, aber allmählich schob sich die Westgrenze immer weiter nach vorne.

KAPITEL XI

Das Reich des Eroberers

Staat und Gesellschaft unter Mehmed II.

Am 29. Mai 1453 nachmittags ritt der 22jährige Sultan Mehmed II. durch das Romanos-Tor, das heute *Topkapı* heißt, in das seit einigen Stunden eroberte Konstantinopel ein. Er besuchte die Hagia Sophia, befahl, dort weiteres Plündern zu unterlassen, und ließ das muslimische Nachmittagsgebet halten. Die Hauptkirche der griechischen Orthodoxie war zur Moschee geworden. Ein gefälschtes, aber gern geglaubtes Wort des Propheten Muhammad ging um: »Sie werden Konstantinopel erobern. Heil dem Fürsten und dem Heere, dem dieses beschieden!«

Der letzte byzantinische Kaiser, Konstantin XI. Dragases, war tot, gefallen im Kampf gegen die in die Stadt eindringenden türkischen Truppen: Es lebe der Großherr! Diese Eroberung machte den jungen Sultan zur Heilsgestalt für die Muslime und zum Schrecken der Christenheit.

Zu Recht? Schließlich war Byzanz mit seinen knapp 50000 Einwohnern für mittelalterliche Verhältnisse noch eine sehr große Stadt, aber längst nur noch sein eigenes Reichszentrum: So machtlos war der Kaiser, daß er ein Jahr vor der Eroberung tatenlos zusehen mußte, wie der Sultan 13 km vor der eigenen Stadtmauer eine Burg errichten ließ. Er hätte noch näher sein können, aber dieser Platz an der engsten Stelle des Bosporus ermöglichte es, von *Rumeli Hisarı* aus die Schiffsverbindung Konstantinopels mit dem Schwarzen Meer abzuschneiden. Heute führt hier die jüngere der beiden Bosporusbrücken über die Meerenge.

Byzanz war doch schon so lange eine kleine Landinsel im osmanischen Territorium, war es da nicht einfach konsequent und überfällig, daß die Osmanen diese Lücke schlossen? Gewiß verhielt es sich so, aber es war doch ein Einschnitt in der Weltgeschichte. Der Fall Konstantinopels war der Tod eines Mythos und die Geburt eines neuen. Erst durch dieses Ereignis begriff die Welt, was schon längst Realität war: Das Ewige Rom, die Idee des Einen Christlichen Kaiserreiches, das starb bei der Erstürmung der Landmauern, während des Schlagens der Bresche, durch die die türkischen Truppen in die Stadt liefen. Und geboren wurde der Mythos vom »Großtürken«, von der Pracht und Organisation, von der schrecklichen Macht des den Orient beherrschenden, das Abendland bedrohenden Padischahs und Sultans. Geboren wurde auch der Mythos von Sultan

Mehmed, dem Eroberer *(Fatih)*, wie er sich nun nennen ließ. Er sollte diesen Mythos propagandistisch ausnützen und fördern, sich aber auch seiner würdig erweisen.

Für Mehmed II. war der 29. Mai 1453 auch ein Tag persönlichen Triumphes. Seine Stellung war bis dahin relativ schwach gewesen. Er hatte den Ruf eines glücklosen Herrschers, eines Versagers. Denn Mehmed II. war bereits einmal abgesetzt worden. Als er gerade zwölf Jahre alt war, 1444, hatte sich sein Vater Murad II. nach Manisa in Anatolien zurückgezogen und seinen Sohn als Nachfolger eingesetzt. Doch der Junge war überfordert. Noch als im gleichen Jahr ein Kreuzfahrerheer unter dem ungarischen Fürsten János Hunyadi das Osmanische Reich angriff, zeigte sich, daß Murad II. so etwas wie ein Sultan in Reserve geblieben war. Nicht Mehmed II. schlug die Kreuzfahrer bei Varna, sondern sein Vater. Auch der Großwesir Halil Paşa fuhr fort, Murad als den eigentlichen Herrscher zu betrachten und im übrigen die Politik des Reiches nach seinen eigenen Vorstellungen zu leiten.

Dieser Wesir stammte aus der Familie der Çandarlı, aus der im 14. und 15. Jahrhundert fünf osmanische Großwesire hervorgingen. Selbst von alter Familie, reicher Großgrundbesitzer, Türke so sehr wie Anatolier, war dieser geschickte Staatsmann eigentlich mit dem osmanischen Staat, wie er um 1440 war, zufrieden. Mit den ehrgeizigen Plänen des jungen Mehmed konnte er nichts anfangen: Stabilität stand im Vordergrund seines Denkens, das auch das der anderen türkischen Großen gewesen sein dürfte. Ein Janitscharenaufstand 1446 war der Anlaß für Murad II., nach Edirne als Herrscher zurückzukehren.

Mehmed II. war in den Hintergrund gedrängt. Mit mäßigem Erfolg nahm er an Feldzügen seines Vaters teil, und als dieser 1451 starb, untermalte seine zweite Thronbesteigung ein erneuter Janitscharenaufstand, den allerdings Halil Paşa schnell unterdrückte. Diese beiden ganz unterschiedlichen Männer waren von nun an aufeinander angewiesen: Mehmed brauchte einen Großwesir, auf den man hörte, Halil einen Herrscher. Zwei Jahre leiteten die beiden Repräsentanten zweier verschiedener Auffassungen vom Osmanischen Reich gemeinsam die Staatsgeschäfte.

Mehmed veranlaßte sorgfältige Vorbereitungen zur Eroberung Konstantinopels. Vor allem mischte er ihm ergebene Einheiten in das Halil Paşa gehorchende Janitscharenkorps, wechselte Offiziere aus. Nach dem Bau Rumeli Hisarıs forderte Mehmed nach islamischem Recht den byzantinischen Kaiser auf, die Stadt zu übergeben. Konstantin blieb auf ein Bündnis mit dem Westen angewiesen, das Byzanz kurz vor seinem Ende seine Identität kosten sollte. Denn die italienischen Verbündeten

DIE TÜRKISCHEN BEĞLİKS IM 14. JAHRHUNDERT

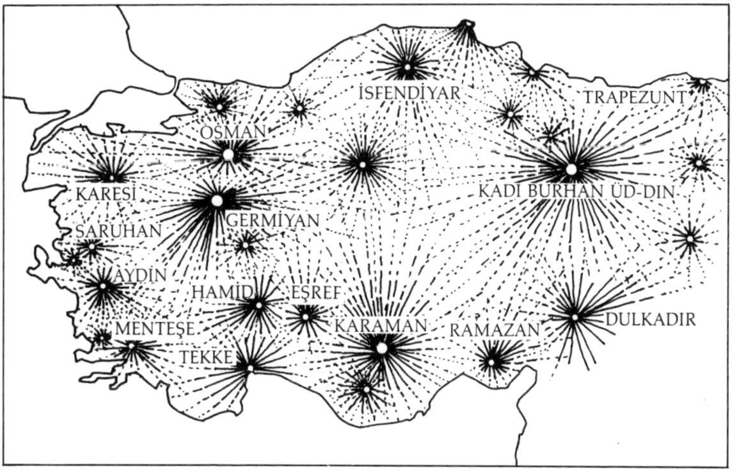

Machtausstrahlung der Herrschaftszentren türkischer Beğs

DAS OSMANISCHE REICH BIS ZUM TOD MEHMEDS II.

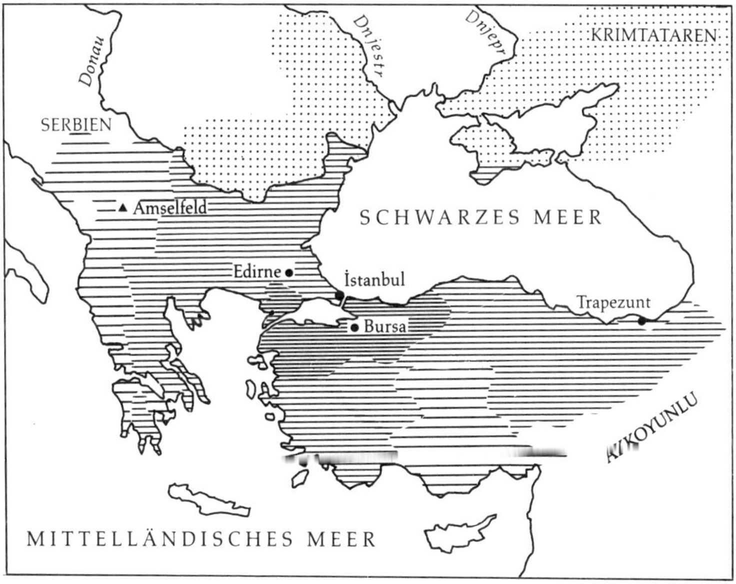

Osmanisches Reich um 1359

Erwerbungen 1359–1451

Erwerbungen 1451–1481

Vasallen

sagten ihre Hilfe nur unter der Bedingung zu, daß die griechische Kirche den Primat des Papstes anerkannte. Die Überwindung der Kirchenspaltung von 1054 wurde 1452 in Konstantinopel gefeiert – unter wütenden Demonstrationen des Volkes, das »lieber den türkischen Turban als die lateinische Mitra« über sich sehen wollte. Noch während der Belagerung sollen sich viele geweigert haben, zusammen mit den genuesischen Hilfstruppen zu kämpfen. Daß keine Venezianer Byzanz zu Hilfe kamen, ist wiederum der Vorsicht der Osmanen zuzuschreiben, die sich rechtzeitig mit nachgiebigen Friedensschlüssen zum Balkan, nach Anatolien hin und vor allem eben gegen Venedig abgesichert hatten. So warteten die Byzantiner während der 54 Tage langen Belagerung vergeblich auf Hilfe von außen.

Es scheint so, als ob nur einer außer dem kleinen genuesischen Kommando versucht hätte, sie noch einmal zu retten: Halil Paşa. Die Einnahme Konstantinopels würde ihn und sein Ansehen für Mehmed II. überflüssig machen und, schlimmer noch, der Beginn eines Umbaus des gesamten Staates sein.

So kam es auch. Einen Tag nach der Eroberung wurde der Großwesir festgenommen, enteignet und wenig später hingerichtet. Das war mehr als die Rache eines jungen Sultans an dem Staatsmann, der einmal an seiner politischen Kaltstellung beteiligt gewesen war. Es war ein Zeichen, daß von nun an die alten türkischen Fürstenfamilien im Osmanischen Reiche ihre Rolle an die *kul* verloren, an die aus Knabenlese und militärischer Erziehung hervorgegangenen Elite-Osmanen, die ganz von der Gnade des Herrschers abhingen. Von nun an waren türkische Edle als Großwesire die seltene Ausnahme, ehemalige Absolventen der Knabenlese die Regel.

Auch wenn Mehmed II. nach der Eroberung İstanbuls zunächst nach Edirne zurückkehrte, hatte er mit der Stadt viel vor. Die durch langen Niedergang und die endliche Niederlage der Byzantiner weitgehend entvölkerte Stadt wurde systematisch wieder aufgebaut. İstanbul als Hauptstadt des Osmanischen Reiches – das mag nahegelegen haben. Als Weltmetropole zeugt es von der politischen Visionskraft des Herrschers und seiner Zeit. Und zur Weltmetropole sollte Istanbul unter den Osmanen wieder werden, zur größten Stadt in Orient und Okzident.

Die Griechen wurden nicht vertrieben, sondern im Gegenteil angezogen, ein neuer Patriarch wurde eingesetzt. Juden, die in Spanien verfolgt wurden, konnten sich im Osmanischen Reich, vor allem in Saloniki und İstanbul, niederlassen. Ihr eigenartiges Spanisch erhielt sich bis in unser Jahrhundert. Und natürlich: Auch Türken kamen. Zwangsansiedlungen, aber auch Steuervorteile (und eine bis ins 19. Jahrhundert gültige

Befreiung vom Militärdienst) brachten weitere Menschen in die Stadt. Den Genuesern, aber auch den Venezianern wurde das Recht auf Ansiedlung in Galata zugestanden.

Vor allem aber setzte eifrige Bautätigkeit ein: Die Osmanen machten nicht nur einige der größten Kirchen der Orthodoxen zu Moscheen, sie bauten auch selbst. Von der Zeit Mehmeds an wurde İstanbul auch architektonisch zur osmanischen Stadt, deren Silhouette ohne Minarette und Kuppeln heute nicht mehr denkbar wäre.

Ja Kuppeln. Denn wie schon die Entwicklung der islamischen Architektur auf den von einer Kuppel überwölbten Prachtraum zulief, so beeindruckte die Hagia Sophia die Baumeister der Osmanen. Die Byzantiner hatten längst auf die Kuppel als das prägende Bauelement verzichtet, aber das Vorbild der Hagia Sophia verstärkte wohl die eigentlich türkische Entwicklung der Architektur. Die Osmanen variierten das Thema des Kuppelraumes immer wieder, um die reinste, klarste, beeindruckendste Raumwirkung bemüht. Auch die Größe der Kuppel der »Ayasofya«, wie die Türken die Hagia Sophia nennen, war eine Herausforderung. Schon die Eroberer-Moschee *(Fatih Camii),* die Mehmed II. 1463–1471 errichten ließ, nimmt die künstlerische Herausforderung durch die Hagia Sophia an. Leider sind durch ein Erdbeben im 18. Jahrhundert und mehrere Umbauten Teile der Nebengebäude verschwunden und die eigentliche Moschee entstellt, doch aus rekonstruierten Plänen und den erhaltenen, immer noch beeindruckenden Resten wissen wir, daß mit ihrem großen Vorhof, mehr noch aber mit der im Durchmesser etwa 26 m messenden Kuppel diese Moschee sich mit der Ayasofya vergleichen lassen wollte. Es geht sogar die Überlieferung, daß der Sultan den Architekten, einen zum Islam bekehrten Christen, umbringen ließ, als er feststellte, daß der Bau sein großes Vorbild an Höhe nicht übertraf.

An städtebaulicher und staatlicher Bedeutung sollte er die Ayasofya bald hinter sich lassen. Denn die Moschee war nicht nur ein Gotteshaus; sie steht mit ihrem Vorhof in der Mitte eines großen Platzes, der von mitgestifteten Nebengebäuden umgeben ist. Ein ganzes Stadtviertel ist da aus einem architektonischen Guß hingestellt worden. Hier fanden sich Arbeitsplätze für viele, und solche *külliyen,* wie derlei Gebäudekomplexe bei den Osmanen hießen, wurden zum Kristallisationskern von Stadtansiedlungen – die Eroberer-Moschee ist da nur ein, allerdings besonders großes und hervorgehobenes Beispiel. Zur Moschee gehören in ihrem Falle nicht nur das Mausoleum Mehmeds und das seiner Frau Gülbehar Hatun, der Mutter seines Sohnes und Nachfolgers Bayezid II., sondern auch Krankenhaus, Gästehaus und Karawanserai, Sattlermarkt, Bad,

Bazar, Armenküche, Schule, Bibliothek und vor allem: acht theologische Hochschulen, genannt »der Hof der acht« *(sahn-i seman)*, zu denen noch einmal acht Vorschulen gehörten.

Diese Hochschulen, die zum Glück noch erhalten sind und als Dienstgebäude der Moscheeverwaltung oder für Korankurse dienen, sind historisch wichtiger als die Moschee. Warum?

Es ist schon erwähnt worden, daß Mehmed II. die Macht der alten türkischen Fürstenfamilien entscheidend beschnitt. Die gleiche Tendenz zur Zentralisierung aller Macht zeigt sich auch im Verhalten des Sultans gegenüber der *ilmiye*. Die *ulemâ*, die islamischen Rechtsgelehrten, waren ja diejenigen, die über Jahrhunderte politischer Wirren so etwas wie ein Rechtsleben in Anatolien aufrechterhalten hatten, eben weil sie bis zu einem gewissen Grade von den Fürsten, Heerführern und Thronprätendenten unabhängig waren. Damit sollte es – jedenfalls nach dem Willen des Sultans – nach Möglichkeit vorbei sein. Ein Staat im Staate – und wenn es um die Bewahrer des Heiligen Rechts ging – war nicht mehr akzeptabel. Darin unterschied sich der Osmanische Staat von seinen Zeitgenossen und Rivalen, hier ähnelte er modernen Gesellschaften, die ebenfalls ständische Machtbildung verhindern oder wenigstens gesetzlich kontrollieren.

Natürlich konnte selbst der mächtige Sultan das Heilige Recht nicht ändern. Aber er konnte es in seinem Geltungsbereich beschneiden und die, die es sprachen, unter seine Kontrolle bringen. Beides gelang den Osmanen, und der Bau der acht Medresen diente dem zweiten Ziel.

Schon Mehmeds Vater hatte begonnen, für diese Rechtsgelehrten geregelte Karrierepfade anzulegen, es gelang aber erst den durch keinen äußeren Feind mehr gefährdeten Osmanen, die die Macht eines Weltreichs hinter sich wußten. Ausbildung und Laufbahn der *ulemâ* wurden staatlich kontrolliert, freilich im gleichen Ausmaß auch garantiert: Von nun an hatten die orthodoxen Rechtsgelehrten in der Staatsorganisation ein klares Übergewicht über die als häretisch verdächtigten Derwische.

Wer im Osmanischen Reich *âlim* werden wollte, hatte einen langen und mühsamen Weg vor sich. Wer Lesen und Schreiben gelernt hatte, konnte etwa mit 14 Jahren mit der Ausbildung an den Medresen, den Hochschulen, beginnen, an denen Arabisch, Logik, Astronomie, Mathematik, vor allem aber Theologie, Koranwissenschaften und das Heilige Recht unterrichtet wurden. Daneben gab es noch an Krankenhäuser angeschlossene medizinische Hochschulen. All diese Medresen wurden in sechs Grade eingeteilt, die der Student zu absolvieren hatte. Die untersten Grade gab es auch in der Provinz, wer höher hinauswollte, mußte in den Hauptstädten weiterstudieren. Bald war İstanbul das unbedingte Zentrum der akademischen Bildung, und die acht Hochschulen an der Moschee des Eroberers boten die beste, abschließende Bildung.

Erst wer nach jahrelangem Studium auch eine von ihnen absolviert hatte und sich nicht vorher als Muezzin oder Vorbeter hatte anstellen lassen, konnte Professor werden. Und hier begann die Ochsentour aufs neue: Erst ging solch ein *müderris* in die Provinz, dann arbeitete er sich langsam in der Rangordnung der Hochschulen aufwärts. Wer es freilich zum akademischen Lehrer gebracht hatte, konnte auch noch einen zweiten, parallelen Weg einschlagen und Richter, *kadı*, werden. Es galt aber auch hier: Es gab schlechtbezahlte Provinzrichterstellen, besser bezahlte in größeren Städten, hohe Posten in den Zentren, auf denen man reich werden konnte, schließlich die Stellungen der *kadıasker*, die zur Verwaltungsspitze des Staates gehörten. Dabei war das Neue: Vom erbärmlich bezahlten Muezzin einer kleinen Moschee in Anatolien bis zur höchsten Richterwürde wurden alle religiösen Angestellten zentral ernannt, auf Qualifikation, Karriere und Zuverlässigkeit überprüft. Der Sultan konnte auch hier jederzeit eingreifen, hatte auch hier die Fäden in der Hand.

Eines konnte er allerdings, wie gesagt, nicht: das Heilige Recht ändern. Denn seit etwa 900 galt die Doktrin der Scharia als abgeschlossen. Das »Tor der Rechtsschöpfung« *(bab ül-ictihad)* war – wenigstens theoretisch – geschlossen und blieb es bis heute: Auch in konservativen islamischen Staaten wie zum Beispiel in Saudi-Arabien wird das Heilige Recht nicht systematisch weiterentwickelt.

Muslimische Herrscher, auch die Osmanen, hatten also mit einem Rechtssystem zu tun, das zwei Eigenschaften hatte: Es war extrem starr und Veränderungen kaum zugänglich, und es hatte für eine ganze Reihe von Problemen keine Regelung anzubieten – Problemen, die entweder in neueroberten Gebieten auftraten oder einfach auf neuen Entwicklungen beruhten.

Da war natürlich viel Raum für altes Gewohnheitsrecht und für Eingriffe durch die Herrscher, die oftmals auch ausdrückliche Bestimmungen der Scharia ignorierten. Dazu kam im Falle der Türken noch die Tradition des vom Herrscher ausgehenden Gesetzes, der *törü*, die mit dem Heiligen Recht konkurrierte. Aber wieder ist es Mehmed, der einen Schritt weiterging: Er war der erste Osmane, der regionale Gebräuche in Gesetzessammlungen festschrieb, aber auch selbst Recht schuf: *kanun*, osmanisches Recht, trat neben islamisches. Und in seinen Bestimmungen zum Straf- und Steuerrecht kümmerte sich der Eroberer oft bemerkenswert wenig um die Vorstellungen der orthodoxen Rechtsgelehrten. Die sehr detaillierten Vorschriften zur Organisation des Staatsapparates lassen zum Teil kaum noch erkennen, daß hier ein islamisches Reich regiert werden sollte.

Ein Beispiel: »Welcher immer von meinen Söhnen durch Gottes Hilfe das Sultanat erlangt, es ist ihm erlaubt, seine Brüder um der Ordnung der Welt willen zu töten. Auch die meisten der *ulemâ* haben es gebilligt. Damit sollen sie vorgehen.« Dieser Eintrag im berühmten Staatsgesetzbuch Mehmeds II. widerspricht dem islamischen Recht, das die Todesstrafe nur in genau definierten Fällen zuläßt und das Prinzip persönlicher Schuld als Voraussetzung von Strafe kennt. Es steht aber auch zur türkischen Tradition im Widerspruch, die ja die gemeinsame Verantwortung der Herrscherdynastie für das Land annahm. Freilich: Immer wieder hatte ja dieser Grundsatz zu Bürgerkriegen geführt. Trotz aller frühen Zentralisierungsbemühungen der Osmanen vor Mehmed aber hatte es Morde an Verwandten nur gegeben, wenn von ihnen für den Herrscher direkt etwas zu fürchten war.

Erst Mehmed II. ging so weit, gleich bei seiner zweiten Thronbesteigung den einzigen anderen Osmanen, einen erst fünfjährigen Halbbruder namens Ahmed, erdrosseln zu lassen. Dieses Gesetz legitimierte im nachhinein diese Tat. Freilich hatte Mehmed II. es 1477, als das *kanunname* zusammengestellt wurde, längst nicht mehr nötig, sich vor irgend jemandem zu rechtfertigen. Die eigentliche Bedeutung dieser Bestimmung liegt darin, daß hier der Herrscher als Herr über Leben und Tod auch seiner Verwandten erscheint. Die Dynastie als Machtfaktor wird aus der osmanischen Geschichte entfernt. Der Herrscher, der sich über Heiliges Recht und türkische Tradition hinwegsetzen kann, hat das Recht auf absolute Durchsetzung seiner Befehlsgewalt. Die Reichseinheit konzentriert sich in seiner Person. Eine Teilung der Autorität war nicht vorgesehen.

Zwei spezifisch osmanische Einschränkungen enthält selbst dieses Gesetz. Die eine geht die Zustimmung der *ulemâ* an: »Damit sollen sie vorgehen« wurde später immer so interpretiert, daß ohne zustimmendes Gutachten des *şeyh ül-islâm*, des *mufti* von İstanbul, kein Prinz getötet werden durfte. Es mag eine Formsache gewesen sein – aber ohne Zustimmung der Rechtsgelehrten konnten selbst die Osmanen nicht am Heiligen Recht vorbeigehen.

Noch wichtiger ist eine zweite Einschränkung. Denn wie kam ein Osmane auf den Thron? Es gab ja keine festgelegte Erbfolge, kein Hausgesetz europäischen Zuschnitts. Immer noch galt, daß jeder Angehörige des Herrscherhauses Sultan werden konnte. Sinn der Bestimmung Mehmeds II. war ja auch, daß der fähigste der Anwärter sich durchsetzen sollte, ohne daß es zu Bruder- und Bürgerkriegen kam.

Damit aber hatte letztlich das Wahlrecht der türkischen Großen in veränderter Form überlebt. Welchem der in den Provinzen als Statthalter lebenden Söhnen des verstorbenen Sultans die Wesire am schnellsten Nachricht vom Tod des Vaters zukommen ließen, war oft entscheidend für die Nachfolge. Der erste in der Hauptstadt eintreffende Sohn hatte Gelegenheit, sich des zentralen Heeres und der Staatskasse zu bemächtigen, den Thron zu besteigen und den Würdenträgern den Treueid abzunehmen. Es ist in der osmanischen Geschichte keinem Bruder eines so installierten Herrschers gelungen, diesen abzusetzen.

Noch eine Folge sollte aber dies Gesetz haben: Jeder Sohn des Großherrn war durch diese Regelung Todeskandidat so sehr wie potentieller Thronfolger. Es ist verständlich, daß unter diesen Umständen dynastische Heiraten mit anderen Herrscherhäusern nicht mehr in Frage kamen: Jeder Brudermord hätte außenpolitische Probleme verursacht. Die Osmanen gingen allmählich dazu über, gar nicht mehr zu heiraten. Alle ihre Kinder waren von nun an auch Kinder von Sklavinnen ihres Harems. Für diese wiederum war es die gesellschaftliche Chance überhaupt, vom Großherrn schwanger zu werden. Als Mutter eines Sultanssohnes, *şehzade*, wurden sie *kadın*, Frau des Herrschers; wenn sich der Sohn als Herrscher durchsetzte, gar die im Palast so einflußreiche Sultansmutter, die *valide*.

Damit sind wir im Palast. Mehmed zog nach der Eroberung der Stadt nicht in die verfallenen Paläste der byzantinischen Kaiser ein. Statt dessen ließ er sich mitten in der Stadt einen Palast nach türkischer Art bauen: einen großen Garten, von einer Mauer umgeben, mit Innenhöfen, Pavillons und Gebäudetrakten. Von diesem »Alten Palast«, der etwa auf dem Gelände der heutigen Universität gelegen war, ist nichts mehr übrig. Schon bald scheint das Gelände den Osmanen nicht mehr gefallen zu haben. Um 1470 ließ Mehmed mit dem Bau des »Neuen Palastes« beginnen, der heute als »Topkapı (Kanonentor) Sarayı« weltbekannt ist. Allerdings war es ein langsamer Umzug. Erst unter Süleyman dem Prächtigen, nach fast hundert Jahren, durfte auch der Harem in den Neuen Palast nachkommen. Bis dahin war der eher Verwaltungszentrum, nicht so sehr Privathaushalt des Sultans. Und auch später noch hatte der Alte Palast eine allerdings traurige Funktion: Herberge des Harems verstorbener Herrscher, Bewahranstalt für gebrauchte Konkubinen, mißliebige Sultansmütter.

Faszination Topkapı Sarayı! Auf der äußersten Landspitze İstanbuls gelegen, mit Blick über Marmara-Meer, Goldenes Horn und in den Bosporus, inmitten von Gärten; wieder und wieder umgebaut, verändert oder renoviert, und überdies an der ältesten Stelle der Stadt, der Akropolis des alten Byzantion, auf den Trümmern der Jahrhunderte: Das ist dieser Palast. Schwer, sich vorzustellen, wie er wohl zur Zeit seines ersten Erbauers ausgesehen haben mag. Glich er tatsächlich einer Burg, wie manche Wissenschaftler glauben?

Manches ist schon seit langem gesichert: Das große, zur Hagia Sophia führende Tor *(bab-ı hümayun)* stand ebenso wie natürlich die alte Irenenkirche gleich dahinter. Am Fuß der Landspitze stand wohl vor einem weiteren Tor Artillerie, die den Eingang des Goldenen Horns kontrollierte – das gab der Anlage den Namen. Einige der alten byzantinischen Zisternen mögen noch in Betrieb gewesen sein; vielleicht mag es auch schon damals eine Tiersammlung gegeben haben, wo heute unter katastrophal veralteten Umständen die Zootiere İstanbuls gehalten werden. Sicher auch, daß der heute zwischen Museumsbauten der Jahrhundertwende eingeklemmte Çinili Köşk noch freistand, der seldschukische, persische und frühosmanische Ästhetik ganz einzigartig zusammenfaßt: So leicht wie ein japanisches Teehaus, aber ganz vorderorientalisch, was die Ornamente und die herrlichen bunten Fliesen angeht.

Das sogenannte »Friedenstor« *(bab üs-selâm)*, das von dem großen Vorplatz in den mit Platanen bepflanzten Hof zwischen den Palastküchen und den Marställen führte, mag damals noch mehr den Charakter eines Haupteinganges getragen haben.

Hier, in diesem zweiten Hof, hatten die sogenannten »äußeren Dienste« ihren Platz: Palastküche und Marstall, aber auch die Kommandanten von Truppen und Wachen bis hoch zum Janitscharenağa mit ihren Leuten. Zugleich war es der Hof der Zentralverwaltung. Registratur und Archiv der im Reich vergebenen Ämter und Pfründe waren hier untergebracht, und die zentrale Finanzverwaltung unter dem *baş defterdar.*

Vor allem tagte hier, lange noch unter dem persönlichen Vorsitz des Eroberers, der großherrliche Diwan. Dies war eine der in Europa am besten bekannten, die Zeitgenossen faszinierenden Einrichtungen des osmanischen Reiches. Das lag mit daran, daß ausländische Gesandtschaften hier empfangen wurden, westliche Diplomaten von der osmanischen Verwaltung vor allem diese Einrichtung zu sehen bekamen. Trotzdem kam es immer wieder zu heftigen Mißverständnissen, wenn Europäer versuchten, diese Versammlung der höchsten Würdenträger des Reiches zu begreifen. Beispielsweise hat man zwischenzeitlich geglaubt, in diesem Reichsrat würden vor allem politische Entscheidungen gefällt. Man hat die Wesire mit modernen Ministern verglichen, den Diwan mit einem europäischen Kabinett. So etwas war jedoch bestenfalls eine Halbwahrheit.

Der Diwan war zunächst einmal eine regelmäßig an vier Tagen der Woche zusammentretende Versammlung der höchsten Würdenträger des Reiches unter Vorsitz des Padischahs, des Sultans. Mitglieder waren der Großwesir, die beiden sogenannten Heeresrichter *(kadıasker)* als Spitzen der Rechtsgelehrten, der *nişancı* als oberste Autorität in Fragen weltlichen Rechts gleich nach dem Sultan und zugleich Leiter der entsprechenden Bürokratie, die *defterdare* als Vertreter der Finanzverwaltung und die höchstrangigen Provinzgouverneure, so sie in der Hauptstadt anwesend waren. Dazu kamen zwei oder drei weitere Wesire, die keinen eigentlichen Aufgabenbereich hatten, sondern sich quasi als Beisitzer darauf vorbereiten konnten, selbst einmal Großwesir zu werden.

Außerdem standen Beamte der Finanzkanzlei und der eigenen Kanzlei des Diwans ebenso wie zum Beispiel der Janitscharenağa und der Zeremonienmeister bereit, im Zweifelsfall bei den Beratungen zu assistieren. Schließlich waren die sogenannten *çavuşen* unter ihrem Kommandeur, dem *çavuşbaşı,* in Bereitschaft, Entscheidungen des Diwans umgehend auszuführen.

Aber was waren das für Entscheidungen? Was tat der Diwan? Es gab eine alte Regelung, nach der der Sultan die Beschwerden seiner Untertanen anhören mußte. Dies genau geschah hier. Schriftlich oder mündlich konnten sich die Bewohner des Reiches hier beklagen, und die anwesenden fachkundigen Würdenträger entschieden über diese Eingaben, meist schnell und endgültig. So war der Diwan Gericht, vor allem auch Berufungsgericht, für Fragen des Heiligen Rechts ebenso wie für die des osmanischen *kanun.* Deswegen wurden die Gesandten hier empfangen, ihr Audienzrecht entsprach dem der Untertanen. Als Ort der Beschwerdeführung war der *divan-ı hümayun* auch der der Kontrolle der staatlichen Institutionen, und von da ist es nur ein kleiner Schritt zur Praxis, daß alle wichtigen Ernennungen durch den Diwan bestätigt werden mußten. Schließlich: Vor versammeltem Diwan wurde dreimal im Jahr den Janitscharen ihr Sold ausgezahlt.

Ein volles Programm also, viel Routinearbeit auch. Es muß bei den Sitzungen verwirrend zugegangen sein. Oft wurden mehrere Fälle zugleich verhandelt und, wenn die jeweils zuständigen Mitglieder ihr Gutachten geäußert hatten, vom Vorsitzenden, also bis gegen Ende der Regierungszeit Mehmeds II. in der Regel vom Sultan, kurz entschieden. Daraufhin wurde der Beschluß protokolliert und von einem *çavuş* umgehend in die Tat umgesetzt.

Im zweiten Hof des Topkapı Sarayı waren also jene Einrichtungen konzentriert, die mit Reichs- und Palastverwaltung zusammenhingen.

Erst der dritte Hof, hinter dem von Weißen (also hellhäutigen, dem persönlichen Dienst des Herrschers zugeordneten) Eunuchen bewachten »Tor des Heils« *(bab üs-seadet)* enthielt die »inneren«, direkt auf die Person des Padischahs zugeschnittenen Dienste: seine persönliche Dienerschaft, die großherrliche Küche, seinen Feldzugsdienst, seinen Privatschatz und die Pagenschule, die so viele führenden Osmanen hervorbrachte. Dazu kam noch die Audienzhalle, die vor allem in der Zeit, als sich der Sultan aus dem Diwan zurückgezogen hatte, an Bedeutung gewann. Mußten ihm doch nach wie vor *alle* Entscheidungen zur Bestätigung vorgelegt werden. Dieses *arz odası* liegt gleich hinter dem Tor zum Dritten Hof – es bildet quasi das Bindeglied zwischen »äußeren« und »inneren« Dienstbereichen.

Abseits von den Höfen liegen dann die Teile des Palastes, die den heutigen Besucher vielleicht am meisten erfreuen: der Harem und die Welt der Aussichtspavillons und -terrassen. Freilich muß dies zur Zeit Mehmeds II. alles noch recht bescheiden gewirkt haben – auf ihn gehen nur einige Räume des Harems, der erwähnte Çinili Köşk, der schlichte »Turm des Leibarztes« und die Moschee im Dritten Hof zurück. Den beeindruckenden Aufwand trieben erst seine Nachfahren.

Noch ein weiterer Bau Mehmeds II. in İstanbul soll hier aber erwähnt werden. Mitten in der Stadt errichtete er ein steinernes Marktgebäude, den »Edelstein-Bedesten« *(Cevahir Bedesteni)*. Trotz mehrerer Brände und Erdbeben hat dieses Gebäude unter seinen 15 Kuppeln überlebt. Es ist bis heute der Mittelpunkt des Großen, des Gedeckten Bazars *(Kapalı Çarşı)*, der um ihn herumwuchs. Damit handelt es sich hierbei um den Kristallisationskern des riesigen Werkstätten- und Handelsgebietes, das sich vom Ufer des Goldenen Horns durch die Tuch- und Textilhändlergassen des Viertels Mahmudpaşa hierherziehen sollte und selbst das alte Handelsviertel in Galata auf der anderen Seite der Bucht bei weitem übertraf. Um den steinernen *Cevahir Bedesteni* wuchsen nach Berufsbeziehungsweise Produktgruppen aufgeteilte Zeilen von hölzernen Läden (sie sollten erst viel später überdacht werden), an die wiederum sich eine Zone von steinernen Hanen anschloß, die als Karawansereis und Werkstätten dienten.

Schwere Waren und Massengüter wurden nahe dem Hafen gehandelt, seltene, teuere und erst in İstanbul verarbeitete Produkte in der Nähe des Bedestens. In diesem steinernen, nachts verschlossenen und bewachten Gebäude konnte man auch Gold und Geld verwahren; wie in vielen osmanischen Städten fungierten die Kaufleute des Bazars auch als Banker und Wucherer. Obwohl der Zins nach islamischem Recht verboten ist, verschloß der Staat vor solchen Praktiken die Augen, förderte sie sogar zum Teil. Und die gewiß ohne solche Geschäfte nicht zu finanzierenden Mieten der Läden im von Mehmed II. erbauten Bazar trugen zur Finanzierung von Erhaltung und Personal der Ayasofya bei.

Bis ins 19. Jahrhundert war dies Viertel in und um den seit Anfang des 18. Jahrhunderts überdachten Kapalı Çarşı und am Goldenen Horn das Handelszentrum des Osmanischen Reiches.

Allerdings war es ein recht einseitiger Handel: İstanbul war Zentrum des Konsums und der teuren Weiterverarbeitung. Der Austausch von Waren mit anderen Gebieten des Reiches oder dem Ausland war verhältnismäßig unbedeutend verglichen mit der Einfuhr von Rohstoffen, einfachen Waren und Halbfertigprodukten in diese Stadt, in der sich der Reichtum des ganzen Staates konzentrierte. Einnahmen aus den Provinzen flossen hierher, wurden hier ausgegeben; und nur ein ausgeklügeltes System von Monopolen, Kontrollen, staatlichen Lagern und Aufkäufern ermöglichte die Versorgung der für zeitgenössische Verhältnisse ja ungeheuer großen Stadt und die Befriedigung der außergewöhnlich umfangreichen Bedürfnisse des Hofes – auch all das begann unter Mehmed II.

Damit erhielt İstanbul die beherrschende Stellung im Land wieder, die es schon einmal im Byzantinischen Reich innegehabt hatte. Ohne daß dies den Osmanen recht klargeworden zu sein scheint, wiederholte sich dadurch auch das alte Problem: İstanbuls Sogwirkung auf das Geld, die Waren und die Menschen der Provinzen behinderte deren Entwicklung. Dem Zentralstaat der Osmanen, dessen Macht sich in der Person des Sultans, dessen Pracht sich in İstanbul konzentrierte, sollten daraus noch ernste Probleme erwachsen.

Doch die Zeit, wo derartige Schwierigkeiten bedrängend wurden, war noch lange nicht gekommen. Für rund hundert Jahre nach der Eroberung Konstantinopels muß das Osmanische Reich glänzendes Vorbild (oder Schreckbild, je nachdem) für alle anderen Länder gewesen sein. Reichtum, Stabilität, Erfolg und Expansion: Damit glänzte das Reich, das überstrahlte alle dunkleren Seiten.

Krieg führten die Osmanen immer weiter; fast jeden Sommer zog das Zentralheer an eine Front, und der »Eroberer« machte seinem Beinamen alle Ehre. Die mittelalterliche Staatenwelt auf dem Balkan und die türkischen Fürstentümer in Anatolien, die so viele halbe und ganze Unabhängigkeiten kannten, wurden vom wachsenden Zentralstaat beseitigt, erobert oder zumindest ihm klar untergeordnet. Mehmeds Heere eroberten im Westen Serbien, die Peloponnes (bis auf einige bei Venedig bleibende Burgen), die Insel Euboia, Bosnien, Albanien und noch ganz am Ende seiner Herrschaft das italienische Otranto, was als Ankündigung zu verstehen war, daß es demnächst wohl gegen Rom gehen dürfte.

Im Osten verleibte der Sultan das Beğlik von İsfendiyar, die genuesische Kolonie Amastris (Amasra), das griechische Kaiserreich Trapezunt (Trabzon) seinem Reich ein, beseitigte das so lange rivalisierende Fürstentum Karaman und damit außer Zulkadir das letzte bedeutende türkische Beğlik in Anatolien. Besiegt wurde auch das mächtige, über fast ganz Ostanatolien und Westpersien herrschende Nomadenreich des Weißen Hammels *(Akkoyunlu)* unter dem Langen *(Uzun)* Hasan, mit dem man von Italien aus in diplomatischen Verbindungen stand, um die Osmanen in einen Zweifrontenkrieg zu verwickeln.

Mit dem Sieg über die Akkoyunlu hatten die Osmanen auch ihre eigene Vergangenheit besiegt. Denn diese ostanatolischen Nomaden ähnelten in vielem den Türken von 1071, den osmanischen Gazis des 14. Jahrhunderts oder den Heeren Timurs: Von nun an war in Anatolien das Zentralreich wieder stark genug, Reiterstämmen zu widerstehen.

Schließlich Züge der Osmanen in den Norden: Hier wurde der Vasallenfürst der Walachei, Vlad Dracul, genannt der »Pfähler«, dessen Grausamkeit in unseren »Dracula«-Geschichten weiterlebt, besiegt und das Chanat der Krimtataren zum Vasallen, die Stadt Kefe (Feodosia) am Südrand der Krim zum Sitz eines osmanischen Statthalters gemacht.

Die Aufzählung dieser Eroberungen und Siege, die alle innerhalb von zwanzig Jahren geschahen, ist beeindruckend und wird noch beeindruckender, wenn man die Widerstandskraft solcher Feinde wie des ungarischen Königreichs, Venedigs oder der Albaner unter dem sagenhaften Skanderbeg in Rechnung stellt.

Doch hier erwies sich, daß die Osmanen nicht nur einen Staatsapparat hatten, der auch unter Feldzugsbedingungen funktionierte, wenn in der Hauptstadt nur verhältnismäßig kleine Teile der Bürokratie zurückblieben, sondern auch eine Verwaltung, der es gelang, sprachlich, ethnisch, klimatisch, sozial und wirtschaftlich ganz verschiedene Regionen in ein Reich zu integrieren. Wie also sah es in den osmanischen Provinzen aus?

Nehmen wir ein kleines, überschaubares Beispiel: Trapezunt. Als 1461 das osmanische Heer anrückte, schickte Mehmed II. dem trapezuntischen Kaiser David Komnenos die übliche Aufforderung zur Kapitulation. Der Kaiser, der einsah, daß weder von den Akkoyunlu Hilfe, noch aus eigener Kraft (die Stadt dürfte etwa 5000 Einwohner gezählt haben) Rettung zu erwarten war, ging darauf ein. So konnte Trapezunt, das von nun an Trabzon hieß, kampflos genommen werden.

Der Kaiser, seine Familie und die vornehmen Familien der Stadt mußten sich in der Nähe Edirnes ansiedeln, behielten aber ihr Vermögen. Erst nach einigen Jahren wurde David unter nicht ganz klaren Umständen hingerichtet. 800 junge Männer Trabzons wurden in die Knabenlese rekrutiert und zu Janitscharen ausgebildet, weitere 700 Gefangene abgeführt. Als das osmanische Heer abzog, wurde ein Statthalter mit einer Garnison auf der Burg und einem kleinen Beamtenstab zurückgelassen. Diese Leute sollten mit einigen Konvertiten den Kern der muslimischen Gemeinde bilden. Art und Umfang der von nun an zu zahlenden Steuern wurden festgelegt. Einige Jahre später wurde die Kathedralkirche der Stadt zur Moschee umgewidmet, ein weiteres kleines Gotteshaus, eine *mescid,* bald darauf errichtet.

Trotzdem und trotz der Zwangsansiedlung mittelanatolischer Türken in den nächsten Jahrzehnten blieb Trabzon eine Stadt pontisch-christlichen Charakters. Anfang des 16. Jahrhunderts nahm die nur in einigen Teilen der Stadtburg lebende muslimische Bevölkerung sogar noch einmal leicht ab, während die der Griechen, Armenier und der Lateiner, also der Genueser und ihrer Nachfahren, zunahm. Die Stadt wuchs, es muß ihr also gut gegangen sein. Erst in dieser Situation begann die osmanische Regierung mit einer Politik der Islamisierung dieser nah der persischen Grenze, also an einem strategisch wichtigem Punkt, gelegenen Stadt. Türken hatten sich in Trabzon niederzulassen, Griechen, aber auch Armenier wurden ausgesiedelt, zum großen Teil nach İstanbul; und auch wenn so mancher von ihnen zurückkehren konnte, sollte sich die Zahl der Christen in der Stadt nicht so bald erholen. Freilich war neben der Zwangsumsiedlung dabei ein anderer Faktor wirksam: Es gab eine ganz erhebliche Zahl von Übertritten zum Islam.

Wie auf dem Balkan waren in Trabzon Derwischkonvente die Anlaufstelle für Bekehrungswillige, und die allgemeine Befreiung vom *harac,* der Kopfsteuer, und der Gefahr, umgesiedelt zu werden, dürfte weiteren Anreiz für den Übertritt zum Islam geboten haben. Die durch die Umwandlung weiterer Kirchen in Moscheen (Mitte des 16. Jahrhunderts wurde auch die durch ihre Fresken weltberühmte Hagia Sophia Trabzons zur Moschee Ayasofya) und den Abgang von Priestern geschwächte christliche Organisation der Stadt konnte diesem Prozeß wenig entgegensetzen.

So war vom Ende des 16. Jahrhunderts an Trabzon eine Stadt mit einer leichten muslimischen Bevölkerungsmehrheit. Allerdings hieß das nicht, daß es damit seinen spezifisch pontischen Charakter verloren hätte. Griechisch scheint noch lange die vorherrschende Sprache gewesen zu sein, und bis 1923 die letzten Griechen Trabzons die Türkei verlassen mußten, dürfte griechisch-türkische Zweisprachigkeit die Regel in der Stadt geblieben sein.

Etwas anders sah es gewiß auf dem Land aus. Das Kaiserreich Trapezunt war ja unter den Osmanen zu einer regulären Provinz unter einem *sancakbeği* geworden. 90 Prozent der Bevölkerung lebten auf dem Lande, illiterate Bauern zumeist. Was wissen wir über sie, die *reaya,* wie sie in amtlichen Schriftstücken genannt wurden?

Jahrhundertealte Bauernhäuser gibt es in Anatolien, aber auch auf dem Balkan kaum; alte Bilder und Beschreibungen des Lebens dieser Menschen sind außerordentlich selten. So bleibt heute nur der Rückschluß von Beobachtungen des letzten oder dieses Jahrhunderts. Oft genug wird man davon ausgehen können, daß Bräuche, Arbeitsmethoden, Siedlungsformen wirklich alt sind. Geographische und klimatische Konstanten waren ja bis in die Gegenwart prägend für die Lebensweise von Menschen. Aber häufig bieten uns Gerichts- oder Steuerakten des Osmanischen Reichs einen gründlichen Einblick in die Verhältnisse gerade des 16. und 17. Jahrhunderts, selbst wenn die betreffenden Provinzen weitab der Hauptstadt lagen.

Ein erster ins Auge fallender Unterschied zu den Verhältnissen heute ist zweifellos, wieviel weniger Menschen es gab. Nehmen wir wieder Trabzon: In der Gegend dort und in Rize gab es gegen Ende des 15. Jahrhunderts vielleicht 150000 Menschen, heute sind es in den beiden Provinzen der Republik etwa anderthalb Millionen. Natürlich sind die Gebietsgrenzen über 600 Jahre nicht gleich geblieben, aber einen ungefähren Einblick mögen diese Zahlen schon vermitteln.

Typisch war auch, ein wieviel größerer Anteil der Bevölkerung auf dem Land lebte. Die Gründe dafür sind klar: Städter konnten sich nicht selbst ernähren, auch wenn sie Gärten vor der Stadt besessen haben mögen. Nahrungsmittel mußten aus dem Umland herangeschafft werden. Da die Wegeverhältnisse schlecht und Transport teuer war, kamen als Lieferanten nur Dörfer der näheren Umgebung in Frage, die aber andererseits wegen der geringen Produktivität der Landwirtschaft vor Einführung von synthetischen Düngemitteln und Maschinen über die Bedürfnisse der Bauern selbst hinaus nur recht geringe Mengen erzeugen konnten: Und letztlich richtete sich die Größe einer Stadt nach der Menge der Nahrung, die ihre Umgebung produzieren konnte.

Eine Ausnahme machte allein İstanbul. Denn die Hauptstadt war natürlich viel zu groß, als daß die Dörfer der Umgebung für das benötigte Getreide, Fleisch, Gemüse, Fett oder Obst hätten sorgen können. Der osmanische Staat wandte bis zu seinem Ende einen nicht unerheblichen Teil seiner Kraft, Verwaltung, Geschicklichkeit und seines Geldes auf, um aus entfernteren, Nahrungsmittelüberschüsse produzierenden Reichsteilen Getreide, Öl und Fleisch in die Hauptstadt zu schaffen und den oftmals lukrativeren Export oder Schmuggel ins Ausland zu verhindern. Denn fehlte es an erschwinglicher Nahrung in İstanbul, konnte es leicht zu Aufständen kommen, bei denen Wesirsköpfe rollten, Stadtviertel brannten, Sultane stürzten.

Getreide, Weizen, Gerste oder auch Hirse, waren wohl meist das Hauptnahrungsmittel der osmanischen Untertanen. Getreide aß der Bauer, er brachte es auf den nächsten Markt oder verkaufte es dem staatlichen Aufkäufer, der es nach İstanbul bringen sollte – ungern meist, weil der nicht den Marktpreis, sondern einen vom Staat festgelegten, niedrigeren Aufkaufpreis zahlte. Und in Getreide – mehr und mehr aber auch aus dem Barerlös aus Getreideverkauf – zahlte der Bauer seine Steuern.

Das Steuersystem war ein Meisterstück osmanischer Organisation. In neueroberten und besonders umkämpften Grenzgebieten respektierte die Zentralverwaltung regionale Besteuerungsarten, die ja oft den lokalen Verhältnissen glänzend angepaßt waren. Möglichst bald aber wurden die Steuerzahler der Provinz registriert, wobei man nicht die einzelnen Menschen, sondern die Haushalte und bei Nomaden die Stammeseinheiten erfaßte, und wo das geschah, begann ein Prozeß der relativen Vereinheitlichung der Steuern: Das System des osmanischen Pfründenwesens glich sich auf dem Balkan, in Anatolien und Syrien jedenfalls in den grundlegenden Zügen. Hier kontrollierte İstanbul, und diese Kontrolle bedeutete für die Bewohner, jedenfalls für die Bauern, eine verhältnismäßig geringe Steuerlast, solange das System funktionierte – also in der Regel bis in die Mitte des 16. Jahrhunderts. Sehr verschieden davon waren die Verhältnisse natürlich in so entlegenen Gegenden wie Ostanatolien, Mesopotamien, Nordafrika oder der tributären Staaten, die nur einen jährlichen Barbetrag nach İstanbul schickten; aber wichtiger für das Reich, dessen rationale Organisation hier einmal mehr zu bewundern ist, war der Regelfall.

Wie sah der aus? Grundsätzlich betrachtete der Staat alles Land als sein Eigentum und machte Ausnahmen nur für Stiftungen und Grundstücke in Städten. Gleich nach der Eroberung einer Provinz wurde eine Steuererhebung durchgeführt. Beamte bereisten das Land und registrierten die Steuerpflichtigen mit der von ihnen zu entrichtenden Belastung. Etwa alle dreißig bis vierzig Jahre wurde diese Erhebung aufs neue durchgeführt, dazwischen das Register *(tahrir defteri)* durch eingelegte Zettel, die Veränderungen registrierten, auf dem laufenden gehalten. Die Steuereinnahmen gingen jedoch meist nicht an den Staat. Das Land war in kleinere und größere Pfründen eingeteilt, deren Besitzer sich von den Steuern ernährten, dafür aber dem Staat als Kavalleristen auch Militärdienst zu leisten hatten, wann immer der das verlangte – in der Regel also jeden Sommer. Diese Provinzreiterei, die *sipahis,* bekamen die kleineren Pfründen, *timar.* Es gab so viele davon, daß diese Einheiten größer waren als die der berühmten Janitscharen. Größere Pfründe, *zeamet,* oder gar sehr wertvolle, *has,* kamen dem Sultan oder den höheren militärischen Amtsträgern der Provinz zugute, von den Offizieren dieser Reiterei bis hoch zum Provinzgouverneur, dem *sancakbeği* oder – noch eine Stufe höher – dem *beğlerbeği.*

Wichtig dabei: Der Sipahi hatte anders als zum Beispiel Grundherren in Europa nur das Recht auf den Einzug der Steuern. Er durfte das Land nicht verwalten, kein Recht sprechen. Auch war das Land nicht erblich, ganz im Gegenteil: Jederzeit konnte solch eine Pfründe dem Besitzer abgenommen und durch eine andere ersetzt werden. Hatte ein Bauer sich zu beklagen, durfte er zwar seinen Hof nicht auf Dauer verlassen, aber ihm stand der Weg zum Richter, dem *kadı,* offen. Fast könnte man hier von einem rechtsstaatlichen Element sprechen, genauso wichtig ist aber wieder der Machtanspruch des Sultans auch gegenüber seinen Sipahis und gegenüber seinen Untertanen, seiner »Herde«.

Osmanische Ethik funktionierte da ganz realistisch: Die Gerechtigkeit bringe die Welt zum Erblühen; um den Garten der Welt sei der Staat die Mauer; Staatsordnung sei das Heilige Recht; dies könne nur innerhalb staatlicher Grenzen bewahrt werden; ohne Soldaten gäbe es aber kein Staatsland, die wieder nicht ohne Staatsschatz, der sie bezahlt; den Staatsschatz finanzierten aber die Untertanen, welche wiederum der Großherr unterwerfe; der aber schließlich müsse gerecht sein, damit die Welt erblühe und dieser ganze Zirkel funktioniere.

Aufgrund dieser Doktrin zahlten also Bauern wie Städter Steuern. War man nicht Muslim, war eine Kopfsteuer in bar zu entrichten, dazu kam für alle auf Bodenerträge der Zehnte, der allerdings besonders bei Tieren oder Gartenbauprodukten erheblich höher liegen konnte. Zu diesen vom Heiligen Recht vorgesehenen Steuern kam noch eine stets wachsende Zahl regional zum Teil sehr unterschiedlicher, durch das spezifisch osmanische Recht des *örf* gedeckter Abgaben, die zum Teil direkt dem Timarioten zugute kamen, zum Teil aber auch in Arbeitsleistungen oder Geldsteuern an den Staat bestanden. Damit lag auf den Schultern der Bauern eine schwere Last, denn die Erträge aus Marktsteuern, Zöllen und ähnlichen Abgaben waren verschwindend gering. Gänzlich befreit von allen Steuern waren schließlich alle Mitglieder der *askerî*-(Militär-)Klasse, also die Angehörigen des Herrscherhauses Beamten, Militärs, aber auch *ulemâ* und christliche Geistliche sowie die Stiftungsverwalter – und auch diese lebten vor allem in den Städten. So gut durchdacht dieses System war, als so labil sollte es sich in Krisenzeiten erweisen. Darauf wird noch zurückzukommen sein.

Zu Mehmeds Zeiten ließ sich mit der wirtschaftlichen Lage – wenigstens staatlicherseits – noch ganz gut leben. Verursachten die Stadtentwicklung İstanbuls oder die kostspieligen Heerzüge eine Ebbe in der Staatskasse, ließ sich zum Mittel einer vorsichtigen Abwertung des *akçe* greifen. Sie schädigte zwar alle staatlichen Lohnempfänger und die Händlerschaft, verschaffte aber in drängenden Situationen Luft. Freilich mußte der Zwangsumtausch alter in weniger wertvolle neue *akçe* mit hohem Aufwand durchgesetzt werden: Kein Mensch wollte sein gutes gegen schlechteres Geld hergeben.

Noch eine Maßnahme half, den Mangel an Bargeld in der Staatskasse kurzfristig zu beheben. Die *has*, die großen Staatsländereien des Sultans, warfen ja riesige Einnahmen ab. Freilich war es schwierig, die Waren, die z. B. die Bauern mehr oder weniger bereitwillig als Steuern ablieferten, zu Bargeld zu machen. Man verfiel auf das bekannte Mittel der Steuerpacht, die die Osmanen *iltizam* nannten. Eine Einnahmequelle des Staates, sei es ein Stück Land, sei es der an einer Anlegestelle anfallende Zoll oder ein Monopol auf Salzhandel einer bestimmten Gegend, wurde an den Meistbietenden versteigert, der den Preis im voraus entrichtete. Allerdings war denn nur mit Mühe zu verhindern, daß dieser Pächter die Abgabepflichtigen nach Kräften ausbeutete, um einen hohen Gewinn zu erzielen.

Eine andere Schwäche zeigte der von Mehmed II. geschaffene Staatsaufbau ausgerechnet, was die Möglichkeiten anging, die er Türken zum sozialen Aufstieg bot. Die Familien der *beğs* hatte der Großherr ja bald nach der Einnahme İstanbuls entmachtet und – vielleicht noch schlimmer – enteignet, um genug Land zur Vergabe an die Sipahis zur Verfügung zu haben. Nach wie vor gelangten Türken nicht in die Knabenlese, also weder in das Corps der Janitscharen noch in die Palastkarriere. Provinzialreiterei und *ulemâ* – es blieben nur diese Gruppen, wenn sich ein Türke am Staatsleben beteiligen wollte. Aber die Provinzialreiterei geriet gegenüber den relativ wenigen, aber gut ausgebildeten Truppen der Janitscharen und der Palastreiterei immer mehr ins Hintertreffen. Und was die Rechtsgelehrten anging, hatte Mehmed für höhere Stellen immer Perser und Araber bevorzugt, weil ihm das Niveau der einheimischen *ulemâ* nicht genügte.

Wie den türkischen, so muß der Sultan auch den prononciert islamischen Kräften verdächtig gewesen sein. Duldete, nein förderte er nicht auch griechische und italienische, also christliche Geschichtsschreiber und Wissenschaftler? In Mehmeds Bibliothek im Palast gab es auch christliche, sogar christlich-theologische Bücher. Natürlich hat der Sultan nie, wie man damals in Italien zeitweilig glaubte, auch nur mit dem Gedanken gespielt, Christ zu werden. Aber sein Interesse an Naturwissenschaft, Politik und Geschichte des Westens ist nicht zu leugnen. Das Leben Alexanders des Großen beschäftigte ihn ebensosehr wie die Weltkarte des Ptolemäus. Ganz abgesehen davon war der Großherr persönlich ein Freigeist. Daß einem Herrscher Gebote des Heiligen Rechts im Privatleben oft recht kleinlich, nicht auf seine Machtstellung zugeschnitten schienen, war wohl die Regel. Was aber mußten die Frommen seines Hofes davon halten, daß er nicht nur Miniaturportraits islamischen Verständnisses von sich anfertigen ließ, sondern auch westliche Künstler mit dem Ausmalen seiner Gemächer und ihn zeigenden Medaillen und Ölgemälden beauftragte?

Betrachten wir einmal das berühmteste dieser Bilder, gemalt von Gentile Bellini, der von 1479 bis 1481 am Hofe Mehmeds II. lebte. Was für einen Menschen zeigt dieses Bild?

Mehmed II. war gegen Ende seines Lebens ein kranker Mann. Mit fünfzig Jahren wirkt der Sultan stark gealtert. Die eher schlicht gekleidete Gestalt, deren Brustbild am Betrachter vorbeischaut, wirkt fast einsam. Unter dem Pelzkragen ist die einstige Körpermasse nur noch zu ahnen. Weit springt die Oberlippe vor, aus tiefen Höhlen blicken die Augen des Sultans bestimmt und ernst. Der verschlossene Eindruck, den Mehmed II. auf dem Bild macht, wird noch dadurch verstärkt, daß der Padischah durch einen in das Portrait hineingemalten Rahmen vom Betrachter abgerückt ist.

Doch das Bild täuscht. Mehmed II. dürfte am Ende seines Lebens kein enttäuschter Mann gewesen sein. Natürlich sind wie meist im islamischen Raum auch von ihm autobiographische Notizen, Tagebücher, Briefe nicht vorhanden oder nicht erhalten, so daß wir bei allen Mutmaßungen über dieses Mannes Charakter auf Spekulationen angewiesen sind. Andererseits sind gerade von Mehmed Zeitgenossen verschiedener Kulturkreise, Türken wie Byzantiner oder Italiener der Renaissance, fasziniert gewesen. Ihre freilich oft genug spärlichen Zeugnisse reichen aus, zumindest einen Zug dieses Herrschers herauszuarbeiten, der seine Größe ausmachte, so wie er zu anderer Zeit sein Verderben gewesen wäre. Dieser Zug ist Mehmeds Machttrieb.

Der Sultan vertrat in Zusammenfassung türkischer Prinzipien, der islamischen Auffassung vom Herrscher als dem Schatten Gottes und der römisch-byzantinischen Kaisertradition den Anspruch der Weltherrschaft. Einen Herrscher sollte die Welt haben, eine Religion und ein Reich. Eine bessere Hauptstadt als İstanbul ließe sich dafür nicht denken.

Diesen Anspruch Mehmeds, der kein islamischer ist und den Italiener seines Hofes überlieferten, sollte man nicht mit »Ein Volk, Ein Reich, Ein Führer« verwechseln. Es geht um Weltordnung, um ein mittelalterliches Ideal also, sowie um den Gedanken der Neuzeit, diese Ordnung ließe sich nur in effektiver Zentralisierung durchsetzen. An dieser historischen Nahtstelle wirkte Mehmed II. Er verfolgte keinen Welteroberungsplan, kämpfte im Gegenteil meist da, wo es nahelag, wo er sich also verteidigen mußte oder leicht etwas gewinnen konnte. Das war selbstverständlich in einer Zeit, in der Krieg ein normaler, wirtschaftlich notwendiger Zustand war und zugleich eine Art von juristischem Akt, mit dem man internationale Konflikte löste. Die militärische Initiative ergriff Mehmed II. vor allem da, wo es ihm um die Rückgewinnung von Gebieten ging, die seit Timur nicht mehr in osmanischem Besitz waren. Aber er glaubte das Recht zur Eroberung prinzipiell immer zu haben, und wo er konnte, setzte er es durch.

KAPITEL XII

Pracht und Organisation: Ein Reich in Blüte

Das Osmanische Reich im 16. Jahrhundert

Die Glocken läuteten, Freudenfeuer brannten, und drei Tage lang wurden Dankprozessionen durch die Stadt gehalten, an denen Papst Sixtus IV. persönlich teilnahm – Anfang Juni 1481 waren endlich verläßliche Nachrichten vom Tod des osmanischen Großherrn eingetroffen, mehr als einen Monat, nachdem Mehmed II. am 3. Mai gestorben war.

Der Sultan, der seit Jahren keinen Feldzug mehr persönlich geleitet hatte, schwer an Gicht leidend und nach den Maßstäben seiner Zeit mit fünfzig Jahren ein alter Mann, hatte sich noch einmal aufgemacht. Das Zentralheer wurde in Üsküdar an der asiatischen Küste des Bosporus gegenüber İstanbul versammelt und zog gen Osten, wobei das Staatsgeheimnis, ob es gegen Zulkadir in Südostanatolien oder gegen die Akkoyunlu gehen sollte, offenbar gut gewahrt blieb. Doch bereits in Gebze, einem Ort, der heute fast schon zur Metropolis İstanbuls gehört, erkrankte der Sultan und starb alsbald am 3. Mai 1481, einem Donnerstagnachmittag.

Bis heute kann man trefflich spekulieren, ob Gift im Spiel war, denn es ist ja höchst unwahrscheinlich, daß sich Mehmed II. als ein Todkranker die Strapaze eines Feldzuges zugemutet hätte.

Voller Intrigen ist auch die Geschichte der Thronbesteigung seines Nachfolgers. Dem Heere wurde mitgeteilt, der Sultan sei schwer erkrankt und habe sich zur Behandlung nach İstanbul begeben. Jeder Verkehr über den Bosporus wurde unterbunden: Der Tod des Sultans sollte geheimgehalten werden, bis der Nachfolger in İstanbul eingetroffen und durch den Treueid des Heeres und der Verwaltung inthronisiert war. Denn die Söhne Mehmeds II., der 30jährige Bayezid und der etwa 21jährige Cem, befanden sich in der Provinz, um dort auf Statthalterposten Erfahrung für die spätere Regierungspraxis zu sammeln. Bayezid hielt in Amasya hof, Cem im noch wichtigeren Konya, und es gibt eine ganze Reihe von Hinweisen dafür, daß Mehmed II. Cem als seinen Nachfolger bevorzugt hätte. Auch der Großwesir Karamanî Mehmed Paşa scheint diese Politik verfolgt zu haben. Doch die anderen Wesire und die Janitscharen favorisierten Bayezid. Die an Cem gesandten Boten wurden abgefangen, Bayezid erreichte die Nachricht vom Tode des

Vaters schneller. Mehr noch: Janitscharen, die illegal nach İstanbul übergesetzt waren, erfuhren vom Tode des Sultans und töteten den Großwesir und den Leibarzt, Maestro Jacopo aus Gaeta, der inzwischen als Muslim zu Ya'kub Paşa geworden war. Bis zu Bayezids Eintreffen verwaltete eine Art Militärjunta das Reich.

Hatte das Gesetz Mehmeds II., von dem schon die Rede war und das dem Großherrn das Töten seiner Brüder erlaubte, seinen Zweck erreicht? Eigentlich ganz im Gegenteil: Denn Cem blieb gar nichts anderes übrig, als sich selbst in Bursa zum Sultan ausrufen zu lassen, ein Heer zu sammeln und seinem Bruder die Teilung des Reiches anzubieten. Darauf ging Bayezid nicht ein, und ein erneuter Bruderkrieg war unvermeidlich. Freilich zeigte sich, wie sehr das disziplinierte und ausgebildete Zentralheer den vor allem aus türkischen Stammestruppen zusammengesetzten Streitkräften überlegen war. Cem wurde bald geschlagen, ging ins Exil zu den Mamluken Ägyptens, die ihn gerne aufnahmen und ihn bei einem erneuten Versuch, in Anatolien Fuß zu fassen, unterstützten: Alles, was die Osmanen schwächte, konnte ihnen nur nützen. Als auch dieses Unternehmen fehlschlug, ging Cem erst zu den Johanniterrittern auf Rhodos, dann nach Frankreich, schließlich zum Papst. Bayezid zahlte hohe »Alimente«, um zu verhindern, daß erneut versucht wurde, Cem als Gegensultan zu installieren. Erst 1495 starb der unglückliche Sohn Mehmeds II., und wieder gibt es zahlreiche Mutmaßungen über Gift.

Die Vorgänge um den Thronwechsel 1481 lassen sich freilich auch noch anders deuten. Schließlich stützte sich Cem ja auf diejenigen, die mit Mehmeds rigider Zentralisierungspolitik unzufrieden sein mußten: die enteigneten türkischen Großgrundbesitzer Anatoliens etwa und die ihre Autonomie fordernden Stämme. Es ist wohl kein Zufall, daß Cem gerade in Anatolien, der Heimat dieser Kräfte, Unterstützung fand. Ohne sie und den letzten Sohn der Karamaniden, Kasım, der sein Beğlik wieder erobern wollte, hätte Cem wohl auf das Angebot Bayezids eingehen müssen, mit einer standesgemäßen Apanage in Jerusalem, also außerhalb des Reiches, Wohnsitz zu nehmen. Insofern war die Thronbesteigung Bayezids wieder ein Sieg des zentralistisch organisierten Staates eines absoluten Herrschers gegen die türkisch mittelalterliche Aufteilung der Macht.

Bayezid duldete keine Konzentration erblichen Reichtums und also von Macht in den Händen türkischer Beğs, aber er machte eine andere unpopuläre Maßnahme seines Vaters rückgängig: die Enteignung des Grundbesitzes der Frommen Stiftungen. Und damit sicherte er sich nicht nur die Unterstützung religiöser Kreise, sondern auch all derer, denen diese großen Stiftungen zugute kamen. Daß dieses Vorgehen nicht nur einen Randbereich der Gesellschaft des Osmanischen Reiches betraf, wird sofort klar, wenn man die Rolle bedenkt, die Fromme Stiftungen in islamischen Ländern bis ins 20. Jahrhundert hinein spielten.

Denn in diesen Ländern wurde ein großer Teil des Bodens mit seinen Erträgen, der städtischen Immobilien, aber auch des für Investitionen zur Verfügung stehenden Kapitals in diese *vakıf* (Plural *evkaf*) genannten Frommen Stiftungen gesteckt. So gibt es eine Schätzung, nach der im Osmanischen Reich des 16. Jahrhunderts etwa 20 Prozent des bäuerlich genutzten Bodens sich in der Hand Frommer Stiftungen befanden. Besonders in Rumelien scheint der Anteil dieser Landstücke groß gewesen zu sein.

Was bewegte so viele Menschen dazu, ihr Vermögen in solche Stiftungen zu stecken, und was den Staat, auf sein Recht auf Steuern und Kontrolle über Boden zu verzichten, der ja grundsätzlich sein Eigentum war? Zwei Dinge dürften hier eine entscheidende Rolle gespielt haben: *vakıf*-Eigentum galt als unantastbar (mußte allerdings auch grundsätzlich dauerhaft sein). Und zweitens hätte es ohne Stiftungen im islamischen Staat kaum Sozialeinrichtungen gegeben. Die Unantastbarkeit von Stiftungen lockte all jene Anleger an, die mindestens Teile ihres Vermögens vor ja immer möglicher Enteignung oder den Bestimmungen des islamischen Erbrechts, das ja Erbteilung vorschreibt, schützen wollten. Und das zweite gab Gelegenheit zu guten Taten, die unter Zeitgenossen Prestige, am Jüngsten Tag Rechtfertigung bedeuteten. Für einen Sultan oder hohen Würdenträger gab es neben solchen persönlichen Motiven auch wirtschaftspolitische Überlegungen, die zur Gründung eines *vakıf* führen konnten. Stichwörter: Landesentwicklung, Stadtplanung, Infrastruktur: Die große Moschee Mehmeds II. mit ihren Nebenbauten war ja dafür, wie im vorigen Kapitel gezeigt, ein glänzendes Beispiel.

Unterschiedlichste Ziele also bewegten die Stifter, und es ist nicht erstaunlich, daß deswegen – und wegen des ganz unterschiedlichen Volumens der Stiftungen – *vakıf*-Recht einen der kompliziertesten juristischen Bereiche des islamischen Rechts bildete. Und was gab es nicht alles für *evkaf*!

Als 1546, also ein halbes Jahrhundert nach Bayezids II. Herrschaft, die Zentralverwaltung wieder einmal alle in den Mauern İstanbuls bestehenden Stiftungen registrieren ließ, kam sie, ohne daß die sultanischen mitgezählt worden wären, auf 2515.

Immerhin war ein Drittel der Stifter Frauen. Und in mehr als der Hälfte der Fälle waren Immobilien gestiftet worden, in einem Drittel der Fälle Geld, in 12 Prozent bestanden die Stiftungsgüter aus beidem.

DAS OSMANISCHE REICH IM 16. UND 17. JAHRHUNDERT

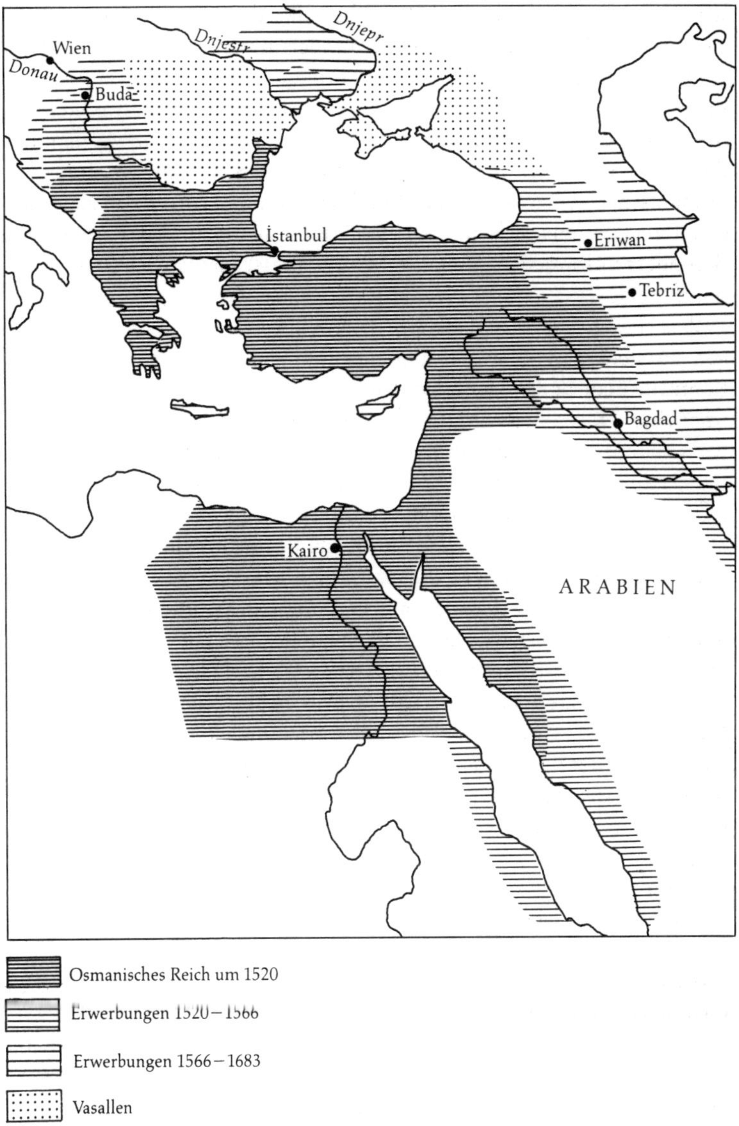

Geldstiftungen? Ja, hier hatten die *evkaf* eine Funktion, die in islamischen Ländern sonst nur illegal oder wenigstens unter der Hand erfüllt werden konnte: die des Kreditinstituts. Der gute Zweck heiligte da die Mittel, wenn zum Beispiel im Dezember 1512 ein Molla Hayr üd-Din 5000 *akçe* stiftete, die dann (zu 10 Prozent, aber auch Zinssätze zu 15 Prozent waren üblich) als Kredit vergeben wurden und deren Erlös das tägliche, öffentliche Lesen eines Koranabschnittes finanzierte. Der Rest des Ertrages ging an den Verwalter der Stiftung, als den sich Molla Hayr üd-Din selbst einsetzte – wie er auch die Lesung selbst vornehmen konnte, um dann den Zinsertrag der 5000 *akçe* einzustecken. Auch für einen Nachfolger im Amt des Stiftungsverwalters nach dem Tod des Mollas war schon gesorgt, dann aber ging die Stiftung auf den Imam der kleinen Moschee seines Viertels im Stadtteil Fatih über. Persönlicher Vorteil und fromme Tat (das Lesen des Korans) gingen hier Hand in Hand.

Oft war das Ziel eines Stifters, sein Erbe an eventuellen Erbberechtigten vorbei anderen Angehörigen zu sichern und es vor Verkauf und Veräußerung zu schützen. So stiftete 1503 ein gewisser Yusuf, Sohn eines Süleyman und bekannt als »der Kannengießer«, ein offenbar gut ausgestattetes zweistöckiges Haus mit Erker, Toilette, Stall und ummauertem Hof. Nach ihm sollten seine Frau Selver, nach dieser ihre Tochter Münevver, dann deren Nachfahren dort wohnen. Starb das Geschlecht Münevvers aus, ging das Wohnrecht – auch das ist typisch – auf einen freigelassenen Sklaven Yusufs beziehungsweise dessen Nachkommen über. Erst wenn auch dessen Familie ausstarb, sollte der Imam der nahegelegenen Moschee dort leben, der allerdings dafür zweimal in der Woche einen Koranabschnitt öffentlich vorzulesen hatte. Als das Register 1546 angefertigt wurde, lebte in dem Haus ein Nachfahre des Freigelassenen.

Natürlich gab es auch wirklich uneigennützige Stiftungen. Wer nur wenig Geld erübrigen konnte, stiftete zum Beispiel einen geringen Betrag, dessen Zins dann für die Beleuchtung einer Moschee aufgewandt wurde. Ein Beispiel für ein größeres *vakıf* der uneigennützigen Art ist die Stiftung des Hacı Halil. Über diesen Mann ist nichts bekannt, aber die beiden kleinen Moscheen *(mescid)*, die er 1457 errichten ließ, waren die ältesten als Moscheen gebauten muslimischen Gotteshäuser der Stadt. Das ältere der beiden gibt es übrigens nicht mehr; es stand in der Nähe des heutigen Eminönü-Platzes und mußte um 1560 der berühmten, durch herrliche Fliesen geschmückten Rüstem-Paşa-Moschee weichen. Ein in Yenibahçe östlich vom Topkapı errichteter Ersatzbau wurde 1956 abgerissen. Das andere Mescid steht heute noch an der Üsküplü Caddesi, nördlich der Atatürk-Brücke – ein unauffälliges Gebäude, das mehrmals umgebaut wurde und heute Arabacılar Mescidi genannt wird.

Zum Unterhalt seiner beiden Bauten und zur Entlohnung der beiden Vorbeter, der Muezzine, und des Stiftungsverwalters hatte Hacı Halil unter anderem fünf Häuser gestiftet, in denen diese Angestellten leben konnten, und 43 Läden, deren Mieten den Unterhalt der Stiftung bestritten. Interessant ist, daß im Register von 1546 angemerkt ist, ehemals seien weitere Stiftungsgüter vorhanden gewesen, jetzt aber verloren. Das Verschwinden von Stiftungsgütern sollte in Zeiten hoher Inflation viele Geldstiftungen vor unlösbare Probleme stellen, und Stadtbrände konnten gerade kleineren Stiftungen den Boden entziehen, da meistens kein Überschuß angespart wurde – eventuelle Mehreinnahmen landeten im Zweifelsfall in der Tasche des Stiftungsverwalters.

Solche Sorgen hatten große Stiftungen natürlich nicht, denn selbst wenn sie in Schwierigkeiten gerieten, haftete der Staat mit seinem Prestige und seinen Mitteln. Auch hierfür ist die ja schon erwähnte Moschee Mehmeds II., die Fatih Camii, ein Beispiel: Nachdem sie 1768 ein Erdbeben zerstört hatte, wurde sie wieder aufgebaut.

Wie erging es diesem *vakıf* Mehmeds II. unter seinem Sohn Bayezid? Es ist ein besonderer Glücksfall, daß uns für die Jahre 1489 und 1490 Jahresabrechnungen sowohl der Hagia Sophia als auch der Fatih Camii erhalten sind. Sie erklären, wer die Sozialpolitik in der Stadt İstanbul bezahlte. Das ist vor allem im Fall der Moschee Mehmeds II. interessant, denn ihr Budget war nicht nur doppelt so hoch wie das der Ayasofya (ihr Unterhalt kostete rund anderthalb Millionen *akçe* im Jahr), sondern umfaßte auch die Kosten der Hochschulen, der Armenküche und des Krankenhauses, die zu dem Komplex gehörten. Mit rund 650000 *akçe* schlugen die Gehälter der Angestellten vom höchsten *müderris* bis zum Lastenträger am stärksten zu Buche, dann folgten mit etwa 460000 *akçe* die Lebensmitteleinkäufe für das *imaret*, das allerdings mehr als den Armen des Viertels den über 1100 Angestellten der Stiftung als Kantine diente. Mit gut 200000 *akçe* ist der drittgrößte Posten eine Liste von Gehaltsempfängern, die eigentlich mit der Stiftung nichts zu tun hatten, aber von ihr Geld bezogen: Ein Meisterschachspieler war ebenso darunter wie ein Maler mit seinem Sohn, Palastangestellte, Studenten, erblindete Janitscharen und Rechtsgelehrte – eine bunte Mischung von Menschen, denen der Sultan eine Pension zugesichert hatte.

Was die Aufstellung der Einnahmen angeht, so ist die Stiftung Mehmeds II. für so eine große Organisation wohl typischer als die Hagia Sophia. Denn die Ayasofya wurde ausschließlich aus Mieteinnahmen finanziert, die vier Karawanserais, diverse Werkstätten, vor allem aber mehr als 2000 Läden in İstanbul, Galata und Üsküdar abwarfen, darunter auch die des Großen Bazars. Es ist einleuchtend, daß die Einnahmen der

Stiftung Mehmeds II. nicht ebenfalls allein aus städtischen Erträgen finanziert werden konnten; die Einnahmen aus einigen zur Stiftung gehörenden Läden, aber immerhin auch zwölf Bädern, betrugen 1489 gut eine Viertelmillion *akçe* – gerade ein Sechstel der Gesamteinkünfte.

Typischer war, daß große, quasi staatliche Stiftungen durch Steuern finanziert wurden. So floß die Kopfsteuer der männlichen nicht-muslimischen Einwohner İstanbuls in die Kasse des Moscheekomplexes der Fatih Camii und finanzierte dort die Ausbildung islamischer Rechtsgelehrter. Aber selbst diese im Durchschnitt 50 *akçe* im Jahr, die jeder der rund achteinhalbtausend Steuerpflichtigen zahlte, reichten nicht zur Deckung der Ausgaben dieser Stiftung aus, sondern nur für knapp 30 Prozent. Fast die Hälfte der Einnahmen stammte vom Lande, waren diverse Steuereinnahmen aus Dörfern bei Edirne, Çorlu, Kırklareli oder Vize, dem noch heute zur Türkei gehörenden Ostthrakien. Freilich war gegen Ende des 15. Jahrhunderts noch ein großer Teil der Bevölkerung dieser Gegend christlich, wie aus den Abrechnungen hervorgeht. Finanziert wurden diese großen Stiftungen also im wesentlichen aus ursprünglich dem Staat zustehenden Geldern, Steuern, die Staatsland zugeordnet waren, dessen Nutzungsrechte in komplizierten juristischen Verfahren erst dem Stifter, dann der Stiftung übereignet worden waren.

Warum aber hatte Mehmed II. dann so viele Stiftungen enteignet? Nun, anders als die Sultansstiftungen der Zeit nach der Eroberung İstanbuls waren viele frühere *evkaf* Derwischkonventen zugute gekommen – die Rolle der Derwische bei der Eroberung Rumelis wurde im vorletzten Kapitel ja erwähnt. Nun, nach der Eroberung, hatte Mehmed II. wohl geglaubt, die Derwische nicht mehr so dringend zu brauchen.

Bayezid II. war, anders als sein Vater, ein frommer Herrscher, auch wenn in seiner Jugend eine offenbar recht ausgeprägte Neigung zu Alkohol und Opium dessen Zorn hervorgerufen hatte. Als Sultan hatte er allerdings auch allen Anlaß zu Frömmigkeit. Denn innen- wie außenpolitisch gab es Schwierigkeiten, die mit der Wandlung des Reiches vom Heiligen Krieg führenden Staat der Glaubenskrieger zu dem des Großherren zusammenhingen. Bayezid II. führte nur einen wichtigen Krieg nach Westen (1499–1502 gegen Venedig), und auch wenn dieser mit der Eroberung der restlichen Teile der Peloponnes und Lepantos (türkisch İnebahtı, heute Navpaktos) am Ausgang des Golfes von Korinth endete, so konnte das alte Ideal des *gazi* nicht mehr die ideologische Daseinsberechtigung des Reiches ausmachen.

Wo es Spannungen gab wie in Anatolien, wo die Stämme gegen Besteuerung und staatliche Kontrolle rebellierten, nahm der Konflikt schnell religiöse Formen an. Gefährlich wurde der osmanischen Regierung vor allem, daß in Persien die Dynastie der Safaviden als Gewinner der sich an den Zerfall des Il-Chan-Reiches anschließenden, langen Kämpfe hervorging. Die schiitische Ausrichtung und Propaganda dieser Dynastie strahlte bis weit nach Anatolien hinein. Aufständische dort bedienten sich safavidischer Argumente und konnten mit safavidischer Unterstützung rechnen. »Rotköpfe« *(kızılbaş)* nannte man diese Rebellen, die zeitweilig größte Teile Anatoliens İstanbuls Kontrolle zu entziehen drohten.

Bayezid verfolgte diesen Problemen gegenüber die doppelte Strategie, einerseits als Herrscher der Sunna »Rechtgläubigkeit« gegen die »Häresie« der Schia zu vertreten, andererseits aber den gar nicht immer so strikt rechtgläubigen »Volksislam« der Derwischorden nach Kräften zu fördern, um den Einfluß der Safaviden zurückzudrängen. Das Osmanische Reich brauchte also die Derwischorden wieder, und sei es zur eigenen Legitimation. Religiöse Infrastruktur, finanziert durch *evkaf*, hielt das Reich aufrecht. Um 1530–1540 sollte es allein in der westlichen Hälfte Anatoliens 342 Freitags- und 1055 kleine Moscheen, 110 Medresen, 45 öffentliche Küchen, 628 Derwischkonvente, 154 Schulen und 75 Karawanserais geben mit Tausenden von Angestellten oder Lohnempfängern. 17 Prozent der Bodenerträge finanzierten diese Stiftungen.

Bayezids Nachfolger, Selim I. (1512–1520), war ein vom Temperament her ganz anders gearteter Mensch als sein Vater: streng, herrschsüchtig, fast gewalttätig. Bayezid, in den letzten Jahren seiner Herrschaft kränkelnd, wurde von diesem Sohn zum Rücktritt gezwungen und – so geht wieder einmal das Gerücht – auf dem Weg zu einem in Aussicht genommenen Alterssitz vergiftet. Selim besiegte dann auch seine zum Teil mit den *kızılbaş* verbündeten Brüder Ahmed und Korkud sowie einen Neffen Mustafa in Anatolien recht schnell. Darauf folgten Eroberungszüge in den Osten, für die es gleich eine ganze Reihe von Gründen gab.

Da war zunächst eine kurzfristige Finanzkrise. Zu den bei jeder Thronbesteigung anfallenden Sonderausgaben (vor allem Zahlungen an das Janitscharenkorps) kam noch, daß ausgerechnet auf 1513 ein sogenanntes »Verschwindendes Jahr« *(sıvış yılı)* fiel. Alle wichtigen Steuern wurden jährlich erhoben, und zwar nach dem Sonnenjahr, weil zum Beispiel die Eintreibung des Zehnten ja an die Ernte gebunden war. Dagegen wurden Löhne nach dem islamischen Mondjahr gezahlt, und zwar in der Regel alle drei Monate. Nun ist der Mondzyklus kürzer als der der Sonne, weswegen alle 33 Jahre der Fall auftrat, daß auf die Einnahmen eines Sonnenjahres die Ausgaben von fünf Vierteljahren eines Mondjahres kamen. Diese Mehraufwendungen von 25 Prozent stellten den Staat jedesmal vor erhebliche Probleme, denn beim Ausbleiben der Soldzahlungen drohte ja jeweils ein Janitscharenaufstand.

Kriege – siegreiche jedenfalls – brachten Beute mit sich und hatten anschließend Mehreinnahmen zur Folge, wenn Eroberungen erfolgten – und deshalb boten sie sich als Finanzoperationen an.

Aber es gab noch gewichtigere Gründe für die Expansion des Osmanischen Reiches nach Osten. Die Safaviden Persiens und die Mamluken Ägyptens und Syriens sorgten ja nicht nur im Osten beziehungsweise Südosten Anatoliens für Unruhen und Aufstände, sondern waren auch wirtschaftlich Konkurrenten. Denn noch liefen auch nach der Entdekkung des Seewegs um das Kap der Guten Hoffnung nach Indien durch Vasco da Gama 1498 die Handelswege von Indien und Persien durch das Rote Meer, den Persischen Golf oder das Festland in das Mittelmeerbecken. Die Kontrolle dieser Wege lohnte finanziell, sicherte eine Belebung auch des lokalen Handels und politisches Prestige.

So waren es fiskalische, politische und wirtschaftliche Gründe, die zu den außergewöhnlich harten, doch auch außerordentlich erfolgreichen Feldzügen Selims I. führten. 1513 begann er mit der systematischen, grausamen Verfolgung der *kızılbaş* Anatoliens, 1514 griff das osmanische Heer das Safavidenreich an. Die Strategie der Safaviden war, die Osmanen tief nach Ostanatolien eindringen zu lassen, aber vorher die Bevölkerung zu evakuieren und Vorräte zu vernichten – eine Art Strategie der »verbrannten Erde«. Tatsächlich schien dieser Plan aufzugehen: Die hungernden Janitscharen, bis dahin treue Diener Selims, rebellierten. Doch dann gelang es, die Disziplin wieder herzustellen und das Heer des safavidischen Schahs İsmail in der Ebene von Çaldıran östlich des Van-Sees in offener Feldschlacht zu besiegen. Tebriz, die safavidische Hauptstadt, wurde kurzfristig besetzt, man deportierte die Hofkünstler nach İstanbul. Auch wenn wegen des nahenden Winters das osmanische Heer sich bald zurückziehen mußte, sicherten die Feldzüge Selims Ostanatolien dem Osmanischen Reich und hielten die Safaviden für einige Zeit in gehörigem Abstand.

Erst mit dieser Sicherheit im Rücken gingen die Osmanen zum eigentlich wichtigen, nächsten Schritt über. Noch 1516 wurde Syrien erobert, ein Jahr später Ägypten. Der Staat der Mamluken ging schnell und endgültig zugrunde: Eine einzige Schlacht beseitigte die politische Herrschaft der türkischstämmigen Militärsklaven (das arabische *mamlūk* heißt soviel wie »Sklave, Eigentum«), die einen der ihren jeweils zum Sultan bestimmt hatten.

Andererseits waren die Osmanen klug genug, die Sozialstruktur Ägyptens im wesentlichen unverändert zu lassen. Und das bedeutete, daß die Mamluken als Klasse von lokalen Autoritäten ebenso weiterbestanden, wie man große Teile des *ilmiye*-Systems der Rechtsgelehrten nicht berührte. Aus İstanbul wurden die jeweiligen höchsten Verwaltungsspitzen, die höchsten Richter und natürlich Garnisonen geschickt. So war Ägypten so etwas wie eine halbautonome Provinz, die allerdings jährlich einen festgelegten Anteil ihrer Steuereinnahmen nach İstanbul abführen mußte.

Damit waren – jedenfalls einstweilen – die gröbsten Finanzschwierigkeiten des Staates beseitigt. Die Eroberung dieser östlichen Gebiete hatte für das Osmanische Reich aber noch tiefgreifendere Folgen: Es kontrollierte nun in Nachfolge der Mamluken die Heiligen Städte des Islam, Mekka, Medina und (in dritter Linie) Jerusalem sowie die Pilgerwege dorthin. Ohne Konkurrenten im westlichen Islam, Herrscher über muslimische Kerngebiete wie Syrien, Ägypten, den Hedschas: Der Sultan brauchte sich, solange er mächtig war, nicht mehr um Reputation und Legitimation zu sorgen.

Mit dem Prestige, das der osmanische Herrscher als »Padischah der Welt, Sultan der Sultane« und als »Befehlshaber der Gläubigen, Beschützer der Heiligen Stätten« genoß, läßt sich wohl auch erklären, daß Selim I. im wesentlichen darauf verzichtete, Kapital daraus zu schlagen, daß sich der letzte Timuridenherrscher und der »Schattenkalif« in seinen Händen befanden: Der eine von Schah İsmail in Tebriz gefangengehalten, der andere wie schon viele seiner Vorfahren aus der Dynastie der Abbasiden ohne politische Bedeutung am Hof in Kairo, waren sie quasi Teil der jeweiligen Kriegsbeute. Aber die Osmanen hatten es nicht mehr nötig, sich durch eine formale Oberherrschaft dieser letzten Scheinherrscher Ansehen zu sichern. Das Kalifat schlief einfach ein, ein Nachfolger für al-Mutawakkil III. wurde nicht mehr bestimmt, und erst im 18. Jahrhundert, als ihre Macht nachließ, behaupteten die Osmanen, das Kalifat sei 1518 auf Selim I. und damit ihr Geschlecht übergegangen.

Noch etwas sollte erwähnt werden: die Folgen, die die östlichen Eroberungen auf die osmanische Kultur hatten. Zu Zeiten Mehmeds II. war ja Hochkultur im wesentlichen ein Importartikel gewesen: Die entscheidenden Künstler und Gelehrten kamen von außerhalb, ohne daß aus dem Osmanischen Reich in andere Länder ähnliche Wirkungen ausgingen. Die Lage des Reiches zwischen Italien und dem Alpenraum einerseits, den Kernländern islamischer Kultur andererseits hatte unter Mehmed II. wenigstens an der Staatsspitze zu einem Nebeneinander von Einflüssen gesorgt. Schon unter Bayezid II. hatte – aus den geschilderten Gründen – eine »Religiösierung« des Hoflebens eingesetzt, die natürlich die Einflüsse aus dem Westen zurückdrängen mußte. Zugleich gab es immer mehr in İstanbul erzogene islamische Künstler und Gelehrte. Erst die Eroberungen Selims I. aber machten aus der Hochkultur Tebriz', Damaskus' oder Kairos etwas »Eigenes«, aus den Produkten der italienischen Renaissance in gleichem Verhältnis etwas wirklich »Fremdes«.

İstanbul wurde zum Zentrum der westlichen islamischen Kultur (im Gegensatz zum Beispiel der Indiens), in der vor allem persische Einflüsse mit dem Frühosmanischen eine ganz neue, weithin wirksame Synthese eingingen. Auch die Zeitgenossen empfanden das, was im Osmanischen Reich der Zeit geschah, wohl als Produkt kultureller und politischer Blüte.

Dieser Begriff der »Blüte« wird dabei im allgemeinen weniger mit dem 1520 im Alter von 51 Jahren verstorbenen Selim I. als mit seinem Sohn Süleyman verbunden, der im Westen als der »Prächtige«, in der Türkei als der »Gesetzgeber« *(Kanunî)* berühmt ist.

Die Vorstellung, daß unter Süleyman, der von 1522 bis 1566, fast ein halbes Jahrhundert lang, regieren sollte, der osmanische Staat und die osmanische Gesellschaft so etwas wie ihre ideale und jedenfalls endgültige Form erhalten haben, drückt sich in diesem Beinamen »der Gesetzgeber« aus: Damit verbunden war die Annahme, daß es eigentlich keine gerechtfertigten Konflikte in der osmanischen Gesellschaft mehr gab, daß diese Gesellschaft keine Probleme mehr produzierte. Und bei späteren Schwierigkeiten wurde bis ins 18. Jahrhundert hinein versucht, eine Lösung durch die Rückkehr zu Regelungen der Ära Süleymans zu finden und nicht durch Reformen, die »Neuerungen« verlangten. Denn »Neuerung«, das war etwas, was nicht nur das islamische Recht nicht vorsah; auch die spezifisch sultanischen Gesetze, wie sie gerade Süleyman erließ, beanspruchten prinzipiell ewige Gültigkeit. (Anders stand es allerdings mit Ernennungen: Die wurden beim Tod jedes Herrschers samt und sonders ungültig, und noch der kleinste Sipahi aus Bosnien mußte förmlich in İstanbul um die Erneuerung seiner Militärpfründe nachsuchen.)

So wirkt heute die Zeit Süleymans des Prächtigen glanzvoller und statischer, als sie in Wirklichkeit war. Denn auch unter diesem Sultan gab es Unruhen, Krisen, Armut, Unzufriedenheit und sozialen Wandel. Freilich ging es dem Osmanischen Reich besser als vielen europäischen Staaten (in Europa schürte gerade die Reformation die Krise, durch die sie auch mitverursacht worden war); und die politische Herrschaft des Sultans war wohl nie ernsthaft gefährdet – welcher zeitgenössische Herrscher konnte das schon von seiner Stellung behaupten?

Was für Gesetze erließ Sultan Süleyman? Im wesentlichen ging es um nichts eigentlich Neues, sondern um die Vereinheitlichung und Festschreibung überlieferter Vorschriften.

Ein für das gesamte Reich geltendes Gesetzbuch Süleymans des Prächtigen legte Strafen für Verbrechen wie Ehebruch, Körperverletzung, Totschlag, Raub oder Weintrinken fest – häufig Geldstrafen übrigens, deren Höhe sich nach dem Vermögen des Täters richtete. Ebenfalls zentral und in seinen Grundsätzen wurde das Verhältnis der Bauern zu den Timar-Besitzern geregelt, vor allem, welche Steuern wie verlangt werden konnten.

Darüber hinaus wurden auch die für die einzelnen Provinzen geltenden Regeln in der Zentrale festgelegt. Als kurzes Steuergesetz *(kanunname)* finden sie sich am Beginn jedes Provinz-Steuerregisters.

Ein weiterer Schritt zur Machtkonzentration, zum Rechtsstaat mit Rechtsgleichheit? Vergleichen wir einmal zwei solcher Provinz-*kanunnames*, das 1560 für das südostanatolische Malatya und seine (fast die ganze heutige Provinz Adıyaman mitumfassende) Umgebung zusammengestellte und das zwei Jahre jüngere der Provinz Budin – das erst fünfzehn Jahre zuvor annektierte Budapest in Ungarn. In Malatya, einer bis heute eher armen Gegend, wurde zum Beispiel der Zehnte *(öşr)* gleich zweimal erhoben: Einmal kam er den alten Eigentümern des Bodens zugute, deren Familien das Land noch vor der osmanischen Eroberung 1515 gehört hatte, und dann den Sipahis beziehungsweise den vom Staat finanzierten Stiftungen. Andererseits gab es in Malatya kaum Sondersteuern auf einzelne Produkte, und wenn, dann lagen sie in der Regel sehr niedrig.

In Budapest standen die Dinge ganz anders: Eine Unzahl von Marktzöllen, Sonderabgaben, Vorrechten und Ausnahmeregelungen bestimmten das Bild. Dafür war die Bodensteuer niedriger; andererseits mußten die ja fast durchweg christlichen Steuerzahler die Kopfsteuer zahlen.

Bei all diesen Unterschieden – gemeinsam ist beiden *kanunnames* eines: Ausführlich wird auf Beschwerden eingegangen, die die Steuerpflichtigen an den Kadi oder gleich an den großherrlichen Diwan gerichtet hatten. Von unberechtigten Sondersteuern, von Fronleistungen, zu denen sie durch Sipahis gezwungen würden, von kostenloser Beherbergung und Verpflegung, die Beamte verlangten, kann man hier lesen. Jeweils wird ausdrücklich die Unrechtmäßigkeit dieser Belastungen festgestellt und vor Wiederholung gewarnt.

So verschieden die Verhältnisse in Malatya und Budapest waren: Ganz offensichtlich hatte die Zentralregierung Mühe, Rechtssicherheit herzustellen. Die Provinzen wurden tatsächlich viel weniger kontrolliert als im Prinzip vorgesehen. Auch wenn zum Beispiel ein Kadi oder Sancakbeği nach İstanbul um Rat fragte, erhielt er oft nur allgemein gehaltene Antworten. Offenbar hatten solche Anfragen häufig eher die Funktion, die Zentrale von der weiterbestehenden Loyalität der Provinzialverwaltung zu überzeugen. Außerdem mag eine durch einen, wenn auch allgemein gehaltenen, großherrlichen Befehl gerechtfertigte unpopuläre Amtshandlung eines Provinzialbeamten leichter durchsetzbar gewesen sein. Zugleich bemühte sich die İstanbuler Bürokratie um tatsächliche Kontrolle der Gesellschaft.

Was hier mit »Bürokratie« bezeichnet wird, bestand dabei aus zwei Teilen: den *çelebi* genannten Kanzlisten der Finanzverwaltung und der Kanzlei des großherrlichen Diwans und den *ulemâ*. Beide Gruppen gewannen in Süleymans des Prächtigen Zeit erheblich an Einfluß.

Vor allem eine Stelle ist da überaus bemerkenswert: Der *müfti* Istanbuls, der *şeyh ül-islâm*, wurde im Staatsapparat zu einer Person von erheblichem Einfluß. Zwar wurde er nie Mitglied des großherrlichen Diwans, aber es wurde zur Regel, sich alle wichtigen politischen und rechtlichen Entscheidungen – auch die zum osmanischen *kanun* gehörigen – durch ein religiöses Gutachten des *şeyh ül-islâm* bestätigen zu lassen. Außerdem war ab 1574 er und nicht mehr die beiden *kadıasker* für die Ernennung der höheren Kadis und wichtigeren Professoren *(müderris)* zuständig. Da sie als Mitglieder der *ilmiye* zwar jederzeit vom Sultan abgesetzt, aber praktisch nicht hingerichtet werden konnten (die osmanische Geschichte kennt nur vier hingerichtete *şeyh ül-islâm*), waren sie verhältnismäßig unabhängig. Der Ausbau der Zentralbürokratie ging also nicht mit einem Machtverfall der *ilmiye* einher, ganz im Gegenteil.

Aber die Rolle des Sultans änderte sich. Besuchen wir noch einmal den Topkapı-Palast! Die Zahl seiner Bewohner zur Zeit Süleymans wird auf mehrere Tausend geschätzt – ein kaum noch zu durchschauendes, doch geordnetes Ineinander von Menschen, Ämtern und Würden, das jeden zeitgenössischen Beobachter einfach überwältigt haben muß.

Der heutige Diwansraum, die heutige Form des mittleren Tores *(orta kapı* oder *bab üs-selâm)* gehen ebenso auf die Zeit Süleymans des Prächtigen zurück wie die Ursprünge des Harems; denn als 1540 große Teile des Alten Palastes abgebrannt waren, zog mindestens ein Teil des großherrlichen Harems in den »Neuen Palast«, wie er immer noch hieß. Freilich: Die damals für den Harem errichteten Quartiere waren aus Holz und sind nicht mehr erhalten. Auch wenn Teile des Harems später in den Alten Palast zurückkehrten (in einem Dokument von 1556 werden gut 200 Personen aufgeführt), blieb Hürrem Sultan, die als Roxelane in Europa berühmt gewordene Lieblingsfrau Süleymans, im Topkapı-Palast.

Noch eine bauliche Veränderung fällt – allerdings erst bei näherem Hinsehen – auf: Ein kleines, vergittertes Fenster an der Rückwand des

Tagungsraumes für den *divan-ı hümayun.* Seit den letzten Jahren Mehmeds II. hatte der Sultan nämlich den Vorsitz über dieses Gremium an den Großwesir abgegeben. Durch dieses Fenster allerdings konnte er, durch einen Vorhang unsichtbar gemacht, den Beratungen zuhören, wenn er es wünschte. Was unter Mehmed II. begonnen hatte und sich immer weiter fortsetzte, hat hier baulichen Ausdruck gefunden: Der Sultan wurde immer mehr den Blicken entzogen, symbolischer, verklärter – und zugleich tendenziell unwichtiger, denn die Bürokratie erledigte vieles von selbst und durch Routine, was sonst durch den Herrscher oder doch wenigstens den Großwesir entschieden worden war. Zwar wurde immer noch (und daran sollte sich letztlich bis 1909 nichts ändern) auch die unwichtigste Einzelheit dem Sultan vorgelegt, doch häufig war seine Zustimmung zu den Vorschlägen der Verwaltung reine Formsache. Gewiß: Süleyman der Prächtige machte noch aktiv Politik, führte Feldzüge, entschied und nahm regelmäßig am Entscheidungsprozeß teil. Letztlich scheint er nur einmal von einer Palastintrige getäuscht worden zu sein, als Hürrem Sultan ihren Stiefsohn verleumdete, um dem eigenen den Weg zur Nachfolge zu ebnen. Süleyman ließ Şehzade Mustafa 1553 umbringen. Die seinem Andenken gestiftete, großartige Prinzen-(Şehzade-)Moschee, die Süleyman den Hofarchitekten Sinan entwerfen ließ, ist auch so etwas wie ein steinernes Trauermal für diesen Sohn.

So sicherte Süleymans Rolle Kontinuität in Politik und Personalentscheidungen. Spätere Sultane, die zum Teil nur sporadisch in das Staatsleben eingriffen, gerieten dagegen leicht unter den Einfluß von Angehörigen des Harems oder des persönlichen Haushalts *(enderun)*, die dann ihre Entscheidungen lenkten.

Die größere Bedeutung, die der Palast in Süleymans Zeit bekam, drückt sich wohl noch in etwas anderem aus: der höfischen Kultur, die hier entstand und blühte. An die 600 Künstler und Kunsthandwerker arbeiteten 1526 allein im Topkapı-Palast, und zu ihnen kamen ja noch diejenigen, die wie der oben erwähnte Schachmeister aus Stiftungen oder der Privatschatulle des Großherrn Lohn bezogen. Aber auch so ist die Liste der Miniaturmaler, Buchbinder, Graveure, Goldschmiede, Büchsenmacher, Teppichknüpfer, Schwertfeger, Bogenmacher, Brokatweber, Kürschner, Parfumiers und so weiter und so fort beeindruckend. Häufig als Sklaven gekauft, als Kriegsgefangene oder als Deportierte vor allem aus Tebriz, gehörten immer noch viele ursprünglich Fremde zu diesen Staatskünstlern, aber es gab ebensoviele Janitscharen oder Söhne von Künstlern unter ihnen, die bereits in osmanischen Diensten gestanden hatten. Die Pracht der Werke, die diese – übrigens ausnahmslos männlichen, fast immer muslimischen – Künstler schufen, ist hier nicht zu beschreiben. Einige der schönsten Stücke sind bis heute im Palast ausgestellt. Es ist besonders glückhaft, daß in dieser Kunst stets eine Verbindung von äußerster Pracht mit klarer, im Grunde einfacher und immer durchschaubarer Struktur angestrebt worden zu sein scheint. Das ist wohl auch etwas, das an den gleichzeitigen Bauten des Hofarchitekten Sinan auffällt, vor allem an den großen Baukomplexen, der Şehzade Camii und der Süleymaniye in İstanbul und der späteren Selimiye in Edirne.

Finanziert wurde der Glanz der Hauptstadt, von dem ein recht heller Schein auch auf Edirne fiel, durch die Provinzen. Aber allein die Tatsache, daß die Steuereinnahmen relativ reichlich waren, zeigt, daß es auch dem osmanischen Durchschnittsuntertan recht gut gegangen sein muß – er hatte wenigstens etwas, das er zahlen konnte. Und es scheint so, als ob es ein bemerkenswertes Bevölkerungswachstum gegeben habe. Auch wenn nur grobe Schätzungen möglich sind, so glaubt man heute doch zum Beispiel, daß in der Zeit zwischen 1530 und 1580 die Reichsbevölkerung von etwa 12–13 auf 25–30 Millionen angewachsen sei. Für Anatolien schätzt man eine glatte Verdoppelung von fünf auf zehn Millionen. Von ihnen dürfte allerdings nur eine knappe halbe Million in Städten gelebt haben, die zumindest 5000 Einwohner und einen Markt aufwiesen. Die größte Stadt Kleinasiens war Bursa mit über 60000 Einwohnern, dann folgten Kayseri, Ankara, Tokat, Konya, Sıvas, Kastamonu und Mar'aş. (Dabei bleibt der Osten des Landes allerdings unberücksichtigt.)

Besonders gefördert wurde der Handel, der auch über weite Strecken führte. Der Weg İstanbul–Bursa–Kütahya–Konya–Adana zum Beispiel führte über Aleppo weiter bis an den Persischen Golf, wo die Osmanen eine besonders an den Küsten erfolgreich operierende Flotte unterhielten, die der Überseemacht Portugal dort durchaus ernsthaft Konkurrenz machte.

Zugleich scheinen Nomaden immer unwichtiger geworden zu sein. Seßhaftigkeit war im 16. Jahrhundert in Anatolien die Regel. Und von der relativen Sicherheit mindestens West- und Zentralanatoliens zeugt noch etwas anderes: Miniaturen von Stadtansichten, im 16. Jahrhundert entstanden. Das war ein von den Osmanen erfundenes, sonst im Bereich des Islam unbekanntes Genre und Teil der Hofkultur: Anfertigung von Prachthandschriften mit topographischen Ansichten, die meistens über Feldzüge berichteten und die Beschreibung der geographischen Umstände eben den Zeichnungen überließen. Ein Meister dieses Genres war Matrakçı Nasuh (gestorben 1564), der mehrere solcher Werke verfaßte und illustrierte. Auf den Miniaturen vom Feldzug Süleymans gegen die Safaviden 1534–1535 ist deutlich zu erkennen, daß etwa in İzmit und Eskişehir die Stadtmauern verfielen und in Kayseri, Konya, Kütahya oder Adana vor den Mauern ungeschützte Vorstädte entstanden waren, zu denen auch prächtige Moscheen gehören konnten: Angst vor Überfällen und Krieg scheinen die Bewohner kaum gehabt zu haben.

Auch unter Süleyman blieben Eroberungen eine wichtige Einnahmequelle des Staates, Eroberungen, die der Sultan in allen vier Himmelsrichtungen unternahm, gegen Ende seines Lebens aber auch mehr und mehr unternehmen ließ. Freilich starb er 1566 auf einem von ihm selbst geführten Feldzug während der Belagerung Szigetvárs. Und vielleicht waren die Feldzüge auf dem Balkan, die Eroberung Belgrads 1521, die Unterwerfung Ostungarns in den Status eines Vasallenstaats 1526 und schließlich die Annexion Mittelungarns mit Budapest (türkisch: Budin) die größten Erfolge, denn sie wurden den Habsburgern, einer europäischen Weltmacht, abgerungen (wovon übrigens zur gleichen Zeit in Mitteleuropa die Reformation profitierte). Allerdings ließen diese Erfolge auch erkennen, daß viel weiter nach Westen das Osmanische Reich sich nur mit Mühe würde ausdehnen können. Als Süleymans Armeen 1529 den abrückenden Habsburger-Truppen bis vor Wien folgten, um die Stadt zu belagern, war der Höhepunkt der Jahreszeit, in der man Krieg führen konnte, bereits erreicht. Zum Erstaunen der Besatzung der Stadt, die mit der baldigen Einnahme rechnete, zogen die Osmanen nach kurzer Zeit wieder ab, um mit dem Wintereinbruch wieder in İstanbul zu sein. Auch die Annexion Mittelungarns (der Westen blieb den Habsburgern, und in Siebenbürgen herrschte als osmanischer Vasall Johann Sigismund Zápolya) war eher etwas unfreiwillig: Vor die Wahl gestellt, dies bis dahin halbunabhängige Land ganz in Besitz zu nehmen oder an die Habsburger zu verlieren, machten es die Osmanen zu einer regelrechten Provinz.

Ähnliches galt für die Eroberungen im Osten: Die (erfolgreichen) Züge gegen Bagdad und Basra, die die osmanischen Besitzungen bis an den Persischen Golf ausdehnten, waren sogar so aufwendig, daß das Heer im Winter nicht in seine Quartiere zurückgehen konnte. Gegen das eigentliche Zentralgebiet der Safaviden gelang kein andauernder Erfolg mehr.

Wie schwer es war, abliegende Gebiete effektiv zu verwalten, sollte sich ja auch bei den unter Süleyman im Süden erreichten Territorialgewinnen herausstellen: Südarabien (1538), Abessinien (1540), dem Yemen mit Aden (1547) und Libyen (1556). Nur Rhodos, das die Osmanen 1522 den sich darauf nach Malta zurückziehenden Johannitern abnahmen, und das im selben Jahr eroberte Zulkadir wurden zu wirklich osmanischen Ländern.

Denn bald stellte sich so etwas wie eine Hierarchie unter den »Wohlbeschützten Ländern«, wie die Reichsgebiete in den Urkunden genannt wurde, heraus: West- und Mittelanatolien, die Ägäis, Griechenland, der Balkan bis etwa Skopje (türkisch Üsküp) und die östliche Donau waren so etwas wie ein Kernreich. Hier lebten relativ viele türkische Muslime (oft genug als Mehrheit), hier gab es das ja schon am Beispiel Trabzons beschriebene Timar-System, und von hier aus strömten Nahrung, Rohstoffe und Menschen in die Hauptstadt İstanbul. Schon etwas anderes war es mit den Provinzen, denen eines dieser drei Merkmale fehlte: Wie in Malatya die wirtschaftliche Verflechtung mit der Hauptstadt, wie in Ungarn eine nennenswerte türkische Bevölkerung etwa. Die Provinzen, in denen es das osmanische Pfründenwesen nicht gab, Ägypten, die sudanisch-eritreische Küste, der Yemen, der Irak und Nordafrika vor allem, waren meist auch mit İstanbul wirtschaftlich nicht eng verbunden. In diese Landstriche wurden meist nur hohe Verwaltungsbeamte und eine Garnison entsandt, eine bare Steuersumme wurde jährlich nach İstanbul geschickt – aber osmanisch in dem Sinne, in dem das zum Beispiel Plowdiw (Philippopel, türkisch Filibe) oder Kütahya waren, wurden Kairo oder Basra nie. Schließlich die tributpflichtigen Vasallenstaaten, in deren innere Angelegenheiten von İstanbul aus man nur sporadisch eingriff, die aber jährlich Gelder an die »erhabene Fußschwelle des Sitzes des Heils«, wie eine der Bezeichnungen der Residenz des Sultans lautete, schickten. Zu ihnen gehörten die Moldau und die tatarisch beherrschte Walachei, Transsylvanien, Dubrovnik (Ragusa) und die Krim, die seit Ende des 16. Jahrhunderts auch Hilfstruppen für osmanische Feldzüge, vor allem auf dem Balkan, stellte.

Und noch etwas gehörte den Osmanen: das Meer. Die Auseinandersetzungen im Persischen Golf mit den Portugiesen, die die Insel Hormuz hielten, wurden schon kurz erwähnt – letztlich konnte sich hier keiner der beiden Gegner ganz durchsetzen, aber die osmanische Präsenz sicherte den Karawanenhandel etwa mit indischen Gewürzen und Seiden, der von Basra aus immer noch schneller und sicherer abzuwickeln war als über die lange, nur zu bestimmter Jahreszeit mögliche Umschiffung des Kaps der Guten Hoffnung.

Dennoch war die Seefahrt im Schwarzen Meer, das ja praktisch ein osmanischer Binnensee war, vor allem aber im Mittelmeer wichtiger. Eine der farbigsten Gestalten der damaligen Schiffahrt war der Sohn eines Sipahis auf Lesbos (Mytilene, türkisch Midilli), Hızır. Seefahrer, Händler und vielleicht auch schon Pirat, folgte er etwa 1513 seinem älteren Bruder Oruç nach Nordafrika, wo dieser gleich ein ganzes Geschwader von Korsarenschiffen unterhielt. Die beiden Brüder machten im von maurischen Flüchtlingen überschwemmten, von spanisch-habsburgischen Schiffen attackierten Maghreb bald Karriere. Ihnen gelang es, den Küstenstreifen Algeriens unter ihre allerdings stets gefährdete Kontrolle zu nehmen, und als Oruç 1518 fiel, war Hayr üd-Din, wie sich Hızır nun nannte, auf einmal Herrscher eines kleinen muslimischen Staates. Es spricht für das politische Talent des Mannes, daß er sich an die Osmanen wandte, die ja gerade Ägypten erobert hatten. Er erkannte den Sultan als Herrscher an und erhielt dafür den Titel eines Beğlerbeği von Algier und eine Janitscharengarnison.

Nordafrika sollte nie eine normale osmanische Provinz werden. Aber die Piratenstaaten Algier, Tunis und Tripolis mit ihrem Hinterland sandten dem Sultan regelmäßig eine Steuer und beeinträchtigten bis ins 19. Jahrhundert hinein die christliche Seefahrt im westlichen Mittelmeer. Und das eben nahm seinen Anfang mit Barbaros (»Rotbart«) Hayr üd-Din, der Algier zu einem Korsarennest ausbaute und sich zum Beispiel traute, Mallorca und Minorca zu überfallen und zu plündern. Nach ihm wurden diese Länder bis ins letzte Jahrhundert hinein als »Barbaresken« bezeichnet.

Mit dieser zweiten, quasi privatwirtschaftlich arbeitenden Basis hatten es die Osmanen leichter als andere, christliche Seemächte. Dazu kam die eigentliche großherrliche Kriegsflotte mit ihren Werften in Gelibolu (Gallipoli) und am Goldenen Horn, die 250 Schiffe auf einmal produzieren konnte.

Unter Süleyman wurde die Flotte noch einmal ausgebaut, und zu ihrem Unterhalt (wie zum Hausbau in İstanbul) wurden ganze Wälder um İzmit (Nikomedeia) abgeholzt. Der Rohstoff Holz wurde damals selten, wertvoll und chic. Banden von Albaniern, so heißt es in osmanischen Urkunden, wilderten in diesen Wäldern Holz, und gegen sie eingesetzte Janitscharen arbeiteten bald mit ihnen zusammen: Das erklärt auch die Leichtigkeit des Schmuggels nach Kairo, wo die Reichen Häuser *à la turca* bauten, wie in İstanbul zweistöckig aus Holz mit vorspringendem Erker. Denn Janitscharen fungierten ja auch als Zöllner an den Dardanellen.

Dennoch: Holz, Pech, Leinen, Hanf, Metall: Das Osmanische Reich verfügte über alle Rohstoffe für eine große Flotte und über die Organisation und das Geld, das sie erforderte. Barbaros Hayr üd-Din wurde 1534 zum Großadmiral ernannt. Es begann eine Zeit, in der die Türken von Europa auch auf dem Meer für unbesiegbar gehalten wurden. Einige noch venezianische Inseln in der Ägäis wurden mühelos erobert; nur das

Fürstentum Naxos und Chios blieben bis 1566 verschont, auch Korfu (Kerkyra) hielt sich.

In ihrem größten Erfolg überhaupt schlug die osmanische Flotte unter Hayr üd-Din in der Schlacht von Preveza an der albanischen Küste eine Koalitionsflotte aus venezianischen, päpstlichen, spanischen, maltesischen und genuesischen Schiffen unter dem Oberbefehl Andrea Dorias vernichtend (1538): Damit war sie die stärkste des gesamten Mittelmeeres.

Und die Kenntnisse der Osmanen reichten weiter: Ein hoher Seeoffizier, Pirî Reis, zeichnete nicht nur einen genauen Seeatlas des Mittelmeers, sondern hatte schon 1513 eine Weltkarte entworfen, die auf antiken, muslimischen und europäischen Quellen beruhte, darunter einer Karte Christoph Columbus'. Die Ostküste Amerikas und die Südsee sind erstaunlich detailliert wiedergegeben; ja es findet sich sogar eine Darstellung der Antarktis – obwohl dieser Kontinent erst 1818 entdeckt wurde.

Die Internationalität der Seefahrt, die sich auch in der Übernahme der vor allem italienischen Fachterminologie der Marine in der ganzen Levante spiegelt, machte nicht nur Fernhandel, sondern auch politische Koalitionen möglich, die bis dahin undenkbar gewesen waren. So schlossen 1536 Frankreich und das Osmanische Reich einen Freundschaftsvertrag oder, nach Ansicht der Osmanen: Der Sultan gewährte dem französischen König die Gnade, seinen Kaufleuten im Osmanischen Reich Handelsfreiheit und einen festen Zollsatz von 5 Prozent zu gewähren und als Gerichtsstand den *divan-ı hümayun* (und nicht die örtlichen Kadis) zu bestimmen.

Allerdings wurde der Vertrag nicht 1536 in Kraft gesetzt. Denn der Großwesir İbrahim Paşa, ein aus der engsten Palastumgebung Süleymans aufgestiegener Freund des Herrschers, hatte gleich nach Abschluß der Verhandlungen das Vertrauen des Sultans verloren, vielleicht auch, weil das Gerücht ging, er habe sich vom französischen Botschafter für diesen Vertrag finanziell hoch entschädigen lassen. Auch sonst war dieser Wesir eine außergewöhnliche Gestalt. So hatte er vor seinem heute als Museum genutzten Palast am Hippodrom antike Statuen aufstellen lassen: nackte Marmorgestalten in der Hauptstadt des Beherrschers der Gläubigen! İbrahim Paşas Mangel an Untertanengeist ließ ihn zuletzt sogar selbst den Titel »Sultan« annehmen, ja es wurde gemunkelt, er setze sich probeweise bereits auf den Thron des Padischah. Schließlich wurde er eines Abends in den Palast gerufen und umgebracht. Diese plötzliche Hinrichtung verzögerte die Ratifizierung des osmanisch-französischen Vertrages. Gleichwohl diente er späteren Abkommen zum Modell.

Aber auch militärisch kooperierten Frankreich und das Osmanische Reich, und wieder spielte Barbaros Hayr üd-Din eine wichtige Rolle. 1543 lief die osmanische Flotte unter seinem Befehl aus, um mit den Franzosen für König François I. das damals piemontesische Nizza zu erobern. Bombardement und Belagerung brachten zwar nicht das gewünschte Ergebnis, aber die Flotte überwinterte in Toulon, das für diese Zeit der Verwaltung Barbaros Hayr üd-Dins unterstellt war. Erst nach dem Frieden von Crépy segelte sie wieder nach İstanbul – das Ende eines militärischen »Engagements« einer Supermacht.

Für Barbaros Hayr üd-Din war es die letzte große Fahrt. Er starb 1546 in İstanbul. Mimar Sinan, der große Architekt, entwarf auch sein Mausoleum. Es steht noch heute in Beşiktaş am Ufer des Bosporus. Gleich daneben wurde das türkische Marinemuseum eingerichtet, und ein martialisches Denkmal ehrt diesen türkischen Schrecken der Meere.

Selbst in Niederlagen zeigte sich, wie überlegen der Osmanische Staat im Mittelmeer war. 1565 wurde Malta belagert, das seit 1530 der Sitz des Johanniterordens war, den die Osmanen ja erst 1522 von Rhodos vertrieben hatten. Diese Belagerung blieb erfolglos, und damit blieb ein wichtiger nicht-osmanischer Posten zwischen der Peloponnes und Nordafrika erhalten. Dafür wurde 1571 Zypern von den Osmanen erobert und unter großem Aufwand wenigstens zum Teil türkisch besiedelt. Doch im gleichen Jahr besiegte eine venezianisch-spanisch-päpstliche Flotte unter Don Juan d'Austria bei Lepanto (Navpaktos, türkisch İnebahtı) die osmanische Flotte und zerstörte sie. Es gelang der Verwaltung, der Schatzkammer und den Werften des Sultans, sie innerhalb eines Jahres wiederherzustellen. Die unbeschränkte Herrschaft über das Mittelmeer wurde nie mehr angestrebt. Aber die Stellung der osmanischen Flotte blieb zunächst stark.

Diesen Eindruck von Wohlgeordnetheit, Macht, Reichtum und Pracht vermittelten die Osmanen nicht nur der Außenwelt, als Sultan Süleyman 1566 starb. Der Staat der Osmanen war sich dieser Eigenschaften und Vorteile wohl bewußt. Die Gesellschaft ließ bereits Anzeichen erkennen, daß das Bild sich wandeln würde.

KAPITEL XIII

Zwei schwierige Jahrhunderte

Das Osmanische Reich vom Tode Süleymans des Prächtigen bis zur Abschaffung der Janitscharen

Auf diese Stadt wird noch zurückzukommen sein: Ankara. Aber auch lange, bevor auch nur entfernt daran zu denken war, daß dieser mittelanatolische Ort einmal zur Hauptstadt der Türkei werden würde, hatte Ankara doch zumindest regional hohe Bedeutung. Eine der größten Städte Anatoliens war es immerhin, hatte gut 25000 Einwohner, und noch einmal rund 100000 Menschen lebten in der Umgebung. Die Stadt hatte es im sechzehnten Jahrhundert zu bescheidenem Wohlstand gebracht, denn die Wolle der Ziegen dieser Region, bis nach Kastamonu, Çankırı und Tosya, wurde in Ankara zu berühmten Stoffen verarbeitet, die nach der Stadt benannt überall in der Welt als »Angora« berühmt waren (in der Türkei heißen sie »sof« oder »tiftik«). Denn nicht nur in İstanbul war diese Ware beliebt – Süleyman der Prächtige trug mit geradezu demonstrativer Vorliebe Kleidung aus Angora-Wolle –, in Ankara lebten auch polnische und venezianische Kaufleute, die sich auf den Handel mit diesem Produkt spezialisiert hatten. Dazu kam noch die Ausfuhr durch osmanische Händler, die Ware im Wert von mehreren Millionen *akçe* pro Jahr exportierten.

Eine blühende Stadt also, und es ist nur natürlich, daß auch hier der Platz im byzantinischen, immer wieder reparierten und ausgebauten Kastell auf dem Burgberg nicht mehr ausreichte: Längst hatte Ankara in den Talkessel ausgegriffen. Schon damals reichte die Stadt über den heutigen Ulus-Platz mit dem berühmten Atatürk-Denkmal im Norden bis zum Dışkapı hinaus, im Süden bis zum Hacettepe-Park, im Westen bis zum Gelände des Ethnographischen Museums. Ein weiter Raum also, mit den lebendigsten Vierteln beim Handelszentrum bei den überdachten Bazaren und den Hanen unterhalb der Burg.

Auf einem im Amsterdamer Rijksmuseum hängenden Ölbild ist die Stadt zu sehen. Die eng besiedelte Oberstadt mit der Burg, die Unterstadt mit vielen Moscheen, einem großen Bedesten, vor der Stadt Kamelkarawanen. Im Vordergrund des Bildes dann Szenen aus dem Bazar und von der Aufzucht der Wollziegen.

Interessant: Anders als auf den Miniaturen Matrakçı Nasuhs von Kayseri oder Konya von einem Jahrhundert früher ist hier auch die Unterstadt von einer Mauer umgeben; die Stadt endet abrupt, und die Steppe beginnt.

Diese lange Mauer wurde erst 1607 von den Bürgern Ankaras gebaut, wobei die Zünfte (und nicht die Regierung in İstanbul) Finanzierung und Planung übernommen hatten. Was war geschehen? Vor wem wollten sich die Bürger Ankaras schützen?

Ankara war zweimal überfallen und geplündert worden, nicht von einfallenden Heeren etwa der Safaviden, sondern von Aufständischen, die man sich als Räuberbanden großen Stils vorstellen kann und die nach einem Şeyh Celâl, der um 1519 eine *kızılbaş*-Rebellion angeführt hatte, von den Osmanen »Celâlî« genannt wurden. Allerdings: *kızılbaş*, schiitisch ausgerichtete Glaubenskämpfer, waren die Celâlî Ende des 16. und Anfang des 17. Jahrhunderts nicht mehr. Auch von einem Zusammenhang mit Stämmen kann wohl keine Rede sein.

Diese Aufstandsbewegungen, die ganz Anatolien und Teile Rumeliens erschütterten, hatten ihre Wurzeln in etwas anderem. Der historische Vorgang ist ziemlich kompliziert und auch noch nicht wirklich geklärt. Landflucht, also die Tatsache, daß Bauern oder Landarbeiter ihre Dörfer verlassen, um in der Armee oder der Stadt ein lohnenderes Auskommen zu finden, ist in vorindustriellen Gesellschaften der Normalfall, ja geradezu notwendig, denn keine Stadt der Welt konnte ohne Zuwanderung auskommen, da die Sterblichkeit in Städten immer höher war als die Geburtenrate: Ohne Landflüchtige hätten sich die Städte allmählich ganz von selbst entvölkert. Und deshalb gab es auch im Osmanischen Reich, das in der Theorie darauf beharrte, daß möglichst jeder Einwohner an seinem angestammten Platze leben solle, eine offizielle Regelung für Landflüchtige. Jeder Bauer, der seinen Hof aufgab, um woanders sein Glück zu versuchen, mußte danach dem Sipahi, dem ja nun Steuereinnahmen entgingen, eine Entschädigung zahlen.

Auf der anderen Seite gab es auch immer so etwas wie eine Obergrenze. Wurde ein Ort so von Landflüchtigen überschwemmt, daß das Umland ihn nicht mehr ernähren konnte, kam es zur Lebensmittelverteuerung oder gar zu Hungersnöten und Aufständen. Auf längere Sicht verkleinerte sich eine solche Stadt wieder, wenn sie nicht von einer starken Regierung aus größeren Entfernungen verproviantiert wurde, wie das mit İstanbul geschah. Übrig blieben in einer solchen kritischen Situation die ehemaligen Bauern.

Was aber führte im Osmanischen Reich am Ende des 16. Jahrhunderts zu immer mehr Landflucht, so daß man von 1603 an von »Büyük

Kaçgunluk« (»dem großen Weglaufen«) zu sprechen begann und davon, daß große Teile vor allem Anatoliens praktisch entvölkert wurden?

Schon in den letzten Jahrzehnten der Herrschaft Süleymans des Prächtigen wurden immer mehr Überfälle auf Karawanen nach İstanbul gemeldet, immer mehr Unruhe auch unter den Studenten an den vernachlässigten Medresen der Provinz. Grund war wohl vor allem eines: Obwohl die Bevölkerung immer weiter wuchs, gab es für ehrgeizige Türken immer weniger Gelegenheit, Karriere zu machen. Denn die *ulemâ* und die Bürokratie hatten nur relativ wenige lukrative Posten zur Verfügung, und die Janitscharen sowie der Palast nahmen nach wie vor fast ausschließlich durch die Knabenlese ausgewählte, als Nicht-Muslime geborene Männer auf. In den folgenden Jahren wurde das Problem noch ganz erheblich dadurch verschärft, daß auch die osmanischen Streitkräfte dazu übergingen, Gewehre zu benutzen. Im 16. und 17. Jahrhundert aber waren die schweren Vorderlader eine Waffe, die sich ausschließlich für gut ausgebildete Infanterie – Soldaten zu Fuß also – eignete. Zugleich war ein mit Gewehr bewaffneter Fußsoldat auf Dauer billiger als ein gepanzerter Reiter.

Durch diese neuen Waffen wurden solche Hilfstruppen wie die *yaya* und *müsellem* erst überflüssig, dann abgeschafft; und die Bedeutung der Provinzreiterei der Sipahis ging ebenfalls zurück. Gerade aber das waren ja die Einheiten gewesen, in denen türkische Muslime Karriere machen konnten.

Neben der Erfindung des Gewehrs führte ein weiterer welthistorischer Vorgang zur Verschärfung der Krise: die Preisrevolution des 16. Jahrhunderts. Denn überall in Europa führte das Bevölkerungswachstum zu einem Ansteigen vor allem der Getreidepreise. Im Osmanischen Reich wurde diese Entwicklung noch dadurch dramatisiert, daß gegen Ende des 16. Jahrhunderts die Welle amerikanischen Silbers, die bei etwa gleichbleibender Produktion zu einer Geldentwertung führte, im Osmanischen Reich ankam. Damit wurde es einerseits europäischen Händlern möglich, osmanische Waren relativ billig zu exportieren, andererseits führte die Geldentwertung zu einem Rückgang der Kaufkraft aller Lohnempfänger, also besonders der Janitscharen, aber auch der Sipahis, deren Einnahmen ja auch von den in *akçe* festgelegten Steuerbeträgen abhingen. Dazu kam dann noch, daß der in Finanznot geratende Staat bald den Silbergehalt des *akçe* verminderte, 1584 gar auf fast die Hälfte.

Das Janitscharenkorps konnte bis zu einem gewissen Grade durch Rebellion dafür sorgen, daß derlei Kaufkraftverluste durch Lohnerhöhungen ausgeglichen wurden.

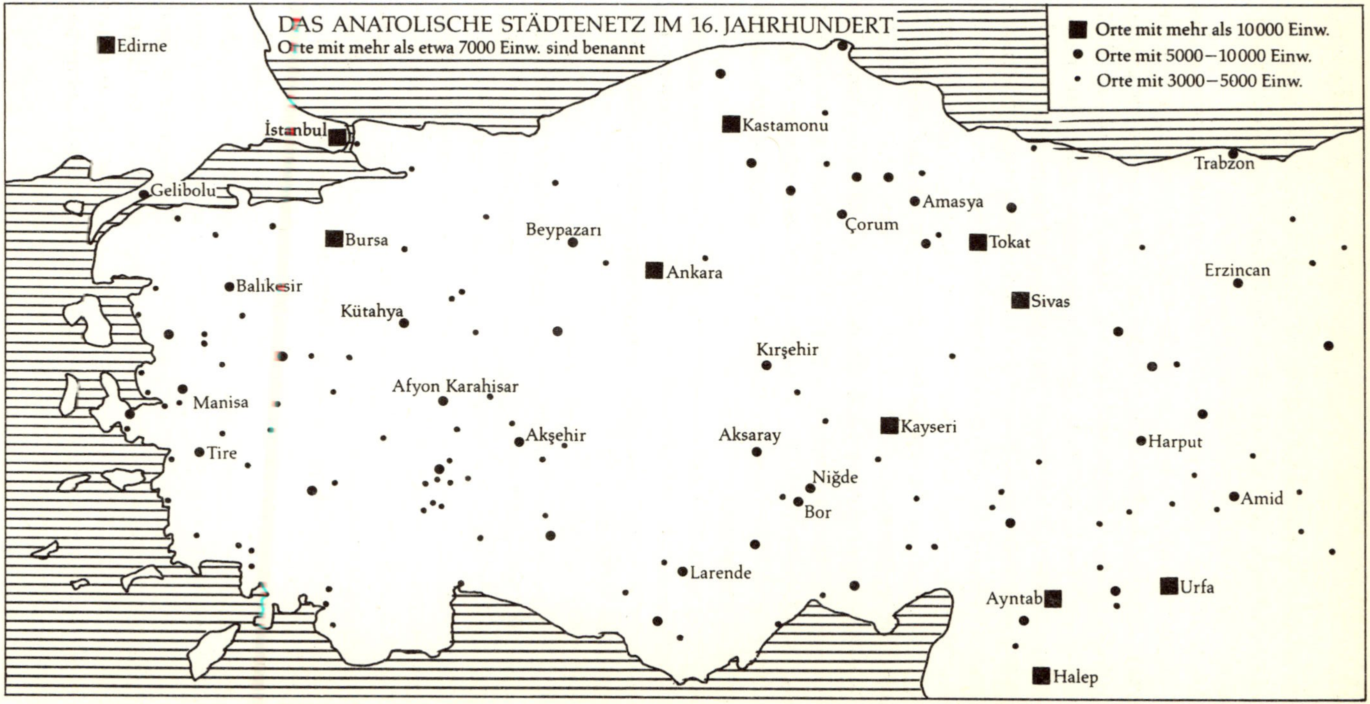
DAS ANATOLISCHE STÄDTENETZ IM 16. JAHRHUNDERT
Orte mit mehr als etwa 7000 Einw. sind benannt
Orte mit mehr als 10000 Einw.
Orte mit 5000–10000 Einw.
Orte mit 3000–5000 Einw.
Edirne
İstanbul
Gelibolu
Bursa
Balıkesir
Kütahya
Manisa
Tire
Afyon Karahisar
Akşehir
Beypazarı
Ankara
Kastamonu
Kırşehir
Aksaray
Niğde
Bor
Larende
Çorum
Amasya
Tokat
Sivas
Kayseri
Trabzon
Erzincan
Harput
Amid
Urfa
Ayntab
Halep

Die Sipahis dagegen verarmten, konnten oftmals nicht mehr für ihre eigene Ausrüstung oder die der von ihnen auf die Feldzüge mitzunehmenden *cebelü* sorgen und verließen dann die Timare.

Gewinner wäre in diesem Fall normalerweise der kleine Mann gewesen, dessen Steuerlast verringert worden war, denn die von ihm zu entrichtenden Geldbeträge blieben konstant, was wegen der Münzverschlechterung eine Entlastung bedeutete. Aber auch ihm wurden auf verschiedene Weisen die Taschen geleert. Einerseits wurden die *avarız* genannten Sondersteuern immer häufiger und drastischer erhoben, und andererseits griff der Zentralstaat, um die sich ständig verschlimmernde Finanznot zu besiegen, häufiger und häufiger zu einem Verfahren der Steuereintreibung, das Mißbrauch Tür und Tor öffnete: der schon im Kapitel XI erwähnten Steuerpacht *iltizam*, die die völlige Ausbeutung von Bauern ermöglichte.

Jeder Bauer aber, der sein Land verließ und sein Glück als Celâlî, also bewaffneter Freischärler, versuchte, verstärkte den Druck auf diejenigen, die ihr Land noch bearbeiteten. Entweder tat er das direkt, indem er sie beraubte, um an Lebensmittel zu kommen, oder – und das auf jeden Fall – indirekt: Ob nun *mültezim* oder Timariot, derjenige, dem die Steuern eines bestimmten Gebietes zustanden, preßte den verbliebenen Höfen oder Dörfern ab, was die Geflohenen nicht mehr zahlen konnten. Ein Teufelskreis hatte also eingesetzt: Bedrückung erzeugte Landflucht und diese wieder Bedrückung.

In der Folge wurden große Gebiete Anatoliens, zum sehr viel kleineren Teil auch Rumeliens mehr oder weniger entvölkert. Viele Dörfer wurden verlassen, Bauern zogen sich in weniger zugängliche, aber auch weniger fruchtbare Bergregionen zurück, und der Einfluß der Nomaden wuchs wieder. So manche Ebene Anatoliens blieb aus Sicherheitsgründen bis ins 19. Jahrhundert verlassen.

Dieselben Sicherheitsgründe hatten auch die Bürger Ankaras zum Bau der neuen Mauer bewegt. Sie wurde noch lange instand gehalten; der Raum, den sie umfaßte, reichte auch auf Jahrhunderte aus, denn wirtschaftliche Blüte war auf einige Sicht nicht mehr zu erwarten. Die letzten Reste dieses Bauwerks wurden in den dreißiger Jahren dieses Jahrhunderts beseitigt, als eine moderne Hauptstadt um den alten osmanischen Stadtkern geplant wurde.

Vielleicht war das, was das Osmanische Reich gegen Ende des 16. Jahrhunderts und zu Anfang des 17. durchmachen mußte, die schlimmste Krise seiner Geschichte. Sicher ist: Das Reich war danach ein anderes als davor.

Auf den ersten Blick erscheint das Land »normaler« als das Reich, wie es sich zur Zeit etwa Süleymans zumindest präsentierte. Was es im frühneuzeitlichen Europa an vielbeklagten, aber schier nicht zu unterbindenden Erscheinungen gab, fand man nun auch hier massiv wieder: Ämterkauf, Bestechlichkeit, undisziplinierte und marodierende Soldatenhaufen, Wegelagerer, Wucherer und Steuereintreiber, denen kein Gesetz heilig war, Vetternwirtschaft, Münzverschlechterungen und Hofintrigen. Nicht, daß es das nicht schon vorher gegeben hätte. Doch das waren Dinge gewesen, die die staatliche Autorität nicht gefährdeten. Jetzt waren sie – so schien es jedenfalls vielen Osmanen – an die Stelle dieser Autorität getreten, unterminierten täglich aufs neue den Staat.

Andererseits hatten diese neuen Zustände mit der schon angesprochenen Schwäche des Osmanischen Reichs zu tun, die verhältnismäßig wenigen, privilegierten Möglichkeiten, vom Untertan zum steuerbefreiten *askerî* aufzusteigen, nicht vermehren zu können, ohne die eigene Finanzkrise weiter zu verschärfen.

Letztlich war aber doch nicht zu verhindern, daß immer mehr ehemalige Bauern oder Handwerker Soldaten wurden. Am auffälligsten war das bei den Janitscharen: Immer häufiger wurden statt sorgfältig in der Knabenlese ausgewählter, bei türkischen Bauern als *acemî* ausgebildeter Söhne nicht-muslimischer Familien Söhne von Janitscharen *(kuloğlu)*, dann aber auch türkische Handwerker in das Korps aufgenommen. Unter Süleyman dem Prächtigen hatte es 12000 bis 13000 Janitscharen gegeben, die zumindest im Kampf sehr disziplinierte, gut ausgebildete Elitetruppen waren. Am Ende des 16. Jahrhunderts zählte man über 35000 Janitscharen, darunter bereits viele, die nicht mehr in den Kasernen lebten, sondern geheiratet hatten und, um ihre Familie zu ernähren, aber auch die wegen Münzverschlechterung und des Anwachsens der Truppe reale Soldabsenkung auszugleichen, entweder einem Handwerk nachgingen oder als Steuerpächter in den Provinzen lebten.

Aufstände von Janitscharen hatte es ja schon ab und zu gegeben, aber jetzt wurden sie immer häufiger, immer blutiger. Im 15. und 16. Jahrhundert hatten sich die Provinzialtruppen und die Pfortentruppen letztlich in Schach gehalten. Damit war es nun vorbei. Zwar kam mehr und mehr innerhalb der Pfortentruppen Rivalität auf – vor allem zwischen der Reiterei und den Janitscharen –, doch konnte das Janitscharenkorps, wenn es einig war, alles durchsetzen, was es wollte, und das, obwohl seine Kampf- und Feldzugsdisziplin immer mehr nachließ.

Die absolute Ergebenheit der *kul*, der Janitscharen, war ein Ideal der Sultane, nicht der Soldaten. Ja, mehr noch: Immer enger wurde die Bindung des Korps an die *Bektaşî*-Derwische mit ihrem Oberhaupt im mittelanatolischen *tekke* Hacı Bektaş'. Die Bektaşî waren ein Orden, der mit den Alewiten in enger Verbindung stand – jener großen Bevölkerungsminderheit Anatoliens, die nach den *kızılbaş*-Aufständen schiitisch geblieben war, aber sich in die isoliertesten Landesteile zurückgezogen hatte. Deshalb galt auch der Orden als halb-schiitisch und also safavidisch, so daß die osmanische Regierung wohl froh war, ihn durch die Janitscharen kontrollieren zu können. Nun aber sah es zum Teil umgekehrt aus: Oberste Autorität für so manchen Janitscharen mag der *pir* in der Nähe Kırşehirs und nicht mehr der Sultan gewesen sein.

Die Lücke, die das immer kleiner werdende Sipahi-Heer in den Provinzen ließ, füllten Privatarmeen. »Torvolk« *(kapı halkı)* nannte man diese Söldner, die zum Beispiel von einem Provinzgouverneur angestellt worden waren. Solch ein hoher Würdenträger bezahlte, führte und disziplinierte diese Truppen, die so ganz von ihm abhingen. Zur Finanzierung verwendete solch ein *beğlerbeği* neben seinen eigenen Einnahmen häufig auch Gelder, die er aus »seiner« Provinz preßte. Wurde er abgesetzt, enteignet oder starb er, blieb den dann arbeitslosen Soldaten kaum etwas anderes übrig, denn als Räuber ihr Dasein weiterzufristen, bis sie einen neuen Herrn fanden. Der Übergang vom Celâlî zum staatlich legitimierten Soldaten war also fließend.

Neben den militärischen Einheiten gab es noch einen zweiten Weg, als *askerî* von Steuern befreit zu werden, und in mancher Hinsicht einen bequemeren: den der Rechtsgelehrten, der durchaus auch der der Derwische sein konnte. Denn als Kadi oder Lehrer an einer *medrese*, als Stiftungsverwalter oder Imam einer Moschee, ja sogar als christlicher Priester gehörte man ja ebenfalls zu den Privilegierten der osmanischen Gesellschaft. Ist es da ein Wunder, daß die Schulen und *medresen* des Reiches überlaufen waren – denn Bildung war ja der Weg, durch den man sich hier Ansprüche erwerben konnte?

Die etablierten *ulemâ*-Familien der großen Städte versuchten, sich gegen die unliebsame Konkurrenz zu schützen. Weil sie das Stipendien- und Prüfungswesen in der Hand hatten, gelang ihnen die systematische Bevorzugung der Söhne der eigenen Schicht. Der normale Student, eine Art Wirtschaftsflüchtling vom Lande in die Stadt, konnte da nicht konkurrieren. Die Softas, und zwar sowohl die in der Provinz als auch die in den weniger angesehenen Schulen İstanbuls, begannen so etwas wie ein städtisches Protestpotential zu bilden – und das gab so manchem Aufstand die religiöse Note.

Wie steinig der Weg war, zeigt das Leben eines der begabtesten osmanischen Literaten überhaupt: des Historikers, Dichters und politischen Schriftstellers Mustafa Âlî, der 1541 in Gelibolu (Gallipoli) geboren wurde. Obwohl er in der Provinz als Kind keineswegs außerordentlich reicher Eltern geboren worden war, gelang es ihm, mit etwa sechzehn

Jahren nach İstanbul zu kommen und dort die besten *medresen* zu besuchen. Innerhalb recht kurzer Zeit absolvierte der hochbegabte junge Mann sogar die als höchste Bildungsinstitutionen eingerichteten Hochschulen Süleymans des Prächtigen, die zum großartigen Moscheekomplex gehören, den dieser Sultan in İstanbul stiftete. Diese *medresen* galten als noch wichtiger als die berühmten *sahn-i seman* Mehmeds II., die im vorletzten Kapitel erwähnt wurden. Unter normalen Umständen hätte Âlî nun eine aussichtsreiche Karriere als Kadi oder Müderris bevorgestanden. Doch der gerade Zwanzigjährige wählte trotz seiner offenbaren Begabung einen eigentlich nicht vorgesehenen Weg: Der »Beförderungsstau« in der Laufbahn der Rechtsgelehrten muß ihn so entmutigt haben, daß er seine Zukunft in der Bürokratie suchte. Er widmete dem Prinzen Selim, dem späteren Sultan Selim II., ein Gedicht und begab sich zu seiner Provinz-Residenz nach Kütahya. Dort wurde er als Schreiber des *divans* Selims angenommen – die nötige literarische Bildung und die Bereitschaft zu Loyalität hatte er ja in Versform bekundet. Damit war seine persönliche Karriere an die des Sultanssohnes gebunden.

Derlei persönliche Verbindungen nannte man *intisab*. Sie sollten in der späteren Zeit des Osmanischen Reiches immer wichtiger werden. Wer Macht hatte, sammelte nicht nur Truppen unter sein *kapı halkı*, die ihm bei der Erfüllung seiner militärischen Pflichten und der Illustration seiner Machtstellung halfen, sondern auch hoffnungsvolle Talente wie zum Beispiel Mustafa Âlî: einen jungen Bürokraten, der begabt war, aber ohne Hilfe keine wirklichen Aussichten auf einen Aufstieg hatte. Aber auch für Männer, die sich keine Hoffnungen auf Glanz und Ruhm machten, lohnte die Bindung an einen Mächtigen unter Umständen, konnte sie doch vor gar zu strikter Kontrolle oder vor Absetzung schützen. Auf der anderen Seite hatte natürlich auch ein Staatsmann Vorteile von solchen Arrangements, ob er nun ein hoher Rechtsgelehrter, ein Großwesir, ein *beğlerbeği*, ein Höfling oder gar wie Selim ein Prinz auf Provinzstatthalterschaft (solange es solche Prinzen gab) war. Denn hatte er die eigenen Leute auf Schlüsselpositionen plaziert, war er vor Intrigen weit besser geschützt, als wenn er sich auf seine Fähigkeiten und die Gnade des Sultans allein verließ. Auch Mustafa Âlîs weitere Karriere sollte von diesem *intisab*-System geprägt sein, das quasi als zweite Schicht unter der Folie der offiziellen Laufbahnregelung lag und lauter Zweitloyalitäten neben der übergreifenden zum Sultan schuf.

Freilich hatte Âlî wenig Glück. Das meiste, was wir über sein Leben wissen, hat er selbst berichtet, und also wird es gut sein, ihm nicht schlankweg zu glauben, daß immer er der ungerecht Behandelte gewesen ist. Aber soviel geht doch aus seinen Aufzeichnungen hervor: So wie er in Kütahya einer Intrige des Prinzenerziehers Tütünsüz Hüseyin Paşa zum Opfer und bei Selim in Ungnade fiel, so war er auch später nie in der Lage, aufgrund von Befähigung oder Dienstalter zu einer angemessenen Stellung zu kommen, sondern stets auf die ergänzende Hilfe eines Gönners angewiesen. Nicht immer setzte Âlî dabei auf das richtige Pferd: So wurde Lâlâ Mustafa Paşa, der ihn nach Selim II. förderte, nach einem Feldzug im Kaukasus abgesetzt, wovon auch Mustafa Âlîs Laufbahn unmittelbar mitbetroffen wurde: Er erhielt mit Mühe lediglich einen unattraktiven Posten in Bosnien. Es sollte den Dichter Jahrzehnte in der Provinz, in Kairo, Aleppo und Amasya zum Beispiel, kosten, bis er einsah, daß auch der erneute Wechsel des Karrierepfades (er trat in die Finanzbürokratie ein) ihm nicht zu dem Amte verhalf, zu dem er sich eigentlich berufen, befähigt, ja sogar berechtigt fühlte: dem des *nişancı* nämlich, der Spitze der nicht religionsrechtlich geordneten Bürokratie in İstanbul. Es ist von schon fast bitterer Ironie, daß er erst in der letzten Phase seines Lebens, in der er sich schon von der ungerechten Welt ab- und der Mystik zugewandt hatte, zu einigen etwas angenehmeren Posten kam: zur Leitung der bürokratischen Kontrolle der Janitscharen und bald darauf der großherrlichen Timar-Registratur. Seine letzten Lebensjahre aber mußte er wieder in der Provinz verbringen, und so starb er auch in Dschidda auf der Arabischen Halbinsel.

Es ist verständlich, wenn solch ein außergewöhnlicher Intellektueller, wie es Âlî war, mit dieser Laufbahn nicht recht glücklich wurde. Immer wieder versuchte er ja, sich nicht nur durch sozusagen dienstliche Leistungen zu empfehlen, sondern daneben durch literarische Aktivität. Denn wer ein gelungenes Werk einem Großen der Zeit präsentierte, erhöhte seine Chancen, als fähiger Mann lukrative Aufgaben zugewiesen zu bekommen. So bemühte sich auch Âlî immer wieder, mit seinen meist in außerordentlich prunkvollem, nicht einfach zu verstehendem Stil verfaßten Werken auf sich aufmerksam zu machen; und so begreift man, warum er wieder in diesen Büchern auf seine eigene Person zurückkam – oft genug in Form bitterer Klagen über die Ungerechtigkeit der Behandlung.

Angeblich verfaßte er zeit seines Lebens 99 Bücher und Büchlein. Freilich sind nicht von allen Handschriften erhalten, aber was noch übrig ist, beweist, daß Âlî ein Mann von außerordentlich weitgefächerten Interessen war. So verfaßte er neben vielen historischen Werken, darunter die Universalgeschichte *Künh ül-ahbar,* eine Geschichte der Kalligraphie und der Kalligraphen und eine ausführliche Beschreibung Kairos, Gedichte, Handbücher über gutes Benehmen, mystische Werke, eine Briefsammlung und ein Beispiel einer Literaturgattung, die in der mittelalterlichen islamischen Literaturgeschichte tiefe Wurzeln hat, für die der Osmanen aber besonders wichtig werden sollte: einen sogenannten »Fürstenspiegel«, eine Art Ratgeber für den Sultan oder einen Staatsmann. Die osmanischen Werke dieser Art sollten sich schon bald durch eines ganz deutlich auszeichnen: In ihnen wurde unverhüllt Kritik geübt, wurden Mißstände beim Namen genannt.

Es ist außerordentlich aufschlußreich, wie Âlî in seinem Fürstenspiegel, aber auch in anderen Werken seine eigene Erfolglosigkeit erklärte. Gerade er, der nach seinem zweimaligen Wechsel der Laufbahn eigentlich in kein überkommenes Schema mehr paßte, begründete mit Hinweisen auf alte Praktiken und zum Teil auf Regelungen aus den Gesetzen Mehmeds II., daß er zu Unrecht benachteiligt worden sei. Er erkannte zwar an, daß der gewachsene Staatsapparat auch gewisse Änderungen in den Regeln, nach denen die Diener des Sultans befördert wurden, nötig machte. Das hatte ja auch in der von ihm idealisierten Zeit Süleymans des Prächtigen gegolten. Aber Âlî bestand darauf, daß dies im Geist der alten, gültigen Gesetze zu geschehen habe – so wie er sie verstand. Der Verfall der alten Beförderungsmuster, der wachsende Einfluß von Höflingen, der Mißbrauch von Ämtern, die mit unfähigen Leuten besetzt wurden – all das betrachtete Âlî als Verfall.

Das sollte für osmanische Kritik auch in der Folge recht typisch bleiben: Neuerung und Niedergang standen im Zusammenhang, und wer sich rechtfertigen wollte, berief sich auf die Regelungen, die unter Mehmed II. oder Süleyman dem Prächtigen galten, aber in dieser Form längst überholt waren. Politische Maßnahmen rechneten auch in der Regel mit den neuen Gegebenheiten, hatten dann aber oft Schwierigkeiten, sich zu legitimieren. Deswegen tat man häufig so, als sei noch alles beim alten.

Das war natürlich eine Fiktion. Denn es gab mehr Veränderungen als nur die Verringerung der Karrierechancen junger Rechtsgelehrter. Hier sollen zunächst nur die erwähnt sein, die mit dem Verhältnis von Zentralmacht und Gesellschaft zusammenhängen.

Einer der faszinierendsten Teile jeder Besichtigung des Topkapı Palastes in İstanbul: der Gang durch die wenigen dem Publikum zugänglich gemachten Räume des *kafes*, des »Käfigs«, wie die Gemächer der Prinzen genannt wurden. Ein wahrhaftig großer, goldener Käfig: Die Pracht einiger dieser Räume steht derjenigen kaum nach, die die Zimmer der Lieblingsfrauen der Großherren auszeichnete. Die Wände sind mit herrlichen Kacheln bunt geschmückt, die Fensterrahmen filigrane Stuckarbeit, mancher Gegenstand war wahrlich eines Herrschers würdig.

Früher bestand dieser Bereich des Palastes einmal aus zwölf Wohnungen. Das ganze Gelände war von einer hohen Mauer umgeben, an der Buchsbäume gepflanzt waren. Auch ein kleiner Garten gehörte dazu. Ein schöner Käfig also. Aber ein Käfig. Was geschah hier?

Die alte Regelung, nach der osmanische Prinzen in ihrer Jugend eine Provinz zur Verwaltung überlassen bekamen, hatte sie zwar bis zum Thronwechsel zu erfahrenen Administratoren gemacht, aber ja auch immer wieder zu regelrechten Kriegen um den Thron geführt. Schon Selim II. hatte deshalb nur noch seinen ältesten Sohn, den späteren Murad III. (1574–1595), nach Manisa geschickt, um ihn dort Erfahrung sammeln zu lassen. Dessen Sohn wiederum, Mehmed III. (1595–1603), war der letzte Prinz überhaupt, den man İstanbul verlassen ließ: Zur Sorge wegen drohender Bürgerkriege war nun auch die vor einem Staatsstreich getreten, mit dem ja Selim I. seinen Vater Bayezid I. aus der Provinz hatte absetzen lassen können. Auch Süleymans des Prächtigen Sohn Bayezid hatte Ähnliches versucht.

In der Sorge vor jugendlichen Rivalen gingen die osmanischen Herrscher also dazu über, ihren Nachwuchs in İstanbul erziehen zu lassen, wo sie ihn unter Kontrolle halten konnten.

Denn aus Angst vor innerfamiliärer Rivalität brachte man zwar nicht mehr regelmäßig die osmanischen Prinzen um, aber man isolierte sie völlig von der Außenwelt. Der »Käfig« war insofern ein wirkliches Gefängnis. Außer einigen Sklavinnen, die keine Kinder mehr bekommen konnten, und vielleicht einem sie religiös betreuenden Imam gab es für die Sultanssöhne in aller Regel keine Ansprechpartner. Selbst wenn sie erkrankten, wurde nur mit ausdrücklicher Erlaubnis des Sultans ein Arzt zu ihnen vorgelassen.

Natürlich gab es Zeiten, in denen solche Regeln mehr, und andere, in denen sie weniger streng eingehalten wurden. Klar dagegen ist eines: Ein hier sein Lebtag eingesperrter Mann würde nur noch in Ausnahmefällen ein energischer und fähiger Herrscher werden können.

Sehr häufig gewannen die Frauen des Harems, vor allem die Sultansmutter, entscheidenden Einfluß. Und auch die eigentlich nur zum persönlichen Dienst am Herrscher vorgesehenen Hofämter gewannen politischen Einfluß, der bei ihren Inhabern nicht unbedingt in guten Händen war, denn auch diese Menschen hatten zum Teil in ihrem Leben nichts anderes erlebt als den großherrlichen Palast. Besonders der Schwarze Obereunuch, der *dar üs-seade ağası*, war in einer außerordentlich mächtigen Position. Er leitete nicht nur die Organisation des Harems, sondern verwaltete auch die außerordentlich reichen Stiftungen, die Mekka und Medina zugute kamen, und die der Sultane.

Wie stark der Einfluß des Harems auf administrativ unzulängliche Herrscher sein konnte, zeigen die Verhältnisse in der ersten Hälfte des 17. Jahrhunderts. Einige Phasen dieser Epoche werden geradezu das »Sultanat der Frauen« genannt. Auch die wohl mächtigste Frau der osmanischen Geschichte lebte in dieser Zeit, Kösem Sultan, die als Lieblingsfrau Ahmeds I. (1603–1617), als Mutter von Murad IV. (1623–1640) und İbrahim (1640–1648), schließlich als Großmutter von Mehmed IV. (1648–1687) über erheblichen Einfluß verfügte und zeitweilig die Regierungsgeschäfte in die Hand genommen hatte. 1661 aber wurde Kösem umgebracht, weil die Mutter Mehmeds IV. ihren Einfluß fürchtete. In einer der dramatischsten Szenen, die der Topkapı-Palast in seiner Geschichte sah, wurde die schon recht alte Frau durch den Harem gejagt und schließlich in einer Toilette, in der sie sich versteckt hatte, erdrosselt.

Gerade weil die Sultane so oft unter dem Einfluß anderer standen, waren auch die schlecht ausgebildeten Prinzen im *kafes* immer eine mögliche Alternative zum gerade herrschenden Padischah. Deshalb wurden in Krisenzeiten dann doch immer wieder die potentiellen Rivalen umgebracht: Ein Sultan, zu dem es keine Alternative gab, war nicht so leicht abzusetzen.

Aus dem *kafes* befreit zu werden, konnte für den Betreffenden also zweierlei bedeuten: Herrschaft und Tod. Ist es da erstaunlich, daß zum Beispiel Süleyman II. (1687–1695), als er bereits 45jährig auf den Thron gebracht wurde, in einer makabren Szene sich weigerte, seine Gemächer zu verlassen: Sein älterer Bruder Mehmed IV. (1648–1687), der eben abgesetzt worden war, möge lange leben; wenn man ihn hinrichten wolle, solle man es gleich sagen, damit er noch ein Gebet verrichten könne; es sei ihm lieber, jetzt zu sterben, als weiter in Haft leben zu müssen. Ein halbes Jahrhundert vorher hatte auch Sultan İbrahim nicht glauben wollen, daß sein älterer Bruder Murad IV. nicht mehr am Leben war.

Aber nicht nur die Situation der Sultane und Prinzen war bedroht. Auch die Würdenträger des Staates konnten sich nicht sicher fühlen. Der allgemeine Karrierestau hatte nämlich zur Folge, daß die Amtszeiten immer kürzer, die offiziell und inoffiziell an den Staat oder einflußreiche Würdenträger zu entrichtenden Einstandszahlungen immer höher wurden. In der Regel konnte man nur noch mit einem Jahr Amtszeit rechnen, aber auch davor waren Absetzungen nicht selten. Gerade für Angehörige der *ilmiye*, also die Rechtsgelehrten, folgten dann immer wieder jahrelange Wartezeiten, bis eine neue Stelle vergeben wurde. Als Folge davon bürgerte sich immer mehr ein, daß Amtsposten mehr als Einnahmequelle denn als Amt betrachtet wurden: Schließlich mußten die investierten Wartezeiten und Zahlungen irgendwie wieder amortisiert werden.

Allerdings leisteten einige staatliche Praktiken diesen Veränderungen sozusagen Vorschub. So ging man sogar dazu über, Steuerpächtern Ämter auch bis zum Range eines *beğlerbeği* zu verleihen, um ihnen die Eintreibung von Abgaben zu erleichtern. Ein solcher *mültezim* war *de facto* nicht mehr kontrollierbar.

Damit ist zugleich angesprochen, warum sich neben der Dynastie der Osmanen keine Adelsgeschlechter von wirklicher Dauer in den Kerngebieten des Reiches, auf dem Balkan und in Anatolien, bilden konnten. Denn nach wie vor achteten die Osmanen darauf, daß der Reichtum, den einer erwarb, nicht zu groß oder doch wenigstens nicht einfach vererbt wurde. Zu reich gewordene Amtsträger setzte man ab oder auf einen sie sogar noch Geld kostenden Posten, half das auch nichts, enteignete man sie – und entsprechend verfuhr man mit *mültezimen* ohne Amt. Mit derlei Operationen hielt man selbst den Reichtum und Einfluß solcher Familien in Grenzen, die wie manche der bedeutenden Geschlechter der *ulemâ* oder der griechischen Phanarioten (als Staatsdolmetscher etwa) über Jahrhunderte eine Rolle spielten.

Trotzdem: Der finanziell geschwächte osmanische Staat konnte im 17. Jahrhundert oft nur noch die Doktrin vom allmächtigen Großherrn aufrechterhalten, in der Realität sah es häufig genug anders aus.

Ein gutes Beispiel dafür ist Nordafrika, das ja nicht zu den von İstanbul aus direkt zu kontrollierenden Ländern gehörte. In Algerien hatte der jeweilige osmanische *beğlerbeği* schon seit 1618 nichts mehr zu sagen; die Macht ging erst auf die Janitscharen, dann auf die Piraten unter ihrem gewählten Führer, dem *dayı*, über, und das Land diente im folgenden vor allem als besonders unangenehmer Verbannungsort. An eine Aufsicht von İstanbul aus war nicht zu denken, denn zur großen Entfernung kam noch, daß das nach wie vor offiziell als »Provinz« bezeichnete Algerien von sozialen Spannungen zwischen Seeleuten, Janitscharen und deren Nachkommen, den *kuloğlu*, und den Berbern des Hinterlandes gebeutelt wurde.

Ähnliches geschah in Tunis, wo sich sogar gegen Ende des 17. Jahrhunderts eine Dynastie etablieren konnte. Diese sollte seit 1705 formell als *beğlerbeği* von Tunis mit dem Titel *paşa-beğ*, tatsächlich aber unabhängig über dies Land herrschen. Erst 1957 sollte der letzte Herrscher dieser Familie, Muhammad VIII., abgesetzt werden. Auch in Tripolitanien (heute Nordlibyen) hielt sich bis 1835 eine solche Familie an der Macht.

Schließlich Ägypten, das ja wirtschaftlich weit bedeutender war als die maghrebinischen Länder. Vor allem wegen der jährlichen Geldsendung waren die Osmanen hier nicht so leicht bereit, ihren begrenzten Einfluß aufzugeben. Aber auch hier gab es ständig Spannungen zwischen Mamlukenparteiungen, dem osmanischen Gouverneur *(vali)*, den Janitscharen und den anderen, *azab* genannten Garnisonstruppen. Von İstanbul aus bedeutete das oft genug nicht nur den Verlust der eigentlich dringend benötigten jährlichen Steuer, sondern auch, daß immer wieder die Pilgerroute in Gefahr geriet. Un-, oder besser Überfälle auf Pilgerkarawanen waren nämlich nicht nur für die Betroffenen unangenehm oder katastrophal, sondern auch für die sultanische Regierung. Deren Legitimität, die ja auch auf ihrem Amt als »Beschützer der Heiligen Stätten« beruhte, war gefährdet, wenn sie solche Vorfälle zuließ.

Auch in anderen Landesteilen ging es ähnlich. Liest man die Klagen osmanischer Autoren dieser Zeit, müßte man denken, das Reich sei damals schon am Ende gewesen. Es ist bemerkenswert, daß europäische Reisende oder Diplomaten zum Teil ein weit freundlicheres Bild zeichneten. Und in der Tat: Das Osmanische Reich konnte auch im 17. Jahrhundert Erfolge verbuchen.

Freilich: Territoriale Expansion war kaum noch möglich, obwohl erhebliche Anstrengungen gemacht wurden; und was die osmanischen Heere unter großem Aufwand gewannen, ließ sich nur mit Mühe halten. Aber immerhin: 1645 wurden Kreta, 1660 Großwardein (heute Oradea in Rumänien), 1663 Neuhäusel (heute Nové Zámky in der ČSR), 1671 Podolien osmanisch; und wenigstens Kreta sollte es lange bleiben, auch großenteils türkisch besiedelt werden. Dagegen konnten die Territorialgewinne, die Murad IV. (1623–1640) in Aserbaidschan und Armenien erzielte, nicht lange gehalten werden; wie schon zur Zeit Süleymans blieben auch später Kriege gegen Persien kostspielig und letztlich erfolglos. An Murads IV. Eroberung Eriwans 1635 erinnert wie an die Bagdads drei Jahre später je ein prächtiger Pavillon im Topkapı-Palast. Doch nur Mesopotamien blieb bis zum Ersten Weltkrieg in osmanischer Hand, persische Gebiete gingen schnell verloren.

Gerade die Zeit Murads IV. ist erwähnenswert. Dieser Padischah, der als Kind auf den Thron kam und in den ersten Jahren völlig unter dem Einfluß seiner Mutter Kösem Sultan stand, muß als eine der energischsten Herrschergestalten der türkischen Geschichte überhaupt gelten. In den Jahren, in denen er selbst regierte, versuchte er so etwas wie die Errichtung eines totalitären Sultanates. In der Zeit zwischen 1632 und seinem Tode 1640 nahm er nicht nur die Tradition wieder auf, das Heer selbst zu führen und zu kontrollieren (so wurde auch die Zahl der

Janitscharen in diesen Jahren wieder erheblich reduziert, ihre Disziplin verbessert), nein, Sultan Murad versuchte eine möglichst vollständige Kontrolle über die Gesellschaft zu erlangen. Aufständische wurden grausam verfolgt, Hinrichtungen waren die übliche Strafe für auch recht geringfügige Delikte, und selbst *ulemâ* waren ihres Halses nicht sicher. Murad IV. war der erste, der einen *şeyh ül-islâm* hinrichten (und dann nicht im vorbereiteten Mausoleum bestatten, sondern am Strand des Marmarameeres bei Kücükçekmece verscharren) ließ. Ja, dieser Sultan, der selbst durchaus dem Alkohol ergeben war, ließ nicht nur Opium, sondern auch Tabak und Kaffee verbieten und die Kaffeehäuser schließen, in denen beides genossen wurde, um Versammlungen von vornherein zu verhindern, die zu Aufruhr führen konnten. Zur Kontrolle dieser Verbote soll er selbst nachts inkognito durch die Stadt gegangen sein, Leibesvisitationen vorgenommen und auch auf Dächer kletternd an den Schornsteinen nach Tabak geschnuppert haben. Wer rauchte, war mit dem Tode bedroht, und der Sultan hielt auch nachts Standgericht. Um die Hauptstadt in seiner Gewalt zu haben, organisierte er ein dichtes Spionagenetz, das auch in den Provinzen tätig gewesen sein mag.

All diese Maßnahmen sind als Reaktion auf die Entmachtung der Zentralgewalt, besonders aber der Sultane im halben Jahrhundert vor Murad IV. zu verstehen. Aber das Reich Süleymans war mit derlei individuellen Zwangsmaßnahmen nicht wiederherzustellen; im Gegenteil. Mit dem Tode Murads zeigte sich, daß auch er das Rad der Zeit nicht hatte zurückdrehen können.

Noch eine zweite Periode ist zu erwähnen, weil sie als eine der Konsolidierung interpretiert und wohl auch so empfunden wurde: die der Köprülü-Wesire in der zweiten Hälfte des 17. Jahrhunderts. Mit dieser Bezeichnung ist schon gesagt, daß nach dem Ende der großen Krise, also den Celâlî-Aufständen, der Entvölkerung weiter Teile Anatoliens, dem Niedergang des Timar-Systems, der Inflation durch das amerikanische Silber und schließlich mit dem wirtschaftlichen Aufschwung in Nordeuropa, auch der Verlegung der Welthandelswege auf die Seeroute um das Kap der Guten Hoffnung nicht nur die Gesellschaft sich verändert hatte, sondern auch der Staat. Die Leitung der Zentralbürokratie geriet nun endgültig in die Hände des Großwesirs. Nicht mehr die Büros des *divan-ı hümayun*, sondern die des Großwesirs an der »Hohen Pforte«, der *bab-i âlî*, expandierten, und die Politik wurde hier gemacht. Diese Verschiebung des Schwerpunkts weg vom Palast hin zum Amtssitz des Großwesirs sollte allmählich vor sich gehen und bis ins 18. Jahrhundert nicht abgeschlossen sein, aber sie wurde von den Köprülüs begonnen.

Stellt sich die Frage, wie diese Familie zu ihrer Macht kam. In einer dramatischen Situation, einem Krieg mit Venedig um Kreta, hatte die osmanische Flotte 1656 an den Dardanellen eine vernichtende Niederlage erlitten, die zwischenzeitlich zu einer Sperrung dieser Wasserstraße führte. İstanbul, die »wohlbehütete« Hauptstadt, war auf einmal militärisch akut gefährdet.

In solchen Situationen war es fast schon üblich, als Verantwortlichen den Großwesir abzusetzen. Doch der als Nachfolger in Aussicht genommene alte Köprülü Mehmed Paşa akzeptierte nur unter Bedingungen, die ihm letztlich die Macht im Staat sicherten. Erst als diese Bedingungen vom gerade 15jährigen Mehmed IV. akzeptiert wurden, nahm Mehmed Paşa das Amt an.

Was ihm und nach seinem Tode 1661 seinem Sohn Fazıl Ahmed Paşa gelang und meist als Restaurationsversuch interpretiert wurde, war wohl zugleich so etwas wie ein gelungenes Arrangement mit den neuen sozialen Randbedingungen, deren Erfolg an traditionellen Prüfsteinen gemessen wurde: Die Zahl der Janitscharen wurde von zwischenzeitlich fast 80000 auf 30000 reduziert, der Edelmetallgehalt des *akçe* konsolidiert, das Budget ausgeglichen, und Aufstände wie der Abaza Hasan Paşas in Anatolien 1658 wurden schnell unterdrückt, aber auch seltener erlebt, bestechliche oder unfähige Amtsinhaber abgesetzt oder hingerichtet.

Opposition gegen Köprülü Mehmed Paşa fand sich vor allem am Anfang unter einer religiösen Strömung, die man *kadızadeliler* nannte. Das war in dieser Form etwas Neues: eine extrem orthodoxe muslimische, heute würde man sagen: fundamentalistische Gruppe von *ulemâ*, die im Volk schnell Zulauf gefunden hatte. Diese Menschen verurteilten alles als Neuerung, was es nicht auch schon zu Zeiten des Propheten Muhammad gegeben hatte. Zunächst richtete sich diese Polemik gegen die Derwischorden und den mit allerlei Aberglauben durchsetzten »Volksislam«, letztlich aber konnte sie auch zur Erklärung politischer Schwierigkeiten des Reiches herhalten und gefährdete dann sehr schnell die Legitimität der Herrschaft. So ist es nicht erstaunlich, daß die sich eigentlich betont konservativ gebenden Köprülü-Wesire das Miteinander von islamischer Orthodoxie und Derwischen nicht gefährden wollten und gegen die Kadızadeliler vorgingen – ihre wichtigsten Köpfe wurden einfach in die Provinz verbannt.

Krieg gehörte auch unter den Köprülüs zum politischen Alltag, und nicht nur Venedig, sondern auch die Habsburger und zum erstenmal die Russen waren die Gegner. Unter freilich immer höheren Kosten konnten zunächst die oben ja schon erwähnten Gebietsgewinne verbucht werden.

Dann folgte aber bereits unter dem Schützling und Nachfolger Köprülü Fazıl Ahmed Paşas, Kara Mustafa Paşa, eine Katastrophe.

150 km westlich von Wien, nur ein paar südlich von Steyr an der Enns liegt ein kleines Städtchen namens Garsten. Es lohnt, die ehemalige Stifts- und heutige Pfarrkirche einmal zu besichtigen (das frühere Kloster ist heute Gefängnis). Zwei der Fresken Johann Karl von Reslfelds, die nach Stichen Romain de Hooghes angefertigt wurden, sollen uns hier beschäftigen, weil sie vom Blickpunkt des österreichischen 18. Jahrhunderts ein Vorher – Nachher markieren. Da ist einmal zu sehen, wie sich vornehm gekleidete, zum Teil mit einem Hermelinkragen als königlich charakterisierte Männer vor einigen ebenso prachtvoll gewandeten, an ihren Turbanen leicht als Türken erkennbaren Soldaten in den Staub geworfen, auch Waffen, Krone, Zepter, Geld und Gold vor ihre Füße gebreitet haben, während im Hintergrund andere Türken andere Europäer abschlachten. Dieses bis in die Einzelheiten auf seine propagandistische Wirkung berechnete Bild stellt eines dar: die Huldigung und Unterwerfung Ungarns unter das Osmanische Reich.

Dann das andere Bild: Ein prachtvolles Zelt, in der Mitte des Bildes ein prachtvoll gekleideter Mann, umgeben von großem Stab, der ihm offenbar alles zeigt. Im Vordergrund ein orientalisch gekleideter, scharfnasiger Mann, der ein Weihrauchfaß schwingt, zwei halbnackte Gefangene mit langen Schnurrbärten, ein barhäuptiger, sich beugender, aber reich gekleideter weiterer Orientale, gesenkte Fahnen. Thema des Bildes: Kaiser Leopold besucht das Zelt Kara Mustafas.

Nach einer zweiten (die erste von 1529 wurde schon kurz erwähnt), zwei Monate langen Belagerung durch ein 200000 Mann starkes osmanisches Heer mit einem noch größeren Troß war Wien am 12. September 1683 durch polnische, sächsische und habsburgische Truppen unter Erzherzog Karl von Lothringen und dem polnischen König Johann III. Sobieski in einer langen, blutigen und mit der wirren Flucht der osmanischen Truppen endenden Schlacht entsetzt, also von Belagerung befreit worden. Die »Türkenbeute«, zu der auch das zurückgelassene Prachtzelt des Großwesirs gehörte, war ungeheuer und füllt bis heute einen guten Teil der orientalischen Abteilungen von europäischen Völkerkunde- und Armeemuseen.

Kaiser Leopold war persönlich weder an der Verteidigung der Stadt noch an ihrem Entsatz beteiligt gewesen. Erst zwei Tage nach der Schlacht konnte er das türkische Lager – und das inzwischen in den Besitz des Königs von Polen übergegangene Zelt – besichtigen. Richtig ist: Den Nutzen dieses Sieges hatte Habsburg, hatte Mitteleuropa eher als Polen.

Für die Osmanen war die Niederlage von Wien eine Katastrophe. Sie kostete nicht nur den Großwesir sein Leben, sondern zeigte ganz deutlich, daß anders als ein Jahrhundert vorher nach der Niederlage von Lepanto das Osmanische Reich nicht mehr die Finanzkraft und die Organisationsstruktur besaß, große Niederlagen wegzustecken. Im Grunde hatte es sich diese Niederlage nicht erlauben können – es brauchte die Beute, um den Feldzug, um sich selbst bezahlen zu können. Als der sich an die Niederlage bei Wien anschließende Krieg gegen die »Heilige Allianz« aus Venedig, Habsburg und Polen weitere Niederlagen brachte, da war die Zeit der Barockfeldherren wie Prinz Eugen von Savoyens angebrochen.

Beide Seiten hatten dabei einen Zweifrontenkrieg zu überstehen: Die Habsburger hatten mit dem französischen König Ludwig XIV. um die Pfalz zu kämpfen, die Osmanen mit den russischen Heeren Peters des Großen, dem sie 1700 Asow an der Mündung des Don abtreten mußten. 1699 schlossen die Heilige Allianz und das Osmanische Reich in Karlowitz (türkisch Karlofça, heute Sremski Karlovci in Jugoslawien) einen Frieden, der für das Osmanische Reich eine bittere Niederlage bedeutete. Es verlor an Habsburg fast ganz Ungarn und Siebenbürgen, an Polen Podolien, an Venedig Teile Dalmatiens und die Peloponnes, die allerdings 1715 zurückgewonnen werden konnte.

Aber vielleicht noch schlimmer als diese Gebietsverluste, die einen ersten Flüchtlingsstrom von Muslimen aus Ungarn verursachten, war die innere Krise, die dieser verlorene Krieg ausgelöst hatte. Einmal mehr waren die Kassen leer. Aufstände flackerten fast überall dort auf, wo die Regierung versuchte, noch an Einnahmen zu kommen. Längst hatten Steuerpächter und Amtsträger in den Provinzen so etwas wie nichtlegalisierten Großgrundbesitz erworben. Der begüterte Reiche wohnte in einem manchmal fast burgähnlichen Gutshaus, die von ihm abhängigen, auf seinem *çiftlik* arbeitenden Bauern in Nebengebäuden ringsum. Doch selbst wenn die Siedlungsform sich nicht so deutlich verändert hatte, war deutlich, daß nicht der Staat, sondern solche Großgrundbesitzer in der Gegend bestimmten, was geschah.

Zu seiner Rettung, pro forma aber mit Rückgriff auf eine alte ägyptische Regelung griff der Staat zu einem Mittel, das ihm sofort bares Geld bringen und auf Dauer größere Einnahmen sichern, Investitoren ermutigen und die Steuerpflichtigen vor Ausbeutung schützen sollte. Man ging seit 1695 dazu über, bislang auf ein paar Jahre zur Steuerpacht vergebene Gebiete auf Lebenszeit dem Meistbietenden gegen eine höhere Abschlagssumme zu überlassen. Dafür räumte man dem Pächter weitgehende Rechte ein, zu denen auch eine Art Vorkaufsrecht für seinen

Haupterben nach seinem Ableben gehörte. *Malikâne* nannte man dieses System, „eigentumsartig". Und man vergab nicht nur Land in dieser Weise, sondern auch – wie zum *iltizam* – andere Staatseinnahmen; und man hoffte, daß einer, der die Steuereinnahmen aus zum Beispiel der Seidenindustrie in Bursa gepachtet hatte, dort in die Webereien investieren würde, um diese Einnahmen zu erhöhen.

In aller Regel erfüllte sich diese Hoffnung nicht. *Malikânes* wurden gekauft und verkauft wie heutzutage Rentenpapiere, freilich mit unbekannter Laufzeit – der Lebensdauer des Erstbesitzers. Der oder die Besitzer des *malikâne* lebten in aller Regel in İstanbul – zu Beginn des 18. Jahrhunderts zu 60 Prozent, gegen Ende zu 80 Prozent. Das Eintreiben der Steuern geschah nach wie vor durch sich an sie wendende kleine *mültezime*, die gegen Höchstgebot für Teile des *malikâne* und meist wieder für kurze Zeit verpflichtet wurden. Wenn sie überhaupt ein Interesse daran hatten, daß nicht kurzfristiger, sondern langfristiger Gewinn im Vordergrunde ihrer Bemühungen stand, dann lag das daran, daß sie selbst aus der Gegend stammten, in der auch das *malikâne* lag, und dort als sogenannte *a'yan* Nutzen aus dem Wohlergehen der Wirtschaftsstruktur zogen.

Wer waren diese *a'yan*? Zur Beantwortung dieser Frage fahren wir nach Kayseri, diese mittelanatolischen Großstadt, die vor allem in der vorosmanischen Geschichte eine wichtige Rolle spielte. Jetzt interessiert uns aber eines der osmanischen Bauwerke der Stadt, auf das vor ein paar Jahren noch kaum aufmerksam gemacht wurde: der Gübgüboğlu Konağı. Der aus mächtigen grauen Schnittsteinen gefügte, aber an einigen Stellen auch mit zum Teil farbigen Steinmetzarbeiten geschmückte Bau ist wirklich groß. Er umfaßt einen Flügel für den Hausherrn *(selâmlık)*, einen für den Harem, zwei Höfe, eine geräumige Terrasse, ein kleines *hamam* (türkisches Bad) und sogar ein Gebäude, das nur im Sommer als zusätzliche Küche genutzt wurde.

Dieses Haus gleich bei der Stadtmauer stammt zum Teil aus dem 15. Jahrhundert, hat aber seine heutige Form wohl im 18. erhalten. Fast burgähnlich, vermittelt der Bau den Eindruck von Selbstbewußtsein und Autonomie. Man kann sich vorstellen, daß die reichen, alteingesessenen Familien Kayseris so lebten: repräsentativ, großzügig, wehrhaft. Und in vielen Fällen bestimmten Leute wie die, die hier gewohnt haben mögen, viel eher das Geschick eines Ortes als Sultan oder Großwesir.

Solche einflußreichen Großgrundbesitzer, Händler, Pfründeninhaber nannte man im Osmanischen Reich seit jeher *a'yan*. Im 18. Jahrhundert aber begann der Staat zu akzeptieren, daß diese lokalen Größen, zu denen gerade an Orten wie Kayseri auch Christen gehören konnten, die staatlichen Ämter, aber auch Aufgaben mehr oder weniger unter sich aufteilten und für Ruhe und Ordnung sorgten. Von İstanbul aus bestätigte man einem dieser Notabeln, *a'yan* zu sein, ernannte einen Kadi, der häufig ebenfalls einheimisch war, und griff eigentlich nur noch ein, wenn angeforderte Zahlungen, Getreidelieferungen oder Soldaten nicht geschickt wurden, weil sich die lokalen Autoritäten wieder einmal nicht über die Aufteilung der Lasten einigen konnten. Und noch eine Aufgabe übernahm der Zentralstaat: Er protokollierte. Nach wie vor wurde zur Bestätigung der kleinsten Ernennung, zum Durchsetzen der winzigsten Maßnahme ein großherrlicher Befehl eingeholt. Denn die Legitimation erhielt Herrschaft nach wie vor durch den Sultan.

Das sollte erst im späten 18. Jahrhundert von einigen *a'yan* angefochten werden, die als *derebeği* (»Talfürst«) in einer bestimmten Gegend die alleinige Autorität in die Hand bekamen.

Immerhin: Es existiert eine These, daß eben wegen dieser *a'yan* es zwar der Staatskasse fast immer schlecht ging, die Wirtschaft des Osmanischen Reiches aber einen Aufschwung erlebte. Freilich muß man zugeben, daß Straßenräuberei, Rechtsunsicherheit, Landflucht und industrielle Unterentwicklung im Vergleich wenigstens zu so aufstrebenden Ländern wie England nach wie vor das Bild geprägt haben dürften.

Dennoch war das achtzehnte Jahrhundert auch politisch und kulturell eines der aufregendsten der Osmanischen Geschichte. Wieder einmal kann man es wohl am deutlichsten in İstanbul sehen. Vor dem Eingang des Topkapı-Palastes steht ein ganz außergewöhnliches Bauwerk, reich, ja unübersichtlich ornamentiert, und trotz der Verschmutzung sieht man, daß hier einmal eine ganz großartige Farbwirkung erzielt wurde. Am auffälligsten ist allerdings, daß sich zu orientalischen Elementen auch ganz deutlich Rokoko gesellt.

Dieses Brunnenhaus Sultan Ahmeds III. (1703–1730) ist eines der wenigen Überbleibsel einer kulturell ganz besonders interessanten Zeit, die nach dem damals in İstanbul herrschenden Blumenkult »Tulpenzeit« *(lâle devri)* genannt wird. Schon die Köprülü hatten Kontakt zu europäischen Botschaftern und Kaufleuten in İstanbul gesucht, unter Ahmed III. aber wurde – etwa gleichzeitig mit den Orientalismen des Rokoko – im Osmanischen Reich Europa Mode.

Dabei dürften einige Europäer im Osmanischen Reich eine wichtige Rolle gespielt haben, darunter gleich zwei gescheiterte Herrscher. Ferenc II. Rákóczi war mit seinem Aufstand in Ungarn gegen die Herrschaft der Habsburger gescheitert und hatte in Tekirdağ Asyl gefunden; und Karl XII. von Schweden landete nach seinem mißglückten Feldzug gegen Rußland hochverschuldet in İstanbul.

Noch berühmter als die beiden aber ist in der Türkei heute ein zum Islam übergetretener, als İbrahim Müteferrika bekannter Ungar. Denn dieser Mann holte etwas nach, was es bislang nur vereinzelt unter den Minderheiten İstanbuls gegeben hatte: Die Einführung des Druckwesens im Osmanischen Reich. 1727 erschien das erste gedruckte osmanische Buch, ein geographisches Werk. Auch wenn bis zum großen Aufschwung des osmanischen Druckwesens im 19. Jahrhundert noch viel Zeit vergehen sollte – ein Anfang war gemacht.

Die Tulpenzeit sollte allerdings nicht nur als eine Zeit kulturellen Glanzes und überaus vergnügter Feste am Bosporus und besonders im heute von illegalen Bauten besiedelten Kâğıthane in Erinnerung bleiben, sie war auch eine Periode militärischer Mißerfolge (die letztlich auch Ahmed III. seinen Thron kosten sollten) und entsprechender finanzieller Engpässe.

Einer der Gründe dafür waren die Kriege, die die Osmanen, abgesehen von einer Pause zwischen 1739 und 1768, immer (und fast immer erfolglos) führen mußten. Oft waren die Osmanen in einen Zweifrontenkrieg verwickelt, gegen Österreich und Rußland zum Beispiel, und 1737 hatten sie in Persien noch eine dritte Front. Zu den Kriegen kamen noch Aufstände wie der der fundamentalistischen Wahhabiten auf der Arabischen Halbinsel ab 1741 oder dem der ersten Unabhängigkeit der Saudis, die von 1765 bis 1803 dauerte.

Bis zur Mitte des Jahrhunderts hielten sich die Gebietsverluste dabei in für die Sultane erträglichen Grenzen, ja es gelang sogar, die Peloponnes und im Frieden von Belgrad (1739) die zwischenzeitlich verlorene Donaugrenze bei Ungarn wiederzugewinnen. An diesem Erfolg hatte ein Franzose großen Anteil. Dieser Comte de Bonneval war ein fähiger Soldat, aber nachdem er erst mit Ludwig XIV., dann mit Prinz Eugen heftige Auseinandersetzungen durchlebt hatte, blieb ihm kaum etwas anderes, als Asyl im Osmanischen Reich zu suchen. Auch hier hatte er eine wechselvolle Karriere vor sich, aber immerhin gelang ihm eine gründliche Reform der Artillerie, die wieder europäischen Standard erreichte. Auch heute kann man Humbaracı Ahmed Paşa, wie er sich auf Türkisch nannte, noch besuchen: Sein Grab ist auf dem kleinen Friedhof des Mevlevîhane in Galata, gleich bei der oberen Station der kleinen Untergrundbahn, des Tünel.

Auch militärische Erfolge hatten negative Auswirkungen auf Staatsfinanzen. So wurde gerade im Jahr des Friedens von Belgrad der Handel mit den *esames* erlaubt. Das waren die Scheine, die einen Anspruch auf Sold bestätigten. Diese *esames* wurden nun als eine Art Staatsschuldscheine ge- und verkauft, was zwei Folgen hatte. Sie blieben bis über den

Tod dessen, dem sie einstmals ausgestellt waren, gültig; und die Janitscharen, die ihren Schein verkauft hatten, bezogen keinen Sold mehr und hörten dann auf, Soldaten zu sein. Diese Männer wurden entweder zu Handwerkern oder lebten davon, daß sie als halbstaatliche Räuberbande von Gewerbetreibenden Schutzgelder kassierten, wie es besonders in İstanbul üblich wurde.

Es ist einleuchtend, daß auch dadurch die Kampfkraft des osmanischen Heeres weiter abnahm. Der osmanisch-russische Krieg 1768–1774 verlief für die Osmanen katastrophal. Im Frieden von Küçük Kaynarca mußte der Sultan erstmals die Oberherrschaft über ein fast rein muslimisch besiedeltes Gebiet abtreten: Die Krim wurde erst »selbständig« und ein paar Jahre später von der Zarin Katharina II. annektiert.

Dem Sultan blieb nur ein undeutlich definiertes Recht als »Kalif« über die muslimischen Bewohner der Krim. Die osmanische Dynastie sollte diese religiöse Legitimation in den nächsten anderthalb Jahrhunderten systematisch in dem Maß ausbauen, in dem sie politisch Macht verlor.

Eigentlich war damit das Reich wirklich am Ende. Nicht nur militärisch konnte es sich nicht mehr behaupten, sondern auch die Wirtschaft brach nun unter der dauernden Kriegslast zusammen.

Dazu kam, daß die immer wieder den europäischen Mächten gegebenen »Kapitulationen« ihr Wesen veränderten. Das waren nicht mehr Verträge, die ein mächtiger Sultan bittenden europäischen Königen gewährte, sondern formal »ewige« Verträge zwischen gleichberechtigten Partnern, tatsächlich aber Abkommen, mit deren Hilfe das Osmanische Reich wirtschaftlich und politisch ausgebeutet werden konnte. Europäische Händler konnten wegen außerordentlich niedrig angesetzter Zollsätze ihre Waren von nun an billiger anbieten als selbst einheimische Produzenten. Für osmanische Kaufleute galten in europäischen Ländern dagegen eher ungünstige Konditionen. Durch das Recht, überall im Reich Konsulate zu eröffnen und eigentlich osmanische, in der Regel zu den christlichen Bevölkerungsteilen gehörende Untertanen unter ihren »Schutz« zu nehmen, erhielten europäische Länder außerdem die Möglichkeit, sich billige Agenten für ihre Zwecke zu besorgen. Weder Europäer noch die von ihnen derart privilegierten Osmanen konnten mehr vor ein normales osmanisches Gericht gestellt werden.

Die den europäischen Mächten gewährten Rechte gingen aber oft genug noch weiter. 1840 wurde Frankreich offiziell Schutzmacht der Katholiken im Osmanischen Reich. Durch Mission gerade unter den Armeniern gelang es in der Folge Frankreich, sich so etwas wie eine innerosmanische Anhängerschaft zu schaffen. Ähnliche Positionen bekam England für die Protestanten, vor allem aber Rußland für die

Griechisch-Orthodoxen. Der Sultan mußte also bereits Souveränitätsrechte an ausländische Mächte abtreten.

Die Stellung des Reiches war so schwach, daß Katharina II. von Rußland in ihrem berühmten »Griechischen Plan« seine Aufteilung vor allem zwischen dem Staat der Habsburger und Rußland projektierte. Daß dieser Plan nicht umgesetzt wurde, lag nicht so sehr an den Osmanen, sondern an der allgemeineuropäischen Situation, die solche Zugewinne einiger weniger nicht erlaubte.

Auch 1791/92 profitierten die Osmanen von der weltpolitischen Situation. Ein Krieg gegen Rußland und Österreich ging vor allem deshalb mit dem Verlust lediglich der Gebiete östlich des Dnjestr glimpflich ab, weil die auf die Französische Revolution folgenden Koalitionskriege Österreich, dann auch Rußland verboten, den Krieg gegen die Osmanen weiterzuführen.

Wie hilflos das Osmanische Reich inzwischen war, sollte noch ein weiteres Ereignis zeigen: die ägyptische Expedition Napoleon Bonapartes. Nicht daß Napoleon Ägypten annektieren wollte, er brauchte »lediglich« einen Stützpunkt gegen die britische Mittelmeerflotte und wollte die Verbindung Englands nach Indien abschneiden. Mit einiger Leichtigkeit schlug er ein Heer der Mamluken. Nur mit britischer Hilfe gelang es den Osmanen, Ägypten wieder unter ihre Kontrolle zu bringen.

Auch die umgekehrte Situation sollte es geben. So segelte 1806 eine britische Flotte bis vor İstanbul, um Selim III. (1789–1807) dazu zu zwingen, der russischen Flotte gegen Napoleon ein Durchfahrtsrecht für den Bosporus und die Dardanellen zu geben. Als Selim auf französisches Betreiben diese Forderung ablehnte und die Bewohner der Stadt die Seemauern gegen das drohende Bombardement zu befestigen begannen, zogen die Engländer zwar ab, besetzten aber für eine Weile einen Teil Ägyptens.

Es war also eine Situation erreicht, in der jede europäische Großmacht militärisch gegen das Osmanische Reich alles hätte durchsetzen können. Dem gebildeten, weltoffenen und aktiven Selim III. blieb wie seinen Nachfolgern eigentlich nichts anderes übrig, als in einem ständigen politischen Balanceakt den Einfluß jeder Macht durch den einer anderen zu begrenzen und so zu versuchen, die territoriale Integrität des Reiches zu bewahren.

Im Innern war die Situation ähnlich brisant. Es war ein kleiner Schritt vom fundamentalistischen Aufstand der Wahhabiten oder dem nationalen der Serben unter Karadjordje über den mit europäischen Ausbildern sein eigenes Heer vergrößernden Makedonen Tepedelenli Alî Paşa, den unter russischem Einfluß stehenden *a'yan* der Canikli in Nordostanatolien zu den zwar *de facto* unabhängigen, aber prinzipiell loyalen Tirsiniklioğlu İsmail Ağa und Âlemdar Mustafa Ağa in Ostbulgarien, Cezzar Ahmed Paşa in Syrien oder Mehmed Alî Paşa in Ägypten, der »sein« Land energisch modernisieren wollte. Wer war treuer Diener des Sultans, wer Verräter? Oft genug werden die Betreffenden es selbst nicht genau haben sagen können.

Doch auch das Osmanische Reich war noch nicht tot. Selim III. versuchte geduldig, mit Hilfe europäischer Ausbilder neben den Janitscharen und anderen herkömmlichen Truppenteilen ein Heer nach westlichem Vorbild, die *nizam-ı cedid,* aufzubauen. Zur Finanzierung griff er unter anderem auf die Einnahmen der ja eigentlich unantastbaren Frommen Stiftungen *(evkaf)* zurück.

Doch der Versuch, ein solches Heer aufzubauen, ohne *a'yan,* religiösen Konservativen, Janitscharen und ausländischen Mächten weh zu tun, scheiterte. Nachdem bereits 1806 Tirsiniklioğlu İsmail Ağa verhindert hatte, daß eine entsprechende Einheit in Edirne gefährlich nahe seinem Einflußgebiet entstand, kam es 1807 in İstanbul zum Aufstand, als man versuchte, einige am Bosporus stationierte Truppen in die neuen Streitkräfte aufzunehmen. Janitscharen, *ulemâ* und das sich mit neuen Steuerlasten konfrontiert sehende Volk revoltierten. Wieder machte der Sultan einen Rückzieher und erklärte die *nizam-ı cedid* für aufgelöst. Aber auch so konnte er seinen Thron nicht retten: Er wurde abgesetzt und im Palast unter Arrest gestellt.

Da geschah etwas, womit auch die Regierung seines Nachfolgers Mustafa IV., die sich vor allem auf einige einflußreiche *ulemâ* und Janitscharen stützte, nicht gerechnet hatte. Der einflußreiche *a'yan* Âlemdar Mustafa Ağa und ein Kreis von Balkantürken schlug sich auf die Seiten der Reformer, die ja unter Selim III. stets den Einfluß der mächtigen *derebeğis* respektiert hatten. Mustafa Ağa sammelte ein Heer, marschierte auf İstanbul und versuchte, den Topkapı-Palast zu erstürmen. Während am Tor noch der Kampf zwischen den Anhängern Âlemdars und den Wachen hin und her ging, befahl im Palast Mustafa IV., seinen Bruder Selim III. und ihren gemeinsamen Neffen Mahmud umzubringen. Es war dies das alte Vorgehen, das einem Sultan den Thron dadurch sicherte, daß seine Rivalen beseitigt wurden. Doch während Selim erdrosselt wurde, konnte Mahmud sich auf ein Dach retten, bis Âlemdars Truppen den Palast eingenommen hatten. Mustafa wurde abgesetzt und inhaftiert, Mahmud als Mahmud II. Sultan und Mustafa Ağa als Mustafa Paşa Großwesir.

Geblieben aber waren die Probleme, auf die die Politik Selims III. zu antworten versuchte hatte. Mahmud II. (1808–1839) folgte zunächst seinem Großwesir darin, eine Art Vertrag mit den *derebeğis* zu schließen. Die wichtigsten dieser »Talfürsten« wurden nach İstanbul eingeladen, um unter dem Vorsitz des Großwesirs eine dauerhafte Einigung herbeizuführen.

Das Osmanische Reich erlebte zum erstenmal so etwas wie einen Reichstag, auf dem der Großwesir die Sitzungen nur leitete und alle Teilnehmer unabhängig voneinander waren. Die erzielte Einigung wurde vom Großwesir, dem *şeyh ül-islâm* und den *derebeğis* unterzeichnet, von Mahmud II. als großherrliches Handschreiben *(hatt-ı hümayun)* veröffentlicht. Diese *sened-i ittifak* genannte Vereinbarung bestätigte und garantierte die Macht der *a'yan*, aber sicherte auch ihre Loyalität dem Sultan gegenüber. Auch enthielt sie ihre Zustimmung zu seinen militärischen Reformen. Damit verzichteten die *a'yan* auf Macht, die sie eigentlich längst hatten, aber sie legalisierten ihre Stellung als Vasallen, nicht mehr unbedingte Diener des Großherrn. Der Sultan hatte nicht mehr den Rechtsanspruch auf absolute Macht.

Der Versuch Mahmuds II. allerdings, eine moderne Truppe unter dem Namen *sekban-ı cedid* und formal als Teil des Janitscharenkorps zu etablieren, scheiterte. Es kam zu einem erneuten Janitscharenaufstand in İstanbul. Âlemdar Mustafa Paşa wurde in seinem Haus am Amtssitz des Großwesirs, der Hohen Pforte *(bab-i ali)*, belagert. Mahmud II. gab ihn auf. Als keine Truppen des Sultans zu seinen Gunsten eingriffen, sprengte Mustafa Paşa sich und etwa 300 der Angreifer mit dem hauseigenen Pulvermagazin in die Luft. Viele seiner Mitarbeiter aus Bulgarien wurden auf der Flucht von Janitscharen umgebracht.

Als der Aufstand nicht nachließ, ließ Mahmud II. Mustafa IV., der immer noch im Topkapı-Palast eingekerkert war, hinrichten. Fast hätte diesmal die Ausschaltung des einzigen potentiellen Thronrivalen nicht ausgereicht; die Janitscharen überlegten bereits, ob nicht etwa ein Angehöriger der krimtatarischen Giray-Dynastie als Großherr in Frage komme. Erst die Zusage Mahmuds II., alle Aufständischen zu amnestieren und die *sekban-ı cedid* wieder aufzulösen, beruhigte sie schließlich.

KAPITEL XIV

Auf einem schmalen Grat

Das Osmanische Reich im 19. Jahrhundert

Der Platz zwischen den hölzernen Hauptkasernen der Janitscharen muß gebrodelt haben vor Aufregung. Der große Suppenkessel lag umgestoßen in der Mitte – und es war durchaus noch nicht ganz klar, daß »die verschüttete Suppe das Feuer des Herdes« der Janitscharen auslöschen würde, wie es ein osmanischer Historiker später kommentieren sollte. Dann aber wurden die Tore zu dem Gebäude von den loyalen Kanoniers-, Marine- und Zeughaustruppen aufgebrochen und ein Blutbad begann. Die Kanonen wurden gezündet, die Janitscharen auf dem Platz niederkartätscht. Wer dem entfliehen konnte, mußte sich vor Ergreifung hüten, denn es gab einen Befehl, alle Janitscharen hinzurichten.

Einen Tag später wurde vom Sultan Mahmud II. die Auflösung des Korps verfügt, das einst das wertvollste militärische, aber auch politische Instrument der osmanischen Großherrn gewesen war. Geschlossen wurden auch die Konvente des Bektaşî-Ordens, der mit dem Korps zu eng verbunden war und zu seinen rebellischen Aktionen die schädliche, schiitische Glaubensgrundlage beigesteuert hatte – so sah es jedenfalls der Sultan.

Wie hatte Mahmud II., der 1808 einen großen Teil seiner innenpolitischen Macht an die *a'yan* hatte abtreten und auf eine militärische Reform verzichten müssen, es geschafft, jetzt die Janitscharen zu beseitigen?

Der Sultan hatte seine Lektion, scheint es, sehr gut gelernt. Er wartete stets auf günstige Situationen, in denen er kleine politische Vorteile sich akkumulieren ließ. Ab 1812 ging er so an die Liquidation der wichtigsten *a'yan*, die bei nur kleinen Verstößen gegen den *sened-i ittifak* umgebracht wurden.

Parallel zu dieser vorsichtig vorgetragenen Politik in der Provinz begann Mahmud die kleineren Truppeneinheiten außerhalb des Janitscharenkorps zu reformieren. Er achtete dabei besonders auf die Zustimmung der *ulemâ*, um zu verhindern, daß es erneut zu einer Übereinkunft von religiösen Kräften und den Janitscharen gegen den Sultan kam. Schließlich sorgte er dafür, an Schlüsselpositionen des Staatsapparates ihm ergebene Männer zu plazieren. Im Juni 1826, als auch die außenpolitische Lage ihm Manövrierfreiheit gab, war es soweit: Ein letzter Versuch wurde gemacht, das Janitscharenkorps von innen heraus zu reformieren. Neue, nach europäischem Muster, aber von muslimischen Offizieren der *nizam-ı cedid*-Zeit ausgebildete Truppenteile sollten als Teil des Korps aus ausgewählten Janitscharen zusammengestellt werden. Zugleich wurde die Ausgabe der *esame* genannten, frei verkäuflichen Lohnscheine gestoppt, ihren Inhabern aber die Gültigkeit der schon zirkulierenden auf Lebenszeit zugesichert.

Mit großem Aufwand und unter Hinzuziehung hoher *ulemâ* und angesehener, aber loyaler Offiziere wurde das Korps zur öffentlichen, feierlich beschworenen Zustimmung dieser neuen Einrichtung gebracht. Doch zwei Tage nach Beginn des öffentlichen Drills der ersten *eskincis*, wie die neuen Infanterieeinheiten heißen sollten, brach der Aufstand der Janitscharen los. Der Padischah reagierte nach einiger Verwirrung entschlossen. Er sorgte nicht nur für die rechtzeitige Mobilisierung der loyalen Truppen, sondern auch für die sachgerechte ideologische Untermalung.

Das Banner des Propheten, das bis heute in einer prachtvollen Sanktuarienkammer des Topkapı-Palastes aufbewahrt wird, wurde in Prozession in die Sultan-Ahmed-Moschee getragen – etwas, was sonst nur bei Kriegen gegen nicht-muslimische »Feinde der Religion« geschah. So antwortete der Padischah auf das ja ebenso symbolträchtige Umstürzen des Topfes durch die Janitscharen – beiderseits gab es keinerlei Bindung mehr.

Anlaß zu diesem »Glückbringenden Vorfall«, wie die offizielle Bezeichnung für das finale Blutbad an den Janitscharen lautete, war unter anderem ihre mangelhafte Kampfkraft im Unabhängigkeitskrieg der Griechen.

In vielem war dieser Krieg ein Muster für das, was mit dem osmanischen Balkan im 19. Jahrhundert passieren sollte und zum Teil schon geschehen war (ein entsprechender serbischer Aufstand begann 1803 und endete mit einer Autonomieregelung 1817). Die christlichen Balkanländer, deren Oberschicht von europäischen Mächten protegiert, deren Unterschichten aber von den Großgrundbesitzern unterdrückt wurden, gerieten nach der Französischen Revolution auch durch europäische Bildungseinrichtungen in Kontakt mit nationalistischen Vorstellungen. Damit gab es eine Ideologie, die sich gegen die osmanisch-»türkische« Herrschaft verwenden ließ. Die Türken, wie die anderen muslimischen Bevölkerungsteile, nahmen dieses Gedankengut erst später auf – ihre Auffassung von Herrschaft legitimierte sich ja durch den Islam,

OSMANISCHE GEBIETSVERLUSTE 1683–1915

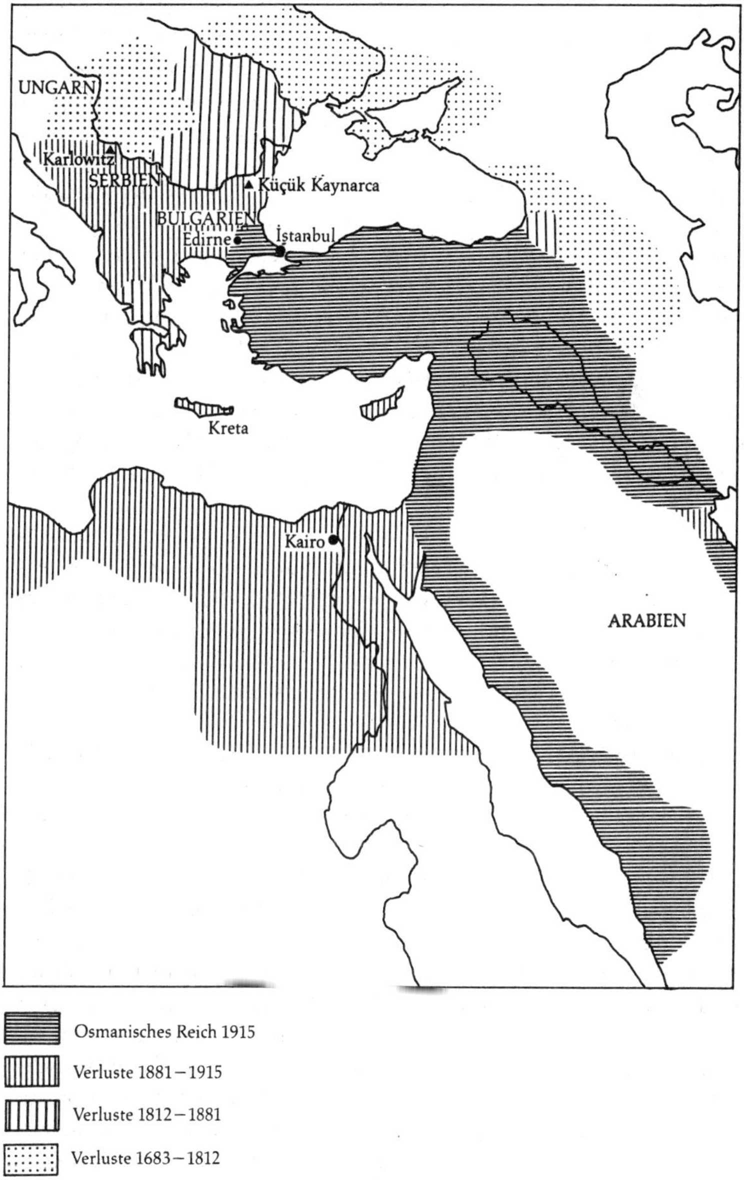

und ihr Nationalismus entstand sozusagen verzögert erst in Reaktion auf den der Balkanvölker.

Nationalismus macht aus sozialen Unruhen Unabhängigkeitskriege, Nationalismus aber ermöglichte auch europäischen Staaten ein Eingreifen – die ja über den Balkan verstreut wohnenden Völker suchten im Westen immer wieder »Beschützer«, die ihre Interessen nicht nur gegenüber den Osmanen, sondern auch den anderen Völkern vertraten. So entstand auch ein griechischer Nationalismus überall auf dem Balkan. Sogar die Phanarioten, die vornehmen griechischen Familien İstanbuls, hatten viele nationalistische Mitglieder, deren eines, Alexander Ypsilanti, versucht hatte, erblicher Fürst in einem griechisch dominierten Rumänien zu werden. Deswegen verloren die Phanarioten auch ihre amtlichen Stellen im Osmanischen Reich; man ging dazu über, auch für die Außenpolitik türkische Kräfte auszubilden.

Der Aufstand der Griechen auf der Peloponnes begann 1821, und er fiel in eine Zeit, als die İstanbuler Zentralregierung gerade alle Kraft darauf verwandte, Tepedelenli Alî Paşa, den *derebeği* Makedoniens, zu unterwerfen. Alî Paşa hatte mit einem eigenen modernen Heer und einer gefestigten territorialen Basis versucht, seine Unabhängigkeit von İstanbul durchzusetzen, seine Politik hatte aber keinen nationalen Hintergrund. Der griechische Aufstand, der zeitweilig wie ein Teil der Rebellion Alî Paşas aussah, überstand nicht nur dessen Ende, sondern ging auch trotz erheblicher Auseinandersetzungen zwischen den Parteien der Aufständischen mit wachsender Erbitterung weiter. So kam es zu regelrechten Pogromen auf beiden Seiten. Zu besonders traurigem Ruhm kam eine türkische Flottenexpedition gegen die Insel Chios (türkisch Sakız Adası), die im Abschlachten von über 20000 griechischen Männern und der Verschleppung von mehr als 45000 Frauen und Kindern endete.

Als die osmanischen Truppen nicht in der Lage waren, den Aufstand niederzuwerfen, sicherte Mahmud II. Mehmed Alî, dem Gouverneur von Ägypten, die Statthalterschaften Kretas und des südlichen Griechenlands zu, wenn er den Aufstand beende. Mehmed Alîs Sohn İbrahim Paşa hatte tatsächlich mit den besser ausgebildeten und ausgerüsteten ägyptischen Truppen bald beachtliche Erfolge; nach der Erstürmung der Festung Misolunghi im April 1826 sah es schon so aus, als stünde die Revolution kurz vor ihrem Ende.

Es ist typisch für den Verlauf der Unabhängigkeitskriege auf dem Balkan, daß europäische Mächte es verstanden, einzugreifen und von ihnen zu profitieren. Keine der Großmächte hatte Interesse daran, daß das östliche Mittelmeer von Mehmed Alî Paşa effektiv kontrolliert wurde. Zugleich bildeten antikenbegeisterte, aufgeklärte und eben deshalb »philhellenische« Kreise so etwas wie eine gesamteuropäische öffentliche Meinung, die mit den Griechen solidarisch war. Wie gut hundert Jahre später begeisterte europäische Linke die Republikaner im Spanischen Bürgerkrieg gegen Franco unterstützten, so wurden auch jetzt im Europa der Romantiker Gelder für die griechischen Aufständischen gesammelt, und Freiwillige machten sich auf den Weg, um sie zu unterstützen.

So war das Eingreifen Englands, Frankreichs und Rußlands auf seiten der Griechen überaus populär. Vor Navarino (heute Pylos) besiegte und verbrannte die alliierte Flotte die der Ägypter und Osmanen, und russische Heere besetzten zwischenzeitlich im Osten Anatolien bis über Erzurum, im Westen erstmals Edirne. Der Friede von Edirne 1829 sicherte Rußland Bessarabien im Donaudelta und Einfluß in der Moldau und der Walachei, vor allem aber Griechenland die Unabhängigkeit. Anfangs hatten auch die drei Mächte den Status eines osmanischen Vasallen für Griechenland vorgesehen, aber schließlich kam es zur Gründung eines Königreichs Griechenland, dessen Nordgrenze allerdings nur entlang der Linie Arta-Volos verlief. Als König wählten die Großmächte 1832 einen bayerischen Prinzen, den 17jährigen Otto, aus, und auch in der Folge sollten sie immer wieder in die inneren Belange des kleinen Staates eingreifen.

Für das Osmanische Reich war der Verlust Griechenlands nicht nur territorial bitter. Die Osmanen mußten zu Recht befürchten, daß sie die Abfolge Nationalbewegung – Aufstand – Bürgerkrieg – Eingreifen der Großmächte – Unabhängigkeit oder quasi-unabhängiger Vasallenstatus noch häufiger erleben sollten. So oder so ähnlich ging es alsbald in den sich zu Rumänien vereinigenden Fürstentümern der Moldau und der Walachei (1862 unabhängig), im Libanon (1861 autonomer *sancak*), auf Kreta (1869 autonom) und in Serbien (hier wurden die Osmanen 1867 zum Abzug der letzten Truppen gezwungen). Etwas anders verhielt es sich mit Algerien. Es wurde 1830 von Frankreich schlicht annektiert.

Ohne nationalen Hintergrund, womöglich aber noch gefährlicher war das osmanisch-ägyptische Verhältnis. Mehmed Alî Paşa, der ja die Statthalterschaften in Griechenland nicht erhalten hatte (eine Ausnahme machte einstweilen Kreta), verlangte Syrien und Südostanatolien bis Adana quasi als Entschädigung. Zweimal griffen ägyptische Armeen Anatolien an. 1833 eroberten sie Konya und konnten in Kütahya mit der Zentralregierung einen Vertrag schließen, der Mehmed Alî tatsächlich zum Herrn auch Syriens machte. Als Mahmud II. 1839 versuchte, sich dieser Reichsteile wieder zu bemächtigen, schlugen sie ein osmanisches Heer bei Nizip im Südosten Anatoliens.

In beiden Fällen traten England und Frankreich als Friedensstifter auf. 1839 stellten sie Mehmed Alî ein Ultimatum, das ihn zwang, Nordsyrien, Kreta sowie Mekka und Medina wieder İstanbul zu unterstellen und dauerhaft abzurüsten, aber seine Familie gleichzeitig als erbliche Vizekönige der Osmanen (Chediven) in Ägypten installierte. Mehmed Alî erklärte sich mit dieser Regelung (an der die osmanische Regierung nicht beteiligt war) erst einverstanden, als englische Truppen in Syrien gelandet waren.

Sein Land sollte trotz aller Modernisierungsanstrengungen (die berühmteste ist der 1869 eröffnete Suez-Kanal) bald unter die finanzielle Kontrolle der Großmächte geraten und 1882 auf einen nationalistischen Aufstand hin von Großbritannien besetzt werden. Erst 1922 konnten seine Erben als ägyptische Könige größere Unabhängigkeit erlangen.

Die Krisen um das ägyptisch-osmanische Verhältnis zeigten, wie groß der Einfluß europäischer Mächte auf das Osmanische Reich inzwischen geworden war. Zwischenzeitlich (mit der Vereinbarung von Hünkâr İskelesi 1833, die 1841 wieder außer Kraft gesetzt wurde) gelang es Rußland, auch für Kriegsschiffe ein Durchfahrtsrecht durch die Meerengen (die Dardanellen und den Bosporus) zu erhalten. Dafür verpflichtete es sich, dem Osmanischen Reich militärisch beizustehen.

Noch mehr als die geostrategisch bedeutende »Meerengenfrage« oder Territorialfragen bewegte die europäischen Großmächte ein anderes Ziel: Für die aufstrebenden Industrien Europas war das Osmanische Reich ein wichtiger Rohstofflieferant und ein attraktiver Markt. Das 19. Jahrhundert wurde zur Epoche der systematischen ökonomischen Ausbeutung der Türkei durch Europa. An seinem Ende war das Osmanische Reich ein armes Entwicklungsland.

Die Mittel, die die europäischen Mächte nutzten, waren die alten Kapitulationen. Sie waren ja schon seit dem 18. Jahrhundert nachteilig für das Reich, aber wesentlicher als der erlaubte Handel war der Schmuggel, mit dem europäische Händler »kriegswichtige« Güter außer Landes brachten.

Im 19. Jahrhundert gelang es aber den Europäern, und zuerst den Engländern 1838 in einem Handelsvertrag, für das die Erlaubnis im großen Stil zu bekommen, was bislang in kleinerem unerlaubt getan wurde. Der Vertrag von 1838 verbot dem Osmanischen Reich jegliche Binnenzölle und Handelseinschränkungen für englische Kaufleute. Die Handelsmonopole, die der Staat eingerichtet hatte, um einige besonders wichtige Waren wie Weizen oder Opium vor illegaler Ausfuhr zu schützen, mußten aufgelöst werden. Als Einfuhrzoll wurden 5 Prozent, als Ausfuhrzoll 12 Prozent festgelegt, und diese Sätze wurden in den folgenden

Jahrzehnten noch gesenkt. Außerdem erhielt der Vertrag eine einseitige Meistbegünstigungsklausel, das heißt, im Falle, daß ein anderer Staat als England vorteilhaftere Konditionen erhielt, als in diesem Vertrag bestimmt waren, wurden sie automatisch auf England ebenfalls angewandt.

Und: All dies galt nicht auf Gegenseitigkeit. Mit einem solchen Vertrag waren englische Kaufleute in weit besserer Position als osmanische, und englische industrielle Waren trotz der Transportkosten billiger als osmanische Handwerksprodukte. Aber osmanische Händler und Hersteller hatten keine Chance bekommen, auf dem englischen Markt Aktivität zu entfalten.

Handelsverträge wie der von 1838, dem bald immer vorteilhaftere folgten, führten zur systematischen Zerstörung solcher Wirtschaftszweige wie der Seidenindustrie Bursas oder der Wollstoffindustrie Ankaras. Das einzig bedeutende Fertigprodukt, das das Osmanische Reich – unter englischer Leitung – am Ende des 19. Jahrhunderts noch exportieren sollte, waren Teppiche.

So führten die Osmanen vor allem landwirtschaftliche Produkte aus, neben Getreide vor allem Opium, Tabak und Baumwolle, aber auch in osmanischen Minen geförderte Erze, und importierten die entsprechenden Fertigprodukte: Stoffe, Eisen und Stahl, Waffen oder Chemikalien. Kein Wunder, daß die Handelsbilanz des Osmanischen Reiches chronisch negativ war. Die Osmanen bemühten sich allerdings, mit möglichst vielen verschiedenen Ländern Handel zu treiben – in Fortsetzung ihrer militärischen Gleichgewichtspolitik ging es jetzt darum, nicht wirtschaftlich von einem einzigen Land abhängig zu werden. Insgesamt aber wurde die Verflechtung mit der Weltwirtschaft immer größer. Obwohl das Reich an Fläche und Bevölkerung der Gebietsverluste wegen ständig abnahm, war das Außenhandelsvolumen im ersten Jahrzehnt des 20. Jahrhunderts fünfmal so groß wie zwischen 1830 und 1839.

Wirtschaftlich geriet das Osmanische Reich zwar in den Sog der industrialisierten Länder, aber um seine politische Unabhängigkeit und seinen Zusammenhalt kämpfte es. Schon unter Mahmud II. entstanden so die ersten modernen medizinischen und militärischen Schulen, eine erste offizielle Zeitung erschien, eine erste Volkszählung wurde durchgeführt, man bemühte sich, spezialisierte Fachministerien, allen voran das Außenministerium, aufzubauen. Man eröffnete Botschaften in allen wichtigen Staaten Europas, ein Versuch, den man mit geringem Erfolg schon unter Selim III. unternommen hatte. Auch europäische Militärberater kamen ins Reich, unter ihnen der später im deutsch-französischen Krieg so berühmt gewordene Preuße Moltke, der die Osmanen etwa auf dem Feldzug gegen Mehmed Alî Paşa beriet.

Mahmuds II. früher Tod verhinderte nicht nur, daß er von der Niederlage von Nizip erfuhr. Durch ihn fällt auch ein Ereignis in die Regierungszeit seines Sohnes Abd ül-Mecid (1839–1861), das unter Mahmuds Ägide vom bedeutenden Großwesir Mustafa Reşid Paşa vorbereitet wurde. Schauplatz war der Gülhane-Park unterhalb des Topkapı-Palastes, in dem heute Teegärten, ein Zoo und eine Freilichtbühne nur wenig von der Atmosphäre eines großherrlichen Lustgartens übriggelassen haben. Hier verlas am 3. November 1839 Mustafa Reşid Paşa vor den Vertretern der wichtigsten Gruppen im Staate und denen der ausländischen Mächte den berühmten *ferman,* also großherrlichen Befehl, von Gülhane.

Dieser Befehl schränkte die Macht des Padischahs nicht ein wie das *sened-i ittifak,* aber er garantierte allen osmanischen Untertanen ohne Unterschied des Glaubens und der Rasse Gleichheit vor dem Gesetz und Sicherheit von Leben und Eigentum. Willkürliche Hinrichtungen und Enteignungen, bisher ein häufig angewandtes Verfahren, um unliebsam gewordene Mächtige loszuwerden, waren von nun an ausgeschlossen. Mehr noch: Die Steuerpacht und üblich gewordene Fronleistungen sollten abgeschafft, ein gerechteres Steuersystem und eine gerechtere Art und Weise, Soldaten auszuheben, gefunden werden.

Mit dem *hatt-ı şerif* von Gülhane begann eine neue Periode von Reformanstrengungen im Osmanischen Reich, die man im allgemeinen *tanzimat-ı hayriye* (»wohltuende Ordnungen«) nannte. Das Ziel all dieser Reformen war der Aufbau eines funktionierenden, zentralistisch geordneten Staates. Es waren nur verhältnismäßig wenige Männer, die eingesehen hatten, daß Änderungen nach europäischem Vorbild nötig waren; und deswegen war ihr Vorgehen in aller Regel pragmatisch. Innere, unmittelbar gefühlte Notwendigkeit, nicht ideologische Ausrichtung oder – wenigstens bis 1856 – europäische Interventionen prägten diese Reformen.

Deswegen gelang manches nicht. Die Gleichheit vor dem Gesetz, die im *hatt-ı serif* von 1839 zugesagt worden war, hätte eigentlich bedeutet, daß auch Juden und Christen Recht und Pflicht im osmanischen Militär gehabt hätten. Auch die vom Heiligen Recht vorgeschriebene Kopfsteuer der Nicht-Muslime, die *cizye,* war mit solcher Rechtsgleichheit nicht zu vereinbaren.

Die Lösung, die hierfür gefunden wurde, war vielleicht typisch für auch manche andere, nur halbgelungene Schritte. Aus Zweifeln an der Loyalität christlicher Untertanen, aber auch wegen der Proteste von *ulemâ* verzichteten die Reformer auf die Aufnahme von Christen in das osmanische Heer. Statt dessen wurde von den christlichen Steuerpflichtigen eine Geldzahlung verlangt, die den Staat für den Verzicht auf ihre Kriegsdienste entschädigen sollte – und damit hatte man die *cizye* unter anderem Namen wieder.

Auch die Steuerpacht war schier nicht abzuschaffen. Sämtliche Versuche, Steuern durch nicht genügend qualifizierte und nicht kontrollierte Beamte eintreiben zu lassen, scheiterten natürlich in kurzer Zeit. Da kehrte man stillschweigend zum *iltizam*-System zurück.

Dennoch: Außerhalb der Armee (und natürlich der Frommen Stiftungen) begannen Christen neben Muslimen in der Verwaltung zu arbeiten. Zu ihnen kamen 1849 noch polnische und ungarische Asylanten, die nach dem Scheitern der Revolution von 1848 in ihren Ländern beim Sultan Zuflucht fanden und die Reformen zum Teil tatkräftig unterstützten.

Langsam gewann der Staat wieder mehr Kontrolle über seine Länder. Auf der anderen Seite breitete sich auch der Privatbesitz an Boden aus, wo es Steuerpächtern oder Notabeln gelang, ihre Nutzungs- in Eigentumsrechte umzuwandeln.

Das überhaupt war eine der Schwächen der Reformen: Trotz aller Bemühungen blieben die Dörfer, in denen ja die meisten Menschen des Reiches lebten, aber auch die meisten Provinzstädte, wie sie waren. İstanbul, expandierende Hafenstädte wie İzmir, Saloniki und Beirut, wohl auch Bursa, Edirne, Silistre oder Sofia – das etwa war wohl der Kreis sich modernisierender Städte.

Es gibt ein Gebäude an prominentester Stelle, das für den Geist der Reformen zwischen 1839 und 1856 symbolisch sein mag: den Dolmabahçe-Palast in İstanbul, ein prunküberladenes und schneeweißes Gebäude, von zwei armenischen Architekten, Nikolas und Karabet Balyan, für Sultan Abd ül-Mecid erbaut – gleich am Ufer des Bosporus.

Äußerlich ist dieser Palast ganz europäisch, es geht um Fassaden, Fronten und Symmetrien, nicht – wie zum Beispiel beim Topkapı-Palast – um Höfe und Pavillons. Interessant ist das Innere. Zwar gibt es Deckengemälde, und Mobiliar und Dekor entsprechen ganz dem neobarocken Äußeren. Aber es fehlt ein Raum, den es in jedem europäischen Palast gibt – der Bankettsaal. Der osmanische Hofstaat, wenn er auch europäischer gekleidet war als im 18. Jahrhundert, speiste nicht gemeinsam, und es gab auch keine zeremoniösen Festmahle an langen Tafeln. Gegessen hat man, nach osmanischer Sitte, in kleiner Runde und wohl in aller Regel auf dem Boden oder wenigstens außergewöhnlich niedrigen Sitzmöbeln mit untergeschlagenen Beinen hockend. Ja mehr noch; auch der Dolmabahçe-Palast hat deutlich getrennte drei Bauteile: den Bereich des Sultans, den Harem und den Flügel des Thronanwärters.

Als der Palast gebaut wurde, erlebte das Reich gerade einen Krieg mit Rußland, das seine Pläne zur Aufteilung der osmanischen Länder diplomatisch nicht hatte durchsetzen können. Zunächst sah alles nach einer Niederlage der Osmanen aus, doch griffen erst England und Frankreich, dann Österreich auf seiner Seite ein, weil diese Staaten das Zarenreich als Mittelmeermacht verhindern wollten.

Der Konflikt, der als Krimkrieg bekannt wurde, weil viele der Kämpfe auf der Krim stattfanden, wurde im Friedensvertrag von Paris 1856 beendet. Letztlich bestimmte diese Vereinbarung, daß alles beim alten bleiben solle, ja die europäischen Mächte garantierten die territoriale Unversehrtheit des Osmanischen Reiches (allerdings wurde auch der Autonomiestatus Serbiens, der Moldau und der Walachei festgeschrieben). Das Osmanische Reich war mit diesem Abkommen in die internationale Staatengemeinschaft als ein grundsätzlich gleichartiges und -berechtigtes Mitglied aufgenommen. Freilich hatten die Osmanen ein wichtiges Zugeständnis machen müssen: Es erging ein *ferman*, der den christlichen Untertanen des Reiches einmal mehr absolute Rechtsgleichheit zusicherte, die Abschaffung des Steuerpachtsystems und allgemein rechtstaatliche Maßnahmen versprach.

Auch dieses Dokument enthielt grundsätzlich nichts Neues. Aber es bot den europäischen Staaten immer wieder die Möglichkeit, als »Beschützer der christlichen Glaubensbrüder« aufzutreten. Die von jetzt an erfolgenden Reformen hatten sehr häufig ihren Grund in europäischem Protest, häufiger noch in Bemühungen, solchen Protest gar nicht erst aufkommen zu lassen.

Und in noch einer weiteren Beziehung hatte der Krimkrieg Folgen für das Verhältnis der Osmanen zu Europa. Zum erstenmal war das Reich 1854 gezwungen, im Ausland Schulden aufzunehmen. Obwohl man sich gleichzeitig um eine Modernisierung des Finanzwesens bemühte (1856 wurde mit ausländischem Geld eine Staatsbank gegründet, 1863 erstmals ein Budget erstellt), ist es nicht besonders erstaunlich, daß teure Reformprojekte, der Mangel an ökonomischem Wissen und die sich nie richtig erholende Wirtschaftslage dazu führten, daß schon zwanzig Jahre später, 1875, die osmanische Regierung die Rückzahlung von Zins und Kapital einstellte: Das Reich war damit praktisch bankrott.

Die Reformen mußten also unter wachsendem ökonomischen und politischem Druck weitergeführt werden. Der europäische Reichsteil wurde an das internationale Eisenbahnnetz angeschlossen, Post- und Telegraphenwesen wurden ausgebaut. Endlich gab es auch eine durchgreifende Reform der Verwaltungsgrenzen. Größere *vilâyets*, die kleinere *sancaks* umfaßten, lösten das alte *eyalet*-System ab. Gewählte

Versammlungen von Einheimischen begannen die aus İstanbul ernannten Gouverneure zu beraten. Besonders mühte man sich um das Unterrichtswesen. Da man nicht über genügend Lehrer verfügte, um landesweit Schulen zu eröffnen, begann man in İstanbul mit einer kleinen Universität (1863) und dem französischsprachigen Gymnasium von Galatasaray (1868), das in direkter Nachfolge der alten Palastschule stand. Dazu kamen Fachschulen und Berufsbildungsanstalten für Lehrer.

Ein weiteres Ziel war, die Gesetze, die im Reich galten, zu vereinheitlichen und zu kodifizieren. Im allgemeinen versuchten die Osmanen, Heiliges Recht nach europäischem Muster zu klassifizieren und zu systematisieren. So entstand ein Bodengesetzbuch (1858) und ein bürgerliches Gesetzbuch, die berühmte *Mecelle* (ab 1868), von der Teile bis in die jüngste Vergangenheit in Israel gültig blieben. Nur das Handelsgesetz wurde ab 1860 nach französischem Muster entworfen; ein islamisches Gesetz hatte sich gegen die Privilegien der europäischen Kaufleute nicht durchsetzen lassen. 1870 wurde ein Justizministerium geschaffen: Die Vereinigung der Rechtssysteme war zwar nicht gelungen, aber nun gab es erstmals in der osmanischen Geschichte ein gemeinsames Dach.

Die schwierige Lage, in der sich das Land permanent befand, beschäftigte natürlich gerade die Intellektuellen des Landes. Die Osmanen begannen auf Türkisch, aber auch in Minderheitssprachen und auf Französisch Bücher und Zeitschriften, Zeitungen und Flugblätter massenhaft zu lesen und zu schreiben. Gerade unter den türkischsprachigen Osmanen, die in den Übersetzungsbüros des Außenministeriums arbeiteten, fanden sich viele interessierte, nachdenkliche und aktive Schriftsteller. Wenn auch das Geistesleben des Osmanischen Reiches auf kleine Kreise in wenigen Städten beschränkt blieb, so wurde es jetzt außergewöhnlich interessant. Es gab keine universal gültigen Dichter oder Denker unter diesen Männern (unter denen auch ganz vereinzelt Frauen zu finden waren), aber es wurde auf intellektuell redlichem Niveau über Nationalismus, die Notwendigkeit einer Verfassung oder die Rolle des Islam gestritten. Gemeinsam war wenigstens den türkischen Intellektuellen aber fast durchgängig: Sie wollten das Reich retten, nicht zerstören. Das galt auch für solche Oppositionelle wie die Jungosmanen, die 1867 nach Paris ins Exil gehen mußten, weil sie eine Verfassung forderten.

Diese Verfassung kam am 23. Dezember 1876 mit Kanonendonner und als gelungene Überraschung. Eine internationale Konferenz hatte sich in der großherrlichen Werft am Nordrand des Goldenen Horns versammelt, um eine Lösung für die verwickelte Lage auf dem Balkan zu finden. Aus einem Aufstand in der Herzegowina war ein Krieg der Osmanen gegen ihr »autonomes Fürstentum« Serbien geworden. Rußland, das mit Österreich-Ungarn bereits eine Aufteilung des Balkans vereinbart hatte, forderte die siegreichen Osmanen zur Einstellung der Kampfhandlungen auf, und weil England jede russische Expansion ablehnte, wurde diese Konferenz einberufen.

Die Delegierten waren gerade zusammengetreten, als ihre Sitzung auch schon wieder unterbrochen wurde. Mit 101 Kanonenschüssen wurde ein offensichtlich bedeutendes Ereignis angekündigt. Der osmanische Sitzungsleiter gab den verblüfften europäischen Unterhändlern bekannt, das Osmanische Reich habe hiermit eine Verfassung, eine Fortsetzung der Konferenz habe sich dadurch erübrigt.

Parallel zu diesen Entwicklungen hatte es auf die Bankrotterklärung von 1875 langanhaltende innenpolitische Krisen im Reich gegeben. Den Reformern an der Staatsspitze, allen voran dem berühmten Midhat Paşa, war es gelungen, den regierenden Sultan Abd ül-Aziz (1861–1876) abzusetzen. Sein Nachfolger, Murad V., war zwar den radikalen Europäisierungsplänen Midhat Paşas gegenüber aufgeschlossen, doch war der noch sehr junge Sultan psychisch instabil. Seine Verfassung verschlechterte sich dramatisch, als er vom Tod seines Onkels Abd ül-Aziz erfuhr. Der abgesetzte Sultan war im Çırağan-Palast am Bosporus interniert gewesen und hatte dort Selbstmord begangen; es gingen aber auch diverse Mordgerüchte um. Als Murads Gesundheitszustand Auftritte in der Öffentlichkeit nicht mehr zuließ, ließ Midhat Paşa ihn absetzen, nachdem er sich vom ins Auge gefaßten Nachfolger Abd ül-Hamid II. (1876–1909) hatte versichern lassen, daß dem Reich eine Verfassung gegeben werden solle.

Längst nicht alle führenden Beamten und Politiker des Reiches standen hinter der Idee einer Verfassung. Religiöse Kräfte, die ihre Ausbildung als *ulemâ* als Ausgangspunkt einer politischen Karriere genommen haben mochten, argumentierten, der Islam müsse die Verfassung des Reiches sein; das Heilige Recht beinhalte sie implizit. Andere sahen das Reich eben im absoluten Herrscher, dem Sultan und Kalifen, personalisiert und legitimiert. Andererseits war unter den Anhängern der Verfassung, gerade unter den 1870 aus dem Exil zurückgekehrten Jungtürken, der Glaube weit verbreitet, eine geeignete Verfassung könne alle ernsthaften Probleme des Staates und der Gesellschaft lösen. Dabei ging es den meisten Reformern nicht darum, den Islam aus einer angestammten Stellung in der Gesellschaft zu entfernen, sondern um ein zwar islamisch geprägtes, aber kosmopolitisches und modernes Reich, das für die Technik und die Wissenschaft aus dem Westen aufgeschlossen war.

Der Verfassung, die in dieser Situation entstand, ist viel vorgeworfen worden. Verfassungsrechtlich sind die Artikel wohl keine Meisterleistung. Die Systematik ist verschwommen, Kompetenzen bleiben unklar, Rechte unerwähnt, manche Regelung behindert das Funktionieren des Staates mehr, als es zu fördern. Dennoch war ein besseres Dokument kaum denkbar.

Die Verfassung bestätigte und bekräftigte die Rechte und die Unantastbarkeit des Sultans und Kalifen, des ältesten männlichen Angehörigen des Hauses Osman (der für unmündig erklärte Murad V., der erst 1905 im Çırağan-Palast verstarb, blieb dabei völlig außer Betracht). Im übrigen bestätigte sie im großen und ganzen den Staatsaufbau, wie er sich nach den Reformen und Zusicherungen des letzten halben Jahrhunderts ergeben hatte. Eine Neuerung allerdings gab es: Das Osmanische Reich erhielt sein erstes Parlament.

Dieses Parlament bestand aus zwei Kammern, von denen die kleinere von *a'yan* gebildet wurde, die der Sultan ausgewählt und auf Lebenszeit ernannt hatte, während die größere gewählt war. Jeder Abgeordnete sollte hier seine Region vertreten, und auf 50000 Wahlberechtigte kam ein Abgeordneter. Obwohl das Parlament weder die Regierung stürzen oder nominieren, noch selbst Gesetze auf den Weg bringen konnte, war es ein wirklicher Machtfaktor geworden. Die Möglichkeit, Gesetze abzulehnen und die Regierung zu kontrollieren, wurde vom ersten, nach 1877 einberufenen Parlament bereits wirklich genutzt.

Währenddessen verschlechterte sich die außenpolitische Lage immer mehr. Die »Werftenkonferenz« vom Ende des Jahres 1876 führte zu keinem Ergebnis. Nachdem sie noch einmal mit Österreich-Ungarn eine Einigung zur Teilung des Balkans erzielt hatte, erklärte die russische Regierung dem Osmanischen Reich im April 1878 den Krieg. Die osmanische Armee schlug sich zunächst heldenhaft, aber Anfang 1878 hatten die Russen wieder einmal im Osten Kars, im Westen Edirne besetzt. İstanbul war bedroht; und das Parlament, das die Regierung und die Heeresleitung immer schneidender kritisierte, wurde von Abd ül-Hamid II. vorzeitig und auf unbestimmte Zeit aufgelöst – es sollte es für dreißig Jahre bleiben.

Am 3. März wurde in Ayastefanos, das heute als Yeşilköy den İstanbuler Flughafen beherbergt, ein osmanisch-russischer Frieden ausgehandelt. Er sah unter anderem für Serbien, Montenegro und Rumänien volle Unabhängigkeit, für ein großes Bulgarien den Status eines autonomen Fürstentums und Gewinne Rußlands in Ostanatolien vor. Anschließend besetzte England Zypern und übernahm dessen Verwaltung, um sich für das Vordringen Rußlands in das östliche Mittelmeer zu entschädigen. Damit hatte England seine auf den Erhalt des Osmanischen Reiches gerichtete Politik aufgegeben.

Es fand freilich einen Nachfolger: Deutschland. Das einige Jahre zuvor gegründete Deutsche Reich Bismarcks versuchte die expansionistische Konkurrenz auf dem Balkan zwischen Rußland und Österreich zu entschärfen. Als »ehrlicher Makler« suchte das Deutsche Reich einen Ausgleich zwischen den Mächten herzustellen. Der Friede von Ayastefanos wurde auf dem Berliner Kongreß im Juni 1878 revidiert. Das Fürstentum Bulgarien wurde etwa auf die heutigen Grenzen der Volksrepublik verkleinert, südlich der Balkanberge sah der Vertrag ein autonomes »Ostrumelien« unter einem christlichen *vali* vor. Der Berliner Vertrag bestätigte die Unabhängigkeit Rumäniens, Serbiens und Montenegros, gab Kars, Ardahan und Batum westlich des Kaukasus an Rußland, ließ Bosnien und die Herzegowina von Österreich militärisch besetzen und bestimmte schließlich, daß der osmanische Staat Reformen zugunsten der Armenier durchzuführen habe.

Diese letzte Klausel ist besonders bemerkenswert, denn damit wurden die Armenier erstmals ein internationales Problem. Dieses Volk siedelte im ostanatolischen Hochland und im Kaukasus, aber auch um Mar'aş und Adana am dichtesten (stellte aber in keiner osmanischen Provinz die Bevölkerungsmehrheit), und es gab armenische Kaufleute und Handwerker in allen Städten des Vorderen Orients. Die Armenier waren lange die christliche Nation, die als absolut loyal zum Osmanischen Reich galt, auch wenn katholische und protestantische Missionare seit dem 18. Jahrhundert begonnen hatten, armenische Gemeinden an westliche Kirchen anzubinden. Mit dem Vordringen Rußlands im Kaukasus begann auch unter Armeniern der Nationalismus sich auszubreiten. Unabhängigkeitsforderungen wurden laut und von Rußland soweit unterstützt, wie sie der eigenen expansionistischen Politik nützten.

Erste armenische Oppositionsparteien und Untergrundbewegungen entstanden Ende des Jahrhunderts, gegründet meist von sozialistisch gesinnten Armeniern aus von Rußland beherrschten Siedlungsgebieten dieses Volkes. Deswegen operierten auch die wichtigsten dieser Organisationen, die *Hınçak* und die *Taşnak*, zunächst im Exil, bis sie im Osmanischen Reich Unterstützung fanden.

Nicht nur armenische Unabhängigkeitsbestrebungen wurden von den Großmächten gefördert. In den dreißig Jahren nach dem Frieden von Berlin versuchten besonders Rußland, England und Frankreich weiteren Einfluß auf osmanischem Territorium zu gewinnen. Rußland achtete vor allem darauf, daß Bulgarien und Serbien in seinem Einflußbereich blieben. England und Frankreich gingen an den Ausbau ihrer Kolonialreiche. So okkupierte England 1882 Ägypten und 1901 Kuwait, so annektierte Frankreich 1881 Tunis. Außerdem fiel 1897 Kreta praktisch an Griechenland.

Neben der machtpolitischen Abhängigkeit hatte sich auch die ökonomische des Osmanischen Reiches verstärkt. Der Staatsbankrott hatte zur Folge, daß erst die Einnahmen von sieben Steuerarten den Gläubigerländern und -banken überschrieben wurden. 1881 aber wurde die *Düyun-u Umumiye İdaresi* gebildet, die »Allgemeine Schuldenverwaltung«. Diese Behörde, die von Vertretern der europäischen Gläubiger geleitet wurde und meist osmanische Christen beschäftigte, verwaltete nicht nur die wichtigsten Staatseinnahmen, die es auch mit einer eigenen, modernen Organisation eintrieb, sondern vermittelte auch neue Kredite an den Staat. Durch diese Verwaltung, die sich immer größerer Anteile des osmanischen Staatseinkommens bemächtigte, und durch die ja ebenfalls von europäischem Kapital gehaltene Banque Ottomane hatte das westliche Kapital einen fast vollständigen Zugriff auf die osmanischen Finanzen. Natürlich lag eine schnelle Schuldentilgung nicht im Interesse dieser Institution, sondern eine hohe und zuverlässige Zinszahlung. Obwohl ein großer Teil der Staatseinnahmen nach Europa abfloß, wurden die osmanischen Staatsschulden nicht getilgt.

Das Entwicklungsland Osmanisches Reich, der »kranke Mann am Bosporus«, konnte noch auf zwei Gebieten Entwicklung weitertreiben: in der Landwirtschaft und der Infrastruktur. Fahren wir doch einmal in İstanbul über den Ausgang des Bosporus zum Bahnhof Haydarpaşa, der neben der gleichnamigen Anlegestelle liegt! Männer schreien, der Blick auf die Altstadt ist großartig, fast eine Idylle. Dennoch: Hier kann man ein osmanisch-deutsches Mammutprojekt bewundern. Der spätorientalische Stil des gemütlich wirkenden Bahnhofs, der so wenig Hauptstädtisches an sich hat, täuscht sehr über die Ausmaße dessen, was hier seinen Anfang hat, hinweg.

Tatsächlich ein Anfang im Wortsinn, denn hier beginnt die Strecke İstanbul–Bagdad, die einst bis Basra geplant war, die große Diagonale, die das Osmanische Reich erschließen sollte. Allerdings hatten die deutsche und die osmanische Seite sehr verschiedene Absichten. Worum ging es?

Die ersten osmanischen Eisenbahnen waren von Engländern und Franzosen, aber auch Belgiern und Österreichern im europäischen Reichsteil gebaut worden. Bald folgten mit französischem und englischem Kapital Linien in Westanatolien. Schließlich entstanden – wieder von Franzosen finanziert – Bahnen in Syrien und Palästina.

Sinn all dieser Bahnen war, interessante landwirtschaftliche Anbaugebiete oder Minen mit Häfen zu verbinden, wo dann die Verladung nach Europa geschah. Der heute drittgrößte Hafen der Türkei, Mersin, entstand erst damals durch die Kombination von Eisenbahnen und Erschließung der großen Ebene Çukurova für Baumwollanbau. Besonders lukrativ waren die Projekte deswegen, weil die Osmanen eine sogenannte »Kilometergarantie« boten. Fuhr die Bahn Verluste ein, zahlten sie. Auch das erklärt den außergewöhnlichen Wettbewerb, der um die Strecken herrschte.

Die Bahn von İstanbul nach Ankara und dann die Strecke İstanbul–Konya–Adana–Aleppo–Mosul–Bagdad–Basra gingen an die Deutschen. Nicht nur wirtschaftliche Verhandlungen führten zu dieser Vergabe trotz konkurrierender englischer Angebote. Kaiser Wilhelm II. besuchte 1888 und 1898 zweimal das Osmanische Reich; und diese Besuche sollten nicht nur der Festigung eines politischen Bündnisses, sondern auch dem Projekt dienen. Wie wichtig vor allem der zweite Besuch genommen wurde, zeigen zwei bedeutende Gebäude: die Erlöserkirche auf dem Ölberg in Jerusalem, der größte Bau dort, wurde von Wilhelm II. eröffnet. Und auch in İstanbul ist nicht nur der Bahnhof Haydarpaşa ein Denkmal des deutschen Kaisers, sondern offensichtlicher noch an prominentester Stelle der Stadt (jeder Besucher kennt es): Da steht am Ende des Hippodroms, fast zwischen Sultan-Ahmed-Moschee und Hagia Sophia, ein Brunnenhaus, geschmückt mit den Initialen Wilhelms II. und dem Schriftzeichen (*tuğra*) Abd ül-Hamids II. Die İstanbuler nennen den Bau bis heute den »Deutschen Brunnen«.

Ziel der Bagdad- und der von den Osmanen selbst gebauten, die Heiligen Städte mit Aleppo verbindenden Hedschas-Bahn war nicht nur wirtschaftliche Erschließung. Die Osmanen sicherten sich Prestige, weil sie die Pilgerwege nach Mekka sicherten, aber sie wollten auch strategisch günstige Nachschubwege gegen die englische Expansion im Persischen Golf und die russische in Anatolien; und die deutsche Regierung betrieb mehr oder weniger geheime Siedlungs- und Kolonisationspläne in Anatolien: Das war doch ein geeignetes Land für den deutschen Bauern! Freilich kam es dazu nicht mehr. Zu Beginn des Ersten Weltkriegs war die Bahn bis Nusaybin an der syrischen Grenze fertiggestellt, ganz vollendet wurde sie nicht mehr.

Sicher ist: Solche Investitionen wie die Bagdadbahn veränderten auch das Leben in Anatolien. In der Umgebung der Bahn begannen Bauern weniger für den Eigenbedarf als für den Markt zu arbeiten. Die Millionen muslimischer Flüchtlinge, die aus den Gebieten kamen, die dem Reich verlorengingen, konnten mit der Bahn zum Teil in unbewohnte Gebiete transportiert und dort angesiedelt werden. Anatolien, das durch die vergangenen Jahrhunderte der ärmste Teil des Reiches geworden war, begann einen sehr mühsamen Wiederaufstieg. Gegenden, die seit den

Celâlî-Aufständen Ende des 16. Jahrhunderts unbesiedelt gewesen sein mögen, wurden nun wieder bewohnt.

Außer der Bagdadbahn investierten die Deutschen noch in ein zweites Projekt der Osmanen: die Armee. Preußische Offiziere wurden als Berater in das Osmanische Reich geschickt, junge osmanische Offiziere nach Berlin zur Ausbildung. Der militärische Ertrag dieser Zusammenarbeit war – wie sich bald darauf zeigen sollte – gering. Aber es wurde systematisch ein Bild von deutsch-osmanischer Freundschaft geschaffen. Und das sollte noch von Wichtigkeit sein.

Sultan Abd ül-Hamid II. gilt bis heute unter den meisten demokratisch gesinnten Türken als ausgesprochen repressiv. Er war ja 1878 nach der Niederlage gegen Rußland in einer verzweifelt schwierigen Situation, und auch ein weniger intelligenter und weniger ängstlicher Herrscher als er hätte wohl ähnliche Schlüsse aus ihr gezogen. Denn es war klar, daß angesichts des Drucks von außen und der nationalen Spannungen im Innern das Reich unter normalen Umständen zerbrechen mußte. So galt es, Opposition zu verhindern. Und der Sultan ließ sie unterdrücken.

Heute haftet diesem Sultan der Ruf an, besonders blutrünstig gewesen zu sein. Das ist freilich nicht ganz richtig. Allerdings wurden Aufstände blutig niedergeschlagen wie der im alten Armenier-Viertel Kumkapı 1906, wo heute noch unbemerkt von den fischessenden Touristen eine Menge armenischer Kirchen zum Teil hinter hohen Mauern existieren. Aber Aufstände waren im Osmanischen Reich Abd ül-Hamids II. seltener als zuvor, wenn man einmal von den arabischen Provinzen absieht. Dort ging 1904 der Yemen an schiitisch-(zaiditische) »Imame« und 1902 das Innere der arabischen Halbinsel an die wahhabitischen Saudis erneut – und diesmal auf Dauer – verloren.

Abd ül-Hamid versuchte, Opposition nicht zu bestrafen, sondern vorbeugend zu verhindern. Und dafür dienten ihm moderne Mittel wie der Telegraph, von dem Zehntausende von Kilometern im Reich verlegt wurden. Neben dem Telegraphen führte Abd ül-Hamid auch bürokratische Reformen durch, die ihm eine bessere Kontrolle über sein Land ermöglichten. Zum ersten Mal wurden moderne Personalakten im Reich geführt, und das Spionagenetz des Sultans war hocheffizient. In İstanbul muß eine Atmosphäre des Ständig-Beobachtetseins geherrscht haben.

Die Buch- und Pressezensur wurde zu einem der effizientesten Mittel seiner Herrschaft und war so wirkungsvoll, daß das geistige Leben des Landes ernsthaft litt. Nicht nur Tadel und Kritik wurden verboten, nein, viele Themen – etwa politische – durften überhaupt nicht mehr erwähnt werden.

Nur ausgesprochen selten griff dieser Herrscher, der selbst in ständiger Angst vor Attentaten lebte, zu Gewalt. Midhat Paşa allerdings, der Initiator der Verfassung von 1876, wurde des Mordes am von ihm abgesetzten Sultan Abd ül-Aziz beschuldigt und in einem Scheinprozeß zum Tode verurteilt. Auf internationale Proteste hin zu lebenslanger Haft begnadigt, ließ Abd ül-Hamid ihn in den Yemen verbringen, wo er nach einigen Jahren erdrosselt wurde.

Sonst wandte der »rote Sultan« der europäischen Presse feinere Mittel an. Die Grenze zwischen Belohnung und Bestrafung war da durchaus fließend, und wenn zum Beispiel der Dichter und Publizist Namık Kemal 1884 als Statthalter nach Rhodos versetzt wurde: War das nun eine Verbannung und Entfernung aus dem literarischen Leben der Hauptstadt oder vielleicht doch eher die Belohnung eines verdienten Literaten durch ein hohes Staatsamt? (Im Falle Namık Kemals war es das erstere, wie sich nach seiner baldigen Absetzung herausstellte, nach der er die Insel nicht verlassen durfte.)

Abd ül-Hamids Kontrolle über die Öffentlichkeit war effektiver als die, die irgendeiner seiner Vorgänger ausgeübt hatte. Dennoch reichte sie nicht weit.

Vielleicht die schönste, mit Sicherheit die beste der İstanbuler Hochschulen ist sie bis heute: die Bosporus-Universität in Bebek. Die Vorlesungen und Übungen werden in englischer Sprache gehalten, denn die Tradition dieser Hochschule ist amerikanisch. Parallel zu den Schulen, die auch unter Abd ül-Hamid II. weiter ausgebaut und gegründet wurden, entstanden überall im Reich Missionsschulen, geführt von amerikanischen oder europäischen Missionaren. In manchem war das Robert College, das hier außerhalb der Hauptstadt entstand, schon damals die beste der Missionsschulen, zu denen auch das bis heute noch existierende deutsche und das österreichische Gymnasium in Pera gehörten. Wie sehr immer es Abd ül-Hamid gelingen mochte, das Gymnasium von Galatasaray oder die eigene Universität zu überwachen – hier entstand eine Gegenöffentlichkeit – freilich eine, die tendenziell immer den Osmanen feindlich war.

Noch einen zweiten Kanal gab es, durch den eine Gegenöffentlichkeit hergestellt wurde. Zumindest in İstanbul existierten ausländische Postämter. Mochte eine einheimische Presse unter genauester Aufsicht stehen: Hierhin konnte man sich ausländische Bücher und Zeitungen schicken lassen, auch die separatistischen Schriften der Minderheiten oder die oppositionelle Presse von Türken in Genf, London und vor allem Paris.

Denn was zwischen 1867 und 1870 schon die Jungosmanen getan hatten, wiederholte sich: Die Opposition ging ins Exil. Dort nannte man sie nicht mehr »Jungosmanen«, sondern »Jungtürken«.

Zugegeben: Mehr als eine Gruppe waren es mehrere Grüppchen, und einig waren sie sich nur in einem: Die Verfassung mußte wieder in Kraft gesetzt werden, und zwar von einem anderen Sultan als Abd ül-Hamid. Aber ansonsten waren die angebotenen Rezepte sehr verschieden: Liberalismus und Autonomie in einem Vielvölkerstaat oder Zentralismus unter national-türkischen Vorzeichen? Das letzte wurde vor allem von den Anhängern einer Gruppe namens »Einheit und Fortschritt« *(İttihad ve Terakki)* vertreten, einer Geheimorganisation, die auch innerhalb des Reiches, vor allem im Offizierskorps noch organisierte Anhänger hatte. Charakteristisch für die türkische Opposition blieb aber nach wie vor, daß sie zum osmanischen Staat loyal blieb. Damit unterschied sie sich deutlich von den russischen Oppositionellen, die gleichzeitig in den gleichen Städten lebten und auf ihre Revolution warteten.

Die Reaktion des Sultans auf diese Exilgruppen war interessant. Er spaltete sie, indem er anbot, daß jeder einen guten Beamtenposten bekäme, der zurückkomme und sich von nun an in Wohlverhalten übe. Andere, die in Europa, im Exil bleiben wollten, wurden an osmanischen Botschaften angestellt. Nur ein kleiner Teil der Exilanten blieb unversöhnlich.

Abd ül-Hamids Politik war auch ideologisch so geschickt wie nur möglich. Er gab sich zugleich als frommer islamischer Herrscher, der sogar auf indische und unter dem russischen Zaren lebende Muslime Wirkung ausüben wollte, und zugleich als Herrscher aller Osmanen, ob Christ, Jude oder Muslim. Er protegierte die Söhne arabischer oder kurdischer Stammesführer und ließ sie in İstanbul gratis ausbilden (womit er sie auch als Geisel genommen hatte) und äußerte Sympathie mit pantürkistischen, eigentlich oppositionellen Meinungen.

Aber die Hoffnung, mit dieser Mischung von Unterdrückung und Leutseligkeit Zeit zu gewinnen, trog. Das Osmanische Reich geriet immer mehr in europäische Abhängigkeit, die verschiedenen Nationalismen wurden immer stärker, und am Anfang des 20. Jahrhunderts gab es keine osmanische Gesellschaft mehr, die sich auf einen einzigen Mann, den Schatten Gottes und den Herrscher der Welt, ausrichtete. Abd ül-Hamid war langsam und unversehens zum Despoten geworden.

Arm und unterentwickelt war das Land im Vergleich zu seinen europäischen Rivalen und Gönnern, aber wer sich um Gründe und Abhilfe Gedanken machte, hatte mit Verfolgung zu rechnen. In dieser Atmosphäre richteten sich erneut Hoffnungen auf die Verfassung, der Untergrund wartete auf seine Stunde. Als im Frühsommer 1908 sich der russische Zar und der englische König in Reval (heute Tallin in der

Estnischen SSR) trafen und Reformen in Makedonien forderten, war die Politik Abd ül-Hamids II. gescheitert. Auch durch geschicktes Lavieren zwischen den Großmächten ließen sich die russischen Expansionspläne nicht mehr eindämmen.

Kaum war die Nachricht auf dem osmanischen Balkan angekommen, brach ein Aufstand los. Ein sonst wenig bemerkenswerter Offizier mit bemerkenswert breitem Schnurbart, Niyazî Beğ aus Resne, ging mit 400 Mann in Makedonien »auf die Berge«, hatte davor aber den Sultan aufgefordert, die Verfassung wieder in Kraft zu setzen. Dieses eigentlich nicht weiter aufregende Ereignis ließ sich alsbald nicht mehr kontrollieren, weil hinter Niyazî Beğ das inzwischen wohlorganisierte Komitee »Einheit und Fortschritt« stand.

Es übernahm den Aufstand sozusagen. Es zeigte sich, daß in Saloniki und überhaupt in Makedonien gute Untergrundarbeit geleistet worden war. Als aus İstanbul geschickte Offiziere nichts gegen die Rebellion ausrichten konnten, blieb Abd ül-Hamid II. kaum etwas anderes übrig, als die Verfassung wieder in Kraft und Wahlen anzusetzen. Der 24. 7. 1908 war der »Tag der Freiheit«. Und auch wenn die İstanbuler am ersten Tag sich noch nicht so recht mitzujubeln trauten (war es nicht doch eine Falle?), so ging eine Welle des Optimismus durch das Reich: Die Verfassung würde es retten.

Eine trügerische Hoffnung, auch eine betrogene. Die zehn Jahre zwischen dem 24. 7. 1908 und dem 30. 10. 1918, als das Osmanische Reich besiegt einen Waffenstillstand mit den Siegermächten des Ersten Weltkrieges schloß, waren eine Zeit unaufhörlicher Krise. Ständiger Wechsel der Männer, der Richtungen, der Ideologien an der Macht, ein dauerndes Säbelrasseln und – viel schlimmer – blutige, fast unaufhörliche Kriege, Flüchtlingsströme und Pogrome, Abhängigkeit von außen und mißlungene Reformen, am Ende ein aufgeteiltes, verarmtes, im Wortsinne ausgeblutetes Reich – das stand am Ende der Begeisterung über die Wiedereinsetzung der Verfassung.

Den Anfang machten am 5. und 6. Oktober 1908 Griechenland, Bulgarien und Österreich-Ungarn. Griechenland annektierte Kreta, Bulgarien erklärte sich zum unabhängigen Königreich und schloß Ost-Rumelien an, Österreich-Ungarn schließlich annektierte Bosnien und die Herzegowina. Innerhalb weniger Monate konstitutioneller Herrschaft hatte das Reich mehr Gebiet verloren als in dreißig Jahren der autoritären Herrschaft eines einzelnen.

Dennoch gewannen die Kandidaten des jungtürkischen Komitees »Einheit und Fortschritt«, unter ihnen auch viele ehemalige Exilanten, fast überall die nun ja anstehende Wahl. Im neuen Parlament jedoch zeigte sich aber, daß *İttihad ve Terakki* immer noch keine richtige Partei geworden, sondern eine Geheimorganisation geblieben war. Sie stellte nicht die Regierung, sondern versuchte eher aus dem Hintergrund zu operieren. So kam es zu einem schwer zu durchschauenden Machtkampf zwischen Kabinett, Parlament und der außerparlamentarischen Leitung des Komitees.

In dieser Situation war eine effektive Politik natürlich nicht möglich. Und so bildete sich gegen das Komitee »Einheit und Fortschritt« alsbald eine schlagkräftige, über eine aktive Presse verfügende Opposition, eine merkwürdige Koalition von Liberalen, Minderheiten und orthodoxen Muslimen.

Wieder war es ein kleiner Anlaß, der zum Ausbruch führte. In der Nacht auf den 31. März 1909 (nach Julianischem Kalender, nach gregorianischer Rechnung entspricht das dem 12. April) wurde der Chefredakteur der liberalen Zeitung *Serbestî* auf der Galata-Brücke (auf der Vorgängerin der heutigen Brücke am Ausgang des Goldenen Horns) ermordet. Allgemein verbreiteten sich Gerüchte, dies sei das Werk des Komitees. Sollte nun nach dem Schrecken der Sultansherrschaft der eines Geheimbundes beginnen? Der letzte der vielen großen İstanbuler Stadtaufstände der osmanischen Geschichte brach aus. Besonders die Propaganda eines Derwisches, der gegen die Gottlosigkeit der jungtürkischen Reformen wetterte, hatte Wirkung. Medrese-Studenten machten Jagd auf Mitglieder des Komitees, und jeder Offizier, der eine Akademie absolviert hatte, galt als Jungtürke. Bald wandten sich die Aufständischen auch gegen die Liberalen, die alles mögliche wollten – aber keinen mächtigen Sultan.

Denn in diesem »Vorfall vom 31. März« sah noch jemand eine Chance: Abd ül-Hamid II., der ja immer noch auf dem Thron saß. Alsbald sprach er die Amnestie für die Aufständischen aus; er setzte ein neues Kabinett ein, das nichts mehr mit den Jungtürken zu tun hatte, und ließ noch einmal von den in der Stadt stationierten Soldaten den Treueid abnehmen.

Hier zeigte sich, daß es inzwischen einen weiteren Machtfaktor gab, der nicht mehr direkt an den Sultan gebunden war: das Heer. Der General Mahmud Şevket Paşa marschierte – beziehungsweise fuhr auf der Eisenbahn – mit einem Heer von Saloniki nach İstanbul. Das Parlament empfing ihn in Yeşilköy, versammelte sich drei Tage später am üblichen Tagungsort, im Çırağan-Palast von İstanbul, und erklärte Abd ül-Hamid für abgesetzt.

Seine Nachfolger, Mehmed V. (1909–1918) und Mehmed VI. (1919 bis 1922) sollten keine vergleichbare Macht mehr haben. Noch 1909 wurde eine Verfassungsreform verabschiedet, die dem Parlament ein eindeutiges Übergewicht im Machtgefüge des Staates gab. Der Padischah war nach dieser Verfassungsreform ein konstitutioneller Monarch mit weitreichenden, aber abgesteckten Kontroll- und Initiativrechten, alles andere als ein absoluter Herrscher.

In der neuen Regierung waren auch Mitglieder von *İttihad ve Terakki* vertreten, darunter der Innenminister Tal'at Beğ und Cavid Beğ, der Finanzminister. Das Komitee begann nun, direkt auf die Politik Einfluß zu nehmen, aber auch Reformen durchzuführen. Bildungswesen, Post, Infrastruktur, Währung, Zoll, Verwaltung: All das sollte effizienter organisiert und modernisiert, der Einfluß religiös geprägter Institutionen weiter zurückgedrängt werden. Allerdings kosteten derlei Reformen Geld, Geld, das auch ein fähiger Finanzminister wie Cavid Beğ nur leihen konnte.

Es war nicht möglich, in Frankreich oder England Mittel aufzubringen, da die Regierungen dieser Länder den osmanischen Finanzminister an die ebenfalls nicht kreditwillige Schuldenverwaltung verwiesen. Cavid Beğ reiste persönlich und vergeblich in Europa, um Geld zu leihen. Schließlich gewährte das Deutsche Reich den Kredit. Es war der Beginn einer Politik, mit der die deutsche Regierung sich nicht nur finanziell im Osmanischen Reich engagierte (1914 waren 30 Prozent des ausländischen im Reich investierten Kapitals deutsch), sondern auch politischen Einfluß regelrecht einkaufte.

Der mächtigste Osmane dieser Jahre war aber Mahmud Şevket Paşa, der General, der die Verfassung gerettet hatte, aber selbst kein Jungtürke war. Dieser Mann machte sich zum Heeresinspektor aller osmanischen Heeresstreitkräfte und hatte als Kriegsminister so etwas wie ein Veto in allen Regierungsgeschäften. Damit hatte erstmals das Heer im Staatsgefüge einen eigenständigen, autonomen Platz – eine Situation, die unter veränderten Bedingungen bis heute anhält.

Für die Instabilität der Verhältnisse spricht, daß schon bald das »Komitee für Einheit und Fortschritt« zu repressiven Maßnahmen griff, um die immer populärer werdende Opposition zu unterdrücken. Ein weiterer Journalist wurde 1910 ermordet; willkürliche Verhaftungen, Versammlungsverbote, Zensurmaßnahmen gehörten zu alltäglichen Vorkommnissen.

Freilich geriet die osmanische Regierung unter Druck. Italien annektierte 1911 Tripolitanien (Nordlibyen), die letzte unter osmanischer Kontrolle gebliebene Provinz in Afrika. Die Osmanen erklärten den Krieg. Der italienischen Flotte gelang es jedoch, zu verhindern, daß die osmanische nach Tripolis kam. Außerdem besetzten die Italiener die

Kykladen und Rhodos, ja sogar das kleine Meis (die Dodekanes, wie damals diese Inseln genannt wurden). Damit hatte das Osmanische Reich trotz energischem Widerstand in Tripolitanien gegen die italienische Besatzung den Krieg verloren.

Diese militärische Niederlage verminderte das Prestige der Jungtürken weiter. Zwar konnten sie 1912 noch eine Parlamentswahl gewinnen, die wegen ihrer eigentümlichen Wahlkampfmethoden allerdings als »die Wahl mit dem Knüppel« berühmt wurde. Aber ein Putsch von liberalen Offizieren (der *Halâskâr Zabitanı*) brachte eine andere Regierung an die Macht, die außenpolitisch sich an England und Frankreich anlehnte, innenpolitisch aber bereit war, Minderheiten mehr Autonomie zuzugestehen. Daß auch diese Regierung scheiterte, war unmittelbare Folge einer neuen militärischen Katastrophe.

Ende 1912 schlossen Serbien, Bulgarien, Montenegro, Griechenland und das seine Unabhängigkeit erklärende Albanien einen Pakt und erklärten dem Osmanischen Reich den Krieg. In einem kurzen, aber besonders erbittert geführten Kampf verlor das Osmanische Reich seine europäischen Besitzungen einschließlich Edirnes und der ägäischen Inseln. Der Balkan, um den das Reich so lange, unter so großen Opfern und mit aller Hartnäckigkeit gekämpft hatte, war nicht mehr osmanisch. Die neue Grenze verlief ein paar Kilometer westlich von İstanbul bei dem kleinen Ort Çatalca. Wieder gab es einen Strom muslimischer Flüchtlinge Richtung Osten.

Das Osmanische Reich bestand jetzt nur aus dem unterentwickelten Anatolien und den zum Teil noch ärmeren arabischen Provinzen. In dieser Situation versprach am ehesten noch radikal türkisch-nationalistische, autoritäre Politik irgendeine Form von Zukunft. Deswegen putschten die autoritär-nationalistischen Jungtürken Tal'at Beğ und Enver Beğ, deswegen wurde dann Mahmud Şevket Paşa Großwesir, deswegen schließlich die Gründung einer landesweiten quasi-staatlichen Organisation, wie es die *Türk Ocakları*, die »Türkischen Herdfeuer« waren: Bildungsanstalten, die zugleich und vor allem türkisches Nationalbewußtsein mobilisieren sollten.

Auch Mahmud Şevket Paşa sollte sich als Großwesir nicht lange halten. Bald nach Abschluß des Friedens von London, der den Verlust der osmanischen Balkangebiete besiegelte, wurde er – in Juni 1913 – während einer Kabinettssitzung erschossen.

Die Macht übernahmen jetzt drei Jungtürken, die die übrige Organisation des »Komitees für Einheit und Fortschritt« ebenso zu kontrollieren verstanden wie die Beamtenschaft und das Militär. Es gelang dem ehemaligen Telegraphenbeamten Tal'at Paşa, der es zum Großwesir brachte, den Offizieren Enver Paşa (der Verteidigungsminister wurde und in die Familie des Sultans einheiratete) und Cemal Paşa, zu Diktatoren zu werden. Sie hielten die Macht des Staates in der Hand, auch wenn es nach wie vor einen Sultan gab und die Verfassung in Kraft blieb.

Zunächst war dieses Triumvirat durchaus erfolgreich. Die bulgarische Regierung war mit den Gebietsgewinnen des Londoner Vertrages nicht zufrieden und griff Serbien und Griechenland im Sommer 1913 überraschend an. Die Osmanen nützten ihre Chance und schlossen sich wie Rumänien dem anti-bulgarischen Bündnis an. Das bulgarische Heer wurde schnell besiegt, und es gelang den Osmanen, Edirne wiederzugewinnen. Die heutigen Grenzen zwischen Jugoslawien, Griechenland, der Türkei und Bulgarien gehen im wesentlichen auf diesen Krieg zurück.

Dennoch war für die Osmanen klar, daß im allgemein aufrüstenden Europa auch ihre Streitkräfte verstärkt werden mußten. Cemal Paşa und auch der Finanzminister Cavid Beğ neigten eher England und Frankreich zu, aber Tal'at und Enver setzten eine erneute Anlehnung an das Deutsche Reich durch. Wieder kamen preußische Offiziere als Militärberater, erhielten aber auch als Kommandanten Schlüsselstellungen. Trotz einiger Versuche, die anderen Mächte nicht zu verprellen, geriet das Osmanische Reich nun militärisch in die Abhängigkeit eines einzigen Staates: eben Deutschlands.

Wie sehr, zeigte sich am Beginn des Ersten Weltkriegs 1914. Eigentlich war auch den deutschfreundlichen Tal'at und Enver klar, daß ein Kriegseintritt vor einer wirklichen Aufrüstung im schlechteren Falle das Ende des Reiches, im besseren eine völlige Abhängigkeit von den Verbündeten bedeuten würde. So schlossen sie Anfang August 1914 einen Beistandspakt mit dem Deutschen Reich, der ihnen Neutralität ermöglichte, solange die Deutschen ihnen nicht gegen einen anderen Angreifer zu Hilfe kamen.

Dieser Vertrag wahrte die osmanischen Interessen; aber er währte nicht lange. Am 10. August 1914 suchten zwei deutsche Kreuzer, die »Goeben« und die »Breslau«, vor englischen Schiffen Schutz in osmanischen Gewässern. Nach Abschluß des Paktes mit dem Deutschen Reich war es nicht recht möglich, dieses Schutzbegehren abzulehnen. Damit gab das Osmanische Reich aber auch seine Neutralität auf. Seine Regierung kaufte die beiden Schiffe (behielt aber die Besatzung), um den Schein zu retten, hatte aber nun mit den beiden Schiffen die Möglichkeit, die Meerengen für russische Kriegsschiffe zu sperren. Als sie am 7. September die Kapitulationen einseitig kündigte, erklärten England, Frankreich und Rußland den Krieg. Die Osmanen antworteten mit einem Bombardement Odessas und Sewastopols durch die beiden Kreuzer. Der *şeyh ül-islâm* forderte in einem *fetvâ* alle Muslime (also auch die in Indien unter englischer und in Mittelasien unter russischer Krone lebenden) zum Heiligen Krieg auf – ohne Widerhall allerdings.

Die Osmanen hatten den Weltkrieg an drei Fronten zu kämpfen. Im bergigen und kalten Ostanatolien gegen die Russen, in der heißen und trockenen syrischen und palästinensischen Wüste gegen die Briten (die Ägypten zu ihrem Protektorat gemacht hatten), an den Dardanellen gegen die Entente. Osmanische Truppen standen auch in längst verlorenen Gebieten des Balkans, in Makedonien und Rumänien.

Die osmanischen Soldaten verhungerten, verdursteten, erfroren. Siegen konnten sie nur in der berühmten Schlacht von Gallipoli an den Dardanellen, wo sie australische und indische Landungstruppen zurückschlugen. An den anderen Fronten ging langsam, aber sicher Boden verloren.

Das Ende des Osmanischen Reiches war an allen Fronten schrecklich. Die Araber, durch englische Versprechungen und Gestalten wie Lawrence of Arabia mobilisiert, waren wenig loyal – und Cemal Paşa, Kommandeur dieser Fronten, griff zu Terrormaßnahmen gegen die Bevölkerung, was sie noch mehr auf Seite der Briten trieb, obwohl diese 1917 in der Balfour-Erklärung die Errichtung eines jüdischen Staatswesens in Palästina zusagten und mit Frankreich im Sykes-Picot-Abkommen von 1916 den Nahen Osten in Einflußsphären aufteilten. Aus den Versprechen, die man den arabischen Nationalisten machte, würde nichts werden.

Noch schlimmer war das Ende des Reiches an der Kaukasusfront. Als russische Truppen vorrückten, begannen die Osmanen die Armenier aus ihren Siedlungsgebieten zu deportieren, weil sie befürchteten, daß sie den Feind unterstützen würden. Tatsächlich gab es armenische Freischärler, die für einen Nationalstaat kämpften. Deportationen wie die der Armenier standen in guter oder besser schlechter nahöstlicher Tradition (derlei Taktiken waren Bestandteil vieler persisch-osmanischer Kriege, wenn vor dem anrückenden Feind die Ernte verbrannt und die Dörfer geleert wurden, um ihn auszuhungern). Allerdings war diese Deportation wohl blutiger als alle zuvor.

Hunderttausende von Armeniern kamen dabei um, durch Erschöpfung oder Hunger auf dem Deportationsmarsch, durch Überfälle von Nomaden, die die Trecks plünderten und Sklaven raubten, in den osmanischen Konzentrationslagern in der mesopotamischen Wüste im heutigen Irak. Der osmanische Staat tat nichts für seine armenischen Untertanen, und es gibt Hinweise darauf, daß der Tod dieses Volkes das Ziel der Regierung Tal'at Paşas war – für ein rein türkisches, oder doch wenigstens rein muslimisches Anatolien.

Auch nach dem Frieden von Brest-Litowsk, in dem das mittlerweile bolschewistische Rußland mit den Mittelmächten um das Deutsche Reich Frieden schloß, kämpften die Armenier weiter, als die osmanischen Truppen im Kaukasus wieder vorrückten und zeitweilig sogar Baku nahmen. Neuere Forschungen haben ergeben, daß nach Ende der Kampfhandlungen die muslimischen Bevölkerungsverluste in absoluten Zahlen sogar noch höher waren als die armenischen. Ostanatolien war eines der vom Ersten Weltkrieg am schwersten getroffenen Gebiete. Erst 1920 sollten die Kämpfe hier ein Ende haben, und auch davon wird zu erzählen sein.

Der Erste Weltkrieg endete für das Osmanische Reich am 30. Oktober 1918 mit dem Waffenstillstand von Mudros, einer Bucht der griechischen Insel Lemnos. An der syrischen Front hatten die englischen und französischen Truppen 1918 große Erfolge errungen. Aleppo mußte von den Osmanen geräumt werden. Als das Deutsche Reich und Österreich-Ungarn kapitulierten, mußte auch das Osmanische Reich aufgeben. Mit dieser Vereinbarung endete aber auch anderes. Zugleich beendete dieser Waffenstillstand das Ende der jungtürkischen Regierung. Tal'at, Enver und Cemal flohen. Tal'at wurde einige Jahre später in Berlin, Cemal in Afghanistan von Armeniern erschossen, die ihre Landsleute rächen wollten. Enver fiel in Mittelasien, mit großtürkischen Plänen beschäftigt und im Kampf gegen die Rote Armee.

Zu Ende war aber vor allem die Geschichte des Osmanischen Reiches. Nach den (schließlich im Vertrag von Sèvres 1920 niedergelegten) Plänen der Siegermächte fielen Edirne und İzmir samt großzügig bemessenem Hinterland an Griechenland; in Ostanatolien sollte es einen armenischen, an der Schwarzmeerküste einen griechischen Staat geben. West- und Südwestanatolien, so plante man weiter, würden italienisches, Südostanatolien, nördlich die als kurdisch angesehenen Gebiete eingeschlossen, französisches, eine kleine Ecke um Hakkâri englisches Einflußgebiet werden. Um das Marmarameer und die Meerengen, also auch in İstanbul, sollte eine international beaufsichtigte, entmilitarisierte Zone entstehen. Der immerhin auch vorgesehene Sultan wäre nur noch in einem kleinen, zentralanatolischen Gebiet wirklich ein Herrscher gewesen – allerdings ein ruinös verschuldeter. Der »Kranke Mann am Bosporus« war auf das Totenbett geworfen.

Mit dem Waffenstillstand von Mudros ging also vieles zu Ende. Etwas aber ging weiter. Das Blutvergießen.

KAPITEL XV

Zum erstenmal wirklich: Türkei

Der Nationalstaat zwischen den Weltkriegen

Ganz unausweichlich kommt jeder sogleich auf ihn zu sprechen, der sich an die nicht ganz einfache und unter manchen Gesichtspunkten riskante Aufgabe macht, zu erzählen oder gar zu erklären, wie es zur Türkei, wie sie heute ist, kam: Mustafa Kemal Paşa, seit 1934 und für viele noch heute Atatürk – »Vater der Türken«.

Seinem Bild jedenfalls begegnet man – immer noch – auf Schritt und Tritt in der Türkei. Es gehört selbstverständlich in jede Amtsstube und in jedes Klassenzimmer, aber auch so mancher Privatmann hängt ihn sich auf: mit Schnurrbart und Pelzmütze als Kommandeur, im Sommeranzug sich aus dem Fenster eines Eisenbahnwaggons lehnend, im dunklen Anzug als Staatsmann, mit der Kreide in der Hand den Landeskindern das lateinische Alphabet beibringend oder nur das Gesicht: Dann starrt er meist den Betrachter aus übermäßig blau gezeichneten Augen an.

Die sind auf den Totenmasken geschlossen, die in größeren geschlossenen Räumen über einer türkischen Flagge angebracht sind und an diesen Mann auf etwas makabre, aber goldbronzierte Weise erinnern (die Maske selbst ist heutzutage aus grünem Plastik, wie das etwas angekratzte Exemplar im Wartesaal des Zolls im Hafen von İzmir einmal offenbarte). Schließlich die Denkmale, in jedem nennenswerten Ort wenigstens eines, auf dem Hauptplatz: Atatürk reitend auf zum Sprung ansetzenden Pferd, mit ausgestrecktem Arm wegweisend, als Silhouette des nachdenklich vor sich hinstapfenden Feldherrn, oder – in der Ausführung für ärmere und kleinere Gemeinden sozusagen – nur als Büste.

Als Ikone ist er also überall, manchmal durch künstlerisches Ungeschick grauenhaft entstellt, meist in gut industrialisierter Standardversion – wichtig ist das Wiedererkennen. Dabei ist es sehr die Frage, ob die Türkei, wie sie ist, seinen Plänen und Vorstellungen entspricht – die Frage ist deswegen so schwer zu beantworten, weil dieser Mann immer Pragmatiker war und außerdem klug genug, um mehrmals im Leben seine Meinung zu ändern.

Sein Geburtsdatum ist, wie das bei fast allen Türken seiner Generation der Fall war, nicht ganz genau bekannt, doch hat man sich allgemein auf das Jahr 1881 geeinigt. Zur Welt kam er in Saloniki (Selânik, heute

Thessaloniki in Griechenland), der wichtigsten Stadt des osmanischen Balkans damals. Man muß sich diese Stadt (ähnlich wie das zeitgenössische İzmir) sehr lebendig vorstellen, mit rund 100000 Einwohnern, einem sehr regen Handelshafen, einer langsam entstehenden Industrie, die der osmanischen Geschichte auch die ersten Arbeitervereine und -streiks bescheren sollte, europäischen Konsulaten, Postämtern und Schulen, einem Bahnhof und einer osmanischen Landwirtschaftsakademie. Und noch eine Besonderheit hatte Saloniki zu bieten: Die Mehrheit der Bevölkerung waren Juden.

Mustafas Vater war Beamter in bescheidener Position, dann Kaufmann und allem Neuen wohl recht aufgeschlossen, starb aber bald. Der Junge trat gegen den Willen zumindest eines Teils seiner Familie in die osmanische Militär-Mittelschule ein. Das war die Laufbahn, die mittellosen Osmanen damals die meisten Chancen einräumte. Und Mustafa, der bald den Beinamen Kemal (»vollkommen«) zugesprochen bekam, nutzte die seinen. An die Mittelschule schloß sich die Kadettenanstalt an, dann begann eine sehr erfolgreiche Offizierslaufbahn in Syrien, Makedonien, Albanien, im Krieg mit Italien in Tripolitanien.

Als Offizier gehörte Mustafa Kemal zur neuen Elite des Reiches. Es war deshalb nichts Ungewöhnliches, daß er alsbald auch politisch aktiv wurde – während der Herrschaft Abd ül-Hamids II. ein gefährliches Unterfangen. Er gründete ein allerdings nicht sehr wirkungsvolles Geheimkomitee während seiner Zeit in Syrien, diente auch als Stabsoffizier des Heeres, das Abd ül-Hamid II. 1909 stürzen sollte, war aber trotzdem kein Anhänger der Führung des Komitees »Einheit und Fortschritt« – eine Ernennung zum Militärattaché in Sofia 1913 war sogar so etwas wie eine Strafversetzung.

Wirklichen Ruhm erwarb sich Mustafa Kemal als Oberst 1915, als er in der Abwehr australischer Landungstruppen an den Dardanellen eine außerordentlich wichtige Rolle spielte. Später stieg er zum General auf, kämpfte in Ostanatolien und am Kriegsende in Syrien. Zwei Wochen nach der Unterzeichnung des Waffenstillstandes kehrte er nach İstanbul zurück.

Fast gleichzeitig richteten die Alliierten in İstanbul ein Hohes Kommissariat ein. Die Besetzung der im letzten Kapitel erwähnten Einflußzonen durch die Siegermächte schritt voran. Im Dezember wurde auf ihren Druck auch das Parlament, das immer noch in der Mehrheit von nationalistischen Mitgliedern des Komitees »Einheit und Fortschritt« gebildet wurde, aufgelöst. Und während eine Regierungskrise auf die nächste folgte, gab es auf der Pariser Friedenskonferenz, die auch mit dem Versailler Frieden für das Deutsche Reich enden sollte, keinen Fortschritt,

DER VERTRAG VON SÈVRES UND DIE TÜRKISCHE REPUBLIK

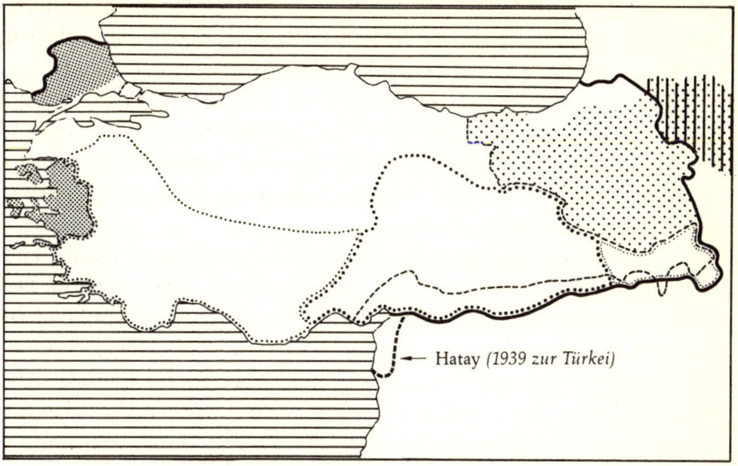

------ Grenze der Türkei nach den Bestimmungen des Friedens von Sèvres 20. 8. 1920

Grenze der Türkei nach dem Frieden von Lausanne 24. 7. 1923

.... Italienisches Interessengebiet nach dem Frieden von Sèvres

.... Französisches Interessengebiet nach dem Frieden von Sèvres

Britisches Interessengebiet nach dem Frieden von Sèvres

Armenischer Staat (geplant) Armenische SSR.

Griechisch besetzt 1919–1922

was eine Regelung für den Rest des Osmanischen Reiches anging: Im Grunde hatten die Siegermächte erreicht, was sie wollten, Einzelheiten würden die Lage nur komplizieren.

Währenddessen bildeten sich überall im Lande Gruppen, die jeweils bestimmte Regelungen für ihre Gegend favorisierten und vertraten. Es gab zum Beispiel Vereinigungen, die Anatolien unter US-amerikanisches Mandat gestellt sehen wollten. Mitglieder dieser Gruppen mochten all jene Schichten sein, die man hundert Jahre zuvor als *a'yan* bezeichnet hätte, aber gerade die Verbindungen, die ausgesprochen türkische oder islamische Ziele verfolgten, hatten Zulauf aus allen Schichten des Volkes.

Wie groß die Unterstützung dieser Gruppen war, zeigte sich nach der Besetzung der wichtigsten Stadt Anatoliens, Smyrna (oder auf Türkisch İzmir), durch die Griechen am 15. Mai 1919. Nicht nur, daß türkische Einheiten und als »Nationale Kraft« *(Kuvâ-yı Milliye)* organisierte Freischärler den Vormarsch des griechischen Heeres behinderten und etwa auf der Linie Nazilli-Akhısar vorläufig stoppen konnten, nein, auch in İstanbul, unter den Augen der Siegermächte, gab es zwei Wochen lang eine Protestversammlung nach der anderen.

Es existieren Photos davon: Der Platz zwischen der Sultan-Ahmed-Moschee und der Hagia Sophia war überfüllt, Kopf an Kopf stand die Masse. Die Zahl der Teilnehmer beeindruckte auch die Siegermächte, denn Hunderttausende von Demonstranten hätten sie von diesem Volk, das sie für politisch unreif und dumpf hielten, nicht erwartet. Und noch etwas: Die wichtigsten Reden hielt auf diesen Versammlungen eine Frau, die Schriftstellerin Halide Edib (Adıvar). Im Schleier protestierte sie gegen diese Besetzung türkischen Gebiets und ließ alle Versammelten schwören, daß sie sich nicht damit abfinden würden.

Allerdings ließ sich im ja von den Siegermächten kontrollierten İstanbul kein wirksamer Widerstand organisieren. Nationale Politiker, Militärs und Journalisten wurden von den Engländern nach Malta verbannt. Da kam eine Gelegenheit für Mustafa Kemal, İstanbul zu verlassen, ohne den Siegermächten verdächtig zu werden.

Er erhielt den Auftrag, in Nord- und Ostanatolien für Ruhe und Ordnung zu sorgen. Lokale Gruppen hatten dort Verwaltungen gebildet, die zum Beispiel die geplante Gründung eines griechischen Staates Pontus verhinderten. England und Frankreich drohten mit der Besetzung auch dieser Gegend, und so schien es ratsam, einen osmanischen General mit der Angelegenheit zu betrauen, um dem vorzubeugen.

Der Fehler dabei: Mustafa Kemal verstand sich nicht mehr als osmanischer General. Sein Ziel war nicht mehr die Rettung des Sultansthrones, sondern die der Türkei.

Am 19. Mai 1919 landete Mustafa Kemal in Samsun. Dieses Ereignis gilt als Beginn des Befreiungskrieges. Noch heute ist der 19. Mai deswegen ein Nationalfeiertag (der des Sports und der Jugend übrigens), und wie all das, was folgte, ist dieses Datum Teil einer Heldensaga, die jedes Schulkind in der Türkei genau kennen muß. Wie wurde nun die Türkei gerettet?

Mustafa Kemal Paşa traf sich mit führenden Jungtürken, vor allem aber den lokalen Widerstandsgruppen. Von seiner militärischen Aufgabe ließ er sich alsbald entbinden. Im Juli versammelte sich in Erzurum unter seiner Leitung ein Kongreß der »Gesellschaften zur Verteidigung der Rechte von Ostanatolien«. Diese Versammlung beschloß als Programm volle nationale und staatliche Rechte innerhalb der Grenzen, die dem Osmanischen Reich im Waffenstillstand von Mudros noch verblieben waren – also einschließlich der von Griechen und Alliierten besetzten oder beanspruchten Zonen.

Nicht einmal zwei Monate später, vom 4. bis zum 11. September 1919, versammelte sich in Sivas ein Kongreß, zu dem diesmal Vertreter aus allen Landesteilen kamen. Dieser Kongreß der »Gesellschaften zur Verteidigung des Rechtes von Rumelien und Anatolien« war aber nicht nur deshalb ein wichtiger Schritt. Der gewählte »Repräsentativausschuß« unter Mustafa Kemal konnte tatsächlich im ganzen Land wirksam werden. Auch wurde das Ziel des Befreiungskampfes, das der Kongreß von Erzurum entworfen hatte, noch klarer definiert. Zum Beispiel wurde ausführlich diskutiert, ob nicht doch ein amerikanisches Mandat über Anatolien anzustreben sei, und dieser Vorschlag auf Druck von Mustafa Kemal verworfen.

Überhaupt darf man sich die Versammelten nicht als gut organisierte, in allen wichtigen Fragen einige Verbindung vorstellen. Da waren immer noch ehemalige Mitglieder des inzwischen offiziell aufgelösten Komitees »Einheit und Fortschritt«, die diese Gruppierung am liebsten wieder gegründet hätten. Da gab es *ulemâ*, Militärs, Großgrundbesitzer – Menschen sehr unterschiedlicher Vorbildung und Ziele. Zweifellos waren die meisten loyal zum Herrscherhaus, auch wenn sie die Politik, die Mehmed VI. Vahd üd-Din unter Druck der Siegermächte verfolgte, nicht akzeptierten. Deshalb ist in den Forderungen dieses Kongresses eine merkwürdige Unentschlossenheit zu spüren – einerseits redete man vom Osmanischen Reich als zu erhaltendem Staatsgebilde, andererseits wurden die Forderungen bereits mit dem nationalen Selbstbestimmungsrecht begründet. »Die Souveränität gehört ohne jede Einschränkung dem Volke« sollte später eine der wichtigsten Parolen der »neuen Türkei« werden.

Deswegen ist es gar nicht erstaunlich, daß die Regierung in İstanbul versuchte, den Kongreß in Sivas mit militärischen Mitteln zu zerschlagen. Doch bei der Gelegenheit zeigte sich, daß auch die »Gesellschaften zur Verteidigung der Rechte« über loyale osmanische Truppen verfügten. Diese konnten immer wieder sultanstreue Aufstände vor allem in Nordwestanatolien niederwerfen.

Da trat die Regierung in İstanbul ab. Der neu berufene Großwesir verhandelte in Amasya mit Mustafa Kemal Paşa. Ein neues osmanisches Parlament wurde gewählt und trat im Januar 1920 zusammen. Seine Abgeordneten gehörten meist zu den Anhängern der *Misak-ı Milliye,* unterstützten die nationalistischen Gruppen. Der Widerstand gegen das Ergebnis des Ersten Weltkrieges wurde also immer stärker.

Die Reaktion der Siegermächte auf diese Entwicklungen war die Besetzung aller wichtigen Punkte und Behörden İstanbuls. Britische und französische Truppen nahmen die Stadt in Windeseile unter Kontrolle; die entsprechende telegraphische Mitteilung nach Ankara, wohin inzwischen das Hauptquartier Mustafa Kemal Paşas gezogen war, konnte nur Sekunden vor der Besetzung auch des Telegraphenamtes erfolgen.

Die mit Mustafa Kemal sympathisierende Regierung in İstanbul mußte zurücktreten, und an ihre Stelle trat unter dem Schwiegersohn des Sultans Damad Ferid Paşa eine, die um fast jeden Preis die Aussöhnung mit den Alliierten suchte. Mehr noch: Auch das Parlament wurde alsbald aufgelöst.

Die Leitung der »Gesellschaften zur Verteidigung der Rechte« reagierte mit einem Schritt, der in seiner Bedeutung kaum überschätzt werden kann. Mustafa Kemal berief ein Parlament nach Ankara ein, die »Große Türkische Nationalversammlung« *(Türkiye Büyük Millet Meclisi),* in der zum Teil neu gewählte, zum Teil auch im gerade aufgelösten Parlament von İstanbul stimmberechtigte Abgeordnete saßen. Diese Nationalversammlung betrachtete sich als Organ des »nationalen Willens«, beanspruchte das Recht, Gesetz zu geben und die Regierung in die Hand zu nehmen.

Damit hatte das Osmanische Reich zwei Regierungen, eine, die sich auf die Einsetzung durch den Sultan berief, und eine, die sich durch das Volk legitimiert fühlte. Und während immer wieder Aufstände gegen dieses neue, nationale Parlament vor allem in Nordwestanatolien ausbrachen, begannen türkische Freischärler den bewaffneten Widerstand gegen die französischen Besatzungstruppen in Südostanatolien, in Mar'aş, Anteb und Adana. Mehr noch: Zum ersten Male, seit İstanbul zur Hauptstadt des Osmanischen Reiches geworden war, gab es eine Wanderung der türkischen Elite nach Anatolien: Journalisten, Militärs,

Studenten, Beamte, Intellektuelle folgten einem großen Teil der Abgeordneten nach Ankara; teils, weil sie sich in İstanbul nicht mehr sicher fühlten, meist, um den Kampf der Nationalisten zu unterstützen.

Man muß das Gebäude der ersten Nationalversammlung in Ankara wirklich selbst gesehen haben, um zu verstehen, was das genau bedeutete. Keine beeindruckend langen Wandelgänge, keine saalhohen Räume und hallenweiten Säle, kein Kristalleuchter, keine Archiv-, Bibliotheks- oder Sekretariatsflügel, kein Platz auch für Pressezentren und Galerien: Die Abgeordneten saßen auf Schulbänken, unter denen kein normalgebauter Mitteleuropäer seine Füße ausstrecken könnte. Einen eigenen Arbeitsraum hatte in diesem Gebäude nur Atatürk, und der war ein dunkles, etwa 15 Quadratmeter großes Zimmer. Eigentlich ist dieser bescheidene braune Sandsteinbau, der heute am belebten, aber etwas heruntergekommenen Ulus-Platz von den meisten anderen Gebäuden überragt wird, nicht ein Ort, von dem man annähme, hier sei Geschichte gemacht worden.

Und dennoch ist es so. Von hier aus gewannen türkische Heere einen Zweifrontenkrieg, während gleichzeitig Aufstände niedergeschlagen und auf diplomatischer Ebene um Anerkennung durch die Siegermächte gerungen werden mußte. Dabei war der Sommer 1920 alles andere als eine einfache Zeit. Im Juni begann eine erneute griechische Offensive. Balıkesir, Bursa und Salihli fielen oder mußten geräumt werden. Und am 10. August wurde der Friedensvertrag von Sèvres geschlossen: Die sultanische Regierung sah sich zur Annahme der Bedingungen gezwungen, die letztlich zur Aufteilung des Landes geführt hätten.

Freilich hatte dieser Vertrag schon keine echte Chance auf Ratifizierung mehr. Das osmanische Parlament war ja aufgelöst, und die Große Nationalversammlung weigerte sich, diesen Regelungen zuzustimmen. Auch als eine eigentlich der Ankaraner Regierung näherstehende, aber dem Sultan unterstehende Regierung auf Drängen der Siegermächte in İstanbul eingesetzt wurde, kam es zwar zu Verhandlungen zwischen beiden Seiten, aber nicht zu einer Zustimmung der Männer um Mustafa Kemal Paşa zu diesem Friedensvertrag.

Denn inzwischen waren sie längst daran gegangen, ihre militärische Situation zu verbessern. Zwar konnte die griechische Invasionsarmee nur vorübergehend gestoppt, nicht zurückgeworfen werden, aber in Ostanatolien rückte das türkische Heer unter Kâzim Karabekir Paşa vor. 1918 hatten die osmanischen Truppen ja zwischenzeitlich Batum und sogar Tiflis erreicht, sich dann aber nach dem Waffenstillstand von Mudros zurückgezogen. Inzwischen war der Kaukasus von rivalisierenden georgischen, armenischen und aserbaidschanischen Regierungen kontrolliert, die allerdings ihrerseits gegen die vorrückende Rote Armee zu kämpfen hatten. Wie in dieser Region fast schon üblich, gab es außerdem noch Milizen aller möglichen Richtungen und Streitigkeiten unter den einzelnen Regierungen. Seit Ende September rückten nun wieder türkische Truppen vor, um die drei schon lange zwischen Rußland und dem Osmanischen Reich umstrittenen Bezirke Kars, Batum und Ardahan wieder in Besitz zu nehmen.

Diese militärischen Operationen waren sehr erfolgreich. Bereits Anfang Dezember 1920 konnte die Regierung von Ankara ihren ersten internationalen Vertrag unterzeichnen: Die armenische Taşnak-Regierung von Eriwan erkannte im Vertrag von Gümrü die heutige sowjetisch-türkische Grenze an: Kars war wieder türkisch. Die georgische Regierung trat Ende Februar 1921 Ardahan und Artvın an die Türkei ab.

Beide Vereinbarungen hatten einen Nachteil: Die Rote Armee hatte jeweils einen Tag nach ihrem Abschluß die Macht in Armenien und Georgien übernommen. Aber bereits Mitte März 1921 konnte im Vertrag von Moskau eine Einigung erzielt werden, die im wesentlichen das Ergebnis der Kriegshandlungen bestätigte, aber auch die Rückgabe der Hafenstadt Batum an die UdSSR enthielt. Der Türkei wurde dafür zugesichert, daß das Gebiet Nachitschewan an ihrer Ostgrenze nie zu Armenien gehören dürfe.

Mit diesem Vertrag wurde eine seit Jahrhunderten unruhige Grenze endlich beruhigt. Aber mehr noch: Sowohl das immer noch frisch etablierte bolschewistische Regime der UdSSR als auch das erst im Entstehen begriffene Mustafa Kemal Paşas arbeiteten zusammen. Das sollte nicht bedeuten, daß Mustafa Kemal sozialistische oder kommunistische Aktivitäten in der Türkei dulden würde. Aber die türkisch-sowjetische Freundschaft blieb bis zum Ende des Zweiten Weltkriegs eine Konstante in der europäischen Diplomatie.

An der Westfront gab es ein zunächst unwichtiger erscheinendes Ereignis, das aber dennoch markiert, worin sich die Bewegung unter Mustafa Kemal von allen anderen türkischen Aufständen gegen osmanische Sultane so grundlegend unterschied. Der neu eingesetzte Kommandeur İsmet Paşa sorgte für so etwas wie ein Primat der Politik.

Einer der Helden der ersten Kämpfe des Befreiungskrieges gegen die Griechen und gegen sultanstreue türkische Gruppen war eine Art Großbandenführer aus Westanatolien, Çerkez (»der Tscherkesse«) Edhem. Dieser Mann nun wollte innerhalb der nationalen Bewegung so etwas wie eine Stellung als unabhängig agierender Militärführer haben. İsmet Paşa bestand auf Durchführung der Direktiven Ankaras. Es kam zum Kampf zwischen beiden Lagern. Edhem wurde bald geschlagen, floh und stellte sich den Griechen, was ihn bis heute in der türkischen National-Saga zum Urbild des (letztlich erfolglosen) Verräters machte.

Etwa gleichzeitig brachte die türkische Armee den griechischen Vormarsch in zwei Abwehrschlachten beim kleinen Ort İnönü (westlich von Eskişehir) vorläufig zum Stehen (İsmet Paşa sollte später »İnönü« als Nachnamen wählen). Darauf zogen die Italiener ihre Besatzungstruppen aus Anatolien ab; und Churchill erklärte im Unterhaus, die britische Regierung habe nicht die Absicht, sich in Kleinasien auf ein erneutes »militärisches Abenteuer« einzulassen.

Für Griechenland bedeutete das den Entzug der Hilfe durch die Großmächte. Nur noch ein schneller militärischer Erfolg konnte die Annektion Ioniens, also İzmirs samt dem Großteil Westanatoliens, retten.

Innerhalb von zwei Wochen wurden die türkischen Truppen im Juli 1921 hinter den Sakarya zurückgedrängt; die Griechen standen sozusagen schon in Rufweite von Ankara. Doch das Parlament floh nicht nach Kayseri. In äußerst gefährdeter Lage ging die Regierung Mustafa Kemals, der sich im August zum Oberbefehlshaber ernennen ließ, daran, alle Männer unter 40 auszuheben, alle kriegswichtigen Güter einschließlich von Getreide und Zugtieren zu 40 Prozent zu beschlagnahmen. Von Mitte August bis Mitte September wurde die Schlacht am Sakarya geschlagen, an deren Ende sich das griechische Heer wieder nach Eskişehir zurückziehen mußte.

Beide Seiten waren ökonomisch und militärisch erschöpft, aber die Ankaraner Regierung hatte nun die sehr viel bessere Ausgangsposition. Im Oktober 1921 kam in Ankara ein türkisch-französischer Vertrag zustande. Die Franzosen, durch die englische Politik von den irakischen Ölquellen abgeschnitten, hatten keinen Nutzen mehr davon, ihre Truppen durch türkische Freischärler dezimieren zu lassen. Sie zogen aus Anatolien ab.

Nach umfangreichen Vorbereitungen erfolgte dann der »Große Angriff« gegen die griechischen Invasoren ein Jahr später im August 1922. In der Schlacht von Dumlupınar in der Nähe von Afyon standen sich zwei Heere gegenüber, die fast nur noch aus Offizieren bestanden – Mannschaften waren kaum übriggeblieben. Die türkische Armee erkämpfte einen vollständigen Sieg. Die griechische Front war zusammengebrochen, türkische Einheiten rückten schnell auf die Ägäis vor.

Noch heute feiert man in İzmir den 9. September wie einen eigenen Nationalfeiertag, denn am 9. IX. 1922 wurde İzmir von den türkischen Truppen eingenommen. Die griechischen Truppen hatten einen Tag vorher die Stadt verlassen, einen Tag später besuchte sie Mustafa Kemal Paşa.

Für İzmir allerdings ging der Krieg noch etwas weiter. Der türkische Gouverneur Nur üd-Din Paşa ließ den griechischen Metropoliten Chrysostomos lynchen. Armenische Verbände kämpften weiter gegen die türkischen Truppen. Zugleich begannen türkische Bewohner der Stadt, Rache für die oft entwürdigende Behandlung während der Besetzung zu nehmen. Die Geschichte des kosmopolitischen İzmir, in dem neben vielen Türken und Griechen beachtliche armenische, jüdische und europäische Minderheiten ihren Platz hatten, des İzmir der Hotels, Clubs, Bars, Theater, der levantinischen Geschäfte und der weltumspannenden Handelsverbindungen ging blutig zu Ende. Am 13. November brach in den armenischen Vierteln an mehreren Stellen Feuer aus. Daß es gelegt wurde, ist so gut wie sicher, umstritten ist, wer es getan hat – Rache suchende Türken oder Armenier, die eine Politik der verbrannten Stadt verfolgten. Die unteren, meist von Nicht-Muslimen bewohnten Stadtviertel, aber auch der Bazar brannten ab. Der größte Teil der türkischen Viertel wie einige Teile des heute noch vornehmen Alsancak blieben verschont.

Griechen und Armenier wurden von im Hafen liegenden Schiffen evakuiert und meist nach Griechenland verbracht. Das heutige İzmir liegt ein bis zwei Meter über dem Niveau des alten; es wurde mit einem gänzlich veränderten, modernen Straßennetz auf den Trümmern der zerstörten Stadt errichtet, die noch tagelang rauchten.

Nicht mit den Griechen, sondern mit den Alliierten schlossen die Türken den nach dem Sieg fälligen Waffenstillstand. Am 11. Oktober 1922 wurde er nach zähen Verhandlungen in Mudanya unterzeichnet; ihm zufolge mußten die Griechen auch das Gebiet östlich der Maritza (Meriç) räumen, das sie zwischenzeitlich besetzt hatten.

Freilich durften die Truppen aus Ankara selbst noch nicht in dieses Gebiet und nach İstanbul einrücken. Wie lang der Arm der Ankaraner Regierung aber war, zeigte sich im November am Fall des alliiertenfreundlichen Journalisten Ali Kemal. Mustafa Kemal Paşa ließ ihn aus İstanbul entführen, um ihn in Ankara wegen Spionage vor ein Gericht stellen zu lassen. Schon das mag ein unter rechtsstaatlichen Gesichtspunkten merkwürdiger Vorgang gewesen sein. Die traurige Fortsetzung der Geschichte aber zeigt, wie schwer die Durchsetzung solcher Normen fallen würde. Der inzwischen aus İzmir nach İzmit versetzte Nur üd-Din Paşa ließ Ali Kemal nicht weitertransportieren, sondern überließ ihn der Menge, die ihn umgehend lynchte.

Dennoch war nicht mehr eine vom Sultan eingesetzte, sondern nur noch die Ankaraner Regierung Ansprechpartner der Großmächte. In Lausanne begannen im Oktober 1922 Verhandlungen um einen neuen

Friedensvertrag, da der von Sèvres nach dem Ende des Befreiungskrieges hinfällig war. Diese Verhandlungen leitete auf türkischer Seite İsmet Paşa, der nach Mustafa Kemal zum zweiten Mann im neuentstehenden Staate wurde.

Der Vertrag von Lausanne wurde nach langwierigen Verhandlungen erst am 24. Juli 1923 abgeschlossen. Er bestätigte die noch heute gültige griechisch-türkische Grenze (die Dodekanes genannten zwölf ostägäischen Inseln blieben aber nach wie vor italienisch) und sah einen Bevölkerungsaustausch vor: Alle in der Türkei lebenden Griechen sollten nach Griechenland, alle immer noch in Griechenland lebenden Türken in die Türkei umgesiedelt werden. Ausgenommen von dieser Regelung blieben die in İstanbul ansässigen Griechen und die Türken in Westthrakien um Komotini (türkisch Gümülcine). Die Rechte der in der Türkei verbliebenen Minderheiten, vor allem der Armenier, Griechen und Juden İstanbuls, auf kulturelle Eigenständigkeit und kirchliche Selbstverwaltung wurden in diesem Vertrag ausdrücklich garantiert, während des Krieges geflohenen Armeniern wurde das (nur selten genutzte) Recht auf Rückkehr eingeräumt. Meerengen und Ägäis sollten entmilitarisierte Zone bleiben beziehungsweise werden. Freilich blieben wichtige Fragen noch offen: So bestand die türkische Seite auf der Kündigung der Kapitulationen und einer erleichterten Tilgung der osmanischen Schulden. Dafür wurde erst später eine Regelung gefunden; genau wie in der Mosul-Frage – dort verzichtete die Türkei erst 1926 nach einem entsprechenden Schiedsspruch auf die irakischen Ölfelder, die Großbritannien als Teil seines dortigen Mandatsgebietes beanspruchte.

Trotzdem war der Friedensvertrag ein großer Erfolg für die Türkei. Er garantierte dem Land Grenzen, mit denen zu leben es bereit war. Von nun an verfolgte die Türkei eine Außenpolitik der Verständigung und des Friedens. So gehörte sie zum Beispiel zu den Unterzeichnern des Briand-Kellogg-Paktes zur Kriegsächtung von 1928.

Auch das Verhältnis zu Griechenland sollte sich bessern. Zwar gab es noch jahrelang Streitigkeiten etwa um die Frage, wer als İstanbuler Grieche anzuerkennen wäre, und was mit dem zurückgelassenen Eigentum der Umgesiedelten geschehen solle, doch war bereits 1930 ein Staatsbesuch des griechischen Ministerpräsidenten Venizelos in Ankara möglich, und ein Freundschaftsvertrag wurde abgeschlossen – praktisch gleich, nachdem die Umsiedlungen beendet waren, die mehr als zwei Millionen Griechen und mehr als eine Million Türken zwangen, ihre Heimat aufzugeben. An einem Platz in der Türkei ist noch ein wenig nachzuvollziehen, was das bedeutet haben muß: im Kaya Köyü in der Nähe des Naturwunders »Ölü Deniz« bei Fethiye. Diese Siedlung von ein paar tausend Menschen wurde nämlich nicht wiederbesiedelt und steht noch heute als Geisterstadt mit zwei Kirchen in der Landschaft – irgendwann wird man jetzt wohl ein Feriendorf daraus machen.

Es ist kein Versehen, wenn hier nun erstmals von der »Türkei« gesprochen wurde. Denn bald nach Beginn der Friedensverhandlungen in Lausanne gab es keinen osmanischen Sultan mehr. Die nach wie vor in Ankara tagende Große Nationalversammlung erklärte am 2. November 1922 einfach, das Sultanat sei vor zwei Jahren bei der Besetzung İstanbuls erloschen, es selbst sei in Vertretung des Volkes souverän. Mehmed VI. Vahd üd-Din, dem nur noch das unklar definierte Amt des Kalifen als eines geistigen Oberhauptes über die Muslime blieb, emigrierte daraufhin. Sein Cousin Abd ül-Mecid sollte keine wichtige Rolle mehr spielen.

All diese Vorgänge klingen selbstverständlicher, als sie waren. Denn nicht jeder, der zum Beispiel den Widerstand gegen die europäische Besetzung Anatoliens unterstützte, war zugleich für die Abschaffung des Sultanates oder für eine so mächtige Stellung, wie sie Mustafa Kemal Paşa nun innehatte. So gab es auch in der Großen Nationalversammlung eine zahlenmäßig nicht zu unterschätzende Opposition, die sogenannte »Zweite Fraktion« – die erste war die der »Gesellschaften zur Verteidigung der Rechte von Rumelien und Anatolien« –, und auch die war keinesfalls programmatisch homogen.

Es gehört zur Größe Mustafa Kemals, in dieser Situation nicht den Kompromiß zwischen den vorhandenen Kräften, sondern neue Lösungen wenigstens gesucht zu haben. Die eigentliche kemalistische Revolution begann nach dem Befreiungskrieg, und zwar nicht nach einem festen Plan, wohl aber mit einem festem Ziel: aus der Türkei einen nationalen und modernen Staat zu machen. Mustafa Kemal sorgte für die Auflösung des Parlaments und dafür, daß kein Mitglied der »Zweiten Fraktion« wiedergewählt wurde. Nun sollte an die Errichtung eines modernen Verwaltungsstaates gegangen werden, der auch auf die Wirtschaft Einfluß nahm.

Das war auch dringend nötig. Nach wie vor war Anatolien ein unterentwickeltes, dünn besiedeltes Land. 1923 dürfte es vielleicht 12 Millionen Türken gegeben haben, von denen 85 Prozent auf dem Lande lebten. Immer noch gab es keine ausreichende Infrastruktur. Die vorhandenen Eisenbahnen verbanden weniger die wichtigsten Landesteile miteinander, als Exporthäfen mit für die internationale Wirtschaft interessanten Produktionsgebieten. Erst unter Kemal Atatürk führte eine Eisenbahnstrecke vom Mittel- zum Schwarzen Meer. Der Ausbau des Eisenbahnnetzes war die vielleicht größte wirtschaftliche Leistung des neuen Staates in den zwanziger Jahren, dem zu noch größeren Investitionen einfach das Geld fehlte. Es hatte auch etwas mit Landesentwicklung zu tun, wenn man bei Ankara als Hauptstadt blieb und nicht zu dem mittlerweile dezentral gelegenen İstanbul zurückkehrte.

Die Türkei Kemal Atatürks mußte das lange vernachlässigte Anatolien entwickeln, um sich zu behaupten. Und man war entschlossen, das ohne Abhängigkeit von europäischen Geldgebern zu tun. Modernisierung sollte weder Imitation des Westens sein noch Kapitulation vor dessen Überlegenheit, wie das nach Meinung der neuen Regierung bei den osmanischen Reformern oft genug der Fall war. Gegen das osmanische Erbe, aber auch gegen westliche Dominanz machte sich die Türkei auf die Suche nach einer neuen Identität.

Träger der Revolution sollte die »Volkspartei« *(Halk Firkası,* später *Cumhuriyet Halk Firkası,* »Republikanische Volkspartei«) werden, die Mustafa Kemal einen Monat nach Zusammentreten der zweiten Großen Nationalversammlung im September 1923 gründete. Diese Partei bestand zunächst nur aus der Fraktion der von ihm ausgewählten Abgeordneten und sollte erst 1931 ein Programm erhalten. Aber sie hatte den Anspruch, das ganze Volk zu vertreten, und dabei lag die Betonung auf »das ganze«. Denn nach der Ideologie dieser Partei gab es keine Klassen, ethnischen Gruppen oder Stände im Land, die partikularistische oder gar gegensätzliche Interessen gerechtfertigt hätten. Es gab nur das große Ganze, die Nation, und über die befand letztlich Mustafa Kemal selbst.

Es ging auf seine Initiative zurück, daß am 29. Oktober 1923 die Republik ausgerufen wurde, ein eigentlich längst überfälliger Schritt, denn den Sultan gab es ja nicht mehr. Dennoch wurde an der Art und Weise, wie Mustafa Kemal und İsmet (İnönü) diesen Weg gingen, auch im zweiten, ja eigentlich handverlesenen Parlament Kritik laut. Zu der sich neu formierenden Opposition gehörten Männer wie Rauf (Orbay), der während langer Jahre des Befreiungskrieges Mustafa Kemals Ministerpräsident gewesen war, Adnan (Adıvar), der hochgebildete Gatte Halide Edibs, oder Kâzim Karabekir, der Kommandant an der Ostfront 1920. Im Vorbehalt gegen Mustafa Kemals Kurs trafen sich Konservative, Religiöse, Monarchisten, Anhänger von *İttihad ve Terakki* und Liberale. Und sie fanden einen gemeinsamen Nenner: den Kalifen.

Dabei ging es nicht um Abd ül-Mecid als Person. Es gibt diverse Photographien von diesem Mann, der sich, seitdem er Kalif war, den Bart nach dem Gebot des Heiligen Rechtes nicht mehr schnitt, aber über das Protokoll hinaus keinen echten politischen Ehrgeiz an den Tag legte. Interessierter war er an seiner Malerei. Er produzierte recht konventionelle Bilder, auf denen manchmal Szenen aus dem Palast zu sehen sind.

Auch hier hatten sich die Zeiten geändert: Man sieht da zum Beispiel Männer und Frauen in europäischer Kleidung Beethovensche Kammermusik spielen.

Aber durch betonte Loyalität zum Kalifen ließ sich trefflich Opposition zur Regierung ausdrücken. Gerade deswegen wurde überraschend schnell, schon im Frühling 1924, das Kalifat abgeschafft. Abd ül-Mecid konnte es kaum glauben. Am Fest des Geburtstages des Propheten mußte der letzte osmanische Hofstaat in Eile seine Sachen packen. Er setzte noch die Signatur unter sein letztes auf türkischem Boden gemaltes Portrait – es zeigte den Gründer des İstanbuler Archäologischen Museums Hamdi Beğ – und verließ dann mit seiner Familie das Land; nicht zu den ihn bis zuletzt unterstützenden indischen Muslimen übrigens, sondern Richtung Frankreich.

Wenige Wochen später folgte dann die Verabschiedung einer Verfassung, die dem Präsidenten der Republik, also Mustafa Kemal, weitgehende Kompetenzen zugestand. Gegen die wachsende Macht Mustafa Kemals gründeten sozial konservative, aber politisch eher liberale Abgeordnete die »Fortschrittsfreundliche Republikanische Partei«, in deren Name der Anklang an das alte »Komitee für Einheit und Fortschritt« zu hören ist.

Die politische Situation verschärfte sich weiter, als einer der Aufstände ausbrach, die im Osten Anatoliens in den ersten Jahren der Republik immer wieder vorkamen (der letzte große Aufstand dieser Art war 1936 der von Dersim, das dann in Tunceli umbenannt wurde).

Diese Rebellionen gab es ja auch schon in der Geschichte des Osmanischen Reiches. Neu war, daß ähnlich wie ein Jahrhundert zuvor auf dem Balkan für Aufständische im Nationalismus eine geeignete Ideologie zur Hand war. Daneben fanden sich aber immer noch religiöse Motive: Die den Kalifen absetzende Republik war schnell als gottlos diffamiert.

Anders aber als den Völkern auf dem Balkan im 19. Jahrhundert fehlte – und fehlt zum Teil bis heute – den Kurden Ostanatoliens die eigenständige kulturelle und institutionelle Organisation, die im europäischen Reichsteil durch die Nationalkirchen gegeben war. Mehr noch: Durch die Gemeinsamkeit der geistigen Traditionen wurden und werden viele der kurdischen Intellektuellen zu Türken. Auch der Soziologe Ziya Gökalp, dessen Werk für die frühe Türkische Republik ideologisch sehr wichtig war, ist dafür ein Beispiel. Die kurdisch-nationale Elite blieb also immer sehr klein.

Vor allem aber war die Regierung Mustafa Kemals (wie jede nach ihr in der Türkei) nicht bereit, eine Andersartigkeit der Kurden oder gar die Existenz einer kurdischen Nation anzuerkennen. Offiziell waren (und sind) diese Menschen Türken, die in der Osttürkei gesprochenen kurdischen Sprachen waren türkische Dialekte, und die türkische Nation war ein unteilbares Ganzes. Wer kurdischen Nationalismus vertrat, wurde (und wird) verfolgt, wer sich zum Türkentum bekannte, wurde nicht diskriminiert.

Anders als das späte Osmanische Reich war die Türkische Republik ein wirklich souveräner Staat. Ausländische Schutzmächte für die Kurden waren nicht mehr denkbar. Das machte ihre Sache aussichtslos (und auch das gilt bis heute).

So wird es auf absehbare Zeit keinen unabhängigen kurdischen Staat geben, zu dem neben der Türkei auch noch der Irak, der Iran, Syrien und wohl die UdSSR Territorien abtreten müßten, und der dann wiederum ein türkisches, persisches und arabisches Minderheitenproblem hätte; denn ein rein kurdisches Siedlungsgebiet gibt es nirgendwo. Ganz im Gegenteil: In der Türkei gibt es natürlich auch kurdischsprachige Bauern, die in die großen Städte des Westens gezogen sind; was sollte mit ihnen geschehen? Zu fragen wäre auch nach dem Sinn eines solchen verkehrsmäßig ungünstig gelegenen, armen und extrem unterentwikkelten Staates.

Solange es bei dieser Unterentwicklung bleibt, wird sich auf absehbare Zeit auch an der jetzigen Situation nichts ändern: Anschläge kurdischer »Freiheitskämpfer«, etwa der marxistisch ausgerichteten PKK, und militärische »Sicherheitsmaßnahmen« schaukeln sich in der Südosttürkei immer wieder hoch: Tote und Ausnahmerecht bleiben alltäglich.

Wenn aber die teuren (weil wirtschaftlich unattraktiven) Investitionen der türkischen Regierung etwa in den Staudamm, der das türkische Zweistromland fruchtbar machen soll, einmal diese Region verhältnismäßig wohlhabend machen, dürften Forderungen wie etwa die nach Legalisierung der kurdischen Sprache in Presse und auf Ämtern ein wenig von der politischen Brisanz verlieren, die sie jetzt haben. Sicherlich aber wird keine türkische Regierung es sich leisten können, das Prinzip von der Unteilbarkeit des Staatsgebietes zu brechen.

Auch der Aufstand des Şeyhs Said von 1925, der national und religiös begründet war, hatte keinen Erfolg. Militärisch wurde er recht schnell niedergeschlagen. Wichtig ist er vor allem deshalb, weil unter dem Eindruck der Rebellion die Große Nationalversammlung einem »Gesetz zur Wiederherstellung der Ruhe« und der Einrichtung von Revolutionsgerichten zustimmte. Diese Gerichte urteilten nicht nur Aufständische ab, sondern sorgten auch für die Unterdrückung der oppositionellen Presse und die Schließung der Fortschrittsfreundlichen Republikanischen Partei, deren Abgeordnete freilich ihren Parlamentssitz behalten durften.

Ein Jahr später, 1926, folgte dann der letzte Schlag gegen die Opposition. Ein Attentatsplan gegen Mustafa Kemal wurde aufgedeckt, der alten Angehörigen des Komitees »Einheit und Fortschritt« sowie der aufgelösten Oppositionspartei zugeschrieben wurde. Die führenden Politiker dieser Organisationen wurden systematisch verfolgt. Mustafa Kemal rettete einige ehemalige Weggenossen wie Kâzim Karabekir vor dem Galgen, andere gingen ins Exil oder kamen mit einer Verbannungsstrafe in die traurige Provinz davon. Aber Männer wie der ehemalige Finanzminister aus der Zeit nach 1909, Cavid Beğ, mußten hängen.

Mit Hilfe von Justizterror war tatsächlich die gesetzlich angestrebte Ruhe im Land wieder hergestellt. Was Mustafa Kemal von zeitgenössischen Diktatoren im Mittelmeerraum wie Mussolini oder Franco unterschied, zeigte sich in der nachfolgenden, wenig liberalen und demokratischen, aber sehr revolutionären Phase der türkischen Geschichte.

Man kann an der Veränderung Ankaras sehen, was Mustafa Kemal wollte. Die offiziellen Gebäude der zwanziger Jahre entstanden meist in der Nähe des Ulus-Platzes, heute eher im Norden der Stadt. Es sind Bauten relativ bescheidener Größe, und sie gefallen eigentlich jedem Europäer. Die staatliche Monopolverwaltung an der Çankırı Caddesi, ihr gegenüber die Ziraat Bankası, die beiden Museen auf der Höhe schräg gegenüber der Oper sind nur einige Beispiele für diesen »Ersten Nationalen Baustil«, eine Art osmanische Postmoderne. Kleine Kuppeln und Erker, Fliesendekoration, Stalaktitenornamente, maurische Bögen und allerhand orientalisierender Bauschmuck dekorieren im Grunde ganz nach westlichem Vorbild gegliederte Fronten. Wenn er auch nicht gerade Klarheit, Schlichtheit und stille Größe ausstrahlt, dieser Stil gefällt wieder.

Wie anders dagegen die Gebäude, die seit dem Ende der zwanziger, dem Anfang der dreißiger Jahre in Ankara entstanden. Einem mag »Führerbauten« einfallen, wenn man solche monumentalen Anlagen wie das Innenministerium, das Verteidigungsministerium, den Bahnhof oder den ersten dieser Bauten, das Gesundheitsministerium von 1926, betrachtet. Immerhin ist soviel richtig, daß dieser Stil, ein großräumiger, kalter Neo-Klassizismus, Importware war, entworfen meist von deutschen und österreichischen Architekten (unter ihnen auch Emigranten aus dem Dritten Reich) und ihren türkischen Schülern. Schaut man genauer hin, bemerkt man, daß der ausdrückliche Sinn der Nazi-Architektur, Überwältigung des Individuums durch ungeheure Proportionen, diesen Gebäuden meist fehlt. Dies war international anerkannte, moderne, überall auf der Welt vertretene Architektur der zwanziger und dreißiger Jahre, und eben das war ihr Sinn in der Türkei Kemal Atatürks: Modernität und Welt-Standard auszustrahlen.

Ganz Ankara sollte so werden. 1927 erstellte der deutsche Architekt Jansen im Auftrag der türkischen Regierung einen Plan für die Hauptstadt. Ankara, das man für eine Viertelmillion Einwohner entwarf (heute hat es über zwei Millionen), sollte neben der alten osmanischen Kleinstadt als modernes Verwaltungszentrum entstehen. Noch heute kann man auf dem Stadtplan von Ankara die Vorschläge Jansens – allerdings vielfach verändert und gleichsam überwuchert – erkennen.

Die Architektur Ankaras ist nur ein Beispiel dafür, wie sehr die Revolution Mustafa Kemals mit Symbolen arbeitete. Eine der Revolutionen Mustafa Kemals war, 1925 das Tragen von Hüten anzuregen. Der Fes und das Tragen von Turbanen wurden verboten (während religiöser Zeremonien sind religiöse Würdenträger von letzterem ausgenommen). Die Kleidung der Türken sollte modern sein – ihr Denken würde es dann auch werden. Demonstrativ zeigte sich Mustafa Kemal selbst mit Hut und im Straßenanzug, veranstaltete Bälle, und achtete darauf, daß sich seine Frau unverschleiert zeigte. Freilich: Verbreiteter als Hüte wurden in der Türkei Mützen; und Schleier und Kopftuch verschwanden nie aus dem Straßenbild.

Damit ist ein sehr wichtiges Thema angesprochen: der Islam. Für Mustafa Kemal war er die Kraft, in der sich Opposition am besten organisieren und artikulieren konnte, die Kraft auch, die allen nötigen Reformen den meisten Widerstand entgegensetzte. Doch Mustafa Kemal und seine Anhänger waren zu klug, um die religiösen Kräfte mit einem Schlag gegen sich aufzubringen. Bei der Zurückdrängung der Religion wurde statt dessen schrittweise vorgegangen, und zwischen den Schritten geduldig auf eine neue Gelegenheit gewartet.

So folgte auf die Abschaffung des Kalifats, der Schaffung eines »Direktoriums für religiöse Angelegenheiten«, das das Amt des *şeyh ülislâm* ersetzte, und die Schließung der Medresen 1924 erst 1925 die Schließung aller Derwischkonvente und aller Mausoleen, in denen Totenverehrung betrieben wurde. Die Derwischorden wurden aufgelöst, weil sie eine vom Staat nur schwer kontrollierbare Möglichkeit für reaktionäre Oppositionelle boten, sich zu organisieren. Bis heute allerdings konnten einige Orden mehr oder weniger geheim überleben; und die es noch gibt, sind gerade wegen des Verbots besonders staatsfeindlich geworden.

1925 wurde der gregorianische an Stelle des islamischen Mond- und des osmanischen Finanzkalenders eingeführt, 1926 die Zivilehe. Freilich gibt es bis heute noch viele Türken, die neben oder sogar anstatt der Eheschließung auf dem Standesamt die vor dem Imam der Moschee bevorzugen. In den allerdings recht seltenen Fällen, in denen ein Mann mehrere Frauen hat, bleibt ihm auch gar nichts anderes übrig, denn von Staats wegen ist nur die Einehe anerkannt. Trotzdem muß man heute auch diese Reform als nur halb gelungen bezeichnen. Wegen der immer noch auftretenden erb- und rentenrechtlichen Probleme werden in größeren Abständen in der Moschee geschlossene Ehen nachträglich den offiziell geschlossenen gleichgestellt.

Beginnend mit dem Jahr 1926 vollendete die Regierung der Republikanischen Volkspartei etwas, was ja schon im Osmanischen Reich begonnen hatte. Das Heilige Recht, die Scharia, wurde nun völlig vom modernen europäischen Recht abgelöst. So übernahm die Türkei in leicht veränderter Form das Zivilrecht der Schweiz und das Strafrecht Italiens. Etwa gleichzeitig wurden die noch verbliebenen Kadis durch Juristen im europäischen Sinne ersetzt.

1928 dann wurde der Artikel der Verfassung geändert, in dem bisher dem Islam die Stellung der Staatsreligion eingeräumt war. Von nun an sollte die Türkische Republik säkular sein, und das hieß für die Kemalisten: Der Staat sollte die Religion kontrollieren.

So waren die Maßnahmen, die noch folgten, dann auch zu verstehen. Seit 1932 wurde der Gebetsruf von den Minaretten der Türkei nicht mehr arabisch, sondern türkisch vorgetragen, ja, es wurde sogar der Versuch gemacht, das Lesen des Korans auf Türkisch vorzuschreiben. Ein Jahr später, 1933, wurde die Universität von İstanbul gründlich reorganisiert und dabei ihrer Autonomie beraubt, ein Vorgang, bei dem die islamisch-theologische Fakultät einfach aufgegeben wurde. Damit war die letzte Hochschule dieser Art nach Auflösung der Medresen beseitigt.

Die kemalistische Politik läßt sich also auch als eine Art Kulturrevolution beobachten. Manche Neuregelungen lassen sich dabei als Anpassung an den »Westen« verstehen, wie die schon erwähnte Einführung des Gregorianischen Kalenders oder modernen Rechts. Auch die Bestimmung des Sonntags zum Feiertag, die Erlaubnis zum Aufstellen von Plastiken oder die Einführung des Wahlrechts für Frauen zum Beispiel gehörten dazu, auch die Einführung von Nachnamen 1934, bei der Mustafa Kemal den schon erwähnten Namen »Atatürk« zugesprochen bekam (bei dem er von nun an hier auch genannt sein soll).

Doch die Reform, die für Atatürk am typischsten war, zeigt klarer, worauf er und seine Anhänger hinaus wollten: die Einführung des – durch die hier im Text immer wieder verwendeten Zeichen ergänzten – lateinischen Alphabets an Stelle des arabischen. Diese Maßnahme war einerseits zweckmäßig, denn das Türkische mit seinen acht Vokalen ist durch die arabische Schrift wirklich nicht so gut wiederzugeben wie durch die lateinische, »internationale«. Die Reform schwächte zweitens die Religion, denn alles Arabische galt als mit ihr verbunden, und nach der Schriftreform ließen sich nach den Religionsstunden auch das Arabische und Persische von den Lehrplänen entfernen.

Drittens war sie volkspädagogisch vielversprechend: Würde sich nicht der Anteil derer, die Lesen und Schreiben konnten, mit der neuen Schrift steigern lassen? Und viertens war sie populistisch: Denn nach der Schriftreform folgte die Sprachrevolution, die das Ziel verfolgte, die Volks- mit der Bildungssprache zu vereinen – etwas, was es ähnlich auch in anderen südosteuropäischen Ländern und im Iran gab.

Mit dem (außergewöhnlich erfolgreichen) Abschütteln des für die osmanische Hochsprache so charakteristischen Anteils an arabischen und persischen Fremdwörtern (bis dahin etwa 60 Prozent des Wortschatzes nach manchen Schätzungen) war wieder ein nationaler und anti-islamischer Impuls verbunden. Wenn es für ein Fremd- oder auch ein Lehnwort keine türkische Entsprechung gab, suchte man in den Dialekten, fand sich auch da keines, bildete die »Türkische Sprachgesellschaft« für das propagierte »Echt-Türkische« ein Neuwort (wie im Deutschen zum Beispiel »Kraftwagen« für »Auto« oder »Bürgersteig« für »Trottoir«). Dabei konnte und sollte freilich das Ziel, eine dem Volke verständlichere Sprache zu gebrauchen, manchmal aus dem Auge verloren werden. Und natürlich wurde Sprachpolitik zum erbittert diskutierten Thema, was sie bis heute geblieben ist. (Ähnlich ist es übrigens mit der Musik, wo unter Atatürk die osmanische Hof- und Derwischmusik unterdrückt, westliche und Volksmusik gefördert wurden.) All diese häufig klugen, noch häufiger zunächst unpopulären Reformen wurden begleitet von der Konzentration der Macht in einer, Atatürks, Hand und von der zunehmenden Identifizierung von Republikanischer Volkspartei und Staat. 1927 ließ sich Atatürk zum Parteiführer auf Lebenszeit wählen und gab in einer berühmten, tagelangen Rede »Nutuk« die offizielle Fassung des türkischen Befreiungskrieges.

Vier Jahre später, 1931 und 1932, wurden die »Türkischen Herdfeuer« *(Türk Ocakları)* als »Volkshäuser« *(Halkevleri)* der Partei unterstellt – und damit war neben der staatlichen auch die private Bildung unter direkter Kontrolle der Partei.

Ein Versuch, eine grundsätzlich loyale, »gelenkte« Oppositionspartei zuzulassen, wurde 1930 schnell aufgegeben, als die sich alsbald zur wirklichen Opposition mauserte. Der schwierige Versuch, mehr Kritik zuzulassen, ohne die Stellung Atatürks und der Republikanischen Volkspartei zu schwächen, wurde in weniger spektakulärer Form immer mal wieder aufgenommen – ohne wirklichen Erfolg. Politische Verfolgung von Kommunisten oder Rassisten und Zensur blieben kemalistische Praxis.

Vielleicht gab es auch deshalb 1931 für die Republikanische Volkspartei endlich ein Programm. Die in ihm enthaltenen sechs Prinzipien (»Sechs Pfeile«, *altı ok*), die sogar Bestandteil der Verfassung wurden, waren nicht nur ein weiterer Schritt auf dem Weg der Republikanischen Volkspartei zur Staatspartei, sondern sie machten den »Atatürkismus« (der in Europa eher als »Kemalismus« bekannt ist) fast schon zur Ersatzreligion. Und sie sollten Maßstab sein, der die Partei vor Degeneration schützen sollte.

Die sechs Prinzipien waren Republikanismus, Nationalismus, Populismus, Säkularismus, Revolutionarismus und Etatismus. Besonders die letzten beiden dieser »Ismen« bedürfen etwas der Erklärung.

Unter Revolutionarismus ist eine Selbstverpflichtung zu verstehen, nicht mit dem Erreichten zufrieden zu sein, sondern weiter den Fortschritt – unter dem man sich die Zugehörigkeit zur modernen Welt vorstellen muß – zu wollen. Deutlich ist Kritik an den osmanischen Modernisierungen enthalten, die konservativ waren und Abhängigkeit erzeugten – jedenfalls aus kemalistischer Sicht.

Wichtiger noch ist der Begriff des Etatismus, der etwa besagt, daß der Staat die Wirtschaft lenkt, ohne das Eigentum an Produktionsmitteln wie in sozialistischen Staaten allein zu beanspruchen. Und damit sind wir beim traurigsten Teil der kemalistischen (und der nachkemalistischen) Reformen: der Wirtschaft.

Da hat die Türkei bis heute viel unverdientes Pech. In den zwanziger Jahren begann das Land bei Null, ja mit weniger. Es hatte viele Schulden, wenig geschulte Arbeitskraft, kaum industrielle Anlagen, eine unterentwickelte Landwirtschaft, eine unzureichende Infrastruktur und kaum Kapital. Außerdem galten noch die osmanischen Kapitulationen, die den türkischen Markt den entwickelten Ländern öffneten.

In den zwanziger Jahren hatte man schon viel für den Eisenbahnbau getan und fuhr damit fort. Auch der mittelalterliche Zehnte war 1925 aufgehoben worden, so daß die Agrarproduktion wenigstens so schnell stieg wie die Zahl der Türken (1927 gab es 13,6 Millionen Einwohner, 1935 bereits 16,2). Das war wichtig, denn die Türkei war, übrigens bis in die achtziger Jahre hinein, landwirtschaftlich autark. Aber die langsam entstehende Industrie, unter anderem Stahlwerke und Zuckerfabriken, konnte erst ab 1929 vor Einfuhren geschützt werden, als die Kapitulationen ihre Gültigkeit verloren. Und da hatte bereits die Weltwirtschaftskrise eingesetzt, die über den Außenhandel und den Wechselkurs auch die türkische Wirtschaft treffen sollte. Gerade die fallenden Preise für landwirtschaftliche Produkte trafen den Mann auf der Straße – besonders in der Türkei, wo immer noch die Mehrzahl der Menschen von der Landwirtschaft lebte.

Das Gegenmittel, das Atatürk versuchte, war das des geplanten und vom Staat, dem immer noch bei weitem finanzkräftigsten Teil der Wirtschaft, finanzierten Wirtschaftsaufbaus. Vor allem die Industrie wurde gefördert.

Staatsbanken, die Kredite vergaben, waren ebenso ein Mittel, durch das der Staat investierte, wie staatliche Großbetriebe oder Monopole, zum Beispiel das heute noch existierende Monopol auf den türkischen Anisschnaps, den Rakı. Bahnen und Fabriken in ausländischem Besitz wurden verstaatlicht, und ein Zollsystem wurde eingeführt, das die einheimischen Produkte schützen sollte. Staatliche Fünf-Jahres-Pläne und Kontrolle über Geschäfte mit Devisen waren ein weiterer wichtiger Teil des etatistischen Wirtschaftssystems.

Ein Nachteil war die Bürokratie, die wucherte und die Wirtschaftsmechanismen überall behinderte. Und: Auch der Staat hatte nicht genug Geld, das Sozialprodukt wuchs nur sehr, sehr langsam. Das Land, dessen wirtschaftliche Entwicklung von einem außenpolitisch ruhigen Umfeld profitiert hätte, wurde statt dessen von den wachsenden internationalen Spannungen mitbetroffen.

Zunächst wirkte sich da vielleicht manches positiv aus: So lehrten an türkischen Universitäten seit 1933 in großer Zahl Emigranten, die aus dem Dritten Reich hatten fliehen müssen. Die türkische Regierung achtete sehr darauf, dabei qualifizierte Wissenschaftler zu bekommen – und nahm fast ausschließlich Professoren. Bereits die von ihnen ausgebildeten Assistenten sollten wieder Türken sein.

Trotz der Beschäftigung von Emigranten war das Verhältnis zum Dritten Reich übrigens nicht schlecht. Schon 1934 wurde ein Wirtschaftsabkommen abgeschlossen, und die noch auf die späte osmanische Zeit zurückgehenden Pantürkisten unter den türkischen Intellektuellen radikalisierten sich zunehmend zu Rassisten unter deutschem Einfluß.

Trotzdem war die außenpolitische Lage der Türken eher schwierig. Der Grund war vor allem Italien, das ja als Besitzer der Dodekanes direkter Nachbar der Türkei war. Gegen dessen expansionistische Politik organisierte die Türkei eine allerdings letztlich erfolglose Balkan-Entente, an der außer Albanien und Bulgarien alle Staaten der Region teilnahmen. 1936 wurde außerdem im Abkommen von Montreux das Recht auf Militarisierung und Verteidigung der Meerengen zugesprochen.

Und noch einen Erfolg hatte die türkische Außenpolitik: den Anschluß Hatays, wie Atatürk das ehemalige *sancak* İskenderun mit der Stadt

Antakya (Antiochia) genannt hatte. Dieses Gebiet war nach dem Ersten Weltkrieg Teil des französischen Mandats über Syrien geworden. 1936 endete dieses Mandat, und um Hatay brach ein türkisch-syrischer Streit aus. 1937 wurde mit Hilfe des Völkerbundes ein Kompromiß ausgehandelt, der allerdings nicht lange halten konnte. Demnach wäre das kleine Gebiet ein »unabhängiger« Staat geworden, in Zollunion mit Syrien, dessen Außenpolitik auch verbindlich gewesen wäre, mit Türkisch als Amtssprache und verteidigt von Frankreich und der Türkei. Am 29. IX. 1939 erklärte das Parlament des Staates den Anschluß an die Türkei. Syrien bleibt bis heute nur der Protest: Auf allen syrischen Karten gehört İskenderun immer noch dazu.

Als Hatay angeschlossen wurde, lebte Atatürk schon fast ein Jahr nicht mehr. Am 10. November 1938 war er nach längerer Leberkrankheit in İstanbul im Dolmabahçe-Palast gestorben. Das Klima Ankaras war ihm schon länger unerträglich, meist lebte er deswegen in Yalova, auf seiner Yacht oder eben in İstanbul. Von hier, aus der Ferne, hatte er in die Regierung eingegriffen, wann immer es nötig erschien. Aber sein Werk, die Republik, funktionierte auch ohne ihn.

Das machte auch seine Größe aus: Daß dieser Staat ihn einfach überlebte. Natürlich hatte vieles von dem, was er getan hatte, seine Wurzeln in den Reformen des osmanischen Reiches, auch des von ihm so bekämpften *İttihad ve Terakki*, gehabt. Und natürlich war auch viel auf dem Papier stehengeblieben. Der anatolische Durchschnittsbauer, dem man immer wieder sagte, für ihn sei die Revolution im Gange, lebte noch nicht in einem modernen Staat, sondern unter fast unveränderten Bedingungen. Auch von Demokratie, von Menschenrechten, von Rechtsstaat konnte nicht oder wenigstens nicht immer die Rede sein.

Aber niemand hätte es besser machen können als Atatürk. Die Umwandlung der Gesellschaft hatte viele, auch viele schmerzende Opfer gefordert, aber sie war notwendig, und sie war auf einem guten Weg, als dieser Mann, der größte seines Volkes, starb. Die Türken, denen Atatürk Selbstbewußtsein und Unabhängigkeit geschenkt hatte, trauerten zum allergrößten Teil aufrichtig um ihn.

Sein Mausoleum wurde erst 1953 fertigt, das Anıt Kabir in Ankara, das zum Pflichtprogramm jedes Besuchers von Ankara gehört. Dieser Bau zeigt ganz gut, worauf Atatürks Arbeit zielte. Der »zweite nationale Architekturstil«, in dem es errichtet wurde, kombiniert nämlich den kühlen, internationalen Neoklassizismus der dreißiger Jahre mit allen möglichen, »nationalen« Elementen. Das Dekor ist so hethitisch, sumerisch, hattisch, es enthält türkische Folklore, aber es spart eines aus: jeglichen osmanischen Zierat.

Mit dem Tode Atatürks enden die meisten Geschichten der Türkei – immer noch. Literarisch ist das ein gutes Ende, zugegeben, aber es ist nicht ehrlich. Denn im letzten halben Jahrhundert geschah mehr und anderes als nur Verlängerung und Vollendung dessen, was Atatürk tat. Deswegen muß es auch hier weitergehen.

Noch nicht einmal ein neues Kapitel ist hier nötig. Denn İsmet İnönü, der überraschend schnell und einmütig am seit 1937 amtierenden Ministerpräsidenten Celâl Bayar, einem ehemaligen führenden Mitglied des Komitees »Einheit und Fortschritt«, vorbei zum Staatspräsidenten und Vorsitzenden der Republikanischen Volkspartei gewählt wurde, bemühte sich tatsächlich um Kontinuität und Fortführung der Politik der dreißiger Jahre. İnönü sah allerdings für den Staat mehr Kompetenzen vor als Atatürk zuletzt getan hatte.

So gehörte zu den ersten Bemühungen İsmet İnönüs ein – letztlich vergeblicher – Kampf gegen die Bestechlichkeit, die osmanisches Erbe war, aber sich unter den Bedingungen der bürokratischen Einparteienherrschaft weiter breit gemacht hatte. Bald auch wurde Ministerpräsident Bayar durch strengere Etatisten in der Regierung abgelöst.

Die »Periode des Nationalen Führers«, wie die Herrschaft İnönüs in der Türkei noch häufig genannt wird, gilt heute manchen als faschistoid, anderen als sozialistisch. Sicher ist, daß es für die Türkei eine ausgesprochen schwierige Zeit war, in der die Regierung, auch wirtschaftlich unter Druck, sehr autoritär vorging. Das war gar nicht mal so sehr türkische Schuld; es lag vielmehr an einem Ereignis, das die Türkei und die pazifistische Außenpolitik İnönüs am allerwenigsten zu verantworten haben: dem Zweiten Weltkrieg.

Die Regierung İnönüs wußte, wie wenig die Türkei wirtschaftlich und politisch in der Lage war, einen Krieg zu führen. Mit allen Mitteln versuchte sie, nicht wie im Ersten Weltkrieg geschehen, gegen ihren Willen in die Kämpfe hineingezogen zu werden. Mit Nichtangriffs- und Beistandspakten versuchte sie sich gegen alle Seiten zu sichern.

Hatte die Türkei bis etwa 1942 für die englischen Mandatsgebiete wie ein Schild gegen deutsche Angriffe gewirkt, so änderte sich das mit dem alliierten Vorrücken. Der Druck beider Kriegsparteien, der auch ein wirtschaftlicher war, auf die Türkei wurde immer stärker.

Trotzdem blieb die Türkei bis zum 23. Februar 1945 neutral, als sie dem Deutschen Reich den Krieg erklärte. Zu Kampfhandlungen kam es natürlich nicht mehr, aber der Kriegseintritt war Bedingung für die auch von der Türkei angestrebte UNO-Mitgliedschaft.

Es war der Regierung İnönü also mit viel Mühe gelungen, das Land vom Krieg zu bewahren – aber die Armee blieb über Jahre mobilgemacht, es fehlten die zur Entwicklung nötigen Importe, es herrschte Mangel, kurz: Auch die Türkei erlebte den Krieg am eigenen Leibe mit Zwangsverwaltung, Beschlagnahmungen, Preisfestsetzungen, Lebensmittelscheinen, Zwangsarbeit, Lager- und Vorratswirtschaft. Und natürlich mit Schwarzmarkt, Unterschlagung und Bestechung.

Von all dem sind wenig Spuren noch zu sehen. Aber manchmal tauchen sie an Stellen auf, an denen man sie nicht erwartet. In Afyon zum Beispiel in der berühmten Großen Moschee mit den herrlichen Holzsäulen aus dem 13. Jahrhundert. Da zeigt einem der Imam den Bau, weist auf einige Schäden hin und erzählt, daß diese während des Zweiten Weltkriegs entstanden seien, als das Gebäude als Getreidelager und Kaserne diente.

In anderen Fällen erkennt man Dinge nur noch daran, daß etwas fehlt. Vor dem Krieg war der große, gedeckte Bazar in İstanbul fast ganz in nicht-muslimischer, also griechischer, armenischer, jüdischer Hand. Heute ist davon fast nichts mehr zu sehen. Denn 1942, auf dem Höhepunkt der deutschen Siege (und übrigens unter Protest der Engländer), wurde eine Sondersteuer auf Reichtümer *(Varlık Vergisi)* erhoben. Vor allem Kriegsgewinnler und Schwarzmarkthändler sollten getroffen werden, deshalb wurde die Steuer willkürlich von örtlichen Kommissionen umgelegt. Wer sie nicht zahlte, wurde in ein Arbeitslager nach Ostanatolien verbracht.

Ein Ziel erreichte diese Steuer nicht: Illegale Kriegsgewinne flossen nicht in erheblichem Maße in die Taschen des Staates zurück. Aber ein anderes, inoffizielles wurde zum großen Teil tatsächlich in die Tat umgesetzt: die Enteignung der Oberschicht der Minderheiten. Denn die Steuer wurde für Christen oder Juden um ein Vielfaches höher veranschlagt als für Muslime. Übrigens wurde die Maßnahme, die der anatolischen Händlerschaft in der Türkei das vom Kemalismus lange erstrebte Übergewicht sicherte, abgebrochen, nachdem die Alliierten ihre ersten Siege gegen die Achsenmächte errungen und die Nicht-Muslime gezahlt hatten. Auch die Enteignung der – meist muslimischen – Großgrundbesitzer durch eine Bodenreform gelang nicht. Das Gesetz wurde zwar beschlossen, aber nie durchgeführt. Es blieb dabei: In der Regel lebte der anatolische Bauer ohne Strom, Straßen- oder Eisenbahnanschluß, ohne Arzt, auch ohne Schule, und wenn mit Schule, dann ohne Lehrer. Denn auch die Alphabetisierung, diese zentrale kemalistische Reform, kam aus Lehrermangel nicht recht voran. Zwar konnte man Dörfler dazu zwingen, Schulen zu bauen, und man tat das auch, aber die Frage, woher später der Lehrer kommen sollte, blieb unbeantwortet – um so mehr, als ein in der Stadt aufgewachsener Lehrer häufig lieber seinen Beruf aufgab, als auf das Dorf zu gehen – ein Problem, das übrigens bis heute besteht.

Man fand eine Lösung, die zu früh abgebrochen wurde, als daß man sagen könnte, ob sie richtig oder falsch war. Ab 1940 wurden sogenannte »Dorfinstitute« gegründet, die eine Art Barfußlehrer ausbilden sollten. Die Schüler, unter begabten Dorfjungen ausgewählt, mußten sich die Institute, die als Internat geleitet wurde, selbst bauen. Hier sollten sie dann neben einer einfachen Grundschullehrerausbildung auch Handwerke und Landwirtschaftsmethoden lernen, um anschließend auf einem Dorflehrerposten sich neben einem geringen Gehalt von zugeteiltem Boden ernähren und die Bauern beraten zu können. Für die Gegner dieser Institution waren diese Anstalten eine kommunistische Kaderschmiede, in der die ideologische Teilung zwischen Stadt und Land betrieben wurde, für die Anhänger das beste Mittel, um die Bauern an der Modernisierung der Türkei teilhaben zu lassen und durch wissenschaftliches Wissen von religiöser Verdummung zu befreien.

Die Dorfinstitute sollten nur ein knappes Jahrzehnt bestehen und nie so wie ursprünglich geplant ausgebaut werden, aber einige der führenden Linksintellektuellen der Türkei wurden in ihnen erzogen.

Gleichzeitig begann außenpolitisch eine sowjetische Initiative, die die türkische Regierung beunruhigen mußte: Die UdSSR forderte eine Revision des Vertrages von Montreux und eine Beteiligung an der Verteidigung und Kontrolle der Meerengen. Als die türkische Regierung sich ablehnend verhielt, kündigte die UdSSR den Freundschaftsvertrag. Später kamen noch Gebietsforderungen in Ostanatolien, vor allem in Kars und Erzurum, dazu.

Unter den Bedingungen des Kalten Kriegs hieß das für die Regierung İnönüs, daß die alte Neutralitätspolitik zugunsten einer Annäherung an den Westen zumindest stark modifiziert werden mußte. Dieser Trend wurde noch durch den Wunsch der Türkei nach Hilfe aus dem Marshall-Plan verstärkt, die erstmals 1948 geleistet wurde.

Eine Annäherung an den Westen aber war nur glaubhaft, wenn man eine gewisse Demokratrisierung zuließ. Und davon profitierte die Opposition, sofern sie nicht sozialistisch oder kommunistisch war (ganz im Gegenteil wurde jegliches »linke« Gedankengut nach 1946 unter dem Eindruck der sowjetischen expansionistischen Politik eher strenger verfolgt als zuvor). Bayar, der Großgrundbesitzer Adnan Menderes und der Historiker Fuad Köprülü durften im Januar 1946 die »Demokratische Partei« (*Demokrat Partisi*, DP) gründen. Auch andere, allerdings erfolglose Parteien wurden zugelassen.

Die Demokratische Partei dagegen bildete von Anfang an eine wirksame Opposition. Zweifellos nicht gegen İsmet İnönüs Wunsch entstand ein gewisses demokratisches Leben, und der Staatspräsident trug dem

Rechnung, indem er seine lebenslange Führerschaft in der Republikanischen Volkspartei (CHP) in eine zeitlich begrenzte umwandeln ließ. Der oppositionellen Forderung nach Überparteilichkeit dagegen entsprach er nicht.

Überhaupt waren die vier Jahre zwischen 1946 und 1950 eine in sich widersprüchliche Zeit in der türkischen Politik.

Einerseits erlaubte İnönü nun eine Oppositionspartei, andererseits wurde sie behindert, wo immer es ging. Zum Beispiel zog man die Parlamentswahlen von 1947 auf 1946 vor, so daß der DP nicht genügend Zeit blieb, um sich zu organisieren. Die CHP hatte den Wahlsieg noch vor dem Wahltag in der Tasche. Einerseits wurde ein einstufiges Direktwahlsystem eingeführt, das wirklich demokratische Wahlen erlaubte, andererseits blieb die Führung der Republikanischen Volkspartei ganz im Selbstverständnis einer Staatspartei stecken: In der Provinz behinderten Beamte den Wahlkampf der DP, das Radio wurde nur der Regierung zur Verfügung gestellt, und bei der Stimmenauszählung kam es zu so vielen Unregelmäßigkeiten, daß die DP wahrscheinlich recht hatte, als sie die Korrektheit des Ergebnisses anzweifelte.

Und obwohl auf beiden Seiten sich der jeweils gemäßigte gegen den radikalen Flügel durchsetzte, war die Atmosphäre zwischen den Parteien unerträglich vergiftet und haßerfüllt.

Das war eigentlich unerklärlich, denn führende Mitglieder der DP hatten lange in der Regierungspartei mitgearbeitet, und das Programm beider Parteien unterschied sich nur unwesentlich. Auch wenn man zugestehen muß, daß Kompromiß und Diskussion, Liberalität und Geduld in der politischen Kultur der Türkei keine eingeübten Tugenden waren, so war doch die Heftigkeit der Auseinandersetzungen eigentlich unerklärlich.

Worum es ging, sollte sich erst nach 1950, nach der nächsten Wahl, zeigen. DP und CHP waren beide etwa gleich stark organisiert, auch wenn die Bevorzugung der Regierungspartei durch die offiziellen Stellen spürbar war und keiner wußte, wie stark zum Beispiel die von der DP abgespaltene, radikale Millet Partisi war.

Am letzten Tag des Wahlkampfes sprachen die Führer der DP in İstanbul vor der Moschee Mehmeds des Eroberers, die der CHP auf dem noch größeren Taksim-Platz. Der war überfüllt, und der Gouverneur der Provinz zeigte den Anblick stolz İsmet İnönü vor dessen Rede: »Schau, mein Paşa, da ist İstanbul!« Die alte Hauptstadt lag dem Präsidenten aus der neuen zu Füßen. Sollte er jetzt, in der ersten wirklich demokratischen Wahl der Türkischen Republik, im Amt bestätigt werden? An diesem Tage sah es fast so aus.

KAPITEL XVI

Die stolpernde Demokratie

Die Türkei seit 1950

Am 16. Juni 1950 erscholl der Gebetsruf von den Minaretten der Türkei wieder auf arabisch – das erste Gesetz der neuen Regierung revidierte die Reform Atatürks, die den *ezan* auf Türkisch vorgeschrieben hatte. Jahrelang hatte die fundamentalistische und religiöse Presse gegen diese Entheiligung des Gebetsrufes protestiert – nun hatte sie ihren Willen bekommen.

Der türkische *ezan* war gewiß nicht der wichtigste Teil der kemalistischen Kulturrevolution, aber er hatte Symbolkraft. Und als Symbol war auch gemeint, daß die 1950 nach den Wahlen entstandene Regierung als erstes Gesetz ihrer Amtsperiode überhaupt ausgerechnet die Re-Arabisierung des Gebetsrufes verabschiedete.

Nicht die Republikanische Volkspartei (CHP), sondern die Demokratische Partei (DP) hatte die Wahl gewonnen. Mit 53 Prozent der Stimmen hatte sie eher unerwartet eine solide absolute Mehrheit der Stimmen erhalten, der CHP blieben nur 40 %, der Rest entfiel auf andere Gruppierungen wie die radikale Millet Partisi. Im Parlament allerdings führte dieses Ergebnis wegen des Mehrheitswahlsystems zu einer ganz anderen Verteilung: Die Demokratische Partei erhielt 408 Sitze, die CHP 69; dazu kamen noch 9 andere Abgeordnete. Das Parlament wählte daraufhin Celâl Bayar zum Staatspräsidenten, und Adnan Menderes wurde Ministerpräsident.

War damit die Konterrevolution an der Macht? Was die DP versprach, war die liberale Demokratie westlichen Musters, in der private Unternehmer frei wirtschaften können. Sie versprach Wachstum, Achtung vor religiösen Gefühlen, eine am Westen des Kalten Krieges orientierte Außenpolitik und eine Förderung der Landwirtschaft ohne Bodenreform. Das alles hatte mit den Ideen der dreißiger Jahre nur noch wenig gemeinsam, aber unterschied sich im Prinzip nicht von den Dingen, zu denen sich die CHP nach dem Zweiten Weltkrieg mehr oder weniger zähneknirschend bereitgefunden hatte. Ihr letzter und ausgesprochen religiöser Ministerpräsident Şemsettin Günaltay hatte sogar schon wieder Religionsunterricht an den Schulen zugelassen – allerdings als Wahlfach.

Soviel allerdings ist richtig: Was die CHP mit Skrupeln und als Zugeständnis tat, war Programm der DP. Und so blieb sie nicht bei diesem ersten Gesetz zugunsten der religiösen Kräfte. Sie machte die Religionsstunden in der Schule zur Pflicht, richtete eigens zur Ausbildung von Moscheeangestellten spezielle İmam-Hatip-Schulen ein und erlaubte wieder religiöse Radiosendungen. Wenn »Säkularismus« nach türkischem Verständnis Kontrolle der Religion durch den Staat bedeutete, so war das nicht unbedingt eine Abkehr vom Prinzip, sondern eine wohlwollende Handhabung. Denn auch für die DP gab es Grenzen. Als Teile der Millet Partisi islamistische Forderungen zu stellen begannen, verbot die Regierung diese Partei.

Ähnlich kann man auch die Außenpolitik, die bis 1956 der Historiker Mehmed Fuad Köprülü als Minister leitete, verstehen. Das Ziel, Mitglied der NATO und des »freien Westens« zu werden, hatte wenig mit der defensiven , pazifistischen Politik Atatürks oder des Zweiten Weltkrieges zu tun. Aber auch die CHP hatte nach 1945 wegen der Territorialforderungen der UdSSR einen anderen Kurs zu steuern begonnen. Die Türkei war dem Europarat beigetreten und hatte sich vergeblich um eine Mitgliedschaft in der NATO beworben. Sie hatte sogar als erstes vorwiegend von Muslimen bewohntes Land 1949 Israel anerkannt.

So war das, was die DP vertrat, gar nicht so verschieden von dem, das zuvor die Regierungen İnönüs versucht hatten. Allerdings ging auch hier die Demokratische Partei weiter, als es İsmet İnönü vielleicht getan hätte. Nur wenige Wochen nach der Regierungsbildung brach der Korea-Krieg aus. Als die UNO sich entschloß, eine Friedenstruppe zu entsenden, die zusammen mit amerikanischen Einheiten Südkorea vor kommunistischer Besetzung bewahren sollte, erklärte die türkische Regierung sofort ihre Bereitschaft, türkische Einheiten als Teil der UNO-Truppen nach Fernost zu schicken. 4500 türkische Soldaten kämpften sehr opferwillig auf westlicher Seite und hatten erhebliche Verluste hinzunehmen. Gegen die Beteiligung am Krieg, zugleich eine Abkehr von der Friedenspolitik Atatürks, protestierten in der Türkei nur wenige, und zwar meist kommunistische Gruppen. Ihre Führer wurden oft zu Gefängnisstrafen verurteilt.

Die Regierung Menderes ging noch weiter. Sie war bereit, den USA Stützpunkte zur Verfügung zu stellen, wenn die Türkei in die NATO aufgenommen würde. Dieses Zugeständnis brachte das Bündnis dazu, zusammen mit Griechenland auch die Türkei 1952 beitreten zu lassen. Politisch war damit die Türkei ein westlicher Staat geworden. An eine Rückkehr zur Neutralität ist seitdem nicht mehr zu denken gewesen.

Um zu verstehen, was die Wirtschaftspolitik der Menderes-Ära, wie die Regierungszeit dieses Ministerpräsidenten heute noch genannt wird,

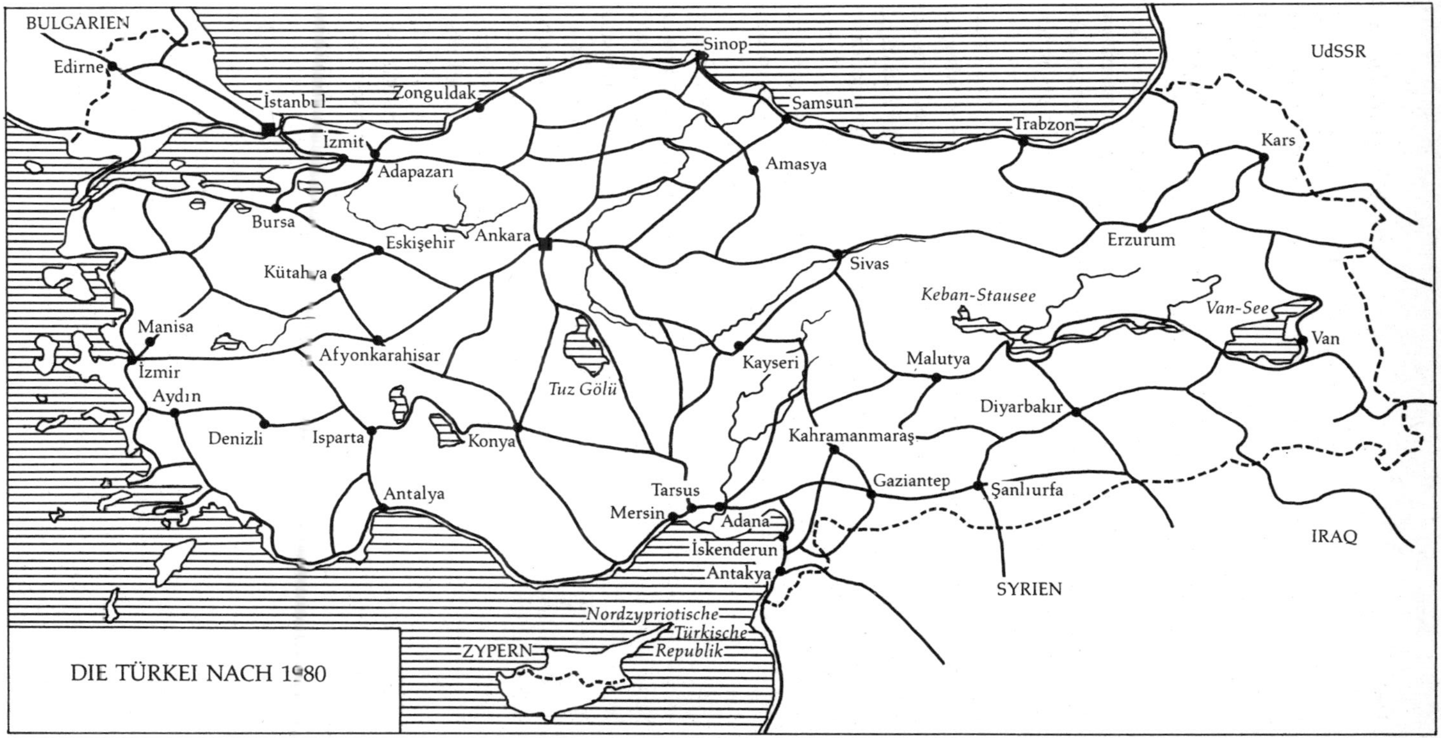
DIE TÜRKEI NACH 1980
BULGARIEN
UdSSR
IRAQ
SYRIEN
ZYPERN
Nordzypriotische Türkische Republik
Edirne
İstanbul
Zonguldak
Sinop
Samsun
Trabzon
Kars
İzmit
Adapazarı
Amasya
Bursa
Eskişehir
Ankara
Erzurum
Sivas
Kütahya
Keban-Stausee
Van-See
Van
Manisa
Afyonkarahisar
Kayseri
Malutya
İzmir
Aydın
Tuz Gölü
Diyarbakır
Denizli
Isparta
Konya
Kahramanmaraş
Gaziantep
Şanlıurfa
Antalya
Tarsus
Mersin
Adana
İskenderun
Antakya

ausgemacht hat, ist eines der merkwürdigsten und meistbesuchtesten Denkmäler der fünfziger Jahre ganz gut geeignet. Das Stück ist ganz aus Beton und bestimmt nicht schön, und vielleicht macht es deswegen nichts, daß es seit seiner Erbauung mehrmals umgestaltet wurde: die Kreuzung von Aksaray. Jeder, der sich in irgendeiner Form motorisiert in İstanbul fortbewegt, wird auf diese Betonschleife treffen, die ohne Ampel ein störungsfreies Fließen des Autoverkehrs ermöglichen soll. Man muß sich vorstellen, daß die Altstadt İstanbuls bis in die fünfziger Jahre, als diese Kreuzung entstand, wirklich eine Altstadt war, und ziemlich vernachlässigt gewirkt haben muß.

Auf persönliche Weisung des Ministerpräsidenten wurden nun die Schneisen der großen Hauptverkehrsadern verbreitert, Plätze neu geschaffen – und der berühmteste ist eben die Kreuzung von Aksaray. Wo vorher Wohnviertel standen, entstand eine Betonlandschaft, aus der die neo-barocke Moschee der Sultansmutter Pertev Niyal sehr verloren und verkehrsumbrandet gerade noch herausschaut. Dem Fortschritt freie Bahn!

Warum ist diese Kreuzung nun ein Symbol der Wirtschaftspolitik der Regierung Adnan Menderes? Die Demokratische Partei wurde vor allem von den ländlicheren Schichten und denjenigen unterstützt, die als Sachwalter des Etatismus nun zu eigenem Kapitel gekommen waren. Der Liberalismus der Demokratischen Partei bedeutete deswegen auch nicht Privatisierung der Staatsunternehmen, sondern Verteilung von Staatsland an jeden, der seine Bebauung garantierte, bedeutete Staatshilfen für Investoren gerade mittlerer Größe. Da die Bevölkerung nach wie vor schnell wuchs (1950 gab es etwa 21, 1960 etwa 28 Millionen Türken), lebten auf dem Land genügend Menschen, die neu erschlossene Flächen bebauen konnten; und dennoch gab es ein rapides Städtewachstum. Menschen, die auf dem Land kein Auskommen mehr hatten, strömten als billige Arbeitskräfte in die Städte.

In den besseren Vierteln der Großstädte entstanden etwa fünfstöckige Wohnhäuser, an den Stadträndern dagegen Arbeiterviertel – illegal errichtete, aber geduldete Siedlungen, die man *gecekondu* nennt. Das Wort heißt »über Nacht gebaut«, weil die meisten der ohne Genehmigung errichteten Häuser in einer Nacht hingestellt wurden (und werden), damit nicht die Polizei mit einem Verbot einschritt, denn was ein Dach hat, wird traditionell vom Staat toleriert, wenn kein dringendes Interesse für das Gegenteil besteht.

Anfangs sehen solche Viertel immer sehr ähnlich aus, aber mit der Zeit bauen die Besitzer ihre Häuser aus, und irgendwann werden von Staat und Stadt Elektrizität, Wasserversorgung, Polizeistation, Busanschluß,

Schule, vielleicht sogar Kanalisation und Postamt gestellt. So entstehen kleine Dörfer ohne Landwirtschaft an den Stadträndern, die der Tourist meist deswegen nie zu Gesicht bekommt, weil sie fern von den Ausfallstraßen entstehen. In deren Nähe sind die Grundstücke wertvoller – dort entstehende Viertel werden ohne Erbarmen mit dem städtischen Bulldozer innerhalb von Stunden zerstört.

Diese Gecekondus gab es vor 1950 fast nur in Ankara und vereinzelt in anderen Städten. 1960 waren 56 Prozent der Wohnungen Ankaras Gecekondu, und auch in İstanbul dürften es an die 40 Prozent gewesen sein. Allerdings ging und geht die Entwicklung weiter. Heute leben etwa drei Viertel der Bevölkerung der »drei großen Städte« der Türkei (İstanbul, Ankara und İzmir) in Gecekondus. Dennoch waren die fünfziger Jahre die der Ausbreitung dieses Siedlungstypus, der zwei Dinge zeigt. Zum einen gab es bei der wirtschaftlichen Expansion unter Menderes auch Verlierer, zum anderen wurde der Staat nicht mehr mit dem Bevölkerungswachstum fertig. Die Regierung wollte privates Unternehmertum fördern, doch gerade weil für die wachsende Bevölkerung das Bildungswesen und die Infrastruktur immer weiter ausgebaut werden mußten, stieg der staatliche Anteil an den Investitionen in der Türkei von 1950 bis 1960 von 40 Prozent auf 60 Prozent – und das steigerte den staatlichen Finanzbedarf.

So wuchs die Wirtschaft nur in den ersten Jahren so, wie sich das die Regierung erhofft hatte. 1952 gab es 12 Prozent Wirtschaftswachstum, und auch Einkommen und Konsum stiegen. Wie sehr aber die türkische Wirtschaft von Einfuhren abhängig war, zeigte sich schon 1953, als das Handelsbilanzdefizit wuchs, weil die Weltpreise für landwirtschaftliche Produkte fielen: Die USA verkauften ihre während des Korea-Krieges angesammelten Vorräte. Diese erste Krise brachte das Wirtschaftswachstum in der Türkei sofort zum Stehen.

Die Reaktion der Regierung Menderes darauf war in sich widersprüchlich. Einerseits sah man sich gezwungen, durch wirtschaftliche Zwangsmaßnahmen wie Preisfestsetzungen und staatliche Kontrolle der Ein- und Ausfuhren die Wirtschaft stärker zu lenken, andererseits versuchte man, ausländisches Kapital durch Liberalisierung anzuziehen. Zum erstenmal seit dem Ende des Osmanischen Reiches wurde ausländisches Kapital einheimischem gleichgestellt, ja sogar der Abfluß von Gewinnen erlaubt. Besonders die Stahl- und die Erdölproduktion sollten durch ausländisches Kapital gefördert werden. Zugleich nahm die Türkei vermehrt Auslandsschulden auf. Da es nicht gelang, die Handelsbilanz wieder positiv zu gestalten, schlug sie damit einen Kurs ein, der die türkische Wirtschaft aus Unterentwicklung in Abhängigkeit führen sollte.

Auch politisch brachte die Herrschaft der demokratischen Partei nicht das, was ihr Programm und ihr Name versprachen. Das erwies sich vor allem an der Haltung der Partei und der Regierung gegenüber der Republikanischen Volkspartei. Schon seit 1946 herrschte ja eine ausgesprochen unversöhnliche Stimmung zwischen beiden Organisationen. Immerhin hatte aber 1950 die CHP einen Machtwechsel zugelassen. Es sollte sich zeigen, daß die DP dazu nicht bereit war.

Zunächst vergalt sie gleiches mit gleichem. Wie die CHP es vor 1950 getan hatte, so benutzte jetzt auch die Regierung Menderes das Staatsradio als eigenes Propagandainstrument. Aber sie ging noch weiter. 1951 wurden die »Volkshäuser« *(Halkevlerı),* die als Organ der CHP Volksbildung betrieben, geschlossen, 1953 die Oppositionspartei praktisch enteignet. Der Besitz der ehemaligen Staatspartei, darunter auch Teile von Atatürks Erbe, gehörte nun wieder dem Staate.

Die Erfolge der ersten Jahre führten bei der Parlamentswahl von 1954 trotz allem zu einer Wiederholung des Wahlsieges der Demokratischen Partei. Durch eine Änderung des Wahlgesetzes erhielt sie für 56 Prozent der Stimmen 503 der 541 Sitze im Parlament. Damit konnte innerhalb des Parlaments eine nennenswerte Opposition nur noch aus der Regierungsfraktion kommen; die im Land aktive Opposition aber war eigentlich ausgesperrt. Die Republikanische Volkspartei fühlte sich sogar so geschwächt, daß sie ein Jahr später auf die Teilnahme an den Regional- und Bürgermeisterwahlen verzichtete.

Die Regierung dagegen verabschiedete Gesetze, die ihrer Tendenz nach das Parlament und das Rechtswesen schwächten, dagegen die eigene Stellung stärkten. Beamte durften nun von der Regierung ihres Amtes enthoben und entlassen werden, die Universitäten verloren ihre Autonomie und gegen kritische Pressestimmen wurden Prozesse angestrengt. Später verschärfte die Regierung das Pressegesetz und sorgte für das Verbot von Zeitungen.

Zu den wirtschaftlichen Schwierigkeiten kamen nun auch außenpolitische. 1955, ein Jahr, nachdem die Türkei mit Griechenland und Jugoslawien den Balkan-Pakt geschlossen hatte, erlitt die türkisch-griechische Freundschaft ihren ersten Schlag. Das Hauptproblem dabei war Zypern, damals noch unter britischer Herrschaft. Griechische Zyprioten, die in Griechenland weite Unterstützung fanden, forderten 1954 den Anschluß der Insel an Griechenland, die türkische Minderheit auf der Insel war dagegen, und es kam zu Ausschreitungen.

Das Zypernproblem, das damals offenkundig wurde, ist bis heute ungelöst. 1955 kam es in London zu einer Konferenz zwischen Griechenland, der Türkei und Großbritannien. Griechenland forderte das Selbstbestimmungsrecht für die Insel, während Großbritannien und die Türkei den Status quo vertraten – die türkische Regierung aber merkte an, daß im Falle eines Wechsels der Verhältnisse auf der Insel sie als Rechtsnachfolger des Osmanischen Reichs ein Besitzrecht auf die Insel habe.

Es ist von historischer Ironie, daß mit dieser auf osmanische Verhältnisse zurückgehenden Forderung eine der letzten wirklichen Spuren des Osmanischen Reiches gelöscht wurde. Nur noch selten hört man heute in İstanbul, in Pera unter dem Galataturm auf der Straße Griechisch oder Spaniolisch, und die orthodoxen Kirchen İstanbuls machen häufig einen zwar gepflegten, doch verlassenen Eindruck. Was brachte vor allem so viele der İstanbuler Griechen dazu, ihre Heimatstadt zu verlassen, in der wohnen zu dürfen ihnen doch im Friedensvertrag von Lausanne zugesichert war?

Die Londoner Konferenz brachte keine Lösung des Zypernproblems. Aber während sie noch lief, wurde am 6. September in Saloniki in einem Haus, das ehemals Atatürks Stiefvater gehört hatte und jetzt neben dem türkischen Konsulat lag, eine Bombe gezündet. Als sich die Nachricht »Bombe in Atatürks Geburtshaus gelegt« in der Türkei verbreitete, brachen in İstanbul und İzmir Unruhen aus, die sich gezielt gegen die einheimischen Griechen, dann auch Angehörige anderer Minderheiten und schließlich gegen Türken richteten. In İstanbul kamen drei Personen ums Leben, dreißig wurden verletzt, und 73 Kirchen, eine Synagoge, zwei Klöster und über fünftausend Häuser wurden zerstört, verwüstet oder verbrannt.

Alsbald erwies sich, daß dies nicht ein spontaner Ausbruch von Volkswut war, sondern ein organisiertes Pogrom, dem die Polizei stundenlang zusah. Die Regierung, die sich für die Vorkommnisse entschuldigte, behauptete, die Vorfälle seien von kommunistischen Aufrührern angezettelt worden. Entschädigungen wurden an die Opfer gezahlt, doch viele verließen das Land, in dem sie sich nicht mehr sicher fühlen konnten.

İstanbul verlor langsam die kosmopolitische Atmosphäre, die für die Stadt so charakteristisch gewesen war, seit im Mittelalter italienische Handelsstädte in Byzanz ihre Vertretungen eröffneten. Sicherlich gab es noch andere Entwicklungen, die zu der »Provinzialisierung« İstanbuls führten, etwa die Landflucht aus den Provinzen, aber der Exodus der Minderheiten, der erst 1955 einsetzte, ist gewiß einer der wichtigeren. Heute prägen Zuwanderer aus anatolischen Kleinstädten und Dörfern das Gesicht der Stadt.

Später stellte sich dann heraus, daß die »Ereignisse vom 6. und 7. September« von der Regierung Menderes initiiert worden waren, um der Weltöffentlichkeit zu zeigen, wie ernst es der Türkei mit dem Zypernproblem sei. Die Demonstration nationaler Empörung war jedoch offenbar nicht so »umfassend« geplant gewesen, und da man der Polizei vorher befohlen hatte, nicht einzugreifen, war sie anschließend nicht mehr unter Kontrolle zu bringen.

Die Ereignisse vom 6. und 7. Dezember können allerdings als ein Beispiel für die Mittel dienen, mit denen die Regierung ihre Macht zu erhalten bereit war. Zwar gab es auch innerhalb der DP immer häufiger Kritik an Menderes, Staatspräsident Bayar und ihrem Kurs, auch spaltete sich die »Freiheitspartei« *(Hürriyet Partisi)* von der DP ab, doch änderte das den Kurs der Regierung ebensowenig wie daß noch Ende 1955 die Parlamentsfraktion die gesamte Regierung bis auf Ministerpräsident Menderes zum Rücktritt zwang. Männer wie Fuad Köprülü verließen nun die Partei, die wegen wachsender wirtschaftlicher Schwierigkeiten die Türkei von den USA immer abhängiger werden ließ.

Oppositionspolitiker mußten mit Prozessen rechnen, ihre parlamentarische Immunität war schnell aufgehoben. Allein der Generalsekretär der CHP, Kâzim Gülek, hatte Ende 1957 über hundert Verfahren am Hals. Den Oppositionsparteien wurden vor der auf Ende 1957 vorgeschobenen Parlamentswahl Zusammenarbeit oder regionale Bündnisse verboten.

Diese Wahl, wieder mit einem veränderten Wahlgesetz, gewann die DP mit der Minderheit der Stimmen. Sie hatte nur noch 48 Prozent erhalten, war aber stärkste Partei. In der Großen Türkischen Nationalversammlung erhielt sie dafür 424 von den 610 Sitzen. Die CHP hatte in ihrem Wahlkampf eine Verfassungsreform mit Einführung einer zweiten Parlamentskammer, einem Verfassungsgericht und der Einführung des Verhältniswahlrechts gefordert. Sie erhielt 41 Prozent, der Rest entfiel auf kleinere Oppositionsparteien. Trotzdem wurde der DP massiver Wahlbetrug vorgeworfen.

Nach dieser Wahl verschärften sich die Wirtschaftskrise und die innenpolitischen Spannungen immer weiter. 1958 sah sich die Regierung gezwungen, die Türkische Lira auf 31 Prozent ihres Ursprungswertes abzuwerten (längst beneidete Zeiten trotzdem; der neue Kurs betrug 9 TL statt 2,9 TL zu 1 US-$).

Parallel dazu versuchte Menderes zu demonstrieren, daß das Volk ihn nach wie vor stütze. Überall im Lande gründete die DP ab 1958 »Vaterlandsfronten« *(Vatan Cephesi)*, die den »Mann auf der Straße« mobilisieren sollten. Der Eintritt in diese Organisation wurde Geschäftsleuten, Beamten, allen, die von der Regierung etwas zu erwarten hatten, nahegelegt.

Auch religiös getönte Propaganda wurde langsam üblich. Heute gehört es zu türkischen Wahlkämpfen einfach dazu, daß zur Begrüßung eines Kandidaten ein Lamm, ein Hammel oder gar ein Kamel geopfert wird, aber im Grunde geht das auf Menderes zurück, der sich auch als erster mit »Gott ist groß«-Rufen begrüßen ließ. Besonders seit 1959, nachdem er einen Flugzeugabsturz lebendig überstanden hatte, feierten ihn seine Anhänger als unter höherem Schutz stehend.

Immerhin aber hing dieser Flugzeugabsturz mit dem letzten wirklichen Erfolg der Regierung Menderes zusammen: dem Vertrag, der das seit 1954 schwelende Zypernproblem weitgehend beilegte. Denn das Flugzeug, in dem Menderes überlebte, aber 14 andere starben, war bei der Landung in London, wo eine neue griechisch-türkisch-britische Konferenz stattfinden sollte, verunglückt. Auf dieser Konferenz einigten sich die drei Staaten auf ein unabhängiges Zypern mit föderativen Elementen, einem griechischstämmigen Präsidenten und einem türkischstämmigen Stellvertreter. Großbritannien sollte die territoriale Integrität der Insel garantieren und behielt dafür seine Stützpunkte. Es war zweifellos ein Erfolg für die Türkei, ihre Rolle als Schutzmacht für die Zyperntürken erfüllt zu haben.

Doch auch ein solcher Erfolg konnte die Krise in der Türkei nicht länger aufschieben. Anfang 1960 machte sich die Führung der DP daran, die wichtigste Oppositionspartei, die CHP, zu verbieten. Am 27. April wurde eine »Untersuchungskommission« gegründet, die die angeblichen aufrührerischen Aktivitäten der Oppositionsparteien und der Presse untersuchen sollte. Die Kommission erhielt dabei weitestreichende Kompetenzen, von denen sie auch Gebrauch machte. So konnte sie Zensur ausüben, Presseorgane verbieten, Parteientätigkeit unterbinden, Festnahmen anordnen. Rechtsmittel gegen Entscheidungen der Kommission waren nicht zugelassen. Die Demokratische Partei war dabei, die Demokratie abzuschaffen.

Vier gesellschaftliche Gruppen litten besonders unter der Politik der Regierung: Arbeiter und Beamte, deren Löhne von der Inflation gemindert wurden, die Universitätsangehörigen, die sich zunehmendem politischem Druck ausgesetzt sahen, und schließlich die Streitkräfte, die von der Regierung fast schon systematisch vernachlässigt wurden, einmal, weil das Geld fehlte, dann, weil sie wie die Beamten als traditionelle Anhängerschaft der CHP galten. Arbeiter und Beamte kamen als Protestpotential nicht in Frage, denn die Beamten standen unter strenger Aufsicht, und die gewerkschaftliche Organisation der Arbeiter war auch unter dem »liberalen« Menderes-Regime nicht weit gediehen.

Aber die Dozenten und dann vor allem die Studenten protestierten. Man muß bedenken, was das bedeutete in einem Land, das der Jugend im politischen Weltbild eine besondere Rolle zugewiesen hatte – war sie nicht die Zukunft des Landes, hatte Atatürk ihr nicht in seiner großen Rede von 1927 die Revolution anvertraut? Wohlgemerkt – wir sind in der Zeit vor den Protesten von 1968, an das Bild jugendlicher Demonstranten hatte sich noch niemand gewöhnt.

Auch davon sind die Spuren heute verwischt. Der Kızılay-Platz in Ankara oder der Beyazıt-Platz vor der Uni in İstanbul sehen heute ganz anders aus als Ende April, Anfang Mai 1960, als eine Demonstration auf die andere folgte. Zum Beispiel der Beyazıt-Platz, über den damals noch um ein begrüntes Rondell die Straßenbahn fuhr, wo heute eine Landschaft aus Stufen sich abseits der überfüllten Straße erstreckt. Hier – und im Universitätsgarten hinter den hübschen, spätosmanischen Eingangsbauten des ehemaligen Kriegsministeriums, das heute die Universität ist, fanden die Straßenschlachten statt. Ein Student starb, von der Polizei erschossen, am 28. April. Die Regierung verhängte in Ankara und İstanbul das Kriegsrecht. Doch anders als die Polizei verhielt sich das Militär fast freundlich gegenüber den Protestierenden. Festgenommene Studenten zum Beispiel wurden des Nachts wieder freigelassen. Am 21. Mai demonstrierten sogar die Studenten der Militärakademie, also Armeeangehörige.

Schließlich geschah am 27. Mai das, was mancher schon erwartet hatte. Panzer hatten die wichtigsten Punkte in den Städten besetzt, und im Radio wurde eine Meldung verlesen, nach der eine Gruppe von Offizieren unter dem Kommandierenden der Landstreitkräfte Cemal Gürsel im Namen der Armee die Regierung übernommen hätte, um die verfassungsmäßige Ordnung zu schützen. Es gab Festnahmen, darunter alle Mitglieder der Regierung, die Führung der Demokratischen Partei, aber auch der Stabschef der Streitkräfte, also der höchste Soldat des Landes. Das Parlament wurde aufgelöst, die Tätigkeit der politischen Parteien wurde vorläufig unterbunden. Das Kriegsrecht war ausgerufen.

Dieser erste Militärputsch ist ein außerordentlich bemerkenswertes Ereignis der türkischen Geschichte. Er war zugleich konservativ und »links«, er war ein Gewaltakt, aber auch einer der Versöhnung. Mit ihm artikulierten sich die Streitkräfte als ein Teil der Gesellschaft mit einer besonderen Aufgabe, nämlich dem Schutze der Republik, aber er sollte auch offenlegen, daß es »die Armee« als einen politisch homogenen Verband nicht gab.

Denn schon die putschenden Offiziere, die sich jetzt als »Komitee der nationalen Einheit« *(Millî Birlik Komitesi)* an der Spitze des Staates konstituierten, waren ja nicht einfach die Spitze der Streitkräfte, die irgendwann beschlossen hatte, nun reiche es aber, und putschte. Sie waren ein Geheimkomitee, das im verborgenen und ohne Wissen anderer, der DP loyal gegenüberstehender Offiziere gearbeitet hatte.

Daß es auch innerhalb des Komitees Meinungsverschiedenheiten gab, zeigte sich recht bald nach dem Putsch, als eine Minderheit von 14 der 38 Mitglieder die Ansicht vertrat, man solle erst gründliche soziale Reformen durchführen, bevor man die Macht wieder an ein gewähltes Parlament zurückgebe. Diese Gruppe wurde im November 1960 aus dem Komitee ausgeschlossen. Aber selbst sie war nicht in sich homogen, denn ihr gehörten Offiziere mit sozialistischen Neigungen ebenso an wie zum Beispiel Alparslan Türkeş, der später an der Spitze der faschistischen Partei MHP noch zu traurigem Ruhm kommen sollte.

Dennoch dauerte es eine ganze Weile, bis die Offiziere des MBK die Rückkehr zur Demokratie zuließen. Noch am Tage des Putsches war eine Juristenkommission einberufen worden, die einen Verfassungsentwurf ausarbeiten sollte. Ende 1960 wurde eine verfassunggebende Versammlung einberufen, die fast schon ständische Züge trug. Neben der Junta und dem von ihrem Vorsitzenden ebenfalls geleiteten Ministerrat gehörten ihr nämlich gewählte Vertreter der Anwaltskammern, Presseverbände, Invalidenvereine, Gewerbetreibendenorganisationen, der Jugend, der Gewerkschaften, der Handelskammern, Lehrerverbände, Agrarverbände, der Universitätsdozenten und der Richter an. Dazu kamen noch Delegierte der Provinzen und der beiden alten Oppositionsparteien, der CHP und der CKMP, der Nachfolgerin der MP.

Die Verfassung, die von dieser Versammlung schließlich verabschiedet wurde, war ein außerordentlich rechtsstaatliches, liberales und demokratisches Dokument. Sie garantierte nicht nur alle persönlichen Freiheiten, sondern auch solche wie die der gewerkschaftlichen Betätigung und des Streiks. Garantiert wurde auch die Autonomie der Universitäten und des Radios (Fernsehen gab es in der Türkei erst ab 1964). Zweifellos die meiste Macht war in der neuen Verfassung für die Große Türkische Nationalversammlung vorgesehen, die von nun an aus zwei Kammern bestand: einem Abgeordnetenhaus, für das Verhältniswahl vorgesehen war, und einem Senat, von dem nach amerikanischem Vorbild alle zwei Jahre ein Drittel der Mitglieder in Mehrheitswahl neu bestimmt wurden. Außerdem wurde – und auch das war für die Türkei etwas neues – ein Verfassungsgericht eingerichtet.

Am 9. Juli 1961 wurde diese neue Verfassung in einem Referendum dem Volke zur Zustimmung vorgelegt. Natürlich ging es bei dieser Abstimmung nicht nur um die Frage, ob eine Mehrheit der Türken diese Verfassung für gut und brauchbar hielt. Genausosehr handelte es sich um eine Abstimmung über den Putsch. Für die Umstände eines solchen Plebiszits fiel das Ergebnis knapp aus. Nur 83 Prozent der Wahlberechtigten nahmen an ihr teil, und von denen stimmten nur 70 Prozent der Vorlage zu.

Was war der Grund für diese Unzufriedenheit mit der »Revolution vom 27. Mai«? Ganz offensichtlich fand die Junta unter Cemal Gürsel bei allem Willen zu vorsichtigen sozialen Reformen niemanden, der sie unterstützte. Denn tatsächlich versuchte sie etwas Unmögliches: Reformen in einer bestimmten Richtung auf den Weg zu bringen und zugleich überparteilicher Schiedsrichter zu sein.

Und gerade diese Schiedsrichter-Rolle spielten die Offiziere nach Meinung all jener, die auch nur etwas Verständnis für die Demokratische Partei gehabt hatten, sehr schlecht. Die Mitglieder der alten Regierung und die Führer der Demokratischen Partei wurden nämlich vor ein Sondergericht gestellt, das auf der Prinzeninsel Yassıada vor İstanbul tagte. Das Radio übertrug die Sitzungen.

Ein Gerichtshof, der aufgrund von Sondergesetzen urteilt, paßte gar nicht zu dem rechtsstaatlichen Ethos, um das sich sonst die Männer des 27. Mai bemühten. Aber das Verfahren schadete nicht nur ihnen, sondern nützte indirekt den Anhängern der DP, weil es ihre alte Führung zu Märtyrern machte. Denn die Urteile waren hart: Es ergingen 15 Todesstrafen, 31 lebenslängliche, 423 andere Haftstrafen, 123 Angeklagte wurden freigesprochen.

Zugegeben: »Nur« drei der Todesurteile wurden vollstreckt, aber darunter war das gegen den ehemaligen Ministerpräsidenten Menderes. Nichts hätte den Ruhm der Opfer besser verteidigen können als dieses Ende. Zu Symbolfiguren der türkischen Rechten wurden alle, die an diesen Prozessen auf Seite der DP mitgewirkt hatten, die Angeklagten so sehr wie die Verteidiger, die den Mut aufgebracht hatten, die aussichtslosen Mandate anzunehmen. Besonders der ehemalige Staatspräsident Bayar, dessen Todesurteil in lebenslängliche Haft umgewandelt wurde, der aber relativ bald freikam, wurde zum Patriarchen aller Rechtsparteien. Als er 1986 im wahrhaft methusalemischen Alter von 103 Jahren verstarb, erhielt er ein Staatsbegräbnis.

Eigentlich war bereits nach den nächsten Parlamentswahlen klar, daß die Ziele des Putsches nicht erreicht wurden. Zwar gewann die CHP 37 Prozent der Stimmen und war stärkste Partei, doch insgesamt hatten die »Erben« der DP mehr erhalten. Wichtig war vor allem die »Gerechtigkeitspartei« *(Adalet Partisi)* Süleyman Demirels mit 35 Prozent. Radikale Militärs wollten ein Parlament dieser Zusammensetzung nicht akzeptieren und drohten mit einem erneuten Eingreifen. Dieser erneute Putsch konnte verhindert und die erste der drei nun folgenden Koalitionsregierungen unter İsmet İnönü gebildet werden, aber die politische Lage blieb kompliziert – ohne die Anhänger der alten DP konnte nichts unternommen werden, aber genau das wurde von den Anhängern des

Putsches etwartet. Zweimal revoltierten zum Beispiel die Studenten der Militärakademie unter ihrem Kommandanten Talat Aydemir.

Unter diesen Umständen sind die Leistungen der Regierungen İnönüs bemerkenswert. Am allerwichtigsten war wohl die Erstellung des ersten Fünf-Jahres-Plans der neu geschaffenen staatlichen Planungsorganisation, die den effizienten Einsatz der geringen türkischen Möglichkeiten zur wirtschaftlichen Entwicklung sichern sollte. Damit verbunden war einerseits eine starke Teilnahme und Aufsicht des Staates, andererseits das Vorhaben, vor allem Industrie zu fördern, die den eigenen Bedarf an Gütern decken könne. So wollte man längerfristig die Abhängigkeit vom Ausland, die durch Schulden und negative Handelsbilanz entsteht, verringern.

Daß als Fernziel aber eine entwickelte, europäische Türkei dennoch im Auge blieb, zeigt ein im Dezember 1963 unterzeichneter Vertrag: Die Türkei begann den Aufnahmeprozeß in die EWG. Ursprünglich war er auf etwa zwei Jahrzehnte veranschlagt. Er ist immer noch nicht abgeschlossen.

Und noch etwas nahm in den frühen sechziger Jahren seinen Anfang, etwas, das bis heute besonders das deutsch-türkische Verhältnis ausmacht: Die »Gastarbeiter« gingen nach Deutschland, das ersehnte Traumland, das für sie je länger je mehr auch ein Land der Enttäuschung geworden ist. Bis 1974 wurden etwa 650000 türkische Arbeiter in die BRD geschickt, denen oft ihre Familien folgten. Letztlich war der Export von »Arbeitskraft« ein Zeichen dafür, wie wenig in der Türkei tatsächlich auf eine Verbesserung der Lebensverhältnisse noch gehofft wurde und wie wichtig die Devisen waren, die diese Menschen auf verschiedene Weise ins Land bringen würden. Gerade der »kleine Mann«, der auf dem Dorf einen zu kleinen Acker hatte oder am Rande der Stadt im Gecekondu lebte, sah seine persönlich einzige Chance oft in der Auswanderung »auf Zeit«, wie anfangs beide Seiten irrtümlich annahmen.

Der durchschnittliche Türke denkt, wenn er »Isparta« hört, gleich an zwei Dinge: die hier massenhaft angebauten Rosen (für Rosenöl) und Süleyman Demirel. Wenn man ins mittelanatolische Isparta kommt, weiß man sofort, daß er hier geboren wurde. Auch in der Zeit, als ihm politische Tätigkeit verboten war, hieß die Hauptstraße nach ihm, und ein Denkmal zeigt ebenfalls, wie sehr noch immer türkische Politiker mit den sie unterstützenden Gruppen in der jeweiligen Heimatprovinz zusammenhängen. (Das erklärt auch, weshalb es in der türkischen Politik häufiger Parteiwechsel als Kompromißbereitschaft gibt.)

Demirel, ein Wasserbauingenieur, trat das Erbe Menderes', des westanatolischen Großgrundbesitzers, an. Es gelang Demirel, kurz nachdem er 1964 Führer der schon erwähnten Gerechtigkeitspartei (AP) geworden war, das letzte Koalitionskabinett İnönüs zu stürzen. Bei den Wahlen 1965 erhielt die AP sogar eine absolute Mehrheit. Damit hatte diese Nachfolgeorganisation der DP die Macht in der Hand, und sie sollte sie auch bei den Wahlen 1969 behalten, obwohl da ihr Stimmenanteil nur noch 46,5 Prozent betrug: Das Wahlgesetz war wieder einmal – zugunsten der größeren Parteien – verändert worden.

Trotz der Stabilität, die diese Mehrheit einer Partei hätte bedeuten können, wurde auch die Regierungszeit Demirels kein Erfolg für die Türkei. Das Wirtschaftswachstum war zwar ansehnlich, blieb aber unter den Erwartungen der staatlichen Planungsorganisation, die 1967 ihren zweiten Fünf-Jahres-Plan auf den Weg brachte. Die immer noch wachsende und in die Städte abwandernde Bevölkerung hatte verhältnismäßig wenig davon.

Als Folge änderte sich das türkische Parteiensystem. Selbst die CHP begann sich ideologisch neu zu formieren. Nicht mehr eine Partei für alle sei sie, nein, sie stehe Mitte-links, hieß es – und wenn sie weiter behauptete, die Partei Atatürks zu sein, dann bedeutete das eben auch, daß Atatürk nicht mehr das Spektrum der türkischen Politik umfaßte, sondern Mitte-links war. Mitglieder des rechten Flügels traten daraufhin aus der CHP aus und bildeten eine eigene Partei.

Eine sozialistisch ausgerichtete Partei gab es schon seit 1962, und 1966 spaltete sich ein betont revolutionärer Gewerkschaftsverband vom alten Dachverband *Türk-İş* ab. Weitere sozialistische Impulse brachte die Studentenbewegung von 1968, deren türkische Anhänger nicht besonders zahlreich waren, aber besonders wichtig.

Die Linke war zum großen Teil durchaus bereit, den Kemalismus in irgendeiner Form zu akzeptieren oder doch wenigstens als eine Voraussetzung der eigenen Richtung hinzunehmen. Das fiel ja um so leichter, als die Staatsideologie mit der wirklichen Politik nicht mehr sehr viel gemein hatte, so daß man mit ihren Begriffen tun konnte, was man wollte. Ein Begriff wie Revolutionarismus konnte dann für die AP bedeuten, daß man Industrie und privates Kapital förderte, und für die radikale Linke die Forderung nach Verstaatlichung aller größeren Betriebe und der Privatbanken.

Anders verhielt es sich da mit der Rechten, deren Radikalisierung besonders bedenklich war. Vor allem zwei Parteien müssen hier erwähnt werden: die fundamentalistisch-islamische Nationale Heilspartei und die faschistische Nationale Aktionspartei, die in der BRD vor allem wegen ihrer Jugendorganisation, der »Grauen Wölfe«, bekannt wurde.

Die Nationale Aktionspartei *(Millî Hareket Partisi,* MHP) hatte sich aus der CKMP, der Nachfolgeorganisation der MP der fünfziger Jahre, entwickelt. Nach 1964 geriet sie unter die Kontrolle des in sie eingetretenen Alparslan Türkeş, der ihr Vorsitzender wurde. Nicht nur ihre extrem nationalistische Ideologie, die zugleich religiöse Instinkte anzusprechen versuchte, auch ihre hierarchische Organisation und ihre paramilitärischen Einheiten, die in speziellen Camps ausgebildet wurden, unterschieden diese Partei bald von ihren Konkurrenten.

Anfang 1970 wurde die Nationale Ordnungspartei gegründet, die aber wegen ihrer fundamentalistischen Ausrichtung verboten wurde. 1972 dann erfolgte ihre Wiedergründung als »Nationale Heilspartei« (*Millî Selâmet Partisi,* MSP). Unter diesem Namen sollte sie eine wichtige Rolle spielen. Letztlich liefen die Forderungen dieser Partei auf eine Wiedereinführung des Heiligen Rechts in der Türkei hinaus. Damit stand sie sogar noch mehr als die MHP im Gegensatz zu den kulturellen Prinzipien des Kemalismus.

Beiden Parteien gelang allerdings eines: Sie rehabilitierten die osmanische Geschichte. Auch die AP sah sich immer wieder zu ideologischen Zugeständnissen an Radikale gezwungen, um ihr eigenes Wählerpotential zu halten. Es bildete sich ein ganz anderes Selbstverständnis des türkischen Nationalismus. Was die kemalistische Ideologie als hinderlich auf dem Weg der türkischen Nation zu sich selbst und ihren Fähigkeiten betrachtet hatte, hielten rechte Ideologen nun für die wichtigste und fruchtbarste Seite der türkischen Geschichte. Die türkische Gesellschaft, so wird seit den siebziger Jahren immer mehr gelehrt, sei eine türkisch-islamische Synthese.

Es gab eine große Zahl von islamischen Gruppen, die sich häufig befehdeten: Orden wie die traditionellen *Nakşbendî* oder die *Nurcu,* eine Gemeinschaft, die es erst seit den vierziger Jahren gab, Geheimorganisationen wie die seit den fünfziger Jahren aktiven *Süleymancı* oder die militanten Fundamentalisten, die vor allem nach der islamischen Revolution im Iran 1979 Auftrieb erhielten. Private Korankurse und Schülerheime, Verlage und Hilfsorganisationen, die einzelne Moscheen finanziell zu kontrollieren begannen, waren die Mittel, durch die diese Organisationen sich Einfluß sicherten.

Auch in den politischen Parteien wurden sie aktiv, natürlich vor allem in der Nationalen Heilspartei. Aber auch in der MHP und AP gab es religiöse Flügel, die mit in der Heilspartei vertretenen religiösen Gruppen rivalisierten. Bald schon kontrollierte zum Beispiel die Nationale Heilspartei größere Teile des staatlichen Direktoriums für religiöse Angelegenheiten, das die Aufsicht über alle offiziellen Moscheen, Korankurse und Religionslehrpläne in der Türkei hat. Die MHP allerdings machte ihr diese Stellung streitig und gewann gegen Ende der siebziger Jahre erheblichen Einfluß.

Solche Verflechtungen von staatlichen, privaten, parteipolitischen und religiösen Interessen und Bündnissen machen bis heute die Stärke der religiösen Gruppierungen aus. Sie erklären auch die verhältnismäßig tolerante Politik des Staates. So gegen die islamischen Kräfte im Land vorzugehen, wie das bis 1945 geschah, kann sich unter den Bedingungen einer demokratischen Verfassung keine Regierung mehr erlauben – ihr Sturz wäre nur eine Frage der Zeit. Was mit der islamfreundlichen Politik der CHP Ende der vierziger Jahre begann, endete also damit, daß es heute zumindest für Muslime in der Türkei eine weitgehende Freiheit der Religionsausübung gibt. Der Nachteil: All diese Gruppen stehen dem demokratischen Rechtsstaat und »dem Westen« völlig ablehnend gegenüber.

Auch innerhalb der *Adalet Partisi* Süleyman Demirels spiegelte sich diese Radikalisierung. Eine immer stärker werdende innerparteiliche Opposition verlangte zum Beispiel eine Amnestie für die auf Yassıada verurteilten Angehörigen der Demokratischen Partei. Es kam zu Austritten aus der AP, schließlich zu einer Spaltung der Partei: Zur Jahreswende 1970/71 verlor die Regierung Demirel ihre Mehrheit in beiden Kammern des Parlaments. Der Hintergrund all dessen: Über die letzten Jahre hatten blutige Streiks und Arbeiter-Demonstrationen zugenommen. Weit schlimmer noch waren aber die Gewaltakte, die zwischen politisch verfeindeten Jugendorganisationen ausbrachen. Dazu kamen Attentate. Eine sich bildende erste »Stadtguerilla« zum Beispiel schoß auf die türkischen Wachmänner vor der amerikanischen Botschaft. Später folgten Entführungen amerikanischer Offiziere. Für einen Anschlag auf einen der führenden linken Intellektuellen des Landes dagegen (die Bremsen seines Wagens waren untauglich gemacht worden) wurde allgemein der Geheimdienst verantwortlich gemacht. Der Gewerkschaftsdachverband Türk-İş behauptete, die Ende Dezember 1970 in seinem Ankaraner Hauptquartier explodierte Bombe habe die AP legen lassen. Demirel selbst wurde beschuldigt, seinen Brüdern übermäßig günstige Kredite verschafft zu haben. All diese Ereignisse, von denen hier nur Beispiele genannt werden können, mußten ihre Konsequenzen haben.

Am 12. März 1971 unterbreiteten die Streitkräfte der Regierung eine Denkschrift. Das Besondere an diesem Vorgang war, daß es sich diesmal nicht um eine geheim gebildete Gruppe von Offizieren handelte, die in das politische Leben eingriff, sondern um die Führung der Armee, und zwar ganz offiziell und unter Berufung auf die ihr in der Verfassung zugewiesene Aufgabe, die Republik zu schützen. Die Denkschrift vom 12. März enthielt drei Punkte. Erstens sei durch die Haltung und das

Verhalten des Parlaments und der Regierung die Republik in Gefahr geraten. Zur Behebung des erschreckenden Zustandes müsse zweitens eine handlungsfähige überparteiliche Regierung geschaffen werden. Drittens würden die Streitkräfte die Staatsverwaltung übernehmen, wenn nicht eine solche Regierung alsbald die in der Verfassung vorgesehenen Reformen und die auf Atatürk zurückgehenden Revolutionsgesetze durchsetzte.

Süleyman Demirel trat auf dieses Ultimatum hin sofort zurück. An seiner Stelle bildete der Rechtswissenschaftler Nihat Erim, der selbst aus der CHP austrat, ein Kabinett, dem einige Minister aus der AP, CHP und der MGP, einer Abspaltung von der CHP, angehörten, dessen meiste Mitglieder jedoch parteilos waren. Es gelang weder dieser Regierung noch ihren Nachfolgern während der nächsten zweieinhalb Jahre, die Lage der Türkei entscheidend zu verbessern.

Wegen der fortgesetzten Gewaltakte wurde das Kriegsrecht in den dichter besiedelten Provinzen des Westens, wegen kurdischer Aktivitäten in Siirt und Diyarbakır ausgerufen. Es kam zu massiver Verfolgung besonders linker Gruppen, auch Intellektueller. In den vom Kriegsrecht betroffenen Provinzen fand Zensur statt, und eine Verfassungsreform schränkte einige der wichtigsten Bürgerrechte stark ein. Ergriffene Terroristen wurden nach Prozessen vor Militärgerichten hingerichtet, und 1973 richtete ein Gesetz Staatssicherheitsgerichte ein, eine bis heute bestehende Institution.

Zu sozialen und ökonomischen Reformen dagegen kam es kaum. Das ja nach wie vor aus den alten Fraktionen bestehende Parlament war noch weniger als die überparteilichen Regierungen in der Lage, sich auf wirksame Maßnahmen zu einigen. Aber auch die Streitkräfte drängten auf diesen Punkt nicht so sehr wie auf die Wiederherstellung der Ordnung. Denn seit 1961 hatte sich ihre Struktur stark verändert.

Die Offiziere, die 1961 geputscht hatten, konnte man als eher links bezeichnen. In der Mehrheit gehörten sie ärmeren Familien an und hatten die militärische Laufbahn ähnlich wie ein halbes Jahrhundert zuvor Atatürk eingeschlagen, weil es für sie die beste und einzige Gelegenheit war, sozial aufzusteigen. Inzwischen aber hatte sich einiges geändert. Zum einen wurde das militärische Schulsystem so geändert, daß es nicht mehr primär die ärmeren Volksschichten ansprach. Noch wichtiger: Inzwischen war jeder Offizier Gesellschafter von einigen der größten Industrieunternehmen der Türkei, darunter der Automobilfabrik, die die dort verbreiteten Renaults in Lizenz herstellt. Noch 1961 war nämlich ein Pensions- und Solidaritätsfond für Offiziere gegründet worden, der sein Geld vor allem in der Industrie anlegte. Soziale

Reformen hatten nun für einen Offizier ganz andere Folgen als noch zehn Jahre zuvor.

Die Wirtschaftspolitik ging in eine ähnliche Richtung. Immer wichtiger wurde für das Budget die Besteuerung der festen Einkommen – das aber traf vor allem den kleinen und mittleren Angestellten, den Beamten, den Arbeiter. Ihre Kaufkraft sank weiter, während gleichzeitig durch Kreditaufnahme im Ausland der Wirtschaft Wachstumsimpulse gegeben wurden. Finanziert konnten solche Kreditaufnahmen vor allem deswegen werden, weil die Gastarbeiter unablässig Devisen ins Land fließen ließen, die Anfang der siebziger Jahre soviel wie der gesamte Erlös aus Exporten ausmachten.

In dieser Atmosphäre von wirtschaftlicher Stagnation und Einschränkung demokratischer Rechte verloren auch die überparteilichen Regierungen ihre Unterstützung. Den Anfang machte die CHP. İsmet İnönü war bereit, mit den Regierungen zusammenzuarbeiten, aber eine andere große Gruppe innerhalb der Partei lehnte den Eingriff des Militärs als undemokratisch ab. Es gelang dieser Gruppe, die von dem etwa vierzigjährigen Journalisten und Parteimann Bülent Ecevit geführt wurde, alle wichtigen Parteigremien zu dominieren. Auf einem turbulent ablaufenden Parteitag im Mai 1972 trat schließlich İsmet İnönü, der alte Gefährte Atatürks und alles in allem nach ihm wichtigste Politiker der Türkischen Republik, vom Vorsitz der CHP zurück. Einige Monate später verließ er sogar die Partei. Er starb 1973 im Alter von 89 Jahren. Ecevit wurde Vorsitzender der CHP, entschlossen, sie zu einer sich links verstehenden sozialdemokratischen Partei zu machen.

Aber auch außerhalb der CHP konnte die Politik der parteiübergreifenden Regierungen keine ausreichende Unterstützung mehr erhalten. Das zeigte sich im Frühjahr 1973, als es dem Generalstabschef Gürler nicht gelang, sich vom Parlament zum Staatspräsidenten wählen zu lassen. Schließlich wurde ein anderer General, Fahri Korutürk, als Kompromißkandidat für geeignet befunden.

Die Parlamentswahlen vom Oktober 1973 fielen in eine wirtschaftlich katastrophale Zeit. Die sogenannte Ölkrise, die Durchsetzung höherer Rohölpreise, traf nämlich die türkische Wirtschaft schwer. Die Rohöleinfuhren waren nicht mehr zu bezahlen. Es kam zu Preiserhöhungen und Produktionseinschränkungen in der Türkei. Die Folge waren Devisenmangel und Inflation. Es zeigte sich, daß die eigene Industrie immer noch zu sehr von Importen abhängig war, die man sich jetzt nicht mehr leisten konnte. Die wirtschaftliche Entwicklung hatte also wieder Abhängigkeit erzeugt.

Zum anderen führten Rezession und höhere Arbeitslosigkeit in der BRD zum Anwerbestop für türkische Arbeiter. Auch wenn es seit den siebziger Jahren gewisse Beschäftigungsmöglichkeiten in Saudi-Arabien und Libyen gab, fiel der Entlastungseffekt des Arbeitskräfteexports weitgehend weg.

Noch eine weitere Folge hatte die Ölkrise: Für die Türkei wurde das umstrittene Ägäis-Öl wichtig. Die in der Ägäis liegenden Ölvorkommen gehören zum sogenannten Festlandsockel Anatoliens, auf dem aber auch die ostägäischen, also griechischen Inseln liegen. Nun sind die Nutzungsrechte am Erdöl zwischen Griechenland und der Türkei umstritten, denn Griechenland beansprucht die ausschließlichen Rechte an den Bodenschätzen der Ägäis. Mehrmals, zuerst Anfang 1974, bisher zuletzt Anfang 1988 drohte es sogar zu Kämpfen zwischen griechischen und türkischen Truppen zu kommen.

Die Wahlen von 1973 hatten zwar die CHP mit 33 Prozent der Stimmen zur stärksten Partei gemacht, vor allem aber die kleineren, radikalen Rechtsparteien gestärkt. Ecevit bildete nach längerem Zögern zusammen mit der fundamentalistischen MSP eine Koalition. Die beiden ungleichen Partner konnten sich allerdings auf keine gemeinsame Politik einigen. So wäre eine Generalamnestie für alle politischen Häftlinge, auch die gewalttätigen, wohl die bemerkenswerteste Entscheidung dieser Regierung geblieben, hätten nicht griechische Zyprioten, von der Militärjunta in Athen unterstützt, am 15. 7. 1974 einen Putsch gegen den Ministerpräsidenten der Insel, Erzbischof Makarios, unternommen.

Noch Jahre danach trug das Blechbesteck in billigen türkischen Restaurants am Griff die eingeprägte Silhouette Zyperns. An den Straßenrändern wurden Postkarten verkauft, auf denen man türkische Landungstruppen in Begleitung von Friedenstauben siegen sah. Endlich wieder einmal konnte die Türkei auf etwas stolz sein. Was war geschehen?

Ecevit ließ türkische Truppen im »Friedensmanöver« im Nordteil der Insel landen, um den türkischen Bevölkerungsteil zu schützen. Die Ereignisse überschlugen sich. Am 24. Juli stürzte die Junta in Griechenland. Doch als die Krise andauerte, rückten die türkischen Truppen weiter vor und besetzten das nördliche Drittel der Insel. Die dort lebenden Griechen flohen nach Süden, die türkischen Zyprioten des Südens zogen nach Norden. *De facto* war das Land geteilt. 1975 erklärte die türkische Seite, sie betrachte sich als unabhängiger Teil einer zypriotischen Föderation.

Ecevit war wegen seiner Zypern-Politik in der Türkei ein Held. Wirtschaftlich schadete das Unternehmen dem Lande, nicht nur wegen der Invasions- und Besatzungskosten (bis heute stehen türkische Truppen im Norden der Insel, so wie griechische auf der anderen Seite), sondern vor allem wegen eines wirtschaftlichen Embargos, mit dem die USA das Land bis 1978 straften, weil es einen Waffenstillstandsaufruf der UNO nicht befolgt hatte.

Dann machte Ecevit einen Fehler. Er versuchte sein Prestige auszunutzen und steuerte Neuwahlen an. Er trat also zurück. Doch das Parlament löste sich daraufhin nicht auf. Es folgte eine Zeit, in der die Regierungen häufig wechselten und stabile Mehrheiten – Voraussetzung einer entschiedenen Politik – fehlten. Auch die Wahlen 1977 brachten keine deutliche Mehrheit.

Zugleich lief die türkische Wirtschaft auf die Katastrophe zu. Die Industrie war international nach wie vor nicht konkurrenzfähig und fraß Devisen, statt sie zu verdienen. Die Auslandskredite mußten verdoppelt werden. Die Ölimporte waren nicht mehr zu zahlen, und Benzin und Heizöl wurden knapp. Die Inflation schnellte hoch, weil die Regierung Geld druckte, um die dringendsten Zahlungen im Inland leisten zu können: 1977 betrug sie 24, 1978 52, 1980 107 Prozent. Zu den Streiks kamen wieder die ersten Anschläge und gewalttätigen Auseinandersetzungen.

Ein Regierungswechsel – die Koalition der Adalet Partisi Demirels mit der fundamentalistischen und der faschistischen Partei gab einige Überläufer ab, denen Ecevit Ministerposten versprochen hatte – brachte keine Abhilfe. Das Land steuerte in den Bürgerkrieg. In der verschlafenen, unterentwickelten Provinzhauptstadt Kahramanmaraş, dem osmanischen Mar'aş, zum Beispiel kamen in einer regelrechten Straßenschlacht 111 Menschen ums Leben. Dabei ging es ebensosehr um den Gegensatz zwischen Rechts und Links wie um den zwischen den orthodoxen Sunniten und den häretischen Alewiten, den Nachfahren der *kızılbaş*.

Auch die Ausrufung des Kriegsrechts in 13 Provinzen auf diesen Ausbruch von Gewalt konnte die Gewalttätigkeiten nicht unterbinden. Im Februar 1979 wurde zum Beispiel der sehr populäre sozialdemokratische Journalist Abdi İpekçi ermordet. Der Mörder, ein junger Mann namens Mehmet Ali Ağca, wurde gefaßt. Aber Kreise, die ebenso wie er der MHP nahestanden, sorgten für seine Befreiung aus dem türkischen Gefängnis. Heute sitzt Mehmet Ali Ağca im italienischen, zu lebenslanger Haft verurteilt. Er hat 1981 versucht, Papst Johannes Paul II. zu erschießen.

Was die Befreiung Mehmet Ali Ağcas zeigt, ist, daß der Staat längst nicht mehr in der Lage war, als Schiedsrichter einzugreifen. Staatliche Stellen wurden zu Herrschaftsgebieten einzelner politischer oder halbpolitischer Gruppen. Das galt nicht nur für kleinere oder mittlere Beamte. Einer der zehn Abgeordneten, die Ecevit nach ihrem Austritt aus den Rechtsparteien in sein Kabinett als Minister aufgenommen hatte, ist wegen Bestechlichkeit und Waffenschmuggel zu 44 Jahren Haft verurteilt worden – der Mann war für Zoll und Monopole verantwortlich.

Und während eine Minderheitsregierung Demirel das Kabinett Ecevit ablöste, stieg die Zahl der politisch motivierten Mordanschläge weiter. 1977 waren es 259 gewesen, 1978 dann 1095, 1979 sogar 1368 und in den ersten neun Monaten des Jahres 1980 1606. Zu den Toten des Jahres 1980 gehörten so bekannte Männer wie der ehemalige Ministerpräsident Erim. Die meisten Umgekommenen aber waren einfach zwischen die Schußlinien sich befehdender Gruppen geraten oder eher zufällig Opfer eines Bombenanschlages geworden.

In den Städten begannen einzelne Viertel von bestimmten Gruppen kontrolliert zu werden. Für Gegner war es lebensgefährlich, sie zu betreten. An den Universitäten verhielt es sich übrigens ähnlich: Es gab linke, rechte, religiöse Fakultäten. Und in der Provinz gab es einzelne »befreite Gebiete«, ganze Kleinstädte, die von einer bewaffneten Extremistengruppe kontrolliert wurden. Unversöhnlich standen sich auch die gemäßigteren Parteien gegenüber – längst waren zu viele Rechnungen zu begleichen. Ecevit verweigerte das Gespräch mit Demirel.

Das wohl krasseste Beispiel für die damalige politische Atmosphäre ist, daß seit dem März 1980 kein Staatspräsident mehr amtierte. Die anstehende Neuwahl wurde immer wieder versucht, aber die verfassungsmäßig vorgeschriebene absolute Mehrheit der Stimmen konnte kein Kandidat erreichen.

Das Land versank also langsam im Chaos. Von einer Einhaltung des Fünf-Jahres-Plans konnte natürlich längst keine Rede mehr sein. Die Regierung entschloß sich zu einem radikalen Kurswechsel in der Wirtschaftspolitik. Unter den ungünstigsten Rahmenbedingungen, die man sich vorstellen kann, versuchte sie, durch hohe Zinsen und eine Verringerung des Geldausstoßes die Inflation zu bremsen. Die Wirtschaft sollte von nun an exportorientiert arbeiten. Diese Maßnahmen, die auf Drängen des Weltwährungsfonds am 24. Januar 1980 beschlossen wurden, hatten freilich auch ihre Nachteile. Die hohen Zinsen verhinderten, daß neu investiert wurde. Die Wirtschaft wuchs nicht mehr, und die Arbeitslosigkeit stieg. Letztlich übernahm der Weltwährungsfond die Kontrolle über die türkische Wirtschaftspolitik, denn nur durch die von ihm vermittelten Kredite ließ sie sich finanzieren. Damit war die Kontrolle der türkischen Wirtschaft durch ausländisches Kapital wiederhergestellt, gegen die die Türkische Republik so lange gekämpft hatte.

Die türkische Öffentlichkeit denkt in Tagesdaten. »Der 27. Mai« – das ist der erste Militärputsch mit seinen Folgen. Andere solche Daten sind dann zum Beispiel der »12. März«, der die Periode nach 1971 betrifft, oder der eben erwähnte »12. Januar«, der die neue Wirtschaftspolitik bezeichnet. Und eine weitere »12« gibt es, über die in der Türkei noch lange diskutiert werden wird – den »12. September«.

Denn am 12. September 1980 geschah, was viele erwartet und zumindest nicht wenige angesichts des Blutvergießens erhofft hatten. Die Militärs übernahmen die Macht. Der Generalstabschef Kenan Evren und die Kommandeure der Teilstreitkräfte bildeten den »Nationalen Sicherheitsrat« und übernahmen die Regierung. Die Verfassung wurde praktisch suspendiert, im ganzen Land das Kriegsrecht ausgerufen, den Parteien und Gewerkschaften jegliche Tätigkeit verboten, die wichtigsten Politiker in Schutzhaft genommen. Neuer Ministerpräsident wurde Bülent Ulusu, ein ehemaliger Kommandeur der türkischen Flotte. Der Teil des Regierungsapparates, der für die Wirtschaftspolitik vom 12. Januar verantwortlich war, blieb aber in Amt und Würden.

Ziemlich abrupt hörten die Terrorakte auf. Es gab erstaunlich wenig bewaffneten Widerstand gegen den Putsch. Die eigentlich viel zu große, gut 600000 Mann starke Armee kontrollierte das Land alsbald auf eine sehr einfache, doch effiziente Art: An jeder Straßenecke stand ein Soldat.

Der Putsch von 1980 war weit härter als der von 1960. Es gab mehr politische Verfolgung, es gab Prozesse gegen Radikale, wie Angehörige und Führer der MSP, der MHP, aber auch des revolutionären Gewerkschaftsverbands DİSK oder des Pazifistenverbandes »Friedensgesellschaft«. Vor den Kriegsgerichten kam es zu Massenprozessen mit manchmal mehreren hundert Angeklagten. Bis 1985 wurden an den Militärgerichten 47718 Verfahren durchgeführt. 449 Todesurteile wurden ausgesprochen, 27 Menschen hingerichtet. Dazu kamen Todesfälle auf Polizeistationen, in Kasernen und Gefängnissen, die zumindest zum Teil auf Folter zurückgehen dürften. Allerdings wurde gegen keinen der führenden Politiker eine wirklich langjährige Haftstrafe ausgesprochen, als letzter wurde Alparslan Türkeş im April 1985 freigelassen.

Anders als 1960 gab es auch keine zügige Rückkehr zur parlamentarischen Demokratie. Im Gegenteil: Im Oktober 1981 wurden erst einmal sämtliche Parteien aufgelöst. Erst dann trat auch die »Beratende Versammlung« zusammen, die unter sehr direkter Aufsicht des »Nationalen Sicherheitsrats« unter General Evren eine neue Verfassung ausarbeiten sollte. Die Abgeordneten dieser »Beratenden Versammlung« waren anders als 1960 von den Generälen ausgewählt.

Die Verfassung, die da ausgearbeitet wurde, reagierte auf die Auflösungserscheinungen, die das Land vor dem Putsch erlebt hatte, durch eine stärkere Kontrolle der Gesellschaft durch den Staat. Im Vordergrund steht die soziale und politische Stabilität. Weitgehende Einschränkungen der Grundrechtszusagen, eine Entflechtung von Parteien auf der einen, Gewerkschaften und Vereinen auf der anderen Seite, ein starker Staatspräsident und ein relativ schwaches Ein-Kammer-Parlament kennzeichneten den von dieser Verfassung vorgesehenen Staat. Zentrale Kontrolle ist ein durchgängiges Charakteristikum. So wurde die Autonomie der Universitäten einmal mehr abgeschafft. Darüber hinaus gab es eine ganze Reihe von Übergangsartikeln, die einerseits den regierenden Militärs für eine Weile ein Mitspracherecht einräumten, andererseits verhindern sollten, daß die alten Parteien und die alten Politiker ihre Aktivität wiederaufnehmen konnten.

Die neue Verfassung wurde dem Volk im November 1982 zur Annahme vorgelegt. Kenan Evren, das Staatsoberhaupt der Generäle, reiste durch das Land, um für ein »Ja« zu werben. Öffentliches Eintreten für eine Ablehnung der Vorlage war offiziell verboten. Und da Wahlpflicht herrschte, wurde am 7. November die Verfassung mit der erwarteten großen Mehrheit von 91,5 Prozent angenommen. Zugleich war damit Evren zum Staatspräsidenten gewählt.

Auch das Kriegsrecht wurde jetzt langsam abgebaut. In İstanbul aber sollte es noch bis zum November 1985 dauern, bis die Verwaltung wieder Zivilisten übergeben wurde, in einigen Ostprovinzen noch länger. Dort herrscht bis heute Ausnahmezustand, und radikale kurdische Nationalisten wie die Mitglieder der »Kurdischen Arbeiterpartei« PKK kämpfen dort gegen die türkische Armee und den türkischen Staat. Immer wieder werden auch unbeteiligte Zivilisten Opfer von Anschlägen, so als im Juni 1987 bei einem Überfall der PKK auf ein Dorf namens Pınarcık bei Mardin 30 Bewohner umgebracht wurden.

Auch nach der Annahme der Verfassung dauerte es noch ein Jahr bis zu den nächsten Parlamentswahlen, an denen nur drei Parteien teilnehmen durften, die dem Nationalen Sicherheitsrat loyal schienen.

Da gab es die »Partei der Nationalen Demokratie« (MDP), die der pensionierte General und Botschafter Turgut Sunalp als strikte Vertretung der autoritären Linie der Regierung des 12. September gegründet hatte. Die MDP war die offensichtlich von Evren favorisierte Partei.

Als eine allerdings sehr gemäßigte Linkspartei konnte sich die »Populistische Partei« (HP) etablieren. Der Gewinner der Wahl vom 6. November 1983 sollte jedoch eine andere Partei werden: Die »Vaterlandspartei« (*Anavatan Partisi*, ANAP) unter Turgut Özal, einem ursprünglich der MSP angehörenden Politiker, der andererseits für die wirtschaftlichen Beschlüsse des 12. Januar verantwortlich gewesen war. Nach einem Bankenkrach hatte er von seinem Staatssekretärsposten zurücktreten müssen. Nun gründete er die ANAP als Sammlungsbewegung von National-Liberalen, Religiösen, Faschisten und Sozialdemokraten. Auch wenn von einem sozialdemokratischen Flügel dann keine Rede sein konnte, entsprach doch die ANAP am ehesten dem Modell einer modernen, nicht streng ideologischen Volkspartei.

Überraschend deutlich gewann die ANAP die Drei-Parteien-Wahl vom 6. November 1983. Sie erhielt 45 Prozent der Stimmen, die Populistische Partei etwa 30 Prozent, die von Evren zuletzt offen unterstützte MDP nur knapp 25 Prozent. Das Wahlsystem bevorteilte aber große Parteien, um Koalitionen unnötig zu machen (unter anderem gab es eine Zehn-Prozent-Klausel). Tatsächlich erhielt die ANAP so 212 von den 400 Parlamentssitzen.

Auch in den Regionalwahlen im März 1984, an denen ebenfalls Parteien teilnahmen, die unter bürokratischen Vorwänden daran im November 1983 noch gehindert worden waren, konnte die ANAP ihre Stellung zunächst bestätigen. Sie erhielt zwar nur noch 41 Prozent der Stimmen, blieb aber weiter deutlich stärkste Partei. Anders ging es ihren beiden Konkurrenten. Die HP verlor die meisten ihrer Stimmen an die »Sozialdemokratische Partei«, die von einem Sohn İsmet İnönüs, dem Physikprofessor Erdal İnönü, geführt wurde, und vereinigte sich später mit dieser zur Sozialdemokratisch-Populistischen Partei (*Sosyaldemokrat Halkçı Partisi*, SHP), die langsam die Rolle der CHP zu übernehmen begann. Die MDP verlor fast alle ihre Stimmen, sie löste sich auf, und ihre Mitglieder traten entweder der ANAP bei oder der »Partei des Rechten Wegs« (*Doğru Yol Partisi*, DYP), die nun doch die Nachfolge der AP antreten sollte. Auch die MSP und MHP gründeten sich nun unter neuem Namen wieder, blieben aber wegen der Zehn-Prozent-Klausel im allgemeinen ohne Bedeutung. Ein großer Teil ihrer ehemaligen Anhänger war schließlich auf der Seite der ANAP zu finden.

Im wesentlichen ist dies bis heute die Parteienlandschaft der Türkei. Zeitweilig allerdings sah das Bild sehr bunt aus, denn es brauchte einige Zeit, bis sich die beiden Oppositionsfraktionen in der Großen Türkischen Nationalversammlung umformiert hatten. Auch Ecevit kehrte in die Politik zurück. Gefördert von der ANAP, die eine Spaltung der Linken aus begreiflichen Gründen gerne sah, ließ er seine Frau als Strohmann die »Demokratische Linkspartei« gründen. Diese DSP allerdings hatte mit ihrem sehr gemäßigten Kurs beim Wähler nie Erfolg.

Das Beispiel der Ecevits zeigt, wie nach wie vor die »alten« Politiker, die von den Militärs von der Politik ferngehalten worden waren, aus dem Hintergrunde arbeiteten. Demirel zum Beispiel ließ die DYP vom ehemaligen Anwalt Menderes' auf Yassıada, Hüsamettin Cindoruk, führen.

Diese unnatürliche Situation wurde erst im September 1987 aufgehoben, als eine Verfassungsänderung dem Volk zur Abstimmung vorgelegt wurde, die die Regelung aufhob, die den »alten« Parteiführern die politische Betätigung verbot. Das Ergebnis der Abstimmung war übrigens außerordentlich knapp: Gerade 50,24 Prozent sprachen sich für die Vorlage aus. Seitdem ist Demirel Vorsitzender der »Partei des Rechten Weges«.

Zu dieser Zeit hatte Turgut Özals Partei bereits einige Jahre der Macht hinter sich. Was hatte sie verändert?

In einer Beziehung war es, wie bereits angedeutet, für die ANAP eine einfache Regierungszeit: Die Oppositionsparteien waren im wesentlichen mit sich selbst beschäftigt, und an eine Kontrolle durch die parlamentarische Opposition war nicht zu denken. Dafür wurde die Regierungspartei durch ideologische und persönliche Rivalitäten immer wieder vor Zerreißproben gestellt. Hier erwies sich als Nachteil, daß die ANAP ohne gemeinsame ideologische Grundlage auskommen mußte. Was sie zusammenhielt, waren die Möglichkeit des Regierens und die Person Turgut Özals. Aber auch ihm scheint es bisher nicht gelungen zu sein, aus der ANAP mehr zu machen als eine Kooperative verschiedener rechter Strömungen.

Eine weitere Folge dieses Charakters der ANAP ist wohl auch, daß persönliche Bereicherung, Vetternwirtschaft und Begünstigung politisch Nahestehender unter Turgut Özal außerordentlich üblich wurden. Die »Dynastie«, wie die Familie des Ministerpräsidenten von der oppositionellen Presse gerne genannt wird, geht da im allgemeinen mit schlechtem Beispiel voran. Ministerposten für Schwager oder den jüngeren Bruder sind fast noch eher zu rechtfertigen als der gar nicht rätselhafte geschäftliche Aufstieg von Turgut Özals älterem Bruder Korkut, der inzwischen Dollarmilliardär ist.

Zunächst versuchte die Regierung Özal, möglichst strikt an der Wirtschaftspolitik des 12. Januar festzuhalten. Freilich mußten immer wieder Abstriche an diesem Vorhaben gemacht werden, weil gerade die Bezieher fester Einkommen und die ärmeren Schichten unter dieser Politik litten. Selbst eine im Parlament nicht gefährdete Regierung wie die Özals mußte in gewissen Grenzen auf diese Mehrheit der Bevölkerung Rücksicht nehmen. Als Folge ist es weder gelungen, die Inflation (1988 dürfte sie wieder an die 80 % erreicht haben) oder die Arbeitslosigkeit zu senken, noch das Wachstum auf zweistellige Zuwachsraten zu steigern.

Ein anderer wesentlicher Zug der Regierungspolitik seit 1983 ist die Rücksicht auf fundamentalistische Kreise. Besonders in der Erziehungspolitik haben religiöse Kräfte an Boden gewonnen. Zwischenzeitlich konnte sogar der Erziehungsminister fordern, darwinistische Evolutionstheorien an den Schulen nicht mehr zu lehren. Turgut Özal selbst demonstrierte Religiosität, als er während eines Staatsbesuchs in Saudi-Arabien (und nicht etwa privat im Anschluß daran) die Pilgerfahrt nach Mekka absolvierte.

Saudi-Arabien ist außenpolitisch zu einem wichtigen Partner der Türkei geworden. Saudisches Kapital, saudische Finanzorganisationen haben in die Türkei Eingang gefunden, und der letzte unbebaute Hügel des Bosporus wurde an einen saudischen Prinzen verkauft, noch bevor das Verfassungsgericht das Gesetz annullieren konnte, das eigens verabschiedet worden war, um dieses Geschäft zu ermöglichen. Ähnliche Kontakte wurden auch mit anderen islamischen Staaten geknüpft.

Parallel aber wurde die Annäherung an die EG vorsichtig weitergeführt. Sie war durch die politischen und wirtschaftlichen Krisen der Türkei ebenso verzögert worden wie durch die Weigerung der Europäischen Gemeinschaft, die der Türkei vertraglich zugesicherte Freizügigkeit zum 1.1.1986 zuzugestehen: Sie hätte womöglich einen Zuzug von einigen Millionen Türken nach Westeuropa zur Folge gehabt. Auch der ständig schwelende Streit zwischen Griechenland und der Türkei hat den Aufnahmeprozeß nicht gerade beschleunigt.

Als die Regierung Özal auf das Recht der Freizügigkeit für Türken innerhalb der EG verzichtete, war aber immerhin der Weg frei zum nächsten Schritt: Sie stellte im April 1987 den lange fälligen Antrag auf endgültige Aufnahme.

Geblieben sind die Schwierigkeiten in den türkisch-griechischen Beziehungen. Mag in der Frage des Ägäis-Öls sich irgendwann auch einmal eine Lösung abzeichnen, das Zypern-Problem scheint auf absehbare Zeit unlösbar.

Der Streit wurde nämlich noch dadurch verschärft, daß der türkische Teil Zyperns nach der Wahl von 1983, aber noch vor dem Regierungsantritt Özals, also in einer echten Übergangsphase, seine Unabhängigkeit als »Nordzypriotische Türkische Republik« erklärte. Recht zähneknirschend sah sich die Türkei gezwungen, diesen Staat anzuerkennen – als bisher einziges Land auf der Welt. Jedenfalls belastete die Existenz dieses Staates, der ohne türkische Hilfe kaum lebensfähig wäre, das griechisch-türkische Verhältnis weiter.

Noch schlechter ist das Verhältnis zu Bulgarien. Dort lebt auch nach einigen Auswanderungswellen immer noch eine nennenswerte türkische Minderheit, die seit Anfang der achtziger Jahre recht gewaltsam bulgarisiert wird. Moscheen wurden geschlossen, der Gebrauch von türkischen Namen verboten, der Gebrauch des Türkischen eingeschränkt. Zu den türkischen Bulgaren, die in die Türkei flohen, gehört ein Gewichtheber namens Naim Süleymanoğlu, der in Seoul bei den Olympischen Spielen 1988 eine Goldmedaille gewann – die erste seit langen Jahren für sein neues Heimatland.

Doch dieser Sportler gehörte zu den ersten aus Bulgarien ausreisenden Türken der achtziger Jahre. Im Sommer 1989 verschärfte sich die Situation dramatisch, als die bulgarische Regierung allen ausreisewilligen muslimisch-türkischen Bürgern nicht nur die Ausreise gestattete, sondern sie sogar zu ihr zu nötigen begann. Innerhalb weniger Wochen kamen 330000 über die Grenze und wurden zunächst sehr notdürftig in den wegen der Ferien gerade geschlossenen Schulen, in Zeltstädten, Kasernen und Studentenheimen untergebracht. Ministerpräsident Özal, der noch im Juli geäußert hatte, die Türkei würde alle aufnehmen, auch christliche Bulgaren, die das wünschten, ließ Ende August die Grenze schließen, als sich absehen ließ, daß die türkische Regierung organisatorisch und finanziell mit dem Zuwandererstrom nicht fertig würde. Tatsächlich fanden viele der Einwandernden so schlechte Bedingungen vor, daß in den Monaten danach ein erheblicher Teil sich wieder auf den Rückweg machte.

Alles in allem wuchs die Unzufriedenheit. Gerade die Bevölkerungsschichten, die einst der Stolz der Republik waren, die Beamten, Akademiker und Bauern, wurden immer ärmer. Weniger die Mängel der Demokratie unter Özal als diese wirtschaftlichen Sorgen waren Antrieb von sich allmählich rührendem Protest. Die alte ideologische Schärfe der siebziger Jahre fehlte allerdings – einerseits hatte man wohl immer noch Sorge vor einer Wiederholung der Eskalation der Gewalt, andererseits lud der mal liberale, mal fundamentalistische, dann wieder sich nationalistisch gebärdende Turgut Özal nicht gerade zu ideologischer Auseinandersetzung ein. Sozialistische und kommunistische Kritik, die hier am ehesten hätten Unruhe stiften können, blieben verboten.

Das veränderte sich auch nicht nach dem Referendum, das den »alten« Politikern wieder ihre Betätigung erlaubt hatte. Die ANAP hatte sich entschieden gegen diese Wiederzulassung ausgesprochen. Zwar hatte sie verloren, aber denkbar knapp. Özal beschloß vorzeitige Neuwahlen für den November 1987, weil er einen deutlichen Sieg erwartete. Um auch liberaler gesinnte Wähler anzusprechen, redete er eine Weile von der Möglichkeit einer Zulassung auch kommunistischer Gruppen. Als aber die beiden Führer einer im bundesdeutschen Exil neugegründeten Vereinigten Kommunistischen Partei der Türkei daraufhin in die Heimat reisten, wurden sie sofort inhaftiert und nach eigenen Angaben gefoltert.

Die ANAP hatte ein neues Wahlsystem beschlossen, das die stärkste Partei extrem begünstigte. Einige Bestimmungen des Wahlgesetzes wurden auf Antrag der SHP vom Verfassungsgericht annulliert. Dann folgte ein kurzer, aber erbitterter Wahlkampf. Die Wahlen 1988 brachten der ANAP mit 36 Prozent der Stimmen 292 Parlamentssitze, der SHP mit 25 Prozent 99 Sitze, der DYP mit 19 Prozent 59. Die DSP Ecevits (8,5 Prozent) und die fundamentalistische RP (7 Prozent) erhielten keine parlamentarische Vertretung.

Damit hatte die ANAP ihr Wahlziel, eine Zweidrittelmehrheit im Parlament, nur knapp verfehlt. Aber auch diese komfortable parlamentarische Mehrheit reichte nicht, die Probleme des Landes zu lösen. Wie wenig Rückhalt diese Partei in der Bevölkerung noch hatte, zeigte sich bei den Kommunalwahlen im Frühjahr 1989. Trotz aller Wahlversprechen fielen ihre Oberbürgermeisterkandidaten fast überall durch. Die ANAP gewann insgesamt 21,8 Prozent der Stimmen, stellte nur noch in zwei der damals 67 Provinzhauptstädte den Bürgermeister.

Von nun an kam es der Regierung nur noch auf Machterhalt an. Als Kenan Evrens Amtszeit im Herbst 1989 zu Ende ging, wählte die Fraktion der ANAP Özal auf sieben Jahre zum Staatspräsidenten – die Opposition boykottierte die Abstimmungen. Am 9. Oktober wurde Özal vereidigt – als Präsident, aber auch bestgehaßter Mann seines Landes. Die Bestimmungen der Verfassung von 1982, die möglichst stabile Mehrheiten im Parlament sichern sollten, hatten sich gerächt. Eine Partei ohne soziale oder programmatische Grundlage, zusammengehalten durch die Figur ihres nun nur offiziell zurückgetretenen Vorsitzenden und die Vorteile des Zugriffs auf den Staatsapparat, aber ohne hinreichende Unterstützung in der Gesellschaft, war an der Macht.

Epilog

Brücken in die Zukunft

1974 wurde die erste Brücke über den Bosporus geschlagen, Asien und Europa waren endlich vereint, jedenfalls was den Autoverkehr betrifft. 1400 m lang ist diese zwischen zwei 192 m hohen Pfeilern aufgehängte Brücke, und sie kostete 127 Millionen Dollar – aber das sollte die Investition in den innerstädtischen, aber auch den überregionalen Transport wert sein. Nach wie vor fließen die wichtigsten Verkehrsströme der Türkei durch İstanbul, und zwar mitten durch die Stadt.

Das lohnte den finanziellen Aufwand schon. Der Bau hat sich amortisiert. Die Regierung Turgut Özal hat inzwischen Anteilscheine verkauft, deren Besitzer nun am Profit teilhaben, der aus den Mautgebühren anfällt, die in einer Richtung erhoben werden. Aus dem Ertrag dieses Verkaufes, der eine beständige Einnahmequelle des Staates privatisiert hat und deswegen von der Opposition heftig bekämpft wurde, finanzierte man die zweite Brücke.

Denn einmal ganz abgesehen von der Landschaftszerstörung, die diese nur aus der Ferne elegante Hängebrücke bewirkt, lockt sie Verkehr an. Der rasche Weg über den Bosporus endet allzuoft schon auf dem Zubringer, und in der Rush-hour staut sich der Verkehr sogar auf der Brücke selbst, weil die engen Straßen der Stadt für soviel Verkehr einfach nicht gemacht sind.

Die zweite Brücke, die 1988 fertiggestellt wurde, sollte wenigstens den Verkehr aufnehmen, der eigentlich nur an İstanbul vorbei will. Das Resultat dürfte aber wie im Fall der ersten Brücke sein, daß die Stadt auf den neuen Verkehrsweg zuwächst, sobald erst einmal für die zunächst noch nicht fertigen Straßenanschlüsse gesorgt ist; auch diese Umgehungsstraße wird bald innerstädtisch sein.

Ästheten und Liebhaber İstanbuls machen sich noch über etwas anderes Sorgen: die Betonierung und Verstädterung einer der schönsten Landschaften dieser Erde, des Bosporus. Gerade die zweite Brücke gab da Anlaß zu Klagen. Sie verläuft fast genau über Rumeli Hisar. Die Zwingburg Mehmeds II. verzwergt neben diesem Bauwerk.

Es liegt die Vermutung nahe, man habe sich mit der Benennung der Brücke bei diesem Sultan dafür entschuldigen wollen. Sie heißt nun *Fatih Köprüsü*, »Erobererbrücke«, und unter dem »Eroberer« ist selbstverständlich dieser Herrscher zu verstehen. Und natürlich ist nicht zu bestreiten, daß sein Name eines solchen Bauwerks würdig ist.

Freilich trifft die Annahme einer Entschuldigung nicht zu. Man setzt ein Zeichen in einem Land, in dem alles und jedes nach Atatürk benannt wird, wenn man für ein so prestigeträchtiges Bauwerk einen anderen Namenspatron auswählt. Nun ist nach Atatürk schon die längste der drei über das Goldene Horn führenden Brücken benannt. 1974 behalf man sich damit, daß man die erste Bosporus-Brücke einfach – »Bosporus-Brücke« nannte. Nach der Logik türkischer Nomenklatur wäre zum Beispiel auch »Republiks-Brücke« in Frage gekommen, und bei der zweiten Brücke war es eigentlich schon höchste Zeit für diesen Namen.

Eine absichtliche Unregelmäßigkeit ist also die Bezeichnung *Fatih Köprüsü*, und verständlich wird sie, wenn man bedenkt, daß sich die fundamentalistische MSP stets auf diesen Sultan berief, ihn sozusagen als Gegenfigur zu Atatürk »aufbaute« – wie gewaltsam man damit auch immer der Historie zu Leibe rückte. Der Name der zweiten Brücke ist also gewollt symbolträchtig – eines der vielen Zugeständnisse an die religiösen Gefühle in der Regierungszeit Turgut Özals, der ja früher selbst Mitglied der MSP war. Der Name der Brücke will auf »Asien«, den »Osten« hinweisen. Hat die Türkei die Richtung gewechselt? Wendet sie sich wieder vom Westen ab?

Die Frage beschäftigt auch viele Türken, die mal erfreut, mal tief besorgt verfolgen, wie sich das Land verändert. Auf der Suche nach einer Antwort will ich einen Blick in einen der zahllosen Minibusse mit elf Sitzplätzen, aber häufig viel mehr Fahrgästen werfen, die als »Sammeltaxi« *(dolmuş)* über die Brücke, die erste zumeist, fahren – schneller als ein Bus, viel billiger als ein richtiges Taxi. Immerhin 8 Prozent des Verkehrs auf der Brücke machen diese Wagen aus, wenn man nach Insassen zählte, also noch viel mehr.

Beginnen kann man mit dem Chauffeur und seinem Helfer, dem *muavin*, der das Geld von den Fahrgästen einsammelt und außerdem sich auf der Fahrt immer wieder aus dem rollenden Wagen lehnt, um die Fahrtziele schreiend zu verkünden. Reagiert ein Passant, hält der Wagen und nimmt den neuen Passagier auf.

Chauffeur und *muavin* sind Verwandte, der Mann am Steuer ist der Onkel des Helfers. Der Wagen gehört ihnen nicht selbst, sondern einem Bekannten, der aus derselben zentralanatolischen Stadt – sagen wir zum Beispiel Yozgat – stammt, aus der auch sie vor einigen Jahren kamen, erst der Onkel, dann der Neffe.

Yozgat, ihre Heimat, ist ein ländliches, unterentwickeltes Gebiet. Nach wie vor leben die meisten Menschen hier auf dem Land und ernähren sich vom Anbau von Getreide, in zweiter Linie von Viehwirtschaft. Das zur Verfügung stehende Land ist schon seit langem ausgenutzt, und die Mechanisierung der Landwirtschaft schreitet voran. Arbeitsplätze sind in Yozgat deshalb absolute Mangelware. Es bleibt einem ganz hohen Anteil von Yozgatlıs gar nichts anderes übrig, als in Samsun, Ankara oder den großen Städten des Westens Arbeit zu suchen. Im allgemeinen finden sie allerdings keinen guten Verdienst. Onkel und Neffe im Sammeltaxi hatten da noch sehr viel Glück. Meist sind es die Hilfsarbeitertätigkeiten, die solche Zuwanderer aus der Provinz verrichten, oder sie arbeiten in »marginalen« Wirtschaftszweigen – als Straßenverkäufer, Schuhputzer, Tagelöhner.

Denn auch Bildung ist in Yozgat Mangelware. Immer noch kann die knappe Hälfte der Menschen hier nicht lesen und schreiben. Hochschulen gibt es hier selbstverständlich nicht, und die vorhandenen Gymnasien sind die der schlechteren, berufsorientierten Sorte, großenteils die sogenannten İmam-Hatip Lisesi, in denen Moscheeangestellte ausgebildet werden. Ihre Absolventen haben die geringsten Chancen bei den landesweiten Hochschulaufnahmeprüfungen. So ging es auch unserem *muavin*, der eine solche Schule absolviert hat: Einen Platz an der Universität hat er nicht abbekommen. Nun wohnt er hier in İstanbul bei seinem Onkel, arbeitet mit und versucht in privaten Abendkursen, sich auf die Prüfung im nächsten Jahr vorzubereiten.

Yozgat ist betont konservativ. MSP und MHP hatten hier in den siebziger Jahren zusammen immer über 30 Prozent, 1979 sogar über 40 Prozent. Frömmigkeit ist da alles andere als ein leeres Wort, und nur mit Mißfallen betrachtet der junge *muavin* in unserem *dolmuş* die Frau Ende Dreißig, die jetzt gerade zugestiegen ist. Sie trägt offenes Haar, einen engen, knielangen Rock, hat bemalte Fingernägel und eine auf die Stirn geschobene Sonnenbrille. Das Urteil des jungen Mannes aus der Provinz über diesen Fahrgast steht fest, als sie auch noch in der einzigen seriösen, aber linken Tageszeitung des Landes, der *Cumhuriyet*, zu blättern beginnt.

Auch die Frau schaut mißbilligend. Ihr gefällt die »arabeske« Musik nicht, die im Wagen gespielt wird, übertrieben sentimentale Lieder schrill instrumentiert. Und der Aufkleber am Armaturenbrett, ein in Leuchtfarben gehaltenes Gebet in arabischer Schrift, komplettiert auch ihren negativen Eindruck.

Im übrigen ist sie damit in diesem Wagen in der Minderheit. Gleich mehrere Fahrgäste sind »Zugewanderte« in der ersten oder zweiten Generation. Die Unterentwicklung der Provinzen, die um so stärker ist, je weiter östlich und entfernter von den Küsten sie liegen, hat sie in die

Stadt getrieben. Denn das Land ist übervölkert, nicht in absoluten Zahlen, aber für seine agrarische Struktur. Mehr Menschen kann es keine Arbeit geben; zum Teil ist auch eine weitere Intensivierung der Nutzung nicht mehr möglich. In Mittelanatolien läuft in kleinerem Maßstab, aber ebenfalls bedrückender Geschwindigkeit ein Prozeß ab, den der bundesdeutsche Nachrichtenkonsument aus der Sahel-Zone »kennt«: Überweidung, Übernutzung des Landes führt zu Versteppung und zum Vordringen von Wüste.

Nur ein Projekt, das allerdings erst im Entstehen ist, wird, wenn es gelingt, noch einmal eine landwirtschaftliche Revolution für die Türkei bringen. In der Provinz Urfa wird der Euphrat gestaut, und zwar nicht primär zur Energiegewinnung, wie das beim Keban-Stausee der Fall war, sondern zur Bewässerung: Das türkische Mesopotamien soll ergrünen. Von der wirtschaftlichen Entwicklung erhofft man sich auch eine positive Wirkung im Kampf gegen den kurdischen Nationalismus (Syrien allerdings fürchtet zu Recht, sein lebenswichtiges Wasser zu verlieren).

Hinter diesen Problemen steht freilich ein anderes, das in der türkischen Öffentlichkeit aus moralischen und religiös-politischen Gründen weitgehend tabuisiert ist: die Bevölkerungsexplosion. Noch immer wächst die Bevölkerung um jährlich 2,5 bis 3 Prozent. Jedes Jahr gibt es anderthalb Millionen Türken mehr. Mittlerweile hat das Land an die 60 Millionen Einwohner. Einstmals war dieses Wachstum ein Segen, denn zu Beginn der Republik war das Land schlicht unterbevölkert. Das hat sich geändert. Nun muß jährlich ein Wirtschaftswachstum von 3 Prozent erwirtschaftet werden, um das Bruttosozialprodukt pro Kopf auch nur zu halten. Wie schwierig da wirkliche Entwicklung fällt, kann man sich vorstellen.

Auch das Erziehungssystem ist chronisch überlastet. Wie soll man qualifizierte Arbeitskräfte, international renommierte Wissenschaftler, technisch Weltstandard erreichende Wirtschaftszweige in einem unterentwickelten Land hervorbringen, wenn weit über die Hälfte der Bevölkerung unter 18 Jahre alt ist? Man erreicht ja nicht einmal, allen Lesen und Schreiben beizubringen. Ein wirklich angemessenes Erziehungssystem ist weder finanzierbar, noch hat man die Lehrkräfte.

Dennoch wird die Bevölkerung so lange wachsen, wie Kinder die nach wie vor beste Alters- und Krankenversicherung sind. Der Staat aber kann solange kein wirkliches Sozialversicherungssystem bezahlen, solange er unterentwickelt ist. Unterentwicklung und Bevölkerungswachstum sind auch in der Türkei in einem Teufelskreis miteinander verbunden.

Die Studentin, die sich jetzt neben die schon erwähnte Zeitungsleserin gesetzt hat, würde wohl anders darüber denken. Sie hat sich ziemlich hinzwängen müssen, mehr Platz wäre in der letzten Reihe gewesen, aber dort sitzt ein alter Mann, und sie nimmt grundsätzlich nicht neben Männern Platz. Sie hat einen glatt fallenden Mantel an, und ihr Haar ist unter dem langen Kopftuch verborgen.

Diese Studentin der Chemie würde vielleicht argumentieren, daß die Unterentwicklung des Landes mit einer geistigen Krise zusammenhinge, damit, daß das Land seine eigene Geschichte und Kultur permanent verrate. Nein, nichts gegen technische und naturwissenschaftliche Entwicklung, aber die Türkei sei ein islamisches Land. Nur der wahre Islam könne es retten, und er würde es gewiß tun.

Die junge Frau kann ihr Selbstbewußtsein mit ihrer Kopfbedeckung begründen. Das Kopftuch war jahrzehntelang auf Ämtern und Universitäten verpönt. Inzwischen gibt es aber nicht nur immer mehr Frauen, die im schwarzen Ganzschleier auf der Straße zu sehen sind, sondern auch an der Uni hat die kopftuchtragende Minderheit ihr Recht durchgesetzt. Jahrelang hatte es politischen Streit darum gegeben. Die Zentrale Hochschulbehörde YÖK hatte versucht, den Studentinnen goldene Brücken zu bauen und geraten, sie sollten doch anstelle des Kopftuches (ausgerechnet!) Turbane tragen, das sei eine moderne Kopfbedeckung für Frauen. Daraufhin banden sich fromme Studentinnen ihr Kopftuch um und behaupteten, das sei ihr Turban. Es gab Zwangsexmatrikulationen und Demonstrationen, inoffizielles Tolerieren und strenges Durchgreifen, aber am Ende wurde der »Turban«, in welcher Form er auch gebunden ist, akzeptiert.

So hilflos kann ein Zentralstaat sein, der den Anspruch erhebt, die Gesellschaft zu dominieren. Wie wenig er das tut, gerade weil er so zentralistisch organisiert ist, zeigt das Beispiel des Mannes, der im *dolmuş* hinten in der Ecke sitzt. Er ist soeben aus dem Bus, der aus Ankara kam, ausgestiegen. Er arbeitet in İstanbul in einer Möbelfabrik, und auch die europäische Firma, mit der sie zusammenarbeitet, hat ihre Filiale hier. Für die Exportkredite, die Zollgenehmigungen, den ganzen bürokratischen Kram aber fährt er mehrmals im Monat nach Ankara. Selbst Geringfügigkeiten bedürfen der Unterschrift mindestens eines Ministers. Dabei dürfte auch der wissen, daß der wirkliche Geschäftsablauf sich nur bedingt in den ihm vorgelegten Akten widerspiegelt.

Denn nach wie vor lohnt es sich nicht, auf die Mechanik des Rechtsstaats zu vertrauen. Sie ist zu langsam, zu wenig gründlich, zu unberechenbar. Das türkische Rechtssystem ist nicht weniger elaboriert und kompliziert als das eines europäischen Staates. Aber mit der Umsetzung hapert es. Zwar gibt es große Mengen schlecht bezahlter Beamter, aber der Staat weiß auch, daß er mit der geringen Entlohnung dafür sorgt, daß sie wenig motiviert und für Bestechlichkeit eher anfällig sind. Deswegen erhalten sie kaum Kompetenzen: Einer der vielen Gründe, warum der Rechtsweg in der Türkei nur ungern ganz abgeschritten wird. Wer etwas durchsetzen will, tut gut daran, sich eine entsprechende Weisung von möglichst weit oben zu besorgen.

Das ist nicht nur im Geschäftsleben ärgerlich. Die ganze Gesellschaft versucht kollektiv, ihre Angelegenheiten möglichst am Rechtssystem vorbei zu regeln. Das dürfte einer der Gründe dafür sein, daß die Demokratie in der Türkei weniger gut funktioniert als anderswo: Wo der Rechtsstaat nicht allgegenwärtig ist, werden Vorteile hemmungslos ausgenutzt.

Auch das *dolmuş* fährt als Denkmal der staatlichen Hilflosigkeit durch die Stadt. Mal ganz abgesehen vom laut dröhnenden und schwarze Wolken produzierenden Auspuff: An der Sonnenblende über dem Beifahrersitz klemmt die Steuerkarte mit dem Paßphoto des Eigentümers. Nach den Zahlen, die dort offiziell abgestempelt sind, hätte der Wagen im letzten Jahr vielleicht sechs vollbesetzte Fahrten pro Tag gemacht. Tatsächlich ist er aber jeden Tag etwa 20 Stunden auf der Straße. In mehreren Schichten wechseln sich die Fahrer ab, und meistens ist der Wagen nicht voll, sondern überfüllt. Von freien Unternehmern Steuern zu erhalten, ist für den türkischen Staat immer noch ein unlösbares Problem.

Das Sammeltaxi ist inzwischen auf der Brücke. Unten fließt der Bosporus, die Oberströmung ins Marmara-Meer, die Unterströmung ins Schwarze Meer. Sie trägt auch die nur mechanisch, also von alten Autoreifen und zerbrochenen Haushaltswaren »gereinigten« Abwässer der Stadt mit sich. Im Schwarzen Meer sollen sie sich verdünnen. Die Küsten İstanbuls selbst sind inzwischen so, daß man besser nicht mehr badet. Die Luft sogar hier auf der Brücke ist staubig und riecht nach Abgasen. İstanbul war einmal berühmt für die Qualität seiner Luft und seines Wassers. Davon ist nicht mehr viel zu spüren.

Denn auch das ist wahr: Die türkische Wirtschaft, zum großen Teil über die vom Internationalen Währungsfonds gewährten oder verweigerten Kredite unter westlicher Kontrolle, leistet sich keinen Umweltschutz. Wie könnte sie auch? Langfristig mögen die Folgekosten so hoch sein, wie sie wollen, kurzfristig fehlt es auch hierfür an Geld, Know-how und öffentlicher Kontrolle.

Angesichts solcher Verflechtung ist die Frage nach »alt« und »neu« oder »Orient« und »Westen« nicht mehr besonders intelligent gestellt.

Das könnte man vielleicht auch der Studentin im Kopftuch antworten. Die Türkei ist Teil einer Welt, in der sich vieles gegenseitig beeinflußt.

Die Isolierung von Einzelproblemen oder auch nur die von Einzelländern ist nicht mehr möglich. Gerade ihre Haltung läßt sich nur als Reaktion auf die Form von Zivilisation erklären, die im Westen ihren Ursprung hat, aber sich auf der ganzen Welt verbreitet, ohne älteren, vielleicht auch liebenswerteren Formen des Zusammenlebens eine wirkliche Chance zu lassen. Es ist dies die Zivilisation der Industrie, der Massenproduktion und -kommunikation.

Damit dürfte auch klar sein: Wie die Reaktion auf diese Zivilisation in der Türkei weiterhin ausfallen wird, ist nicht zuletzt eine Sache derer, die in ihr über Geld, Macht und Ansehen verfügen. Also ist es gerade die Sache der BRD, des wichtigsten Wirtschaftspartners des Landes. Soll die Türkei ein gern gesehener, gleichberechtigter Partner in der Europäischen Gemeinschaft sein? Oder das Schwellenland, auf dessen Markt man sich gerne engagiert, dessen Asylanten und »Arbeitsemigranten« aber man immer weniger hinzunehmen bereit ist?

Hinweise zum Weiterlesen

Wie ist das Land Anatolien in die Weltgeschichte eingebunden? Darüber geben die großen Standardwerke für die Zeiträume bis zur griechisch-römischen Antike vielfältig Auskunft, enttäuschend dürftig zumeist jedoch über die seldschukisch-osmanische Ära:

- Golo MANN / Alfred HEUSS (Hg.), *Propyläen Weltgeschichte,* 11 Bde., Frankfurt/M. und Berlin 1961 ff. (auch als Taschenbuchausgabe, 22 Bände).
- Jean BOLLACK (wiss. Leitung), *Fischer Weltgeschichte,* 34 Bände, Frankfurt/M. 1965 ff.
- Konrat ZIEGLER, Walther SONTHEIMER (Hg.), *Der Kleine Pauly,* Lexikon der Antike, 5 Bände, München 1979.
- Ekrem AKURGAL (Hg.), *Kunst in der Türkei,* Würzburg 1980.

Berichte von Forschungsreisenden, historische Originaltexte:

- Leo DEUEL (Hg.), *Das Abenteuer Archäologie.* Berühmte Ausgrabungsberichte aus dem Nahen Osten, München 1963, als Taschenbuch München 1982.
- Friedrich Karl DÖRNER (Hg.), *Vom Bosporus zum Ararat,* Mainz 1981 (Reiseberichte aus fünf Jahrhunderten).
- Hans Georg BECK (Hg.), *Byzantinisches Lesebuch,* München 1982.
- Theodor WIEGAND, *Halbmond im letzten Viertel,* Mainz 1985 (Briefe des Archäologen und Berliner Museumsdirektors).
- Editha Wolf CROME (Hg.), *Aufbruch nach Armenien.* Reise- und Forschungsberichte aus dem Lande Urartu-Armenien, Berlin 1985.

Vorgeschichte, Jungsteinzeit in Anatolien, die Siedlungen von Çatal Hüyük und Hacılar (Kapitel 1 und 2):

- James MELLAART, *Earliest civilizations of the Near East,* London 1965.
  –, *Çatal Hüyük – Stadt aus der Steinzeit,* Bergisch Gladbach 1967.
  –, *Excavations at Hacılar,* 2 Bände, Edinburgh 1970.
  –, *The neolithic of the Near East, 1976.*
  –, *The archaeology of ancient Turkey,* 1978.
- Machteld J. MELLINK, Jan FILIP, *Frühe Stufen der Kunst,* Propyläen Kunstgeschichte Band 13, Berlin 1971.
- Jak YAKAR, *The later prehistory of Anatolia: the late chalcolithic and early bronze age,* Oxford 1985.

- Peter BREUNIG, *14-C-Chronologie des vorderasiatischen, südost- und mitteleuropäischen Neolithikums*, Köln und Wien 1987.

Die Hethiter (Kapitel 3):

- Kurt BITTEL, *Grundzüge der Vor- und Frühgeschichte Kleinasiens*, Tübingen 1945.
  –, *Die Hethiter*, Universum der Kunst, München 1976.
  –, *Hattuscha, Hauptstadt der Hethiter*, Köln 1983.
- Albrecht GOETZE, *Kleinasien*, München 1957.
- Evelin und Horst KLENGEL, *Die Hethiter*, Wien und München 1970 (gut lesbare Sachbuch-Darstellung).
- Friedrich CORNELIUS, *Geschichte der Hethiter*, Darmstadt 1979.
- Immanuel VELIKOVSKY, *Ramses II. und seine Zeit*, Frankfurt 1979 (ein Umsturzversuch, gegen den die herkömmliche Chronologie von der Mehrheit der Historiker weiter verteidigt wird).
- Volkert HAAS, *Hethitische Berggötter und hurritische Steindämonen*, Mainz 1982.
- Gernot WILHELM, *Grundzüge der Geschichte und Kultur der Hurriter*, Darmstadt 1982.
- R. M. BOEHMER, *Beiträge zur Altertumskunde Kleinasiens*, Festschrift für Kurt Bittel, Mainz 1983 (sehr ergiebige Sammlung zu Spezialfragen).
- Jan BOUZEK, *The Aegean, Anatolia and Europe: cultural interrelations in the second millenium B.C.*, Göteborg 1985.
- Fritz Schachermeyr, *Mykene und das Hethiterreich*, Wien 1986.

Urartu/Armenien (Kapitel 4):

- Charles BURNEY / David Marshall LANG, *Die Bergvölker Vorderasiens.* Armenien und der Kaukasus von der Vorzeit bis zum Mongolensturm, München 1973 (umfassende, ausführliche Darstellung, aus dem Englischen).
- Volkert HAAS, *Das Reich Urartu.* Ein altorientalischer Staat im Jahrtausend v. Chr., Konstanzer Altorientalische Symposien, Band 1, Konstanz 1986.
- Adriano ALPANO, *Die Armenier.* Brücke zwischen Abendland und Orient, Stuttgart und Zürich 1986 (Bildband aus dem Mailänder Zentrum zum Studium der armenischen Kultur mit Essays mehrerer Spezialisten).
- Jean-Michel THIERRY / Patrick DONABEDIAN, *Armenische Kunst*, Freiburg, Basel, Wien 1988 [Ars Antiqua] (Gesamtdarstellung und -dokumentation der armenischen Kunst, in der repräsentativen Bildbandreihe der Verlage Mazenod und Herder).

Phrygien (Kapitel 5):

Einige neuere Veröffentlichungen aus dem Sonderforschungsbereich der Universität Tübingen:

- Friederike NAUMANN, *Die Ikonographie der Kybele in der phrygischen und griechischen Kunst*, Tübingen 1983.
- Friedhelm PRAYON, *Phrygische Plastik*, Tübingen 1987.
- Hans von AULOCK, *Münzen und Städte Phrygiens*, Tübingen 1987.

Hellas (Kapitel 6):

- Wilhelm CAPELLE, *Die Vorsokratiker*, Berlin 1958 (kommentierte Textsammlung).
- Franz ALTHEIM, *Zarathustra und Alexander.* Eine ost-westliche Begegnung, Frankfurt/Main 1960.
- Philo Hendrik Jan HOUWINK TEN CATE, *The Luwian population groups of Lycia and Cilicia Aspera during the hellenistic period*, Documenta et Monumenta Orientis Antiqui, Bd. 10, Dissertation Amsterdam, Leiden 1961 (wichtig zur Herkunftsfrage der Bewohner Südanatoliens).
- Moses I. FINLAY, *Die ägäische Welt.* In: *Die altorientalischen Reiche II.* Hg. von E. Cassin, S. Bottéro, J. Vercoutter, Fischer Weltgeschichte, Bd. 3, Frankfurt/Main 1966.
- Moses I. FINLAY, *Die Welt des Odysseus*, München 1979.
- Ekrem AKURGAL, *Griechische und römische Kunst in der Türkei*, München 1987 (materialreich, mit großem, vorzüglich gedrucktem Tafelteil).
- Paul FAURE, *Die griechische Welt im Zeitalter der Kolonisation*, Stuttgart 1981 (materialreich, mit dem Blick auch auf die Alltagswelt).
- Michael N. WEISKOPF, *Achaemenid systems of governing in Anatolia*, Berkeley, 1982.
- Frank K. WALBANK, *Die hellenistische Welt*, München 1983.
- Abby Wethan KLEINBAUM, *The war against the Amazons*, New York 1983 (kritische Auseinandersetzung mit der Rezeption des Amazonen-Mythos in der abendländischen Geschichte).
- Bruno JAKOBS, *Griechische und persische Elemente in der Grabkunst Lykiens*, Kopenhagen 1983.
- Jan BOUZEK, *The Aegean, Anatolia and Europe: cultural interrelations in the second millenium B. C.*, Studies in Mediterranean Archaeology, Bd. XIX, Göteborg 1985.
- Anton BAMMER, *Das Heiligtum der Artemis von Ephesos*, Graz 1984 (Bericht des seit 1961 in Ephesos tätigen Wiener Archäologen).
- Michael GRANT, *Von Alexander bis Kleopatra*, Bergisch Gladbach 1984.

- Henri STIERLIN, *Kleinasiatisches Griechenland.* Klassische Kunst und Kultur von Pergamon bis Nimrud Dagh, Stuttgart und Zürich 1986 (mit zahlreichen Fotos).
- Martin P. NILSSON, *Cults, myths, oracles and politics in ancient Greece,* Göteborg 1986.
- Anton BAMMER, *Ephesos.* Stadt an Fluß und Meer, Graz 1988 (ein Reisebegleitbuch mit vielen kulturhistorischen Aufschlüssen).

Rom (Kapitel 7):
- D. MAGIE, *Roman rule in Asia Minor,* Princeton 1950.
- Freya STARK, *Rom am Euphrat,* Geschichte einer Grenze, Stuttgart 1969.
- Hildegard TEMPORINI, Wolfgang HAASE, *Aufstieg und Niedergang der römischen Welt.* Geschichte und Kultur Roms im Spiegel der neueren Forschung, Berlin u. a. 1979 ff. (ausführlich kommentierte und zitierte Bibliographie, in der hier der Band 7, 2 »Provinzen und Randvölker, griechischer Balkanraum, Kleinasien« besonders ergiebig ist).
- Erich LESSING, *Paulus,* mit Beiträgen von David FLUSSER, Edward SCHILLEBEECKX und Eduard SCHWEIZER, Freiburg, Basel, Wien 1980 (Bildband mit Essays und Bibelzitaten).
- David FRENCH, *Roman roads and milestones of Asia Minor,* Oxford 1981.
- Simon R. PRICE, *Rituals and power: The Roman imperial cult in Asia Minor,* Cambridge 1984.
- Friedrich Karl DÖRNER, *Der Thron der Götter auf dem Nemrud Daği,* Bergisch Gladbach 1987.
- Paul VEYNE (Hg.), *Geschichte des privaten Lebens, Band 1: Vom Römischen Imperium zum byzantinischen Reich,* Frankfurt/Main 1989.

Byzanz (Kapitel 8):
- *Johannes KARAGJANNOPULOS, Die Entstehung der byzantinischen Themenverwaltung,* München 1959
- Georg OSTROGORSKY, *Geschichte des byzantinischen Staates,* München 1963 [Byzantinisches Handbuch 1. Teil, 2. Bd., in: Handbuch der Altertumswissenschaft] (z. T. überholt, z. B. in der Darstellung der Themenordnung – siehe dazu oben).
- Alfred TOYNBEE, *Constantine Porphyrogenitus and his world,* London 1973 (besonders zum Verhältnis von Byzanz zu den Nachbarstaaten bis zum 10. Jahrhundert).

- Ralf Johannes LILIE, *Die byzantinische Reaktion auf die Ausbreitung der Araber,* München 1976.
- Wolfgang MÜLLER-WIENER, *Bildlexikon zur Topographie Istanbuls,* Tübingen 1977.
- Johannes KODER, *Der Lebensraum der Byzantiner,* Historisch-geographischer Abriß ihres mittelalterlichen Staates im östlichen Mittelmeerraum, Graz, Wien, Köln 1984 (gute Zusammenfassung).
- Peter SCHREINER, *Byzanz,* München 1986 [Grundriß der Geschichte, 22] (mit ausführlicher Bibliographie).
- Henri STIERLIN, *Byzantinischer Orient.* Von Konstantinopel bis Armenien und von Syrien bis Äthiopien, Stuttgart und Zürich 1988 (ein weiterer bilderreicher Band in Stierlins Reihe »Antike Kunst im Vorderen Orient).
- Albrecht Berger, *Untersuchungen zu den Patria Konstantinupoleos,* Bonn 1988 [Poikila Byzantina, 8].

Die Türken (Kapitel 9–16):
Es ist unmöglich, sich intensiver mit türkischer Geschichte zu befassen, ohne Türkisch zu können. Auch dieses Buch verdankt den Werken Ömer Lütfi Barkans, İlber Ortaylis, Mete Tunçays und vieler anderer eine Menge. Weil wir aber nicht annehmen, daß ein größerer Teil unserer Leser diese Bücher lesen kann, verzichten wir bei dem folgenden Überblick auf ihre Nennung.
Nachschlagewerke

- *Encyclopaedia of Islam, new edition/Encyclopedie d'Islam, nouvelle édition,* Leiden, London seit 1959 (wichtigstes Fachlexikon, 1990 beim Buchstaben M).
- *Turkologischer Anzeiger,* Wien, seit 1975 erscheinende Fachbibliographie.
- Jean DENY (Hg.), *Philologiae Turcicae Fundamenta,* 2 Bde., Wiesbaden 1959–1964 (Übersicht über die Turksprachen und -literaturen).
- Klaus KREISER, *Osmanisches Reich.* In: Mathias BERNATH, Karl NEHRING (Hg.), *Historische Bücherkunde Südosteuropa,* Bd. II, 1. München 1988 [Südosteuropäische Arbeiten 76,3], S. 1–299 (ausgezeichnete Quellenkunde).

Internationale Fachzeitschriften: Archivum Ottomanicum (Den Haag), das *Journal of Ottoman Studies* (İstanbul), *Turcica* (Paris, Löwen), die *Zeitschrift für Türkeistudien* und der *Orient* (Opladen), das *International Journal of Middle East Studies* (London, New York), der *Islam* (Berlin, New York), die *Welt des Islams* (Leiden), das *Journal of Turkish Studies* (Cambridge/Mass.) und die *Südost-Forschungen* (München).

Die türkische Eroberung Anatoliens (Kapitel 9):

- Claude CAHEN, *Pre-Ottoman Turkey. A general survey of the material and spiritual culture and history c. 1071–1330*, London, 1968; erweitert als *La Turquie Pré-Ottomane*, Paris, İstanbul 1987 (einzige Gesamtdarstellung der Zeit).
- Speros VRYONIS jun., *The decline of medieval hellenism in Asia Minor and the process of islamization from the eleventh through the fifteenth century*, Berkeley, Los Angeles 1971 (mit Schwerpunkt auf den byzantinischen Verhältnissen).
- Gavin HAMBLY (Hg.), *Zentralasien*, Frankfurt a. M. 1966 [Fischer-Weltgeschichte, Bd. 16]. (Sammelband auch über die Türken Mittelasiens.)
- Annemarie von GABAIN, *Einführung in die Zentralasienkunde*, Darmstadt 1979 (knapp, von der großen alten Dame der deutschen Turkologie).
- Bertold SPULER, *Die Mongolen in Iran.* Politik, Verwaltung und Kultur der Ilchanenzeit 1220–1350, [3]Auflage Berlin 1968 (Standardwerk zu den Ilchanen).
- Michael WEIERS (Hg.), *Die Mongolen*, Beiträge zu ihrer Geschichte und Kultur, Darmstadt 1986 (Sammelband über alle Epochen mongolischer Geschichte).
- Hans Eberhard MAYER, *Geschichte der Kreuzzüge*, [6]Stuttgart 1985 [Urban-Taschenbücher, 86] (neueste der vielen Gesamtdarstellungen der Kreuzzüge, ständig aktualisiert).
- Ekkehard EICKHOFF, *Friedrich Barbarossa im Orient.* Kreuzzug und Tod Friedrichs I., Tübingen 1977 [Istanbuler Mitteilungen, Beiheft 17] (Rekonstruktion der Route des dritten. Kreuzzugs mit Aufsuchen der Spuren im Gelände).

Gesamtdarstellungen des Osmanischen Reichs (Kapitel 10–14).

- Joseph von HAMMER-PURGSTALL, *Geschichte des Osmanischen Reiches*, 10 Bde., Pest 1827–1835, Nachdruck Graz 1963 (geht bis 1774, stark veraltet und anekdotisch, dennoch großartig).
- Josef MATUZ, *Das Osmanische Reich.* Grundlinien seiner Geschichte, Darmstadt 1985 (verläßlicher, schmaler Band mit Handbuchcharakter).
- Anthony Dolphin ALDERSON, *The structure of the Ottoman dynasty*, Oxford 1956) (Rekonstruktion des osmanischen Stammbaums).
- Halil İNALCIK, *The Ottoman Empire. The classical age 1300–1600*, London 1973 (wichtiges Werk des führenden Sozial- und Wirtschaftshistorikers).

- Stanford J. SHAW, Ezel KURAL SHAW, *History of the Ottoman Empire and Modern Turkey*, 2 Bde., Cambridge 1977–1978 (nur ab der Zeit Selims III. zuverlässig).

Übersetzte Quellen zur Osmanischen Geschichte
- Richard KREUTEL (Hg.), *Osmanische Geschichtsschreiber*, 10 Bde., Graz, Wien, Köln 1955–1981 (zehn Chroniken, übersetzt und kommentiert).
- Stefan SCHREINER (Hg.), *Die Osmanen in Europa*, Graz, Wien, Köln o. J. (Auszüge aus den Osmanischen Geschichtsschreibern).
- Bruce McGOWAN, *Sirem Sancağı Mufassal Tahrir Defteri*, Ankara 1983 [Türk Tarih Kurumu Yayınları XIV, 2] (als Beispiel eines osmanischen Steuerregisters aus Serbien, mit englischer Einleitung).
- Herbert DUDA (Hg.), Galab GALABOV (Übers.), *Die Protokollbücher des Kadiamtes Sofia*, München 1960 [Südosteuropäische Arbeiten, 55] (in deutscher Übersetzung).
- Hüseyin G. YURDAYDIN (Hg.), *Beyān-i Menāzil-i sefer-i 'Irāḳeyn-i Sulṭān Süleymān Ḫān*, Ankara 1976 [Türk Tarih Kurumu Yayınları I,3] (Edition des Werkes Matrakçı Nasuhs, das topographische Miniaturen zu Anatolien enthält, ausführliche englische Einleitung).

Osmanische Frühzeit (Kapitel 10):
- Ernst WERNER, *Die Geburt einer Großmacht: Die Osmanen (1300–1481)*, [4]Weimar, Wien 1985 [Forschungen zur mittelalterlichen Geschichte] (von recht konventionellem Standpunkt marxistischer Geschichtsschreibung).
- Köprülüzade Mehmed Fuad (Mehmet Fuat KÖPRÜLÜ), *Les origines de l'Empire Ottoman*, Paris 1935 [Études Orientales III.] (aus strikt nationalistischem Standpunkt).
- Derselbe, *Alcune osservazioni intorno all'influenza delle istituzione bizantine sulle istituzione ottomane*, Rom 1953 [Pubblicazioni dell'Istituto per l'Oriente, 50] (betont die Autonomie der türkischen Entwicklung).
- Paul WITTEK, *Das Fürstentum Mentesche*. Studie zur Geschichte Westkleinasiens im 13.–15. Jahrhundert, İstanbul 1934 (Monographie zu einem der kleineren *beğliks*).
- Barbara FLEMMING, *Landschaftsgeschichte von Pamphylien, Pisidien und Lykien im Spätmittelalter*, Wiesbaden 1974 [Abhandlungen für die Kunde des Morgenlandes, 35/I] (interessant, weil nicht aus Perspektive der später dominierenden Osmanen).
- Basilike D. PAPOULIA, *Ursprung und Wesen der »Knabenlese« im Osmanischen Reich*, München 1963 [Südosteuropäische Arbeiten, 59].

Mehmed II. und seine Zeit (Kapitel 11):

- Franz BABINGER, *Mehmed der Eroberer und seine Zeit,* München 1953 (wichtige Biographie mit polemisch vorgetragenem konservativem Standpunkt, auch als Taschenbuch erhältlich).
- Konrad DILGER, *Untersuchungen zur Geschichte des osmanischen Hofzeremoniells im 15. und 16. Jahrhundert,* München 1867, [Beiträge zur Kenntnis Südosteuropas und des Nahen Orients, 4]. (Auch allgemein zum Staatsaufbau. Die These, das *kanunname* Mehmeds II. sei eine spätere Kompilation, muß allerdings als widerlegt gelten.)
- Niçoara BELDICEANU, *Le timar dans l'êtat ottoman (début XIV*^{e} *– début XVI*^{e} *siècle,* Wiesbaden 1980). (Standardwerk zum Pfründenwesen).
- Wolfgang MÜLLER-WIENER, *Bildlexikon zur Topographie Istanbuls, Byzantion – Konstantinupolis – Istanbul bis zum Beginn des 17. Jahrhunderts,* Tübingen 1977 (zur Stadtgeschichte).

Das 16. Jahrhundert (Kapitel 12):

- Esin ATIL (Hg.), *The age of Sultan Süleyman the Magnificent,* New York 1987. (Ausstellungskatalog der gleichnamigen spektakulären Ausstellung in Washington, New York und Berlin, mit interessanten Aufsätzen, die leider im deutschen Katalog nicht enthalten sind: M. J. ROGERS, R. M. WARD, *Schätze aus dem Topkapı Serail.* Das Zeitalter Süleyman's des Prächtigen, Berlin 1988.)
- Aptullah KURAN, *Mimar Sinan,* İstanbul 1986 (auf englisch, architekturhistorisch, viele Schwarz-weiß-Abbildungen).
- Franz TAESCHNER, *Das anatolische Wegenetz nach osmanischen Quellen,* Leipzig 1924–1926 (Rekonstruktion der osmanischen Handels- und Militärrouten).
- Usha M. LUTHER, *Historical route network of Anatolia (İstanbul – İzmir – Konya) 1550's to 1850's: a methodological study,* Ankara 1989 [Türk Tarih Kurumu Yayınları VII, 95] (auf neuestem Forschungsstand für einen Teilbereich von TAESCHNERs Werk).
- Suraiya FAROQHI, *Town and townsmen in Ottoman Anatolia. Trade, crafts and food production in an urban setting, 1520–1650,* Cambridge u.a. 1984 [Cambridge Studies in Islamic Civilisation] (städtische Siedlungen und Lebensformen).
- Dieselbe, *Der Bektaschi-Orden in Anatolien (vom späten 15. Jahrhundert bis 1826),* Wien 1981 (sozialhistorisch).
- Hans-Joachim KISSLING, *Dissertationes Orientales et Balcanicae Collectae, I: Das Derwischtum,* München 1986 [Beiträge zur Kenntnis Südosteuropas und des Nahen Orients, 38/1] (Aufsatzsammlung über Theologie und Politik der Derwischorden).

- Josef MATUZ, *Das Kanzleiwesen Süleymans des Prächtigen,* Freiburg i. Br. 1974 (Verwaltungsgeschichte).
- Klaus RÖHRBORN, *Untersuchungen zur osmanischen Verwaltungsgeschichte,* Berlin, New York 1973 [Studien zur Sprache, Geschichte und Kultur des islamischen Orients, NF5] (reicht bis in die zweite Hälfte des 16. Jahrhunderts).

Das Osmanische Reich bis 1826 (Kapitel 13):
- Cornell H. FLEISCHER, *Bureaucrat and intellectual in the Ottoman Empire: the historian Mustafa Âli (1541–1600),* Princeton 1986 [Princeton Studies on the Near East] (faszinierende Biographie und Bild der Zeit).
- Hamilton A. R. GIBB, Harold BOWEN: *Islamic society and the West, I. Islamic society in the 18th century,* 2 Bde., London 1950–1957. (Über den Staatsaufbau des Osmanischen Reiches, mit der inzwischen verworfenen Annahme, das Reich sei von zwei gegenseitig unabhängigen »Institutionen« bestimmt gewesen, einer »herrscherlichen« und einer religiösen; unvollendet.)
- Robert MANTRAN, *Istanbul dans la séconde moitié du XVIIe siècle.* Éssai d'histoire institutionelle, économique et sociale, Paris 1962 [Bibliotheque archéologique et historique de l'Institut Français d'Archéologie d'Istanbul, 12] (sozial- und wirtschaftsgeschichtlich, aufgrund osmanischer Akten).
- Suraiya FAROQHI, *Men of modest substance.* House owners and house property in seventeenth-century Ankara and Kayseri. Cambridge u. a. 1987 [Cambridge Studies in Islamic Civilisation]. (Das Wohnen in Häusern, Kauf und Verkauf, das Aussehen von Wohnbauten.)
- Rifa'at Ali ABOU-EL-HAJ, *The 1703 rebellion and the structure of Ottoman politics,* Leiden 1984 [Uitgaven van het Nederlands Historisch-Archaeologisch Instituut te Istanbul, 52] (analysiert auch Machterwerb und Klientelwesen).
- Gernot HEISS, Grete KLINGENSTEIN (Hg.), *Das Osmanische Reich und Europa 1683 bis 1795: Konflikt, Entspannung und Austausch,* München 1983 [Wiener Beiträge zur Geschichte der Neuzeit, 10/1983] (Sammelband).
- Thomas NAFF, Roger OWEN (Hg.), *Studies in eighteenth century islamic history,* Carbondale u. a. 1978 [Papers on Islamic History, 4] (Sammelband).
- Stanford J. SHAW, *Between old and new: The Ottoman Empire under Sultan Selim III 1789–1807,* Cambridge, Mass. 1971 [Harvard Middle East Studies, 15] (konventionell erzählend, aber gründlich).

Das 19. Jahrhundert (Kapitel 14):

- Bernhard LEWIS, *The emergence of modern Turkey*, London u. a. 1967 (zeichnet Kontinuitäten vom 19. ins 20. Jahrhundert, aus etwas optimistischem, eurozentrischem Fortschrittsverständnis).
- Roderic H. DAVISON, *Reform in the Ottoman Empire 1856–1876*, New York 1973 (kompetente Darstellung).
- Carter V. FINDLEY, *Bureaucratic reform in the Ottoman Empire*. The Sublime Porte, 1789–1922, Princeton, New Jersey 1980 (sehr farbige Analyse des trocken wirkenden Themas).
- Şerif MARDİN, *The genesis of Young Ottoman thought*, Princeton 1962 (Standardwerk zu den Jungosmanen).
- Charles ISSAWI (Hg.), *The economic history of the Middle East*, Chicago 1966 (früher wirtschaftshistorischer Überblick).
- Donald QUATAERT, *Social disintegration and popular resistance in the Ottoman Empire, 1881–1908*. Reactions to European economic penetration, New York, London 1983 (aufgrund einiger wichtiger Fallbeispiele).
- Şevket PAMUK, *The Ottoman Empire and European capitalism, 1820–1913*. Trade, investment and production, Cambridge u. a. 1987 [Cambridge Middle East Library].
- Jehuda WALLACH, *Anatomie einer Militärhilfe*, Düsseldorf 1967 (stark moralisch über deutsch-osmanische Beziehungen).
- Johann MANZENREITER, *Die Bagdadbahn als Beispiel für die Entstehung des Finanzimperialismus in Europa (1872–1903)*, Bochum 1982 (behandelt vor allem die deutsche Seite).
- Feroz AHMAD, *The Young Turks*. The Committee of Union and Progress in Turkish Politics 1908–1914, Oxford 1969 (neueste Darstellung in einer europäischen Sprache, sehr viel mehr erschien auf Türkisch).
- François GEORGEON, *Aux origines de nationalisme turc*. Yusuf Akçura (1876–1935), Paris 1980 [Recherches sur les grandes civilisations, synthèse N° 2] (über den wichtigen Nationalisten).
- Justin McCARTHY, *Muslims and minorities*. The population of Ottoman Anatolia and the end of the empire, New York, London 1983 (bietet indirekte Evidenz – demographische Quellen – zu den Vorgängen der letzten grausamen Jahre des Osmanischen Reiches).

Die Türkische Republik (Kapitel 15 und 16):

Zahl und Qualität historischer Werke, die sich mit der Zeit nach 1914 befassen, sind im allgemeinen leider relativ gering. Das hängt einmal damit zusammen, daß das türkische Staatsarchiv, das die wichtigsten Quellen birgt, bis vor kurzem für die Zeit ab 1914 oder »heikle Themen«

gesperrt war (inzwischen sind Forschungen bis zum Ende des Osmanischen Reiches möglich und für die Zeit bis 1938 ist eine Liberalisierung angekündigt). Andererseits wurde überhaupt staatlicherseits die nichtoffiziöse Beschäftigung mit der jüngsten Geschichte eher ungern gesehen; und auch deswegen wurden viele Bücher wohl nicht oder anders geschrieben, als man sich das gewünscht hätte.

- Klaus-Detlev von GROTHUSEN (Hg.), *Türkei*, Göttingen 1985 [Südosteuropa-Handbuch, Bd. 4] (Beiträge zu allen Themenbereichen gegenwartsorientierter Türkeikunde).
- Wolf-Dieter HÜTTEROTH, *Türkei*, Darmstadt 1982 [Wissenschaftliche Länderkunden, 21] (sehr kompetent).
- Faruk ŞEN, *Türkei, Land und Leute*, München 1985 (Landeskunde eines Nicht-Geographen, nachgebesserte Neuauflagen vorhanden).
- Hakkı KESKİN, *Die Türkei. Vom Osmanischen Reich zum Nationalstaat.* Werdegang einer Unterentwicklung, [2]Berlin 1981. (Einseitig und unzuverlässig, aber in Einzelfragen interessant.)

Die Türkei Atatürks (Kapitel 15):

- Bernd RILL, *Kemal Atatürk, mit Selbstzeugnissen und Bilddokumenten*, Reinbek b. Hamburg 1985 [rororo-Bildbiographien] (ein Beispiel unkritischer Lobhudelei).
- Vamik VOLKAN, Norman ITZKOWITZ, *The immortal Atatürk.* Psychobiography, Chicago 1984 (brauchbar.)
- Mustafa Kemal [ATATÜRK], Übers. Paul ROTH, *Die Neue Türkei 1919–1927*, 3 Bde., Leipzig 1928–1929 (die berühmte Rede Atatürks auf deutsch, die offizielle Sicht der türkischen »Revolutionsgeschichte«).
- Erik Jan ZÜRCHER, *The unionist factor.* The rôle of the Committee of Union and Progress in the Turkish national movement 1905–1926, Leiden 1984 (Analyse der Rede Atatürks und seiner Politik mit Akzent auf der Rolle des »Komitees für Einheit und Fortschritt«).
- Kemal H. KARPAT, *Turkey's Politics.* The Transition to a Multi-Party-System, Princeton, N. J. 1959.

Die Türkei der Gegenwart (Kapitel 16):

- Z. Y. HERSHLAG, *The challenge of growth*, [2]Leiden 1968 (liberale Darstellung der Wirtschaftsgeschichte der Türkischen Republik).
- Kemal H. KARPAT (Hg.), *Turkey's foreign policy in transition, 1950–1974*, Leiden 1975 [Social, Economic and Political Studies of the Middle East] (Sammelband).
- Jacob M. LANDAU, *Radical politics in modern Turkey*, Leiden 1974 [Social, Economic and Political Studies of the Middle East, 1974].

- Otmar OEHRING, *Die Türkei im Spannungsfeld extremer Ideologien 1973–1980.* Eine Untersuchung der politischen Verhältnisse, Berlin 1984 [Islamkundliche Untersuchungen, 102]. (Ausgesprochen breite Quellenbasis.)
- Metin HEPER, Ahmet EVIN (Hg.), *State, democracy and the military in Turkey in the 1980's*, Berlin, New York 1988 (erste politologische Auseinandersetzung mit der jüngsten Vergangenheit).
- Nermin ABADAN-UNAT (Hg.), *Die Frau in der Türkei*, Frankfurt a. M. 1987 (das türkische Original zu diesem Sammelband erschien 1979, trotzdem gute Darstellung des in diesem Buch vernachlässigten Themas).

Zur Schreibung und Lesung türkischer Wörter

Seit 1928 wird das Türkische mit dem lateinischen Alphabet geschrieben, dem einige Sonderzeichen beigefügt wurden. Auch osmanische, also ältere Namen und Begriffe erscheinen in diesem Buch in der modernen türkischen Schreibung; ausgenommen davon sind nur einige, auch im Deutschen gebräuchliche Wörter und einige Namen türkischer Völker und Dynastien, etwa der »Karachaniden«.

Türkische Wörter werden im allgemeinen auf der letzten Silbe betont, Ausnahmen sind etwa einige Ortsnamen, die den Akzent weiter vorn tragen, etwa *İstanbul*, das die Türken auf dem *a* betonen. Im allgemeinen sind die Vokale mittellang, in den sehr zahlreichen Wörtern, die aus dem Arabischen und Persischen kommen, gibt es auch lange Vokale. Wie es auch die Praxis vieler Türken ist, sind sie in diesem Buch durch ein Zirkumflex (ˆ) gekennzeichnet.

Was ist zur Aussprache der Buchstaben zu sagen?

c: dsch, wie in »Dschungel«
ç: tsch, wie in »Tscheche«
e: wie im deutschen *e*ssen.
ğ: zwischen dunklen Vokalen wie ein schwaches *j*, sonst längt das »weiche g« den davorstehenden Vokal wie unser *h*.
h: wie *ch* in deutsch »ach«
ı: wie unbetontes *e*, etwa in »bringen«. Weil der Großbuchstabe *I* damit besetzt ist, gibt es zum *i* ein *İ*.
j: wie im französischen »journal«.
kâ: wie *kja*.
s: immer scharf, wie in »Fuß«.
ş: wie *sch*.
y: wie deutsches *j*, mit den Vokalen bildet es die Diphtonge, vor allem *ay* (wie in »Speise«) und *ey* (wie in englisch »saint«).
z: wie weiches *s* in »sanft«.

Glossar

Einige der im Text häufiger vorkommenden türkischen Begriffe sollen hier noch einmal kurz erklärt werden, damit der Leser sie leicht nachschlagen kann.

ağa: Titel von Würdenträgern vor allem im Palast und den Rängen der zentralen Truppen (z. B. der Janitscharen), später auch der *a'yan.*

ahi: Die »Brüder« waren die Vorsteher der zunftartigen Handwerkerorganisationen, deren Glanzzeit das 14. Jahrhundert war.

akçe: Osmanische Silbermünze.

alim: siehe *ulemâ.*

askerî: Die steuerbefreiten Untertanen der Großherrn, vor allem alle im Heer oder in religiösen Ämtern Angestellten.

atabeği: Würdenträger, der einem türkischen Herrschersohn beigegeben wurde, um sich um dessen Erziehung zu bemühen und ihn bei der Verwaltung einer Provinz zu unterstützen.

avarız: In bar zu entrichtende Sondersteuer.

a'yan: »Notabeln«, Angehörige jener Schichten, die in den Provinzen seit dem 17. Jahrhundert staatliche Funktionen übernahmen, als die zentrale Kontrolle nachließ; im osmanischen Parlament die Abgeordneten der zweiten Kammer.

beğ: Emir, also unabhängiger, nur dem Kalifen unterworfener Herrscher, später Titel hoher osmanischer Offiziere, heute gebräuchlichste Anrede.

beğlerbeği: Höchster Rang der osmanischen Provinzgouverneure.

beğlik: Türkisches Fürstentum, vor allem der nach-seldschukischen Zeit.

Bektaşî: Mitglied des Ordens der bektaşiye, des wenig orthodoxen, sich an die Schia anlehnenden Ordens, der sich auf Haci Bektaş berief.

cami: Moschee, in der auch die Freitagspredigt gehalten wird.

Celâlî: Bezeichnung für die Aufständischen Ende des 16., Anfang des 17. Jahrhunderts.

cihad: Islamischer Glaubenskrieg.

defterdar: Für Finanzfragen zuständiges Mitglied eines Diwans.

Derwisch *(derviş):* Mitglied eines mystischen Ordens.

devşirme: »Knabenlese«, Auswahlverfahren christlicher oder bosnischer Jungen für die Einheiten der Pfortentruppen.

Diwan *(divan)*: Juristische und politische Streitfälle entscheidendes Kollegium, am berühmtesten der *divan-ı hümayun*, der Großherrliche Diwan des osmanischen Sultans.

efendi: Titel der *ulemâ*, dann auch der Angehörigen der Zentralbürokratie.

evkaf: Plural von *vakıf*, siehe dort.

ferman: Großherrlicher Befehl.

fetva: Bindendes Rechtsgutachten eines *müfti*.

gazi: Glaubenskämpfer, Teilnehmer am *cihad*.

Han: städtisches Gebäude mit Gewerbebetrieben und zur Aufnahme von Karawanen, Karawanserai.

Hanafiten: Eine der vier orthodoxen (sunnitischen) Rechtsschulen des Islam, deren Auslegung des Heiligen Rechts für in sich geschlossen und gültig gehalten wird. Dieser Rechtsschule gehörten die meisten muslimischen Untertanen des Osmanischen Reiches (und die Dynastie selbst) an.

hass: Großpfründe, deren Einnahmen dem Großherrn oder Provinzstatthaltern zugute kam.

ikta: Landstück, dessen Steuereinnahmen der seldschukische Sultan einem Angehörigen seiner Truppen als Entlohnung überließ.

ilmiye: Laufbahn und Organisation der *ulemâ*.

iltizam: Steuerpacht, das heißt Überlassung der Einnahmen aus einer Steuerquelle gegen eine Geldzahlung, im Osmanischen Reich im allgemeinen durch eine Versteigerung.

imam: Vorbeter in einer Moschee.

Janitschar *(yeniçeri)*: Wörtlich »neuer Soldat«, Angehöriger der Infanterie der dem Sultan direkt unterstellten, bar besoldeten Pfortentruppen, bis Anfang des 17. Jahrhunderts im allgemeinen durch die *devşirme* rekrutiert.

kadı (Kadi): Muslimischer Richter, zugleich Notar und Vorsteher der Verwaltung eines *kazas*, das etwa einem Landkreis entspricht.

Kadıasker: wörtlich »Heeresrichter«, zugleich zuständig für die Rechtsfälle, in die als *askerî* betrachtete Untertanen des Sultans verwickelt waren. Die Inhaber dieses Amtes, das seit dem 15. Jahrhundert für Rumelien und Anatolien getrennt war, waren auch für Ernennungen von *ulemâ* zuständig, auch wenn sie im 16. Jahrhundert Kompetenzen an den *şeyh ül-islâm* abtreten mußten.

kalemiye: Bürokratischer Teil der Staatsverwaltung, der nicht zur *ilmiye* gehört, also vor allem die zentralen Kanzleien.

kanun: Gewohnheits- oder vom Sultan gesetztes Recht im Gegensatz zur Scharia, dem unveränderlichen Heiligen Recht.

kızılbaş: wörtlich »Rotkopf«, Bezeichnung der Osmanen für schiitische Gegner, etwa die persischen Safaviden oder die Alewiten Anatoliens.

kul: Durch die *devşirme* an die Pforte des Großherrn gekommener Angehöriger der Pfortentruppen oder der Palastverwaltung.

külliye: Zu einer Moschee gehörender Gebäudekomplex mit wohltätiger und/oder kommerzieller (zur Finanzierung der Moschee) Funktion.

Mamluken: Sklaven, die im islamischen Raum für Militärdienst gebraucht wurden. In Ägypten gelang es im 13. Jahrhundert diesen Garden, an die Macht zu kommen und aus den eigenen Reihen Sultane zu bestimmen, bis 1517 die Osmanen das Land eroberten. Die Mamluken kontrollierten es aber bis 1811 unter osmanischer Oberherrschaft.

medrese: Hochschule im Islam, meist mit Schwerpunkt auf den islamischen Wissenschaften und dem Heiligen Recht.

mescid: Kleine Moschee, ein Gebetsraum, in dem keine Freitagspredigt gehalten wird.

müderris: Dozent an einer *medrese.*

müfti: Angehöriger der *ilmiye,* der nicht als Kadi arbeitet, sondern verbindliche Rechtsgutachten *(fetvâ)* ausstellt.

mukataa: Dem *iltizam* unterworfene Steuerquelle.

mültezim: Steuerpächter.

mutasarrıf: Im 18. und 19. Jahrhundert Bezeichnung für einen *sancakbeği.*

ocak: wörtlich »Herd«, ein Korps, vor allem das der Janitscharen.

örf: Gewohnheitsrecht, durch den Sultan kodifiziert.

Padischah *(padişah):* Der osmanische Großherr (Sultan).

paşa: Titel der osmanischen Wesire, dann hoher Provinzgouverneure, heute jedes türkischen Generals.

Pronoia: Im Byzantinischen Reich Landstück, das einem Soldaten als Gegenleistung für Heerdienst zur Pfründe überlassen wurde, im Laufe der Jahrhunderte aber vom Staat immer weniger kontrolliert und z. B. erblich wurde.

reaya: Die Untertanen des Sultans.

Rumelien: Europäischer Teil des Osmanischen Reiches.

sancakbeği: Provinzgouverneur, der einem *sancak,* also einer mittelgroßen Provinz, vorsteht und deren Truppen führt.

Scharia: Das islamische Heilige Recht.

şeyh: Führer eines Derwischordens oder -konvents.

sultan: Islamischer souveräner Herrscher, als Titel für Frauen und Töchter des Großherrn dem Namen nachgestellt.

şeyh ül-islâm: Der *müfti* von İstanbul, zugleich seit der zweiten Hälfte des 16. Jahrhunderts Spitze der *ilmiye.*

sipahi: Kavallerist, entweder als Angehöriger der durch das Pfründenwesen finanzierten Provinzialreiterei oder als einer bestimmten Einheit der Pfortentruppen.

timar: Landstück, dessen Steuereinnahmen vom osmanischen Sultan in der Provinz lebenden Kavalleristen als Gegenleistung für die Heerfolge überlassen wurde, also eine Art der Pfründe.

uç: Grenzgebiet zwischen islamischem und christlichem Herrschaftsbereich.

ulemâ: Plural von *alim,* islamische Theologen und Gelehrte des Heiligen Rechts.

vakf: Fromme Stiftung.

valide: Sultansmutter.

Wahhabiten: Vor allem auf dem Hedschas seit dem 18. Jahrhundert verbreitete streng orthodoxe islamische Bewegung.

vali: Vor allem im 19. Jahrhundert Provinzgouverneur mit Wesirsrang.

vilayet: Land, Provinz.

Wesir *(vezir):* Höchster Würdenträger in islamischen Staaten.

Zeittafel

Zeitangaben bis ins 1. Jahrtausend v. Chr. sind in der Forschung des Vorderen Orients zu einem beträchtlichen Teil noch strittig.

Um 10000 v. Chr. Erste Besiedlung in Anatolien nachweisbar, im folgenden Jahrtausend. »Neolithische Revolution«.

um 8.–6. Jahrtausend Keramik bei Mersin, Hacılar, Çatal Hüyük. Anfänge der Metallbearbeitung. Früheste bekannte Wandmalereien in Gebäuden in Çatal Hüyük.

um 7000 v. Chr. Erste Beweise für Ackerbau in Hacılar. In Çayönü Tepesi am oberen Tigris Nutzpflanzen und Haushund.

5000–3000 v. Chr. Chalkolithische Epoche, »Kupfersteinzeit«, Arbeitsteilung prägt sich allgemein in der Dorfkultur aus.

um 2. Hälfte 4. Jahrtausend. Bei Mersin Mauer mit Stadttoren.

ab 3000 v. Chr. Frühbronzezeit, Handel mit Mesopotamien, Einführung des Rades.

1. Hälfte 3. Jahrtausend v. Chr. Tell von Beycesultan: Besiedlungsschichten der älteren Kupferzeit. Mehr als sieben Meter tiefe Siedlungsschichten in Tarsus, in Alişar Hüyük sogar elf Meter. Älteste Troja-I-Schicht. Marmoridole, Stempelsiegel, kupferne Dolche. Beziehungen zu Transkaukasien und Aserbaidschan.

2500–2200 v. Chr. Troja: Seehandel mit Ägäis und Vorderem Orient. Hochentwickelte Goldschmiedekunst (»Schatz des Priamos«).

2. Hälfte 3. Jahrtausend v. Chr. Hattische Fürstentümer in Mittel- und Südostanatolien. Erste regional ausgeweitete soziale Organisation in Anatolien. Fürstengräber von Alaca Hüyük. Töpferscheibe.

um 2220 v. Chr. Möglicher Beginn der hethitischen und achaiischen Wanderungen.

1900–1800 v. Chr. »Karum«-Siedlungen (Faktoreien) assyrischer Kaufleute, mit dem Zentrum Kanisch (Kültepe bei Kayseri), auch in Alişar, Boğazköy. Keilschriftgebrauch auf Tontafeln.

um 1700–1500 v. Chr. Mitanni-Reich, Streitwagen-Kriegführung.

um 1600–1490 v. Chr. Althethitisches Reich, Hauptstadt Hattuscha (Boğazköy). Großplastiken, eigene Hieroglyphenschrift.

um 1490 Hethitischer Königserlaß stellt die Rechte der Adelsversammlung (Pankus) fest, die auch die königliche Souveränität einschränken.

um 1460–1200 v. Chr. Neues hethitisches Großreich. Kulturaustausch mit Ägypten, zeitweilige Eroberung Babylons.

um 1375–1335 v. Chr. Hethiter-König Schuppiluliuma II., Verhandlung über dynastische Verbindung mit Ägypten.

1285 v. Chr. Schlacht bei Kadesch, Hethiter-König Muwatalli gegen Ramses II. von Ägypten.

1269 v. Chr. Ägyptisch-hethitischer Nichtangriffsvertrag – einer der ältesten der bekannten Geschichte.

13. Jahrhundert v. Chr. Felsheiligtum mit Skulpturenfriesen in Yazılıkaya (bei Boğazköy).

um 1200 v. Chr. Zusammenbruch des Hethiterreichs unter den Angriffen von »Seevölkern« (?), Nomaden, Assyrern.

1194–1184 v. Chr. Antike Datierung des Trojanischen Krieges.

um 1200 v. Chr. Beginn der »Dorischen Wanderung«, in den folgenden Jahrhunderten Besiedlung Kariens durch die Dorer, der südlichen Ägäisküste Kleinasiens durch die Ionier, der nördlichen durch die Äoler. Einwanderung von Phrygern und Armeniern.

11. Jahrundert v. Chr. Gründung von Milet und anderen Griechenstädten in West-Kleinasien. Hethitische und urartäische Fürstentümer in Südostanatolien (u. a. Karkemisch, Malatya).

9. Jahrhundert v. Chr. Das Reich Urartu gewinnt unter dem »Großkönig« Sardur I. (um 835–825) wachsende Bedeutung. Hauptstadt Tuschpa am Van-See. Pferdezucht und Metallarbeiten, einheimische Hieroglyphen neben assyrischer Keilschrift. Bewässerungsanlagen.

8. Jahrhundert v. Chr. Urartus König Sardur II. (um 760–734) dringt bis zum Araxes (Aras) und nach Halab (Aleppo) vor. Assyrische Gegenstöße. Phrygerreich mit Hauptstadt Gordion (südwestlich von Ankara). Kult der Göttin Kybele. In den kleinasiatischen Griechenstädten entstehen griechische Alphabete. »Kolonie«-Gründungen an den Schwarzmeer-Küsten.

um 700 v. Chr. Gründung des Panionion-Heiligtums auf dem Mykale-Gebirge bei Milet.

um 690 v. Chr. Kimmerier-Züge, das phrygische Reich wird zerstört, Tod des Königs Midas.

um 680–546 v. Chr. Lydisches Reich, König Gyges, Hauptstadt Sardeis. Erste Münzprägungen.

um 640–620 v. Chr. Zusammenbruch des Reiches Urartu, unter dem Ansturm der Skythen.

585 v. Chr. Thales, Mathematiker und Philosoph, sagt eine Sonnenfinsternis voraus. Das hilft möglicherweise dem Lyder-König Alyattes in der Schlacht am Halys gegen die Meder; der Halys wird Grenzfluß.

um 550 v. Chr. Der Artemistempel in Ephesos wird erbaut.

546 v. Chr. Der persische Großkönig Kyros II. unterwirft Lydien und in der Folge auch die Griechenstädte an der kleinasiatischen Westküste sowie Lykien. Die nächsten Jahrhunderte in Kleinasien stehen immer wieder im Zeichen der griechisch-persischen Auseinandersetzung.

um 544–483 v. Chr. Heraklit, Philosoph aus Ephesos.

499–494 v. Chr. Mit athenischer Unterstützung Aufstandsbewegung der ionischen Griechenstädte gegen die Perser. Opferreiche Niederlagen der Griechen.

um 480–425 v. Chr. Herodot, erster bedeutender Geschichtsschreiber der Griechen, aus Halikarnassos (Bodrum).

478 v. Chr. Nach dem zweiten Sieg über die Perser (480 Salamis) sichert sich Athen mit dem Attischen Seebund die Vorherrschaft auch über Ionien.

449 v. Chr. Griechisch-persischer Kallias-Frieden.

431–404 v. Chr. Peloponnesischer Krieg, Selbstzerstörung der griechischen Autonomie, von 411 an greifen die Perser direkt ein.

386 v. Chr. Griechisch-persischer »Königsfrieden« (auch: Frieden des Antalkidas, nach dem spartanischen Unterhändler) bestätigt Persien die Herrschaft in Kleinasien.

356 v. Chr. Herostratos zerstört das Artemision von Ephesos.

353 v. Chr. Tod des persischen Satrapen und karischen Königs Maussolos (Grabmal »Maussoleion«).

336–323 v. Chr. Alexander der Große.

338 v. Chr. König Philipp II. von Makedonien schließt mit den griechischen Städten den »Korinthischen Bund« und proklamiert Krieg gegen Persien.

334 v. Chr. Nach der Ermordung Philipps II. setzt Alexander mit seinem Heer über das Marmara-Meer, siegt am Granikos über die Perser, zerschlägt den Gordischen Knoten (333), erobert Anatolien.

323–280 v. Chr. Nach Alexanders Tod kämpfen die Nachfolger (Diadochen) um das Reich. Die Ptolemäer in Ägypten (und an der anatolischen Südküste) und die Seleukiden in Syrien und Kleinasien werden neben dem makedonischen Reich und dem von Pergamon (seit 263) am mächtigsten. Außerdem behaupten sich in den von Alexander nicht eroberten Gebieten das Reich Bithynien und Pontos als eigene Staaten.

um 280/270 v. Chr. Kelten (Galater) aus Thrakien ziehen plündernd durch Kleinasien, siedeln sich in Zentralanatolien an (Galatien).

202 v. Chr. Gründung der Bibliothek von Pergamon, mit rund 200000 Bänden die größte nach der von Alexandria. Auf das ägyptische Verbot

des Papyrusexports hin kommen »Codices« aus Pergament (Ziegenhaut) in Gebrauch, damit ist die »abendländische« Buchgestalt geschaffen.

192–188 v. Chr. Rom tritt im Bündnis mit Pergamon dem Seleukiden Antiochios III. entgegen, im Frieden von Apameia setzt Rom seine Absichten durch, vergrößert Pergamons Herrschaftsgebiet.

180 v. Chr. Zeusaltar in Pergamon.

133 v. Chr. König Attalos III. von Pergamon vermacht sein Reich den Römern.

123 v. Chr. Westanatolien wird als »Provinz Asia« römisch, im Jahre 102 folgt die Provinz Cilicia.

88–64 v. Chr. Mithradatische Kriege zwischen dem König von Pontos Mithradates VI. Eupator und Rom. 80000 Römer werden in einem Pogrom umgebracht, schließlich siegt Pompeius, der auch das Piratenunwesen beendet. Pax Romana.

47 v. Chr. Cäsar besiegt den Sohn des Mithradates, Pharnakes in der Schlacht bei Zela am Schwarzen Meer (»veni, vidi, vici«).

38 oder 34. v. Chr. König Antiochos I. von Kommagene läßt sich auf dem Nemrud Dağı bestatten.

27 v. Chr. Octavian wird Augustus des römischen Kaiserreichs. Kämpfe mit den Parthern in Ostanatolien, armenische Fürstentümer sind Pufferstaaten.

21–19 v. Chr. Augustus im Orient.

45–56 n. Chr. Missionsreisen des Paulus, drei Reisen durch Anatolien. Briefe an die Gemeinden.

98–117 Kaiser Trajan, das Römische Reich umfaßt auch Armenien und Westmesopotamien (größte Ausdehnung).

117–138 Kaiser Hadrian, Rücknahme der Ostgrenze an den Euphrat, mehrere Reisen nach Kleinasien.

2. Jahrhundert Gotenzüge zum Schwarzen Meer.

212 Unter Kaiser Caracalla: Alle freien Reichsangehörigen erhalten das römische Bürgerrecht, Gleichberechtigung der Provinzbewohner.

250/51 Christenverfolgung des Decius.

284–305 Kaiser Diocletian, mit Regierungssitz in Nikomedeia (İzmit). Zwei Jahre vor Ende seiner Regierungszeit: Christenverfolgungsedikt.

325–337 Konstantin der Große. Konzil von Nikaia beschließt Glaubensbekenntnis, verurteilt Arianismus.

330 Byzanz (Konstantinopel) neue Reichshauptstadt.

337/340 Reichsteilung in Ost- und Westreich (nur noch im Jahr 394/95 von Theodosius aufgehoben).

347 Geburt des Nikolaus von Myra, mit Nikolaus von Pinara (geb. 564) Ursprungsfigur der Sankt-Nikolaus-Legenden.

381 2. Ökumenisches Konzil von Konstantinopel: Konstantinopels Bischof hat gleiche Ehrenrechte wie der Papst in Rom.

391 Christentum wird Staatsreligion.

4. Jahrhundert Kappadokische Kirchenväter: Basilios von Caesarea, Gregor von Nysa, Gregor von Nazianz, Amphilochos von Ikonion.

425 Gründung der Universität von Konstantinopel.

527–565 Kaiser Justinian I., mit seiner Gattin und Mitregentin Theodora. Unterwerfung des Nika-Aufstandes (532), Neubau der Hagia Sophia (537 vollendet), Sammlung der römischen Gesetze (Codex Justinianus, Corpus Juris).

610–641 Kaiser Herakleios. Ostrom wird Byzantinisches Reich, Griechisch wird Staatssprache. Neue Organisation von Heer und Verwaltung in der »Themenverfassung«. Kämpfe mit Persern, Awaren und Slawen.

636 Die Muslime unter Kalif Omar besiegen am Yarmuk byzantinisches Heer, Syrien wird islamisch, zehn Jahre später auch Ägypten.

674–678 Araber belagern erstmals Konstantinopel.

717–718 Zweite arabische Belagerung Konstantinopels.

730–787 Erster Ikonoklastenstreit in Byzanz: Verbot religiöser Bilder und deren Verehrung.

800 Karl der Große in Rom zum Kaiser gekrönt, Ende des Einen Reiches, Byzanz steht vor dem »Zweikaiser-Problem«.

802–813 Auseinandersetzungen mit den Bulgaren.

813–843 Zweiter Bilderstreit, am Ende setzt sich die Bilderverehrung wieder durch.

863/864 Slawenapostel Kyrill und Method werden von Byzanz entsandt, beginnen mit ihrer Arbeit, Entwicklung des kyrillischen Alphabets.

884–1045 Armenisches Königreich der Bagratiden, Hauptstadt Ani.

920–944 Kaiser Romanos I. Lakapeios, seine Heere besiegen Russen und Araber.

10. Jahrhundert Großgrundbesitz weitet sich aus, Landflucht der Bauern mindert Verteidigungskraft.

1048 Petschenegische Türken dringen in den europäischen Reichsteil von Byzanz vor.

1040 Schlacht von Dadanakan: Seldschuken schlagen Heer der Ghaznaviden. Beginn der seldschukischen Herrschaft in Persien.

1054 Schisma zwischen römisch-katholischer und griechisch-orthodoxer Kirche.

1055 Seldschuke Tuğrul Beğ wird Protektor des Kalifen in Bagdad.

1071 Schlacht von Mantzikert (Malazgırt); die Truppen des seldschukischen Sultans Alp Arslan schlagen die des byzantinischen Kaisers

Romanos IV. Diogenes, der gefangengenommen wird. Beginn der türkischen Eroberung und Besiedlung Anatoliens.

1075 Nikaia (İznik) wird Hauptstadt der Rum-Seldschuken.

1081–1118 Kaiser Alexios I. begründet die Dynastie der Komnenen. Stärkung der byzantinischen Stellung.

1097 Der Erste Kreuzzug führt durch Kleinasien; Rückeroberung Nikaias (İzniks).

1146 Das Heer des Zweiten Kreuzzugs erleidet bei Dorylaion (Eskişehir) und Laodikeia (Denizli) schwere Niederlagen gegen rum-seldschukische Truppen.

1176 Niederlage der Byzantiner bei Myriokephalon; Ende der byzantinischen Rückeroberung Anatoliens.

2. Hälfte des 12. Jahrhunderts Ausbau des *Pronoia*-Systems im Byzantinischen Reich. Zugleich mit Ausschaltung des rivalisierenden *Beğliks* der Danışmendiden Beginn der Glanzzeit rum-seldschukischer Macht.

1185–1204 Die Dynastie der Angeloi im Byzantinischen Reich.

1187 Der ägyptische Sultan Salâh ud-Din (Saladin) erobert Jerusalem; Grund für den Dritten Kreuzzug, auf dem der Staufer-Kaiser Friedrich I. Barbarossa auf dem Marsch durch die Türkei in der Nähe von Seleukeia (Silifke) bei einer Flußdurchquerung ertrinkt.

1204 Die Truppen des Vierten Kreuzzugs erobern und plündern Konstantinopel. Von nun an regiert in Konstantinopel ein »lateinischer« (katholischer Kreuzfahrer-)Kaiser, griechisch-orthodoxe Gegenreiche etablieren sich in Epirus, um Nikaia (İznik) und Trapezunt (Trabzon).

1206–1227 Dschingis Chan Großchan aller Mongolen, Eroberungen in ganz Asien.

1220–1237 Regierungszeit des rum-seldschukischen Sultans Alâ üd-Din Keykubad, kulturell und wirtschaftlich der Höhepunkt des seldschukischen Reiches in Anatolien.

1207–1273 Mevlâna Celâl üd-Din Rumî, Mystiker in Konya, auf den der Derwischorden der *mevleviye* zurückgeht. Solche Orden spielen bei der Islamisierung des Landes über Jahrhunderte eine wichtige Rolle.

1240 Baba-İshak-Aufstand häretischer Nomaden gegen die wachsende Macht der Seldschuken.

1243 Niederlage des rum-seldschukischen Sultans Gıyas üd-Din Keyhusrev am Kösedağı gegen mongolische Truppen, Beginn der durch die iranische Il-Chan-Dynastie (1265–1335) ausgeübte Oberherrschaft der Mongolen über Kleinasien.

1261 Rückeroberung Konstantinopels durch die orthodoxe Palaiologen-Dynastie mit genuesischer Hilfe. Das Byzantinische Reich wird aber nicht wieder Großmacht.

Zweite Hälfte des 13. Jahrhunderts Unter dem wirtschaftlichen und politischen Druck der Il-Chane zerfallen die Machtstrukturen des rum-seldschukischen Reiches. Aus Großgrundbesitz und um nomadische Verbände entstehen immer unabhängigere Beğliks, in den Städten gewinnen »Logen« mit ihren Meistern *(ahi)* Macht.

1277 Mit mamlukischer Hilfe gibt es einen turkmenischen Aufstand gegen die Mongolen; der Beğ der Karamaniden besetzt für kurze Zeit Konya.

etwa 1300 Osman, seit einigen Jahren Herrscher über ein kleines Gebiet in Nordwestanatolien, läßt die Freitagspredigt in seinem Namen lesen.

1318 Der Mongole Timurtaş setzt den letzten seldschukischen Sultan ab.

1326 Der Sohn Osmans, Orhan, erobert Bursa. Unter Orhan bildet der osmanische Staat erste Strukturen.

1360–1389 Herrschaftszeit Sultan Murads I., der die Truppe der Janitscharen organisiert. Eroberungen in Europa (1361 Adrianopel/Edirne, 1375 Niš, 1382 Saloniki) und auf Kosten türkischer Beğliks in Anatolien. Byzanz wird den Osmanen tributpflichtig.

1389 Erste Schlacht auf dem Amselfeld (Kosovo Polje): Die Osmanen besiegen Serbien und machen es zum Vasallen. Sultan Murad I. wird ermordet.

Um 1370 In Ostanatolien bilden sich die nomadisch geprägten Herrschaften der Ak Koyunlu und Kara Koyunlu.

1389–1402 Schnelle Expansion des Osmanischen Reiches unter Bayezid I. Zwei Belagerungen Konstantinopels.

1402 Das Heer des mongolisch-türkischen Welteroberers Timur Lenk (»Tamerlan«) schlägt das der Osmanen bei Ankara vernichtend. Verschleppung und Tod Bayezids I., Wiederherstellung der von den Osmanen in den Jahrzehnten davor annektierten Beğliks.

1402–1413 Innerosmanische Kämpfe um das Sultanat. Sieger ist Mehmed I. (1413–1422), in dessen Regierungszeit die Aufstände des Şeyhs Bedr üd-Din und des aus timuridischer Gefangenschaft zurückkehrenden Düzme Mustafa fallen.

1421–1451 Festigung des Osmanischen Reiches unter Murad II. Einführung der Knabenlese *(devşirme)* 1438 und Rückeroberung anatolischer Beğliks. Kriege in Albanien und gegen Venedig und Ungarn.

1448 In der zweiten Schlacht auf dem Amselfeld besiegen die Osmanen die Ungarn unter Janos Hunyadi (Corvinus). Sicherung der osmanischen Stellung gegen Ungarn.

1451–1481 Regierungszeit Mehmeds II., des »Eroberers« *(Fatih)*. Das Osmanische Reich wird zur Großmacht mit ausgesprochen zentraler Organisation.

29. 5. 1453 Osmanische Eroberung Konstantinopels (İstanbuls).

1459 Eingliederung Serbiens in das Osmanische Reich. Es folgen 1460 die Peloponnes, 1461 Amastris (Amasra), das Beğlik İsfendiyar und das komnenische Kaiserreich Trapezunt (Trabzon), 1463 Bosnien, 1466 das Beğlik Karaman, 1470 Euboia und 1478 als Vasall das Chanat der Krim.

1473 Die Osmanen schlagen die Ak Koyunlu unter Uzun Hasan bei Otluk Beli (Tercan) in Ostanatolien.

1477 Die Gesetzessammlung Mehmed II. *(kanunname)* zusammengestellt. Vereinheitlichung und Ausweitung des Pfründen-*(timar-)*Wesens.

1480 Eroberung Otrantos; die Pläne zur Eroberung Italiens werden mit dem Tod Mehmeds II. ein Jahr später aufgegeben.

1481–1512 Bayezid II., Konsolidierung des Osmanischen Reiches, wachsender Einfluß der *ulemâ*, Kampf gegen die schiitischen, unter Einfluß der Dynastie der Safaviden im Iran stehenden *kızılbaş* in Anatolien.

1512–1520 Sultan Selim I.

1514 Die Osmanen besiegen die Safaviden unter Ismail I. bei Çaldıran vernichtend, danach Eroberungen im Osten Anatoliens, in Mesopotamien und Syrien.

1517 Die Osmanen erobern Ägypten, dessen mamlukische Oberschicht aber erhalten bleibt.

1520–1566 Regierungszeit Süleymans des Prächtigen (türkisch *Kanunî*, »des Gesetzgebers«). Das Osmanische Reich soll diese Zeit später als die seiner Blüte verstehen.

1526 Das osmanische Heer vernichtet das des Königreichs Ungarn in der Schlacht bei Mohácz. Ostungarn wird dem Osmanischen Reich tributpflichtig und 1541 zum Teil annektiert.

1529 Erste vergebliche Belagerung Wiens.

1536 Der erste Handelsvertrag mit Frankreich wird ausgehandelt, aber (Hinrichtung des Großwesirs İbrahim Paşa) nicht in Kraft gesetzt.

1538 Die Osmanen unter Großadmiral Barbaros Hayr üd-Din Paşa schlagen eine venezianisch dominierte Koalitionsflotte bei Preveza, sind Herren über das östliche Mittelmeer.

ab 1545 Die »Preisrevolution des 16. Jahrhunderts« wird im Osmanischen Reich fühlbar. Zunehmende Bedeutung der Geld- gegenüber der Naturalwirtschaft, Inflation.

2. Hälfte des 16. Jahrhunderts Landflucht, die Zahl der Pfortentruppen und der stellungslosen Ulemâ nimmt drastisch zu, Ämterkauf wird üblich, der Akçe wird mehrfach durch Reduzierung des Silbergehaltes

abgewertet. Der Staat vergibt immer mehr Steuerquellen als *iltizam* (Steuerpacht).

1565 Vergebliche Belagerung Maltas.

ab 1566 Die Sultane nach Süleyman verlieren bei gleichzeitiger ideologischer Überhöhung Teile ihres Einflusses an Großwesir, Palastorganisation, Harem und Bürokratie. Prinzen werden nicht mehr in die Provinzen auf Statthalterschaften geschickt, ab 1603 hört die Praxis des regelmäßigen »Brudermordes« auf.

1571 Osmanische Seeniederlage gegen Koalitionsflotte unter Don Juan d'Austria bei Lepanto (Navpaktos).

1574 Fertigstellung der Moschee Selimiye in Edirne durch den Baumeister Sinan.

ab 1596 Celâlî-Aufstände in Anatolien, Landflucht, Schädigung des Pfründenwesens, 1603 setzt dann »das Große Weglaufen« *(büyük kaçgunluk)* ein. Der letzte Celâlî-Aufstand endet 1659.

1623–1640 Murad IV., seit etwa 1632 der Versuch, durch militärische Zwangsmaßnahmen die verlorene Stärke wiederzugewinnen.

Mitte des 17. Jahrhunderts Allmähliche Aufgabe der Knabenlese, Verfall der Ausbildung und Disziplin der Janitscharen.

1656–1691 Zeit der Köprülü-Großwesire.

1683 Zweite vergebliche Belagerung Wiens.

1699 Frieden von Karlowitz nach Niederlage im Krieg gegen die »Heilige Allianz«, Verlust Ungarns, Podoliens und Nord-Dalmatiens. Im 18. Jahrhundert ständig Kriege gegen Habsburg, Rußland und Persien.

1700 Asow wird an Rußland abgetreten, das das Recht auf Schiffahrt im Schwarzen Meer erhält.

18. Jahrhundert Die »Notabeln« *(a'yan)* als Machtfaktor in den Provinzen. Steuerpachten werden lebenslänglich (als *malikâne*) vergeben.

1727 Einführung der Buchdruckkunst für das Osmanisch-Türkische in İstanbul durch İbrahim Müteferrika während der sogenannten »Tulpenzeit«.

1730 Aufstand Patrona Halils.

1768–1774 Osmanisch-russischer Krieg, der mit einer katastrophalen osmanischen Niederlage endet. Im Frieden von Küçük Kaynarca müssen die Osmanen als erstes überwiegend muslimisch besiedeltes Gebiet die Krim abtreten.

1789–1807 Selim III., Versuch militärischer Reformen, der am Widerstand vor allem der Janitscharen scheitert: Der Sultan wird gestürzt.

1798–1799 Napoleon Bonapartes Ägypten-Expedition.

1805 Mehmed Ali, Gouverneur von Ägypten, tötet die Mamluken (1811) und baut seine Machtstellung systematisch aus.

1808 Der A'yan Âlemdar Mustafa bringt Mahmud II. (1808–1839) auf den Thron, Einigung mit Notabeln, niedergelegt im *sened-i ittifak;* ein erneuter Versuch, europäisch ausgebildete Truppen einzuführen, scheitert jedoch, Mustafa Paşa wird getötet.
1826 Blutige Auflösung des Janitscharenkorps.
1829 Griechische Unabhängigkeit und Friede von Edirne.
1833 Vertrag von Hünkâr İskelesi, Rußland als Schutzmacht des Osmanischen Reiches (in Kraft bis 1841).
1838 Handelsvertrag öffnet England das Osmanische Reich als Markt.
1839 Niederlage gegen die ägyptischen Truppen bei Nizip.
1839–1876 Sultan Abd ül-Mecid.
1839 Reformedikt von Gülhane.
1853–1856 Krimkrieg, endet mit dem Friedensvertrag von Paris, mit dem das Osmanische Reich in die europäische Staatengemeinschaft aufgenommen wird, zugleich aber zum Erlaß eines christenfreundlichen Reformediktes gezwungen ist.
1856 Gründung der Banque Ottomane mit ausländischem Kapital.
1867 Die osmanischen Truppen verlassen Serbien.
1869 Beginn der Kodifizierung des Heiligen Rechts als Bürgerliches Gesetzbuch *(mecelle).*
1875 Osmanischer Staatsbankrott.
1876–1909 Sultan. Abd ül-Hamid II.
1876 Osmanische Verfassung.
1877–1878 Osmanisch-russischer Krieg, währenddessen das osmanische Parlament aufgelöst und die Verfassung suspendiert wird. Endet mit dem Frieden von San Stefano, der auf dem Berliner Kongreß revidiert wird: Unabhängigkeit Serbiens, Montenegros und Rumäniens.
1881 Düyun-u Umumiye (Dettes publiques, Schuldenverwaltung) in Hand der ausländischen Gläubiger erhält die Kontrolle über die wichtigsten osmanischen Staatseinnahmen.
1882 Großbritannien besetzt Ägypten.
1888 Beginn des Baus der Bagdadbahn.
1908 Jungtürkische Revolution, Wiedereinsetzung der osmanischen Verfassung, Verlust Bulgariens, Kretas, Bosniens und der Herzegowina.
1909 Sturz Abd ül-Hamids II., das Komitee »Einheit und Fortschritt« an der Macht.
1912–1913 Erster und Zweiter Balkankrieg, an deren Ende das Osmanische Reich bis auf Ostthrakien alle europäischen Gebiete verloren hat. Innenpolitisch kommen die drei Jungtürken Enver, Tal'at und Cemal durch einen Staatsstreich an die Macht.

1914–1918 Erster Weltkrieg, das Osmanische Reich verliert ihn als Alliierter der Mittelmächte.

1918 Waffenstillstand von Mudros nach Sturz des jungtürkischen Triumvirats, Einzug der alliierten Flotte in den Bosporus.

1919 Beginn der Organisation des national-türkischen Widerstandes gegen Besetzung und Teilung des Landes, dessen Führung Mustafa Kemal (Atatürk) übernimmt.

1920 Friedensvertrag von Sèvres teilt Türkei in Einflußgebiete der Großmächte und sieht Gebietsabtretungen an Griechenland und Armenien vor. Große Nationalversammlung in Ankara eröffnet, ratifiziert den Vertrag nicht, sondern führt den Befreiungskrieg.

1922 Sieg über die griechischen Besatzer İzmirs und Westanatoliens und Rückeroberung der Stadt durch Türken, Waffenstillstand von Mudanya. Abschaffung des osmanischen Sultanats.

1923 Friedensvertrag von Lausanne und Proklamation der Türkischen Republik mit der Hauptstadt Ankara. Präsident wird Mustafa Kemal Atatürk.

1924 Abschaffung des Kalifats.

1928 Einführung der lateinischen Schrift als eine der Reformen Atatürks, die aus der Türkei einen modernen Staat machen sollten. Zugleich Einparteienherrschaft der von ihm dominierten Republikanischen Volkspartei.

10. 11. 1938 Tod Atatürks (* 1881).

1939–1945 Zweiter Weltkrieg; die Türkei unter Präsident İsmet İnönü bleibt neutral, leidet aber an den wirtschaftlichen Folgen des Krieges.

1945 Übergang zum Mehrparteiensystem.

1950 Wahlsieg der Demokratischen Partei. Liberalisierung der Wirtschaft, Abkehr von »linken« Reformen.

1952 Beitritt der Türkei zur NATO.

1960 Militärputsch auf Versuche der Regierung der Demokratischen Partei hin, die Opposition zu verbieten. Ein Jahr später Einführung einer liberalen Verfassung und Hinrichtung des ehemaligen Ministerpräsidenten Menderes.

1963 Beginn des Aufnahmeprozesses der Türkei in die EWG.

1971 »Denkschrift vom 12. März«: Ultimatum des Militärs an Parteien für gemeinsame Arbeit gegen Krise des Landes.

1974 Türkische Truppen besetzen den Nordteil Zyperns. Trennung der Insel in einen griechisch-zypriotischen und einen türkisch-zypriotischen Teil unter nur noch symbolischer staatlicher Einheit.

1977 Zusammenbruch der Wirtschaft des Landes, in den folgenden Jahren entwickeln sich bürgerkriegsähnliche Verhältnisse.

1980 Durch die Beschlüsse des 24. Januar Umstellung der türkischen Wirtschaft auf exportorientierte Hochzinspolitik nach den Rezepten des IWF. Am 12. September Militärputsch zur Beendigung der bürgerkriegsähnlichen Verhältnisse.

1982 Neue, restriktivere Verfassung in Referendum akzeptiert, General Evren, Initiator des Putsches von 1980, Staatspräsident.

1983 In Wahlen ohne Beteiligung einer starken sozialdemokratischen oder radikaler Parteien gewinnt die Sammlung »Vaterlandspartei« Turgut Özals die parlamentarische Mehrheit, die sie sich auch 1987 mit einer Minderheit von Stimmen gegen alle Oppositionsparteien erhalten kann.

1989 Turgut Özal zum Staatspräsidenten gewählt.

1993 Süleyman Demirel

2000 Ahmet Necdet Sezer

2007 Abdullah Gül

2014 Recep Tayyip Erdogan

2016 Militärputsch Versuch gescheitert

→ Einschränkung demokratischer Strukturen

Personen- und Ortsregister

Dank

Wir danken den Forschern und Historikern, deren Funde und Erkenntnisse wir in diesem Buch vermitteln können. Insbesondere danken wir dem Institut für Vorderasiatische Archäologie der Universität München sowie Herrn Dr. Albrecht Berger, Institut für Byzantinistik, FU Berlin.

Die Vorsatzkarte zeigt einen Ausschnitt aus einem Kleinasien-Kupferstich des 18. Jahrhunderts.

REISEN UM GLÜCKLICH ZU SEIN

Herausgegeben von Hansjörg Graf

Jean Giono
In Italien um glücklich zu sein
Aus dem Französischen von Peter Gan. 1984

William Golding
Ein ägyptisches Tagebuch
Aus dem Englischen von Renate Orth-Guttmann. 1987

Julien Green
Meine Städte
Aus dem Französischen von Helmut Kossodo. 1986

Julien Green
Paris
Aus dem Französischen von Helmut Kossodo. 1985

Henry James
Eine kleine Frankreich-Tour
Aus dem Englischen von Jörg Trobitius. 1986

Henry James
In England um glücklich zu sein
Aus dem Englischen von Nikolaus Stingl. 1988

Julius Meier-Graefe
Spanische Reise
1984

Henri de Régnier
In Venedig leben
Aus dem Französischen von Hella Noack. 1988

Max Picard
Nach Santa Fosca
1989

Rudyard Kipling
Reisebriefe aus Japan
Aus dem Englischen von Gisbert Haefs
1990